侯长林 ○ 主编

梵净国学研究

袁行霈题

第一辑

中国社会科学出版社

图书在版编目（CIP）数据

梵净国学研究. 第1辑/侯长林主编. —北京：
中国社会科学出版社，2018.7
ISBN 978 - 7 - 5203 - 2560 - 8

Ⅰ. ①梵⋯　Ⅱ. ①侯⋯　Ⅲ. ①国学—研究　Ⅳ. ①Z126

中国版本图书馆 CIP 数据核字（2018）第 108981 号

出 版 人	赵剑英
责任编辑	郭晓鸿
特约编辑	席建海
责任校对	李　莉
责任印制	戴　宽

出　　　版	中国社会科学出版社
社　　　址	北京鼓楼西大街甲 158 号
邮　　　编	100720
网　　　址	http://www.csspw.cn
发 行 部	010 - 84083685
门 市 部	010 - 84029450
经　　　销	新华书店及其他书店

印　　　刷	北京明恒达印务有限公司
装　　　订	廊坊市广阳区广增装订厂
版　　　次	2018 年 7 月第 1 版
印　　　次	2018 年 7 月第 1 次印刷

开　　　本	710×1000　1/16
印　　　张	38.75
插　　　页	2
字　　　数	516 千字
定　　　价	158.00 元

《梵净国学研究》发刊词

　　梵净山地处我国西南，山不高而绵长，水不深而清澄，人不多而淳厚，实为天地之灵府，人间之奥壤。自明季以来，又有多种文化粹集于此，佛、道、儒互融互补，各领风骚，如千岩竞秀，万壑争流，诗人咏歌，嘤嘤成韵，形成了蕴大含深、多元共存的梵净山文化以及钟灵毓秀、水土平和的自然之美。职是之故，我等梵净山人既素以弘扬传统国学为己任，遂求教于当代中国之硕学鸿儒与大德君子，乃有本刊之面世，故此刊既为我等精诚之所致，亦为天地之所赐也。既有此山，乃有此刊，既有此刊，更彰此山。本刊一年一辑，而以梵净冠名。春秋交映，山欢水笑，翠微苍苍，林岚如黛，在此怡人之画卷中，我们常常缅怀祖国辉煌之历史并企盼美好之未来。这就是我们的"中国梦"。文化是民族之魂，也是国家之魂，文化的强大是真正的强大。真正的文化必然具有普适性和普世性，而具有永恒的意义，这就是传统国学。2016 年 5 月 17 日，习近平总书记在哲学社会科学工作座谈会上发表讲话时指出："中华文明历史悠久，从先秦子学、两汉经学、魏晋玄学，到隋唐佛学、儒释道合流、宋明理学，经历了数个学术思想繁荣时期。在漫漫历史长河中，中华民族产生了儒、释、道、墨、名、法、阴阳、农、杂、兵等各家学说，涌现了老子、孔子、庄子、孟子、荀子、韩非子、董仲舒、王充、何晏、王弼、韩愈、周敦颐、程颢、程颐、朱熹、陆九渊、王守仁、李贽、黄宗羲、顾炎武、王夫之、康有为、梁启超、孙中山、鲁迅等一大批思想大家，留下了浩如烟海的文化遗产。中国古代大量鸿篇巨制中包含着丰富的哲学社会科学内容、治国理政智慧，为古人认识世界、改造世界提供了重要依据，也为中华文明提供了重要内容，为人类文明作出了重大贡献。"可见他对传统国学的价值已经作了非常深刻之阐述。经学为国学之根本，而史部、子部与集部之学乃国学之流脉，与此相关的，举凡我国一切固有文化皆当属于国学或国学研究之畛域，同样体现了"自性的庄严"的境界。习近平总书记还指出："历史表明，社会大变革的时代，一定是哲学社会科学大发展的时代。当代中国正经历着我国历史上最为广泛而深刻的社会变革，也正在进行着人类历史上最为宏大而独特的实践创新。这种前无古人的伟大实践，必将给理论创造、学术繁荣提供强大动力和广阔空间。这是一个需要理论而且一定能够产生理论的时代，这是一个需要思想而且一定能够产生思想的时代。我们不能辜负了这个时代。自古以来，我国知识分子就有"为天地立心，为生民请命，为往圣继绝学，为万世开太平"的志向和传统。一切有理想、有抱负的哲学社会科学工作者都应该立时代之潮头、通古今之变化、发思想之先声，积极为党和人民述学立论、建言献策，担负起历史赋予的光荣使命。"这一理想和抱负也就是我们的使命。在伟大的时代里，我们诚愿与各位学界同人、海内外的国学研究者和传播者共同努力，以梵净山为依托，以《梵净国学研究》集刊为核心，推出更多的国学研究方面的新成果，将我们厚重的历史与光辉的未来有效有机地连接为一体，为中华民族的伟大复兴做出应有的贡献。

《梵净国学研究》编辑部

2017 年 1 月 10 日

《梵净国学研究》（第一辑）主编寄语

经过近两年的筹备，在学术界的大力支持下，《梵净国学研究》集刊第一辑，终于要面世了。

作为集刊的创刊号，我们的用稿标准当然是很高的，现在看来，最初的学术目标基本达到了。呈现在本集中的论文有23篇，为了方便读者，我们精心设计了9个栏目，使读者一览即知其要旨。当然，这些栏目并不完全固定，在以后各集中，我们可能会随时调整。

首先，在"画学阐幽"栏目中，我们推出了著名学者和国画艺术大师范曾先生与其弟子安祥祥博士的论文。范先生《中国画法研究》一文大气包举，涵盖今古，是具有极高学术含量极高文化含量的学术鸿篇，其见解之超卓与学识之渊懿，必将流照艺林，光景常新。安祥祥博士的《吴镇题画诗研究》是其博士论文的精选。他以诗画互证的研究理路并结合个人的艺术实践，提出了许多独到的观点。

诗画本一律。而追述我国诗歌的艺术传统，我们自然要"回望六朝"，这就是我们的第二个栏目。《桃源在武陵，深处是铜仁——桃花源原型考论》是我的一篇旧作，借此机会，重新整理一过，期能更臻完美，希望得到读者批评。邓小军教授的《陶渊明集宋本源流考》考察宋本陶集，为研究陶渊明作品必读之文献，极见功力。范子烨教授的《宋刻递修本〈陶渊明集〉阅读札记》和胡耀震教授的《谢希逸事迹诗文系年》，也都是打磨日久的力作。而作为研究中古史的名家，张承宗教授《徐夤咏三国两晋南朝诗疏证》一文采取以史证诗的方法来解读、疏证徐夤关于三国两晋南朝的咏史诗，具有非常重要的意义。

六朝时代的莺飞草长引领了"大唐时代"的万紫千红。王志清教授《"物不自美"与"以怪为美"——柳宗元的美学观与审美之平议》以及蔡静波教授与蔡淋女士合撰的《论唐五代笔记小说中的皇帝形象》这两篇论文，使我们看到了唐人的特殊风采。

"旧学商量加邃密，新知培养转深沉"（朱熹诗）。"旧学"与"新知"都是学者们孜孜以求的学术胜境。魏代富博士博而好古，读书每得心要，其长篇札记卓然可见；吴从祥教授考辨马融《延光四年日食上书》；尹策女士为郭璞《玄中记》之佚文钩沉发覆，凡此俱见其心裁与识见。

经学是国学的基础，因此第五个栏目"经学发微"是一个非常重要的栏目。郜同麟博士的《〈左传正义〉成书考——从引书的角度》、林日波博士的《现存南宋别集中所见宋人经部佚著的价值——以对朱彝尊〈经义考〉的订正补充为中心》和潘静如博士的《近代经学史的起源——从学案、传经表到经学史》，都表现了对经学学术传统的回归，熔细腻与宏阔的学术新风于一炉，显示了经学研究的无限前景。经学的思想史呈现当然是儒家思想。唐帼丽教授《儒家道德人文观与"五常价值观"》一文深入阐发了儒家传统道德观念在当代中国的人文价值，对于当代中国的人文建设具有重要的参考意义。

学问之功常常是小中见大，问题意识尤为重要。第六个栏目"名物新知"的三篇论文在此方面都很不俗。宋红编审辨说"五花马"，尚永琪编审探讨《释迦乘羊问学图》，许隽超教授《故宫博物院藏〈李尧栋致黄易同官札〉考释》，都善于发现问题，并能够很好地解决问题，学问做得实实在在。

元代是我国文化史上的另一个高峰时代。元代文化之海纳百川、洪波叠涌、汪洋恣肆，元人生活的自由、洒脱、开放，都是建立在中原农耕文明与草原游牧文明相融合的基础之上的。第七个栏目"乾元文史"是我们确立的一个常态性栏目，我们这里推出的杨富有教授所撰《元上都的兴建及其生态环境的变化——主要以扈从诗为材料的分析》一文和詹杭伦教授所撰《元人乡试律赋考论》一文，皆发前人所未发，非常令人回味。在元代文史的领域，真的有无穷多的问题等待我们去研究去解决。

传统国学的建构，离不开"地域文化"的雄厚积淀。这一点在《诗经》中已有充分的呈现。而此方面的研究，也是近年来学术界的一个重要的知识增长点。为此，本集推出潘殊闲教授的《试论巴蜀文化对苏轼的影响》一文，从巴蜀文化的视域解读一代文学巨擘苏东坡，无疑是一篇令人耳目一新的长篇力作。我们希望今后能够推出更多的关于地域文化研究领域的新成果，而西南文化当然是重中之重。

传统国学早已经是世界性的学问。当代的世界，学术真的无国界。为了是使人们对西方汉学研究有更多的了解，我们特别在第九个栏目"海外汉学"中推出了卞东波博士与王梦玲、何沁心合译的《美国汉学期刊〈中国文学〉（CLEAR）论文目录（1979—2014）》。这篇具有目录性质的学术译文，在一定程度上赋予了本集某种工具书的性质，读者经常翻检，自然会有所收益。当然，我们期待着能够有更多的关于海外汉学研究成果的译介与研究性质的文字在集刊上发表。

如朱熹所言，邃密与深沉是真正的学术的本质特征，而在我看来，这种学术本质所体现的境界就是梵净。梵净之境必然是超越功利的，必然是高雅脱俗的，必然是平和包容的，必然是有益于天下苍生的。只有这样的学问，才能与我们辉煌灿烂的国学传统相匹配，才能无愧于我们当下的伟大时代。

侯长林

2017 年 10 月 1 日于梵净山

目　录

画学阐幽

回望六朝

大唐时代

旧学新知

经学发微

名物新知

乾元文史

地域文化

海外汉学

画学阐幽

中国画法研究

范 曾[*]

一 引言

荆玉含宝，要俟开莹；以移陋习，以开新符。在中国绘画上，离开经验的、感悟的、归纳的东方哲学的方法，而走向西方的、实证的、天人二分的、逻辑的哲学方法，会立刻偏离中国画的传统，因为亘古以还中国画家不作如此想。在方法论与本体论的浑然圆融方面，东方的（主要指儒、佛、道）的学问在 2500 年前，已达致至善无垢的净域，它伟然而在，自足无碍。它是不需要他山之石以攻的美玉。它那样巍峨，如直上云天的险巇；它那样清澈，如横无际涯的沧海。它离你并不遥远，不只是在身旁而在你身内。你身内有一颗皭然无滓的心灵，它有一扇门，直通无边无岸的宇和无始无终的宙，庄子说：这叫"天门"。王阳明说"心外无天"，心一旦停止跳动，天的存在毫无意义。你属于宇宙，宇宙属于你。孔伋说：这叫"天人合一"。汤之《盘铭》曰："苟日新，日日新，又日新"，对这句

* 作者单位：北京大学中国画法研究院。

话，下边笔者会做出自己的解释。衡量绘画其实重要的是好与坏，而不仅仅是新和旧。人类的历史至今充其量为300万年，据说在非洲发现人类的老祖母，她的子子孙孙生息繁衍，皮肤经历了大自然的染色、漂白等工序，有了今天全世界各色人种。其实这300万年比起宇宙上百亿年的年龄，不过是白驹过隙，稍纵即逝；300万年在佛家的《妙法莲华经》中不过是一劫中的瞬间——刹那，人类竟以为智慧有了多大的进展，荒唐！人类最不可救药的毛病是妄自尊大，总以为后之来者一定超越了先民，这种思想根深蒂固地来自逻辑的思维方法。从亚里士多德的"地心说"到哥白尼的《天体运行论》的"日心说"经历了两千年，这期间有不少的科学家进了宗教裁判所的牢狱，如伽利略；有的则被架上煤焦油的刑坛活活烤死，如布鲁诺。而在东方的知识分子绝不会因思想方法出了格而面临如此残酷的后果。李贽是受罪了，但他的"童心说"两千年前就有，而且讲得比他还好，他的罪行主要是当权者恐惧他的反叛性格。秦始皇的焚书坑儒指向不是儒家的方法论，而是儒家对法治的忽视。在中国方法论上具有无与伦比的智慧："反（同'返'，回归也）者道之动"，简言之，"回归"乃是宇宙亘古已存的物极必反的不二法则。任何人都了然于心，这是宇宙的大德性。无是无非，是自在而已然的存在，中国人简称之曰"自然"。即使中国最严酷的统治者，对"自然"也千叩首、万叩首，谈不上以此判断忠奸。

研究古代东方的尤其是中国的学问，千万记住，不要以一种固有的模式来以削足适履，往复进行批判（"批判"二字不是"文革大革命"所用"大批判"之意，批判指解析和判断），如此则往往误入迷途，坠进泥淖。

我们今天所看到的五光十色的世界，种种装腔作势的各色人等，尤其是所谓的摩登，不过是一阵阵不安的跳腾，与人类的本质的进步杳不相关。"躁动"是人类走向灭亡的必经之道。只有明白东方在方法论上的"静为躁君"，人类庶可得救。而"躁"源于"不诚"。孔伋"非诚无物"

和王阳明的"心外无物"是同一道理,心是"诚的存在"。"诚"是心内的储藏。

　　庄子看来,古和今不是一组对立的概念,它们"齐一",宛如太古的栎树和大椿与朝生夕死的蚍蜉,它们"齐一"也宛如寿八百的彭祖和早夭的殇子,他们都"齐一"。王船山先生之意,物无所对应是庄子"齐一"说的真谛。在"齐一"之境,所有归于宁寂、归于静。那儿是什么?是无穷之门、无何有之乡,是朴,是婴儿,是无极。

图1　老子出关

　　西方的智者如今天还在思考中的霍金,著有普读物《时间简史》《宇宙简史》《果壳里的宇宙》等,凭他超凡的睿智所创的宇宙大爆炸学说,略类老子哲学的"无中生有""有无相生""有""无"同出而异名。宇宙来自何方,走向何处,那恐怕是亘古以还以至无尽未来,永远得不到完满

图2　杜工部像

解决的问题，在宇宙面前应该永怀谦卑、敬畏之心。从老子的"复归"说到庄子的"方生方死，方死方生"，那是对生命流程迄今为止最辩证而彻悟的讲法。人类对宇宙能解释的部分，是不完整的，仅是我们没有解释的部分的千分之一、万分之一。饱学？在宇宙面前，哪一位学者不显得捉襟见肘？19世纪法国伟大的雕刻家罗丹说："我完全服从自然，从没有设法去支配自然。我唯一的野心，就是对自然的卑顺忠实。"老子有云："天地不仁，以万物为刍狗；圣人不仁，以百姓为刍狗。"人们能读懂这两句话，就会解决无数的疑窦和痴心妄想。原来，"自然"本来自在而已然，道的所在是绝无半丝过错的，而道的创物那更是不可言说的：亿万片寒冬的雪花，有一片图案相似吗。亿万的人群，有两人的指纹相同吗？为什么圆周除以直径，是永无尽期的、只是逐步接近的值？这种最简易的问题，其实都包含了一个最根本的宇宙法则——无可穷尽性。对此，中国古人传说中的伏羲、周文王画八卦图的时候便在思考着。然而中国人的悟性使理性思维悄然失落，而当对事物得不到合理解释时，乃借助天才的归纳。这种归纳法，使人们不困于一枝一叶的探究。所谓"直抵灵府"者，不是可道者不道，而是知道"道"的大不可方，是无可穷极的，于是，"六合之外，圣人存而不论"。这有着等待后之来者的意思，但绝不是消极的等待，"自然"会以自己的不朽魅力永远辉煌地存在着。孔子云："人能弘道，非道弘人。"他老先生对人的创造力和主观能动性是充分信任的，只是他希望人的生存状态是"君子坦荡荡"，而不是"小人长戚戚"。老子则更教导人们："道可道，非常道。""常道"是什么？它是宇宙本体，可以讲出的"道"，往往背离"常道"。于是，两千多年来，先圣的睿智使无以数计的人趋向于崇敬自然。庄子云："天地有大美而不言，四时有明法而不议，万物有成理而不说。"这不言、不议、不说的自然，便是对人类恒久不变地进行着的无言之教。《易经》中所载孔子《十翼》有云："是故天生神物，圣人则之；天地变化，圣人效之；天垂象，见吉凶，圣人象之；河出图，洛出书，圣人则之。"没有比大自然的启示更重的，对它的"卑顺忠实"，是我们人类可以做到而唯一应该做到的。人类往昔的一切过错都源于过分的自信和对自然的漠视，过错造成对自然本质规律的背离，自然何尝想严苛地惩罚人类？其实，只要你不太过分，自然仍然可以它广阔的胸怀包容你、原谅你。然而当工业革命来临之后，人类岂止妄自尊大，竟自己以为是宇宙的中心！其实，人类的为非作歹，宇宙静言观之，静言思之；只有到了忍无可忍的时候，自然必定会以一种迅捷的方法来解决人类过错造成的自然失衡状态。人类，你算老几？你不过是一粒秕糠、一撮尘沙。于是，人类骇怖了，预测着世界末日的来临。其实，地球从40亿年前的地表的一汪洪水到至今每一丝一毫的变化都有着自身的法则。这法则不是某一个上帝的意志，而是自然的生发。倘无人类存在，地球将比今天美丽一万倍。朝鲜和韩国中间有一条几十里宽的隔离地带，在1953年停战之后，两边都以铁栅隔开，中间无人过往。仅仅几十年，那儿已是类似原始的大森林赫然而在，芳草鲜美，落英缤纷；而更足使人惊异的，是各种珍禽异兽又都八方来归。这给了我们一个极好的教训："天地不仁，以万物为刍狗。""仁"，在人类社会的概念中，是至诚的合情合理，但是"仁"是由于"不仁"的存在，"大道废，有仁义"，归根结底，"仁"是大自然根本规律丧失之后的产物。它对维持一个平衡的社会是有用的，而对于大自然，"仁"并不能指挥日星的隐曜、沙尘的扬起。在大自然的天眼看来，地球上的万物，应如刍如狗般自在而天然地消长和繁息。当人们读懂老子这段话的时候，可以恍然有悟，原来自然希求于人类的是"无为"，而不是以自己微不足道的智慧去改造自然。三峡大坝是人类自以为是的"杰作"，曾几何时，那四周地动山摇，塌方滚滚，冰雪不应时而起，洪水不择地而流。我们应该回忆一下1200多年前杜甫在夔府的吟唱，作为有过夔门记忆的笔者，以为天下之美无过于夔门的烟云，李白"两岸猿声啼不住，轻舟已过万重山"的诗境依旧吗？

中国画法之研究开篇之所以滔滔如上述者，实因一民族之文化，与该民族之思维方法有绝大的关系；苟与思想方法有龃龉，则其艺术的表现绝对是趋舍异路。世上各族群之艺术，各臻其美，各美其美，至于"熔于一炉"云云何异痴人之说梦、迷途之问瞽？日本室町时代时有雪舟等杨者，来明朝而学南宋马远、夏圭一派，用功不可谓不力，笔墨不可谓不似，然观其作品终有其本民族色彩，称优秀的"日本画家"则可，称"中国画"之作手则不可。而中国古代哲思周流修远，中国文化博大、精深、典雅、宏阔，非浅涉则止者可见项背：其于文化本质之接纳上食而不化，是其必然。然反观中国对印度文化之吸纳，则全在于我本为"崇山峻岭"。印度佛学之东渐，初不能不附于道家之学，至而追随中国方士之左右以传播其教义；然而中国倘无文人之介入，佛教之玄妙法门，终不能深入人心。于是佛教的中国化，经历了汉、魏晋南北朝、隋唐之漫长过程。其间如安世高、道安、竺道生、鸠摩罗什、玄奘皆厥功至伟。其中，虽其未必皆为中土僧侣，然对中国文化必有深入之理解。南朝之僧肇与谢灵运、唐代之神秀与慧能于禅宗开渐、顿两派。佛学之成为中国国学而不复为印度之学的根本原因，是中国文化吸收外来文化，乃是使印度佛学从吾也，非吾从印度也。中国文化于先秦早已是不可动摇的自足体系，他山之石可以攻玉，而他民族之文化殊不足攻中国之文化。

谈中国画必以中国文化之眼、耳、鼻、舌、身、意以体中国民族之色、声、香、味、触、法，以六根而悟六尘，终极之境界乃为一"空"字。悟中国之学问，必体会老聃之无中生有、有无相生之哲理，其最高之追求乃为"无为"二字，如此，则事过半矣。

二　"绘事后素"说原旨

"巧笑倩兮，美目盼兮，素以为绚兮"（《诗经·卫风·硕人》）。此《诗经》之句也，本不须笺注，而后之腐儒解经之普遍毛病乃源于子夏之执拗，子夏必问孔子"何谓也？"其实，如郑樵所云："正犹入夜必寝，旦必食，不须告人也。"陋儒于此"不应识者"（即不借笺注而后知者，所谓自在之长物也）则详，愈详则愈迷。忽而告人曰，吾夜已寝矣，旦已食矣，闻之者岂信其直如此耳？必曰，是言不徒发也，若夜寝旦食，又何须告人？先儒笺解虚言，致后人疑惑正类此，因疑而求，因求而迷。因迷而妄，指南为北，俾日作月，欣欣然以为自得之学，其实沉沦转徙，可哀也哉！此患无他，生于疑尔；其疑无他，生于本来识者（前指长物）而作不识者解耳。美人之未动也，"素"也；有轻颦浅笑，眼色轻流矣，"绚"

也，何待子夏之问"何谓也?"亦如月出东山，必以指而后知乎? 未出沧海千山暗，才到中天万国明，此必然之流转也，不待迂阔者询"何谓也?"当此之时，感动犹自不及，更无用笃笃其问。孔子不得已而回答子夏云"绘事后素"，是勉为弟子解耳。"绘"与"素"本合二为一，必分其先后，则"绘事后素"。明末清初大儒张岱谓，孔子之释，已是在无奈中"月外添指"，迂甚子夏更问之"礼后乎?"孔子不欲再为指点矣。张岱之意，苟孔子再云"礼后乎德"，则"更非初月矣"。于此，我们知道孔子希望子夏者是"得月忘指"，而不希望子夏"见形着想"，德与礼、绘与素本无先后。张岱云："说一'先'字，已是'后'了也"。亦如老子"有""无"同出而异名，正无先后也。孔子又云："起予者商也，始可与言《诗》已矣。"这句话的意思是："子夏（名卜商，故此处用'商'字），引发我作了如此的解释（虽是勉为之），那么就让我们开始谈《诗》吧。"此段对后世谈《诗》重在会意，有指导的意义，使知"作诗必此诗，定知非诗人"。至此，我们知道，原来"素"与"绘"异字而同义，大朴未散之时，"绘"何由哉，既"绘"矣，"素"在其中，非先后也，同体而异名，正如"无""有"同出而异名也。

图3　有所思

近世之画论家和画家，因国学之根基太差，望文生义，强作解人，对

"绘事后素"作了自言自语、不论古人的种种曲解，其与孔子之言教，相去何啻天壤。有云"素"指素描，在中国则为白描。又云，白描以后，赋之以色，故云"绘事后素"。因了这荒唐的诠释，笔者必须作上面的论述。孔子所云本为告后之来者，读诗切不可执象以求，而读诗之法门与作画之旨归，何尝有别？我们谈中国画法必须从形上之学开其端，否则终身勤于斯而不闻道，始于浑噩，终于浑噩，何以云中国画之前进？则背其道而行之，直如盲人骑瞎马，夜半临深池；亦如骑驴觅驴，正不知所觅者在兹，故作高远追逐之态，如此荒唐可笑，犹飘飘然自得。如此，则宜先搁笔读书，以增其学养，然后"悔相道之不察兮，延伫乎吾将反"。果能如此，来者可追，是本文著述之大愿。

三　气韵生动

南朝谢赫《古画品录》有论画六法，钱锺书先生作如此标点："气韵，生动是也；骨法，用笔是也；应物，象形是也；随类，赋彩是也；经营，位置是也；传移，模写是也。"其标点之妙，在于得谢赫本旨，与历代学人点法大异，而其内涵则深得古人之心，即以"气韵，生动是也"一句，这是冠于六法之首者，可以视为中国画之灵魂。钱锺书先生深知，中国古代哲学其于"气"字之重视，老子对在没有"宇"与"宙"即没有空间和时间的概念，即混沌未开之状态竟如何，作了天才的描写。老子用"一"字来象征之，这是阴阳未分的状态。阴阳二元论自夏、商至老子已历近两千年，这是中国前哲学时期的创说。阴阳两元既非孤立之存在，亦非了无区别。在"混沌"之阶段，朱熹所谓"没有天地之先，总还有一个理"。道理，道理，道即理之所生，理即道之所存。按照现在天体物理"热大爆炸宇宙学"，那道和理是温度均匀、密度均匀和对称性极高的臆想状态。称"臆想"者，略有贬义，那是已主观设定有时、空的存在，才有物质之运动，无物质之运动则无时、空之概念。霍金和老子，对宇宙生成之前的描述都略显其尴尬，而此尴尬不是一种过失或缺点，而是一种无奈。老子于此可谓竭尽其智慧，用了一系列的词汇来表明宇宙的生成之先无状之状的前宇宙：道（理）、恍惚、混沌、朴、无极、虚极、玄、一。然后设定"有物浑成，独立而不改，周行而不殆，恍兮惚兮其中有象；惚兮恍兮，其中有物"。这物与象似是而非，老子并未作确切性的论定。由于气的冲和（这可说是精神的），即"万物负阴而抱阳，冲气以为和"。气是一种无穷极的精神的力量，它使阴阳交合，万物滋生。这时宇宙豁然大朗，天地开辟，老子和霍金在宇宙生成说的异曲同工之处是从无到有：霍金找到"奇点"一词，以臆想宇宙之大归藏；而老子干脆以"无"（精神）和"有"（物质）的相生发，用于解释宇宙之生成，是为"常道"。

"气"释放了神秘的、混沌的大宇宙，此前的"独立而不改，周行而不殆"，是气的作用，而此后万类之繁衍、山川的形成皆是负阴而抱阳，冲气以为和之作用。

"气"字在中国于是成为一个无所不在的词，论人品而重"气节"，论仪态而尊"气度"，论国运则谈"气数"，论军旅则言"气势"，那么气的遍列周流，必及于人物、山海、草木、川流。绘画六法之首列"气韵，生动是也"，是其固然。

希腊古哲柏拉图有云：宇宙万有是永恒理念之摹品，而艺术则为摹品之摹品。此言是也。"师造化""得心源"二词，亦可称同出而异名，舍此则别无源头活水。"心源"与"造化"无区别，亦无用区别。在中国，艺术之为"摹品之摹品"，是摹写时注入艺术家主观之判断，取其当取，舍其当舍，此即所谓"造化"，亦即"心源"也。

战国韩非子云"鬼魅最易""犬马最难"，东汉马援云"所谓画虎不成反类狗"，言摹写大自然，非易事也。东汉王充重文而轻画（王充《论衡》："人好观图画，夫所画者古之死人也，见死人之面，孰与观其言行？

古昔之遗文、竹帛之所载灿然，岂徒墙壁之画哉"），早引起唐人张彦远之愤怒，谓"余尝恨王充之不知言"。笔者以为，王充唯物主义不亦过乎？苟死人而不可画，则古今流传的历史人物画皆可废之，与此种偏激狂傲之人谈艺，直如对聋奏琴，对瞽言象耳，其去孔子之诗教岂止千万里哉！凡诸论事，过犹不及。东汉张衡以为画工好作鬼魅，"诚以事实难形而虚伪不穷也"，这又是一种偏执之见。其实，达至"气韵，生动是也"的境界，犬马与鬼魅同难，不在其客观存在与否，即使鬼魅也还是人们对客观存在物之摹品，是人类中光怪陆离、奇丑极恶的人的写照，过去往往以王充、张衡之论为现实主义之发源，不亦谬甚乎？

"气韵，生动是也"，则更进一步阐发了重要的不是画什么，而是如何画。同一物置前，有天籁爽发之摹品，亦有蹇促抑塞之摹品，这全凭艺术家天资之高低，感悟之浅深。感悟深，则"心源"与"造化"异名同体，何分先后主客？

"气"和"韵"分别言之，则"气"似为虚无中的一种无穷极的、笼罩一切的精神力量，而"韵"则是"气"赋予每一事物生动的存在状态。"气韵，生动是也"则是杰出的艺术家一旦处于神完气足的创作状态时，自然生发出的一种节律，流于笔底，浩浩然不知其所之，飘飘然如羽化而登仙。笔所未到，气已弥漫，这是人生不可多得的时刻。即使伟大的艺术家，在一生之中，遇到这样的时刻亦不容易，正所谓文章本天成，妙手偶得之，一俯仰之间不亦越乎万里之外，可遇而不可求。如有一人焉，自忖今必画一"气韵，生动是也"的作品，笔者敢断定他做不到；而同一人焉，某日不思不勉，吮毫作画如凭虚御风，作画既毕，迷不知所向，这是与天地精神相往返的境界，此时所作之画，有非预设可达的妙趣。这就是为什么大艺术家，尤其中国画家一辈子极精绝妙的作品只是其作品中千分之一、万分之一的原因。

远古先民有天然本真之性，初无伪诈刁钻之思。老子所刺"慧智出，有大伪"，言机心以生，初民之淳朴失之矣。许慎《说文解字》序"近取诸身，远取诸物"者，指太古之人与自然之贴近也。今试举数例以证之：其一，仰韶文化之半坡类型之人面鱼纹盆，作者之自由遐思，忘怀得失状态于人头之表情，游鱼之回环表现得淋漓尽致。今日艺术家观此，皆当赧然自愧，知自身为艺之不诚。其二，更早于仰韶之河姆渡文化有一猪纹钵焉，画上低头前行之猪，憨态可掬，造型竭尽奇妙，非作者故意为之，天趣使然也。今之艺术家，能有此造型能力乎？其三，龙山文化中有白陶鬶，可谓"近取诸身，远取诸物"之典型杰构，略类一动物仰天长鸣，而把手则如此兽之尾蜷曲，如此奇思妙想，殊非今之艺术家可梦见者矣。其四，庙底沟文化之彩陶鹳鸟石斧瓮，则一圆瞪大目水鸟，口衔一大鱼，身略后侧以支持平衡。此种神韵，天授之也，非人着意想象也。人之想象力，盖甚有限，岂能超越天地之大美？以上四例，足征"气韵，生动是也"。这生动来自宇宙本体，来自"天地有大美而不言"。先民懵懂，初不料有此奇绝之表现，非着意为之也，天使然也。

潢沛大气，浑沦宇宙的本真之性是"诚"。诚也是宇和宙中日月星辰、万类生灵、崇山流泉的存在性格。不诚的事物会消失，消失在远古、太古、玄古的烟云之中。也许宇宙生成的千百亿年之过程里，是真诚胜果争攀的景象，它使宇宙处处合理，恰到好处。宇宙是没有过错的，它使自己平衡、对称，它不会陈腐，不会消亡。"苟日新，日日新，又日新"，是宇宙永生的生命力。前面引言提到《盘铭》，孟子以为这是由于"君子无所不用其极"，追求最完善之境域也，新的目的是"完善"，非为新而新也。这儿的"新"，非指一枝一节的更新，它指绵长不断的、恒变不居的运动。一秒后的宇宙和一秒钟前的宇宙是不同的，至于较大的变化则是人类有限的生命看不到的。康德所谓的"本体什么也没有发生"，这是由于他感受到生命的短暂和宇宙无可穷极的奥妙。正如苏东坡浩叹的"寄蜉蝣于天地，渺沧海之一粟"，在大自然面前，古往今来一切的智者，都深怀敬畏和感激。这"新"还包含着宇宙不变的善意。正如爱因斯坦所云"上帝是没有恶意的",又如《大学》所谓"大学之道在明明德,在新民,在止于至善","新民"而非"亲民"者,宇宙在运动中带动的是全部有灵界和无灵界的运动,这种运动伴随着自身日新之变化。

四　以天合天

2400 年前孔子之孙孔伋(名子思)提出"天人合一"的哲学命题,这一命题溯其本源,还是来自孔子和老子。如果说更早的从夏代开始的《易》的雏形期有《连山》之著,殷代《易》的丰富期有《归藏》之著,至周文王于羑里演易,达《易》之成熟期,《连山》《归藏》二本虽已散佚,然而留下的吉光片羽,化入"易学"的整体之中是其必然。《易经·系辞》中的"天生神物,圣人则之;天地变化,圣人效之;天垂象,见吉凶,圣人象之;河出图,洛出书,圣人则之"。其中只谈到天与人,没有丝毫谈到神和祇。"东方无神"这一哲学命题,窃以为是敝人提出的最重要创说。因为,先秦诸子中儒、法、名、墨、道、阴阳、纵横、农、小说诸家中皆未见神祇,至于杂家中或有谈神说鬼者,然而杂家不足为一重要之学派,于《汉书·艺文志》中仅聊备一格而已。阴、阳二元论是中国古典哲学之杰出方法论和本体论,在这里本体论和方法论是合而为一的。有了如此深远的辩证的方法论基础,我们才可以知道,2400 年前子思的"天人合一"哲学命题的提出绝非偶然,至 2300 年前《庄子·达生》中更提出"以天合天"之命题。这时,"人"已化为天的一部分,倘若宇宙是至大无外、至小无内的存在,那么,人同样是这样的一个小宇宙。它的"至大"通过"天门"延向大宇宙得以实现。庄子在此,可以说是搭起了一座天和人的桥梁,天包含着人,人回归于天。"天门"即通向无可言说的"道"之路,这是何等天才而绚丽的说法,也可称雅斯贝尔斯人类文明东西轴心时代最重要的命题之一。然而这还不够，1200 年后北宋程颐、程颢提出"天人本无二，何必言合"，是对孔伋（子思）"天人合一"的诠释。二程以为"言合"本身已然将天与人视为两物，倘本为一物，则不必言合。因此，无论画家与诗人，当其下手之时，与天地精神合而为一，天耶人耶，神（精神）耶物耶，其本质是齐一无差别的。近代花鸟画家之中能做到庄子"以天合天"的，李苦禅一人而已。记得笔者弱冠师从李苦禅，苦禅先生即提到"以天合天"。我们初不知其深意，而苦禅先生谈话往往神龙见首不见尾，刚一涉及则又顾左右而言他。近代大写意画中处于苦禅这种隐言忘机状态的没有第二人。

《庄子·达生》中梓庆作鐻的故事，是"以天合天"说最透彻的、形象性的解释。鐻是一种战国时代的夹钟，"夹"者，非单层之谓也，有复层，则其音回互激发，且有用木制而非青铜浇铸者。木钟以木铎击之，其原理与后世释子所用木鱼略似。梓庆是一个能工巧匠，他创造的木钟——鐻，声同天籁，非人间所有，鲁公讶之，乃询其所由。梓庆有一段话十分值得深思，这是他由天门通向大道的心灵过程。他说："臣工人，何术之有？虽然，有一焉。臣将为鐻，未尝敢以耗气也，必齐（同斋）以静心。齐三日，而不敢怀庆赏爵禄；齐五日，不敢怀非誉巧拙；齐七日，辄然忘吾有四肢形体也。当是时也，无公朝，其巧专而外骨消。然后入山林，观天性。形躯至矣，然后成见鐻，然后加手焉。不然则已，则以天合天。器之所以疑神者，其是与。"这段话的重点是：①艺术是忘怀得失的产物。苟有一人焉，每一提笔，则思每平方尺多少钱，此画将获何种奖励，则沆瀣在胸，渣滓滋生，其笔何来清逸矞然之气？其气既混浊不堪，笔下必蔽美而称恶，求一笔潇疏跌宕而不可得矣；②艺术须作心灵上澄观寂照的功夫，而"静"的状态和"诚"的心态是达到这境界的前提；③当身心全部托付于大造之时，技巧和法则合而为一，形而下的器与形而上的道"齐一"，这时才是"以天合天"之境的来临，"然后成见鐻，然后加手焉"。

这真是笔未到气已吞，此物已呈在前，然后加手，而不似市廛匠人，刻木时妄知所为，既刻毕忽忽然忘其所失，如此制作，自己心如榆木而未动，何以动人？

什么是"醉意"？身心溶化于自然之谓也。傅抱石先生，近代画坛奇才，其"往往醉后"四字，道尽艺术家与大自然融为一体时之状态。唐符载于《观张员外画松石序》一文中有一段记载张璪作画的情景，记载在四美具（良辰、美景、赏心、乐事）、二难并（贤主、嘉宾）的气氛中作画的境况，极生动有趣，不妨抄录于下：

> 荆州从事监察御史陈澧……陈宴宇下，华轩沉沉，尊俎静嘉。庭篁霁景，疏爽可爱。公天纵之思，欻有所诣，暴请霜素，愿抒奇踪。主人奋裾，呜呼相和。是时，座客声闻士凡二十四人在其左右，皆岑立注视而观之。员外居中，箕坐鼓气，神机始发。其骇人也，若流电激空，惊飙戾天。摧挫斡掣，挥霍瞥列。毫飞墨喷，捽掌如裂，离合惝恍，忽生怪状。及其终也，则松鳞皴，石巉岩，水湛湛，云窈眇。投笔而起，为之四顾，若雷雨之澄霁，见万物之情性。观夫张公之艺，非画也，真道也。当其有事，已知夫遗去机巧，意冥玄化，而物在灵府，不在耳目。故得于心，应于手，孤姿绝状，触毫而出，气交冲漠，与神为徒。若忖短长于隘度，算妍媸于陋目，凝觚舐墨，依违良久，乃绘物之赘疣也，宁置于齿牙间哉？

这一段至"疏爽可爱"言境也；至"皆岑立注视而观之"言情也；至"云窈眇"言张璪在醉态中忘怀得失，极言其得心应手，无处不合情合理，恰到好处。至"物在灵府，不在耳目"八字出，知天下之能事毕矣。这段描述，言尽中国泼墨文人画的要旨，文虽不长而蕴意无穷。

绘画之功能当然有"存乎鉴戒"（曹植《画赞序》）的社会伦理道德的一方面，但中国画更有即兴神驰、聊以自慰的一方面。正由于中国文人

图4　李白像

重独立之意志与夫自由之思想，所以他们在交往中重"取诸怀抱，晤言一室之内；因寄所托，放浪形骸之外"的状态。作画是为己之学而不是为人之学，然高手之作，纯任自然，于是有了观画者的通感。所以张璪作画，旁观者"呜呼相和"。孔子以为"诗可以兴，可以观，可以群，可以怨"，画亦相仿佛，大自然是无言之教，而画有言矣，但其言盖非说教而是感化，是创造者与欣赏者之间略无间隔的交会。当陶渊明吟哦的时候，当张璪作画的时候都是如此。

形神合一而非形神散离地体道一如，乃是中国古典哲学的要义。为什么醉汉坠车，反倒得其身全，庄子的解释是："其神全也，乘亦不知也，醉亦不知也，死生惊惧不入乎其胸中。"所以在浑沌中顺坡而下，一切纯任自然，而清醒惧怖者在刹那间的所有举措，往往于张皇之中失序，一切应对皆入误途。笔者所论之"醉态"即一切顺应天地法则之自然状态，无矫饰、无偏见、无雕凿，而非真正成为醉汉后挥毫。古人亦有借酒起兴者，"如诗不成，罚依金谷酒数"（李白《春夜宴诸从弟桃李园序》）。唯恐酒入枯肠，更无诗矣。笔者于 20 余年前过金陵，往往客次傅抱石先生家。抱石先生夫人罗时慧曾告诉我一则故事谓：先生尝有意作画，佳醪呈前，先是品尝之，讵料兴发，叠杯而饮，继之捧壶以灌。乃大呼，笔墨伺候，奋裾而起，横涂纵抹，且喃喃有语云"杰作杰作"，既毕，昏昏然睡去，真所谓饮酣鼻息如雷。次日晨醒，谓罗夫人云，昨晚似作一画，试观之。罗乃持画出，抱石先生大笑，谓真醉后之作也。所以抱石先生的"往往醉后"，所指乃心灵的醉态，而非当真癫醉无仪也。古人亦有作人来疯者，怀素"忽然大叫三五声，满壁纵横千万字"，真性情与愚弄座客兼之。当然诗人抒啸慷慨是有的，然而斗酒三百篇的李太白，也纯属时人的臆想夸张。笔者读其《梦游天姥吟留别》，必是字斟句酌的精心杰构，断非"斗酒十千恣欢谑"时狂肆不伦之作。

五　骨法用笔

谢赫《古画品录》中提及"骨法，用笔是也"，犹人之有骨，然后可立。有一画焉，张之素壁，近观之，笔墨横卧纸上；远观之，物象必绵软坍塌。此无他，骨质缺钙，笔中无气也。无宇宙大气之笼罩，物无以生；无天地气韵之流转，物必以死，无骨法用笔之中国画正若是。画面气塞韵臃，唯恐笔墨之不能尽意，拖沓而外又重以累赘，喑哑不知所云，亦有如此之"画家"，颠倒梦想，妄论奇谲，笔枯境窘，自以为已至玄奥不测之境，沾沾然自得，与低能儿之跳荡街市何以异。

张彦远于《历代名画记》中释"骨法，用笔是也"云："夫应物必在象形，象形须全其骨气，骨气象形皆本于立意而归乎用笔"。意远言近，正道尽用笔之根本道理，今浅论述如下：

首先"应物必在象形"，不象形何以应物，宇宙万有本画家之摹写之本，依本而摹写这是第一步。有一人焉，大贬五代之"写生赵昌"，以为愚钝之人方依物写象。其实，画家正不必自视过高，以为天纵奇才，挥笔初试即可凭虚御风，迷不知所向。天才固可羽化而登仙，然普天之下无一杰出之画家未尝不曾经历过"抽筋折骨亦堪怜"之阶段。笔者年轻时曾听盖叫天先生讲武生基本功，其艰难苦恨，沫血饮泣，直如于炼狱之苦刑。至踝骨断而庸医倒接，盖叫天一掌打断，谓"重来"，先生已昏倒矣。此境此情，正应为自视天才者惭。盖叫天固一代武生之冠，彼时我等正年少气豪，不知天之高、地之厚。唯见盖叫天先生于舞台上舒腰运手如鱼游虬蜿，如篆烟萦绕，翻身于空，铁钉于地，不禁欢呼叫绝。此种情境，虽百载不可一见。盖叫天学而知之也，困而知之也。以孔子之圣智，犹称自己"困而知之"，何论侪辈，有可自炫者乎？

尝见青年画家十数人远征西欧，未见一人之画有"骨法用笔"之历练，类皆自视造境高手，笔不笔，墨不墨，有辅之以矾水者，有散之以盐巴者，有泼色墨于桌而复以宣纸拓印者，有不知其术者。总之，彼等既驾驭不了笔墨，则于笔墨之外求之，其与方士之鬼画符略无区别。

功夫在笔墨之外，言学养也，言读书也，言为人也，断非指此等"巧言令色鲜矣仁"者也。巧言矣，必怀诈；"令色"矣，必藏奸。其去"仁"日远，虽耽于艺，全属旁门左道，而非宏门正学。

孔子云："据于德，志于道，依于仁，游于艺。"前提为德、道、仁三字，苟不重品性修持，其于"艺"必终身无缘。屈子"纷吾既有此内美兮，又重之于修能"，极言内美为主体，修能为附丽，要在本立而能修，庶可入艺术之殿堂。

既论及"本"矣，则张彦远以为"立意"是为作画之本。"立意"者，非先验之设定也，宇宙万有呈于前，胸次日以扩大，联类通感，渐有所悟，意亦从之。"意"非无源之水，无根之木，乃人生阅历、经验、感悟融而汇之，此王国维境界说中之"真感情"也。有"真感情"矣，而又遇"真景物"于前，则境界油然自生。倘于笔墨又复修炼日久，挥毫之时略无挂碍，无犹豫、无固滞，则庄子之"得鱼而忘荃（'荃'同'筌'，捕鱼之竹器也），得兔而忘蹄，得意而忘言"非徒托空言矣。当此之时，笔墨则与宇宙之气韵、万物之神采、画家之情愫同归于易学所谓之大归藏中，"归乎用笔"，"归"者汇也，其涵至大，其用无穷。

笔者论画曾有八字箴言："以诗为魂，以书为骨"。骨立而魂在，魂销而骨散，"魂"与"骨"不可有稍纵离也。书、画同源者皆源于道，源于自然也，心中诗境与笔下风神实孪生关系。吾师李可染先生，近代卓越之山水画家，他曾说笔墨不佳，则失魂落魄，这真是一语破的之精辟见解。骨立而神疲，或神铄而骨朽，皆未之见也。风骨爽发，神在其中；神完精存，骨必坚挺，这是必然的。骨之髓为精气之源，这是中医的道理，于中国画亦可应焉。

中国书法由于以上的原因，因此点划之流美蕴含者乃至大无垠的天地大美，孟子有云："充实之谓美，充实而光辉之谓大，大而化之之谓圣，圣而不可知之之谓神。"所谓不可知之，指宇宙的不可穷尽性，这便是神存在的理由。当然，这儿的"神"非指一实体，如莱布尼茨企图证明的："上帝是以必然的方式存在于一必然的处所的必然存在物。"东方人从来没有试图证明神的存在，它只是一个代号，代表着无极、无限。同样老子的有无相生、有无同出而异名说也与孟子之说相侔。南朝宋齐间有王僧虔（419—503）者作《书赋》，其中"情凭虚而测有，思沿想而图空"句，显为套袭陆机（261—303）之《文赋》"课虚无以责有，叩寂寞而求音"。因为诗的语言是无形的艺术，而书法则为笔画的有形的艺术，所以我们可原谅王僧虔的袭用。大体上他们有共同的意思，即艺术无论有形的或无形的，都不能忘记那寂寞虚空中的存在，这种存在正是自然的本体。当书画家能理解到此，执笔之时不会滞泥于物，乃可渐入与天地精神相往还的

"圣""神"之境。在这里，我们看到儒家孟子和道家老、庄的不期而遇。

拙著《书道法自然》（文化艺术出版社 2010 年版）中曾对此有详细的论说（见《书道法自然》十一章"书画同源"及本文第十一节），兹不赘矣。

六　画格月旦

本人之所以称"画格"者，与"画品"并无龃龉，"品"与"格"意相近也。然略有别者，"品"重画作，而"格"重画者。所以有此画品，必有其人格为主使，因之更重画者之内美，此有别于古人处也。刘勰《文心雕龙·体性第二十七》："若总其归涂，则数穷八体：一曰典雅，二曰远奥，三曰精约，四曰显附，五曰繁缛，六曰壮丽，七曰新奇，八曰轻靡"，大体是论文章之风容，约略而挈要，然则以论绘画，恐犹有不及，以论作者之内质，更感缺漏。

总览中国数千年画史（自仰韶彩陶、河姆渡陶罐始），可约略大分为七类，以此比照，天下之从艺者，无可隐迹，皆入彀中矣。

一曰具天真者：天籁、一如、本真、无邪、混沌、大朴（天使然也）。

二曰有智慧者：简赅、恢宏、萧疏、典雅、清新、俊逸（性使然也）。

三曰凭耐力者：繁缛、匠工、狭隘、蜷曲、陈腐、拖沓（本欲善其事者）。

四曰陷愚钝者：犹豫、痴呆、执拗、死寂、惝恍、癫痫（此类人亦无恶意）。

五曰施巧佞者：荒诞、机心、凉薄、邪曲、造作、尖刻（不可深交者）。

六曰受苦役者：挂碍、麻木、困顿、郁闷、封锢、枯槁（亦多老实之人）。

七曰怀奸诈者：阴损、凶险、腆（tiǎn）淰（niǎn）、歹毒、恶浊、虚势（深宜远避之）。

以上七事，一、二两事为与天地精神相往还者有之；三、四、六为陷倒悬之苦者也；而五、七二事则背天理而行事者。看似玄奥，然则观画直如观火，火静而朗，无不历历呈于眼前，虽欲掩盖而不能，呈蔓词不足以自饰。

此七事皆有六词以状之，然此六词互为关联，相与表里，曾不可断然分割。若其二"有智慧者"，必不泥于外物，不执象以求，语焉爽利，爽利则风神俊发，而其境界直接鸿蒙，则恢宏萧疏之境毕现；又若其三"凭耐力者"，其心胸既狭隘，眼光必浅短，其行也拖沓，其神也蜷曲，作画时笔前行而气不偕，则其用笔必拖沓而繁缛。十日一山、五日一水，此本非中国画之足称者。古有文人焉，自以为作画本学者余事，懒散成习，最后堕为腐儒。腐儒为作，非如梓庆之削木为鐻，梓庆所以斋七日而不动手，非惰怠也，而是修养身心，使与自然合而为一成圣手。匠人则心不动而手动，作画而靠耐力，此岛国画家常见，非上国一屑也。

近亦有好事者问，先生所列之第五条似尚可接受，而第七条似与艺术无关，或涉刑事法律之范畴矣。余大笑谓：迁甚矣，此极而言之也，人皆有善恶之因子。抑恶而扬善为君子所必，即司马迁所谓："修身者，智之符也；爱施者，仁之端也；取与者，义之表也；耻辱者，勇之决也；立名者，行之极也。"然从艺之人未必皆君子。即使小人矣，其如阴损、恶浊等犹言其轻者，而有此品矣，必于其作品中透露消息。北京有画鬼妖者，穷凶万状，光怪陆离，观者惧栗惊怖，而作者亦跳楼自杀。此无他，人性凶狠、心灵极其阴暗使然也，苟此人不会作画，而借助刀斧以通其狂惑，则其后果恐不堪设想矣。

又有某画家素描功力不可谓弱，凡画人必像，然必使被画者怒，而其所作为认真之素描，非漫画也。画像既毕，或涎涩如市井儿，或歹毒如操刀手，或凶险如阴谋家，此类品质未必被画者所有，乃是作画者转嫁之，勉强之，附加之，作肖像能令所有人怒，亦不容易。而作者初无恶意，恶意之不自觉，亦如"巧笑倩兮"之不自觉，有无法解释之潜意识在。此当请教弗洛伊德，江东范曾不能解矣。

七　心无挂碍

上面论及者，不免使人对中国画产生敬畏之心。其实，中国画与中国诗为孪生姐妹，不只貌似，亦且神同。它以温、良、恭、俭、让为体性，温柔敦厚是它的操守。它们产生于农业社会，与天地保持着和睦的关系，经过历代渊博的硕学之士，陶熔体悟，成为中国文化的一座博雅而典丽的崇山，芳草鲜美，大木擎天，此山象征着我们民族具有一种无与伦比的清新、俊逸、恢宏、典雅的品德。

中国画家的自信源于天地的精神。何谓天地精神，如上文所述，那是自在而本然存在着的不生不灭、不垢不净、不增不减、恰到好处的大存在，宛若康德所谓"本体什么也没有发生"，在中国宋儒即所谓"道不变，天地不变"。这儿的"没有发生"和"不变"极言道之大，曾非人类短促的生命能够感觉。也许千万亿年一颗行星消失了，对于人，生命的短暂是绝无方法体察其百年间的变化的。佛说一颗太阳和一颗月亮称世界，一千个世界称小千世界，一千个小千世界为中千世界，一千个中千世界为大千世界，大千世界含十亿颗太阳和十亿颗月亮。总纳小、中、大三种"千世界"，称"三千世界"，言宇宙之无穷极也。庄子云："六合之外，圣人存而不论。"那是无法论、不需论，论有何用？当然，这种思维不能为布鲁诺、哥白尼、开普勒所认同，因为他们是希腊神话中西西弗斯的后人，他们背负着巨大的石块前行，将至峰巅，石头滚下，他们又从山脚下起背，永无尽期。这是一则奇妙的神话，它标示着可佩然而无用的努力。在这里，笔者当然无资格否认也无意否认自古希腊以至于今的理性逻辑思维。

让西西弗斯们继续努力吧。在本体论与方法论上，艺术家与科学家趋舍异路正是他们各自存在的必然。

心无挂碍，言中国画家当面对宇宙之时，做到万物静观皆自得，心灵排除一切凡尘的迷障，根除无明烦恼。当此之时，目不见绢素，手不知笔墨，不知今夕何夕，物耶？我耶？此种状态可称无待、无求。种种物象从心底注入毫颖，略无纤毫障碍，既无障碍，心驰笔随，神完气足，无有恐怖，远离颠倒梦想。正庄子所谓："惛然若亡而存，油然不形而神，万物畜而不知。此之谓本根，可以观于天矣"（《庄子·知北游》）。古来为形所累的画家，是无法梦见这种境界的，画家如心中只想着杰作之出，如何炫耀，足以济世，于己则名利纷至沓来。如此下笔，笔笔皆俗，走向了溷浊泥淖。"若是者，迷惑于宇宙，形累不知太初"（《庄子·列御寇》）。

当具大德的"至人"，有意于诗，则近于得意而忘言；有意于画则得意而忘形，他们的精神回归于宇宙太初，那是空蒙一无所有的幻域，生命则如逝者如斯的流水，不舍昼夜，寂照中的波影与生命的节律同在。这便是瞬息的、无法觉察的彻悟，使您的笔墨天趣流露。写至此，我不免要提示读者，以上所述无法过分陈明者，因圣、神之境本是不假言辞说教者，一旦诉诸文字，形于言表，佛家以为着象，执象以求；道家以为已着尘秽，疏离本真。然而我们不能都高明到如《庄子》书中的老龙吉，怀着他深悟的道，溘然死去，那么，我所写出的，也只凭读者每一个人所独有的悟性去理解，这就是中国画法在高玄极妙之境中的状态。

我们可以用苏东坡《前赤壁赋》之句，以描述中国画家作画之状态："纵一苇之所如，凌万顷之茫然。浩浩乎如凭虚御风，而不知其所止；飘飘乎如遗世独立，羽化而登仙。"中国画的创作过程苟能如斯，则画家本真之性流露，摆脱了红尘名缰利锁之羁绊，一苇所如，便有达摩面壁九年成正果之后，踏苇过江的潇洒。凭虚御风则远离尘嚣之追逐，随性之所至，无处不是净域，大地皆为蒲团。"羽化而登仙"，则是大逍遥、大解脱。心灵的自由归根结底是中国古代文人的理想，也是中国古哲"齐一说"之体现。"吾丧我"是彻底的忘我。王夫之所谓："其行也无所图，其反也无所息，无待也。无待者，不待物以立己，不待事以立功，不待实以立名。"（王夫之《庄子解》）能如此，则逍遥在其中矣。"物无非我者，唯天为然。我无非天，而谁与我为偶哉？"（同上）无偶者，略无区别间隔也，我与天地万物合而为一也。《庄子》书中"夫大块噫气，其名为风"，因为风的激荡而声出，而当风霁而还为虚静之时，万物寂然，无不齐矣。中国画家只有在这种寂然凝虑，思接千载，悄焉动容，视通万里的时候，进入挥写的"天放"状态，那时才能成为"真画者"也。前文"画格月旦"中所列凭耐力者、陷愚钝者、施巧佞者、受苦役者、怀奸诈者，皆不得入"真画者"之行列，乃是由于物我两分、天人为偶，其距"天放"不亦万里之遥（天放：一任自然。《庄子·马蹄》："一而不党，命曰天放。"成玄英疏："党，偏；命，名；天，自然也"）。

图6　笔者画作《后赤壁赋》

八　探骊得珠

　　所谓中国画史者，学有专攻，各有所会，盖不可统一以内容、体例。而"中国画"这一概念，非起自存世之汉画像，先民之为绘画，所从来远矣。本文第三节"气韵生动"中已述及仰韶半坡类型之人面鱼纹盆和河姆渡文化中之猪纹钵。盖凡根植于中华这一片土地，而状物象形于二维平面的作品，皆可纳入"中国画"之大范畴。此节"探骊得珠"则欲以时间为序，择吾所欣赏，可资代表者开列如下：

▲新石器时代河姆渡文化猪纹钵

▲仰韶文化半坡类型彩陶人面鱼纹盆

▲成都百花潭出土战国镶嵌图像纹壶

▲战国至东汉花山岩画《祭神舞蹈》

▲东汉武氏祠乐午、庖厨、升鼎画像。武氏祠神仙灵异画像

▲北魏敦煌壁画《萨埵那太子舍身饲虎》

▲北齐校书图卷

▲东晋顾恺之《列女仁智图》

▲唐章怀太子墓壁画《仪仗、礼宾、女侍》

▲隋代展子虔《游春图》

▲唐阎立本《古帝王图》

▲五代胡瓌《卓歇图》

▲唐韩滉《文苑图》

▲唐周昉《簪花仕女图》

▲五代荆浩《匡庐图》

▲宋范中正（宽）《溪山行旅图》

▲宋武宗元《朝元仙仗图》

▲宋文同《墨竹图》

▲宋苏轼《枯木怪石图》

▲宋李成《读碑窠石图 》

▲宋赵佶《听琴图》

▲宋梁师闵《芦汀密雪图》

▲金宫素然《明妃出塞图》

▲金无款《重溪烟霭图》

▲宋李唐《万壑松风图》

▲宋萧照《山腰楼观图》

▲宋无款《豆花蜻蜓图》

▲宋梁楷《六祖斫竹图》

▲宋夏圭《溪山清远图》

▲元赵孟頫《秀石疏林图》

▲元曹知白《寒林图》《疏松幽岫图》

▲元王蒙《夏山高隐图》《青卞隐居图》

▲元方从义《武夷放棹图》

▲元倪瓒《六君子图》

▲元山西芮城永乐宫壁画《朝元图》（木公与金母诸像）（奉宝玉女部分）

▲明王绂《乔柯竹石图轴》

▲明孙隆《芙蓉游鹅图轴》

▲明殷偕《鹰击天鹅图轴》

▲明林良《苍鹰图轴》

▲明吕纪《鹰鹊图轴》

▲明吴伟《长江万里图卷》

图7　蒋兆和像

▲明蒋嵩《无尽溪山图轴》

▲明沈周《庐山高图轴》

▲明唐寅《看泉听风图轴》

▲明文征明《临溪幽赏图轴》

▲明陈淳《花卉册》

▲明徐渭《墨葡萄图轴》《杂画图卷》

▲明宋旭《山水图轴》

▲明董其昌《松溪幽胜图轴》

▲明杨文骢《仿倪瓒山水图轴》

▲明张瑞图《晴雪长松图轴》

▲明陈洪绶《杂画图册·无法可说》

▲清程邃《山水册》

▲清弘仁《竹石风泉图轴》

▲清朱耷《秋山图轴》《仿董北苑山水图轴》《花鸟图卷》

▲清龚贤《湖滨草阁图轴》

▲清王时敏《答菊图轴》

▲清王原祁《山中早春图轴》

▲清高其佩《梧桐喜鹊图轴》

▲清华嵒《金谷园图轴》

▲清郑燮《悬崖兰竹图轴》

▲清李方膺《竹石图轴》

▲清虚谷《枇杷图轴》

▲清任颐《寒林牧马图轴》

▲现代李苦禅

▲现代李可染

▲现代傅抱石

▲现代黄宾虹

▲现代蒋兆和

▲现代徐悲鸿

▲现代黄胄

　　"挂一漏万"一词可从笔者的选择中找到最好的解释，虽然，以吾之审美鉴赏，也可能是独具只眼的选择，更可能是一种特立独行的赏识。问今之世，无不人云亦云，一提八大山人、石涛皆竖拇指以赞；一提董其昌、四王皆作贬损不足一顾态。事实上大不其然，笔者曾见到美国纽约大都会博物馆所藏王原祁巨幅山水，其用笔于清初可称第一人，又曾见王鑑所作册页，恐非石涛可见项背者。所幸艺无定论，各是其是，笔者列举的目的树立破除门户（如南北宗之说）的一种学术态度。所列举数十人中，尤以八大山人、倪云林、王蒙、李成、范宽为笔者所激赏，那是几座不可撼摇的大山。即以用笔而论，经隋、唐、五代、宋之陶钧鼓铸，至元倪瓒、王蒙、清八大山人可谓登其峰而造其极，其中奥秘，容下文详述之。至于近现代中国称大师者车载斗量，寡廉鲜耻，于今为烈。不以国画为圣域，驰骛之徒竞逐，真所谓黄钟毁弃，瓦釜雷鸣；鲫鱼过江，真龙隐迹。而星罗棋布于各地之协会、画院之类，无不以名利为目标。人们大概不清楚一个道理，艺术永远凭作品讲话，而不以宣传之力度变侏儒而为巨人。炒作于市廛，作伪于拍卖，实有令人作三日呕者。

以笔者之见，近现代画家有七人：李苦禅、李可染、傅抱石、黄宾虹、蒋兆和、徐悲鸿、黄胄最足与千古画人比权量力，试剖析如下。

李苦禅乃前足以比肩徐渭、八大山人，后足以开千秋万代之伟大画家，恐当前无任何一位评论家会同意此看法。《辞海》一书竟录有平庸之极的画家，独李苦禅先生不见载，这可说是学界之耻。论笔墨之雄奇跌宕，气势之壮阔博大，直可谓"惊才风逸，壮志烟高"。风格来自人格，苦禅先生之直率、坚贞、宽厚，非时下之耳食者可理解；傅抱石以他奇肆雄浑的风格，高踞于五代、北宋山水画大师之上；而写实主义大师蒋兆和开拓千古人物画生面，无疑具有风范独扇百代，余烈激厉后生的承上启下殊勋。李苦禅、李可染、傅抱石、黄宾虹、蒋兆和诸先生，笔者皆有专文评述，兹不赘（见《李、潘之辨》《傅家山水两代人》《水遇千回波更长》《魂魄犹在江山图》《黄宾虹论》《徐悲鸿》）。

九　文人厥功

以上所开列之画家凡50余人，刻石、墓壁、庙宇十数事，皆可称中国画，而中国画至极之境，无非中国之文人守望者，究其根源仍在于中国画是哲学的、诗性的和书法的。

论气韵一节已经概述，东方的哲学思维对中国画根本性的意义。庄子所谓"至人无为，大圣不作，观于天地之谓也"（《庄子·知北游》）。老子所谓："为学日益，为道日损，损之又损，至于无为"（《老子·第四十八章》）。他们的原意是：如果你目光局促，所学者虽多，或者去道更远。"益"，多也，非道也。而倘能将心性与道谐和，那你就会与道合一，消除了一切身心之重负，达到无为之境。"不出户，知天下；不窥牖，见天道。其出弥远，其知弥少"（《老子·第四十七章》）。这似乎又与中国画家重视自然，搜尽奇峰打草稿的思维相忤。所以读文章，尤其中国古哲之文，不能望文而生义。老子之意是，体道之时，真不是远游之时。老子可说是一个阅历极丰富的智者，他提醒人们必须从世俗的所有繁文缛节、细琐事物中解脱，处于"致虚极、守静笃"的心灵反省状态。这时豁然心胸，摆脱了"为学日益"琐屑的羁绊，得到一种精神的大解脱。此时客观外物无以左右你的心性，你会体悟到庄子所谓"咸其自取"（《庄子·齐物论》）无待外物推动的自我，一种与万物齐一，无隔无封的状态。《庄子》中提到的颜成子看到南郭子綦这位真人的生命状态即是，说他形同槁木，心如死灰，当他回归到朴、回归到婴儿、回归到无极的时候，他与自然万物同在。南郭子綦发出了"吾丧我"三字无上言讖，这就如同佛家的无上正等正觉（阿耨多罗三藐三菩提）。他死亡了吗？没有，他在自性的物化中，得到了大自由，他一定听到了不为凡耳所闻的天籁——宇宙六声部的交响乐（天体物理学家开普勒称：宇宙是六声部的大交响）。既然老子的哲学是一种玄学，那么玄之又玄，众妙之门，中国画家从上面的论述当会静言思之，原来老子讲出了一个最根本的艺术法则，只有艺术家与大自然、与道同体的时候，才有可能真正进入常人不可梦见的大化之境。这种心灵的美不是"为学日益"的堵塞，而是一种不可见的充实，孟子说"充实之谓美"正指此。

中国的文化史，无论哪一个领域，"士"作为一个阶层，他们所起的作用是无与伦比的。"士"是中国古典哲学的创说者、运用者，他们缔造的伟大文明，是中国人的无上光荣。而哲学思维对于每一个民族来说，即这一巨大的群体如何想？而正是由于如此想，而有如此的文明。中国画当然不能例外。文化大发展、大繁荣，构建锦绣乾坤的中国梦，首先需要的前提是弘扬中国的哲学。

极偏狭的人曾以为由于中国哲学的主观唯心主义，影响了中国名教的发展，其实在战国时代出现之惠施、公孙龙诸名家，虽未在历史上辉煌地发展，然而仅就他们遗留下来的几个哲学命题如"至大无外，谓之大一；至小无内，谓之小一""白马非马"等，至今犹足令人拊掌赞叹。直至近代严几道译《名学》出版，人们才知西方人如何想。然而，笔者觉得西方人的未来，如果不在最根本的本体论和方法论上向东方的古哲吸纳，那么一定会如维特根斯坦（20世纪英国哲学家）发出"哲学家已无事可做"的伤心至极的感慨。

自宋初至今，凡卓越之画家，无非卓越之文人。文极佳而画差可者有之，画极佳而文差可者，未之见。前文所举北宋神宗朝之苏东坡、文与可、米元章为例，所选苏东坡《枯木怪石图》，虽然知非里手，然自有一段清逸之气在。史传米元章创米点山水，然至今未见真迹，信乎米氏翰墨之余，叠点成画。从其子米友仁传世之山水看，并不足称好手，然而绝无市井之气，翻生绝俗之想。而文同之画竹则不如后世郑燮之潇洒酣畅，然亦有文人清气。米画之所以不传，恐其为人眼高而手低，又疯癫不肯饶人，其作品想自毁者什九，藏拙之意也。米友仁随高宗南渡，所作之事为替乃翁辨伪，其在山水画上，则有不争于世的淡泊。

可是这三位文坛巨子，画虽不佳，而对中国文人画之确立，无疑是关键性人物，因为在文坛的地位，他们的言谈分量自然胜于常人。苏东坡"论画以形似，见与儿童邻；作诗必此诗，定知非诗人"，语虽浅近，而意则极深极远。一千年来无一真正画家、无一真正诗人不将其奉为圭臬。我们不会忘记苏东坡是文人画极则的建树人，宛若德国天体物理学家开普勒是天文学法则的制定人。

眼高手低在艺术上永远是件好事，就怕手高眼低，若然，必坠不可救药的匠气，既有匠气矣，则为跗骨之疽，永世缧绁于俗谛而不可自赎。如此之画家，自古及今皆有，不必一一论列。

十　神与物游

前九节谈及中国之哲学，主要目的在使读者知道中国文人画家的本体论。当然本体论和方法论是不可断然分割的，若非然，则很可能出现主观意愿与客观实践的南辕北辙。车轮的转动和方向必须谐然侔合，即使稍有龃龉，都会发生翻车或转向之危险。

在方法论上，中国画家特重子思（孔子之孙）提出的天人合一说，这里，本体论和方法论不仅侔合，甚至同出而异名，亦若"无"与"有"的概念。《老子》云："无，名天地之始；有，名万物之母。"当天地开始的时候，万物之母亦与之同出，"无""有"同出而异名，是老子哲学的基本命题，与三国至魏晋之文人王弼、何晏之"尊无"，裴頠、郭熙之"重有"，从根本上不是一回事。对宇宙万类的生发，他们的解释不可能如老子之圆融，而在哲学上用词虽同，但偷换概念。老子之所以谈"无"，正为证"有"；之所以谈"有"，正为证"无"。老子所以谈"无为"，正所以谈"无不为"。"为道日损"既是本体论，也是方法论。儒家之"明德"即本体，而"明明德"则为方法，它们浑然一体。

"为道日损，损之又损，以至于无为"，正是中国画家的无上法门，这与禅宗之"不立文字，直指本心"是一个意思。钝思者有问，既"无为"矣，何以还要画，还要诗？八大山人"涉事"二字，颇有深意在焉。"涉事"者，偶得于天而涉诸手者也，苟禅宗一言不发，何来《六祖坛经》？一笔不着，何来八大山人之画？庄子为陈明自己的卓见，往往有纵横恣肆之寓言、重言、卮言，固为极而言之，使人为之一震。苟大家都如《庄子》书中老龙吉抱着深埋于心底的道，溘然而逝，那么，宇宙一切皆无，又何必论中国画法？"至于无为"是中国画家内心对道的至高至极的标准，是他们经历了千百年的翱翔后达到的绝云气而负青天的境域。世之论家，于词语但知摭拾而不知运用，无任何足以动人的艺术实践以谈美学，直如赵括之谈兵，夏虫之语冰，得其肤皮而欲立美学之体系，亦若井蛙之不足与海龟言大，貌似深奥不测，犹作聪明而过虑，徒怀犹豫以质疑。如此厚盈一寸之书，价值实不如厚只一寸之砖，鲁迅抨击无用之著述直如谋财害命，与盗贼何异？此类人物之渊集，必致艺术园林之凋伤，使世之学子陷入沉沦转徙而不可自拔之泥淖。孔子曰"可鸣鼓而攻"者岂止冉求一人而已？

中国古代最卓越的画家从事的是为己之学而非为人之学。为己之终极目标仍为利他，将自己的光照温暖霜结之人生；将自己的生命化为甘霖，润泽枯索之世道。

中国古代文论笔者最赏者为刘勰《文心雕龙》，近世则推重王国维《人间词话》及刘熙载（融斋）《艺概》，读者宜深细味。

刘勰有云，"思理为妙，神与物游"，言寄意大化也；"物色之动，心亦摇焉"，言主观之感动也；"目既往还，心亦吐纳"，言审美之选择也。语言简赅而包蕴博大。王国维之"有真景物、真感情者谓之有境界"，这

图8　仿八大山人

境界之出，缘心中有"诚"。"真"者，不伪也，"诚"也。

刘熙载特重混茫之境，其有云："杜陵云'篇终接混茫。'夫篇终而接混茫，则全诗亦可知矣。且有混茫之人，而后有混茫之诗，故《庄子》云：'古之人在混茫之中。'"这是刘熙载以庄子之浑沌之说以言文也。中国画之最高境界恐怕即"混茫"二字。

中国文论、诗论、书论高于画论，之笔者所以用诗论谈画，实以为古代画论多侧重技法，至石涛《画语录》，虽具哲学意味，然观其画实有"微茸〔（róng），言芜杂废笔耳〕"耳（郑板桥评语）之病，故其论也亦止于口，而未见诸画，激昂慷慨有之，然殊不易达言在耳目之内、情寄八荒之表境界。笔者少时颇耽于其《画语录》，今也且搁之。

优秀文人，腹笥既阔大而眼力又敏锐，其心头徘徊者儒、佛、道三家之精粹，又不泥于哲学理念之说教，有放下之心，无挂碍之意，更不以先行既定理念为追逐，信夫蠲然不滓之孤抱，必有特立独行之流露，重个人心性之寄托，而不为社会需求所左右。正如王羲之所云："或取诸怀抱，晤言一室之内；或因寄所托，放浪形骸之外。"越名教而归自然，自东晋至北宋600年间为其酝酿、成长的积渐过程，至300多年前八大山人，则呈现人类文化史上奇绝的芳葩，正孟子所谓"大而化之谓圣，圣而不可知之谓神"矣，这是中国文化自立于世界艺术之林的光荣。

图9　道子画壁

近世大画家傅抱石著述甚丰，唯"中国画是兴奋的"一言足为天下师，因为我们不能企求某一画家能时时刻刻与大造邂逅，而"兴奋"必是良辰、美景、赏心、乐事四美具，贤主、嘉宾二难并的难得的瞬间。此所以再伟大的中国画家，其一生之中顶尖的杰构永远是几幅，这是可遇不可求的艺术胜果。

苏东坡称吴道子"当其下手风雨快，笔所未到气已吞"，此处之"气"，即谢赫《古画品录·论画六法》之"气韵，生动是也"。当此之时，画家已与天地流转浩荡、恒变不居之势态合而为一，这是何等可贵的人生快意。

在文化史上，公元前 21 世纪至公元前 11 世纪，大体是中国前哲学时期，这时形成的阴阳八卦图，是先民宇宙阴阳二元论之肇始。其间经过周文王之演绎、传为孔子之《十翼》，至东晋乃蔚为大观。至差不多与孔子同时的老子《道德经》出，则中国纯粹之哲学形成。自《易》至《老子》，其核心的宇宙本体观乃"无中生有""有无相生"；而其基本的方法论乃阴阳两极。这种学说的伟岸乃是本体论和方法论略无间隙的暗合，或质言之：本体与方法异名而同体。这将是历久弥新、永世不败的东方经典的感悟宇宙学。

我们试引用《老子》书中的"知其白，守其黑"中的"黑""白"两字来看中国画。在笔者看来，至密之色为"黑"，而至疏之色为"白"。中国画阴阳两极即在黑、白之间的不尽递变交融，而黑即墨，为阴；白即宣纸，为阳，有无同出而异名的哲学概念亦于此应焉。未画之时如浑沌未开，既画之后，则有无相生，空白处为"无"，笔墨处为"有"，画中物象之成，同时背景亦成，不着墨处惯称为空白或虚，而物象惯称为实。

十一　书画同源

全世界古往今来的文字，都是一种符号。符号的组合构成章句，成为人类的思想、语言乃至所有人文作品的载体。一般讲来，世界各群族之文字，是没有成为审美对象的条件的，也不能视为造型艺术。而唯有中国的书法是一个特殊的例外，文字不但能由一个无情的符号世界走向造型的有情世界，而且，中国书法奠定了中国绘画殿堂的基石，这其中深刻的道理何在？

如果说"道法自然"要寻找一种最合宜的艺术作为诠释，那便是书法。书法，即使有象形的因素，但也是经过高度抽象的。在它的点划流美之中，你看到的、体味到的乃是生命的状态、运动的感觉、物质的消长和不可名状的意味，而且，书法竟能那样奇妙地反映书家的个性、命运乃至生命力的旺盛或衰败。这正是书法成为一种崇高艺术的原因，在中国，它具有与绘画同样尊贵的地位。

甲骨文为中国文字的滥觞，也可以说是中国书法的源头。那时用以占卜的甲骨文，是用尖利的工具刻于龟甲或兽骨之上的，在那暗哑的符号里，我们可以感受到虔诚和神秘，但那是缺少热情的记录，虽然内容和形体已有上古先民微妙的艺术感觉。周秦之世，中国的书法才真正诞生。由此可见，中国书法之所以成为艺术，与所谓象形关系不大，而是和用笔之包含宇宙大美有关。中国书法家历 3000 年孜孜矻矻的努力，将目之所察，心之所悟，一一收入笔底，在点划之中将荣衰生灭、存在状态和运动法则高度抽象。文字本为符号，而有造型的符号就有可能成为广阔的感情世界。

书法艺术，是真正法天、法地、法道、法自然的，人们往往以大自然的变幻和状态，和《老子》所谓的"有无相生，难易相成；长短相较，高下相倾；音声相和，前后相随"（《老子·第二章》）来评述书法的奇美。钟繇如"云鹤游天"；王羲之如"虎卧凤阙，龙跃天门"；卫夫人有《笔阵图》以万年枯藤比垂笔、以高峰坠石喻点笔。孙过庭在《书谱》中更云："观夫悬针垂露之异，奔雷坠石之奇，鸿飞兽骇之姿，鸾舞蛇惊之态，绝岸颓峰之势，临危据槁之形，或重若崩云，或轻如蝉翼，导之则泉注，顿之则山安，纤纤乎似初月之出天涯，落落乎犹众星之列河汉。"这里所讲的"异""奇""姿""态""势""形"，都是万有的生命与运动状态，这其中充满了艺术的想象，是书法家受自然大慧智的启发而体悟到的意象。在书法的点划之中，有老子所谓的"无状之状，无物之象""迎之不见其首，随之不见其后"（《老子·第十四章》）。书法家的心灵倘使受到这冥冥之中宇宙本体的震动，也必能化入那"恍惚"之境，那么他的书法也就接近了宇宙的大美。书法而近乎道，则有"书道"，这是一种直抒胸臆的艺术，即使我们今天读千百年前书法家的作品，仍然能与书家之脉搏共跳跃，能与古人共享他们对大自然的陶醉和他们对人生的判断、对悲欢的寄托。譬如我们读颜真卿的《祭侄文》，我们会对那种破坏了人生和谐的荼毒，产生共同的震栗，从而进一步理解为什么书法艺术以它本身的魅力使我们不断去追逐宇宙的和谐。

图 10　怀素临池

没有一种艺术家像书法家那样富有联想力，因为书法的语言极其单纯，它没有绘画的色彩，没有音乐的鸣奏，却包含着五色的绚烂、五音的繁会。它的绘画性和音乐性是潜在的，可意会而不可言传的。为什么文与可"见蛇斗而草书进"？为什么怀素"贫道观夏云多奇峰，辄常师之"（《书苑菁华》）？为什么张旭"观公孙氏舞剑器而得其神"（《新唐书》卷二二）？韩愈在《送高闲上人叙》中说："张旭善草书，不治他伎，喜怒窘穷、忧悲愉佚、怨恨思慕、酣醉无聊不平，有动于中，必于草书焉发之。观于物，见山水崖谷、鸟兽虫鱼、草木花实、日月列星、风雨水火、雷霆霹雳、歌舞战斗，天地事物之变，可喜可愕，一寓于书。"书家感悟的正是从事物的表象直抵其内在的精髓、内在的神韵，如果用九方皋相马得其精而忘其粗，在其内而忘其外的故事来说明，最能切中要害。

当书家与大自然目遇神会而忘怀得失的时候，那种状态是毫无伪饰的、非功利的。他们有时甚至如癫似狂，那实在是最纯净而无挂碍的状态。当他们对别人的观感和社会的宠辱弃置弗顾，不会"得之若惊，失之若惊"（《老子·第十三章》）时，他们才能"暂得于己，快然自足"，才能真正"放浪形骸之外"。唐窦冀述怀素之狂草云："忽然绝叫三五声，满壁纵横千万字"（见《怀素自叙帖》）。半醉之时，忘却了世俗的礼仪约束，回归天然的本性，醉后的大叫虽有与观众开玩笑之意，确实有一种自足的快意。这种快意如睫在目前，稍纵即逝，把握这短暂的快意，正是中国书画必须即兴神驰的原因。据称日本画家作画，节节而描之，叶叶而绘之，每天工作 14 小时，20 年方能完成一墙壁画，这种画法不可能有风发的才情、跌宕的用笔和豪纵的气象：在苦役般的劳作之中，人类自然的本性泯灭，而由于过分着意的描画，使画面失去气韵的浮动流布，而没有气韵的作品则形同槁木，不会有生命的节律在其中跳动。中国的书法用笔，本身来自造化，不是处于二维的平面，而是"其笔力惊绝，能使点划荡漾空际，回互成趣"（包世臣《艺舟双楫》）。当中国书画家能遣笔纵横于三维空间的时候，那就做到了石涛的"试看笔从烟中过""笔含春雨写桃花"。当笔墨达到润含春雨、干裂秋风的时候，"墨分五色"就非徒托空言了。当书法家用笔"凛之以风神、温之以妍润、鼓之以枯劲、和之以闲雅，故能达其情性，形其哀乐"（孙过庭《书谱序》）的时候，那有情的世界正如"素练霜风起"，这不是来自天宇的浩然之风、来自海岸的回荡之风吗？大自然的春温和秋肃是和谐，惠风和畅与飙风顿起是和谐，波平如镜和狂澜排空也是和谐。我们静听天穹浩荡的协奏，笔底的所有感悟都是来自道法自然。

在书法史上有"晋人尚韵，唐人尚法"之说，此后又进一步演化出卑唐崇魏的审美倾向，认为唐以前的字浑朴自然，而唐以后的则法立而朴散，失去了魏晋时代的韵味，其中宋代姜夔的《续书谱》和近世康有为的《广艺舟双楫》是此论的代表。康有为说："魏碑无不佳者，虽穷乡儿女造像，而骨血峻宕，拙厚中皆有妍态，构字亦紧密非常……譬如江汉游女之风诗，汉魏儿童之谣谚，自蕴蓄古雅，有后之学士所不能如者"（《广艺舟双楫》）。唐代书法的格法渐趋森严，亦宛如唐代近体诗之格律已臻完备，本是艺术发展的规律，即由无法而有法。然而，艺术上的法则，倘驾驭者力所不逮则容易偏离自然之大道，而走上因循、守旧僵化之困境。康有为激赏不为礼法所拘的江汉游女之风诗，"风诗"者，男女情爱之诗也，古人用"风"字，不仅涉及男女两性关系，马牛牝牡之相诱亦称"风"，这是一种天然的本性，而本性的描述则必近自然。我们读《毛诗·国风》中的不少诗，那些怀春少女对爱情直率、热烈的追求，那是天然去雕饰的、真挚无邪的。康有为认为魏晋的书法正是如此。书法有了一个"真"字，那虽不是出自学士名人之手，也必有其内美大美在。康有为又说："欧虞褚薛，笔法虽未尽亡，然浇淳散朴，古意已漓，而颜柳迭奏，渐灭尽矣"（《广艺舟双楫》）。他认为自初唐欧阳询、虞世南、褚遂良、薛稷四杰出，淳厚的古风已经稀薄，而大朴自然的韵味也已消散，古意越来越淡，而到了颜真卿、柳公权，那古意连一点影子也不见了。对唐代书法的贬损，可说是康有为的偏执之见，然而他崇尚魏晋，确有至理。

关于无法与有法、质朴与华彩的论辩，唐代的孙过庭作持平之见。他说，应做到"古不乖时，今不同弊"，也就是提倡古朴，但不要阻碍时代的进步，今天提倡法则，也要避免陷入僵化的通病。孙过庭对故意装天真而自我作古的人也提出了批评："何必易雕宫于穴处，反玉辂为椎轮者乎"（《书谱序》)？也就是说，时代已然进步，你何必离开了雕饰的宫殿而去荒野穴居？何必把美玉饰辂的华车扔弃，去坐那原始无辐的破车？

一个艺术家，能从自然大道取之不尽、用之不竭的源泉中汲取灵感，在森严的法度中又不受牢笼拘束，最后回归自然。这个过程是古往今来真正能创造大美真美的艺术大师必然经历的道路。这就是为什么既需有内美又要有修能的原因。

这里，我们不能不谈一谈对现代西方某些艺术家和目前中国某些新潮、前卫艺术家们的看法。20 世纪是所谓现代派繁衍滋生的世纪，而现代派的理论也层出不穷，流派的消长受画商与评论家的控制，生命之短暂与时髦之奄忽相仿佛，而理论则不外是极端的主体论，谓艺术作品只求宣泄而不求理解，能一抒为快，便是终极目的，你看得懂与否，干我何事？其间艺术评论家上下其手，画商只图厚利，一旦观众视觉对某种光怪陆离的艺术现象感到疲劳，则必然陨落。而另一派更新的、更离谱的流派产生，一似走马灯之纷纷扰扰，由于对传统技法的极端鄙弃，必然是艺术衡量标准的混乱和最后丧失。科技的日新月异、产品的目迷五色，使一般观众处境茫然，人云亦云，而宣传媒体的彻底商品化，也使艺术的品质本身降为次要的地位，商品的"新"，成为获得消费者青睐的主因，艺术也沦为消费品的范畴，人们难逃这逐新的大潮。再没有那种梵·高、高更、塞尚和莫奈一般的真诚，那种大师全身心的投入，那种执着的追求，那种置生死利害于度外的虔敬。波普艺术运动对新潮而言是其结果，也是最后埋葬新潮的自掘坟茔。群众在受骗过久之后，觉得艺术本来不是少数人的事，波依斯吹一口气使一个啤酒罐价值 100 万美元，那我也不妨一试，垃圾与破铁丝能构成据说十分伟大的艺术，那我所堆的垃圾，与艺术大师的何异？

于是，夏天的海滨，丽日高悬，沙滩上人们从家里库房地窖中将尽可能找到的破罐烂铁都拿出来，堆砌或"创作"艺术品，一阵疯狂的宣泄之后，汗洇淋漓，于海中沉浮半晌，然后在作品前拍相留念，开车扬长而去。潮起潮落，这与大自然合作的艺术成了真正行为艺术，在洪波中被冲向海底。

既然毕加索能从黑人艺术中得到灵感，那难道新潮艺术家们会被禁止做更远古的追寻吗？于是现代人的图腾艺术兴起，那已非黑人的性器官雕刻或印第安人的图腾柱，那时对人类性器官的崇拜，是何等的虔敬，而今天披头散发或干脆光头的嬉皮士们，他们的图腾崇拜带来的是性乱与艾滋病。与其并行不悖的艺术追求，则把性作为永恒的主题，展览厅中硕大无朋的一根黑柱题为"牡"，而相映成趣的一个大树黑洞题为"牝"，艺术沉沦至此，可谓极矣！

装作返璞归真，而心存浮华；装作天真稚拙，而实质油滑。"轻薄为文哂未休"，他们亵渎艺术的同时，对历代大师的作品则横加诋毁。在一次酒会上，某新潮雕塑家谓罗丹的作品不过是"中学生的水平"，笔者很严肃地放下酒杯，告诉他："我崇拜罗丹！"是时宴会顿然鸦雀无声，人们回味着这短兵相接的两句对话，代表的是全然不同的信仰。

宇宙生命的和谐，也还包含着矛盾双方的同一性，在书法艺术上强调的刚柔相济、轻重相间、浓淡相生，用笔速度上的疾缓相调，都决定着线条之是否真正有生命力。唐代孙过庭曾在《书谱序》中论及书法之通病时讲：

> 质直者则径侹不遒；刚很者又崛强无润；矜敛者弊于拘束；脱易者失于规矩；温柔者伤于软缓；躁勇者过于剽迫；狐疑者溺于滞涩；迟重者终于蹇钝，轻琐者谇于俗吏。

翻译成白话就是过分的刻露缺少内遒；过分的"刚很"则无润泽；过分的"矜敛"，如作茧自缚；"温柔"本来无可厚非，而或会伤于"软缓"；"躁勇"如无适度，则近乎攻击逼人；"狐疑"者用笔踟蹰不前；而"迟重"者则既顽笨而又愚钝；轻佻而猥琐的则被人骂为眼光浅短的官吏。

所有用笔的毛病都可以说是矛盾一方的失控，转向事物的反面，不能"知其雄，守其雌""知其白，守其黑"（《老子·第二十八章》）。倘若书法能依循老子这种辩证的思维，能知其刚强，守其温柔；知其坦荡，守其舒缓；知其迅捷，守其蕴藉；知其风动而守其凝重，那么就达到了和谐之境。

前面已论及书法的用笔来自大自然万类的生命节律和其运动变化的规律，可谓"道法自然"。而中国画史从来视为真理的"书画同源"之说的根本原因，也在于以自然万物作为表现对象的绘画同样是"道法自然"的。这"自然"当然不是一般现象、概念的自然，而是老子哲学中那自然而然存在着的宇宙本体和天地万有的根本规律。中国绘画语言之基本元素，乃线条笔墨，线条笔墨之优劣成为衡量作品质量的前提，而中国画的线条笔墨又与书法有直接的关系。

周秦之世，中国书法已臻美奂之境，《虢季子白盘》《散氏盘》《石鼓文》为大篆典范，结体之精美绝伦无以复加。至汉魏六朝碑刻，书法面貌的变幻更趋丰繁。此类碑铭之于中国书画史，略如古希腊雕刻之于西洋美术史，可谓树典范、立极则，成为万古长存的源头活水。

中国书法家为画家铺平道路，其对线条之颖悟、用笔之奥秘，往往领先数百年之遥，当画家们还用着少变化而缺神采、因此感情色彩不强的铁线描或春蚕吐丝描时，书法家们已云鹄在天，作逍遥游。当王羲之的《题笔阵图后》已将用笔之变化比之用兵谋略，此中必有声东击西、暗度陈仓、实以虚之、虚以实之诸手段在焉，而彼时之顾恺之竟如何？尚处"迹不逮意"之困境，岂有书家迎风飘逸之致？至唐代，书家与画家情绪上都可共达风发之境，当怀素大叫三五声而以汪洋恣肆之才纵横挥洒时，吴道子也做到了"当其下手风雨快，笔所未到气已吞"。然而他的莼叶描，也仅达到了轻重有致、回环有方，比之狂草的跌宕排荡、蕴藉雄厚、龙蟠凤逸，恐尚有不小的距离。唐以前的画作（指工笔人物或山水花鸟）近于匠，不只画家学养不够，其艺术语言之板滞，也是一因。这种情况宋、元之后才结束，书家与画家两位一体，更进一步推动了中国书画线条的前进。

我们不妨把书法艺术视作一种对大自然所有现象的抽象而简捷的提炼和记录，一种将自然规律化为深藏不露的天成密码，化为点划流美的奇方，一种熔万物枯荣、光线浓淡、速度快慢于一炉的妙术。它也是书家个性、胸次、学识和生命衰旺、精神晦明的精确测表。倘若说，"画如其人"，固然有实证的例子，却有更多的例外；而"书如其人"，则几乎是概莫能外的检测器。据说傅青主晚年一日检阅笥箧中之书法，见一自己的手书，大骇失色，谓"离大去之期不远矣"。傅青主又精医道，他这一言既出，果不出所料，竟成谶语。书法所具有的永恒的魅力，来自它比绘画更内在、更深邃地体现着"道法自然"的精神。

老子对宇宙本体的理解，提出"道法自然"的最高命题：由反对声色犬马而主张回归小国寡民的朴素生活；由对大道的体悟，提出"复归于婴"的命题；由体悟大道的需要，提出"致虚极，守静笃"的方式。这些本来不是谈美学的范畴，却涵盖了中国美学的本质，成为中国文论、诗论、画论之渊薮。老子反对虚伪的美，这在心灵上无异强调了真正的内美；强调"道法自然"，无异追逐着宇宙天地的大美，以内美而求大美，这便是艺术的本质，也是艺术创作主体论的核心。而自然的大美则是其自身永恒的和谐。我们说老子哲学是非美学的美学，不只表面上老子拒绝声色，而且实际上老子所论，大者为宇宙天地，小者为人世沧桑、万物衰荣的辩证体悟。他不曾在任何一章之中具体而微地论述艺术的规律和法则，唯其如此，在他大而化之的理论中，却包含了自然大慧智的无穷宝藏，当我们趋近于它的时候，会感受到一种宗教般的洗礼，会洗尽那世俗的尘嚣对心灵的污染。你会非常敏锐地辨识那些美的对立面——矫造和虚伪，并予以本能的拒绝，那在冥冥的内心中，会有两个真美大美的字——和谐，和一个真美、大美之内核的字——诚。

十二 诗画一体

自古以来，诗人而兼画家者多，而画家兼诗人者少，诗人必以心灵感应之敏妙与迟钝，以判其诗之轩轾，而画家苟于心灵上已是诗人，语言上有所不逮则是不会影响其画作的。八大山人之诗其可读乎？石涛之诗有可传者乎？近代齐白石之诗正所谓牧笛山歌耳，其余不足论矣。重要的是，他们心灵上够不够诗人，够矣，他们的画便是诗。

中国古代杰出的诗人以真感情体悟真景物，借真景物述说真感情，所达之真境界，是世界任何国家的诗人不可比权量力的，中国文字一字一音（不同读音，非多音节，依旧一字一音节），一字多义，一字多词性，使中国的语言，成为一种变幻万端的、混沌含蓄的诗性语言。

既论及诗，必读清末刘熙载（字伯简，号融斋）之《艺概》。请略举例如下。

《艺概·词曲概》："少游《水龙吟》'小楼连苑横空，下窥绣毂雕鞍骤'，东坡讥之云：'十三个字，只说得一个人骑马楼前过。'语极解颐。其子湛作《卜算子》云：'极目烟中百尺楼，人在楼中否？'言外无尽，似胜乃翁，未识东坡见之云何？"这是融斋先生的妙问。苏东坡因未见秦湛之词，然苏东坡嘲笑秦少游13字的毛病——作诗必此诗，于其子秦湛词中已不见踪影，秦湛之句有无限感慨、伤怀。岁月的流逝，往往带给人们无法言说之悲怆，而仅用12字状写之。融斋先生又特强调诗意之"空中荡漾"："上意本可接入下意，却偏不入，而于其间传神写照，乃愈使下意栩栩欲动，《楚辞》所谓'君不行兮夷犹，蹇谁留兮中洲'也。"这简直是一段极精彩的泼墨文人简笔描之高论。

而融斋先生之论词之"章法"云："不外相摩相荡，如奇正、空实、抑扬、开合、工易、宽紧之类是也。"这又是一段极精彩的经营位置、工写结合的高论，读者尤应于"摩""荡"二字加意焉。

图11　黄宾虹像

以言诗、画，则画得益于诗者多，而诗得益于画者少。因诗直抵灵府，含蓄蕴藉，盖非画所能及。融斋又云："词要清新，切忌拾古人牙慧。盖在古人为清新者，袭之即腐烂也。拾得珠玉，化为灰尘，岂不可鄙矣！"于绘画尤然，视今世之画家，袭古人近人者多，而能"清新"者凤毛麟角，拾西方后现代派诸公牙慧者犹自炫清新，实腐秽甚矣。此正古希腊神话当太尔式之烦恼："仰取果实，化为石头；俯饮河水，水却不见"同义也。

综合以上三章所述，概言之：其为人也悟哲，有不通诗者鲜矣；而不具诗性之心灵能通画道者，未之有也。至于书法，则中国文人画之所必备，无书道之学养，而欲使画入神品，则不可梦见矣。

十三 例以证说

一日门人刘波、薛晓源、孙景阳在吾画室纵谈古今。刘波张一宣纸于壁上，诚惶以询："先生其有意乎？"薛孙二人亦有殷殷之态。余乃奋裾而起，谓写一黄宾虹像若何？众欢喜雀跃。乃据一盈寸黄氏头像相片，谛视片刻，则濡墨挥毫，始画黄氏眼镜，刘波与薛晓源窃语"小矣"，讵知双眼既出，眼轮匝肌随之，眉骨既出，霜眉已显，众拊掌："真黄宾虹之神也！"彼等窃语吾已闻之，反讽曰"须换一大镜片乎"？至画鼻，气息舒然，至鼻唇沟口角出，则先生之刚介、坚韧、学养皆在其中矣，跌宕之笔以出髭髯，至额上一笔，碗帽覆于上矣，众皆鼓掌，余亦狂啸。更风发其笔，作袖手伫立之全身，至鞋部已忘其所画，数秒已成。告成之时，刘波谓只20分钟耳。此画今已为吾代表作之一，苟非天赐良辰，复为之，必不可得矣。

《中国画法研究》所述，亦类皆笔者半纪朝斯夕斯感悟，举画黄宾虹一画，知全书所言非虚。

黄宾虹一画既成，张之素壁，吾与诸门生坐而观之达两小时，觉不可增一笔，不可少一笔，而观画时之范曾虽汗涔未干，不知方才所发生之一切矣。所幸此画有20分钟之摄像纪实，知非妄说。

结 语

论中国古代文人画者，何累千数，而足以振聋而发聩，有睥睨千古之画笔而又能立雄视当朝之峻论者，笔者未之见也。笔者尝于《画外话·泼墨钟馗》中作如斯说："（作画）第一需要的是画家主观心理状态，必须有跃马缆辔、奔逸天岸的豪纵之情；必须有万象毕呈、造化在手的移山之力；必须有饥鹰渴骥、掣电奔雷的箭发之势。当此之时，解衣般礴，目空今古，放笔即来笔底，状物如在目前。纵笔处如飞瀑之悬匡庐，收笔处如鸿声之断衡浦。闳肆至极，不失矩度；恣情欲狂，终归内敛。这还不是泼墨画最难处，泼墨人物画更难在这瞬息间，画家还必须与表现的人物心许而情伴，神遇而迹化，这是何等奇妙而高迈的境界！泼墨人物画与猥琐、迟疑、怯懦诸情状无缘，泼墨之愿望人或皆有，于幻想中亦甚神奇，然方其举笔，即遇梗阻；毫颖触纸，败笔纷至。当此之时，烦躁生而清气遁，气既尽而情已颓，唯捶砚碎墨，断笔撕楮而已。因之泼墨人物画更须者为学问、为功力、为识见、为修养、为天分。"此段文字虽只提到泼墨人物画，其实为中国所有文人画，无论山水、花鸟、人物莫不皆然，能深识其中要义者，于今盖阙如久矣。

笔者为文意犹有未尽者，乃引辛稼轩两首词。

《贺新郎》，稼轩述自己与异代知己陶渊明之深情：

> 甚矣吾衰矣。怅平生、交游零落，只今余几？白发空垂三千丈，一笑人间万事。问何物、能令公喜？我见青山多妩媚，料青山见我应如是。情与貌，略相似。

> 一尊搔首东窗里。想渊明、《停云》诗就，此时风味。江左沉酣求名者，岂识浊醪妙理？回首叫，云飞风起。不恨古人吾不见，恨古人不见吾狂耳。知我者，二三子。

《西江月》：

> 醉里且贪欢笑，要愁那得功夫？近来始觉古人书，信着全无是处。昨夜松边醉倒，问松："我醉何如？"只疑松动要来扶，以手推松

曰："去!"

读了这两首词，诸公以为如何？初读或时有感动，合书而思，似觉狂悖，劝君更读稼轩词，始觉范曾于激越中实深藏对故国文化拳拳之忠，眷眷之情，较稼轩平和多矣。

吴镇题画诗研究

安祥祥*

一　吴镇作品中诗与画的密切关系

元代吴镇有在画上题诗的习惯，清代顾嗣立《梅花道人吴镇》中记吴镇"每画山水竹石，辄题诗其上。"①其实吴镇也有仅题名号的作品，但不占多数。吴镇的诗名远不及他的画名显著，但其诗词具有极高的格调，并与其绘画形成很好的互补关系。《四库全书·梅花道人遗墨提要》中记载："镇以画传，初不以文章见重。而抗怀孤往，穷饿不移，胸次既高，吐属自能拔俗。"明末崇祯进士嘉善人钱棻收集吴镇诗文编成《梅花道人遗墨》两卷，藏本后来收入《四库全书》。此外，康熙《御定题画诗类》以及康熙五十一年进士顾嗣立编《元诗选·梅花庵稿》中收录吴镇为历代名画题写的相当数量的诗歌。后世留传下来的吴镇诗词类作品主要是其题画诗：一类是为他人作品所题；一类是为自己作品所题。此处"诗"是一个宽泛的说法，词曲亦包括在内。吴镇喜欢用草书题写长跋，既形成了书法与画

面的呼应关系，又通过诗歌的内容来丰富我们对画面意境的理解。

魏晋时代的"画赞"便有了题画诗的性质，但并非直接题写在画面之上，绘画与诗文二者从文本上讲是分离的。隋唐之间也大致如此，其中杜甫的《画鹰》等为画所写的诗歌已经产生了很广泛的影响。苏轼评价王维"味王摩诘之诗，诗中有画；观王摩诘之画，画中有诗"，是说王维的诗歌能够使人产生画面的联想，而他的绘画则让人感受到诗的意境，谈的还不是诗与画的直接联系。宋代画院中有以诗句为题命考生作画的记载，而且宋徽宗曾亲自命题；宋代绘画上已有题诗出现，而且宫廷中盛行一种一面诗一面画的团扇，诗画的内容相互关联。这些题诗多数出自帝王之手，而且多摘取唐宋诗中比较贴合画意的句子作题。徽宗赵佶的《芙蓉锦鸡图》和马远的《踏歌图》上都有题诗，诗的内容与画面之间有很好的对应关系，诗歌也起到了一定的"阐释"作用。入元之后画上题诗之风渐盛，诗歌与绘画之间便发生了较为普遍的密切联系。吴镇的许多画作饶有诗意，他的诗歌（尤其是《渔父词》）也能够让我们产生画面的联想，极大丰富了观者对于画面的理解程度，提升了画面的格调。本节要从以下四点论述的是吴镇画作与其自题诗之间的统一关系。

（一）解释画面、提升意境

诗歌具有描写和点题的功能，但它更重要的意义在于感发，在于引起观者的联想和情感共鸣。方薰在《山静居画论》中讲："高情逸思，画之不足，题以发之。"所以，引申画意也是文人题画诗的重要目的。吴镇题画诗中有两大题材格外引人注目，一是他在"渔父图系列"中题写的《渔父词》，一是他在墨竹作品中题写的咏竹诗。这些题诗在吴镇的题画诗中占据了相当的数量，而且对于研究吴镇的思想起到了至关重要的作用。这些诗既是对画面内容的阐发，也是对作者心志的表达。

在吴镇的山水画作品中，"渔父"是一个极其重要的题材。在各种辑

录、史料中有关吴镇"渔父"类作品的记载不下十几处，其中既有名为
《渔父图》的画作，也有名为"渔隐"、"渔乐"和"钓隐"之类名称虽
异、主题相近的作品，可以统称作《渔父图》的系列作品。以台北故宫博
物院藏《渔父图》为例，图中描画出一派静谧而冲融的场景，画上的题诗
则带给我们以更多的联想空间。"西风萧萧下木叶，江上青山愁万叠。长
年悠优乐竿线，蓑笠几番风雨歇。渔童鼓枻忘西东，放歌荡漾芦花风。玉
壶声长曲未终，举头明月磨青铜。夜深船尾鱼拨刺，云散天空烟水阔。"
有秋意、有歌声、有明月、有鱼，这些都是画面未曾提供的，而诗歌则将
这些信息一一呈现。观众通过对诗的阅读再回去观察画面，其中会有一个
信息印证的过程，在此过程中观众对于画面的认知程度会进一步加深。诗
歌营造出的意境也会影响到我们对于画面意境的理解。《渔父图》的意境是
沉静冲淡的，诗中对于声音的描写不仅没有破坏这种沉静，反而使沉静的气
氛愈加强烈。此外，这首诗中反映出来的悠游自在的态度也能够感染到读者
的情绪，我们可以尝试循着作者的情怀去品读画面，以形成更真切更细腻的
情感共鸣。在吴镇的作品中，并非每一首题画诗都能与画面内容形成严格的
对应关系，所以不能将题画诗完全当成画面的注解，而要当作画面内容的延
伸。徐复观在《中国艺术精神》中提到："诗画的融合，当然是以画为主。
画因诗的感动力与想象力而可以将其意境加深加远。"① 在这件《渔父图》
中，诗的语言与画的语言交织在一起，没有产生相互抵牾的感觉，尤其最
后一句"云散天空烟水阔"，真正就是关于画面的完美表述。

　　题画诗必须与画面存在或多或少的联系，否则诗歌与画面就成为两个
勉强拼凑在一起的元素，题诗就成了一个"面子工程"，不会对作品产生
实际的帮助。这也就背离了文人在画上题诗的初衷。诗歌在文人绘画中扮
演了非常重要的角色，一首精彩的题画诗会让画面的艺术性和文学性得到

---

① 徐复观：《中国艺术精神：中国画与诗的融合——东海大学建校十周年纪念学术讲演讲稿》，春风文艺出版社 1987 年版，第 366 页。

极大的提升。我们有时候对一首题画诗的熟悉程度远远超出对于画面的熟悉程度。徐渭、郑燮、石涛、齐白石等人都有这样的题画诗，如"画到生时是熟时""通身何处有心肝"等诗句之所以深入人心，就在于其中包含了朗朗上口的音调、真挚浓烈的情感、朴素生动的道理，于是能够引起观众的心理共鸣。而且这些诗多有清通、畅达而简明的特点，不会造成阅读和理解上的障碍。吴镇的题画诗也有这样的特点，他用明快而率真的语言表达出自己在画中要营造的意境和寄托的情感，并极大地引导了观众的情绪。

在帮助理解画面的问题上，吴镇题画诗的作用还是很突出的。单纯欣赏绘画，不同的受众会获得不尽相同的审美感受，而诗歌则有助于我们站在创作者的角度去理解作品的旨趣。在《渔父图》系列作品中，笔者总能感受到一种略为孤独的气氛或是心境，但根据《渔父词》的内容来看，吴镇似乎没有这样的意图，作者在画中更想表达的是一种隐逸精神，一种清介的操守，而不是对于孤独的诉说。一方面大家多认为吴镇通过《渔父词》纵情表达出江湖之闲适、渔隐之自在，一方面笔者又能时刻感受到由其笔墨间隐隐透出的沉郁气质。吴镇性格中有孤傲的成分，这可能会不由自主地在画面中呈现出一点"孤"的意味，这属于性情的本真流露；而且我们细读吴镇《渔父词》的内容，像"残霞返照四山明，云起云收阴复晴。风脚动，浪头生，听取虚篷夜雨声""孤舟小，去无涯，那个汀洲不是家"这样的句子在"渔乐"之外分明还有别样的情绪。渔父既是了无牵挂的存在，又是一个孤独的存在，这样的情绪尽管不明朗，但不应该被忽略。① 通过对诗词和画面的双重感知，就能够更为准确地去体会作者微妙的心理状态。

_____

① 朱良志《梅花道人的"水禅"》一文中谈到了渔父在风波中漂泊与危险的一面，而渔父艺术要表达的是在江湖中达到的心灵超越，是对于孤独感与漂泊感的超越。所以渔父并不仅仅是一个悠闲的存在，它还包含了孤独等复杂的情绪。在唐寅的《渔父诗》中有"谁信深溪狼虎里，满身风雨是渔人"之句，同样表达出对渔父生活之辛劳和危险的忧虑。吴镇在《渔父图》中最终要表达对于孤独感的超越，但孤独感又会隐隐地显露出来。

（二） 反映创作状态与情形

吴镇的许多诗歌是应当时的实际情况而题，应当时的实际情绪而发，具有很强的针对性。吴镇的诗与画浑然一体而不可分割，这既是传统文人画的一大特色，也是传统文人的优势所在。传统文人普遍具有较高的诗文功底，所以在画上题诗就比较容易，也比较切合画题。从《墨竹谱》的部分题诗中可以清晰地看到吴镇诗与画的一致性。

《墨竹谱》第四幅画一枝小纤竹，形象较简略，笔墨灵动轻快。这幅画的原稿是作者为别人画在纸屏上的，诗也是当时题的，后来应佛奴的要求重新作此画、题此诗，以为画谱之用。画上题诗"谁谓墨奴能倒影，一枝移上纸屏来"。"墨奴"是作者自称，"移上纸屏"则指代作者在纸屏上作画的事实。

第八幅画一枝悬崖倒垂竹，题为"俯仰元无心，曲直知有节。空山木落时，不改霜寒叶。此悬崖竹，如此立意可也。"吴镇提到立意的问题，可知他在题诗之前会考虑到画面的意境，然后有针对性地抒发自己的情感。"俯仰"二字恰恰对应了画中竹枝俯冲而下的姿态，"不改霜寒叶"则表明清高坚贞的处世态度。作者一边写景，一边抒怀，画中的墨竹便是吴镇自况。

第十二幅画一枝雨竹，通过略微弯曲而下垂的枝叶来表现雨水打在上面的情形。吴镇当时正"雨窗孤坐"，所以此图有写生得来的可能。他因此情景而想起了鲜于伯机为高克恭题写的墨竹诗"凉阴生研池，叶叶秋可数。京华客梦醒，一片江南雨"，便借此诗以为画题。我们可以通过阅读这首诗去感受吴镇作画时的情境与心境，这是仅仅依靠画面无法传达出来的。我们面对一幅作品，通常最容易获知的是作者的笔墨运用、造型方式、构图安排等内容，进而体会作品的气韵、气质、格调如何，至于作者的微妙情绪和画中寄寓的思想则往往不够明朗。这就需要我们去认真阅读画家在作品上的题跋，许多与画面有关的内容都会在其中找到答案。

（三）诗风与画风相呼应

许多题画诗在语言风格以及诗歌意境上与画面的气质风格能够形成对应关系，诗风一方面呼应画风，一方面又进一步加强画面本来的气质风格。以《墨竹谱》第十七幅为例，画上题诗为"轻阴护绿苔，清风翻紫箨。未参玉版师，先放扬州鹤。"① 诗的风格和内容清新、洒脱、逍遥，画的意境则清新而有生气，绿苔、新笋、丛竹构成一个鲜活生动的诗意画面。我们通过读诗会更分明地感受到吴镇墨竹的洒脱之美。第二十幅作者画雪竹，并题"董宣之直，严颜之节。斫头不屈，强项风雪。"诗句峻烈并含悲慨之气，在这样的情绪感染下，观众更加容易感受到吴镇墨竹中的峻拔之美。由此可知，题画诗对于观众品读画面的启发意义也是很大的。王季迁旧藏吴镇《竹石图》，上有诗："野竹野竹绝可爱，枝叶扶疏有真态。生平素守远荆榛，走壁悬崖穿石鳞。虚心抱节山之阿，清风白月聊婆娑。寒梢千尺将如何，渭川淇澳风烟多。"诗中洋溢着一股野逸之气，与画中竹石的野逸之美相互映发，诗的语言与画的语言在气质格趣上达到了统一。

（四）反映作者的理想与人格

"诗言志"，吴镇常常借题画诗言作画之意、处世之志。他喜欢在诗词中表达自己的心志，甚至对现实有所讽喻。吴镇《渔父图卷》中有一首词："无端垂钓定潭心，鱼大船轻力不任。忧倾侧，系浮沉，事事从轻不要深。"船的浮沉实则暗指世事的浮沉，作者在词中奉劝世人不要深涉其中，做力不

---

① 玉版指笋，《冷斋夜话》："子瞻邀刘器之参玉版和尚，至帘景寺，烧笋食之。器之觉笋味殊佳，问何名。子瞻曰：'玉版也，此老师善说法，要令君得禅悦之味。'器之始悟其戏。""扬州鹤"的典故见于南朝殷芸《小说》："有客相从，各言所志，或愿为扬州刺史，或愿多资财，或愿骑鹤上升。其一人曰，腰缠十万贯，骑鹤上扬州，欲兼三者。"后人便以"扬州鹤"形容如意之事或者贪婪妄想的心思。苏轼《绿筠轩》诗中有"若对此君乃大嚼，世间那有扬州鹤"句，吴镇熟稔东坡此诗，并取其意。此外，吴镇《笋》诗中有句"鸣牙来下冰雪庙，开笼先放扬州鹤"，同出此处。

从心之事。墨竹诗"相逢尽道休官去，林下何曾见一人"则讽刺人们口头上称呼自己要退隐山林，实际上真正能够放弃功名的寥寥无几。

前面提到的《墨竹谱》"轻阴护绿苔"一幅有告诫人们不要有太多欲望的含义。"董宣之直"一诗则赋予雪竹伟岸不屈的丈夫气节，通过诗歌提升画面的意义，使观众能够透过笔墨领略其丰富的精神内涵，对于作者的人生观也有更好的理解。

正如前文所讲，这些诗关于"言志"的意义更超过对于画面形象本身的解释。题诗与画面没有必然的对应关系，这些诗歌也可以独立于绘画而存在，但是我们并不能由此否认题诗与画面的关联属性。通过诗歌中关于作者心志和审美理想的说明，可以为画面形象注入鲜明的"性格"，从而产生更加丰富的艺术魅力。此外，吴镇的诗还表达出一定的美学观点。结合他的美学观点去阅读画面，也会得出更深层次的感受。关于这一点，在下一节会详细解释。

吴镇的诗与画互为补充，有了题画诗，画面要表达的意境、氛围才更加充分、饱满。吴镇对渔父、墨竹两个题材如此偏爱，必定有其美学层面的考虑，但根据题诗来看，他在两种题材中能够得到的情感共鸣是其中的重要原因。无法否认的是，《渔父图》与《渔父词》是不可分割的，墨竹与墨竹诗也是浑然一体的。没有对《渔父词》和墨竹诗的深入理解，也就不会有对《渔父图》以及墨竹画的微妙感知。吴镇《渔父图》中的笔墨表达已然十分精彩，画中的湿气、沉静孤傲的气质都很明显，《渔父词》则将作者隐逸、无为、闲远的人生态度表达得愈加充实；吴镇墨竹兼有率略与闲放之美，并且时时透出野逸的气质，墨竹诗则将作者坚贞、清介的人格操守表达得更加清晰。通过诗词，渔父、墨竹的形象得以情感化、精神化，成为作者的精神投射。

只有诗、画相互映发才显出二者融合之魅力，如果画作拙劣，再好的题诗也不能够将其拯救。建立在绘画、书法、诗词皆具较高水准的前提之上，才能够充分显示文人绘画的独特审美品位。吴镇的诗歌不是对画面的浅层解说，而是引出画外意，阐发作者的心境和情怀。观众对题画诗的欣赏过程实际上是对画面的二次欣赏过程，可以通过文字捕捉画面以外的信息，从而达到对画面更深层次的理解。

二　吴镇题画诗中的美学思想和人格显现

吴镇在诗歌中直接表达绘画思想的地方并不多，即使表现出来的也不够具体和明确，但这些观点毕竟有助于我们更加全面地了解吴镇的美学思想，所以应该引起重视。除去吴镇《渔父词》中代表的隐逸和超脱的思想之外，在吴镇的题画诗中还能够看到以下五种美学思想和人生态度。

（一）平淡中有至味

吴镇在一幅墨菜画卷上的题诗：

> 菘根脱地翠毛湿，雪花翻匙玉肪泣。
>
> 芜蒌金谷暗尘土，美人壮士何颜色。
>
> 山人久刮龟毛毡，囊空不贮揶揄钱。
>
> 屠门大嚼知流涎，淡中滋味我（吾）所便。
>
> 元修元修今几年，一笑不直东坡前。

后面是作者自己的注解：

> 梅花道人因食菜糜，戏而作此。友人过庐索墨戏，因书而遗之，聊发同志一笑也。至正己丑。①

---

① （清）卞永誉：《式古堂书画汇考》，浙江人民美术出版社2012年版，第1884页。

在此画的后面续有包括倪瓒在内许多人的诗词和题跋，内容大致与吴镇的意思相合，强调一种淡然的人生态度和在平淡中有深味的人生哲学。同样的诗还有《写菜》："菜叶阑干长，花开黄金细。直须咬到根，方识淡中味。"平淡是一种人生哲学，也是一种审美品格。前人讲"绚烂之极，复归于平淡"，平淡不是枯索或者单调，而是一种冲融、素朴的品格。平淡之中蕴藏着丰厚，但这种丰厚不是外在的直观的，而要通过内在的感悟来予以体验的。平淡的艺术本身具备简约的特性，但在简约之外还要有余味，要有"言外之意""象外之趣"。

"淡"的思想在中国传统文化中由来已久，老子、庄子都曾明确地提出"淡"的观点。老子讲"道之出口，淡乎其无味"，又说"为无为，事无事，味无味。"庄子讲，"淡然无极而众美从之"。有关"淡"的理解可以有朴素、含蓄、简约、冲融等多个方面，在中国传统思想中，"淡"代表的正是内涵最为丰富、最有深厚意味的一层境界。由"淡"可以引申出"平淡""淡泊""淡雅""简淡"等概念，它们相对应的是"绚烂""雄肆""张扬""繁缛"等特征。中国传统思想中把最根本的真理归之为"道"，寻求真理的过程也就是"体道"的过程。往往在最平淡的事物中反而最能够体察到"道"的存在。"淡乎其无味"，实则是无味中方有至味。这里所讲的"淡"不是画面中墨色的深浅，而是一种火候，一种修为与涵养达至的程度。它需要在一种繁华落尽的状态下达到最深厚绵长的意味。在艺术境界上，这就是一种我们常说的"老境"，所谓"渐老渐熟，归于平淡"。董其昌在《画旨》中有一段话，谈到了艺术中的"淡"境，"诗文书画，少而工，老而淡。淡胜工，不工亦何能淡。东坡云：'笔势峥嵘，文采绚烂，渐老渐熟，乃造平淡。'实非平淡，绚烂之极也"[1]。通过董其昌的解释不难看出，从"绚烂"到"平淡"是一个更自然地接近道的过

---

① （明）董其昌：《画旨》，西泠印社 2008 年版，第 149 页。

程，也是一个从经意到不经意的过程。

从吴镇的隐逸情怀和他的处世态度中也可以看出吴镇对于平淡滋味的追求。吴镇一生不做久远的游历，也不往来于文人间的宴饮集会，他追求的更多是一种个人体验。在吴镇的绘画尤其是墨竹画中，我们能够清晰地感知到这种平淡意味的存在。清代诗人梅尧臣《读邵不疑》中有一句："作诗无古今，唯造平淡难"。"平淡"之难，正是难在不露痕迹，难在平而有趣、淡而有味。

（二）清高而孤耿的品格追求

吴镇性格中有耿介和孤高的成分，他不同流俗，不为时尚所动，他对待绘画和对待人生的态度都是如此。吴镇在《悬崖竹》中写道："俯仰元无心，曲直知有节。空山木落时，不改霜寒叶。"诗中提到了两个词："无心"和"有节"。这两个词恰恰能够体现出作者的一种品性。"无心"表明的是一种不刻意而求的生活态度，自然而然；"有节"表明的是一种持守，一种主观的人生把握。

吴镇的绘画有一种非常孤高的气质，这种气质实际上是作者自身气质的反映。清代钱棻《梅花道人遗墨·原序》中提出吴镇有"孤介英特之气"，在《四库全书·集部·别集类·梅花道人遗墨》中认为吴镇"性高介"，二者关于吴镇性格特征的总结基本上是一致的，具有独立、清高、耿介这样的内容。这种性格可以反映在他对待索画者的态度上。吴镇生前便有画名，时常有人向他索要画作。但他轻易不为人作画，作画与否要根据他自己的喜好来定，而且富人往往更加难求。

富室求之不得，唯贫士则赠之，使取值焉。（《梅花道人本传》）
镇画深自矜重，不肯轻为人作。（《四库全书总目提要·梅花道人遗墨提要》）

性孤高旷简，片楮不能取。人知其性，欲置佳纸于几案，需其自至随所为乃可得耳。(《渔父图卷》后黄颚跋语)

吴仲圭忍贫孤隐，极不喜为人作画。(《六研斋笔记》卷一)①

从其取画，虽势力不能夺。唯以佳纸笔投之案头，待其自至，欣然就几，随所欲为，乃可得也。……唯忍贫孤隐，不喜为人作画，非至相投契，不能得其片楮。(《古芬阁书画记》)②

这种清高的品格在艺术上还可以表现为非常自信，不与时人争长短。明代王绂在《书画录》中说吴镇"其笔端豪迈，泼墨淋漓，无一点朝市气，虽似率略，人莫能到。然当其世者，不甚重之，仲圭尝语人曰，吾之画直须五百年后方遇赏音耳"③。由此正可以看出吴镇的画格人格之清高。

吴镇渴望远离尘俗的生活，在他的许多诗歌中都表达出这样的思想。《题草亭诗意图》：

> 依村构草亭，端方意匠宏。
>
> 林深禽鸟乐，尘远竹松清。
>
> 泉石俱延赏，琴书悦性情。
>
> 何当谢凡近，任适慰平生。

《露竹》：

> 晴霏光煜煜，皓日影瞳瞳。
>
> 为问东华尘，何如北窗风？

---

① （明）李日华：《六研斋笔记·紫桃轩杂缀》，凤凰出版社2010年版，第88页。
② 卢勇编著：《元代吴镇史料汇编》，浙江大学出版社2013年版，第66、68页。
③ 魏广君、付阳华编著：《元四家》，江西美术出版社2012年版，第85页。

《题倪云林画》：

> 隐君重价如结绿，萝屋萧然依古木。
> 篮舆不到五侯家，只在山椒与泉曲。

《画竹七首》：

> 叶叶如闻风如声，尽消尘俗思全清。
> 夜深梦绕湘江曲，二十五弦秋月明。

《题竹二十二首》之十一：

> 落落不对俗，娟娟净无尘。
> 缅怀湘渭中，岁寒时相亲。

《墨竹谱》第五幅：

> 我有渊明琴，常年在空屋。
> 客来问宫商，胡卢扪轸足。
> 幸俗不可医，那使积习熟。
> 我懒正欲眠，清风动修竹。

从这些诗句中，可以发现吴镇对于田园隐居生活的喜爱和对尘俗事务的排斥。作者在诗中注入自己的人格诉求，也赋予画面深层的思想含义。当然，这种"远尘俗"的观念可以适用于人格，也可以适用于画格，吴镇在《墨竹谱》的文字中曾经表达过"笑俗陋"的观点，同样是关于人格与画格的一种态度。此外，吴镇的"隐"本身就是一种对俗世的背离，在他笔下透出的那种"隐逸"气质也是其人格在绘画中的印证。

元末文人、画家之间喜欢组织雅集，相互标榜，十分热闹。但是吴镇很少参加他们的集会，反而与一些方外人士交流比较多。

钱棻《梅花道人遗墨·序》：

方元之末，抱才高蹈，放浪湖山者，良不乏人。然率多风流纵诞，广延声誉之士，如玉山、清闷、铁崖、句曲诸君子，诗酒留连，征歌选胜，片纸一出，标榜互高。先生独匿影菰芦，日与二三羽流衲子为群，所画残缣断楮，唯自署梅花庵主，不容他人着一字，盖其至性孤骞，终不肯傍人篱落若此。①

李日华《紫桃轩杂缀》：

然画既佳，又何须人着语？元倪、黄诸君片纸出，则铁崖、伯雨辈攒而题之，亦是一时打哄习气。唯吴仲圭自署"梅花庵主"外，不着他人一字。当知鹏抟狮骤，绝不借人扶掖，此老真笼罩千古人也。②

吴镇不去参加这样的活动，估计并非是有意的抵制，因为文人集会也算不得低俗的事情。可能主要还是出于性格的原因。吴镇自己的解释是"懒性使然"。其实，基于孤高而平淡的性格形成的安静、朴素的生活态度才是吴镇甘于隐逸的关键原因。③

（三）心手两忘的创作状态

吴镇《画竹自题》诗：

图画书之绪，毫素寄所适。

垂垂岁月久，残断争宝惜。

始由笔砚成，渐次忘笔墨。

心手两相忘，融化同造物。

---

① 李德埙编著：《吴镇诗词题跋辑注》，山东美术出版社 1990 年版，第 159 页。

② （明）李日华：《六研斋笔记·紫桃轩杂缀》，凤凰出版社 2010 年版，第 349 页。

③ 吴镇《晴江列岫图》中自识："镇僻处穷居，寡营敛迹，孑立独行，谢绝世事，非有意存乎其间，懒性使然也。"参见《钦定石渠宝笈续编》，上海古籍出版社 1995 年版，第 348 页。

　　　　　　　轩窗云霭溶，屏障石突兀。

　　　　　　　林麓缪槎丫，禽鸟矗翱翩。

　　　　　　　可怜俗浇漓，摸摩竟纷出。

　　　　　　　装褫杂真赝，丹粉夸绚赫。

　　　　　　　千金易敝帚，十袭宝燕石。

　　　　　　　米也百世士，赏会神所识。

　　　　　　　伶伦世无有，奇响竟寥寂。

　　　　　　　良乐难再遇，抱恨长太息。

　　诗中提到了"始由笔砚成，渐次忘笔墨。心手两相忘，融化同造物"，这几句诗讲的是一个由低而高的学习过程。学画伊始的时候心思必然要落在笔墨上，那是一个研究和锤炼技法的过程。在笔墨技巧达到一定的高度之后就可以逐渐忘掉笔墨，这是一个从有意识到无意识的过程，是一个从生疏到高度熟练的过程。忘记笔墨不代表不讲究笔墨，只是不刻意讲究笔墨，实际是能够更加没有障碍地运用笔墨。"心手两相忘，融化同造物"，这是更高的境界。等于达到一个完全自由并且完全合目的的创作状态，这种状态是一种接近"道"的状态。它与《庄子》中讲的"解衣盘礴"的状态是一致的。在吴镇的绘画中我们可以感受到他驾驭笔墨的从容和自信，那种无可无不可的精熟状态。

　　再看一首《竹谱》诗："初画不自知，忽忘笔在手。庖丁及轮扁，还识此意否？"此诗显然受了苏轼《题文与可画筼筜谷偃竹记》的影响，诗中表达出作者当时的绘画状态，其实也表明了自己的艺术观点。这种"心手两忘"的感觉是在创作者忘怀得失的情形下出现的，是心与手的高度合一。画家在此时可以忘记笔墨，忘记形象，忘记位置关系，甚至忘记了自身的存在，但他的精神一定是高度集中的。在看似自由随意的表达方式背后，实则是创作者艺术技巧的高度熟练和精神的高度集中。学习国画的人不要在"无心"这个问题上形成误解，以为是无所用心或者极度的放松，那就完全错误了。

吴镇《画竹》前两句："与可画竹不见竹，东坡作诗忘此诗。"文与可作画"胸有成竹"，所以下笔如有神助，吴镇讲"画竹不见竹"，实际上说的是"身与竹化"的道理①。苏轼有一首论画的诗，其中两句"作诗必此诗，定知非诗人"，道理就是无论诗与画都不要局限在对物象的有限描写之中，要有形象和文辞之外的意趣。吴镇在自己的诗中将苏轼的原意略作调整，他讲的更是一个写诗的状态，一种创作境界。"不见竹"与"忘此诗"都可以理解为一种忘我的情形，一种精力高度集中和投入之后表现出来的创作状态。在这种状态之下，作者能够忘却理法之约束，去除外物之干扰，纯依"自然"之理完成对绘画和诗歌的创作。

（四）人生短暂、及时行乐的思想

《题画三首》第二首：

> 我爱晚风清，漪漪动庭竹。
>
> 惨淡暮云多，萧森分野绿。
>
> 闲窗暝色佳，静赏欢易足。
>
> 人生遽如许，万事徒碌碌。
>
> 有尽壮士金，余缪匹夫玉。
>
> 轩车韫斧钺，粱肉隐耻辱。
>
> 袅袅五株柳，采采三径菊。
>
> 宁尽生前欢，毋贻死后哭。
>
> 高歌晚风前，洗盏斟醽醁。

---

① 苏轼《书晁补之所藏与可画竹三首》之一："与可画竹时，见竹不见人。岂独不见人，嗒然遗其身。其身与竹化，无穷出清新。庄周世无有，谁知此凝神。"

诗中有"宁尽生前欢，毋贻死后哭。高歌晚风前，洗盏斟醽醁"这样的句子，这很容易让人联想到魏晋风度。当然，这里的"尽欢"不能够理解为纵情欢乐之意，吴镇的意思更多是要表达一种类似魏晋文人那样追求豁达和自由的人生态度。吴镇在诗中提到了陶渊明，并表达出人生短暂、寻求超脱的观点，他在平常事物中体会到真实的乐趣，富贵与功名在他看来都是不能使人尽欢的，甚至是危险的。吴镇的及时行乐是取平淡之"乐"，自然之"乐"，他只有在平淡、自然的生活状态下才能够感受到"尽欢"之意。

吴镇《题青山碧筱图》：

> 青山白云绕，碧筱苍烟迷。
>
> 幽人日无事，坐听山鸟啼。
>
> 鸟啼有真趣，对景看山随所遇。
>
> 乾坤浩荡一浮鸥，行乐百年身是寄。

诗中透出一股散淡的气息，诗人将人生的快乐放置到山林之中，放置到自然之中。诗中提到的"幽人"就是隐士、幽居之士，这是作者对自身生活理想的一种形容。苏轼曾经在《卜算子·黄州定惠院寓居作》一词中写道"谁见幽人独往来，飘渺孤鸿影"。在他的《定惠院寓居月夜偶出》诗中也说："幽人无事不出门，偶逐东风转良夜。"司空图《二十四诗品》"自然"一品中也有"幽人空山"之语。幽居的理想或许普遍存在于中国文人的内心深处，成为许多人现实或精神的寄托。从吴镇的诗歌中可以看出，他对于隐逸生活的固守基于一种明确的判断。接近自然的生活在他看来是最具"行乐"实质的，所以他的"隐"才能够那么彻底和从容。

（五）追求闲、淡、幽、静的意趣

《题画三首》另外两首：

一

我爱晚风清，顺适随所赏。

曩古竹林仙，忽忽竟长往。

荒除杂废墟，几度蓬蒿长。

可人日相亲，言笑容抵掌。

靳余一席宽，何用居求广。

荷锄艺术蔬，刮地芟草莽。

举步山水长，引引支离杖。

行役忘尔汝，啸答岩谷响。

淡然入无何，朝来山气爽。

三

我爱晚风清，新篁动清节。

谔谔空洞手，抱此岁寒叶。

相对两忘言，只可自怡悦。

惜我鄙吝才，幽闲养其拙。

野服支扶筇，时来苔上屧。

夕阳欲下山，林间已新月。

这两首诗描写的依然是竹林、山野的环境，以及作者在其中畅然自足的态度。诗中谈到的生活属于闲云野鹤式的，除去对隐居生活的描述，其中有几句诗尤其能够反映出作者的人生观点和美学思想。第三首中有一句"幽闲养其拙"，第一首中有一句"淡然入无何"，"幽闲""拙""淡然"，其实都是作者内心的审美判断。吴镇的绘画正具备朴拙的特点，无论山水还是墨竹，都不在技巧上炫人耳目，他作品的美是内在的，是蕴藉的，是朴素的。庄子讲，"朴素而天下莫能与之争美"。《楚辞·离骚》中说："纷吾既有此内美兮，又重之以修能。"黄宾虹题画诗中有这样一句，"江山本如画，内美静中参"。内美本身具有朴素的性质，也一定具有深厚的内在力量。吴镇的绘画与他的人生体验融为一体，绘画中表现出来的幽深的意境、淡定的气质以及强大的内在力量使他的作品虽然古典但具备超越时空的永恒魅力。绘画到了一个比较高的层面，作者的修为和境界就会起到很大的主导作用。"画如其人"并非完全没有道理，通过绘画尽管不能准确地反映一个人的道德水平，但一定能够看出一个人的气质和秉性，以及他的人生体验。

《题阎立本秋岭归云图》：

> 峰色秋还好，云容晚更亲。
>
> 瀑泉落霄汉，霜树接居邻。
>
> 静处耽奇尚，消闲觅旧因。
>
> 悠悠桥畔路，终日少风尘。[①]

闲、静、归隐之意趣盎然在焉。

《题王晋卿画》：

> 晋卿绘事诚无匹，尺素能参造化功。
>
> 碧树依微春水阔，苍山缥缈暮云笼。
>
> 幽深自觉尘氛远，闲澹从教色相空。
>
> 更喜涪翁遗墨好，草堂何必独称工。

----

① 卢勇编著：《元代吴镇史料汇编：听帆楼续刻书画记》，浙江大学出版社 2013 年版，第257 页。

其中"幽深自觉尘氛远，闲澹从教色相空"两句最能体现作者的审美品格。

《题竹画》：

> 碧筱挺奇节，空霏散冷露。
>
> 十年青山游，得此幽贞趣。

《梅道人松图并题》：

> 幽澜话别汗沾衣，飒尔西风候雁飞。
>
> 我但悠悠安所分，谁能屑屑审其微。
>
> 钓竿不插山头路，猎网宁罗水际矶。
>
> 独有休心林下者，腾腾兀兀静中机。

《题竹二十二首》（其三）：

> 东山月生光，照我庭中竹。
>
> 道人发清啸，爱此茕茕独。

这些诗句表达的意趣很明显，并不需要一一分析。其中的"幽深""闲澹""幽贞""静中机""茕茕独"属于点题之语，这些词语也为我们营造了一个关于吴镇人生理想的画面。吴镇不是一个喜欢热闹的人，他在静中求得对自然和人生的深刻理解，也在静中实现对画道的追寻。这种对于静的追求既源于作者的性格，也源于作者的人生态度。吴镇在为古泉讲师作《梅松兰竹四友图》的跋语中绘声绘色地描述了自己在古泉处饮茶的情形："古泉呼童汲幽澜泉，沦凤髓茶，延之于明碧轩，焚香对坐终日，略无半点俗尘浼入。"这是一种休闲、简淡而且愉悦的生活状态。幽澜泉是嘉兴武水景德教寺的名泉，吴镇所画"嘉禾八景"之一的"武水幽澜"就是此处，这里的泉水甘甜清冽，非常适宜泡茶。吴镇言语中的自得之意也正表明了他对于闲淡生活的钟爱和沉浸其中的欣喜之情。

吴镇留下的文字不多，他的题画诗是研究他美学思想的重要佐证。虽是吉光片羽，但往往切中要害。通过上文的分析，我们已经能够比较完整地把握吴镇在审美品格上的追求。他向往心手两忘的创作状态，同时非常真诚地完成对于幽、淡意味的追求。他的审美取向是偏于内敛和朴素的，他的作品大朴无华，不像王蒙的作品在技巧上那么多变，也不像倪瓒的作品在风格上那么醒目，但他的作品自有一种幽深沉厚的美感。这种美感是吴镇作品独具的，而他的人生态度和美学观点也是形成其作品面貌的重要原因。

回望六朝

桃源在武陵　深处是铜仁

——桃花源原型考论

侯长林[*]

东晋田园诗人陶渊明的《桃花源记》中描述的桃花源，到底在哪里？有的说这是作者的幻想和希望，不是实指某个具体的地方，也就是说，它是类似于海市蜃楼的虚无缥缈的东西。应该说，这种观点也有一定的道理。但是，我们更相信，陶渊明所写的《桃花源记》的桃花源，是有其原型的。因为文学源于生活，陶渊明不可能凭空创作《桃花源记》。

关于《桃花源记》的创作原型问题一直受到人们的关注。据不完全统计，目前全国先后有30多个地方在"据理力争"。比如，有的说桃源在云南广南县坝美村，那里方圆30平方公里，四周群山环绕，地势险要，村中人进出大多选择村头和村尾的两个水洞。这里的自然环境很像《桃花源记》中描写的——"林尽水源，便得一山。山有小口，仿佛若有光。便舍船从口入"。有的说在江西星子县康王谷。因为据宋《南康军图记·记游集》记载：秦灭楚时，楚怀王之子康王熊招被秦国大将王翦追杀。康王逃进谷中，顿时雷雨大作，阻断追兵，康王才得以逃脱，从此深居谷中。此说与《桃花源记》中"先世避秦乱，率妻子邑人，来此绝境，不复出焉，

＊ 作者单位：铜仁学院。

遂与外人间隔"颇为相似。还有的说在北方的弘农郡，或洛水上游。其理由是，1936 年，史学家陈寅恪先生，发表了《桃花源记旁证》一文，质疑公认的"南方武陵说"。他认为："真桃花源在北方的弘农，或洛水上游，不在南方的武陵。"有的说在北京市平谷区与天津市蓟县交界处的盘山。原因是，三国时的田畴曾在这里避难并曾经建立过特殊形式的社会，陶渊明慕其为人，曾来过这里，寻访其事迹。王瑶先生在编注《陶渊明集》时，也有类似的注释："《三国志》记田畴入盘山之中，营深险、平敞地而居，躬耕以养父母，百姓归之，数年间至五千余家。其事与《桃花源记》相近似，是陶渊明社会理想的寄托。"所以，不少人也因此称盘山为"桃花源"。目前，安徽黟县赤岭村的桃花源也炒得比较热。其依据也是黟县"桃花源"的所在地赤岭村的地理环境与《桃花源记》中的描写极为相似。比如要进入村子，人们必须沿着一条溪流到渔亭，穿过绝壁下桃源洞，方能达到盆地。而且，内中情景，也多与陶文相似。另外，赤岭村还是陶渊明次子陶俟之后一脉的迁居地，陶氏一脉已在此地悠闲自在、安宁恬静地生活了千年之久。那么，桃花源的原型究竟在哪里？我们的回答是——"桃源在武陵，深处是铜仁"。本文拟对此进行系统全面的考论。

一　武陵开发与桃源铜仁

东晋田园诗人陶渊明在《桃花源记》中描绘的那种没有剥削压迫，没有徭赋官税，男耕女织、人人平等的恬静生活，被后人广为流传，成为人们追寻理想生活的境地和人间乐园。那么桃源究竟在何处？一直以来为许多专家学者争相议论。我们认为：陶渊明笔下的桃花源应该是一个多为外人不知晓，难以寻找，处于深山峡谷颇为神秘的地方。正如何以刚教授所写的："《桃花源记》的'桃花源'其地点不是今天湖南桃源县的桃花源，因为这里自秦汉以来是有阶级和阶级压迫与剥削的地方。陶渊明笔下的

'桃花源'在古晋代指的是武陵郡，包括武陵山脉沅水上游的酉水流域。"所以，我们认为"桃源在武陵，深处是铜仁"。

（一）历代铜仁的建制沿革

刘新华编著的《历史上的铜仁》是这样记载的：中古时期铜仁为荆州西部，梁州南面的边地，在现在贵州省铜仁市碧江区漾头镇的杜家园和岩董两处，新石器古文化遗址出土的石器残片，夹砂红陶和灰陶残片，证明了铜仁在远古时期就有人类生息繁衍。周（春秋）时属楚，为楚国西南境黔中地（郡）。"黔中"之名，最早见于《史记》。《史记·秦本纪》载"孝公元年（前361）……楚自汉中，南有巴、黔中"。

战国时，铜仁仍为楚黔中地（郡），秦属黔中郡，汉改黔中郡为武陵郡，铜仁属武陵郡辰阳县，隶属荆州刺史部。从现在行政区划分来看，西汉时的武陵郡的范围包括今黔东（铜仁地区及湖南湘西、怀化市、渝东和鄂西部分土地）三国时先属蜀，后属吴。晋属荆州武陵郡。南朝刘宋时属武陵郡辰阳县，先隶属荆州，后改属郢州。南朝萧齐时仍沿袭刘宋郢州武陵郡辰阳县旧制；南朝萧梁时分属武州南阳郡和新夜郎郡；南朝陈时沿袭萧梁旧制，隋置静人县，后入辰溪县，隶属辰州沅陵郡。

唐初为辰州地，垂拱二年（686）置万安县，后改常丰县，隶属锦州（属卢阳郡），先属江南道，后改属黔中道。因唐代州、郡承袭隋代，唐初，改郡为州，复置辰州，铜仁地属辰州。唐天宝元年（742）锦州更名卢阳郡，同年，移万安县治于铜仁府西南大江坪，更名"常丰"。

五代十国时，铜仁成为当地首领割据之地，并曾先后属楚和南唐。

宋属锦州砦，后并入沅州麻阳县，隶属荆湖北路。宋因"北有大敌，不暇远略"，对西南少数民族采取羁縻政策，以求相安无事，其控制更为宽松，仅在边区设置了一些称为"砦"的军事行政单位，当时铜仁属锦江砦。在山民栖息的各山寨处，没有驻扎一兵一卒，逃避战乱和徭赋来这里的人，几乎与外界所隔绝。元置铜人大小江等处蛮夷军民长官司，隶属思州军民安抚司（宣抚司），属湖广等处行中书省；元末隶属复思南宣慰司，铜人大小江等处蛮夷军民长官司属思南。

明初隶属湖广行省思南宣慰司，明永乐年间撤销宣慰司，设置铜仁府，同时设置贵州等处承宣布政使司；明万历年间，撤销铜仁长官司，改置府辖的铜仁县。

洪武五年六月十三（1372年7月13日）改"铜人大小江等处蛮夷军民长官司"为"铜仁长官司"，"铜仁"至此定名。明万历二十六年四月十六（1598年5月15日）改铜仁长官司为铜仁县。

清初沿袭明朝的行政建置，仍设铜仁府，隶属贵州省，吴三桂反清后，曾一度为吴周政权占领，嘉庆二年（1797）升松桃厅为直隶厅。光绪六年（1880）奏请移铜仁县治于大江口。

中华民国时期，改铜仁府为铜仁县，仍隶属贵州省。

1949年12月1日，中华人民共和国仍设铜仁县，隶属于铜仁区行政督察专员公署。1951年7月更名为铜仁区专员公署；1979年1月改称铜仁地区行政公署，1987年撤销铜仁县，建立铜仁市（县级），2011年设立地级市铜仁市。

据《铜仁府志》史料记载：铜仁处于万山之中（武陵山区），在省治极北东北，距京师万里，为西南彝地。几千年的历史变迁，铜仁这个锁在深山人未识的面孔，已沉睡了上千年，不被社会所认识，大多数人都知道夜郎国，而不知贵州是个省，那就更不知道开发较晚的武陵大山深处的铜仁了。正因为这里开发得晚，民族的生活习俗、劳动的生产方式、种养的技术方法等，都还沿袭着古代武陵山区一些做法。

（二）铜仁改土归流

东汉时，对分布在今湘江以西及黔、渝、鄂三省市交界地区沅水上游若干少数民族，总称"五溪蛮"。在这里居住着"五溪蛮"，包括土家、苗、瑶、侗和仡佬等民族的祖先，他们在这里世代以农为业，居住耕作、捕鱼为生、男耕女织，过着贫困简陋的生活，没有王治，自力更生，不向任何封建统治者负担徭赋。这种自耕自给的生活，正是东晋田园诗人陶渊明在《桃花源记》中描绘的那种没有压迫、没有徭赋、不供官税生活的写照。

郦道元在《水经注》中写道"武陵有五溪，谓雄溪、樠溪、酉溪、舞溪、辰溪，悉是蛮夷所居，故谓之五溪蛮，皆盘瓠之子孙也"，也就是说在这里居住的是苗族人民。"五溪蛮"是因蛮夷居住在这五条大溪中而得名。"五溪蛮"深处又多集中在辰州界上，而辰州又因辰溪而得名。所以"桃源在武陵，深处是铜仁"是可信的。因为辰溪发源于梵净山麓的武陵郡南部（今贵州江口县），流经铜仁汇入沅江；樠溪流经松桃苗族自治县的松江；舞溪流经玉屏侗族自治县的舞阳河下游；雄溪即舞阳河的上游；酉溪流经武陵郡北部（今重庆市酉阳县）的酉城河。辰溪是蛮夷的腹心溪河，明代以铜仁府为核心的贵州正是在这条蛮夷者最集中的腹心溪河上诞生的。另外，居住在湘鄂渝黔地区的苗族都自称是"仡熊"，其汉语即为"苗族"。"仡熊"这支苗族是古代荆蛮苗民后裔的一部分。松桃和印江苗族的先民也是武陵蛮、五溪蛮的一部分，他们历来自称为"仡熊"或"果熊"。据史料记载和民间传说，这里的少数民族是秦灭楚时的"熊武南迁"，他们为了逃避战乱，从荆襄之地迁徙而来的：一部分经由湘西花垣、凤凰、泸溪、麻阳进入铜仁，另一部分经由巴蜀酉阳、秀山进入铜仁。

《桃花源记》诗句所写"先世避秦时乱，率妻子邑人，来此绝境，不复出焉"；元代文学家方回《〈桃源行〉序》所云"避秦之士非秦人也，乃楚人痛其君国之亡，不忍以身为仇人役，力未足以诛秦，故去而隐于山中"，为避秦而隐于"三山谷"中（三山谷指铜仁梵净山）。这都说明"五溪蛮"的民族是很早以前从外地迁徙来这里民族。那么，历史上为什么苗族会经历五次大流亡的迁徙而逃亡到今天武陵山区深处的铜仁呢。我们认为是有一定原因的，除了不堪战乱，还有"五溪蛮"被一统天下的华夏民族和圣贤文化视为不开化的"非我族类"，是一个应在深林密箐与兽共居的族类，几千年一直处于被驱逐之中。这里的苗族自上古以来，不立国，不辟疆地，栖息五溪化外之域，"散居溪谷，绝域荒外，山川阻深，生人从来未尝交通中国"，过着十分简陋而又和睦相处的族群生活。其生活习俗是不与外界联姻通婚，穿自己苗人服饰，夜卧蒙头而露足。此地一直是天子不理、圣贤不教的化外之地。

由于与外界绝交，交通闭塞，武陵山地区开发较晚，明朝初期没有划归贵州省，这里的少数民族是被土司统治着。土司制度的前身是土官土吏制度，其历史源远流长。而土司制度是中国元、明、清等封建王朝在部分少数民族地区分封各族首领，世袭官职，以统治当地人民的一种制度。在宋朝沿袭唐制，以强化土司制，实行"蛮不出境，汉不入洞"的禁令，导致武陵山区的山民们少与外界往来。这道禁令，不仅使当地山民永远不知外面的世界，更是让武陵深处的铜仁还处在封建社会的初期，制约了武陵山区经济的开发。"沙坑"之战，导致明朝廷在贵州大规模改土归流。而思南、思州两宣慰司的废除和贵州建省，开创了中国大规模改土归流的先河。改土归流加强了边远少数民族地区同中央政府的联系，促进了贵州在政治、经济、文化、科学技术等方面的发展，科学技术的进步，推动了历史的发展。

在未改土归流之前，作为一方土皇帝的土司权力很大，残暴行为很多，不准居瓦屋，不得种稻，虽有学堂，人才不得科贡。这种统治，使生产力得不到解放，经济得不到发展，武陵深处的铜仁还远远停留在封闭落后的时期，在这里居住的"五溪蛮"们过着"不知有汉"的生活。改土归流后，促进了各民族之间的交往，增进了各民族之间的文化、科学技术的交往和生产力的发展。据光绪《铜仁府志》记载"自改土以来，流寓是邦者，多吴、楚、闽、蜀人，各从其方之旧，相杂成俗"。这些外来的人民，带来了当地的种养殖技术和先进的文化，把外面的信息传递进来，把先进的科学技术引进传播，促进了落后闭塞、交通不便的武陵山区的铜仁与中原地区的交流。如在铜仁旧志上记载《种橡树养蚕示文》《札发治疫医方示文》，这说明改土归流是历史向前的一个发展和文明进步。把铜仁的产业的结构从自给经济向商品经济过渡，促进了商品的交流和商贾的繁荣。

（三）从经济发展角度看，桃源在铜仁

下面尝试从经济发展的五个方面具体论证：桃源在铜仁。

1. 从中草药的开发与狩猎看，桃源在铜仁

在铜仁地区的印江土家族自治县和沿河土家族自治县居住的大多数是土家族的后裔，系氏羌族群。其人群居住在云贵高原东端余脉的武陵山区，即现在的湘鄂渝黔四省市交界处。武陵山区面积约 10 万平方公里，人口约 2000 万，其中土家族人口近 900 万。这里的地形和气候有独特的生态环境，各类药用植物较多，被称为"华中天然药库"。

从民族药资源状况看，铜仁是土家族居住的南面区域，是贵州主要产药区之一。土家族、苗族集居在武陵山区，这里的药用植物资源丰富，有药用植物 2000 余种，特别是铜仁地区以武陵山区的主峰梵净山（海拔 2572 米）为资源最为丰富，有植物近 2000 种，梵净山特有药用植物 15 种，中草药 1200 多种，蕴藏量多达 360 万吨，品种有天麻、何首乌、淫羊藿、黄檗、杜仲、孩儿参、厚朴等。这些药材种植历史悠久，特别是目前保存下来的珍稀物种，是武陵山区独有的，也是古代五溪蛮人不与外界联系也能在这里繁殖生存下来的一个重要因素。梵净山的独特地质、气候条件和丰富的生态资源，山高路崎岖，交通不便，经济开发晚，从而完整地保存了生物的多样性，成为我国众子遗植物集中分布地区。

坐落在武陵山区深处的铜仁，被大山大河所环抱，居住在武陵山脉中

的山民们，如果要想长久的生活下来，除了依靠集体的力量，如一起狩猎，一起劳作，一起捕鱼，一起祈祷，共同对付大自然和战争带来的侵害外，还必须有治疗伤痛疾病的药物和把脉问诊的郎中来维系人们的生命，保证人在这里生存的条件。在当时那种生产力极为低下，生存艰难困苦的时代里，逃亡到"桃花源"来的山民们，通过日复一日的劳动，产生了人类智慧。在深山峡谷中，在与大自然抗争中，探索寻找到了维系人生存的中草药物。正是这些花花草草，树根枝叶，医治着人们的疾病，使一代又一代的生命在这里得到了生存和繁衍，过着"不知有汉"的田园生活。传承几千年的苗药为武陵山区的那种封闭的足不出户的侗、苗、土家等民族在"避秦之乱"的山村生活带来了安康。

由于地处中亚热带，以及复杂的地形地貌结构，梵净山的树林在同一垂直带聚集了许多不同的森林群落，如"贵州紫薇""珙桐"。大自然造物的神奇力量，又使梵净山成为一个原始古朴的生态王国。这里不仅生长着满山边岭的各种植物，而且拥有黔金丝猴、大鲵（娃娃鱼）、白颈长尾雉、云豹等珍稀动物和不计其数的野猪、獐子、山羊、野兔。这种原始古朴的生物群体和栖息在大山里的各类动物，是人们采集中草药、狩猎的好地方。如果没有像"三山谷"之类武陵山脉，是不可能蕴藏着数以千计的中草药物植被的茂盛与飞禽走兽在这里栖息。只有得天独厚的武陵山脉，为迁徙到这里的"五陵蛮"的生存与繁衍提供了天然植物和狩猎保障。

大自然里药用植物的发现，使当地百姓有病可以用中草药来救治，促使了当地一些人成为以采集大自然赐予的山药和门前屋后种植中草药来换取粮食等物品为业的郎中。这些中草药物和兽物兽皮参与其他物品的交换，促使商品经济开始萌芽；郎中和猎户的出现，使得商品在这里成为集中交易的场所，满足生活在这里的少数民族的生存需要。难怪逃避秦乱的几代人在这里无忧无虑生活下来。

2. 从农业生产方式和种植看，桃源在铜仁

我国几千年封建社会时期，由于各地区经济发展的不平衡，魏晋南北朝时代汉族地区属于封建地主制，而地处武陵山区的土家族、苗族先民在10世纪彭氏入主以前还处在原始社会末期。东晋时武陵山区"闭关锁族"，是自给自足的自然经济，这里没有受到战祸的摧残，社会和平安宁。这里山林江河土地均有着氏族公有的特点。农业生产采用复合式经济，即农业、渔猎经济并举；谷地的水稻和坡地的畲田并举；农业和山林众多经济作物并举，直到清雍正年间"改土归流"后才进入封建地主制。伴随私有制、剥削阶级的产生，是因为产品有了剩余。例如在苗族人生存的地方，出现了自耕农的私有制，但由于生产力还比较低下，能提供的剩余产品极少，同时出现了以江河为食生存的环境，依靠捕鱼为业来填补粮食生产的不足。因此，在"五溪蛮"这个少数民族栖息的地方，还产生不了突出的富户和显贵人物。社会成员靠"相命肆农耕""菽稷随时艺"而生活。在这里相对而言是没有阶级、没有压迫、没有苛捐、没有杂税，人人劳动，家家欢乐。土家、苗族的这种恬静、和平、安乐的社会环境，被当时处于兵火战乱中的平原地区的人民作为"异闻"相传。正如陶渊明在《桃花源记》中写的"不知有汉，无论魏晋"。

铜仁地区从远古时代至今还是一个以传统农业、畜牧业为主要生产的农业地区。这里是一个物产丰饶之宝地，素有"竹木之乡"和"油桐之乡"的美称。境内山多地沃，粮果茶林竹、油桐、油茶、吴芋、矿产等十分丰富。特别是铜仁市碧江区滑石乡大米以其米质优良，食味清香爽口而著名，明清时期曾被列为"贡米"。居住在武陵山脉深处"五溪蛮"，为了在这里生存下来，勤劳淳朴的山民们，种植水稻、玉米、土豆、红薯等农作物，以养活一方的百姓。由于高山石多和江河所占面积过大，"改土归流"后大量汉人的涌入，出现了人多地少、耕种面积有限的情况，许多种植作物是种在石头缝隙、坡边山上的。稻田也多为"望水田"，需要人工

浇灌。勤劳智慧的人民，利用小溪江河，学会用当地木材竹筒制作灌溉稻田的筒车，把水引进田间地头，以保证粮食作物的生长。这种古老而又有实效的筒车，在铜仁凡有溪河的地方随处可见，至今还在使用。水车使用的木板、楠竹，在梵净山中得天独厚，满山遍地的大楠竹和参天的柏树、杉树，为这里的当地百姓世世代代用竹木盖屋，编织竹篓、箩筐、凉席提供了取之不尽的资源，渔人们也制造竹木筏子在梵净山的两条江河中打鱼。

逃亡隐居在武陵山区深谷中的各少数民族，由于消息闭塞、生产技术落后、人烟稀少、地理奇特、交通不便、与世隔绝等因素，使得生产力低下、经济未开发，是外人不知而又陌生的地界。随着历史的变迁和迁徙的民族涌入这里，山民们才渐渐学会了在农作物种植上，接受铁犁牛耕的农业生产方式和商品的交易。这种生产方式和交易的革命，虽然比起中原地区来说已经晚了许多年，但它是历史上武陵山区人民共同谱写的一部大历史。这部大历史是土家、苗、汉等民族祖先以武陵地缘，以乌江中游、清江、沣水、沅江等四大水系为活动区域，共同开发这块土地的历史。沧桑的武陵地区，至今的很多生产方式都还是古代那种靠牛来耕田，人来插秧，刀来割稻，木桶打谷的单干小农经济，还是这样落后和欠开发。比如，处在武陵山区腹地的松桃苗族自治县就是一个典型的国家级贫困县，该县东部与湖南接壤处是海拔 1000 多米的腊尔山，这里又是全县极贫地带。盘石镇便是坐落在腊尔山山腰，全镇人口 16494 人，苗族占总人数的98%，人均耕地面积 0.93 亩。由于受交通闭塞，信息不灵等条件的制约，科学技术十分落后，经济发展单一而又缓慢，一直没有走出落后、贫困的境地，这种境界和地方，在新中国成立几十年后的今天，还是十分贫瘠，处于"不发达"状态，在武陵山贫困地区，大约还有 3% 的人居住在茅草棚或岩洞里。可想而知，古代的"五溪蛮"是如此生活的；同时可想象官府为什么不在这里过多设机构来统治地方的山民们。由于天高皇帝远，地处武陵山腹地的铜仁，层峦叠嶂，沟壑纵横，许多地方不为外人所知晓。尤其是以梵净山、佛顶山为中心的铜仁中部地区，山高谷深，使得苗族人在这里人人耕种、同衣同食、上山狩猎、下河捕鱼，没有剥削，和平安乐地生活。这是逃避战乱、寻找生活出路的最佳的地界，也是朝廷不能直接管理，甚至还没有土司代管的未开辟地段。

与陶渊明同时代又稍后的刘敬叔在《异苑》中记有"元嘉初，武陵蛮人射鹿，逐入石穴，才容人。入穴，见其傍有梯，因上梯，豁然开朗，桑果蔚然，行人翱翔，亦不以怪，无复仿佛"。这里的地域、历史背景、宗系渊源、地形地貌、生产方式、生活模式，竟与陶渊明所写的《桃花源记》的描述之吻合。这说明铜仁地区松桃县就是当时陶渊明追求的世外桃源。经济落后与贫困，是因为身受战乱的人再经不住颠沛流离逃亡而不愿与外界联系，老死不相往来，不愿走出这个使"五溪蛮"人感到恬静、祥和地方。也正是因为封闭的欠开发的武陵山地区，给逃亡迁徙来的人，提供一个安逸、安全、可靠之地。

从农业生产方式和种植来看，《桃花源记》里的"桃源"只能在西部的武陵山区。贫穷与落后，是因为这里与外界的封闭，消息的闭塞，使新的生产方式和种植技术流传不进来。另外，受封建社会自给自足的小农意识影响，使其根深蒂固，与外界长期的隔离使他们无法迅速接受市场经济、竞争等观念，死守着祖祖辈辈耕种的几亩薄地不敢尝试开发新的经济。这与开发较早的武陵地区东部形成鲜明的对比和差别。例如，湖南常德就开发较早，在水稻种植上实现了一年两季，"铁牛"替代了耕牛，搞起了多种水产养殖，农业经济实现了商品化。而西部的铜仁，还依靠国家的救济过日子。由于改革开放之初，国家从整体上提高宏观经济效益，采取向东部倾斜的政策，使本来开发较早的、基础较好的东部地区经济发展更快，东西部的差别不断在扩大。为了缩小东部与西部在经济收入上的差别，为了开发西部这块处女地，让老百姓脱贫致富，进入"小康"社会，国家近几年给予了许多优惠政策、经济扶持，铜仁的工业、旅游业逐渐发展起来。

3. 从交通开发看，桃源在铜仁

古老的铜仁是一个三面环水，一面靠山的盆地，铜仁城中被几十米高的城墙所包围，城中有八大门：下南门、中南门、后水门、江宗门等。城区街道基本是沿袭明、清时的格局：八尺为街、五尺为巷，青石板铺路。居住这里的居民和来往的客商、赶集走亲访友的人，都是通过发源于古称三山谷的梵净山之水（古称"辰水"）从八大门乘船出入的。

由于交通闭塞，行走不便，古代多以船行之，若遇洪水泛滥，更不能出入，是一座易守难攻的城堡。仅有的北门旱路也是一条不通车轨的崎岖山路。秦始皇在统一中国后，就制定了统一车轨和度量衡。而大山深处古老的铜仁却还是那样的落后，没有一条统一车轨的可行之路，进出多以船代步，交通不便，还处在尚未开发的原始状态。然而，水上交通却不一样，以船摆渡出行、以船捕鱼，以船载物搞经济却优先旱路。清代末期，在铜仁县漾头镇就设置厘金局，负责征收货物的进出口税。1935年厘金局局长张振华在铜仁八门及漾头、马岩、谢桥、坝黄、川硐、大兴、田坪设15个卡，其中漾头和下南门为一等卡，出铜仁的船只，要交纳税费，也就是说。来往铜仁的货物，主要是靠辰水进行河上货船运输的，辰水是铜仁通往外界的唯一出口。从另一方面来说，水系的便捷也使统治者胆怯和害怕，1880年9月30日（清光绪六年八月二十六日），贵州巡抚岑毓英在镇压了梵净山刘满的起义后，认为梵净山介于思南、石阡、铜仁、松桃四府厅边境），离城比较远，"岩壑阻深，林木茂密，最易藏奸，一有蠢动，扑灭为难，似非移县治于适中之区，不足以资控制"，而铜仁府属之大江口，舟楫可通，商贩云集，距府城九十里，距梵净山脚九十里，便将铜仁府衙门移驻大江口（今江口县），即不致顾此失彼。正因为陆地交通不便，阻碍了经济的发展和统治者的地位，才使得统治者把管理江城的政府移到舟楫可通的地方。也正因为岩壑阻深，出入艰难，只有小舟弯曲逆水前行，才使得不堪战乱逃亡的人流涌入这里，过着与世隔绝的生活。

《桃花源记》中描写的"林尽水源，便得一山，山有小口，仿佛若有光，便舍船从口入"，借着古老原始水上交通工具，通过千辛万苦的寻找，逃亡的人们在这里终于找到了可安息的地方了。而这个地方正是武陵山脉的腹地中深处的铜仁，是"五溪蛮"的辰溪之中。陶渊明描写的桃花源仙境，一是从松桃沿山而下的河流，穿过牛郎银岩河至铜仁川硐镇天生桥，飞流而下的辰水从天生洞穿流而过，舟从洞出，站在天生桥上，一望而去，前面一片开阔。两岸是草屋农舍，农舍前后山坡上四处是桃树，春天盛开的桃花，与河水两岸林木枝叶，相得益彰。二是从梵净山脉流下的小溪，顺流而下，分为两条河，两岸居住着以捕鱼为业的渔人和农夫，满坡屋前房后的是桃李。在这里生活的"五溪蛮"，只因为没有开挖出行远门的车路和以车代步的工具而在"不知有汉"的地方生存着。

在旱路交通落后的年代，得天独厚的锦江（辰水）造就了铜仁这座古城。据史料记载，因得益于锦江水运之利，铜仁自古以来，依托锦江大河的便利水系交通，曾带来了历史上几度富庶和繁华。沿河两岸居住的民族祖祖辈辈靠着锦江两河的水上运输，把大山深处的农副产品、狩猎之物等到口外交易，换取布匹、盐巴等日用物品。在这里唯有靠河流通往外界，河水顺东而下到辰水、麻阳，流进湖南洞庭湖。各种生活物资和用于交换的农产品和军需物品，都是依靠铜仁的锦江河上的交通交换的。在城域河江两岸的几大码头边，旧时帆樯林立，商贾云集，大小船只常达400艘，使铜仁成为湘、鄂、川、黔边境的商品集散地。由于水路受气候季节的影响和流动的缓慢，加上每年会遇到洪涝灾害的泛滥，人们都希望能有旱路可通往外界，有一条便利快捷，行人车马的大路。

1928年，贵州路政局曾派员勘测玉屏至铜仁段的公路，遇战事而停止。1932年年底，省公路局复测贵东路时，将玉屏往铜仁至松桃一段公路进行测绘时，又因治安不好而中止。1938 年，为保卫陪都（重庆）的南面，便利军需的供应和铜仁汞矿的出口，对修筑玉屏到秀山公路至为迫切。于是，征用义务民工 20 万工日，开始从鲶鱼铺至长岭坡、田坪、茶店、石灰坡、谢桥至铜仁城南岸止，修筑全长 63.64 公里的公路，但又几度因石灰坡山高的艰险和资金不足而停。可想而知，身处武陵山腹地的铜仁，像一个被武陵山脉和辰水所环抱的"婴儿"，千重大山为她遮风挡雨，万条溪流抚育着她，要想目睹其尊容，还必须有一条筑入大山深处的公路拉动。省政府军政部不惜资金耗费，三次增拨经费，终于在 1939 年年底完工。1940 年 8 月 11 日，耗资 35.7 万元的铜仁第一条公路——铜仁城南至鲶鱼铺段公路竣工通车。

随着湘黔公路和联通香山的公路及铜仁第一条公路的建成，为完成玉屏至铜仁、松桃至秀山公路通车，更快打通铜仁南至玉屏和铜仁北至松桃、重庆秀山公路的贯通，直到 1941 年 12 月 10 日铜仁第一座公路桥——东门大桥才动工修建。该桥由公路段段长兼总工程师徐世汉亲自设计、指导、寻址，后改修建在水流湍急的鱼梁滩河床上。桥长 163 米，桥面宽 7 米。桥墩五个，间距 25 米，属下承式木桁构桥，1943 年秋竣工。第一座木架公路桥的建设开通，使汽车运输取代了古老的舟楫运输，提高了运输的能力，加快了与外界的联系，促进了这里的商业繁荣。

中华人民共和国成立后，铜仁的交通才开始由水系向陆地开发。一直到了 1975 年，湘黔线铁路才以战备线路通了车，玉屏站是铜仁通往外界的唯一客货站的窗口。随着公路、铁路、民航的开通，缩短了铜仁与外面的距离，扩大了经济的交往，使古老的铜仁，从那大山深处走了出来。昔日不与外人交往，过着原始、落后的理想社会的生活，终因时代的进步而被打破，新的生产方式、先进的科技文化、外界的经商理念被带进来，山民们走出了山界，开阔了视野，村村通了公路，家家盖起了新房。自然经济解体了，商品经济成了人们生活中的话题。要致富，先修路，道路交通成为武陵人民奔小康的必由之路。各民族的人民在这里真正过上了富裕安康的生活。

4. 从造船捕鱼为业看，桃源在铜仁

陶渊明所写的《桃花源诗并记》中，"晋太元中，武陵人捕鱼为业，缘溪行，忘路之远近，忽逢桃花林，夹岸数百步，中无杂树，芳草鲜美，落英缤纷……"诗人借一个打鱼的武陵人在小河里捕鱼而流连忘返，而走到一个无人知晓的人间天境来。陶诗人描绘的地方，正是武陵山脉深处铜仁的写照。位于梵净山东南麓的黑湾河溪峡风景区，让人倾心盛叹，一生难忘。黑湾河虽名为河，实则为溪，全长约30公里。沿溪而行，便进入幽深而又别致溪峡风景区，其峡谷的美、竹林的幽、河石的奇、溪水的丽和举世罕见的古老植物，堪称一绝。从武陵山脉梵净山流淌的小溪流水一路蜿蜒穿流过河的两岸，以捕鱼为业者甚多。由于当时农业生产方式的简单，种植业还处在火耕水耨的阶段，人们利用天时地利的优势，用竹木筏小舟在江河中捕鱼，以弥补粮食的不足或者用于物品的交换。说到下河捕鱼所用的竹木筻子和后来演变打造的木船，在整个武陵山区的大小江河中，特别是在铜仁这座三江汇流形成的城市中，有着颇深的渊源。铜仁是一颗镶嵌在主峰梵净山和湘西台地之间的"黔东明珠"，它雨量充沛，溪河密布，不仅素有"虽非泽国，尤为鱼米之乡"之誉，而且中亚热带季风湿润气候带来的充沛降雨，使地处武陵山脉深处的铜仁拥有了极丰富的植物和水资源。从《桃花源记》中的"晋太元中，武陵人捕鱼为业。缘溪行，忘路之远近"可以看出，这里原居住和迁徙来的人民被这条大自然赋予的江河所迷恋，被这里的水生物所吸引，使得武陵山深处的人们把下河捕鱼作为一种生计和快乐，终年在江河中劳作，"忘路之远近"。铜仁得名于"铜人"，也与渔人有关，相传渔人在三江交汇处打鱼，打捞出了三尊用铜铸成的儒、道、释三教的鼻祖孔子、老子、释迦牟尼造像而得名。

说到铜仁大小江河，古代人称铜仁"虽非泽国，尤为鱼米之乡"，铜仁的江河有深塘、暗河，深不可测，有曲弯、急涌、长滩；河里的鱼儿之多，品种更是数不尽来，深塘里有许多几十斤上百斤的大鱼。例如，"鲤鱼嘴"一带史称"金鳞游泳"为"铜仁十二景"之一的地方，就有比较贵重的鱼在这里栖息。两河交汇处的铜岩深水处，在清乾隆四十三年（1778）庄有仪任铜仁知府时，准备重修铜岩上的跨鳌亭时，从铜岩下蹿出一条大鱼，绕河一周，河水全浑，可想而知这么多而大的鱼，让渔夫们捕得更尽欢。

铜仁是一个由水环抱的古城，人们出行就多是乘船而出，因此这里的手工造船业甚是发达，各种大小样式不同的船只都是在河坝边一木一板、一锤一钉一麻线敲打出来的。停靠在码头的船只，便是渔夫一家栖息的地方。清早船儿去撒网，晚上归来鱼满舱。捕鱼的武陵人渐渐多了起来，渔夫们便随着水源逆水而上，顺流而下，四处捕鱼，东西南北各在一方，越走越远。从大江划到小河，又从小河到山涧溪流。渔人们年复一年在江河中捕鱼，日出而作，日落而归，甚至人随船漂，船随水流，这就不难像陶渊明诗人所写的"复前行，欲穷其林。林尽水源，便得一山。山有小口，仿佛若有光，便舍船从口入。初极狭，才通人。复行数十步，豁然开朗，土地平旷，屋舍俨然，有良田美池桑竹之属。阡陌交通，鸡犬相闻，其中往来种作，男女衣着，悉如外人，黄发垂髫，并怡然自乐。见渔人乃大惊，问所从来，具答之，便要还家，饮酒杀鸡作食"了。

铜仁之水得源于梵净山脉的溪水，而梵净山又在武陵山区的腹地。发源于武陵山脉主峰梵净山南麓的大江和发源于梵净山东麓的小江，穿山越谷数百里，汇集在铜仁城中心。两河交汇，碧波荡漾，交会处又有一巨石突起江中，高出水面十多米，总体面积486平方米，是铜仁有名的锦江之景铜岩，叫"中流砥柱"。这里也常是渔夫们的打鱼和休闲之处。铜仁人在江河边生，江河边长。在21世纪的今天，这里还有在保留着河坝边上打造木船渔船的民间手艺。铜仁水上的交通运输，造就了一大批各种样式和载重量不同的人工划船、机器船只来。虽然现在的交通发达了，特别是村村通了公路，但这里的人们还保留着划货船进城来交易的方式。例如碧江区的漾头镇上，赶集时大小船只能把整个江河覆盖。

中华人民共和国成立后，铜仁在计划经济的年代里有了渔业社。打鱼人把打来的鱼作为商品，卖给渔业社在集贸市场上销售，形成了捕鱼者与商贾的买卖关系，既方便了人民群众买鱼，也促进了商业的繁荣。1978 年经济体制改革以后，社会主义市场经济更使得铜仁经济向前发展，以捕鱼为业的个体户经济收入增加了，小木船换作了机械船，集市交易上鱼类品种琳琅满目，渔业兴旺。

几千年传承下来的江中撒网、滩上晾鱼、河边垂钓等渔业活动让不计其数男女老少流连忘返，其乐不穷。铜仁市也成了中国的"天然钓都"。2008 年的国际龙舟大赛也在铜仁"十里锦江"举行。在武陵山区的铜仁举办这样热闹和有着民族文化氛围的赛事，也是这几年才兴起的，这也说明武陵山区的铜仁的确落后和欠开发。

5. 从商业的开发看，桃源在铜仁

中古时代的铜仁是一个郡，这里的少数民族由于交通不便与外界的隔绝甚久，商品经济很不发达，人们多是自耕自给，没有多少剩余物用来交换。到了宋代，铜仁由于水系交通便利，也出现了历史上的富庶和繁荣。据历史记载，因得益于锦江水运之利，铜仁的商业开始发达，宋朝就有湖南、江西的客商来此贸易，常以日用百货、陶器、盐换取当地土特产、中草药、水产品。明朝时期，铜仁更是"商贾樯帆，络绎不绝"，有"黔东护商栈"之誉。清末民初，铜仁滨河"船舶往来，日凡数十百号，商量不衰"。外商在铜仁开设洋行五六家，城内有大中商户 400 余家，成为黔东和川东一带的各种土特产和常德、汉口等地工业品的集散中心和销售市场。

商业的繁华带来了人口的集中和迁移。铜仁商人也因商业的发达而使商号开始走向专业化，更趋于集中经营，出现了"八大商号"。1945 年随着湘黔公路通车，靠船舶运输的商品交易渐渐失去了昔日的繁华，商品交易地也转向了公路便利的湖南晃县（今新晃侗族自治县）了。要想重新振作商业的繁荣，需要公路顺通便利，快捷的运输，才会给商家提供更多的信息和更多的商品交换。铜仁这座古老的山城、水都，在开发较早的湖南，重庆和湖北的经济冲击下，渐渐从一个处女地中开垦出来，但由于所处的地理环境和交通不发达等因素，看上去还是那么贫穷落后，在20世纪70年代前后均还处于商品经济的萌芽之中。党的十一届三中全会以后，国家把工作重点放在经济建设上来，同时把改善和提高人民生活水平作为发展的出发点和落脚点，铜仁经济也开始了翻天覆地的变化，经济发展了，市场繁荣了。

近年来，铜仁地区把科学发展观作为破解发展难题的"金钥匙"，通过找问题、找差距、找原因，进一步深化对区情的认识，理清发展思路，树立"宁愿苦干实干，不能苦等苦熬"的精神，着力构建"两带两圈"（铜仁—玉屏循环工业经济产业带、乌江特色产业经济带，铜仁城市经济圈、梵净山旅游文化经济圈），推进基础设施建设、新型工业发展、现代农业发展、创新型城市发展、文化旅游产业发展和生态文明建设"六个新跨越"，让昔日武陵山区深处的铜仁旧貌换新颜。

二　历史事实与桃源铜仁

陶渊明的《桃花源诗并序》，用优美的笔调向世人描绘了一个理想社会，后世多认为是作者寄托政治理想的文学虚构，现实并无原型。但从史实的角度来分析，桃花源人与中国历史上特有的"避秦文化"有着密切的关系，他们就是历史上的苗族先民，为了躲避秦乱，跋山涉水、千里迢迢来到相对闭塞、不为外人所知武陵山区腹地——黔东铜仁。

（一）苗人的避秦西迁为桃源在铜仁提供了历史依据

《桃花源记》中写道："自云先世避秦时乱，率妻子邑人，来此绝境，不复出焉；遂与外人间隔。……不知有汉，无论魏晋。"《桃花源诗》开句："嬴氏乱天纪，贤者避其世。黄绮之商山，伊人亦云逝。"这里就点明了，居住在桃花源中人的祖先，并非是本地土著居民，而是当年为了躲避秦朝的战乱与暴政，不愿与秦政权为伍，逃难到武陵山区深处，定居下来的。这里就说明了两个问题：第一，桃花源人的祖先与秦时的战乱有密切的关系；第二，他们逃往的是一个地理上相对闭塞、历史上相对落后、不为中央政权所重视的一个地方，很可能是偏离中央政权管辖中心的武陵山区深处。下面从三个方面尝试论证。

1. "秦时乱"指的是战国末期的秦楚战争

首先，我们应该搞清楚，"秦时乱"指的是什么。《桃花源诗》中说："奇踪隐五百，一朝敞神界。"桃源中人在此已经隐居了500年了，却被一个渔人一朝之间发现了，《桃花源诗》中写"嬴氏乱天纪，贤者避其世"。所以这里的秦时乱，应该指的是秦国与他国之间发生战争而引起的战乱。

秦是西周初年嬴姓氏族，在今甘肃天水南一带，以游牧经济为主，后归属周王室。周平王元年（前770），秦襄公因护送周平王西迁有功，被封诸侯，周平王还将已被戎狄占据的岐及以西的土地赐予秦，秦正式建国。之后秦大力发展农业和畜牧业，国势日渐强大。至秦穆公时，秦已建立一支强大的军队，成为西方大国。商鞅变法之后，国力更为强大，秦遂发动了灭六国统一全国的战争，由此出现了一段因秦而乱的时代，"秦时乱"指的应该就是这段时间。从地理位置上看，六国之中的韩、赵、魏、齐、燕，均在长江以北，在长江以南、离武陵地区最近的只有楚国，所以，"秦时乱"在地理上应是秦楚之间的战乱。

楚国是当时南方最大的强国，《战国策·楚策》中有载："楚，天下之强国也。……楚地西有黔中、巫郡，东有夏州、海阳，南有洞庭苍梧，北有汾泾之塞、郇阳。地方五千里，带甲百万，车千乘，骑万匹，粟支十年，此霸王之资也。"① 春秋战国时代，中原混战，周王室衰微，楚国趁机发展。到楚庄王时，楚国已成为最强大的诸侯国之一，其鼎盛时期，疆域东达东海，西接巴蜀，南到南岭，北达黄淮。

楚悼王时，楚国国势日衰，"虽有富大之名，其实空虚，其卒虽众多，然而轻走易北，不敢坚战"。② 楚国西与秦国毗邻，秦楚之间屡屡交战，秦昭襄王二十七年（前280），秦司马错攻楚，拔黔中。楚割上庸、汉北地予秦，收回黔中。公元前278年，秦将白起破楚都郢，楚兵溃败，楚襄王逃到陈（今河南淮阳）躲避。公元前277年，秦又攻取楚国巫郡、黔中郡及江南地，设置黔中郡。

战国末年，秦国攻取赵国邯郸（今属河北）后，即移师向南，对楚作战。秦王嬴政二十一年（前226），秦将王贲夺取楚国十余城。嬴政二十三年（前224），王翦率军60万，经陈之南屯军扫平舆（今河南平舆北）。楚国倾全力迎击秦军。秦军坚守营垒，持重待机。楚军求战不能，回师东撤。王翦挥军追击，大败楚军，杀项燕。秦军乘胜攻占城邑，秦王嬴政二十四年（前223）破楚国国都寿春（今安徽寿县），俘虏楚王负刍，楚国灭亡。

2. 桃源中人祖先是秦楚战争中逃亡铜仁一带的苗民后裔

苗族是一个历史悠久的古老民族，一般认为，古书中记载的"三苗""九黎""有苗"是今天苗民最早的部落群体。《山海经·大荒水经》曰："犬戎以西，黑水之北有人有羽，名曰苗民。"《国语·楚语》有载："三苗复九黎之德。""三苗九黎之后也。"《汉书·地理志》颜师古注曰："三苗本有苗氏之族。"这些说法结合苗族故事，基本说明了苗族源于九黎部落。

---

① 《战国策·楚策一·苏秦为赵合从章》，中华书局1990版。
② 《战国策·楚策一·张仪为秦连横说魏王》，中华书局1990版。

蚩尤是当时的部落首领，苗族的祖先。《周书·吕刑》记载："蚩尤对苗民制以刑。"① 何光岳先生认为："蚩尤，原是三苗部落联盟的首领，是神农氏炎帝之臣，也是炎帝之裔，姜姓，他逐炎帝参卢而自立，自称炎帝。又《尸子》说神农氏十七世，其末帝叫参卢，即蚩尤从参卢处得铜以铸兵器。蚩尤取炎帝之后，仍名赤帝或炎帝，本亦神农之后。"② 蚩尤是苗族先祖这一点，在苗族风俗与传说中可寻到依据。"川南、黔西北一带有'蚩尤庙'，受苗族人民的供奉。"③ 黔东北的苗族祭祀时，须杀猪供奉"剖尤"。苗语的"剖尤"，意为就是"尤公"。

据李廷贵《苗族简史》所述，上古时期苗族主要住在黄河以南长江中下游一带，现今北方地区仍留有一些遗风遗迹。例如，北方河北、山东、河南等地有蚩尤戏、蚩尤冢。《太平御览》引《皇览·冢墓》记载，"蚩尤冢在东郡寿张县（今山东西部黄河以北）阚乡城中，高七丈，民常十月祀之。"

炎帝归附黄帝后，蚩尤不服，多次挑起战争，后遭到炎帝与黄帝的联合反击，大战于涿鹿（今属河北）之野，蚩尤大败被擒杀。蚩尤被杀后，其残部遂开始了迁徙之路，逐步退至长江中游一带活动，同时少数三苗融于华夏族。从中原一带南移长江中游一带组建苗蛮部落（又称三苗部落、有苗部落，也称三苗国）。舜、禹时，三苗又被华夏部落灭国，残部再度迁徙。据说，舜帝就是在征剿三苗时客死苍梧（今湖南永州），留下了二妃泪洒斑竹的千古悲歌。

三苗被华夏灭国后，一般认为残部一部分被驱逐于"三危"之地（今陕甘一带），后往东南方迁徙，进入今川、黔、滇，如《拾遗记》中说："轩辕去蚩尤凶，迁其民善者于邹屠之地，迁恶者于有北之乡。"《尚书·

———————————

① 李廷贵编著：《苗族简史》，贵州民族出版社 1985 年版，第 2 页。
② 何光岳编著：《南蛮源流史》，江西教育出版社 1988 年版。
③ 李廷贵编著：《苗族简史》，贵州民族出版社 1985 年版，第 3 页。

尧典》中说舜"窜三苗于三危"，《孟子·万章》"杀三苗于三危"。《地道记》："陇西郡首阳有三危，三苗所处""鸟鼠同穴西有三危山，三苗所处是也。"这说明了蚩尤被杀后，一部分被迁往"三危"一带。《山海经·大荒北经》："西北海外，黑水之北，有人有翼，名曰苗民"；《神异经·西荒经》记载："西北荒中有人，面目手足皆人形，而胳下有翼，不能飞，为人饕餮，淫逸无理，名曰苗民。"

另一部分被驱逐到"左洞庭右彭蠡"，商周时这一支被称为"南蛮"。《史记·五帝本纪》汉代郑玄注释中写道："有苗，九黎之后，颛顼代少昊诛九黎，分流其子孙为三苗国。高辛之衰又复九黎之德，尧兴又诛之，尧未在朝，舜臣又窜之。后禹嗣位，又在洞庭逆合，禹又诛之。"经过与中原部落的不断征战，在长江和汉水以南的三苗残部，凭借长江天险，得以继续发展，这部分苗族祖先与楚国有着密切的关系。

楚国建于西周成王时，楚人因参与周武王伐纣有功，成王时为加强南方统治，特赐楚人首领熊绎以子爵，令其统治荆楚蛮夷，居丹阳（今湖北秭归县东），号楚子国（《史记·楚世家》："熊绎当周成王时，举文武勤劳之后嗣，而封熊绎于楚蛮，封以子男之田，姓芈（mi）氏，居丹阳。"《汉书·地理志》记载："周成王时，封文武先师鬻熊之曾孙熊绎于荆蛮，为楚子，居丹阳"）。在300年的发展中，楚国疆域不断扩大，到熊渠（楚文王）时，定都于郢，此时江汉地区的蛮夷全被征服，而苗民实际成为楚国的主体。

范文澜在《中国通史简编》中指出："三苗后裔或称犛人酋长皆为苗人，是楚国的先民。"楚王的姓氏自熊丽始其子孙皆以熊命名，因而"熊武"当为楚王家族成员。又因鬻熊子孙熊绎周初"于楚蛮，封以子男之田，姓芈氏"。所以熊武也该姓芈，而芈姓则是苗族龙姓的自称，因而，熊武也应是苗族。[1] 元代文学家方回在《桃花源行序》中也认为，"避秦之

---

[1] 梁广森：《古代苗族变迁新探——从苗人的视角考证古代史》，苗人网（http://www.hmongbq.com）。

士非秦人也，乃楚人痛其君之亡，不忍以其身为仇人役，力未足以诛秦，故去而隐于山中"。

在苗语中，"楚"音的意思是手拇指；引申为好、第一、很厉害等。楚国的都城"郢"字，在苗语中音意为：①山脊；②富庶，随意去找都有收获的地方。按苗语理解，楚都郢城，应当是围着一个四周平坦，且土质肥沃的山包修建而成的城市。"楚郢"合意为：在山包上建起的一个很厉害的国家。

铜仁，春秋战国时属于楚国，据《史记·西南夷列传》：楚威王时，使将军庄硚将兵，循江上，略巴、黔中以西。硚至滇池，方三百里，旁平地肥饶数千里，以兵威定属楚。欲归报，会秦击楚，巴、黔中郡道塞不通，乃以其众王滇，变服从其俗以长之。《华阳国志》记载："周之季世，楚威王使将军庄硚，溯沅水，出且兰，以伐夜郎，植牂牁系舡于且兰。既克夜郎，秦夺楚黔中地，无路得归，遂留王之，号为庄王。以且兰有舡柯处，乃改其名为牂牁，分侯支党，传数百年。"巴、黔中以西，直至滇池，都是夜郎国地，当时铜仁在夜郎东南，相距不过百里，也必为庄硚所占领。根据《后汉书》的记载，庄硚从沅水伐夜郎国，至且兰系船上岸步战。沅水即今天贵州的镇阳江，经施秉、镇远，青溪、玉屏流入湖南。顺沅水进入贵州，最远船可达镇远，所以当时的铜仁应属于且兰境内，降于庄硚而归属楚国。

秦楚之战，楚军的失败，使楚国军民四处溃散，被迫扶老携幼，率妻子邑人沿沅水、资水、清江流域西迁至黔中地的五溪深谷之地，历史上先后称为"武陵蛮""五溪蛮"。

3. 苗族古歌中对苗族西迁的印证

在历史上，苗族经历了多次的迁徙，基本上是一个从北向南、从东向西，一步步从政治经济文化的中心被驱往荒凉的西南一带，苗族迁徙的情景，在民间流传的大量古歌中都有所记载。例如，古歌《跋山涉水》中唱道："日月向西走，山河向东行。我们的祖先啊！顺着日落的方向走，跋山涉水来西方"，"西方万重山，山峰顶着天，好地方就在山那边，好生活就在山那边。"①

秦楚战争，楚国战败，一片生灵涂炭，楚国的苗族先民为了自己的生存，再次携妻带子、走上逃亡之路，这次他们是从长江中下游、洞庭湖一带逃亡西南荒凉的武陵深处。他们各自在自己的首领带领下，一路走走停停，到一个地方，有的定居下来，有的还在继续西进，战胜了重重困难。每当找到可以定居的处所时，就开山辟土，耕田种地，重建自己的家园。

在一些苗族的古老歌谣中似乎也可以找到楚国先民逃亡武陵深山一带的记载。

苗族《迁徙古歌》中记述："熊武阿郎阎昂罗，罗单吉贯董得汝……"译成汉语就是："熊武大哥坐船来，来到吉贯这个平旷的好地方。"从苗族语言语义上分析，"吉""得"均是地方的意思，"贯"就是桃树，"吉贯"就是栽种桃树的地方，"董得"是平旷之意，"汝"是好的意思，"吉贯董得汝"就是栽种桃树的地方是个平旷、美丽富饶的好居处，似有桃源之意。

湘西苗族《部族迁徙歌》记述道："受难的苗人要从水乡迁走，受难的苗众要从水乡迁走……从句吴的水乡迁来，沿水乡边的陆地找地方；来到桃源兑现（新地方）啊，来到桃源溪洞；先人一支留住桃源兑现，先祖一支留在桃源溪洞。"②

因此，从时间上、历史史实上、地理位置上、民族形成上来看，桃源人的祖先就是秦楚战争中，楚国灭亡后，逃往铜仁的苗族楚国子民——也就是苗族先人。

---

① 《苗族简史》编写组编著：《苗族简史》，贵州民族出版社1985年版。
② 龙兴武：《〈桃花源记〉与武陵苗族》，《学术月刊》2000年第6期。

（二）铜仁较晚的开发历史，为桃源在铜仁提供了空间依据

铜仁市碧江区漾头镇杜家园和岩董两处新石器时代文化遗址出土的石器残片、陶器残片，证明铜仁在远古时期就已经有了人类繁衍生息，但铜仁古代建置沿革的历史无文字可考。《铜仁府志·地理志》根据《禹贡》，认为铜仁远古时期属于"荆州荒裔，蛮荒之地""梁州之南裔，荆州之西鄙"①，位于荆州西部，梁州南面。

战国时，属于楚国。秦时属于黔中郡。公元前221年，秦始皇统一中国将天下整合为三十六郡，其中就有一个黔中郡。学界传统观点认为，古黔中地大致相当于沅水流域为中心的今湘黔边界地区，郡治"古城"一说在今湘西沅陵县"县西二十里"。《括地志》载："黔中故城在辰州沅陵县二十二里。胡三省注，谓秦黔中郡地，非唐黔州地也。宋白曰：秦黔中郡在今辰州西二十里，黔中故郡城是。"一说在"临沅"即今湘西北常德市市区一带。

汉时改黔中郡为武陵郡，铜仁属武陵郡辰阳县，隶属荆州刺史部。三国时期，初属蜀汉，后属吴国。晋时仍属荆州，"按通志：晋平吴，荆州郡县屡有分析，武陵郡仍属荆州"。

唐代时属黔中道。五代十国时期，中原政权一度对西南地区失控，今铜仁境内大部为当地土著大姓实施自治。

两宋时期，今铜仁分属夔州路的思州、绍庆府及荆湖北路的沅州。元代政府对少数民族地区推行基于羁縻政策的土司制度，铜仁属思州安抚司管辖。

明代，铜仁境内大姓归附，永乐十一年（1413）设贵州布政司，结束贵州分属湖广、四川、云南等临近省区的零散状况。同年，在今铜仁境内

---

① 中共贵州省铜仁地委档案室等整理：《铜仁府志》卷二·地理志，贵州民族出版社1992年版，第10页。

设思南、铜仁、石阡、乌罗四府，分辖不同区域，后乌罗废。清代雍正十年（1732），设松桃厅，由此铜仁境内有铜仁府、思南府、石阡府和松桃直隶厅。

经民国和中华人民共和国成立之后，铜仁境内的设置又多次变革，直到1987年国务院批准原铜仁县改为铜仁市（县级），才形成现在的建置情况。

从铜仁的历史开发来看，在明朝以前，一向不为中原政府重视，即使进行武力征服后，也往往采用羁縻政策，"修其教不易其俗，齐其政不易其宜""附则受而不逆，叛则弃而不追"。所以，铜仁地区的经济、政治和文化发展在宋朝以前，一直处于儒家文化圈之外，到了明朝才开始归于中央集权统治，外来文化才大规模进入，但原生态文化保存较久，地理上又处于武陵山区腹地，交通仍然相对闭塞。此化外之境，为桃花源的原型提供了存在空间的可能性。

（三）铜仁文化中的"避秦"因子为桃源在铜仁提供了文化依据

《桃花源记》："自云先世避秦时乱，率妻子邑人，来此绝境，不复出焉。""避秦"一词由此慢慢成为一种独特的历史文化现象，而不再仅仅单只躲避秦时战乱，而成为"避世隐居"及躲避一切强暴或战乱的代称。例如，《元人小令集·梧叶儿·天台洞》："夕有猿敲户，朝无客叩门，见几个捕鱼人，犹自向山中避秦。"清李渔《奈何天·狡脱》："我们参禅原是虚名，避秦乃其实意。"又如，北周庾信《周大将军司马裔神道碑》："夏阳适晋，得随会而同奔；东海避秦，与毛公而具隐。"唐苏广文《自商山宿隐居》诗："闻道桃源堪避秦，寻幽数日不逢人。"诗句中的避秦之意已经远远超过了躲避秦时乱。

铜仁地区地处武陵山区深处，交通闭塞、峰峦跌涨、沟壑纵横，向不为外人所知，也不为中央政权所重视，所以一直以来都是逃难避秦的最佳之处。西南政法大学王者香教授就提出了铜仁文化中存在着"避秦文化"现象。在他返铜祭祖途中创作的诗词中不乏这样的诗句："避秦忍为家尤欢""王孙长作避秦人""避秦往事深稽古，抗暴遗闻博采风"等。这些诗句也是他提出的"避秦文化"的具体体现。

从历史的考察来看，铜仁也确实与避秦文化结下了不解之缘。从战国末年的秦楚战争，洞庭苗族颠沛流离，举家迁徙，一路来到铜仁，把这里当作他们的桃源圣地；到秦始皇时，徐氏先祖徐福为避秦王苛政，携童男童女三千逃亡日本；再到晚明清初，徐以暹抵抗清兵，失败后隐居铜仁茶园山庄，避难自保，延续文化香火。这些都构成了一部铜仁的避难史，从而成就了铜仁这个历史上最为理想的避秦桃源。下面从两个方面论述徐以暹避秦。

1. 南明抗清重臣徐以暹避秦铜仁

明末抗清重臣、徐福第 59 世孙徐以暹的避秦铜仁桃园山庄，正是铜仁避秦文化与历史的延伸。

徐以暹（1606—1699），字赤海，徐福在中国的第 59 世孙，徐福东渡寻药而不归，正是徐家避秦的开始。徐家自江西临川迁到铜仁的第四代，明崇祯九年（1636）丙子科举人。次年会试后出仕，崇祯十七年（1644）明政权灭亡后，继续在南方坚持抗清，扶持南明政权。光绪《铜仁府志》记载他"授广东潮阳知县。明桂王超擢广东按察使司佥事，分守肇罗道"。

据说，徐以暹身材伟岸，文武双全，在任广东按察使司佥事时，分守肇罗道，负责招剿海盗。一次，徐以暹只身骑马到海盗营地传旨招抚，天色已晚，只好留宿于此，夜间鼾声如雷，且与海潮声相呼应，海盗听到后都惊呼："真异人也。"第二日，在徐以暹帐中，海盗们莫不悚然听命。桂王听说此事后，于清顺治四年（永历元年，1647），升徐以暹为广西按察使副使。此年清军第二次攻打桂林，形势十分危急，徐以暹作为副使，"军中日夜苦驱驰"，在分巡桂林到时，曾多次向朝廷弹劾黄朝宣、刘承允等二人贪残骄纵，都未被采用，遂请辞而归。临别时督师何腾蛟以诗赠之："军中日夜苦驱驰，才到中年鬓已丝。十载功名留两粤，一封奏疏上重墀。罢官挥手归田好，指佞关心虑国危。会见召书天上下，东山重起佐明时。"读此诗可了解当时徐以暹的心路历程。

清顺治七年（永历四年，1650）7月，桂林、肇庆、梧州相继失守后，许多坚持抗清的南明大臣或战死，或隐匿深山，以备东山再起。徐以暹也不例外，做出了埋名山间保存实力的决策。清顺治九年（永历六年，1652），他与南明联合抗清的原张献忠部下李定国相遇，协助李定国收复桂林、柳州，多次击败来犯的清军。后因同为抗清联盟中的孙可望野心膨胀，与李定国产生矛盾，争权夺利，致使战事再次失利，清军重新占领桂林。

徐以暹之后仍坚持抗清。由于孙可望投降清朝，出卖大量重要军事机密，致使以李定国为首的南明抗清力量节节败退，南明终于在清顺治十八年（永历十五年，1661）因桂王被吴三桂所杀而覆灭，徐以暹才决定结束抗清生涯，返回铜仁隐居。他《祭母文》中写道："迨戊戌岁，我朝定鼎，边远荡平（笔者按：系顺治十五年戊戌）。庚子岁，长兄懋德（？—1682）自铜奔赴晋康（封川古名），千里寻亲，患难相见，且惊且喜。爰即买舟迎归故里，于辛丑秋八月抵铜（笔者按：在顺治十八年）。四顾荒凉，亲故罕存。"是年，他已56岁，离家25年。

从此，结束了他前半生抗清18年的生活，开始后半生在清朝长达38年的避秦，即躲避清朝杀戮和以免被"戊子兵变"屠杀得只剩下"寥寥一脉"的家庭再被株连，用一种消极的方式抗清即抗秦。

徐以暹回到家乡后，既没有向清朝投降，也不向地方官自首，而是在城中以名士自居，得到官民敬重。从此绝口不提在粤时之事，地方知府想见他都不可得。史载他故作倨傲，以示不卑不亢，光绪《铜仁府志》载：知府某（清朝第一任铜仁知府梁懋宸）于东山最高处建大观楼，招同僚与郡士落其成。以暹辞之，敦请乃往。某笑谓曰："斯楼据一郡之胜矣！"以暹正色对曰："殆可以望烽燧而念疮痍也。"某默然，人以服其直。"徐以暹在回铜仁后以其正直而为官民所敬重。

康熙十二年（1673），当年引清军入关的吴三桂因其个人野心而造反，云贵两省相继呼应，铜仁也就不战而脱离清朝统治。徐以暹虽对吴三桂本人反感，但因反清目标一致，且其家族在清兵入关后曾遭杀戮，故对吴三桂反叛抱有希望，并于康熙十七年（1678）吴三桂在云贵开科取士时，派子孙应考。其《祭母文》中载："戊午岁，长兄六弟同登贤书，七弟弱冠为郡知名士，长孙闿（1657—1732）明经岁荐。吾母家常燕集，喜溢眉端。"

可惜和平的日子不长，康熙十七年（1678），吴三桂死于衡州，反叛趋于失败。十九年（1680）庚申，清廷派湖广总督蔡毓荣为绥远将军，统兵六万，分两路进攻贵州，一路于同年三月己酉攻下铜仁，六月攻下思南，至二十年（1681）辛酉，贵州大部分地区重新落入清朝版图。二月，清军入云南，十月昆明破，伪吴周王朝亡。

在这次动乱中，徐以暹至少有二子亡故。"自是以后，屡遭骨肉之恸"的徐以暹悲痛欲绝，74 岁的徐以暹为保家族性命，毅然选择了铜仁城东二十里的茶园山作为避难之所。

2. 茶园山——现实中的桃花源

茶园山，又名察院山，在城东老溪口之南，燕子岩之上，有"一夫当关，万夫莫开"之险要。茶园山风景优美，有苍松翠竹，溪流泉水，周围山村安静闲逸，鸡鸣犬吠。村外金鳌峰孤峰陡峭。茶园山庄位于海拔1074米的六龙山腰。自山脚迂回攀援，来到"有泉如鸣琴层叠而下的燕子岩"。燕子岩居上下洞冲之间，匹练高悬，徐闿有诗赞曰："千尺飞泉出镜函，水帘珠箔溅轻衫。笑他王谢奢金屋，不及春风燕子岩。"再层叠而上，沿两山间一条叫"洞溪"的小溪，不时还要踩着溪中的跳磴左右盘旋，两边杳无人烟，唯有泉水鸟鸣。最后来到金鳌峰，这里前屏绝壁，后嶂危崖，左右皆险巇，形势十分险要，登高望远，铜仁城历历在目。峰顶原有一座灵鹫庵，当年徐以暹正是登此山北望中原，感慨万分，才有隐身避秦之念，其所作遣怀诗《秋日游灵鹫庵故址》"直登灵岳顶，遥忆梵王宫，苔老秋深绿，灰残劫后红。金鳌寒暮霭，石塔断晴空。玉带何年解，伤心一望中"为其集中佳作，也是山庄第一佳章。

最后从金鳌峰的绝壁下一堵短墙中间的卡门进入，眼界豁然开朗，鸡鸣犬吠之声相闻，就来到了茶园山庄。据说，当年徐以暹在清军即将进攻铜仁之前，经无相和尚介绍及实地勘察，发现此处形势幽、深、险、秀，即可避难，又可清修，实为一世外桃源。于是，这位74岁、垂垂老矣的反清斗士，在回到家乡18年后再次深入深山老林，选择了这块避清也就是避秦的世外桃源。

徐以暹举家移此后，据徐承锦《先世事略》记载，说他："山居唯种竹栽花，引泉移石，俯观游鱼弄影，仰听时鸟换声，与溪叟、园翁、牧童、樵子话烟月、课雨晴而已。"似乎生活平静安逸，不复是当年的抗清斗士，找不到避难的痕迹。直到民国二十八年（1939）徐承锦撰写《先世事略》后编时，才在注释中披露了徐以暹入茶园山的真实目的："茶园山一名察院山，四世祖赤海公明季自粤西归，爱茶园山僻静，探险为避世计，筑室以居，殁后即葬山左之金鳌峰。"举家移居茶园山，实为据险避世，不仅觅此世外桃源以消极避秦，而且能以武力据险以积极避秦，乃至为恢复故国而积极抗秦、反秦。茶园山庄四周悬崖峭壁，易守难攻；后枕绵延百余里的六龙山脉，回旋深广，退可以守，进可以攻。

当年山庄的左侧山坡上种有大量茶树，故得名"茶园山"。后来徐以暹的后人为纪念这位曾任南明按察使司副使的先祖，又以谐音称为"察院山"。开辟茶园山庄时正值兵荒马乱，四顾荒凉，一家人也是日食艰难。徐以暹的一首《茶山采蕨（庚申）》记载了当年全家断炊、只有靠儿孙挖蕨度日的艰难生活："昔读采薇诗，今怜采蕨儿。长镵谋托命，俭岁借充饥。石冻灵根活，冰坚瘦骨支。朝营难夕给，寒触易精疲。羹熟家人喜，铛空子妇悲。乱离常在眼，啖饭竟何时？"

山庄坐北朝南，分左（长房）、中（景山第）、右（南州第）三院，占地20000多平方米，历史上曾遭两次大火，古时的楼宇已毁，但山墙、台阶、石级、院坝大部分尚存，气势恢宏，院墙3米多高，青砖泥心盒子墙，庄内房屋为四合院或三合院，基石、台阶全为细钻青石砌成，院坝、阳台皆由青石铺成。拾级而上，可到达"南州第"，是徐氏后人为纪念和学习先祖徐稚而修建的。徐稚，字孺子，东汉南昌人，徐福的第十世孙，东汉豫章郡南昌县的著名隐士。徐稚虽学问满腹，但因不满宦官专权，汉桓帝多次请他出来做官，他都不肯去，时称"南州高士"。《后汉书·徐稚传》记载，陈蕃做豫章太守时，从来不接待宾客，只有徐稚来时，专门为他特设一榻，徐稚走了便把这榻高高地挂起来（"蕃在郡不接宾客，唯稚来特设一榻，去则悬之"），对徐稚非常敬重。这位徐稚很让后人感到自豪，故建此院。

"景山第"，是纪念先祖徐邈的。徐邈，字景山，三国时期曾任魏国的凉州刺史（治所在今甘肃武威市）并持节领护羌校尉。徐邈在凉州兴修水利、广开良田，把当地治理得井井有条。为此，魏国封他为都亭侯，食邑三百石，并加封威武将军。此后一直做到仅次于丞相的司空，位列三公，但他死后却"家无余财"，徐氏后人把他奉为勤政爱民、廉洁奉公的楷模，来勉励子孙。

进入正门，迎面是正厅，里面为四合院，正厅前是过道，院内过道左右环绕，路面宽阔，可骑马坐轿进院。南州第占地最宽，建成最早，规则对称、宽广宏大，气度不凡，仍可看出明朝的建筑艺术风格。

整个山庄被翠峰环保，云雾缥缈，时隐时现，气候凉爽，现在已经被开发为铜仁重要的景点之一，也是夏日避暑的好去处。

茶园山庄由于其主人徐家坚守"立品行""正风尚""课子弟""遵师道"等家训与"耕读为本"等传统，300 年来文人辈出，有清一代科甲蝉联。徐以暹孙徐阊、徐奭兄弟并以文名，《黔诗记略续编》称铜仁诗家，二徐为首。徐阊曾孙徐如澍乡试中第十七名举人，会试中第六十二名进士，殿试为二甲第六名并点翰林，晚年主编道光《铜仁府志》，以体例严明，文字精审著称。其子徐桀著《红蔗山房诗集》三十卷，文集六卷、词一卷，选辑《全黔诗萃》《黔南十三家诗钞》，续纂道光《铜仁府志》，词文书法无所不精，著述冠于黔东。

铜仁徐家在明中叶自江西临川西迁至此，其始祖就是为了躲避明朝暴政所派生的乱世即避秦，带来了中原文化，对黔东文化的发展开发做出了重要贡献。铜仁徐家历明朝百余年，子孙文人辈出，至徐以暹时因民族矛盾，又发生了更深刻、更尖锐、更持续的避秦，使其家族文化得以长足发展。至清中叶，由于其后人进行过一次全面的家族文化避秦，使这一独特的家族文化得以有选择地保全下来。根据《先世事略》附录、地方志刊载以及其他文献所收录，这个家族在明清两朝 400 多年有名可考的诗人有 40 多位，作品 1000 余篇，半数以上作者有专集（其中女诗人四，诗集二），且其中有不少是上乘之作，在历史上大大小小的避秦事件中成为一个奇迹。

究其原因，一是遗民们所作史料中对其人其事的有意隐讳，避免了当时朝廷的注意；二是因为黔东地区特殊的地理历史环境。这里地处西南边陲，交通闭塞，远离政治中心、经济中心、文化中心，向来不为中央政权所重视，明以前一直是羁縻政策，后所派官员也多非能员；且武陵山区和五溪地区，尤其是最深处的黔东高原，自汉晋以来就是内地人的避秦渊薮，有着浓厚的避秦文化积淀。

从历史的角度考察，桃源人就是战国时秦楚战乱，从楚国境内被迫迁往铜仁地区的楚国遗民即苗人后裔，他们怀着对秦政权的仇恨、毁家灭国的仇怨，来到武陵深处的铜仁并定居下来。而较晚的开发历史、闭塞的地理交通、较小的中原文化影响以及远离政治中心等客观历史条件，使铜仁一直到明清时期仍是一个躲避战乱与杀戮、贤士隐居的"桃源圣土"，铜仁文化中也形成了一种重要的文化因子——避秦文化。

三　地理方位与桃源铜仁

（一）铜仁系"武陵正源"，为桃源所在地

铜仁系"武陵正源"，为桃源所在地，下面分别从历史地理和现代地理来论述。

1. 从历史地理看桃源

从历史地理区域看，"武陵"之名，可能始于战国，2002 年出土的里耶秦代简牍中已出现"武陵"一名。汉代人将这一山脉称为黔山、武神山、武山、武陵山。汉高祖五年（前202），置武陵郡，武陵山的名称就此固定下来了。《汉书·地理志》记载："武陵郡，高帝置，莽曰建平。属荆州。（领）县十三：索、孱陵、临沅、沅陵、镡城、无阳、迁陵、辰阳、酉阳、义陵、佷山、零阳、充。"东汉时监元县复称临沅，孱陆复称孱陵，建平郡复称武陵郡。领十二县：临沅、汉寿、孱陵、零陵、充、沅陵、辰阳、酉阳、迁陵、镡城、沅南、作唐。三国时的武陵郡，治所仍在临沅，初属蜀，后属吴，吴景帝永安六年（263），将原汉寿县改名吴寿县，又在西部分零陵、充县地设溇中县，分孱陵县地设南安县，建立天门郡，治所在溇中县。此时，荆州治所已由汉寿迁至湖北江陵。武陵郡所辖只有沅水流域的临沅、吴寿、龙阳、沅南、沅陵、辰阳、黔阳、迁陵、镡城、酉阳、舞阳等县，而不再辖有沣水流域各县。西晋时期，武陵郡的建置及所辖地区基本上无大变化，吴寿县此时已恢复为汉寿县旧名。从武陵郡所辖

的范围来看，铜仁地区的东部分属于辰阳和舞阳，处在武陵郡的边缘地带。

2. 从现代地理看桃源

从现代地理看，武陵山起至湖南省西北部及湖北、贵州两省边境，止于重庆市中部的涪陵区。东北—西南走向，是乌江和沅江、沣水分水岭。面积约 10 万平方公里，长度 420 公里，平均海拔高度 1000 米以上，最高峰为贵州的凤凰山，海拔 2570 米。主峰是武陵正源——贵州铜仁地区的梵净山。

武陵山脉覆盖的地区称武陵山区，现在也习惯称"武陵山片区"。这些地区主要包括：重庆市的黔江、酉阳、秀山、彭水、石柱；湖北省的恩施土家族苗族自治州，所辖恩施、利川、建始、巴东、宣恩、咸丰、来凤、鹤峰八个县市和红庙开发区；湖南省的湘西州，所辖县市为：吉首市、泸溪县、凤凰县、花垣县、保靖县、古丈县、永顺县、龙山县；湖南省张家界市，辖永定、武陵源两区和慈利、桑植两县，湖南省常德市部分区县，如桃源、石门等；贵州的铜仁市，辖碧江区、万山区、玉屏侗族自治县、松桃苗族自治县、印江土家族自治县、沿河土家族自治县、思南县、江口县、石阡县、德江县等。

桃源是那位武陵人去捕鱼时发现的，也就说桃源应在武陵区域，铜仁就在武陵区域。

（二）自然地理位置与桃源铜仁

铜仁有"中国西部名城"之称，曾是贵州省铜仁地区行署所在地。位于贵州省东北，地处武陵山脉中部，紧邻湖南省湘西自治州、怀化市，重庆市秀山县，地区范围内有乌江、沅江连接两地。铜仁老城一面倚山，三面临水，发源于梵净山和两条江自西自北而来，汇于铜仁，称锦江；锦江绕城半周，然后东去流入湖南沅水。锦江沿岸有壮观雄奇的六龙山溶洞群。

1. 从自然地理位置来看桃源铜仁

从所在经纬度看：铜仁位于北纬 27.7°—28.8°，东经 107°—109.2°。气候温暖湿润，四季分明，属中亚热带湿润季风气候，年平均气温 16°C—17°C，年降雨量 1250—1400 毫米，无霜期 280 天。因此，这里林木茂盛，溪水环绕，花草鲜艳；耕地多为水田，由于热量充足、降水丰沛，且雨热同期，人们以农耕为主，主要种植的有水稻、油菜、花生、土豆、小麦等。这里植物种类繁多，其中有一年四季常青的水竹，有桃、李、橙、猕猴桃等果树。由于气候适宜果树的生长，这里的人们也都有家家户户在房前屋后栽种果树的习惯，很多农家均藏于桃林中，当桃花盛开的时候甚是俊美；降水的丰沛也孕育了不少江河，有大大小小的溪流 99 条，如有注入沅江的锦江河，有流经重庆的乌江。这里为躲避战乱的人们提供了足够生存的食物环境，如《桃花源记》所谓"有良田美池桑竹之属"。

从所处的地形地貌看：铜仁地处我国第二级阶梯与第三级阶梯处，是云贵高原与长江中下游平原过渡地带，属于丘陵、山地地形，石灰岩广布。由于地表的千沟万壑，在武陵山区的崇山峻岭之间，随着迂回曲折的山路，每每相隔三五里或七八里，就会出现一个别有洞天的小盆地，或数十上百户聚族而居，依山傍水，深林密篁；或三五人家，竹篱茅舍。尽管曾有过风云激荡的岁月，但更多时候这里是静谧的。这里是上古时代"九州岛以外，圣人听其自然，不勤于远，不受其贡"的"南裔荒服之地"，刀耕火种，笃信鬼神，与世隔绝。这里的人民千百年来，依靠风调雨顺，维持着低水平的丰衣足食的生活，自然经济的生活方式世代相袭，是上古"农村公社"的基本单位。这些寨落利用丛生的灌木，如荆榛棘楚之类，构筑外围，瓮石围棘，以防野兽伤害庄稼和邻敌侵掠，在历史文献中称为"峒"或"溪峒"。交通的极为不方便，使这里成了一个"山高皇帝远"的区域。武陵山区山川破碎，缺乏产生统一文明的客观条件，在相当长的时期内，社会发展停滞在原始社会晚期的水平。土著濮人，以及后来进入这块土地的苗蛮人、古越人、巴人，他们的文化很少受到其他文化的冲击。各民族之间和平共处，而又互不融合，他们保留了各自的语言、传统、宗教和祭祀习俗，于是形成了各种文化并存的斑斓画卷，成为人类学者、民族学者视野中的宝库，它的兴衰轨迹，构成一篇引人入胜的人类故事。时至今日，松桃苗族自治县境内的苗族都有不同的苗语语种分布，古老的"傩戏"也还在这里流传。

"昔楚国南郢之邑，沅湘之间，其俗信鬼而好祀，其祀必作歌乐鼓舞以乐诸神。"① "楚人信巫鬼，重淫祀。"② 这些丰富的古代文化现象，即使现在武陵山区的一些宗教、祭祀的仪俗中也比比皆是。

"傩仪"溯自上古，"傩，却之也""先腊一日大傩，谓之逐疫"，其名和其形式，都是撵除追赶之意。两汉时，傩除仪式成为举国官民共同举行的岁时仪式，元朝以后，宫廷傩仪逐渐被其他仪式代替，但其形制功能向民间流传，又逐渐与民间原有的驱邪仪式以及道教、佛教等的仪轨典仪形式融合，形成现行武陵山区的"民间傩"。

与外界的通道只有借助山隘河道，从湖南湘西到铜仁，只有沿沅江到锦江再达。交通的如此艰险只有那无意到此的"武陵人""缘溪行，忘路之远近"才会误入此处。这里山连着山，层峦叠嶂，当从河道进入进到两山相夹的河道，给人的感觉是两山相连成了一洞。可顺水绕过这山，会让人眼前一亮，地势又变宽阔了。这里的峰回路转，犹如迷宫，加之汛期与枯水期时河道水位的变化，使那打了记号的"武陵人"再也找不到回桃花源的路了。这里的地形地貌也就为躲避战乱的人们提供了天然屏障，使之与世隔绝，又有平缓宽广的丘陵与山间坝子适宜耕种，正好可躲藏外来人的骚扰，又可自给自足地在此生活。

---

① （汉）王逸：《楚辞章句·九歌序》，（宋）洪兴祖：《楚辞补注》，中华书局 1983 年版，第 55 页。

② （汉）班固：《汉书》，（宋）洪兴祖：《楚辞补注》，中华书局 1983 年版，第 55 页。

2. 从"梵净山"的含义来看桃源铜仁

地处铜仁的梵净山更符合陶渊明追求的隐居之地,因为归隐之人都有信佛之心,而梵净山钟灵毓秀、佛意深厚更是陶渊明向往的精神家园。大自然造物的神奇力量,使梵净山富集了令人陶醉的自然风光。山,或雄奇险峻,或秀美多姿,那引人入胜的新金顶,在海拔 2200 余米的崇山峻岭上,突兀而起冒出一尊石柱,高约 100 米,如巨笋出土,似玉龙啸天,红云环绕,直指苍穹。大自然的神工鬼斧,又将山顶一劈为二。两个山顶上分别建有释迦殿、弥勒殿,两殿之间有天桥相连,朝拜的香火烧到了云天之上。还有那独立撑云的蘑菇石、依山望母的太子石、状若册籍的万卷书(山岩)等,形神兼备,令人叹绝!至于梵净山顶部一带常常出现的"佛光",更是令人魂牵梦绕,一睹为快。水,或涓涓细流,或叮冬垂滴,或白练悬空,或奔腾咆哮,皆异常澄澈。峰回水转,汇成了 99 条溪流,顺山势的东西走向,向东汇成了锦江、淞江,直奔沅江入洞庭湖;向西汇成印江河,直奔乌江进长江。树,遍山皆树,满眼是绿,繁花争艳,鸟兽和鸣,一幅天然画卷。还有那云、雾、风,波谲云诡,也给梵净山增添了不少的神秘色彩。置身此山中,俨然画中行,恍若仙山游。

在明朝万历以前,梵净山作为"古佛道场",早已声名远播。在梵净山的滴水岩附近,有一块奉万历皇帝的诏令而专门竖立的石碑。碑文中写道:"此黔中间之胜地有古佛道场,名曰梵净山者,则又是天下众名岳之宗也。"万历皇帝之所以要下诏重建梵净山金顶正殿(寺庙),是鉴于曾经兴盛一时的梵净山"古佛道场",因长年战乱而日趋衰落破败,即碑文所言:"天哀名山之颓,而赐以钦命。僧妙玄重建金顶正殿,足为万圣临銮。"碑文中把盛极之时的梵净山"古佛道场"比作"极乐天宫",记载梵净山佛教自开辟以来,香火旺盛,信奉朝拜的信徒如云流水涌,连王公大人都十分向往。有明代,梵净山的声名早已传入了南京、北京,倾动了13 个行省的地方长官。

梵净山这个山名，具有浓厚的佛教色彩，它是从"梵天净土"点化而来。梵净山是幸运的，因为在地球的同纬度上，目前只有它还保留有如此原始古朴的生物群体和桃花源般的美景及人们诗意生态的生活。

（三）铜仁的地理环境酷似《桃花源诗并记》中的桃花源

从武陵郡所辖的地域范围看，桃源不应该在武陵郡郡治等中心地带，而应该在能够躲避战乱的武陵山深处的铜仁。

发现桃花源的是一个以捕鱼为业的武陵人。关于这位武陵渔人，古代武陵方志中多有记载。南朝萧齐时，武陵人黄闵曾撰本地志书《武陵记》，其中载"昔有临沅黄道真，住（往）黄闻山钓鱼，因入桃花源，陶潜有《桃花源记》"。这就是说，1500多年前的武陵方志中记载，"发现"桃花源的那位武陵渔人，是其时武陵郡临沅县在，当时武陵郡治在临沅即今常德市。用"武陵人"称呼他，证明这个人生活的地方在当时应该是人们比较熟悉的。而桃花源则是一个相对落后封闭的地方。也就是说，"武陵人"是从发达地区的人们都比较熟悉的武陵地区开始，然后，朝还未开发的不大为人所知的武陵地区行进的过程中发现桃花源的。所以，桃源绝对不会在武陵郡郡治等中心地带。比如，武陵郡常德桃源西不远处的"桃花源"，它处于郡治统治的核心区域，是历代兵家必争之地，绝不可能有安定、和谐、淳朴的"世外桃源"的社会环境存在！更谈不上有先世避秦时乱的人文背景。我们还可以从桃源县的"桃花源"本地的一副对联得知：此"桃花源"，并非《桃花源记》中陶渊明笔下的"桃花源"胜地。不信，请细读那副对联："绝景此何来，版图原非刘氏土；避秦意休问，世家不属晋时人。"如果是常德桃源西不远处的"桃花源"，会有"缘溪行，忘路之远近"，会有后来找寻"未果"之说？那么，桃花源究竟应该在哪儿？笔者的观点是：应该在武陵郡管辖的与郡治等中心地带有一定距离的能够躲避战乱的武陵山深处、沅江支流的锦江河畔——铜仁。王正旺指出：从陶渊明的描述来看，桃花源至少有 3 个明显特征：其一，群山环抱的一块平川；其二，林木茂盛，溪水环绕，花草鲜艳；其三，房屋俨然，家好客，民风淳朴。依据王正旺的观点，可以说铜仁处处是桃源，尤其是铜仁城所在地，周围有架梁山、文笔峰、天乙山等群山环绕，中间为地势低洼的盆地，盆地中大江小江在铜岩汇合，流入锦江。东西晋时期这里也肯定只有农家民舍。在这没有压迫、没有阶级、人人平等、自食其力，自给自足，和平恬静，人人自得其乐的一片"梵天净土"。这不正是陶渊明所想所写的桃源吗？

四　水系分布与桃源铜仁

（一）从沅江水系看，桃源在铜仁

从《桃花源记》中的"晋太元中，武陵人捕鱼为业。缘溪行，忘路之远近。忽逢桃花林，夹岸数百步，中无杂树，芳草鲜美，落英缤纷。渔人甚异之，复前行，欲穷其林""林尽水源，便得一山。山有小口，仿佛若有光。便舍船从口入""既出，得其船，便扶向路，处处志之"等文字的描述中可以推想，桃花源外有大河奔流，并且大河里鱼类资源丰富，否则，怎么可以"捕鱼为业"？而且桃花源内有比较大的溪流与这条大河相连。溪流的很多地段也和大河一样，可以行船捕鱼。武陵人捕鱼肯定在武陵地区的河中进行。从中国水系分布图看：武陵有五溪，而正源在辰溪，其证据是《水经注》有言曰："武陵有五溪，谓雄溪、横溪、酉溪、无溪、辰溪是也。……今考诸地志杂书，盖其源，有出于铜仁蛮界者，流经麻阳县城南为锦江者，名曰辰溪……"（见图 1）。

锦江发源于贵州第一山、中国五大佛教名山之一的梵净山，流经铜仁地区江口县，再由西向东横贯铜仁市全境，然后进入湖南省麻阳县，最后

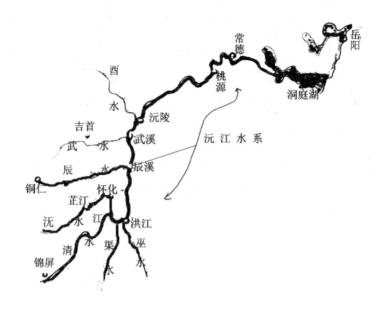

图1　沅江水系示意

在辰溪县汇入沅江。

　　其实，也很好理解，武陵山脉的主峰是铜仁地区的梵净山，其正源不是来自主峰梵净山的锦江，难道还会是其他河流吗？长江、沅江、锦江和大江、小江等就组成了桃花源由大到小的水系分布图。在这张水系分布图中，根据"林尽水源"四字，我们还可以断定，桃花源也不会在波涛滚滚、江宽水大的沅江地区，而至少应该在沅江的上游锦江流域乃至大小江所在的梵净山片区。梵净山有99条溪水朝四周奔流，其中的大小两江汇集于铜仁城的铜岩处，并将城区一分为三，呈"S"状环城逶迤东去，是为锦江，然后才进入沅水，流入洞庭，汇入长江。沿江两岸奇峰林立，峭壁嵌绿，碧波粼粼，山色青青。还有丰富的自然景观、独特的人文景观、珍贵的文物古迹、雕梁画栋的亭台楼阁等，宛如一颗颗珠宝镶嵌在锦江两旁，构成了一幅"清水出芙蓉，天然去雕饰"的十里锦江画廊。十里锦江风景区主要包括武陵小苏州、锦江十二景、锦江公园、水晶阁等景点，尤其是铜仁锦江十二景，声名远播。比如，锦江十二景中的"渔梁夜月"，每逢风清月明之夜，波光粼粼，江流有声，渔舟穿梭，甚为幽寂，颇有"明月松间照，清泉石上流"的意境。道光《铜仁府志》载："微澜荡漾间，俨若潜鳞游泳。""玉屏晴雪"，也风景独异。在城南10公里，一山如屏，山高气寒，瑞雪初霁，群山融雪，此山仍积雪皑皑，经旬不化，素色玉润，银光闪烁，蔚为壮观。有诗为证："天敞峰峦为作屏，连宵瑞雪几番终。"① 清朝著名学者、诗人、文史学家郑珍在《铜仁舟中杂诗六首》中用"舟行无百里，江景已多更""潭光清漏石，山影绿摇云""江鸣知雨到，鸭语觉春来"等诗句来赞美锦江。《人民日报》原副总编廖经天也曾写下诗句"四面青山楼外楼，新装巧扮最风流，多情最是锦江水，一步依依一回头"。

　　自古以来，人类便是依山傍水而居，此为繁衍生息的最佳条件。那么，在先秦至东晋时期，锦江沿岸有无人烟，人类文明是否繁华呢。在2009年的铜仁考古领域中我们得知一个重大发现：3000年前锦江两岸人烟密集，逐水而居，磨石为斧，抟土成器，捕鱼为业……贵州省文物考古研究所李飞副研究员透露，随着铜仁锦江流域19处大型遗存的发现，3000年前锦江流域的先民生活场景逐步揭开面纱。李飞说，此次考古工作从湘黔相接的锦江下游至江口境内展开，耗时41天，发现各类遗存19处，包括施滩、杜家园陶器采集点、落鹅等遗址，采集陶、石、铜等各类遗物数百件。"在锦江下游，有坝子处便有遗址。"李飞说，根据遗存推测，早在3000年前，锦江两岸已是人烟稠密，文化繁荣。据介绍，考古人员采集到的石器，系江边石砾打制或磨制而成；陶器之中，有夹砂和泥质陶；纹饰有绳纹、蓝纹、篦划纹、附加堆纹；器类分高领罐、釜、豆和网坠。网坠数量不少，说明渔猎在当时的生产方式中占据重要地位。由此我们可以得

---

　　① 中共贵州省铜仁地委档案室等整理：《铜仁府志》卷二，贵州民族出版社1992年版，第93页。

知，东晋时期的锦江沿岸人民的生活生产方式与陶渊明笔下的《桃花源记》描述的情形相符，即"晋太元中，武陵人捕鱼为业"。此外，从遗址分布的疏密程度看——下游密，上游疏，可能存在一个当时人群逆锦江向上游迁徙的趋势，即这一地区的古代遗存与下游湖南境内的相关遗存，有着密切联系。由此，我们就可以把桃花源的范围缩至这条流域沿岸。那么，桃花源的具体地址究竟是在哪里呢？我们先看桃花源的居民建立桃花源的原因："自云先世避秦时乱，率妻子邑人来此绝境，不复出焉，遂与外人间隔。"如果当时人烟稀少，与世无争，当地的居民会舍弃家园去寻觅桃花源吗？显然，在先秦至东晋时期的当地，人类活动是非常频繁的，人类文明也是非常繁荣的。人杂是非多，必然不会有长久的和谐，于是当地人民为了躲避战乱纷争，才有可能舍弃家园另寻出路与世隔绝。在上文中我们已证实，锦江沿岸的繁荣是自下游向上游逐渐密集。这更进一步验证了我们的判断，即桃花源只能在铜仁及上游地区，而不可能在人烟稀少的锦江下游地区更甚远至今湖南境内。桃源人要躲避战争乱世寻觅新家园，必然是朝着与府城相反的方向走，远离皇权的统治中心。那么秦朝的首都是在今陕西咸阳，那他们逃亡的路线就应是往西南方向。所以，从方位上来说，桃花源在铜仁也更合理。铜仁有武陵山脉的主峰——梵净山，而地处梵净山北的桃花源至今十分安静，保存着原始古朴的本色，生活生产方式有太多的历史遗存。这里基本与外界隔绝，许多人还耕种着一种叫"麻谷"的古老稻种，不少人家至今不施化肥、不喷洒农药，水溪两岸的稻田多用木制水车提水，山涧间还有楠竹槽引水，人们的婚丧嫁娶有太多我们均未见过的礼节和服装行头，语言还保存着许多只有在古话本小说中才能听到的词句。铜仁自古以来都是历朝历代的边陲之地，又依山傍水，实为隐居的上佳选择。

坐落在西南边陲的铜仁宁静祥和，历经数千年风雨洗涤，在历史的长河里飘摇，书写文明，积淀含蕴。远离世间纷争，又与外界保持着千丝万缕的联系，汲取着人类进步的信号。今天，铜仁市境内山环水绕，风物荟萃，人杰地灵，蕴珠藏玉，自然人文景观如彩绦连珠，美不胜收，不仅山、水、林、瀑、石、洞瑰丽多彩，中南门古商埠文化街区、中国傩文化博物馆、岩董、杜家园新石器古文化遗址、中国明清南长城、茶园山庄文化古村、周逸群烈士故居、沈从文的祖居等，都蕴含着深厚的历史文化，素有"黔中各郡邑，独美于铜仁"的赞誉。

几百年来，梵净山的名字一直在黔、湘、川、鄂、桂等南国地域久久流传。虽然朝代有更替，人世有变迁，但梵净山的魅力依然历久不衰。梵净山位于铜仁地区的江口、印江、松桃三县结合部，海拔 2493 米，不仅是贵州的第一山，更是武陵山脉的主峰，是屹立于云贵高原向湘西丘陵过渡的大斜坡上的巨人。其古老的山体距今已有 10 亿—14 亿年的历史，是黄河以南最古老的台地。加上山体庞大深邃，峰峦巍峨雄奇，主峰高耸入云，故明朝万历四十六年（1618）奉皇帝诏令而建的古碑上称之为"众名岳之宗"。大自然造物的神奇力量，使梵净山富集了令人陶醉的自然风光。梵净山是佛教名山，是生态王国，是风景胜地，是一方净土。

铜仁的母亲河——锦江，便是发源于这人间仙境梵净山。在锦江沿岸，铜仁人民世代捕鱼为业，即使今天，锦江中依旧随处可见极具古朴风韵的渔船，以及渔船上撒网的渔民。在码头，渡口边，总可见成群的渔船靠在岸边，簇拥着，休憩着。而在大大小小，形态各异的石桥上，都可见桥钓爱好者，一个小凳子，一些简易行头，一列排列整齐的鱼竿，无论天明暗夜，风吹日晒，依旧如常，享受其中，自得其乐。水与铜仁人民的渊源，源远流长，捕鱼、钓鱼等一系列生活休闲娱乐活动更是与鱼水密不可分。这与《桃花源记》中"晋太元中，武陵人捕鱼为业"的说法更是不谋而合。依偎着梵净山，紧贴着锦江河，铜仁人民在这世外桃源中代代相传，生生不息，幸福美满，与世无争。梵净山脚的黑湾河，山峡奇伟，森林幽茂，灵石千姿，慧水百媚。河口进去，便见夹岸峰峦，穿窿齐天，无边古木，苍郁接地。竹林丛中立有石碑50余方，皆出自国内书法大家之手。竹枝疏影，衬托丹青妙笔，别是一景。越向里走，只见石崖峥嵘，溪流百叠，时有白练飞银溅玉，时现碧潭鱼翔浅底。两岸皆繁花茂树，八桥跨一溪湍流。置身其中，宠辱皆忘，世尘尽扫，净心自悟，妙趣自取，此情此景，不正与《桃花源记》中所描写的桃源极为相似吗？

漫步在铜仁古城中，道路两旁是枝繁叶茂，郁郁葱葱的桃树，影影绰绰的日光穿过层层叠叠的红花绿叶透射下来，恍惚中，仿佛置身于陶翁笔下的世外桃源，不禁吟道："忽逢桃花林，夹岸数百步，中无杂树，芳草鲜美，落英缤纷。"

在铜仁，有一条古朴幽美的步道，沿着太平河两岸。从风光险峻的黑湾河起始，至梵净山下有名的土家民俗村云舍，全长14公里地。步道或随着流水徜徉，或穿过田野乡间，或在沙滩上漫延，或在岸林里缠绵。既有激流澎湃，又有涓涓细流；既有深河绿潭，也有浅岸沙滩。平静的乡间生活，纯净的无垠蓝天，麻柳林里清脆的鸟啼，河滩上盛开的野花，这就是书中走出的桃花源啊。人们将这条步道叫作生态步道，意思是走进它就是走进了大自然。

在离江口县城不远处，有一地，名曰"鱼梁溪"。缘溪行，夹岸奇石崔巍，时见白瀑飞溅；水边竹篁四合，只闻水声潺潺。山谷幽深，溪流婉转，疑无路可通时，路即现眼前。过雷打岩，群峰闪出一片旷地，土地平整，阡陌交通，有人烟耕作痕迹。复向前，峡谷之后，眼前豁然开朗，有两峰拔地而立，山色显赤，赤上浮白。人称"白人岩"。岩下房舍俨然，保坎久远高长，院宅深古高大，加上残存的精雕石院坝、翘角墙……让人浮起许多联想。这就是鱼粮溪。村民皆姚姓，侗族，能歌善舞之外，犹喜练武。此地水好鱼丰，其优质黄颡鱼（角角鱼）远近有名。从鱼梁溪向里，景色绝美，连乡人也不知其终。鱼梁溪一游，好似一曲现代版的桃花源记。

在锦江上游，有一处尤为美丽的地方，正是"白花浪"。锦江水在这里悠然而下，触石有声，跃溅成色。特别是日起日落时分，江面上犹如百花盛开，分外醒目。白花浪的美，美在天然，没有丝毫的人工雕凿。江心有绿洲成双，顺河平置。大洲上绿树环合，中隐田稼，一派田园景象；小洲绿荫遮地，新植松柏连理成行。简直就是"土地平旷，屋舍俨然，有良田美池桑竹之属"的真实写照啊。

在铜仁市郊挞扒洞，有一个"长寿村"，周围石山壁立，流水泻瀑。杂花间野草相映成趣，森林与水库连天一碧。这里的儿童聪慧天真，这里的老人鹤发童颜，这里的姑娘花容月貌，这里的小伙英俊潇洒。这，莫不是传说中的桃源人？陶翁来到这里，把所见所闻如实记录下来："阡陌交通，鸡犬相闻。其中往来种作，男女衣着，悉如外人。黄发垂髫，并怡然自乐。"

（二）从乌江水系看，桃源在铜仁

从《桃花源记》中我们可以得知"自云先世避秦时乱，率妻子邑人来此绝境，不复出焉，遂与外人间隔。问今是何世，乃不知有汉，无论魏晋"，能这样与世隔绝历经数朝代而不被外界侵扰，那么桃花源必然要具备的一个条件就是——极强的隐蔽性。

从前文我们已论证，陶渊明笔下的桃花源是在长江流域，作为长江沿岸的一大支流，流经铜仁地区的乌江是最具备孕育出桃花源隐蔽地形的条件。

乌江，贵州省第一大河，长江上游右岸支流，又称黔江。它发源于省境威宁县香炉山花鱼洞，流经黔北及川东南，在重庆市涪陵区注入长江，干流全长1037公里，流域面积8.792万平方公里。乌江水系呈羽状分布，流域地势西南高、东北低，流域内喀斯特发育，地形以高原、山原、中山及低山丘陵为主。由于地势高差大，切割强，自然景观垂直变化明显。以流急、滩多、谷狭而闻名于世，号称"天险"。乌江水能蕴藏丰富，全流域水能蕴藏量 1042.59 万千瓦，乌江渡电站坝是中国喀斯特地区已建成的最大高坝。乌江流域为贵州主要工农业分布区，居住有汉、彝、苗、布依、回等民族。盛产粮、油、烤烟、茶、生漆、油桐、乌柏及天麻、杜仲、党参等药材，煤、硅石、铁、磷、铝、锰、铅、锌、锑等矿产丰富。乌江自古以来为川黔航运要道，1989 年在乌江天险江界河渡口兴建的特大跨度桥梁，是贵州省桥梁中最壮观的一座。

乌江是典型的山区河流，干流天然落差 2124 米，平均比降 2.05‰。乌江流域地势由西南向东北倾斜，东西向高差大，自河源到乌江渡，定为乌江上游，长 448 公里，这段河道河谷深切，纵坡陡峻，伏流众多，洪枯水位变幅特大。从乌江渡到沿河县城为乌江中游，长 346 公里，河道穿行于深山谷之中，礁石林立，滩险密布，有名的璇塘天生桥镇天洞、一子三滩号称"四大天险"，均在此段。

乌江流域从西到东海拔差异大，地质条件复杂，素有"十步不同地，百步不同天"之说，这正给桃源制造了一个天然屏障。

乌江发源于贵州高原，又因源头海拔高达 2260 米，而出口低至海拔 136.5 米的悬殊特大的落差，形成了天险水道，20 世纪 30 年代，中国工农红军历经千辛万苦战胜了乌江天险，渡过乌江，并踏遍了乌江流域。可见这里的地势十分险要，这在一定程度上阻碍了外来事物的侵袭，但又不会彻底地与世隔绝。

铜仁地区的思南位于乌江的中游，这里崇山峻岭，上段夹行于苗岭山脉与大娄山脉之间，下段夹行于大娄山脉与武陵山脉之间。乌江在崇山峻岭之间穿行，由于河段浸蚀和地下水溶蚀，很多地段形成二三百米深的"V"形峡谷，崩石堆积，坡陡流急，落差集中，共有大小险滩 148处，形成水墨梦境般的乌江画廊"千里乌江、千里画廊"。文人墨客对这条天险乌江留下"蜀中山水奇，应推此第一"（明朝时这里隶属于四川省）的赞誉。乌江贯空武隆，其山有夔门之雄、三峡之壮、峨眉之秀；水如碧玉流，人在画中行，驾车行驶在宽阔、平坦的沿江公路上，仿佛进入水墨仙境，远山神秘、近山奇雄、沟壑清幽、山峦秀丽、一里一景，气象万千……

从《桃花源记》中，我们能得知一个信息，那就是桃花源虽然与世隔绝，但捕鱼人既然能泛舟到达，那这里的地理位置必然不会太过于偏僻、了无人烟，远离人类活动范围于千里之外。这里虽然与世隔绝，但并不原始。俗语说"大隐隐于市，小隐隐于林"，桃花源正是小隐之所例证。

从《桃花源记》中我们可以得知："既出，得其船，便扶向路，处处志之。及郡下，诣太守，说如此。太守即遣人随其往，寻向所志，遂迷，不复得路。南阳刘子骥，高尚士也，闻之，欣然规往。未果，寻病终。后遂无问津者。"由于气候、地质条件的原因，造就了具有典型喀斯特地貌的铜仁地区，地质构造十分复杂，地形变幻莫测。山路崎岖。这里气候适宜，四季分明，温暖湿润，自然资源丰富，河流众多。加上乌江洪枯水位变幅巨大的特点，从原文中能知道搏鱼人来去都是走的水路，"既出，得其船，便扶向路，处处志之"。所以，我们可以大胆认定桃花源人极有可能是在汛期时顺着河流进入这里，当汛期结束，枯水期来临时，进来这里的必经之路已然被切断，自然而然，这里变成了一个天然的、绝佳的世外桃源。这个假设也很有力地解释了原文中搏鱼人意外闯入桃源，当再次带领众人寻来时，却找不到入口，桃源仿佛人间蒸发一样。"太守即遣人随其往，寻向所志，遂迷，不复得路。"这更加给桃源增添了一份神秘感。很显然，古人对于河流洪枯季节水位变化的认知远不及现在。当然，那时陶渊明笔下的桃花源便成了传说一样的美好地方，令人无限神往，更有甚者揣测其恐怕只是一个精神家园，在战火纷争的乱世中聊以自慰罢了。

（三）从长江水系来看，桃源在铜仁

沅江水系、乌江水系均属长江水系的主要支流，从中国长江流域水系图看铜仁属沅江水系和乌江水系的分水岭地带（见图2）。

铜仁地区水资源的补给来源主要为大气降水，储存形式为地表水、地下水和土壤水，可通过水循环逐年得到更新。由于独特的侵蚀型喀什特山原地貌环境，山高谷深，地表破碎，峰丛洼地广泛发育，河流时明时暗，干谷和季节性河流普遍存在，河间地表与地下分水岭往往不一致，喀什特地下水以集中径流为主，不存在统一的地下潜水面，且水流流向具有或然性。这进一步说明铜仁具有桃花源隐蔽性必备的一个条件。

长江流域是中国原始农业相当发达的地区之一。关于古代长江流域的经济情况，司马迁在《史记·货殖列传》中是这样说的"楚越之地，地广人稀，饭稻羹鱼，或火耕而水耨，果蓏蠃蛤，不待贾而足，地艺饶食，无饥馑之患，以故呰窳偷生，无积聚而多贫。是故江淮以南，无冻饿之人，亦无千金之家"。这里发现的农耕文化遗存，时间最早的可以上溯到距今八九千年。适应于长江流域湿热多雨、森林密布、草木畅茂的自然环境，新石器时代先民们最常用的耕作方式是"刀耕火种"，即砍伐树木杂草后烧成灰烬以播种作物。这从已发掘的许多新石器时代文化遗址中常见有斧、铲、锄、刀、镰等农具可得到证明，而且今天长江流域上游地区的一些少数民族事实上仍在采取这种耕作方式①。伴随着刀耕火种农业的产生与发展，长江流域上游水资源丰富、土质肥沃的基本特点，满足了《桃花源记》原文中"土地平旷，屋舍俨然，有良田美池桑竹之属"的条件。

总之，从铜仁水系具备的特殊性来看，桃源在武陵，深处是铜仁，地处武陵深处乌江、沅江水系分水岭地段的铜仁就是桃源中的桃源。

---

① 周宏伟：《长江流域森林变迁的历史考察》，《中国农史》1999年第4期，第6页。

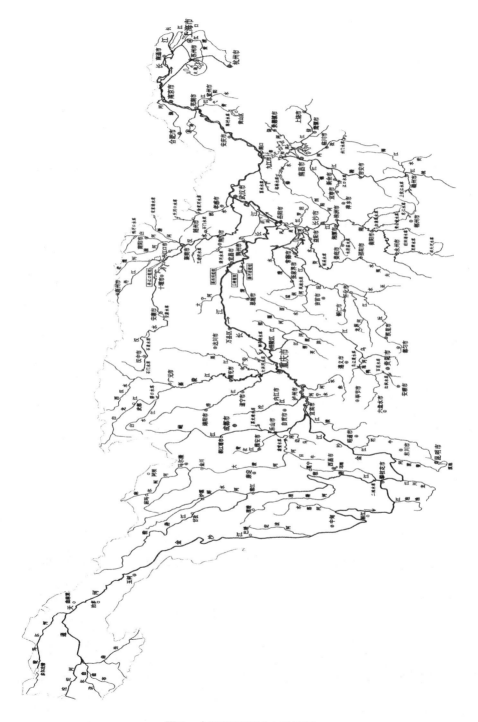

图 2　中国长江流域水系简图

五　生态环境与桃源铜仁

东晋"田园诗人"陶渊明的《桃花源记》和《桃花源诗》给我们描绘了美丽的桃源。但是，从自然生态的视角细细研读两篇文章，给人的感觉是作者好像更多地在描绘一幅天人合一的自然生态图，如《桃花源记》里的"晋太元中，武陵人捕鱼为业""有良田美池桑竹之属""忽逢桃花林，夹岸数百步，中无杂树，芳草鲜美，落英缤纷"等；《桃花源诗》里的"桑竹垂余荫，菽稷随时艺""春蚕收长丝，秋熟靡王税""借问游方士，焉测尘嚣外"等，都是对桃源自然生态的生动描写。从这些描写来看，与铜仁的自然生态非常相似。因此，笔者以为，从自然生角度看，桃源在铜仁。

整个世界是一个大系统，自然生态系统是这个大系统中的子系统。在自然生态系统中，又有水生生态系统和陆生生态系统之分。下面，笔者将分别从水生生态和陆生生态两个方面论证桃源在铜仁。

（一）从水生生态看，桃源在铜仁

所谓水生生态系统就是指以水为基质的生态系统，它是地球表面各类水域生态系统如淡水生态系统和海洋生态系统等的总称。

陶渊明在《桃花源记》和《桃花源诗》里直接描写的水生生态种类虽然不是很多，只有鱼类，但是整篇文章是根据"捕鱼人"在捕鱼过程中的发现写成的。没有捕鱼人的捕鱼，就没有桃花源的发现，也就没有《桃花源记》和《桃花源诗》。《桃花源记》里的捕鱼人既然是以"捕鱼为业"，可见他捕鱼的河流肯定鱼类资源丰富，否则怎么可能让他天天有鱼可捕而以"捕鱼为业"呢？

《桃花源记》和《桃花源诗》里的捕鱼人是"缘溪行"，显然不会是在海洋上前行。铜仁有乌江和锦江水系，淡水资源非常丰富，仅"乌江下游共有鱼类 125 种，分属 7 目 19 科 80 属……在彭水江段的渔获物中，除长鳍吻鲖外，鲇形目种类占有较大比例；龚滩江段的渔获物中以适应急流生境的鱼类为主，如泉水鱼、长鳍吻鲖、圆筒吻鲖、蛇鲖、墨头鱼等；在沿河江段，体形较大经济鱼类较常见，其中鲤占全部渔获物重量的51.54%"①。尤其值得一提的是乌江中至今还有鲟鱼、洋鱼、中华倒刺鲃、白甲鱼、岩原鲤等珍稀鱼类。

铜仁"市境内气候温湿，溪流密布，塘库众多，有鱼类繁衍生长的良好生态环境。现有鱼类 51 种，分属 6 个目，16 个科，其中鲤科群类占 70%，鲇科、鲍科、脂科（鲈形目）占 20%，其他科占 10%。有被誉为铜江四大名鱼的湘华麦（青鱼）、稀有白甲（沙鱼）、白甲（鲈鱼）与河鲤。此外，还有鲫鱼、鳊鱼、台湾铲颌（石郎）、宜宾鮈（阴鱼）、瓣结鱼（长生鱼）、银色颌须鲍（硬老壳）、吻鲖（打鼓棒或沙粘子）、唇鱼（土鲖鱼）、长蛇鲖（打船钉）、油鲨条（青背刀）、鳜鱼（桂鱼）、刺鲅（铜鱼）、翘嘴巴红鱼（翘壳）、鲶鱼、泉水鱼（油鱼）、黄颡鱼（黄辣丁或角胡子）、花骨鱼、麦穗鱼（麻鲍鱼）、棒花鱼（石花鱼）等 30 余种，以及刺鳅科的大刺鳅和合鳃科的黄鳝、泥鳅等。上述鱼类大多分布在锦江、傩水河内"②。在《铜仁府志》里能够查到的鱼类有鲤、鲂、鲢、鲳、鲭、鲇、鱿、鳝、鲲、鲨、鲅、鲈等 21 种，并且对石斑鱼、娃娃鱼、朱鱼有单条记载。石斑鱼"黄腹，黑背，无鳞，腹平如掌，长不过二三寸，附石而行，五六月捕鱼者照以火于石上捉之"；娃娃鱼"《尔雅》：鲵，大者谓之鰕。今鲵鱼似鲇，四脚，前似猕猴，后似狗，声如小儿啼，大者长八九

---

① 但胜国、王剑伟、谭德清：《乌江下游鱼类资源现状调查和分析》，《中国海洋湖沼学会鱼类学分会、中国动物学会鱼类学分会 2004 年学术研讨会摘要汇编》，2004 年 9 月 1 日。

② 贵州省铜仁市地方志编纂委员会：《铜仁市志》（上册），贵州人民出版社 2003 年版，第209 页。

尺"；朱鱼"色如辰州朱砂，故名……又云：蓝如翠，白如雪，迫视之肠胃俱见。此朱鱼别种也，亦甚贵"①。尤其是锦江里的鲭、鲨、鲈、鲤，自古以来都非常有名，铜仁人对鱼情有独钟，在"铜仁十二景"中，有两个与鱼有关，一个是"渔梁夜月"，一个是"金鳞游泳"。"渔梁夜月"在天乙峰、太乙峰下，每当风清月明之夜，河面波光粼粼，江流有声，虽渔舟穿梭，亦甚为幽寂，有"明月松间照，清泉石上流"之美。"金鳞游泳"位于铜仁城南 500 米处，逆大江而上，在与木沙河交汇处立有一岩，其形若鲤鱼，古人即誉为"金鳞游泳"。岩下有一壑，其中部一石突出，形似一鲤鱼头，特别是鱼唇、鱼眼、鱼鳃，活灵活现，惟妙惟肖，故又名"鲤鱼嘴"。铜仁人至今喜食鲤鱼。铜仁锦江河鱼资源特别丰富，有一段文字描写为证。这段文字是——"古城的山如此之青，水无比之秀，三江之水滋润了铜仁山川河谷，还提供了丰富的水产。在清流透底的河面上经常可见晒席般大的黑影在河中时黑时白，那是尺长的鱼群团聚在一起游时'翻白'，青黑色的鱼背聚显出如此大的黑影。在水码头挑水，用桶打水，还时有鱼要进桶。东门大桥上观鱼，甚为吸引人，天气好时，在桥上可见锅盖大的团鱼数个集体上游，几尺长的大鱼在水中觅食"②。此种悠然与自得，不就像桃源吗？

可见，铜仁丰富的鱼类资源，是能够吸引捕鱼人"缘溪行，忘路之远近"的。发现桃源的是捕鱼人，如果捕鱼人在划着船"缘溪行"的过程中，没有捕到鱼，他能够不断往桃源深处走吗？而且可以想象，捕鱼人在"缘溪行"的过程中不仅捕到了鱼，可能还捕到了很多的鱼，所以，他才会"忘路之远近"。于是可以推断，不仅捕鱼人"缘溪行"的那条"溪"中有鱼，而且桃源水系中也有鱼，有很多的鱼。这与铜仁的情景很相似。

---

① 中共贵州省铜仁地委档案室、贵州省铜仁地区政治志编辑室：《铜仁府志》，贵州民族出版社 1992 年版，第 111 页。

② 谢庆常等编著：《铜仁韵话》，铜仁市教育局，2010，第 23 页。

铜仁如果没有丰富的鱼类资源，就绝不可能是桃源。因为捕鱼人在不断捕鱼的过程中不知不觉才有"忘路之远近"，才能闯进"不足为外人道"、已经与外界长期间隔、"问今是何世，乃不知有汉，无论魏晋"的桃源。今天的铜仁所产的鱼类肉质细嫩，美味可口，是不是就是与世隔绝没有任何污染的桃源鱼的"后裔"？虽然不敢肯定，但这种可能是存在的。

铜仁人如果能够把锦江鱼做成"桃源鱼"，可能有一天，"桃源鱼"的品牌也会因"梵天净土，桃源铜仁"的名片而像"武昌鱼"一样声名远扬。

（二）从陆生生态看，桃源在铜仁

所谓陆生生态系统就是指以陆地土壤或母质等为基质的生态系统。在这个系统中的陆生生物主要有陆生植物和陆生动物等类型，下面分别叙述它们在铜仁的分布。

第一，从陆生植物看，陶渊明在《桃花源记》和《桃花源诗》里直接描写的有桑、竹、菽、稷、豆、草、木、桃等，涉及的句子有"桑竹垂余荫，菽稷随时艺""俎豆犹古法，衣裳无新制""草荣识节和，木衰知风厉""忽逢桃花林，夹岸数百步，中无杂树，芳草鲜美，落英缤纷。渔人甚异之。复前行，欲穷其林。林尽水源，便得一山""土地平旷，屋舍俨然，有良田美池桑竹之属"。其中描写最多的是"桃""桑""竹""草"等。应该说这些都是铜仁典型的陆生植物。

"桃"属于果类。铜仁的果类非常丰富，《铜仁府志》记载了26种，而且排在首位的是"桃"，具体是"桃、李、杏、枣、梨、柚、橙、橘、柑、柿、樱桃、林檎、枇杷、葡萄、胡桃、石榴、香元、白果、茈菇、菱角、莲子、栎子、梧桐子、储木子、佛手柑、落花生"[1]。根据调查，到目

---

[1] 中共贵州省铜仁地委档案室、贵州省铜仁地区政治志编辑室：《铜仁府志》，贵州民族出版社1992年版，第105—106页。

前为止，铜仁市"果树共有 13 个科 118 个品种"①，由于受立体气候影响，形成两个果树生态区：一是以锦江河谷地带为主的常绿果树生产片区；二是以川硐、茶店等乡镇为主的丘陵山区为落叶果树生产片区。但是两大片区都有桃、李、橘等果树分布，正如笔者在拙文《桃源在武陵，深处是铜仁——关于"桃花源"原型新说》中所说"桃、李、杏、梨等果树在铜仁更是遍地生长，如杨秀冕在《飞泉》一诗中所吟唱的'武陵岁岁桃先发，几度渔郎问钓矶'，敬文在《松桃道中望梵净山》一诗中所描写的'沿村翠竹林，夹岸桃花树'等就是铜仁的真实情景"②。谢庆常在《铜仁府城旧话》中说："登锦江沿岸任一城楼，放眼四望，从凉水井、西门坳、柑子园、大江坪到桐梓巷这一线全是果园，桃、梨、橘、李、柿林相互混杂，还夹有药用吴茱萸"③。

"桑"属于木类。铜仁是山区，木类种类更是很多，《铜仁府志》记载了 29 种，"桑"居其中。铜仁梵净山，由于地形复杂以及生境类型多样等方面的原因，使梵净山具有森林类型多样和古老孑遗珍稀植物繁多的森林特征。据调查，"区内有铁杉林、水青冈林、黄杨林、珙桐林等 44 个不同的森林类型。特别是国家一级保护的珍稀孑遗树种珙桐，是 1000 多万年前留下的孑遗植物，被称为种子植物中罕见的'活化石'。由于其花很像鸽子停留在树上故又名鸽子树。每当鸽子树开花之时，珙桐就成了梵净山的亮丽的风景。现除了大量零星分布外，还有 13 个成片分布的珙桐林，总面积达 80 余公顷，是当今世界上最集中的面积最大的野生分布区。另外，梵净山的冷杉残遗群落，不仅是梵净山的特有树种，也是研究古生物、古气

① 贵州省铜仁市地方志编纂委员会：《铜仁市志》（上册），贵州人民出版社 2003 年版，第 332 页。
② 侯长林：《过去的烟云》，作家出版社 2008 年版，第 172—173 页。
③ 谢庆常等编著：《铜城韵话》，铜仁市教育局 2010 年版，第 22 页。

候及气候变化的重要对象"①。"竹"是铜仁的一大景观。铜仁有楠竹、杨竹、荆竹、青竹、蒲竹、纸竹、苦竹、毛竹、野竹、山竹、水竹、慈竹、芦竹、白竹、淡竹、烟竹、平竹、刺竹、筋竹、凤尾竹、孝顺竹"等21种，其中最多的是山竹，漫山遍野蒿，以至铜仁的山大多是竹山，山上是成片的竹林。

铜仁的草本植物种类也很多，有芦苇、蓼蒿、芷、苔、藓、芝、艾、芭蕉、甘蔗、虞美人、千里光、灯芯草、马蹄草等26种。

菽，豆的总名，《诗·小雅·小宛》："原有菽，小民采之"中的"菽"就是指豆；稷，古代的一种粮食作物，有的说是指黍，也有的说是指粟。这些植物在铜仁都有。

从陆生生态看，陶渊明在《桃花源记》和《桃花源诗》里描写的有桑、竹、菽、稷、豆、草、木、桃等，铜仁不仅确实存在，而且非常丰富。铜仁陆生生态与陶渊明在《桃花源记》和《桃花源诗》里描写的陆生生态的高度吻合，难道也仅仅是巧合？莫非古代铜仁的陆生生态环境本来就是陶渊明笔下的桃源陆生生态环境？

第二，从陆生动物看，陶渊明在《桃花源记》和《桃花源诗》里直接描写的有蚕、鸡、犬三种，涉及的句子有"春蚕收长丝，秋熟靡王税""荒路暖交通，鸡犬互鸣吠""阡陌交通，鸡犬相闻""便要还家，设酒杀鸡作食"。

查新修《铜仁府志》，虫类排第一的就是"蚕"，具体是"蚕、蜂、蚁、蝉、蝇、萤、蚓、蛾、蝴蝶、蜻蜓、螳螂、蛲螂"等27种。把"蚕"排第一，肯定是"蚕"在铜仁比较多的，加上有桑，养蚕就是自然的了。

"鸡"属于羽类动物，在新修《铜仁府志》羽类动物中也排在第一位。铜仁的羽类动物有"鸡、鸭、鹅、燕、雀、鹰、鹍"等36种之多，而鸡

---

① 李明晶：《绿色宝库——贵州梵净山国家自然保护区》，《野生动物杂志》1994年第5期，第15页。

排在第一位，可见，在铜仁历史上，养鸡是传统，"本地品种羽毛有黄、白、红花、黑等颜色，白羽极少"。现在的铜仁农家，几乎家家户户养鸡，而且除本地品种外还引进了白洛克、来航、贵农黄、罗斯、罗曼、艾维菌等优良品种，养鸡已经成为铜仁的产业。

"犬"属于毛类动物，铜仁有"虎、豹、熊、鹿、豺、狼、犬"等24种，而"犬"居其中。铜仁古时由于虎、豹、熊经常出没村寨，每家养犬就成了生存的需要。就是现在走进铜仁的村寨，也是鸡犬之声相闻。

总之，陶渊明在《桃花源记》和《桃花源诗》里描写的自然生态种类，铜仁都确实存在，而且比较典型。这说明铜仁是《桃花源记》和《桃花源诗》的创作原型是极有可能的。铜仁的自然生态自成特点，个性鲜明，其中蕴含着灵性十足的美。是否可以想见，铜仁自然生态的灵性赋予了陶渊明老先生《桃花源记》和《桃花源诗》里桃源的灵性？是不是铜仁良好的自然生态的美为陶渊明老先生笔下桃源的美奠定了基础？

六　文化传承与桃源铜仁

人类在创造物质文化的同时也创造精神文化。文化通过传承得到积淀、发展，构成传统文化。中华民族能够在世界上屹立几千年而不倒，历经天灾人祸、兴衰更替，始终没有被淘汰，其根本原因有赖于中华文化的传承。铜仁地区的传统文化是历经千年在漫长历史过程中逐步创造发展起来的，它有着独特的魅力和不朽的活力，儒、道、释三教合一的思想渊源尤其是以道家思想为主导的传统文化，异域情调的民族风情，独具特色、源远流长的戏剧"活化石"傩戏、傩文化这些都是铜仁引以为傲的传统文化的核心内容。这正是几经建构—解构—再建构，代代传承，生生不息，慢慢积淀而成的。

铜仁的传统文化最早在东晋时代陶渊明的《桃花源记》中已有体现。

《桃花源记》之所以具有历久不衰的无限魅力，究其源，皆因其植根于现实生活，《桃花源记》绝非虚构，而是陶渊明亲历田园生活，记叙出仕期间在武陵郡所见所闻的真实写照。铜仁的三教合一的思想渊源尤以道家思想为主导的传统文化以及铜仁傩戏傩文化中"桃源文化"的体现，证实了《桃花源记》的创作原型正是今天的铜仁。

（一）道家思想的继承者对"自然"铜仁的认同

1. 隐逸诗人的道家思想

隐逸诗人陶渊明创作的《桃花源记》，通过描绘的一个没有剥削、没有压迫、人人自得其乐的人间乐园——"桃花源"社会，构建出其"桃花源"式的社会理想，是对《老子》第八十章"甘其食，美其服，安其居，乐其俗，邻国相望，鸡犬之声相闻"① 思想的继承与阐释。而其架构的"桃花源"对以后社会的变迁和美好田园生活起到了积极作用，具有重要研究意义。

陶渊明早年深受儒家思想的影响。在"大济苍生"的政治理想支配下，陶渊明以积极进取的态度，仕而归，归而仕，在五次反复中实践了儒家"知其不可为而为之"的政治信念。但由于屡次受挫，理想破灭并受当时无为之治的朝廷主导的政策和玄学盛行等多方面的原因，他的思想逐步转向了老庄。以老庄为代表的道家以追求"自然"为人生的目标，以"法天贵真"为处世原则，他们清醒地意识到政治礼法的本质是一派虚伪，出仕的富贵更是统治者精心策划的牢笼。因此，道家对出仕不屑一顾，归隐的选择是彻底的像老子出关绝尘，庄子拒征不就，许由则宁愿过"日出而作，日入而息，逍遥于天地之间而心意自得"的生活，也不愿做尘世的君王。因此，促成陶渊明归隐的决定性因素在于他从儒家思想转向对道家思

---

① 陈鼓应：《老子注译及评介》，中华书局1984年版，第357页。

想的认同。

　　陶渊明出身于没落的官僚家庭，在他生活的时代，东晋王朝已风雨飘摇并最终瓦解，人民起义，统治阶级内部钩心斗角，使社会环境混乱污浊。他虽有"猛志逸四海"的伟大抱负，但终不愿"为五斗米向乡里小儿折腰"，遂辞官归隐。他"结庐在人境"，有"方宅十余亩，草屋八九间"；他一面躬耕陇亩，"晨兴理荒秽，戴月荷锄归"；一面自得其乐，"采菊东篱下，悠然见南山"。陶渊明认为上古社会是富足的、真淳的，就像《劝农》诗所说"悠悠上古，厥初生民。傲然自足，抱朴含真"。因此，他希望自己能生活于上古时代，于是在《五柳先生传》中赞曰："黔娄之妻有言：'不戚戚于贫贱，不汲汲于富贵。'极其言兹若人之俦乎？酣觞赋诗，以乐其志，无怀氏之民欤？葛天氏之民欤？"宋代罗泌《路史》中有一段记载：无怀氏"当世之人，甘其食，乐其俗。安其居而重其生""形有动作，心无好恶。鸡犬之声相闻，而民至老死不相往来"；葛天氏"其为治也，不为而自信，不化而自行"。无怀氏、葛天氏都属传说中的上古帝王，文中的五柳先生即指陶渊明自己，他认为上古社会是隐士生活的理想时代。诗言志，可以说《桃花源记》就是他归隐自然的道家思想的文学解说。

　　他的道家思想也可以从五次出仕、七次辞官的背景中表现出来。且看晋安帝隆安四年（400）陶渊明第二次出仕的情况。35 岁的陶渊明出仕当了桓玄的幕僚。桓氏家庭是东晋显赫的军阀豪族。陶渊明主动出任桓玄幕僚，是想凭借桓氏家族的实力实现其为国建功立业、大济苍生、安定社稷的政治抱负。但陶渊明到江陵任职后，发现桓玄并非国家良臣，他根本没有北伐、收复中原的打算，而是积蓄力量、等待时机以争夺皇权，企图篡位。陶渊明深感悔恨"投冠旋旧墟"，借口离开了桓玄。五次出仕未遂的曲折历程，使陶渊明终于认识到"世与我而相违"，感到仕宦非己途，遂以《归去来辞》："悟以往之不谏，知来者之可追，实迷途其未远，觉今是而昨非"，决心与充斥着钩心斗角、尔虞我诈、令人沉闷的官场决裂，转向古代贤士立德、立言的田园隐居生活，并写下了传世的《桃花源诗并记》。

2. "桃花源"与铜仁的"自然"社会

《桃花源记》描写了一个介于"大同"与"小国寡民"间的自然社会。我们先看《老子》中的社会结构理想："小国寡民，使有什伯之器，而不用，使民重死，而民不远徙；邻国相望，鸡犬之声相闻，民至老死不相往来。"再看《礼记·礼运篇》中的"大同"理想："大道之行，天下为公，选贤与能，讲信修睦，故人不独亲其亲，子其子，使老有所终，壮有所用，幼有所长。鳏寡孤独废疾者，皆有所养。男有分，女有归。货恶其弃于地也，不必藏于己；力恶其不出于身也，不必为己。是故谋闭而不兴。盗窃乱贼而不作，故外户而不闭，是谓大同。"① 结合《桃花源记》中陶渊明对村民生活状态的描写，我们很容易看出他的怀古理想和老子无为而治、小国寡民的思想之间的联系。贵州的铜仁也是一个以道家思想影响较大的地区，考察"铜人"之名，缘于元代"铜人出水"的传说。相传元朝初年，有一位渔翁在锦江大小江汇流处铜岩下捕鱼时，在水底捞出孔子、老子、释迦牟尼三尊铜像。朝廷据此设铜人大小江等处蛮夷军民长官司。明永乐十一年（1413）平定思南、思州两宣慰司后，于铜人建立铜仁府，改"人"为"仁"，古"人""仁"相通。也就是说，铜仁的"仁"，乃三个铜人也，它们分别代表儒、佛、道。考铜仁文化思想的渊流，铜仁也确实是一个儒、佛、道思想并存的地区，尤其是道家思想在铜仁影响较大，至今许多第一，乡下人的生老病死还离不开道师，人死之后办道场、施法术，更是为很多人所信奉，具体来说体现在以下4个方面。

第一，社会经济、政治方面。在《桃花源记》中，描绘了以自足自给的自然经济占主导地位的农业经济社会。"土地平旷，屋舍俨然，有良田、

---

① 杨天宇：《礼记译注》，上册，上海古籍出版社2004年版，第265页。

美池、桑竹之属""相命肆农耕，日入从所憩。桑竹垂余荫，菽稷随时艺"（《桃花源记》）。人们有良田，种植桑树、养鱼植竹，按照四季轮换，种植五谷等作物。"问今是何世，乃不知有汉，无论魏晋"，极力否定魏晋以来的君主制度，展示一个与秦汉魏晋等君主专制社会相对立的理想社会。"先世避秦时乱，来此绝境，不复出焉……"秦朝在公元前220年前后，晋朝在公元265—420年，前后600多年"与外人间隔"，外人也从未发现他们，可见周围环境是荒山野岭，交通闭塞，人迹罕至之处。

铜仁自春秋至今近3000年的时间大体上处于这种封闭状态，铜仁道家思想也是从古至今代代沿袭。铜仁周（春秋）时属楚，为楚国西南境黔中地（郡）。"黔中"之名，最早见于《史记》。《史记·秦本纪》载："孝公元年（前361）……楚自汉中，南有巴、黔中。"① 战国时，仍为楚黔中地（郡），秦曾置黔中郡。秦属黔中郡。汉改黔中郡为武陵郡，铜仁属武陵郡辰阳县，隶属荆州刺史部。三国时先属蜀，后属吴，孙吴政权将武陵郡辖县调整成11县，铜仁地仍属辰阳县。晋属荆州武陵郡。据《松桃厅志》记载："松桃自古为红苗巢穴。"所谓"红苗"，是明代的称呼，汉代至宋代称为"武陵蛮""五溪蛮"。《国语·楚语下》有"三苗""其后复九黎之德"的记载，是指由九黎发展而来，最后一部分联合楚国建立了楚国，并逐渐与华夏族融合，另一部分则先后避秦入今鄂、湘、川、渝、黔交界的武陵郡五溪地。几千年来生活在这里的人民，生产、生活、文化等方面基本上处于与外界隔绝的境地。《贵州古代史考》云：汉初，西南各国（部族或部族联盟）不服于汉（含巴郡），称为西南夷，与汉隔绝70余年。大约在战国末期和秦汉时期，他们为了逃避战乱，从荆襄之地，扶老携幼，或沿江，或爬山，一部分经由今湘西花垣、凤凰、泸溪、麻阳进入铜仁，另一部分经由今重庆酉阳、秀山进入铜仁。面对秦乱，为了安全保

---

① （汉）司马迁：《史记》，中华书局1982年版，第202页。

命，"不避深幽"，肯定是逃往深山大谷。而能够躲藏 600 年不被外人发现
的武陵山片区，就只有层峦叠嶂、沟壑纵横的梵净山地区才有这种可能。
由于地处武陵山腹地，边远闭塞，交通阻梗，加上元代起王朝推行"蛮不
出境，汉不入峒"的封闭政策，因而铜仁武陵山人长期与世外隔绝，过着
没有动乱、没有苛政、没有压迫和剥削的安乐、平等、自给自足的"世外
桃源"生活，正如《桃花源记》中描绘的"有良田、美池、桑竹之属"
的小国寡民的自然社会。

第二，王税方面。桃花源的人们"相命肆农耕，日入从所憩。桑竹垂
余荫，菽稷随时艺。春蚕收长丝，秋熟靡王税。……童孺纵行歌，斑白欢
游诣。…… 怡然有余乐，于何劳智慧?"人们致力于农耕，没有任何外来
干扰夺其农时，作物能按时播种，收获的时候没有"王税"。在这种境界
里，少年老人乐陶陶地享有不尽的快乐。再看武陵山区"武陵蛮"的情
况："蛮民顺附者，一户输谷数斛，其余无杂调。而宋民赋役严苦，贫者
不复堪命，多逃亡入蛮。蛮无徭役……所在多深险（《宋书》卷97《夷蛮
传》)。"[①] 朝廷对待归顺的蛮人是与汉人一样的赋税，而对于"五溪蛮"
红苗则不纳赋税，因此汉人多逃亡入蛮。桃花源的故事发生在武陵，而此
处正是铜仁五溪蛮居住的地方。

第三，衣着方面。《桃花源记》中有"其中往来种作，男女衣着，悉
如外人"。关于桃源人的衣着，在与《桃花源记》互为表里的《桃花源
诗》中有云："俎豆犹古法，衣裳无新制"。无新制，指没有新的样式。自
秦至晋近 600 年的时间里衣服样式因与外隔绝没有变化。其中的"外人"
当为"外国人"或"方外人"讲，而非桃源外的人。因为在我国晋代时，
与四方各国交往已相当频繁，仅《晋书·四夷传》所载"凡四夷入贡者有
二十三国"，传中亦多载服饰各异。《尚书·毕命》："四夷左衽，罔不咸

---

① （梁）沈约：《宋书》，中华书局 1974 年版，第 2396 页。

赖。"四夷指是哪些？《后汉书·东夷传》解释："凡蛮、夷、戎、狄总名四夷者，犹公、侯、伯、子、男皆号诸侯云。"苗族的祖先是蚩尤，其后裔发展成为春秋战国的五霸七雄之一的楚国。《史记·楚世家》载：楚国的先君为熊渠、熊通等，他们一向自称是与华夏有别的蛮人，并说"我蛮夷也，不与中国之政"。《通志·民族略》曰："楚以鬻熊之故，世称熊氏。"铜仁松桃苗族姓氏中包含有颛、来、鲧、熊、夷等姓，居住在、湘、鄂、川、渝、黔地区的苗族都自称是"仡熊"，其汉语即为"苗族"。也就是说，"仡熊"这支苗族是古代荆蛮苗民后裔的一部分。而桃花源人"俎豆犹古法，衣裳无新制"因与晋时年代久远，服饰自然差别很大，直到现在铜仁苗族的服饰仍然沿袭古制。据清代《百苗图》：黔东（铜仁）男装多为青色土布衣裤，包青头帕；女装以交领上衣和百褶裙为基本款式，以青土布为料，花饰满身。若以现代人的眼光来看，生活在武陵山的苗人服饰与现今的服饰有很大差别，依然"悉如外人"。

第四，家庭社会关系方面。《桃花源记》中，"黄发垂髫并怡然自乐"，人们没有忧伤，和睦相处，更多地表现了友情、亲情、人情，富有浓郁的人情味和生活气息，反映了人与社会的和谐关系。"问所从来，具答之，便要还家，设酒杀鸡作食，村中闻有此人，咸来问讯。"据光绪《铜仁府志》载："铜仁地处偏隅，夙称朴厚""相杂成俗，而遗风未远，不无染渍，久之遂忘其自来，闷闷淳淳，尚存古意""民性淳和，欲尚俭约。"《松桃厅志·风俗》云："民风古朴，家常食唯谷蔬。"铜仁山峦秀美，民风淳朴，村庄静谧，尊老爱幼，邻里和睦。今天的铜仁交通便利、经济发达，人们的生活条件得到了极大的改善，还被评选为"西部名城"，人们待人诚恳、友善，逢年过节相互串门，走亲访友，主人杀鸡宰羊，设宴款待，其乐融融。

从以上比较中我们可以看出陶渊明向往取舍"大同""小国寡民"，调和而形成一种特殊的自然社会。朱光潜《诗论》第13章《陶渊明》中提到："《桃花源记》所写是一个理想的农业社会，无政府组织，甚至无诗书历志，只有'良田美竹桑竹之属，阡陌交通，鸡犬相闻，其中往来种作，男女衣着，悉如外人，黄发垂髫，并怡然自乐'。① 这境界颇类似卢梭所称羡的'自然状况'。渊明身当乱世，眼见所谓典章制度徒足以扰民，而农业国家的命脉还是系于耕作，人生真正的乐趣也在桑麻闲话，樽酒消忧，所以寄怀于'桃花源'那样一个淳朴的乌托邦。"这种自然的社会，与铜仁淳朴无争的乌托邦式社会有着极其相似之处。

我们知道，文化有鲜明的民族性，也有鲜明的地域性。对于第二次出仕江陵（今属湖北），身处不同文化环境的陶渊明来说，能否认同居住地的文化，是极为重要的。东晋时江陵地处武陵山区边缘，与贵州铜仁同属荆州。数百年来，武陵山区"武陵蛮"闭关锁族，与世隔绝，俨然一个老子笔下"小国寡民"的自然社会，而陶渊明为了精神上的自由和人格上的独立，选择了归园田居，啸傲林泉，正是认同了武陵山区的蛮文化。他在武陵山区的见闻，为其晚年撰写《桃花源记》提供了素材。

（二）铜仁神秘的傩戏凸显"桃源文化"

下面试从两个方面论述铜仁神秘的傩戏凸显"桃源文化"。

1. 陶渊明道教思想与铜仁傩戏"桃源洞"

谈到陶渊明深受道家影响，我们不得不谈论"道家"与"道教"的内在关系。道教是以长生不老之道为最高信仰的中国本土宗教，它用神仙不死之道，教化信仰者，劝人通过养生修炼和道德品行的修养而长生成仙，最终解脱死亡，求得永恒。道家是以老、庄为代表的先秦哲学派别。道教与道家不同，道家是中国哲学史上的一个流派，而道教是宗教，但二者之间又有联系：道家思想的核心范畴"道"为道教所继承改造，道家创始人

---

① 朱光潜：《诗论》，生活·读书·新知三联书店 1984 年版，第 298 页。

老子被道教塑造为太上老君，成为"混沌之祖宗，天地之父母，阴阳之主宰，万神之帝君"。《道德经》和《庄子》既是道家经典，又成为道教的"真经"。尽管道教是东汉中后期形成的宗教，但道家哲学是道教重要的思想渊源。道教的三清尊神及包罗天神、地祇、人鬼的神仙谱系也都是从"道"衍化而来。早在先秦时期，道家的神仙体系蕴含着对宇宙、对人生、对社会的思考与认识，标志着人类摆脱生命局限的企盼。例如，汉代《太平经》、葛洪的《神仙传》等著作中，对神仙无忧无虑、自由自在的生活作了引人入胜的描绘，这对于生活在东晋战乱纷争年代的陶渊明无疑具有极大的吸引力。而道家所谓的"三清"——玉清、上清、太清——等神仙居住的三境，由玄、元、始三气化生而成，居住于此地的三位天神元始天尊、灵宝天尊、道德天尊（老子）不仅成为道教最高神，也成为世人顶礼膜拜的对象。

陶渊明受老庄思想的深刻影响是一个不争的事实。道家认为，万物都是由道化生而来，所谓"道生一、一生二、二生三、三生万物。万物负阴而抱阳，冲气以为和""知其雄，守其雌，为天下溪。为天下溪，常德不离，复归于婴儿"，并说"既知其子，复守其母"。这些哲学思想在道教那里就演化成逆宇宙之时序、返回与母体为一的原初状态等修道思想，而道教的母体也由道家抽象的"道"，相应演化成一系列具体的象征符号，如壶、葫芦、丹炉等，其中自然也包括"洞"。捕鱼人发现的"初极狭，才通人，复行数十步，豁然开朗"的桃花源，就是一块带有强烈道教色彩的洞天福地。与此巧合的是，铜仁的傩戏傩文化中也出现了"桃源洞"。

傩是一种历史悠久的世界性泛文化共同现象。当今，世界上傩文化保留最丰富的首推中国，而在中国又以贵州铜仁为最。

傩，这个古老而神秘的字，对许多人来说，相当陌生，然而它同人类生命与生存紧密相连。在古代它几乎无时不在、无处不在，即使在今天，它仍然渗透到人类物质生活和精神生活的一些方面。关于"傩"的本义，

《说文》解释为"行有节也。从人，难声。"段注："行有节度。按此字之本义也。其驱疫字本作难，自假傩为驱疫字，而难之本义废矣。"由此可知，行有节，即行为有节度、有节奏之义，是"傩"的本来意义。"傩"作驱逐疫鬼解，"傩"是"难"的假借字。傩的本字是"鬼堇"，《说文》释为："见鬼惊词，从鬼，难省声。"段注："鬼堇，见鬼而惊骇。"《说文通训定声》释"鬼堇"为"见鬼惊貌，从鬼，难省声。按，难省声读若傩，此驱逐疫鬼正字，击鼓大呼，似鬼而逐之，故曰鬼堇。为经传皆以傩为之。"

在傩学界，"傩"的含义有广义和狭义之分：狭义的傩，指在民俗活动中，为驱除疾病与鬼魅所举行的仪式；广义的傩，指的是一种关于农业丰产祭祀的民俗活动。先秦文献记载，傩的主要目的是调理阴阳两气，以求寒暑相宜、风调雨顺、驱除疫邪、五谷丰登。这些傩祭活动，是以道家的阴阳五行学说为其哲学基础的。例如，周代的季冬"大傩"，是全民性的傩祭活动。高诱在《吕氏春秋·季冬纪》注中说："大傩，逐尽阴气为阳导也"。汉郑玄注《礼记·月令》指出季冬大傩"此难（傩的假借字，下同），难阴气也"，是指用大傩驱除强阴，达到阴阳调和。而道家的创始人在其《老子》中写道："道生一，一生二，二生三，三生万物。万物负阴而抱阳，冲气以为和。"从以上历史文献可以看出，周代的傩礼，是以巫术为中心，以道家的阴阳五行相生相克的哲学思想为依据，以"气"为宇宙万物的本源而进行的祭祀活动。

铜仁地区是少数民族聚居区，在古代是"蛮夷之地"。春秋时属楚，战国时并入秦国，秦时大部分地区属黔中郡，小部分属象郡夜郎县。汉时一部分属武陵郡，一部分属巴郡。铜仁由于地理位置、建制沿革、民族习俗等诸因素，深受巴蜀、荆楚文化的影响，傩文化的传入铜仁，当与道家思想和巴、楚文化有渊源关系。《汉书·地理志》载："楚人信巫鬼，重淫祀。"王逸《九歌章句序》的"楚国南郢之邑，志事祭鬼，沅湘之间，其俗信巫而好祠"。《松桃厅志》也有记载："人多好巫而信鬼，贤豪也所不免，颇有楚风。"光绪《铜仁府志》里也说："巫党椎锣击鼓，以红巾裹首，戴观音七佛冠登坛歌舞，右手执柄环曰师刀，上有数小环，摇之，声铮铮然。左手执牛角，或吹或歌或舞，抑扬拜跪，电旋风转。"在铜仁苗族、土家族地区至今保留的过社日、吃社饭、立夏吃蛋、端阳喝雄黄酒、划龙舟等习俗是与其一脉相承的。

陈怡良教授在其《田园诗派宗师——陶渊明探新》（台北里仁书局2006年版）中对陶渊明创作深受楚辞影响有详尽的论述："渊明对《楚辞》是有所继承与学习的，其乃取《楚辞》为己所用，活用《楚辞》，取容《楚辞》，使其诗作虽语造平淡，却寓意深远，尤其是有屈赋之情韵与意境而能别辟一家，成为'诗人之冠冕'（宋曾纮《论陶》）。而其赋作，虽仅三篇，然字句清丽，语调雅致，以能'超越秦汉，上接《风》《骚》'（清·黄本骥《痴学》），具楚骚之风味与韵致，方能别开生面，成为超越晋人之上，独步骚坛之逸品。"我们知道，《楚辞》的《九歌》，是战国楚人屈原据民间祭神乐歌改作或加工而成，共11篇：《东皇太一》《云中君》《湘君》《湘夫人》《大司命》《少司命》《东君》《河伯》《山鬼》《国殇》《礼魂》。多数篇章，通过制作祭神乐歌，以寄托自己的思想感情。但现代研究者多认为作于屈原被放逐之前，仅供祭祀之用。这与铜仁的傩戏傩文化的祭祀驱邪有着相通的关系。

铜仁傩文化圈里，主要有土家傩、苗傩、侗傩、仡佬傩和汉傩，傩文化傩戏覆盖遍及铜仁各地。据德江县不完全的调查，全县有傩坛61坛，演出人员322人。印江全县有土老师（巫师）222人。据思南县文化局介绍，全县有傩坛近百个，文家店真六井村现能从事土老师活动的就有20多人。铜仁的傩戏不仅演出人员多，而且剧目繁多。

从铜仁傩戏思想内容方面看，傩戏中的"正戏"几乎无不是众神仙祖师、妖魔邪精共舞的世界。傩戏，或表演传说中奉皇王敕令尖角将军、唐氏太婆去"桃园三洞"请出 24 戏神到傩堂酬还良愿，以开始正式演出（"开洞"），表现贯穿古今的先民奉桃木为"仙木"与原始采集生活相关的尚桃意识和桃崇拜习俗；或演开路将军（亦称"开路先锋"）逢山开路，遇水搭桥，打开五方道路，刀砍五门邪魔，为主人家扫除障碍，冲傩禳灾（"开路先锋"），表现源于中国阴阳五行思想和五帝、五方神信仰的观念的驱五鬼祭祀。铜仁傩戏从形式到内容，如神案上的傩公、傩母，背后悬挂着的《三清图》和《司坛图》，巫师的黄色法帽和八幅围裙，"喃喃"的咒语和巫术和道具，都充满着道教气氛，蕴含着道教意识。

2. 《桃花源记》中的桃源洞与铜仁傩戏"桃源洞"相似

铜仁各族人民在演出傩戏时，巫师要先扎坛布景，布景的主体部分就是扎"桃源洞"，把自己最尊崇的民族始祖神——傩母、傩公安放在最安全的"北海桃花山"洞内。这说明铜仁人民在民族心理上，已经把桃木与本民族的起源、生存、发展紧紧联系在一起了，把桃木视为一种与本民族最贴近最有力量的观念，这与汉族的把桃木视为纯粹制鬼压邪的仙木有本质上的区别。在演出过程中，巫师要对"桃源洞"的形成、形状等情况作详尽的叙述。鉴于"桃源洞"是专门用来安放正神雕像或牌位的坛台，故称为"正坛"或"上坛"，与之相对应，八仙桌下设有"下坛"，也称"偏坛"。在傩戏的演出中，"桃源洞"的上、中、下三洞分别被金锁、银锁、铁锁锁着，由张大郎、李二郎、矮满郎三位神将分头把守。在举行"开洞"仪式时，巫师要从上洞桃源请出"先锋小姐""开山大将""算命先生"；从中洞桃源请出"和尚""秦童""八郎"；从下洞桃源请出"土地""判官"，然后才正式演出折子戏。

我们把《桃花源记》中"桃源洞"与铜仁傩戏中的桃源的洞相比较："忽逢桃花林，夹岸数百步，中无杂树，芳草鲜美，落英缤纷。渔人甚异之，复前行，欲穷其林。林尽水源，便得一山。山有小口，仿佛若有光。"此处是桃花林。"林尽水源，便得一山，山有小口"，那么，此处的"山有小口"指的是山洞口，也就是桃源洞了。与铜仁傩戏中的"桃源洞"是何其巧合！

在开洞仪式中的表演中，在谈到进入桃源的时候，各位角色都谈到山高路远。道路难行，过了几条河，上了几层坡，上了几多坎。在傩戏演出中，对桃源的叙述也充满艰辛和浪漫。兹援引正戏《开洞》中的戏词作为例证：

> 掌坛老师（白）："这去桃园的路途遥远，岔道很多……"
>
> 唐氏仙娘（唱）："行上一里又一里（咿呀），走了一程又一程（咿呀）。"
>
> 尖角将军（唱）："桃源境内几条路？不知哪条到仙洞？"
>
> 唐氏仙娘（唱）："源境内三条路，中间一条到仙洞。[①]"

这与《桃花源记》中到达桃花源同样是充满艰辛是一致的："缘溪行，忘路之远近""复前行，欲穷其林"，"林尽水源，便得一山，山有小口，仿佛若有光""初极狭，才通人"，介绍了陵渔到桃花源，要"忘路之远近"，途经人迹罕至的原始林带（"芳草鲜美""落英缤纷"），然后才到达仙境般迷人的山区，桃花源就坐落在这与世隔绝的山区里。

3. 铜仁关于"桃花源"或"桃花"的记载

光绪《铜仁府志》载："铜仁践步皆山，无数里平坦地，偶有坦平，率皆缘溪萦转，山所在即川所在，名无可名，书不胜书。"又有："大小江流汇于城南，夹岸多桃李树，每当和风扇物，新水方生，花柳芳菲，千红万紫，望之不啻画图，春色满人。"[②]铜仁区内山川秀丽，河流众多，植被丰富，地形复杂，秀美妩媚，自有独特的韵味。奇峰异石，溶洞暗河，不

---

① 贵州省德江县民族宗教事务局编著：《傩韵》，贵州民族出版社 2003 年版，第 37 页。
② 中共贵州省铜仁地委档案室、贵州省铜仁地区政治志编辑室整理：《铜仁府志》卷之二《地理》，贵州民族出版社 1992 年版，第 59 页。

可胜数。河流除乌江、锦江外，大多是一些小溪小河，如铜仁境内的木沙河、八贯溪、马刹溪等。《桃花源记》中"忘路之远近"，应释为："不知走了多远"或"走了很远很远"。陶文又说："寻向所志，遂迷不复路"。而最后渔人尽管"处处志之"仍"不复得路"，往返时间长，虽作了标志也找不到了。《桃花源诗》的开头便是"嬴氏乱天纪，贤者避其世"，可见桃源人之先世为了避开残酷的现实、走投无路，历经千难万险才来到铜仁这处"仙境"。因此，桃花源与铜仁的地形也有相近之处。

无独有偶，铜仁江口县桃映乡的得名，缘以铜仁驾船而上可直到松桃寨英的小江，小江两岸生长了很多野桃树，水映桃花，人们就叫此地为"桃映"。桃映还有"桃印""逃隐"之别名，讲的是明洪武年间，新寨驿站的士卒取桃木补刻丢失的帅旗印，和陈氏逃隐至此，以野桃果为食的故事。石阡县西境临乌江的河闪渡，又名"万古桃源"。河闪渡是夜郎古渡，称之为万桃源，得从古渡左岸半山腰的一个石洞说起，这个洞充其量只能算是一个俯临乌江河西的石屋大厅，当地人因其曾经生活着他们的祖先，而称其为"神仙洞"。明崇祯年间，后人根据隐逸诗人陶渊明的《桃花源记》和其祖先远道而来在此谋生的事迹，在洞口的石壁上镌刻"万古桃源"。清代，铜仁府文化名人张长检，将其诗集命名为《桃花源诗稿》。

除此以外，在铜仁各族人民的日常生活中，如在苗族，丧葬仪式到求雨、追魂等的道具制作到祭祀用语的构成，崇尚桃的现象比比皆是，是经过千百年的演变沿传至今仍留存于民族共同生活习惯中的遗迹。例如铜仁苗族中某家死了人，要请巫师为死者举行"奖棍打"仪式，须用桃枝和水菖蒲叶煎水给死者洗身。在侗族地区如天柱，也有古歌《桃源洞》世代传唱："说到桃源你先知，桃源洞内几丘田？又把几丘种糯米，又把几丘种谷粘？大丘几千几万亩，几百牯牛犁半边？""说到桃源我先知，桃源洞内九丘田。又有三丘栽糯米，又有六丘栽禾粘。大丘三千七百亩，五百牯牛犁半边。"

从文化和文学创作的历史传承性来看，首先，"桃花源"是实际存在的一个地方，它就在"武陵正源"梵净山下的贵州铜仁，其"地处偏隅，夙称朴厚"的"自然"社会是陶渊明创作的依据，铜仁神秘的傩戏中的"桃源洞"证明了"桃花源"的原型。其次，"桃花源"还是一种文化。桃花源的文化学意义，不仅显示在道家、道教文化和神秘的傩戏傩文化与桃花源之间的文化传承上，更在于它对后世文人乃至整个中华民族的理想信仰、心理定式产生的积极和深远的影响。陶渊明创作于1500多年前的《桃花源记》不仅是深受政治压迫的晋代士人的桃源理想，同时是整个中华民族的精神，并随着历史的演进，这种理想和精神还会代代传递下去。

七　社会生活与桃源铜仁

陶渊明的《桃花源记》及《桃花源诗》虽然是在民间传说基础上加工而成的，但并非虚构。虽然生活在文人士大夫爱好谈玄说理的东晋，但陶渊明从来都不是一个浪漫主义诗人，他的诗文都具有写实性和对现实的深刻思考。他不吝笔墨，用一文一诗来描绘一个既十分平凡又遥不可及的"桃花源"，寄寓自己最高的社会理想，若非心中早有原型，恐不会如此刻意为之。据陈寅恪考证，陶渊明曾祖父陶侃有"溪族"（五溪蛮，亦称武陵蛮）血统，而他又因出仕到过武陵山区附近的江陵；面对家道的日渐衰落，出于对先祖的缅怀，他可能会对家族出处产生精神眷念；面对社会现实的日趋黑暗，他也极有可能听闻到许多人对武陵深处那一片人间乐土的社会生活图景的种种描绘。这或许是陶渊明创作《桃花源记》及《桃花源诗》的直接动机。刘自齐、龙兴武等学者相继撰文[①]论证桃花源原型为武陵苗族古代村落，其论证颇能令人信服。

---

① 刘自齐：《〈桃花源记〉与湘西苗族》，《学术月刊》1984年第7期；龙兴武：《〈桃花源记〉与武陵苗族》，《学术月刊》2000年第6期。

铜仁地区位于贵州省东北部，武陵山区腹地，东邻湖南，北接重庆，地处云贵高原向湘西丘陵过渡的斜坡地带，自古以来是连接中原地区与西南边陲的中枢和纽带，素有"黔东门户"之称。武陵山脉横贯区内，方圆数百里林海茫茫的武陵主峰梵净山屹立在江口、松桃、印江三县交界处，为乌江、沅江两大水系的分水岭，8 条溪流发源于此，99 条溪流呈放射状四周分流，滋润着山下广大地区的良田沃土，哺育着生活在这里的汉、土家、苗、侗、仡佬等 29 个民族。在东晋的社会背景下，铜仁更有可能成为陶渊明笔下的桃花源。根据笔者对秦汉魏晋时期武陵郡辰州、舞阳等地今日苗族社会生活图景的考察，他们的民风民俗与桃花源的社会生活图景十分相似。下面分别从四个方面予以论述。

（一）苗民迁武陵，深处到铜仁

传说中苗民的始祖是鸿蒙之处开天辟地的"盘瓠"，《宋史·蛮夷传一》："西南溪洞诸蛮皆盘瓠种。"《峒溪纤志》载："苗人，盘瓠之种也。"光绪《皇清职贡图》载："苗人相传为盘瓠之种。"《铜仁府志》载："铜仁古为溪洞地。苗之先有盘瓠者，高辛氏犬也。黔苗皆其子孙。"有史可考的苗民则始于居住在黄河流域及长江流域部分地区的"九黎"集团。"九黎"领袖蚩尤是海内外苗族人民一致公认的人文始祖。《国语·楚语注》中说："九黎，蚩尤之徒也。"蚩尤在涿鹿之战被炎黄联盟打败后，九黎集团逐步分化，流徙于黄河以南、长江以北一带。尧舜禹时期，苗族先民定居在长江中下游的洞庭湖、鄱阳湖和崇山、衡山一带，以"驩兜"为首领组成了新的部落联盟，形成"三苗"集团。《战国策·魏策》引吴起曰："昔者三苗之居，左彭蠡之波，右洞庭之水，汶山在其南，衡山在其北。"不久，"三苗"集团又被禹击败，窜于三危（据《诗地理考》所云，三危在今陕甘川三省交界嘉陵江附近）之地，首领驩兜被流放于崇山（今湖南大庸县西南）。自此，"三苗"一部分西迁，达今甘肃境内，后又陆续南下，到达武陵山区；一部分南下，到今湖南、江西等省一带，逐步形成"南蛮"集团。春秋战国时期，"南蛮"集团重新整合，渐成"楚"。《楚世家》记载，周夷王时代楚国之君熊渠说："我蛮夷也，不与中国之号谥。"楚亡后，苗族先民逐步西迁，到达武陵山区腹地。此次楚民迁入武陵虽不见于正史，但在铜仁苗族世代相传的民族史诗《迁徙古歌》里有所反映："熊武阿郎两昂罗，罗单吉贯董代汝。……"译成汉语的意思是："熊武大哥坐船来，来到吉贯这个好地方。"熊武为谁？据刘自齐先生推测，熊武当为楚王家族之一员，楚国灭亡之后率部分族人在秦兵的追击下南迁。刘禹锡诗云"熊武走蛮落，潇湘来奥鄙"（《韩十八侍御见示岳阳楼别窦司直诗因令属和重以自述故足成六十二韵》），"熊武走蛮落"当指此事。秦、汉以后，迁徙到武陵山区的苗民与其他迁徙民族以及本地土著融合，逐渐形成一个被中原政权称为"武陵蛮"的族群。苗族先民的称谓史上数经变更，尧、舜、禹时代，华夏族称其为"三苗"或"有苗""苗民"，周朝称为"茅"或"髦"，秦、汉时期及以后则称为"武陵蛮""五溪蛮""盘瓠蛮"等。

"武陵蛮"所言之"武陵"，在历史上通常指汉时所设武陵郡为中心的武陵山区。西汉高祖时取"止戈为武，高平为陵"之意，改秦黔中郡为武陵郡，治所在义陵（今湖南省溆浦县境内），辖区在今湘西和黔东一带。《汉书·地理志》对两汉时期武陵郡的沿革记载甚为详尽："武陵郡，高帝置，莽曰建平。属荆州。（领）县十三：索、孱陵、临沅、沅陵、镡成、无阳、迁陵、辰阳、酉阳、义陵、佷山、零阳、充。东汉监元县复称临沅，孱陆复称孱陵，建平郡复称武陵郡。领十二县：临沅、汉寿、孱陵、零陵、充、沅陵、辰阳、酉阳、迁陵、镡城、沅南、作唐。"三国时的武陵郡，治所仍在临沅，初属蜀，后属吴，吴景帝永安六年（263），将原汉寿县改名吴寿县，又在西部分零陵、充县地设溇中县，分孱陵县地设南安县，建立天门郡，治所在溇中县。此时，荆州治所已由汉寿迁至湖北江陵。武陵郡所辖只有沅水流域的临沅、吴寿、龙阳、沅南、沅陵、辰阳、黔阳、迁陵、镡城、酉阳、舞阳等县，而不再辖有澧水流域各县。西晋时期，武陵郡的建置及所辖地区基本上无大变化，东吴时的吴寿县此时已恢复为汉寿县旧名。

"武陵蛮"又称"五溪蛮"，《水经注·沅水》载："武陵有五溪，谓雄溪、樠溪、无溪、酉溪、辰溪是也。夹溪悉是蛮左所居，故谓此蛮五溪蛮也。水又经沅陵县西，有武溪，源出武山，与酉阳分山，水源石上有盘瓠迹犹存矣。""雄溪""樠溪"所指至今未能定论，涉属此二溪的有溆溪、朗溪、月溪和沅溪等，而酉溪、武溪、辰溪所在则无多疑义。而此"三溪"正式从沅水进入苗疆腹地的主要通道。沅水以上，湖南茶洞以下称酉溪，又称白河，茶洞以上即为松桃河（主流在今铜仁松桃县境内）。武溪又称武水，发源于湖南花垣县老人山、火焰洞一带，顺武水而上，至河溪镇而分为两河，左支称沱江，右支称峒河。辰溪又称辰水（锦江），源出武陵主峰梵净山，为沅水主源。沿酉溪、武溪、辰溪上溯，溪流两岸地势逐渐开阔，土地平旷，良田绵延，正是苗疆最深最富饶之处。

铜仁地区处武陵山腹地，酉溪、武溪往源流深处上溯，皆可达铜仁，辰溪更是由西向东横贯铜仁全境，武陵山脉主峰梵净山也在铜仁境内。夏商周三代时期，南方有族名"鬼方"，在荆（楚之前身）之西南，其地与荆相连，大概包含今湘西、贵州及云南的昆明等地，今铜仁地区当在其内。春秋时，今贵州地总称为"荆州西南夷"，泛称"南蛮"或"荆蛮"，铜仁地区属荆楚西南部黔中之境，为荆楚西南一部分。秦朝时，铜仁地区大部分属黔中郡，一部分属古夜郎、牂牁地。两汉时期，铜仁东部地区属武陵郡边缘之辰阳和舞阳，西部地区则分属牂牁郡、巴郡。三国时期，魏、蜀、吴三分天下，铜仁西部大部归蜀，东则属吴。陶渊明写作《桃花源记》时，铜仁正属于武陵郡。在战乱中迁入武陵山区的苗民，在汉晋间依然屡受中原政权的侵扰，自东汉光武帝建武二十三年（47）到汉灵帝中平三年（186）的139年中，汉王朝先后对"武陵蛮"用兵13次。其中，建武二十四年（48）光武帝遣大将军刘尚率兵征"武陵蛮"；次年，又令伏波将军马援率兵4万出征该区域。虽然，中原政权对"武陵蛮"的多次用兵都没占到多大便宜，刘尚军队在征蛮中全军覆没，伏波将军马援也因兵败不久病逝于壶头山，但频繁的"征蛮"之战也使得部分武陵蛮在汉晋间逐渐深迁。武陵蛮的深迁，一定是往武陵深处的铜仁行进。时代《思南府志》载："汉时，思南等地尚陷武陵蛮中。"思南为汉末置县，隶武陵郡，在今铜仁地区内。由此可见，汉末武陵蛮已迁至铜仁地区。此外，现在铜仁地区境内的苗人还以"仡熊"（gheax xongb）和"楚"（Noub）自称，苗民还有许多以"熊""芈"为姓的，带有明显的楚国遗风。

（二）铜仁苗族的社会管理与桃花源

铜仁苗族的社会管理与桃花源，下面从以下两点予以论述。

1. 中原政权的羁縻政策与轻徭薄赋

《桃花源诗》云"春蚕收长丝，秋熟靡王税"，从中我们得到的最重要的一条信息是，这里没有"王税"，封建王朝的剥削政策没有推行到这里。

武陵蛮虽则屡遭中原政权征伐，但由于地形险要，有武陵五溪等天然屏障，所以常使中原军队无功而返。为了加强对这一边陲地区的"控制"，自秦汉至清代雍正年间封建王朝多对其实行"羁縻"政策，即在该区设立郡县州等中央行政单位，在形式上表示其仍在中原政权管辖之下，而事实上，羁縻地区还享有高度的自治权，在承担对中原政权的义务上，也远没有中原其他地区多。通常，在这些所谓的"边郡""旁郡"或"初郡"中，王税赋敛是无法征收的。秦灭六国，建立统一的多民族的中央集权封建国家，并在武陵山区设黔中郡，但对该区却实行"薄赋敛"的"优惠"政策，正如《晋书》所载："秦并天下，以为黔中郡、薄赋敛之。"汉承秦制，改黔中郡为武陵郡，虽则多次对该区用兵，以图征服，然收效甚微，不得已仍以羁縻政策治之。魏晋南北朝时，也就是陶渊明生活的时代前后，中央政权在该区还是推行轻徭薄赋的政策。《宋书》卷97《夷蛮传》载："荆雍州蛮盘瓠之后也。分建部落，布在诸郡县。……蛮民顺附者，一户输谷数斛，其余无杂调，而宋民赋役严苦，贫者不复堪命，多逃往入蛮。蛮无徭役，强者又不供官税。结党连群，动有数百千人，所在多深险。"《太平寰宇记》也有类似记载。到了唐五代时期，这样的政策还在武陵地区延续。《新唐书·南蛮传》载"专于农，无贵贱皆耕，不摇役"，在很长一段时间里，苗族又被人叫作"莫猺"（没有徭役）。唐代著名诗人刘禹锡写过一首《莫猺歌》，其词云："莫猺自生长，名字无符籍。市易杂鲛人，婚姻通木客。星居占泉眼，火种开山脊。夜渡千仞溪，含沙不能射。"其中，"无符籍"的意思是"没有符伍与名籍"的意思，符伍是古代朝廷传达命令或征调兵将用的凭证；名籍即登记隶属关系的簿册。没有符伍与名籍就是不受中央政府管辖，不必承担徭役赋税。五代时期，当时汉蛮双方战后所立的"溪州铜柱"上有这样的记载："……王曰：尔能恭顺，我无科徭；本州岛赋租，自为供瞻；本都兵士，亦不抽差；永无金革之虞，克保农桑之业……"以上文献皆说民武陵蛮所在区域是薄赋轻役或无赋无役的。对武陵蛮区，后世多延续这种政策，即使在中原王朝鼎盛之时。若王权衰落，此区所设行政单位多成"废县"。而史籍所载，皆言汉蛮交界区域之情况，若武陵深处，其无"王税"则为必然。中原王朝的羁縻政策，客观地为武陵蛮民族营造了一个封闭的、与世严重隔离的和平安定、没有税收、没有徭役的社会环境，这正是"秋熟靡王税"的桃源社会图景之一。

2. 苗族的社会组织和管理形式

《桃花源记》中之"先世避秦时乱，率妻子邑人来此绝境，不复出焉"云云，在自秦至晋五六百年间，桃源人与外界居然没有任何交往，只是"邑人"相聚，这种居住方式只能是宗族（氏族）而已。而桃花源力"相命耕作""怡然自乐"的生活情景，又说明这个宗族（氏族）内部也没有阶级和剥削。

自古以来，苗族都是以氏族、家族为中心形成的各自独立的聚落。苗族聚落内部的管理方式直到近代社会，一直沿用原始时期的氏族首领管理制度，由各氏族、姓氏首领或峒主分别管理各自的聚落，而这些聚落首领都是自然形成或经民主推选产生的。这样一种社会结构，一直到五代，在湘西永顺的《溪州铜柱记》仍能明白地反映出来。我们不妨来看一下潘光旦先生对《溪州铜柱记》的分析："《记》文末尾附有一系列姓名，表面上是统治者（指彭氏）的命官，实际上是地方的首领……其中彭氏八人、田氏四人、覃氏四人、龚氏两人、何氏、朱氏各一人……《记》文中再三说到'五姓之首'与五姓大众如何如何，而《记》列名，却有六姓，势必有一姓除外，这大概是彭氏自己了……《记》文后面附刻有一段话，据说是'五姓'群众自己提供的……从这里我们可以看出一些当时这一地区的族类的内部生活与统治者的关系来……彭氏，对外称溪州刺史，其在当地则是'都头'……'当都头'就是'本都头'的意思。当初'帅号精夫，相名殃徒'所表示的一般部落社会的首领制度……说到'祖父本分田场土产'似乎表示土地还属氏族公有或氏族的支派所公有，土地的生产品由氏族成员公平分配，家族私有制似乎还没有建立起来。"结合铜柱记的内容和潘先生的分析，我们可以得到如下信息：直到五代彭氏入主五溪以前，这里的社会结构是以"精夫"为首领的部落社会首领制度，即使在彭氏入主后之后，对内称都头，对外称刺史，"精夫"不再为"帅首"，但各族内部还保留原有的姓氏首领制，在这些氏族中，社会财产归氏族公有，社会产品公平分配，家庭私有制尚未建立起来。

宋元之后，中原政权加紧了对这一区域的控制，将中央集权管理模式带入了苗疆深处。但即使在这样的情况下，铜仁苗族还是保留着古老的氏族首领管理制，与中原各种管理制度并存。宋元之后，铜仁苗族的社会管理方式主要有合款制、理老制、寨老制等三种。

合款亦称合坛、议款，源于以娱乐为主的合鼓（苗语称"博傩"），是一种以地缘和宗族为纽带的民间自卫和自治的社会组织形式。合款的规模不等，由几寨、几十寨，甚至上百寨组成一个款会。由款首、自然领袖和保甲长按照规约、法律共同调处一些具体事务。款首的产生，由参加合款的村寨共同推选处事有方、德高望重的自然领袖担任，不世袭，不搞终身制。款首只有荣誉，没有特权，没有报酬。款首有执行款规的权力，同时也受款规的约束和群众的监督。款规是由参加合款村寨的代表共同协商拟定。每项条款的提出，各村寨的代表事先须征得寨内多数群众的同意。款规一经确定，就成为大家必须遵守的规约，具有准法律效力。凡参加合款的村寨，发生大小纠纷一般都由款首和头目解决。款首须依据事实，不偏不倚地评论是非曲直，按照规约处理。发生违反款规的案件事件时，款首先约集寨老们商议，能调解的就调解，不能调解的则召集民众，当众念颂款词款规，听公众评议而后裁决。

理老一般由为人正派、办事公道、熟悉古规古理、能言善辩、德高望重的男性长者担任。按其职能大小，理老一般分为三个层次。一是村寨理老，主要调解村寨内的一般矛盾纠纷，类似"仲裁人"。二是氏族理老，主要评判一些重大案件，类似于律师，在纠纷诉讼过程中，双方均可自请理老申辩。三是地方理老，主要职能是裁决本地区发生的重大纠纷，如田地、山林纠纷，纲纪、伦常纠纷、械斗、凶杀案件等，以及维系地方组织体系、民族尊严等方面的重大问题和参与区域、群落间的谈判。所有理老皆为自然形成或经民主选举产生。

寨老是苗族古规古理的基层执行者，不是自封，也不是世袭，由选举产生，也有自然形成。一般由村寨中年高德劭的男性长者担任。主要负责主持制定村寨内维护社会治安、公私财产、伦理道德的乡规民约，主持召开村民大会制裁违背规约的人和阻止一些事件的发生，调处村寨内部宗族与宗族之间、宗族内房族与房族之间的矛盾和纠纷以及村寨之间的矛盾和纠纷。

铜仁苗族上述的社会结构，和桃花源记反映出来的人人平等、个个自由的桃花源社会图景是一致的。

（三）铜仁苗族的生产方式与桃花源

铜仁苗族的生产方式与桃花源主要从以下两个方面论述。

1. 农耕

从《桃花源记》中"有良田美池桑竹之属""往来种作"以及《桃花源诗》中"相命肆农耕""桑竹垂余荫，菽稷随时艺""春蚕收长丝""鸡犬互鸣吠"等句子看来，桃花源是典型的农耕社会。

苗族种植水稻、小米等谷物的时间非常早，据说是最早种植稻谷的民族。据《淮南子》所载"神农播五谷，因苗以为教"，说的是神农时期汉族先民曾经专门到苗族聚居地附近抓捕一些孤单外出的苗人来向他们传授种植技术。《论衡》载："三苗之亡，五谷变种，鬼哭于郊。"由此可知，尧舜禹时期苗族先民的战败和迁移，给当时中原地区的种植业带来了很大的损失。苗族先民迁徙到武陵山区，将他们成熟的农耕技巧也带到了这里。这种情况在流传至今的铜仁苗族的巫师祭词中还有所反映。有一则祭词是这样描述苗族先民迁移后播种水稻的情景的："苗人过去的家园非常美丽，宽阔的田野无边无际，奔腾的河水无尾无头。后来他们战败了，翻过九十九座山，蹚过九十九条河，分成十二支，聚聚散散来到了这里。他们一部分生活在山坡上，吹燃一个火种，燃烧一片火焰，大火熄灭之后，满山播种，然后收下微薄的粮食。"受武陵山区地形条件的影响，山坡上的土地因水土流失而相对贫瘠，溪谷间的平坝地带则相对肥沃。根据这样的地理特点，苗人通常在山坡上开辟"畲田"，种植粟类、豆类、玉米等旱地作物，在谷底平地开垦水田，种作稻谷。在地势较低的"畲田"中，有时也种水稻。畲田的耕作往往会采取上述祭词中所说的刀耕火种、广种薄收的方式。东汉应劭在《风俗通》中曾经这样描述当时武陵地区人们种植水稻的情况："烧草下水稻种，草与稻并生，各七八寸，因悉芟去，下水灌之，草死独稻长，所谓火耕水耨"。

由于上述原因，苗人把土地分成两类，旱作的地方称"lut"，指的是土；水作业的地方叫"las"，指的是田。田主要是用来种稻谷。稻谷每年种一季。旱地的耕作与水田不一样，大块的坡地一般是用来种植粮食作物，并且要不断轮换种植不同的作物种类。比如，小麦收割后，接着就栽上红苕；红苕挖完后，休息几个月，开春后种上苞谷；苞谷收获后闲置两三个月又种上小麦；小麦收割后栽上红苕，不断轮回栽种。虽则武陵山区的土地有肥瘠之分，但总体的地理和气候条件是非常优越的，因此这片苗疆不仅利于人的生存，也利于动植物的生长。这里的农作物主要有水稻、玉米、大麦、小麦、高粱、燕麦、荞麦、花生、油菜、桑麻、烟草、茶、姜、五倍子等。

2. 采集渔猎

桃花源在山林深处，又有溪流通达，必有丰富的植物资源和水产资源，由此可以推知，农耕之外，渔猎采集也应是桃源人的重要生产方式。

铜仁苗乡生态良好，区内山深林密，树木繁多，溪河穿行，鱼虾成群，林业和渔业资源极为丰富。长期以来，采集和渔猎也是苗民的重要生产方式。采集直至今日还是武陵山区苗民社会生产的一种重要补充形式。而渔猎，尤其是渔业则是苗民自古以来的重要生产方式之一。据明代《思南府志》载："苗人性凶勇，善奔逐，不惮渊谷，不畏猛毒，出入持刀负弩，农暇即以渔猎为事，得兽先祭鬼而后食。"

世代从事渔业，使得铜仁苗民具有极为丰富的捕鱼经验。他们捕鱼的方法多种多样，有网罩、板罾、拖白等法。网罩法即以网捕鱼，所用渔网通常是以猪血浆透并经过蒸煮的麻线织成的网面长宽约丈许的大网，今日铜仁苗民称这种网为古网。板罾法，即以板罾捕鱼。板罾的制作方式如下：用四边系以大麻绳（或棕绳），四角缩成活扣，成为罾面；用一根丈余长的大竹竿，尾端系两节掏空的木节，呈十字形并系一根粗麻绳或棕绳；再用四根长丈许的小竹竿，一头植入木节，另一头插进罾面的活扣中，由竹竿的弹力撑开罾面，此为罾架。渔人择一河岸，将罾放入水中。三五分钟或十来分钟后，拉绳将罾扳出水面，停留罾面的鱼虾尽归罾底，捉拿无遗。拖白法，即以"拖白"捕鱼。所谓拖白，就是用两根竹竿做成状如筲箕的架子，再用麻网随形系紧，构成筲箕形状的网面。捕鱼时，由一个人执网放在浅滩上等候。两岸各一个人执横跨河面的长麻绳的端头（绳子中间系有十几束白木叶子），上下走动，木叶划动水面，小中鱼群惊慌逃窜，闯入安置在浅滩上的筲箕网而不得逃脱。

由此可见，铜仁古苗民的农耕、采集、渔猎等主要社会生产方式都和桃花源中相关情形一致。

（四）铜仁苗族的生活习俗与桃花源

铜仁苗族的生活习俗与桃花源，下面分别从 5 个方面予以论述。

1. 桃树崇拜

桃花源以"桃"为名，其入口处又有"夹岸数百步，中无杂树，芳草鲜美，落英缤纷"的桃花林。桃花源的超尘脱俗和深得世人向往多少得益于这片美丽的桃林，可以说桃花文化也是桃源文化的一个有机组成部分。

在武陵苗民的眼里，桃树不单是具有观赏性的果树，更是一种能够避邪、驱鬼、治病的神树。比如，苗族巫师给某户人家举行驱鬼仪式的时候，常常用桃树枝来抽打游荡在空中的鬼魅。这时候，一根小小的桃树枝在巫师的手里仿佛已经不是的树枝，而是一把重锤，打得邪魔鬼哭狼嚎。而在给死者洗澡的时候，人们也要在水盆里放入一些桃树枝，他们认为这种含有桃树汁的水，可以使死者不受邪恶的侵害，来世才能变成好人。铜仁苗族人民自古就有在村寨的村口路旁、房前屋后栽种桃树的习俗，出于对"桃树"崇敬，一般苗民家庭都不会在与堂屋正对的庭院中栽桃树，而是要稍微偏一点点，以免其妨碍"正神"的正常生活。直至今日，在铜仁松桃县等地的苗族村寨还可以看到人们依照这种习俗栽种桃树的景象。铜仁苗民的《迁徙古歌》有这样一句歌词"罗单吉贯董代汝"，译成汉语的意思是"来到吉贯这个好地方"。苗语中"吉"是"地方"的意思，"贯"是"桃树"之名，"吉贯"连起来就是"栽种桃树的地方"。歌词表明在铜仁苗族先民到达这里的时候，此地便是桃源胜境了。此外，直至今日，铜仁地区还有许多带"桃"字的地名，如松桃、桃映等，这也间接证明了此地长期以来就有种桃崇桃的习俗。

铜仁苗民的桃树崇拜是楚国风俗在武陵地区的延续。南朝梁代的宗懔《荆楚岁时记》对楚人崇桃的习俗多有记载：

造桃板着户，谓之仙木，绘二神，贴户左右，左神荼，右郁垒。

插桃符于旁，百鬼畏之。

桃，鬼所恶。画作人首，可以有所收缚，不死之祥。又桃者五行之精，能制百怪，谓之仙木。

元日，服桃仁汤。为五行之精，可以伏百邪。

将铜仁苗民崇桃风俗与《荆楚岁时记》所载楚俗一对比，我们不难发现二者是一脉相承的。

生活在南方山区中的苗民先人对桃树的崇拜带有浓厚的迷信色彩，但若作进一步探究，我们不难发现这种看似迷信的崇拜后面有着合理的现实依据。因为桃树不但是一种花能赏、果能食的植物，而且有着驱蚊防蚤的特殊功效，这是生活在阴暗潮湿山林地区的广大苗民必须倚仗的。屈原在《涉江》中这样描绘南方蛮民的生存环境："深林杳以冥冥兮，乃猿狖之所居；山峻高而蔽日兮，下幽晦以多雨。"高山深林，光照不足，幽晦多雨，空气潮湿，这是典型的南方山区气候，也是最容易滋生跳蚤、蚊虫的地方。武陵山区正是这样的一个地方，这也就使得桃树与当地苗民的生活产生了千丝万缕的联系。现在铜仁的苗民还使用桃叶驱蚊防蚤这种古老的"秘方"，若屋内蚊子多或是床上有了跳蚤，用桃叶生个烟堆，或摘几片桃叶铺在褥下，不出多会儿，蚊虫、跳蚤便无影无踪了。

另外，在苗族对桃树产生崇拜的问题上，还有人说，"桃"者，"逃"也。苗族人民之所以习惯于在村口路旁栽种桃树，为的是记住战败逃亡的耻辱。此说虽然有些牵强附会，却与苗族的历史实情和民族性格甚为相符。"楚虽三户，亡秦必楚"，楚人向来是恩怨分明，有仇必报的。

2. 建筑风格

《桃花源记》和《桃花源诗》中有关桃源建筑的具体描绘只有"屋舍俨然"一句话。屋舍，即房屋圈舍；俨然，意思是整齐有序。此外，关于住所周边环境的描写还有"土地平旷""有良田、美池、桑竹之属""阡陌交通，鸡犬相闻""荒路暖交通，鸡犬互鸣吠"等。只看上述直接信息，我们很难确知桃花源中的建筑结构。为了进一步探究桃花源的建筑特色，但我们不妨先来分析一下《桃花源记》中的这段文字：

> 林尽水源，便得一山。山有小口，仿佛若有光。便舍船，从口入。初极狭，才通人。复行数十步，豁然开朗。土地平旷，屋舍俨然。有良田美池桑竹之属。阡陌交通，鸡犬相闻。

从以上描述可知，桃花源须经由一个山洞，穿过整个山腹，到达对面山谷方可看到，内部的地形特点是"土地平旷"。由此可知桃花源只能是群山围绕的一片面积较大的山谷平地。在这样的谷地里进行农业生产，要达到"屋舍俨然""有良田美池桑竹之属""阡陌交通，鸡犬相闻"的发达程度，桃源居民首先要解决的一个问题是如何协调生产用地和住房用地的矛盾。我们知道，在平原地带不会出现这样的问题，但在山谷平坝地带，因为适合水稻种作的土地是相对有限的，若将"房舍"全部建于"平旷"之处，势必会导致耕地面积的减少。因此，笔者认为，对这段话我们应该作如下理解："土地平旷"与"屋舍俨然"是对桃花源村耕地和住地两个功能区的分别描绘，"土地平旷"连同"有良田美池桑竹之属""阡陌交通"是对耕地的描绘，"屋舍俨然"连同"鸡犬相闻"是对村舍的描绘。也就是说，桃花源中耕地住地二者不是交织在一起的，而是彼此独立的，其村舍布置结构不是传统中原农村常见的村落在中间、四周耕地稻田围绕的结构，而是耕地稻田在中间平坝地段，村落建在四周山腰、山麓的苗族农村布置结构。

苗寨的建筑特色与"屋舍俨然"的桃花源建筑风格是极为吻合的。铜仁苗寨整齐有序体现在建房的整体规划和固定的建房习惯上。生活在山谷平坝地区的苗民聚族而居，通常以数十上百户为一寨。在宅基地的选择上，他们喜欢依山就势，在缓和的斜坡上开挖出一片平地，把房屋建在上面，尽量将平坦的地方留下来，用来开垦稻田。而且，苗寨的修建，虽不以坐北朝南、坐南朝北之类为定式，但也有章可循，苗民通常以当地的山向为基准，选择背面有山、前方朝坳的地方修建房屋。他们把这种做法叫作"坟打高坡屋打坳"，"打"在这里是面对的意思。由于苗族在建筑观念上有着习惯，虽非刻意规划安排，但整个苗寨看起来还是非常整齐的。尤其是从山谷平坝往上看，那些建在山腰或山麓上的苗寨，层层叠叠，密密麻麻，非常整齐有序。

3. 服饰

对桃花源人服饰的描绘，《桃花源记》云："男女衣着，悉如外人。"《桃花源诗》云："衣裳无新制。"乍一看，这两句话似乎是矛盾的。因为桃源中人秦末避乱时便来到这里，与外界长期隔绝，至晋太元年间（376—396）其时已隔五六百年，若其"衣裳无新制"，则人们应保持着他们族人秦时的着装习惯。而秦汉魏晋间，中原地区的服饰已经数变。例如，《后汉书·五行志》即记载了汉代民间服饰之变："延熹中，京都长者皆着木屐""献帝建安中，男子之衣，好为长躬而下甚短，女子好为长裙而上甚短。"晋代的士大夫更是好着奇装异服，导致民间服饰也发生一些改变。如此一来，何以五六百年后的"武陵渔人"会觉得其男女衣着"悉如外人"呢？陈寅恪在《桃花源记旁证》一文中早就提出了《桃花源记》与《桃花源诗》在服饰描写上的这一矛盾，其后学者对此一论题作了进一步探究，探究的结果各有不同，但所有探究的出发点都落在对"外人"一词的理解上。陕西师范大学马歌东教授对历来学者对"外人"进行了综述梳理，在归纳综合、比较鉴别、深入挖掘的基础上，对《桃花源记》中的"外人"一词提出了如下理解：

> 桃源中人"自云先世避秦时乱，率妻子邑人，来此绝境，不复出焉，遂与外人间隔"，则其男女之衣着，必不可能随着桃源外汉、魏、晋各代衣着之变化而变化。如此，当渔人进入闭塞五六百年之久的桃源时，对桃源人的衣着感到奇异应当是很自然的事。故此处"男女衣着，悉如外人"之"外人"，必不应指"桃源外面的人"，而当是泛指武陵渔人所不熟悉的、非常陌生的、异样的、异域的、异族的、异类的、异文化的人。也就是说，此处之"外人"，当是"外国人"或"方外人"的略称。①

笔者十分赞同这种说法。因为只有将"外人"理解为"外国人"或"方外人"，才能完全消除《桃花源记》与《桃花源诗》在服饰描写上的矛盾。

苗族的服饰自古以来就与中原地区有着极大的差别。

东汉应劭《风俗通》对盘瓠后裔（苗民）着装特点有这样的记载：

---

① 马歌东：《〈桃花源记〉"外人"误读辨》，《陕西师范大学学报》2007 年第 4 期。

"织绩木皮，染以草实，好五色衣服……衣服褊裢"，干宝《搜神记》、范晔《后汉书·南蛮传》皆转引其说，其中《后汉书·南蛮传》唯将"衣服褊裢"改为"衣裳斑斓"。《隋书·地理志》亦载："诸蛮本其所出，承盘瓠之后，故服章多以斑布为饰。"唐朝诗圣杜甫曾留下"五溪衣裳共云天"的诗句。《宋史·蛮夷传上》记载苗人"衣服褊斓"。这些记载说明，秦汉以来，苗族的服饰异于中原地区，且十分注重服装色彩之艳丽。上古苗民还有不穿鞋子、光脚行走的习惯，《南齐书》载"蛮俗布衣徒跣"，《宋史·蛮夷传》载，苗人"椎髻跣足"。"跣"就是光着脚掌的意思。《溪蛮丛笑》亦称"五溪蛮""不巾不履"，即不戴头巾、不穿鞋。

此外，上古苗民的发式也与其他地区有着很大的区别。《淮南子·齐俗训》载："三苗髽首，羌人括领，中国冠笄，越人劗发。"《南齐书·卷五十八》载："蛮俗……或椎髻或剪发。"明代沈瓒等编《五溪蛮图志》载："男子绾椎髻于脑后，女子绾椎髻于头顶。"宋代朱辅《溪蛮丛笑》载："蛮类不巾。发鬈曲，照日金色""胎发不剃除，长大而无栉篦，不裹巾。蓬垢狰狞，自古已然，莫可化也""蛮女以织带束发，状如经带。"清代段汝霖《楚南苗志》载："男子蓄发去须，以篾织髻，蒙以假发，戴髻于首，横插簪（或银或铜锡为之）五株。簪长五寸，用马尾织网巾束发，脑后戴二银圈，名曰纲巾圈""未嫁者，中分其发，用绳扎垂于后，并有结辫者。"以上记载，皆着眼于苗民发式之异。

在饰物上，苗民喜以金银为饰，其俗历史久远。春秋战国时期，楚怀王曾自称黄金、珠玑、犀象是楚国的特产。秦汉之际，夜郎、牂牁境内的金银加工业已极为发达，黔西东汉墓中曾经出土了多件颇具民族特色的银手镯、银戒指、小银铃等工艺品。《华阳国志》记载，蜀汉时期，该区的贡品中主要有"金、银、丹、漆、耕牛、战马"等。南北朝时期，据《南齐书》所载，当时苗人"兵器以金银为饰"。《新唐书·南蛮下》记载，唐贞观三年（629），"东谢蛮"谢元深入朝时，"冠鸟熊皮，若注旄，以金银络额"。谢氏世居夜郎、牂牁，其装束"以金银络额"，说明当时这里的少数民族是用金银为饰品。故，唐代著名诗人刘禹锡有这样一首描写渝国境内苗民生活的《竹枝词》："山上层层桃李花，云间烟火是人家；银钏金钗来负水，长刀短笠去烧畲。"这说明在中唐时期，金银饰物已经普及于普通苗民家庭。

综上所述，苗族先民的服饰是非常独特的，与中原地区存在很大的差异。这样一来，武陵渔人一进入桃花源，看到桃源中的与众不同的衣着，就难免会觉得自己进入了一个异域的、异族的、异类的、异文化的方外之地了。

4. 好歌

《桃花源诗》描绘的"童孺纵行歌"的情景，也与苗民男女老少皆爱唱歌的民族习惯极为吻合。

东晋时的武陵山区腹地，可说是一个歌舞之乡。生活在这里的"武陵蛮"族群不仅喜欢歌舞，还善于把歌舞和劳动、生活结合起来，生活处处离不开歌舞，使整个社会处处时时都充满歌声。关于这一方面，历代史籍都有记载"其民族一聚会，则击鼓、踏木牙、唱竹枝歌为乐"（《永定县志》）。《桑植县志》载："近溪河者，榉桔声相闻，刈禾既毕，群事翻犁、插秧、芸草，间有鸣金击鼓，歌唱以相娱乐者，亦古田歌遗意"，可以说，处处劳动皆充满歌声。

直至今日，苗族歌曲仍有古歌、民间叙事歌、风俗歌、情歌、儿童歌谣以及祝词、理词、礼词等多种形式，对苗民生活的方方面面都有所反映。

苗族古歌集叙事、抒情、怀古于一体，时吟时颂，既是诗又是史，既有神亦有人，充分表现了苗族人的艺术思维和美学理念，是苗族古代文化光辉的结晶。苗歌主要由巴兑熊（苗族神职人员）或者礼郎歌手在重要礼仪场合吟唱，有《开天辟地歌》《射日月歌》《迁徙歌》《分宗分房定居歌》等。其中,《迁徙歌》记述先民们向黄河流域和长江中下游扩张,然后又节节退守的历史事件。歌里这样叙述远古苗民的迁徙过程:第一次扩张或退守是"沿河而下,驾钢船铁船,行为缓慢;别人划木船,行走快速,好地方别人占了;他们到达寅河寅尾和厚吾厚西地方,别人已经立城筑碉,住满了人。只好拨船后退,打马回程"。他们又"沿河而上,沿路而走,沿着务撬稀务撬萨上来,一路人马,男女相跟,老少相从,跋山涉水,克服了重重障碍和困难,来到了占楚占菩地方"。他们在这里开发创业,白手起家,"用茅草盖房,拿树皮盖屋"。年长日久,"粮食堆积如山,生活越来越好;女的披金戴银,男的穿绸穿缎;牛马遍山坡,猪羊满圈"。因为生活逐步宽裕,他们便"选定好日子,择定好时辰,制鼓集会,人山人海,笙歌悠悠,兴高采烈"。反映了在占楚占菩地方繁荣昌盛的情景。在鼓社鼓会一片欢乐之时,加嘎、加狞钻进村寨来骚扰,"九坪九岭男人,吃得只剩一坪一岭;九谷九冲女子,啃得只剩一谷一冲"。殊死搏斗之后,剩下的男男女女又集合在一起,离开了占楚占菩,沿着大河小河,顺着大山小山,朝着太阳落坡的地方走去。从务滚务嚷、务流务泡、洞务洞党、洞焦洞湾上来,走到一处开发一方,历尽起落和兴衰,历尽欺侮和灾难。①

苗族民间叙事诗歌是苗族人民集体创作、口头流传,以反映真人真事为基本内容的一种文学样式。一般有较长的篇幅、完整的故事情节和生动的人物形象,如《西波颂歌》《石柳邓》《阿贵和雅莲》《鸡根歌》等。

苗族风俗歌也内容丰富,形式多样,包括劳动歌、闲逸歌、祭祖礼仪歌、民族节日歌、贺喜歌、婚嫁歌、丧葬歌等。

情歌是苗族地区青年男女谈情说爱的主要方式。在苗族各类歌谣中,情歌的数量最多。它采用多种多样的艺术手法,或含蓄或直接地表达青年人对爱情生活的热烈追求与渴望。内容大致可分为初会歌(包括问姓歌、

---

① 龙云清:《山地的文明——黔湘渝交界地区苗族研究》,贵州民族出版社2009年版,第99页。

讨糖讨粑粑歌、结伴歌、约会歌）、赞美歌、求爱歌、送别歌、思念歌、盟誓歌、私奔歌、恩爱歌等类别。

铜仁地区苗族的儿童歌谣也题材多样，主题鲜明，思想健康，具有浓厚民族特色，有《萤火虫》《喊月亮》《烟子烟》《人若要骂我》《请蚂蚁吃席》《喊蜻蜓》《飘羹雀》《小花猫》等。例如，童谣《小花猫》的歌词："小猫吃饭捞土碗，狗崽舔食木槽深；一盆水映你我脸，沙罐煨米结深情；土罐易破不经烤，盆中笑脸不分离。"幼稚的内容，清嫩的歌声，为孩子的童年生活增添了许多乐趣。

此外，苗族的祝词、理词、礼词虽然是念诵而非歌唱的，但它们都有一定的韵脚，念诵起来音调铿锵、节奏鲜明、韵律和谐，可归于今日所云"说唱音乐"一类。

总地来说，苗歌的内容极为丰富，遍及苗民生活的各个领域，男女老少均能为之，其类别可谓应有尽有；其歌词综合采用赋、比、兴的修辞手法，形成了较深的意境。其曲调也是多种多样、婉转悠扬、和谐优美。

传歌及其产生的各种歌会更是苗人好歌最有力的证明。为了传歌，苗族人民在一年之中就要举行"赶年场""三月三""赶清明""四月八""六月六""赶秋""调鼓"等十余次大型歌会。每临歌会，苗家村寨，倾村前往赴会，一路歌声，一路笑语，其情景与《桃花源诗》所云"童孺纵行歌，斑白欢游诣"毫无二致。

古代的"武陵蛮"族群的歌舞并非只是一种单纯的文化艺术，在当时还担负了众多社会职能。例如，民主产生的村规民约般具有法律效力的"款词"，便是通过唱词、歌舞的方式来传播的。苗族举行歌会地方，更是传承古训、激发民族热情的场所，也是对民族进行精神文明教育的学校。就在这样的情景中，人民受到了现实和历史的教育，传承了古训，知道了民族的历史，获得了知识技能，明白了做人、做事的准则和道德规范。自我教育、自我约束的精神得到升华，激发了丰富的民族情感，教化了民众，从而使社会呈现出质朴、善良、忠厚、老实、勤劳、勇敢、刚正、耿直、吃苦耐劳、言行一致、表里如一、机智粗犷、热情开朗、团结奋进的良好民风民俗。《桃花源记》中描绘的人人快乐、乐于天命、民风淳朴、延客成俗的风尚就是在此背景下产生了。

5. 好客

《桃花源记》中所写桃源人热情好客的习俗让读者印象深刻。文中写道："见渔人……便要还家，设酒杀鸡作食""余人各复延至其家，皆设酒食。"这种请客方式，也跟苗族人民热情好客的习俗相吻合。

客人来到苗家，主人要立即搬椅子让客人坐。客人坐定后，男主人则会坐下来与客人说话。这时，男主人的坐姿很规范，双脚平整落地，腰不会挺得很直也不很弯曲，从不跷二郎腿。如果来客是老年人，男主人还要拿出烟杆，把烟叶装好，递给客人。女主人与客人打过招呼后，并不坐下来陪客说话，而是到灶房去准备饮食。上齐饭菜，家宴开始的时候，男主人陪同客人就座，女主人多半不上桌同吃，只是在一边服务。孩子可以和客人们一起同桌就餐，但是多半是站着吃，夹得菜之后，就端着碗走开了。席间，劝客喝酒是首要节目，但一般情况下主人并不强劝，只要客人说"我不能喝了！"他们就打住。酒足后自然是吃饭。这时，男主人便开始左一夹又一夹地劝客人吃菜，而站在一边的女主人则负责给客人添饭，并且不时说一句："没有好菜，干饭也请多吃一碗，不要在我们家挨饿！"吃饭的时候，男主人的坐姿也很规范，一旦在桌边坐下，就不再乱动，需要什么都由女主人去完成。为客人夹菜时，男主人老是把其中最好吃的菜不停地往客人的碗里夹，自己则总是选小菜吃，偶尔也吃一两夹主菜，为的是不使客人为难。此外，吃东西时，主人连嘴形都很讲究。饮酒吃饭的过程中，男主人还必须边吃边陪客人说话。苗人很注意吃饭时陪客说话的艺术：客人正在吃东西的时候，不多说话，自己嘴里有饭菜的时候不能说话，劝酒劝菜要尽量客气，自我形象要时刻保持。席毕，男主人还要托起筷子示意一下，并说："不要客气！今天简办你了！"

主人的过分好客，使得到苗家做客的客人也有很多讲究。客人进门后并不会马上坐到主人摆好的椅子上，而是先轻轻地把椅子提一下，挪动一点点，然后才坐下，以示感谢。凡是主人夹到碗里的东西都要吃完，最后碗里不能有饭菜剩余。吃好后，客人要双手托着筷子在桌面转一圈，并说："得罪大家了！"然后把筷子放在碗口上。到苗寨做客，不遵守上述规矩也不算犯什么大错，但是懂得规矩的客人一定会这样做，不然他们会觉得自己颜面无光。即使不懂规矩的外地客人，他们也会入乡随俗，听主人介绍这里的待客之道并自觉遵守。还有，在去苗家做客的时候，当地的老人们一定会给你这样一条建议：能吃两碗饭的吃一碗，能吃三碗的吃两碗，必须留一碗的空间做余地。

苗人好客最突出的体现方式还是"吃排家饭"，即某家有了客人，不管客人数量多少，全村都要轮流地请之，一家一家吃下去，直到全村每家都吃到为止。苗族人民将这种方式叫作"nongbihiebrang"，直译为汉语，是"吃村寨饭"的意思，一般习惯意译为"吃排家饭"。武陵渔人在桃花源中接受的便是这种最隆重的招待。到中华人民共和国成立后，"吃排家饭"的习俗还在铜仁苗区盛行。

铜仁所在的武陵山腹地是东晋时期部分苗族先民迁徙的重要据点，这片层峦叠嶂、沟壑纵横、与世隔绝、物产富饶的区域，让他们在很长一段时间内远离战火，远离中原政权的管辖，过着自给自足、和平安定、与外界老死不相往来的生活。他们在这片土地上延续着苗人的古俗古风，在社会生产上以农桑渔猎为务，人人自食其力；在社会组织和管理上，以氏族或宗族单位，采取民主推选首领管理制度，没有阶级，没有剥削，没有压迫；在地势风物上，这里溪流纵横，群山环绕，多山洞，亦多低洼平旷、土地肥沃的山谷平地，且广有稻、菽、稷、桑、蚕、桃、竹之物产；在生活习俗上，这里的人民信巫好鬼，崇拜桃树；热爱自然，崇尚天人和谐；

好歌喜舞，追求欢乐祥和；勤劳朴实，热忱好客。此外，本地区独特的建筑、服饰风格等都和桃花源中提到的相关情况高度吻合。这样的社会生活图景正是陶渊明笔下桃花源的完美呈现。

八　语系分布与桃源铜仁

贵州铜仁地处武陵山区腹地，中共铜仁市委、市政府将其形象定位为"梵天净土，桃源铜仁"，文化内涵十分丰富，地域特色得以彰显。铜仁就是东晋陶渊明笔下的"桃花源"的观点，随着梵净山这一旅游品牌形象的推出以及许多专家学者全方位、多角度的论证，越来越得到很多人的认同。我们试从语系分布及语言特点的三个角度来探究《桃花源记》中的"桃花源"原型，它应在武陵深处的铜仁。

（一）武陵地区属北方官话语系

"学界一直存在《桃花源记》的真实性、是否实有其地的争论。"我们认为，晋代陶渊明在他的千古名篇《桃花源记》中，向人们描绘了一个极为神秘的不为外界所知的山中世界。这种情况，在经济落后、交通闭塞的古代，是完全有可能存在的；他笔下的"桃花源"就在今天的武陵山区。武陵山脉西起贵州省"武陵之源，名岳之宗"的梵净山，往东北行，跨湘、鄂、渝、黔三省一市，北至长江，南达荆湘。这片地域大致涵盖了如下地区：湖北的恩施自治州、湖南的湘西自治州及张家界市、原四川的黔江地区、贵州的铜仁地区，总面积约10万平方公里，人口2000多万。该地区自古以来是少数民族生息繁衍之地，聚居着土家、苗、侗、白、汉等30多个民族，各民族文化你中有我、我中有你，经过长期的沉积，形成独具特色的"武陵文化"，它"是以历史上的'武陵蛮'（今天的土家族，苗族为主体的少数民族）在武陵山区创造的一种地域文化"，是目前中国著名的"大武陵文化沉积带"。民族文化资源十分丰富，人文风情绚丽多姿。那么，《桃花源记》中的"武陵桃源人"归属何种语系呢？

汉语方言，现在一般分为七大方言区，即北方方言、吴方言、湘方言、赣方言、客家方言、粤方言和闽方言。北方方言又称北方话，中国南方人多贬称之为捞话或北佬话。语言学者认为，北方方言是汉语的一种含有北方胡语（北方各个游牧的少数民族）的成分最多的方言。它以北京话为代表，通行于中国北方地区各省区，贵州、四川、云南以及华中地区的部分县市。北方方言具体分为四个次方言区：

（1）华北方言，通行于京津两市和东北三省、河北、山东及河南六省。其中吉林、辽宁、黑龙江三省方言最接近北京话；

（2）西北方言，通行于山西、陕西、甘肃、内蒙古、宁夏一部分、青海一部分及新疆等六省一区；

（3）西南方言，通行于四川、贵州、云南重庆三省市和湖北大部分，以及湖南、广西北部边缘地区；

（4）江淮方言，俗称"下江官话"，通行于长江中下游，包括安徽、江苏、江西部分沿江地区。

七大方言中，以北方话分布最广，其分布地域大约占全国面积的70%；使用的人口也最多，占汉语人口的70%左右，其余六大方言的使用人口总和大约只占汉语人口的30%。中国汉语总体分为官话和方言两种。官话分为东北官话、北方官话、胶辽官话、北京官话、中原官话、兰银官话、江淮官话和西南官话等；方言包括晋语、赣语、徽语、吴语、湘语、客家话、粤语、平话、闽语等。北方方言是全国最大的方言区，分布区域包括长江以北的汉族地区，长江以南镇江以上九江以下的沿江地带，湖北（东南一带除外）、四川、重庆、云南、贵州以及湖南省西北一带。北方方言，即广义的北方话，一般所谓"大北方话"。在汉语各大方言中，官话方言有它突出的地位和影响。近一千年来，中国许多优秀的文学作品，从唐宋白话到元曲到明清小说，都是在北方话的基础上创作的，加上以北京为中心的北方话通行地区从元代以来一直是中国政治、经济、文化高度集中的心脏地带，向来官场上办事交际，都使用北方话，因而有"官话"的名称。

北方方言中的西南官话不断发展壮大，有这样的特点。其一，东进：由湖北江汉地区及重庆、湘西地区向东逐步吞噬湘语的地盘。其二，南侵：广西汉族地区，西南官话越来越通用，云南贵州两个西南官话的老地盘，全面包围操壮侗、苗瑶语的少语民族语言，这些少数民族大多数处于双语状态，有的基本上在青壮年一代完成了语言转用，他们所使用的汉语，为当地西南官话。其三，西扩：川西及滇西操藏缅语的少数民族，很多已经转用汉语，或使用民汉双语，他们使用的汉语也是西南官话；由于西藏军分区隶属于成都军区，大多数官兵来源于云贵川渝，同时由于地缘因素，西藏人民同西南人接触最多，他们在非课堂中学习的汉语也是西南官话。其四，内没：川渝地区有不少非官话方言岛，在西南官话的强势下，逐步被淹没。其五，同化：由于西南官话是汉语方言中音系最简单的方言之一。因此不管是从北方的官话区南方非官话区到西南地区工作学习的人，以及长期或短期停留的人，都或多或少地学会了西南官话。其六，同时，西南官话由于内部一致性较高（主要是声调调形的同一性较高），彼此都能接受对方的口音，所以通用性较广，事实上形成了接近成渝方言的区域共同语，同时这种区域共同语在很大多程度上避免了较多的方言词，同汉民族共同语书面语较为统一，文—语及语—文转换与普通话的功能相差无几，所以在广播电视传媒，中小学教学甚至高等学校教学中都大范围使用。其七，由于西南官话语法系统与普通话有较大的一致性，它跟随普通话一道发展，现代汉语书面语一切现代化成果都能为之所用，所以不存在吴语、闽语、客语那样的书面文字化及语文现代化的问题。西南官话词汇中只有与普通话不同的说法，而较少规范汉字中没有的独特方言字，我国现行的字典、词典都能直接为西南官话服务。其八，最重要一点，西南官话内部不存在像东南方言那样的地域歧视现象，彼此都能接受对方口音，兼容性很大，无须在选择中心方言点上纠缠不休，不唯标准，只需内部调和，即形成流通性较大的区域共同语。

秦始皇统一中国（前221）后，将全国划为36郡。贵州北部、西北部，分属巴郡、蜀郡管辖。贵州南部、东部，分属黔中郡和象郡管辖。在距今五千多年长江中下游及黄河下游一带，逐渐形成了部落联盟——"九黎"。九黎以蚩尤为首领，凭借优越的地理条件，不断地开拓发展成为雄踞祖国东方的强大部落。在黄河上游姬水以黄帝为首的另一部落，不断向黄河下游发展，与"九黎"发生冲突，在涿鹿（今属河北）大战之后九黎败北，蚩尤被杀，势力大衰，九黎部落的相当大部分战败后向南迁徙。汉代以后，除荆襄、江淮尚有一部分苗族分布外，大部分苗族都聚居在今湘、鄂、川、渝、黔毗邻地区的武陵郡，他们与居住这一地区的其他少数民族一起被统称为"武陵蛮"。在"武陵蛮"内，又按不同地区而有"沣中蛮""零阳蛮""溇中蛮"等若干称呼。从东汉起又开始将"武陵蛮"称为"五溪蛮"所以，秦汉时期，聚居在武陵山脉的苗族先民被称作"黔中蛮""武陵蛮""五溪蛮"，并渐渐成为一个的稳定的族体。伍新福先生所著《苗族历史探考》描述："汉兴，改秦之黔中郡为武陵郡，辖13县。"《汉书·地理志》记载："武陵郡，高帝置。"其具体的年号，在《水经注》中有记载，为"汉高祖二年"（前202）。从历史建制来看，铜仁在历史上属武陵郡辖区，铜仁地属辰阳县。晋朝属于荆州武陵郡，这里聚居着苗、土家、汉等多个民族。龙云清认为："自古到今，铜仁地区都是一块少数民族居住的地域。"《桃花源记》描写的社会生活图景既是武陵苗族社会生活的真实反映，也是武陵土家等少数民族社会生活的真实反映。

从语系分布看，武陵土家语和苗语分别属于汉藏语系藏缅语族及苗瑶语族。前者分为南北两大方言区，北方方言区包括湘西土家族苗族自治州的永顺县、龙山县、保靖县、古丈县和恩施土家族苗族自治州的来凤县、宣恩县以及重庆酉阳土家族苗族自治县等地。上述地区至今还有部分土家人用本民族语言作为交际工具。土家语南部方言的典型代表为湘西土家族苗族自治州的泸溪县，迄今这一地区仍有人使用它作为交际工具。湘西土家族苗族自治州的吉首市、凤凰县，贵州省铜仁市、松桃县、沿河县、思南县、印江县、德江县的土家人在历史上也曾使用土家语南部方言，现今已改用汉语。后者武陵苗语一般认为属于汉藏语系苗瑶语族。也有学者对苗瑶语的语系归属提出了不同的看法。苗语分三大方言：东部（湘西）、中部（黔东）、西部（渝黔滇），各方言又分一些次方言或土语，其中渝黔滇方言分为 7 个次方言，各个方言及次方言内部还有土语之分。各方言及次方言之间差异较大，基本上不能用各自的苗语通话。据专家考证，苗语各方言的共源词达 60% 以上。东部方言在湘西自治州、渝东南、鄂西南、黔东北等地区大约有 110 万苗族人使用。苗语中部方言使用人数大约为210 万人，黔东南自治州、黔南自治州东部、湖南西南部、广西融水和三江等县的苗族使用这个方言。西部方言是苗语三个方言中内部差别最为复杂、分布地域最为宽广、使用人数最多的一个。该方言 7 个次方言分别是渝黔滇次方言、滇东北次方言、贵阳次方言、惠水次方言、麻山次方言、罗泊河次方言、重安江次方言，使用人数总共 250 万人以上，分布在贵州省除了黔东以外的所有地区、渝南、桂西北及云南各地。苗族大部分兼通汉语，有些地区的苗族还兼通布依语或彝语等。此外，大约有 160 万苗族人以汉语或侗语或瑶族勉语等为母语。

由此可见，武陵地区的语言属北方西南官话语系。而"桃源"在武陵，黔东铜仁语言又是土家、苗、侗、汉等多个民族语言的大融合，当归属武陵地区北方西南官话语系。

（二）铜仁语言归属北方次方言的西南官话

汉语在汉代以前的共同语有"雅言、通语、凡语"之称，明清以后的

共同语有"官话"之称。西南官话也称为北方方言西南次方言，西南官话
是汉语方言中人口最多、占地面积最广的方言，据统计使用西南官话的人
口约2亿，占全国人口的1/5，整个官话人口的1/3，并且相当于湘语、粤
语、闽语人口的总和。1912年统一读音会时曾以一票之差落选于北平官
话，差点成为中国国语。当时候选的3个方言是西南官话、北平官话、广
东话。广东话是最接近古代的，因为孙中山自己是广东人，为了利于联合
北方政府，他排除了广东话成为国语的可能，而西南官话以一票之差败于
北平官话。

铜仁地区汉语方言属北方方言区的西南官话，可分为"东四县"与
"西五县"两大片。东、西方言的不同，与其历史行政区划、移民有关。
铜仁地区汉语方言的"东四县"包括铜仁、松桃、玉屏、江口四县及万山
特区。语音以铜仁话为代表。"西五县"包括思南、沿河、印江、德江、
石阡五县，语音以思南话为代表。西五县土著居民势力强大，行政区划相
对稳定，内部语言一致性强。东四县原为苗族、侗族聚居之地，境内汉民
大多是明清时期从江西迁移而来，民国时期才成为政治中心、经济中心和
文化中心。行政区划相对复杂，方言受多种因素的影响而颇具复杂性。其
内部差异大到通话困难，且地域差异致"数里不同音"。东四县方言大致
可分为东部、中部、西南部三个片区。萧黎明副教授考证铜仁地区的语言
分布为"东四县方言大致可分为东部、中部、西南部三个片区。东部以漾
头话为代表，分布在铜仁市的漾头、瓦屋、瓮慢、白水、滑石及万山特区
的敖寨、下溪一带，属含湘赣方言成分较多的西南官话。中部以铜仁市区
话为代表，分布在市区及附近地带属典型的西南官话。西南部以玉屏话为
代表，分布在玉屏县和铜仁市的羊寨、黑岩、江口东南一带，属川黔方言
的黔东南次方言"（《铜仁地区汉语方言内部差异及成因》，载《铜仁学院
学报》2007年第4期）。东四县与西五县方言虽然都属于北方方言区的西
南官话这一大类，但东四县大部分属于西南官话的湘黔片的黔东方言，西

五县大部属西南官话黔渝片的黔北方言。笔者在《桃源在武陵，深处是铜仁——关于"桃花源"原型新说》一文中提出："为什么铜仁市东北部的漾头及湖南常德一带属含湘赣方言成分较多的西南官话、西南部的玉屏、江口东南一带属川黔方言的黔东南次方言，而铜仁市区则属典型的西南官话？这是不是铜仁人就是桃花源人的后裔？照一般说来，语言的发展演变应该有一个过渡地带，怎么周围都不是典型的西南官话而中间却夹着典型的西南官话区？这是铜仁语言发展的一个谜。"铜仁语言发展的这个"谜"是什么呢？合理的解释就是：铜仁人就是桃花源人的后裔。此说依据何在呢？

《桃花源记》载：公元 380 年发现的武陵桃花源中人"不知有汉，无论魏晋"。据史料记载：秦汉以来，不断有北方居民南迁。西晋末年的永嘉丧乱，引起北方人口第一次大南迁。北方居民迁徙规模大，人数多，地域广，使其语言不仅难以被本地土著语言所同化，反而给当地土著语言巨大的冲击，这是铜仁话与北方话产生亲缘关系的历史渊源。从秦末到东晋，武陵桃花源与世隔绝了 580 多年。具备这一避世条件的，在今湘鄂黔武陵山脉，唯有贵州梵净山。梵净山下的铜仁正处在武陵深处，语言属北方典型的西南官话。桃花源人"自云先世避秦时乱，率妻子邑人，来此绝境，不复出焉"，《桃花源诗》写道："嬴氏乱天纪，贤者避其世。"当时的宋人多认为桃源居住者是入深山避徭役和战乱的普通民众。赵幼立撰文说："桃花源人并非异域，更非外星他类，他们都是华夏子孙，而是为了逃避秦始皇的暴政，才蛰居于此。"由此可见桃花源人的语言当归属于北方次方言官话语系，这恰与武陵深处的铜仁语系分布是一致的，铜仁方言自古以来一直受到北方话的浸润、冲刷，最后终于与之融为一体。那么，铜仁就是《桃花源记》中的"桃源"，出现这种特殊的语言分布现象就在情理之中，铜仁语言发展的这个"谜"就不难破解了。

（三）《桃花源记》的语言与铜仁话语有相通点

武陵深处的铜仁东四县与西五县方言虽然都属于北方方言区的西南官话这一大类，但东四县大部分属于西南官话的湘黔片的黔东方言，西五县大部属西南官话黔渝片的黔北方言。黔东铜仁语言又是土家、苗、侗、汉等多个民族语言的大融合，《桃花源记》中桃花源人的语言与铜仁话语有许多相近或相通之处。

铜仁地区东四县方言内部因地理位置、历史渊源、交通、文化等因素有别而形成较大的差异，既有西五县腔，又有玉屏腔，还有湘赣方言与西南官话融合的混合型方言。东部的碧江区的白水、滑石、漾头、瓦屋及万山区的敖寨、下溪、高楼坪、黄道等乡语音一致，其中以漾头话为代表。漾头人的祖先多由江西迁移而来，地理上东接湖南的凤凰、麻阳、芷江三县，南与万山区的敖寨、下溪乡交界，其地文化、交通较落后。漾头人平日说的是漾头话（市区人不易听懂，称漾头人为"麻仡佬"），文读与对外交往时铜仁话成分占90%以上，语言中既保留着较大的湘赣方言成分，又受到了西南官话的巨大影响，属湘赣方言与西南官话融合的混合型方言。这种特殊的语言分布，有一定的语言特点，与《桃花源记》中的语言相近。二者近似点有哪些呢？笔者认为有以下三种。

其一，北方方言的显著特点是接近普通话，容易听懂，各支系方言能够基本通话。西南官话具有阴平、阳平、上声、去声、入声五个声调（有些地区因入声消失只有四调）。作为北方方言一支的西南方言自成体系，在发音上与北方方言接近，在语调、俚语和某些声母、韵母上受邻近的南方各方言影响。其语言特点是，平翘舌音、前后鼻音不太分，原来带有"疑 ng"声母，南部地区甚至有"n、l"不分、"f、h"不分以及"z、c、s"和"j、q、x"不分。铜仁地区汉语方言具有西南官话的一般特点：声母方面，平翘不分，无翘舌音；鼻音边音不分。韵母方面，无后鼻韵母

ing、eng、ueng。西五县大多 in、ian 合流，yn、yan 无别。声调方面，平声分为阴平、阳平两类，西五县古入声字自成一调，东四县古入声字（不分清浊）多数归入阳平。例如，《桃花源记》中的"渔人"见到桃花源中人，问答自如，便是明证。陶文中"外人"一词出现 3 次——"遂与外人间隔""不足与外人道也""其中往来种作，男女衣着，悉如外人"。仔细查阅各种版本的注释均为"桃花源以外的世人"。有学者认为是指"渔人眼中的外人"，有人认为指"桃花源外的人"，有人认为"泛指武林渔人不熟悉的、非常陌生的、异样的、异域的、异族的、异类的、异文化的人"，有人认为指"世外之人"，有人认为指"世俗社会以外的人"等，颇有争议。但有一个无可辩驳的事实：他们不仅彼此能听懂，还对答如流。可见，语言是相通的。当然，铜仁方言既有同于一般西南官话的特点，也有着许多不同。例如在词汇语法方面，词汇系统多与西南官话相同，但构词法、形容词程度表示法却很有特点，此不赘述。

其二，《桃花源记》中的武陵"渔人"、桃源人语言系北方西南官话，据桃源中人说，他们是"避秦时乱"而进入桃源的，且"不知有汉，无论魏晋"，地处武陵山深处的铜仁地区汉语方言又属北方次方言区的西南官话，二者语言自然相通。陶文的用语十分准确和通俗。文章一开头只用"晋太元中，武陵人捕鱼为业。缘溪行，忘路之远近"这 19 个字，就交代了故事发生的时间、人物和开端。第二段描写桃花源的景象也只不过 100 多字，就勾画出了一幅极其动人的场景。从桃花源的土地、屋舍，一直写到男女老少的衣着以及他们的精神状态，写得层层深入，次序井然，没有一句多余的话。《桃花源记》中许多词语由于言简意赅，通晓明白，一直被后世沿用下来，至今还有其生命力。例如，"芳草鲜美""落英缤纷""豁然开朗""土地平旷""屋舍俨然"等，几乎成了北方方言西南官话的典型语词，为人们所熟悉。

其三，陶渊明的语言，是非常朴素、自然的，不重辞藻的华丽，不事雕琢，接近口语。陶渊明的《桃花源记》以短短 320 字，记叙了一个渔人的奇特经历，描绘出一方美好的世外桃源仙境，其语言之简练，叙写之畅达，值得我们细细品味。其中，人物之间的对话描写，也是极尽简省之能事，如同中国画的写意笔法，惜墨如金。明代许学夷说，陶多用"晋宋间语。靖节耳目所濡，故不觉出诸口耳"。朴素自然的语言一方面表现了世外桃源的安宁和乐，如"鸡犬相闻""往来种作""怡然自乐"等；另一方面表现出桃源人淳朴的品性，如"便要还家""咸来问讯""皆出酒食"等。

铜仁方言属于北方方言的西南官话，融合多个民族语言，方言古朴自然，文读时，一般用西南官话和普通话的共有形式。例如，"见太守，说如此"，渔人离开桃花源后，不顾村中人的嘱咐，径直找太守报告他的发现。渔人和太守之间，应该有一段对话，但作者将这一段对话省略掉，形成空白。不过，读者可以发挥自己的想象，将这段空白填起来。六个字，就将太守和渔人之间一问一答的过程交代出来，显示语言裁剪的深厚功力。这六个字与铜仁语言表达相同。又如，"见渔人，乃大惊，问所从来。具答之"，用"乃大惊"三字，既写出了桃源人对陌生人的惊异，又揭示了桃源与世隔绝的久远，形象地表明桃花源人看到渔人时的惊异程度。透过他们的惊异，可以看出他们不愿被外界打扰的心态，也可以看出他们因此而产生的警觉，与铜仁方言"大吃一惊"的说法一样。而渔人见太守说起桃花源的情状"问今是何世，乃不知有汉，无论魏晋"中的"无论""男女衣着，悉如外人"中的"外人""设酒杀鸡作食"的"杀鸡"等词语，都与铜仁的方言表达十分相似。

以上从三个方面探究出这样的结论：武陵地区语系属北方官话语系，地处武陵腹心地带的铜仁语言属北方次方言的西南官话，《桃花源记》中语言又与铜仁语言有诸多相近之处。那么，从语系分布及语言特点来看，《桃花源记》中的"桃花源"原型应在"武陵正源"——"梵天净土"的

"黔东门户""锦秀之江，仁义之城"——铜仁。

　　以上我们从八个方面探讨了桃花源的原型问题。总之，桃源在武陵，深处是铜仁，如果说武陵是个大桃源，那么，武陵深处的铜仁就是桃源中的桃源。

陶渊明集宋本源流考

邓小军[*]

关于陶渊明集版本，近人考述较多[①]。笔者因教学之故，留心陶集宋代版本源流及版本系统，在前人研究基础上，偶有所获，或可补前修之未及。今写成此稿，祈方家指正。

一　宋以前传本

陶渊明曾否自定集本，历来有不同看法。清陶澍注《靖节先生集》卷三时提出"《五柳传》云'尝着文章自娱，颇示己志'，则其集必有自定之本可知"[②]。日本桥川时雄《陶集版本源流考》则认为，"陶公性行，旷达自然，《饮酒》二十首，犹假故友以为编次，岂其自行编次全部乎？"[③]

*　作者单位：首都师范大学文学院。

①　近人考述陶集版本，主要文献如下：梁启超《陶集考证》，《陶渊明·附录》，商务印书馆1923年版；［日］桥川时雄《陶集版本源流考》，《文字同盟》第35—37期合刊；郭绍虞《陶集考辨》，《照隅室古典文学论集》（上册），上海古籍出版社1983年版；袁行霈《宋元以来陶集校注本之考察》，《陶渊明研究》，北京大学出版社1997年版；周期政《〈四库全书总目·陶渊明集提要〉辨证》，《九江师专学报》1993年第1期。

②　（清）陶澍注：《靖节先生集》卷3，道光二十年周诒朴刻本，第8页。

③　［日］桥川时雄：《陶集版本源流考》，《文字同盟》第35—37期合刊，1931年北平出版。

按陶渊明《感士不遇赋》云："咨大块之受气，何斯人之独灵？禀神智以藏照，秉三五而垂名。"又云："留诚信于身后，动众人之悲泣。"《癸卯岁十二月中作与从弟敬远》："历览千载书，时时见遗烈。高操非所攀，谬得固穷节。"《饮酒》第二首："不赖固穷节，百世当谁传。"《拟古诗九首》第二首："生有高世名，既没传无穷。不学狂驰子，直在百年中。"可知渊明关切"垂名""身后"，传于"百世"，传于"无穷"。在渊明，"垂名""身后"，传于"无穷"，要在于"志""节"之实践，亦在于"颇示己志"之文章。故自定集本，当有其事。

今存陶集最早之本为宋代刻本，其渊源则为梁萧统所编八卷本、北齐阳休之所编十卷本。

苏轼手写本（以下简称"苏写本"）《陶渊明集》卷首为梁萧统《陶渊明文集序》："余爱嗜其文，不能释手，尚想其德，恨不同时。故更加搜求，粗为区目。"

苏写本附录北齐阳休之《序录》："余览陶潜之文……其集先有两本行于世，一本八卷，无序，一本六卷，并序目，编比颠乱，兼复阙少。萧统所撰八卷，合序、目、传、诔，而少《五孝传》及《四八目》，然编录有体，次第可寻。余颇赏潜文，以为三本不同，恐终致忘失。今录统所阙，并序目等，合为一帙，十卷，以遗好事君子。"

按，由上所述可知以下四点。

第一，陶集梁代以前传本，有无序八卷本、有序目六卷本两本行于世，时代最早，但编比颠乱，兼复阙少。

阳休之所言"一本六卷，并序目"之序目，当指目录，非指序言与目录。假如萧统之前陶集已有序言，休之必将明言谁作，且萧统本、阳休之本亦必将收录。

第二，至梁代，有萧统所编八卷本，编录有体，次第可寻，并有序（萧统序）、目（目录）、传（萧统撰《陶渊明传》）、诔（颜延年撰《静节征士诔》），是陶集最早之善本。

第三，依休之所言，《五孝传赞》及《四八目》（《集圣贤群辅录》）当为梁以前两本所有，而为萧统本所缺。然则《五孝传赞》及《四八目》当为萧统所寓目，而萧统不录，殆疑非渊明作品。但是，《五孝传赞》及《四八目》未必不是渊明所作。①

第四，北齐阳休之所编十卷本，是"录统所阙"，即以萧统八卷本为底本②，辑录萧统本所阙而为梁以前两本所有之《五孝传赞》及《四八目》，并合萧序、目录、萧传、颜诔，而编定。职此之故，阳休之十卷本是陶集早期传本最完善之本。

《隋书》卷三十五《经籍志四》："宋征士《陶潜集》九卷。（梁五卷，录一卷）。"

《旧唐书》卷四十七《经籍志下》："《陶泉［明］集》五卷。"

《新唐书》卷六十《艺文志四》："《陶潜集》二十卷。又《集》五卷。"

《崇文总目》卷十一别集类："《陶潜集》十卷。"③

按，可见在唐代，陶集传本有九卷本、五卷本。至北宋前期，则有二十卷本、五卷本、十卷本，并行于世。

---

① 《四库全书总目提要》卷一百三十七子部类书类存目一"《集圣贤群辅录》二卷"条云："唐宋以来，相沿引用，承讹踵谬，莫悟其非，迄来编录遗书，始蒙睿见高深，断为伪托。"又略加考据，云："《五孝传》及《四八目》，实休之所增，萧统旧本所无也。……其为晚出伪书，已无疑义。"迄今学者，几乎皆从此说。不从此说者，清陈沣《东塾读书记》卷一"《孝经》"条："陶渊明有《五孝传》，或疑后人依托，沣谓不必疑也。"方宗诚《陶诗真诠》："《集圣贤群辅录》，此卷前人有文辨之，以为非渊明作……谓非渊明书，亦似不然。"近人潘石禅（重规）《集圣贤群辅录新笺》，始详考文献，驳斥《四库提要》以《五孝传》及《四八目》为伪作之说，提出："推校内外，断知清人举为伪书之证者，皆不足据。而研核文事，与陶集相比勘，益见其出于渊明手笔可信"（香港《新亚学术年刊》第七期）。杨勇《陶渊明集校笺》从潘石禅说，以为"其说甚是"（《陶渊明集校笺》，台北正文书局1999年版，第178页）。

② 周期政《〈四库全书总目·陶渊明集提要〉辨证》指出，《四库提要》所谓"休之参合三本定为十卷"不当，因为阳休之本"是以萧统所编的八卷本为基础的"。

③ 《四库全书》，第674册，上海古籍出版社影印文渊阁本，1986年版，第144页。

二 北宋传本

（一）宋庠本

苏写本附录《本朝宋丞相私记》："右集，按《隋经籍志》：宋征士《陶潜集》九卷。又云：梁有五卷，录一卷。《唐志》：《陶泉〔渊〕明集》五卷。今官私所行本凡数种，与二《志》不同。有八卷者，即梁昭明太子所撰，合序、传、诔等，在集前为一卷，正集次之，亡其录。有十卷者，即阳休射所撰。按吴氏《西斋录》：有宋彭泽令《陶潜集》十卷。疑即此也。其序，并昭明旧序、诔、传等合为一卷，或题曰'第一'，或题曰'第十'，或不署于集端。别分《四八目》，自《甄表状》杜乔以下为第十卷，然亦无录。余前后所得本，仅数十家，卒不知何者为是。晚获此本，云出于江左旧书，其次第最若伦贯。又《五孝传》已下至《四八目》，子注详密，广于他集。唯篇后《八儒》《三墨》二条，此似后人妄加，非陶公本意。且《四八目》之末，陶自为说曰：'书籍所载及故老所传，善恶闻于世者，盖尽于此。'即知其后无余事矣。故今不著，辄别存之，以俟博闻者。广平宋庠私记。"

焦本《停云》诗"竞朋亲好"，双行小字校注："宋本一作'竞用亲好'，非。"又《时运》诗"人亦有言，称心易足"，双行小字校注："宋本一作'称心而言，人亦易足'。"

苏写本、曾纮本（汲古阁藏本）、曾集本、汤汉注本《述酒》诗序"仪狄造。杜康润色之"，双行小字校注："宋本云：此篇与题非本意。诸本如此误。"

苏写本附录释思悦《书靖节先生集后》："近永嘉周仲章太守枉驾东岭，示以本朝宋丞相刊定之本。……时皇宋治平三年五月望日，思悦书。"

南宋晁公武《郡斋读书志》卷十七"《陶潜集》十卷"条："今集有

数本：七卷者，梁萧统编，以序、传、颜延之诔载卷首。十卷者，北齐阳休之编，以《五孝传》《圣贤群辅录》、序、传、诔分三卷益之，诗篇次差异。按《隋经籍志》，《潜集》九卷，又云梁有五卷，录一卷。《唐艺文志》，《潜集》五卷。今本皆不与二《志》同。独吴氏《西斋书目》，有《潜集》十卷，疑即休之本也。休之本出宋庠家，云江左名家旧书，其次第最有伦贯。独《四八目》后"八儒""三墨"二条，似后人妄加。"①

曾集本《陶渊明诗文》附录曾集题记："《渊明集》行于世尚矣，校雠、卷第，其详见于宋宣徽《私记》、北齐阳休之论载。……绍熙壬子立冬日，赣川曾集题。"绍熙壬子，即宋光宗绍熙三年（1192）。

按，由上所述可见以下七点。

第一，陶集萧统所编七卷本（合序传诔等则为八卷），阳休之所编十卷本，北宋犹存。

第二，陶集江左旧本十卷，"其次第最有伦贯"，除《四八目》篇后加《八儒》《三墨》二条外，基本上是阳休之本。

宋庠所谓"《八儒》《三墨》二条，似后人妄加"，当指此二条为他本所无。

第三，宋庠刊定十卷本系出自江左旧本，亦即阳休之本。

第四，宋庠本具有以下五个特点。

一是十卷本。

二是有目录。

三是萧序、颜诔、萧传、阳序等不列入目录（"阳休之序，并昭明旧序、诔、传等合为一卷"，"不署于集端"）。今存陶集宋代刻本，如苏写本《总目》前萧序、卷十末附录颜诔、萧传、阳序以及宋庠记等，不列入目录，与上述宋庠本的特点基本相合。

四是有校语，多存异文。例如，焦本双行小字校注"宋本一作"所显示。"宋本"，即指宋庠本。

① （宋）晁公武撰，孙猛校证：《郡斋读书志校证》，上海古籍出版社 1990 年版，第 817 页。

苏写本、曾纮本（汲古阁藏本）、曾集本、汤汉注本之大量校语，更基本上出自宋庠本。此详下文。

五是开《述酒》注释之先河。例如，苏写本、曾纮本、曾集本、汤汉注本《述酒》诗序小字校注"宋本云：此篇与题非本意，诸本如此误"所显示。"篇"者，篇目，即诗题。"题"者，题记指诗序。宋庠指出《述酒》诗题与序之古典字面非其本意，正暗示其别有今典实指之寄托。此实开后来韩驹（子苍）、汤汉解释《述酒》微旨之先河。

第五，宋庠本出自阳休之本，阳休之本是陶集早期传本最善之本；宋庠本有校语，多存异文。职是之故，宋庠本是宋代陶集传本最善之本。

宋庠本并开《述酒》诗注释之先河。

第六，治平三年（1066）五月以前，宋庠十卷本已经校定刊行。由焦本小字校注"宋本一作"可知，释思悦《书靖节先生集后》所说"本朝宋丞相刊定之本"，是指宋庠对陶集的校勘编定和刊印成书而言。

第七，至南宋，宋庠本与萧统七卷本等诸本，并行于世，并为人所习知，是陶集主要传本（据曾集本题记及晁公武《郡斋读书志》）。

进一步当说，宋庠本、甚至阳休之本较萧统本完善之处，不仅在于篇目多出《五孝传赞》《四八目》，正文多出如《述酒》诗序这样的重要文字，而且在于萧统本身存在或流传过程中产生文字讹误，而宋庠本甚至可能阳休之本，有订正萧统本传本文字讹误者，或较萧统本传本文字为优者。此详下文焦本条"由焦本探讨萧统本与宋庠本的差异"一节。

据《宋史》卷二百八十四《宋庠传》："字公序，安州安陆人。"又云："庠自应举时，与［弟］祁俱以文学名擅天下。俭约不好声色，读书至老不倦。善正讹谬，尝校定《国语》，撰《补音》三卷。又辑《纪年通谱》，区别正闰，为十二卷。《掖垣丛志》三卷，《尊号录》一卷，别集四十卷。"可知宋庠为人为学，皆有过人之处。其精于校勘之学，及区别正闰之学说，尤可注意。宋庠本校注异文，及开《述酒》诗注释之先河，显然植根于其校勘之学及区别正闰之学说。宋庠刊定陶集，能传诸后世，当非偶然。

（二）思悦本

释思悦《书靖节先生集后》："愚尝采拾众本，以事雠校，诗赋、传记、赞述、杂文，凡一百五十有一首，洎《四八目》上下二篇，重条理编次为一十卷。近永嘉周仲章太守枉驾东岭，示以本朝宋丞相刊定之本，于疑缺处，甚有所补。其阳仆射《序录》，宋丞相《私记》，存于正集外，以见前后记录之不同也。时皇宋治平三年五月望日，思悦书。"

南宋陈振孙《直斋书录解题》卷十六"《陶靖节集》十卷《年谱》一卷《年谱辨证》一卷《杂记》一卷"条："卷末有阳休之、宋庠《序录》《私记》，又有治平三年思悦题，称'永嘉示以本朝宋丞相刊定之本'。思悦者，不知何人也。"清卢文弨校注引赵陂江云："思悦，宋虎丘寺僧。"[①]

按，第一，陶集释思悦所编本乃"采拾众本雠校重编"，并非选择善本作为底本。

第二，思悦本"以宋丞相刊定之本，于疑缺处，甚有所补"，可见其本原非足本。

第三，由以上两点可知，思悦本非善本。

释思悦批驳"晋标年号、宋唯甲子"一则文字，反对《文选》五臣注所述"潜诗晋所作者，皆题年号，入宋所作者，但题甲子而已。意者耻事二姓，故以异之"[②]，提出此"非渊明之意"。今存陶集宋代刻本多在卷三之首收录思悦《甲子辨》。自北宋治平三年（1066）思悦《甲子辨》出现之后，北宋后期，韩驹指出《述酒》诗"盖用山阳公事，疑是义熙以后有所感而作也。……渊明忠义如此，今人或谓渊明所题甲子，不必皆义熙

---

① （南宋）陈振孙：《直斋书录解题》，徐小蛮、顾美华点校，上海古籍出版社1988年版，第464页。

② 六臣注《文选》卷二十六陶渊明《辛丑岁七月赴假还江陵夜行涂口》唐刘良注。其史源为齐沈约《宋书》卷九十三《陶渊明传》："所著文章，皆题其年月，义熙以前，则书晋氏年号；自永初以来，唯云甲子而已。"但刘注引文较《宋书》原文有所出入。

后，此亦岂足论渊明哉"①，即是针对思悦之说的批评。南宋前期，吴仁杰《陶靖节先生年谱》指出"集中诗文于晋年号或书或否，固不一概，卒无一字称宋永初以来年号者，此史氏所以著之也"②，始澄清此事。但是，由南宋前期胡仔《苕溪渔隐丛话后集》卷三《陶靖节》所引"复斋漫录""艺苑雌黄"诸条，可见当时人犹多以思悦之说为是。至南宋后期，汤汉注本出，深入发明《述酒》诗微旨，始从陶集，摒弃思悦《甲子辨》。要之，陶集宋代刻本例多收录思悦《甲子辨》，盖当时人多以思悦之说为有发明也。

郭绍虞先生《陶集考辨》认为："今所传南宋刊本皆自思悦本出，不尽同于宋（庠）本。"③此言似误。今存陶集宋代诸刻本，大多数是出自宋庠本，思悦本已无存者。

中国版本史上的宋代，好比是一个万川之源的时代。唐以前所有大作家文集，无不经宋人校辑或校注刊行，而成为宋以后历代传刻之祖本。在宋代，陶集经宋庠之手校定刊行，实为陶集之幸。

三　今存南宋刻本

以下所述陶集版本，以今存南宋刻本为主；宋代刻本之明清传刻，版本与校勘具有重要价值者，亦述及之。

（一）嘉庆影刻汲古阁摹绍兴影刻宣和本《陶渊明集》十卷（苏写本）

嘉庆十二年（1807）京江鲁铨影刻康熙三十三年毛氏汲古阁摹绍兴十年杭州或浙江地区影刻宣和四年王仲良刻苏写本《陶渊明集》十卷，二册。首都师范大学图书馆藏，编号 843.2/404—04。

---

① （宋）胡仔：《苕溪渔隐丛话·前集》卷三《五柳先生上》"韩子苍云"条，人民文学出版社 1981 年版，第 19 页。
② （宋）吴仁杰：《陶靖节先生年谱》"晋恭帝元熙元年"条：许逸民校辑《陶渊明年谱》，中华书局 1986 年版，第 21 页。
③ 郭绍虞：《陶集考辨》，《照隅室古典文学论集》，上海古籍出版社 1983 年版，第 269 页。

有线装书局影印本。①

关于此本版刻年代。

南宋胡仔《苕溪渔隐丛话》后集卷三《陶靖节》："苕溪渔隐曰：余家藏《靖节文集》，乃宣和壬寅王仲良厚之知信阳日所刻，字大，尤便老眼，字画乃学东坡书，亦臻其妙，殊为可爱。不知此板兵火之余今尚存否？"宣和壬寅，为宋徽宗宣和四年（1122）。

曾纮本（汲古阁藏本）卷十附录《曾纮说》略云："亲友范元羲，寄示义阳太守公所开陶集，想见好古博雅之意，辄书以遗之。宣和六年七月中元临汉曾纮书刊。"

《宋史》卷八十五《地理志一·京西北路·河南府》："信阳军，同下州。开宝九年，降为义阳军……太平兴国元年，改为信阳军。崇宁户九千九百五十四，口二万五十，贡纻布。"

此本佚名氏跋："仆近得先生集，乃群贤所校定者，因锓于木，以传不朽云。绍兴十年十一月　日书。"宋高宗绍兴十年，当公元1140年。

此本版心刻工姓名有沈允、丁悦、蓝通、徐才、濮、陈才、陈荣、徐通、李忠、小陈、沈元、小蓝、陈用、小陈、王茂、徐宗、徐林、丰益、陈于、才换、金章等21人②。其中，沈允、丁悦、徐才、陈才、陈荣、徐通、李忠、陈

---

① 《陶渊明集》，线装书局据嘉庆十二年京江鲁铨刊本影印，2000年版。卷首《出版说明》云："所加工者"，"逐句圈点，以便阅读"，"补入缺字，以免遗憾"。影印善本，功德无量，可惜出版者加工不当，断句圈点，尤其补入阙字，致使此本影印失真，实未免遗憾。

② 此21位刻工姓名见于苏写本版心之卷数页码如下：沈允：陶集序第2页，卷四第12页，第13页。丁悦：陶集序第3页，陶集总目第6页，卷二第3页，卷三第2页、第3页，卷四第1页、第5页、第6页。蓝通：陶集总目第1页，卷一第1页，卷二第5页、第6页，卷二第11页、第12页。徐才：陶集总目第2页，卷四第8页，卷五第1页，卷八第2页。濮：总目第3页，卷一第6页、第7页。陈才：卷一第2页，卷二第7页、第8页，卷三第4页、第5页，卷四第14页，卷六第1页、第2页、第9页，卷七第3页。陈荣：陶集总目第4页、第5页。徐通：卷一第4页、第5页。李忠：卷二第1页、第2页。小陈：卷二第10页，卷四第5页，卷六第10页，卷七第4页。沈元：卷二第13页，卷三第1页、第9页、第10页、第11页、第12页、第13页，卷五第8页、第9页，卷七第1页、第2页，卷八第3页、第4页，卷九第2页，卷十第11页。小蓝：卷四第2页，卷六第4页、第5页。陈用：卷四第3页，卷八第6页。小陈：卷四第4页，卷六第10页，卷七第4页。王茂：卷四第9页，卷五第7页。徐宗：卷四第10页。徐林：卷四第11页，卷六第5页、第6页、第7页，卷七第5页、第6页，卷八第2页，卷九第9页、第10页、第13页。丰益：卷七第7页，卷十第9页、第10页。陈于：卷八第5页。才换：卷九第4页、第7页、第8页，卷十第7页、第8页。金章：卷九第24页，卷十第18页、第19页。

用、王茂、徐宗、徐林、金章等 12 人，皆是已知南宋初期及绍兴年间 (1131—1162) 以及淳熙年间 (1174—1189) 杭州地区及浙江地区刻字工人。①

---

① 瞿冕良《中国古籍版刻辞典》（齐鲁书社，1999 年）沈允条目："南宋绍兴间杭州地区刻字工人。参加刻过《魏书》（监本，半页 9 行，行 18 字）。"（第 277 页）丁悦条目："南宋初期浙中地区刻字工人。参加刻过《仪礼郑注》（半页 14 行，行 25 字），《艺文类聚》（14 行 27—28 字）"（第 5 页）。徐才条目："南宋绍兴间浙江地区刻字工人。参加刻过《资治通鉴纲目》（半页 8 行 17 字），《艺文类聚》（半页 14 行，行 27—28 字），《欧阳文忠公集》（周必大本）"（第 479 页）陈才条目："南宋绍兴间浙江地区刻字工人。参加刻过《文选注》（明州本，半页 10 行，行 21—22 字），又同书（赣州本，9 行 14、15 字），《艺文类聚》（14 行 27—28 字），《孔氏六帖》（韩仲通本），《景德传灯录》（台州本，15 行 28—29 字），《温国文正司马公文集》（12 行 20 字），《通鉴纪事本末》（严州本，13 行 24—30 字），《汉官仪》（临安本，10 行 16—19 字），《仪礼注》（14 行 25 字），《春秋经传集解》抚州公使库本（10 行 16 字），《说文解字》（10 行 20 字）等（第 319 页）。陈荣条目："南宋绍兴间浙江地区刻字工人。参加刻过《艺文类聚》（半页 14 行，行 27—28 字），《世说新语》（董棻本），《刘梦得文集》（10 行 18 字），《仪礼注》（14 行，25 字），《后汉书注》（10 行 19 字），《宋书》《魏书》（皆监本，9 行 18 字），《于湖居士文集》（10 行 16 字），《青山集》（10 行 20 字）"（第 332—333 页）。徐通条目："南宋淳熙间浙江金华人，刻字工人。参加刻过《荀子注》《扬子法言注》（皆唐仲友本），《礼记正义》（两浙东路茶盐司本，8 行 16 字，间有少至 14 字多至 21 字），《南史》（9 行 18 字），《欧公本末》（行款同上），《新刊剑南诗稿》（陆游本），《酒经》（10 行 18 字）"（第 489 页）。李忠条目："南宋淳熙间浙江严州地区刻字工人。参加刻过《新刊剑南诗稿》（陆游本），《尚书正义》（两浙东路茶盐司本，半页 8 行，行 16—19 字），《礼记正义》（版本同上，8 行 14—21 字），《周礼疏》（版本同上，8 行 15 至 17 字），《春秋左传正义》（沈作宾本），《史记集解》（10 行 19 字），《南史》（9 行 18 字），《通鉴纪事本末》（严州本，13 行 24—30 字），《文选注》（明州本，10 行 21—22 字），《圣宋文选》（16 行 28 字），《东莱先生诗集》（11 行 20 字），《酒经》（10 行 18 字），《欧公本末》（9 行 18 字），《吕氏家塾读书记》（遂初堂本），《皇朝类鉴》（沈有开本），《玉堂类稿》（10 行 19—20 字），《三国志注》（10 行 18—19 字），《荀子注》《扬子法言注》（皆唐仲友本），《古文苑》（10 行 18 字）。参加过补版：《外台秘要方》《梁书》《陈书》《魏书》《新唐书》"（第 221 页）。陈用条目："南宋干道间刻字工人。参加刻过《史记集解》（淮南路转运司本，半页 9 行，行 16 字），《三国志注》（10 行 19 字），《东坡集》（10 行 20 字），《五代史记》（12 行 21—22 字），《周礼疏》（两浙东路茶盐司本，8 行 15—17 字）"（第 324 页）。王茂条目："南宋绍兴间浙江地区刻字工人。参加刻过《礼记正义》（两浙东路茶盐司本，半页 8 行，行 14—21 字），《欧公本末》（9 行 18 字）"（第 45—46 页）。徐宗条目："南宋绍兴间浙江地区刻字工人。参加刻过《文选注》（明州本，半页 10 行，行 20—22 字），《三苏先生文粹》（14 行 26 字），《乐府诗集》（13 行 23 字），《后汉书注》（江南东路转运司本，9 行 16 字），《旧唐书》（两浙东路茶盐司本，14 行 25—26 字），《欧公本末》（9 行 18 字），《艺文类聚》（14 行 27—28 字），《世说新语》（董棻本），《刘梦得文集》（10 行 18 字），又《刘宾客文集》（12 行 21 字，外集 13 行 22 字），《仪礼注》（14 行 25 字），《春秋五礼例宗》（11 行 18—24 字），《通鉴纪事本末》（严州本，13 行 24—30 字），《经典释文》（11 行 17 字）。参加过补版《仪礼疏》"（第 486 页）。徐林条目："南宋初期刻字工人。参加刻过《周礼注》（半页 13 行，行 25—27 字），《史记集解索隐》（耿秉本），《战国策注》（11 行 20—22 字）"（第 484 页）。金章条目："南宋绍兴间浙江地区刻字工人。参加刻过《东莱先生诗集》（半页 11 行，行 20 字），《酒经》（10 行 18 字），《三苏先生文粹》（14 行 26 字），《三国志注》（10 行 18—19 字）"（第 378 页）。

此本缺笔避讳至高宗（讳字"构""遘""觏"）止①。孝宗以下诸讳一无所避②。

明末钱谦益《牧斋初学集》卷八十五《跋坡书陶渊明集》："北宋刻《陶渊明集》十卷。文休承定为东坡书。虽未见题识，然书法雄秀，绝似《司马温公墓碑》，其出坡手无疑。镂版精好，精华苍老之气，凛然于行墨之间，真稀世之宝也。西蜀雷羽津见之云：'当是老坡在惠州遍和陶诗日所书。'吾以为笔势遒劲，似非三钱鸡毛笔所办。古人读书多手钞，坡书如《渊明集》者何限，但未能尽传耳。先生才大如海，不复以斗石较量；其虚怀好古，专勤笃挚如此。……癸未夏日，书于优昙室中。"③ 癸未，为明崇祯十六年（1643）。

此本清毛扆识语："先君尝谓扆曰：'汝外祖有北宋本陶集，系苏文忠手书以入墨板者。为吾乡有力者致之，其后卒烬于火。盖文忠景仰陶公，不独和其诗，又手书其集以寿梓，其郑重若此。此等秘册，如隋珠、和璧，岂可多得哉！'扆谨佩不敢忘。一日，晤钱遵王，出此本示余。开卷细玩，是东坡笔法；但思悦跋后，有绍兴十年跋，缺其姓名，知非北宋本矣。而笔法宛是苏体，意从苏本翻雕者。初，太仓顾伊人湄，赍此书求售，以示遵王。遵王曰：'此元板也，不足重。'伊人曰：'何谓?'遵王曰：'中有宋本作某，非元板而何?'伊人语塞，遂折阅以售。余闻而笑曰：'所谓宋本者，宋丞相本也。遵王此言，不知而发，是不智也；知而言之，是不信也。余则久奉先君之训，知其为善本也。'伊人知之，遂持

① 苏写本卷一第 3 页《赠长沙公族祖》"允构斯堂"之"构"字，"伊余云遘"之"遘"字；第 4 页《答庞参军》"实觏怀人"之"觏"字，均缺末笔。
② 孝宗讳字"眘"，苏写本卷一第 6 页《命子》"慎终如始"，卷四第 13 页《读山海经》第十二首"帝者慎用才"，"慎"字均不缺笔。光宗讳字"敦"，苏写本卷一第 2 页《荣木》"匪善奚敦"，卷三第 3 页《辛丑岁七月赴假还江陵夜行涂口》"诗书敦宿好"，"敦"字均不缺笔。宁宗讳字"扩"，苏写本卷二第 10 页《和郭主簿二首》，"郭"字亦不缺笔。
③ （明）钱谦益：《牧斋初学集》（下册）卷八十五《题跋三》，上海古籍出版社 1985 年版，第 1781—1782 页。

原价赎之，颜其室曰'陶庐'，而乞当代巨手为之记。余谓之曰：'微余言，则明珠暗投久矣，焉得所谓陶庐者乎！今借余抄之，可乎？'业师梅仙钱先生，书法甚工，因求手摹一本，匝岁而后卒业，笔墨璀璨，典刑俨然。后之得吾书者，勿易视之也。先外祖讳梅，字德馨，自号约庵，严文靖公之孙，中翰洞庭公第四子也。甲戌四月下浣，汲古后人毛扆谨识。"甲戌，为清康熙三十三年（1694）。

鲁铨跋："迩来南北宋椠本，如悬藜垂棘，宝贵久矣。丁卯岁，余摄监司事于鸠兹，购得此本。乃琴川毛氏鉴定，而倩其师梅仙钱君重摹付刊者。苏文忠书结构遒劲，直入王僧虔之室。余生也晚，不获睹真迹，时取古拓临摹，辄难得其仿佛。今钱君所摹，玉转珠回，行间犹有云霞揽结意象，即置之真宋本中，何多让焉？嘉庆十二年嘉平朔日，丹徒鲁铨跋。"丁卯岁，即嘉庆十二年（1807）。

按：第一，据《宋史·地理志》所载"信阳军，开宝九年，降为义阳军，太平兴国元年，改为信阳军"，可知《曾纮说》所记"义阳太守公所开陶集"之义阳，即信阳军（今河南信阳市）。

第二，《曾纮说》宣和六年（1124）所记"义阳太守公"，其人即《苕溪渔隐丛话》所记宣和四年（1122）"知信阳军"王仲良厚之。《曾纮说》所记"义阳太守公所开陶集"，其书即《渔隐丛话》所记"王仲良厚之知信阳日所刻"之"字大，尤便老眼，字画乃学东坡书"之陶集。要之，陶集苏写本原刻本，系北宋宣和四年（1122）王仲良知信阳军时所刻。

第三，据文嘉（休承）、钱谦益、毛晋鉴定，陶集苏写本原刻当是以苏东坡手书上板。

第四，据此本佚名氏跋所记绍兴十年（1140）"锓于木"，与此本刻工沈允、丁悦、徐才、陈才、陈荣、李忠等皆是南宋初期及绍兴年间（1131—1162）杭州及浙江地区刻字工人，及此本避讳至高宗止，孝宗以下诸讳一无所避，以及此本字体是东坡字体，可知此本汲古阁摹刻之底本，实为南宋绍兴十年（1140）杭州或浙江地区影刻北宋宣和四年（1122）王仲良所刻苏写本。

此本避讳至高宗，当是绍兴影刻时所增。

第五，嘉庆鲁铨影刻本虽非宋代刻本，但是其影刻底本为康熙汲古阁摹刻绍兴本，故仍可以宋代刻本视之。

汲古阁摹刻本，系钱梅仙以匝岁工夫精心手摹；嘉庆影刻，亦不失真。今展卷披览，犹觉"书法雄秀""精气凛然于行墨之间"，令人心怡，洵书法艺术之珍品也。

郭绍虞《陶集考辨·北宋本》"宣和王氏刊本"条云："绍兴十年苏体大字本，并非宣和王仲良本。……或绍兴本即复刊宣和本，未可知也。"[1] 郭先生此说似自相矛盾，前一语误，后一语欠确。

此本版式，为上下单边，左右双边，版心白口，单鱼尾，鱼尾下记"陶集（卷）几"，其下记叶次，下端记刻工姓名。正文每半叶9行，苏体大字，行15字。双行小字字数相同。卷首有目录，第一行署《总目》，第二行低一字署"（卷）第某"，第三行低二字署类目，第四行低三字署篇目。卷一首叶第一行署"陶渊明集卷第某"，第二行低一字署"诗"，第三行低四字署篇目，正文连属。以下各卷版式相同。各卷卷末隔一行署尾题。

《总目》前为萧统《陶渊明文集序》。

此本篇第：卷一至卷四为《诗》，卷五为《赋辞》，卷六为《记传赞述》，卷七为《传赞》（《五孝传赞》），卷八为《疏祭文》，卷九至卷十为《集圣贤群辅录上》《下》（四八目）。

卷三之首录思悦《甲子辨》。

---

① 郭绍虞：《照隅室古典文学论集》上册，上海古籍出版社1983年版，第274页。

卷十末附录颜延之撰《靖节征士诔》（与正文连属）、昭明太子撰《传》《北齐杨休之序录》（次叶另起）、《本朝宋丞相私记》、思悦《书靖节先生集后》、佚名氏跋。

总目后有康熙三十三年（1694）甲戌毛扆识语。其后，有嘉庆十二年（1807）鲁铨跋。

此本原应有王仲良《后序》，岁久佚去。胡仔《苕溪渔隐丛话》后集卷三《陶靖节》："苕溪渔隐曰：余家藏《靖节文集》，乃宣和壬寅王仲良厚之知信阳日所刻……厚之有《后序》云：'陶集行世数本，互有舛谬。今详加审订：其本无二意，不必俱存，如'亂'一作'乱'，'禮'一作'礼'，'遊'一作'游'，'余'一作'予'者；复有字画近似，传写相袭，失于考究，如以'库钧'为'庚钧'，'丙曼容'为'丙曼客'，'八及'为'八友'者。凡所改正，二百二十有六。'"

按：王仲良《后序》所举改正文字显误之例，此本卷九《集圣贤群辅录上》之"库钧""八及"，卷六《扇上画赞》之"丙曼容"，皆已改正。可知此本"凡所改正，二百二十有六"处，不在其小字校语 200 余处之中。

关于此本小字校语。

苏写本全书小字校注异文，书"宋本作某"，仅有 8 处（卷一 2 处，卷三 2 处，卷四 1 处，卷五 2 处，卷六 1 处）：

（1）卷一《赠长沙公族祖》"谐气冬辉"，"辉"字下注："宋本作暄。"

（2）《归鸟》"驯林徘徊"，"驯"字下注："宋本作相。"

（3）卷三《癸卯岁十二月中作与从弟敬远诗》"深得固穷节"，"深"字下注："宋本作谬。"

（4）《述酒》诗序"仪狄造。杜康润色之"，注："宋本云：此篇与题非本意。诸本如此误。"

（5）卷四《杂诗十二首》第六首"何用身外置"，"置"字下注："宋本作事。"

（6）卷五《感士不遇赋》"美恶作以异途"，"作以"下注："宋本作纷其。"

（7）《闲情赋》"行云逝而无语，时奄冉而就过"，注："宋本云：行云逝而不我留，时亦奄冉而就过。"

（8）卷六《桃花源诗》"焉测尘嚣外"，注："宋本作尘外地。"

苏写本全书小字校注异文，书"一本作某"及"又作某"，则有240处（卷一10处，卷二30处，卷三70处，卷四64处，卷五16处，卷六13处，卷七3处，卷八15处，卷九5处，卷十14处）。

按：第一，今存陶集南宋诸刻本苏写本、曾纮本（汲古阁藏本）、曾集本、汤汉注本，以及明代重刻宋代刻本焦本，其双行小字校注异文，例皆书作两类：一为"宋本作某"，一为"一本作某"及"又作某"。由是可见，在宋代，陶集校语，对于"宋本"，例须书明版本校理者姓氏；对于其他诸本，则例称"一本"及"又（一本）"，而不必书明版本校理者姓氏。这表明，在宋代，"宋本"之版本价值和地位远高于其他诸本。

第二，据前揭晁公武《郡斋读书志》与曾集本曾集题记，宋庠本为南宋陶集主要传本，职是之故，可知"宋本"是指宋庠本。

第三，对照陶集苏写本校语与正文可知，书"宋本作某"者，是表示此处异文从他本，不从宋庠本；反之，书"一本作某"及"又作某"者，则是表示此处异文从宋庠本，不从他本。

第四，苏写本全书小字校注异文，书"宋本作某"者，仅有8处；书"一本作某"及"又作某"者，则有240处。苏写本绝大多数异文是从宋庠本，不从他本；仅有极少数异文是从他本，不从宋庠本。这表明，苏写本系出自宋庠本，是以宋庠本为底本，而以他本为参校本。

第五，宋庠本有校语，多存异文，苏写本出自宋庠本，由此可知，苏写本校语当基本上出自宋庠本。

第六，苏写本校语 200 余处，少于曾纮本（汲古阁藏本）700 余处、曾集本 800 余处，当是由于东坡或王仲良对于宋庠本校注异文并非全部照录，而是有所取舍之故。

郭绍虞《陶集考辨·北宋本》"东林寺本"条指出："叶梦得《石林诗话》卷上谓：'余尝从赵德麟假《陶渊明集》本，盖子瞻所阅者，时有改定字。'知东坡于陶集亦曾细加校勘。"① 郭先生此说甚是，可以参证。

第七，苏写本《总目》前萧统序，卷十末附录颜诔、萧传、阳序等，不列入目录，与宋庠本萧序、颜诔、萧传、阳序不列入目录的特点相合。这亦表明，苏写本是以宋庠本为底本。

第八，苏写本以宋庠本为底本，而在卷三之首录思悦《甲子辨》及书末录思悦《书靖节先生集后》。换言之，苏写本除录思悦甲子辨及其《书靖节先生集后》，对于宋庠本校注异文有所取舍，及极少数异文从他本外，基本上是宋庠本原样。

第九，如苏写本果为东坡所写，苏写本录思悦《甲子辨》，当是东坡一时所为，不可因此以为东坡始终认同思悦此说。东坡《书渊明述史九章后》云："渊明作《述史九章》，《夷齐》、《箕子》，盖有感而云。去之五百余载，吾犹知其意也。"② 是明确肯定渊明易代之际之品节。东坡论陶，实近于汤汉，而迥异于思悦也。

第十，苏写本是今存陶集宋代刻本唯一保存宋庠本目录之本，又校注异文丰富，此二点，是苏写本突出的版本与校勘价值。

苏写本最殊胜的版本价值，不仅在于唯一保存宋庠本目录，及校注异文丰富，而且在于关键正文优胜于所有今存其他宋代刻本。

苏写本《陶渊明集》卷三《述酒》："诸梁董师旅，芈胜丧其身。"

① 郭绍虞：《照隅室古典文学论集》上册，上海古籍出版社 1983 年版，第 272 页。
② 《苏轼文集》第 5 册卷六十六《题跋》，中华书局 1996 年版，第 2056 页。

"芈"字下双行小字校语："一作羊，非。"

曾纮本《陶渊明集》卷三《述酒》作："诸梁董师旅，羊胜丧其身。""羊"字下双行小字校语："一作芈。"

曾集刻本《陶渊明诗》不分卷《述酒》作："诸梁董师旅，羊胜丧其身。""羊"字下双行小字校语："一作芈。"

汤汉注本《陶靖节先生诗》卷三《述酒》作："诸梁董师旅，羊胜丧其身。""羊"字下双行小字校语："一作芈。"

宋残本《陶靖节先生集》卷三《述酒》残文作："□□董师旅，羊□□□□。""羊"字下双行小字校语残文："一作□。"

"诸梁"，春秋楚大夫沈诸梁，姓沈，名诸梁，字子高。《左传》定公五年（前505）"叶公诸梁之弟后臧从其母于吴"晋杜预注："诸梁，司马沈尹戍之子，叶公子高也。"唐陆德明《音义》："叶，舒涉反。"因封于叶邑，故又称叶公。"芈"，楚姓。《史记·楚世家》："楚之先祖出自帝颛顼高阳。……高阳生称，称生卷章，卷章生重黎……其弟吴回为重黎后……吴回生陆终，陆终生子六人……六曰季连，芈姓，楚其后也。""芈胜"，春秋楚平王太子建之子，名胜，又称王孙胜。因封于白邑，又称白公胜。《史记·楚世家》："惠王二年，子西召故平王太子建之子胜于吴，以为巢大夫，号曰白公。"宋裴骃《集解》："服虔曰：白，邑名。楚邑大夫皆称公。"

按《史记·楚世家》："八年……白公胜……因劫惠王，置之高府，欲弑之。惠王从者屈固负王亡走昭王夫人宫。白公自立为王。月余，会叶公来救楚，楚惠王之徒与共攻白公，杀之。惠王乃复位。"复按《宋书·武帝本纪上》："元兴元年（401）……十二月，桓玄篡帝位，迁天子于寻阳。……三年二月……众推高祖为盟主……大破之……斩玄首……义熙元年（404）正月……江陵平，天子反正。"由上可知，"诸梁董师旅，芈胜丧其身"，字面是言春秋楚国芈胜发动政变，扣留楚惠王，沈诸梁率兵镇压了芈胜，惠王复位；隐喻是指桓玄篡晋，扣留安帝，刘裕率兵镇压了桓玄，安帝反正。

由上可知，陶集今存宋代刻本五种，苏写本作"芈"，是唯一正确之文字，其他诸本作"羊"或"芋"，皆形近之误。

《述酒》是陶诗关键作品，其中"诸梁董师旅，芈胜丧其身"，陶集今存宋代诸刻本唯有苏写本不误，可知苏写本学术校勘水平最高，优于宋代诸刻本，是陶集今存宋代刻本最善之本。

（二）宋高宗时期递修本《陶渊明集》十卷（曾纮本；汲古阁藏本）

宋高宗时期递修本《陶渊明集》十卷，二册。元金俊明、孙延题签，清初毛氏汲古阁藏本，汪骏昌跋。国家图书馆善本特藏部藏，编号八三六八。

有《中华再造善本》影印本①。

关于此本版刻年代。

此本卷四《读山海经十二首》第十首"形夭无千岁"，小字旁注："刑天舞干戚"（位于上一行空白处，与正文"形夭无千岁"五字隔行格而逐字对应。此旁注格式与通常双行小字校注位于同一行正文之下不同，为一特例）。

卷十末附录《曾纮说》："余尝评陶公诗语造平淡，而寓意深远，外若枯槁，而中实敷腴，真诗人之冠冕也。平生酷爱此作，每以世无善本为恨。顷因阅《读山海经》诗，其间一篇云'形夭无千岁，猛志固常在。'且疑上下文义不甚相贯，遂取《山海经》参校。经中有云：'刑天，兽名也。口中好衔干戚而舞。'乃知此句是'刑天舞干戚'。故与下句'猛志固常在'意旨相应。五字皆讹。盖字画相近，无足怪者。间以语友人岑穰彦

---

① 《陶渊明集》，《中华再造善本》影印宋刻递修本，北京图书馆出版社2003年本。

休、晁咏之之道，二公抚掌惊叹，亟取所藏本是正之。因想宋宣献言'校书如拂几上尘，旋拂旋生'，岂欺我哉！亲友范元羲，寄示义阳太守公所开陶集，想见好古博雅之意，辄书以遗之。宣和六年七月中元临汉曾纮书刊。"宋徽宗宣和六年，当公元1124年。

北京图书馆编《中国版刻图录》解题"陶渊明集"条（图版八十三）："陶渊明集　　晋陶潜撰宋递修本　　杭州或宁波……刻工施章、王伸、洪茂、方成，皆南宋初年杭州地区良工，绍兴十七年又刻明州本徐铉文集。补版刻工与明州本白氏六帖、文选六臣注多同，因疑此本当为明州本。毛氏汲古阁秘本书目定为北宋本，恐不确。"①

此本缺笔避讳至高宗（讳字"构""遘"）止，孝宗（讳字"眘"）以下诸讳一无所避。

按：第一，据陶集汲古阁藏本"形夭无千岁"小字旁注"刑天舞干戚"，其旁注格式与通常双行小字校注位于正文之下不同，为一特例；复据此本附录《曾纮说》自述"阅《读山海经》诗'形夭无千岁，猛志固常在'，且疑上下文义不甚相贯，遂取《山海经》参校，经中有云'刑天，兽名也。口中好衔干戚而舞'，乃知此句是'刑天舞干戚'。故与下句'猛志固常在'意旨相应。五字皆讹。盖字画相近"，可知此一异文校勘为曾纮之发现，此一小字旁注为曾纮所特增。

第二，复据此本卷十附录《曾纮说》末署"宣和六年（1124）七月中元临汉曾纮书刊"，可证汲古阁藏本之原刻本，实为北宋宣和六年曾纮所刊。故汲古阁藏本应称为曾纮本。

由《曾纮说》全文所述，可见曾纮留心陶集善本，娴于版本校勘之学，卓有见识。

第三，如上文所考，此本附录《曾纮说》宣和六年所记"义阳太守公

---

① 北京图书馆编：《中国版刻图录》"陶渊明集"条（图版八十三），第一册，文物出版社1961年版，第21—22页。《中国版刻图录》共八大册，鉴定多出版本专家赵万里之手。

所开陶集"，是指宣和四年（1122）知信阳军王仲良所刻陶集苏写本（字体为苏体），而不是指此本（字体为欧体），亦可旁证此本之原刻本，实为宣和六年（1124）曾纮所刊。

第四，曾纮当是见到宣和四年王仲良所刻苏写本后，不满苏写本对于宋庠本全书校语舍去较多，遂于宣和六年刻印宋庠本，并基本上保存了宋庠本全书校语。

第五，据汲古阁藏本刻工皆南宋初年人，及避讳至高宗止，孝宗以下诸讳一无所避，可知此本刻版当在南宋初年。

第六，此本补版刻工与宋绍兴明州本《文选》六臣注多同，据《中国版刻图录》解题"宋绍兴明州本《文选》六臣注"条，该本修版是在绍兴二十九年（1159）①，汲古阁藏本补版时间当与之大体同时；复据此本避讳至高宗止，孝宗以下诸讳一无所避；由是可知，此本补版当在绍兴后期。

第七，要之，汲古阁藏本为北宋宣和六年曾纮原刊，南宋高宗初年重刻，高宗绍兴后期补版。应称之为曾纮本。

郭绍虞《陶集考辨·北宋本》"宣和王氏刊本"条："谓宣和有曾氏刊本者，当误。文末所谓'元临汉曾纮书刊'，刊字盖出后人妄加，未可谓为刊本之证。曾集本录此则，在《读山海经》诗后，'书'下无刊字，益知所谓'书以遗之'者，盖书原本上耳，非别有刊本也。"②

按：郭先生此说有四处错误。

第一，宣和有曾纮刊本。已详上文。

---

① 《中国版刻图录》解题宋绍兴明州递修本六臣《文选注》条，据该本卷末明州参军卢钦后题"《文选》板岁久漫灭殆甚，绍兴二十八年冬十月直阁赵公来镇是邦，首加修正，字画为之一新"，及《宝庆四明志》所载直阁赵公名善继，赵以直秘阁绍兴二十八年（1158）知明州，二十九年六月罢任，定明州递修本六臣《文选注》修版在赵善继知明州时。见《中国版刻图录》第一册，文物出版社1961年版，第21页。

② 郭绍虞：《照隅室古典文学论集》上册，上海古籍出版社1983年版，第274—275页。

第二，此本《曾纮说》"刊"字赫然存在，并无确证，如何能说"刊字盖出后人妄加"？

第三，《曾纮说》实具有"刊后记"及《读山海经》"校勘记"之性质。曾集本在《读山海经》诗后录《曾纮说》，显然是以之作为该诗"校勘记"来附录；删去《曾纮说》"刊"字，显然是因为此本是曾集所刊，欲避免误会是曾纮所刊。换言之，曾集本在此处附录《曾纮说》，是取其"校勘记"之内容，不取其"刊后记"之内容，故删去其"刊"字。

第四，《曾纮说》"书以遗之"者，书者，书写、书信也。"书以遗之"者，是指书"形夭无千岁"之校语给范元羲。如何能据此说"非别有刊本也"？

此本版式，如《中国版刻图录》解题"陶渊明集"条著录："陶渊明集　晋陶潜撰宋递修本　杭州或宁波　匡高二零厘米，广一三点七厘米。（每半叶）十行，行十六字。白口，左右双边。"[1]双行小字字数相同。

卷首无目录。各卷首叶第一行署"陶渊明集卷第某"，第二行低一字署类目，第三行低三字署篇目，正文连属。以下各卷版式相同。各卷卷末隔一行署尾题。

此本篇第：卷一为《诗九首·四言》，卷二为《诗三十首》，卷三为《诗三十九首》，卷四为《诗四十八首》，卷五为《赋辞三首》，卷六为《记传赞述十三首》，卷七为《传赞五首》（《五孝传赞》），卷八为《疏祭文四首》，卷九、十为《集圣贤群辅录上》《下》（四八目）。

卷三之首录思悦《甲子辨》。

卷十末附录颜延之撰《靖节征士诔》（与正文连属）、昭明太子撰《传》《北齐杨仆射休之序录》（次叶另起）、《本朝宋丞相私记》《曾纮说》。

不录思悦《书靖节先生集后》。

---

① 《中国版刻图录》（第一册），文物出版社 1961 年版，第 21—22 页。

汪骏昌手写跋略云："此本宋版《渊明集》，系汲古阁旧物。……盖所贵乎宋版者，为其可以正时俗之误，而好古者得开卷之益也。……道光二十八年花朝前十日，汪骏昌跋。"

此本及今存陶集宋代诸刻本之显着价值，为校注异文丰富。此点为历来藏书家所称道。但此本以及今存陶集宋代诸刻本之价值，犹在于了解版本源流和版本系统。

关于此本小字校语。

清毛扆《汲古阁珍藏秘本书目》："宋版《陶渊明集》二本。与世本复然不同，如《桃花源记》中，'闻之欣然规往'，今时本误作'亲'，谬甚。《五柳先生〔传〕·赞》，注云：一本有'之妻'二字。按《列女传》，是其妻之言也。他如此类甚多，不可枚举。即《四八目》注，比时本多八十余字。而通本一作云云，比时本多千余字。真奇书也。签题系元人笔，不敢易去。十六两。"①

曾纮本全书小字校注异文，书"宋本作某"，仅有9处（卷一1处，卷二3处，卷三5处）：

（1）卷一《赠长沙公族祖》"谐气冬辉"，"辉"字下注："宋本作暄。"

（2）卷二《九日闲居》"菊为制颓龄"，"为"字下注："宋本作解。"

（3）《游斜川》"率尔赋诗"，"尔"字下注："宋本作共。一作共尔。"

（4）《答庞参军》"情通万里外"，"通"字下注："宋本作怀。"

（5）卷三《癸卯岁十二月中作与从弟敬远》"深得固穷节"，"深"字下注："宋本作谬。"

（6）《饮酒二十首》第十五首"岁月相催逼"，"催逼"下注："宋本作从过。"

---

① 《汲古阁珍藏秘本书目》，《丛书集成初编》第零零三四种（据士礼居丛书本排印），中华书局1985年版，第27页。

（7）《述酒》诗序"仪狄造。杜康润色之"，注："宋本云：此篇与题非本意。诸本如此误。"

（8）《述酒》"素砾皛修渚"，"砾皛"下注："宋本作襟辉。"

（9）《责子》"但觅梨与栗"，"觅"字下注："宋本作念。"

此本小字校注异文，书"一本作某"及"又作某"，则有 753 处（卷一 104 处，卷二 163 处，卷三 160 处，卷四 143 处，卷五 68 处，卷六 36 处，卷七 9 处，卷八 34 处，卷九 9 处，卷十 27 处）。

按：第一，对照曾纮本校语与正文可知，书"宋本作某"者，是表示此处异文从他本，不从宋庠本；反之，书"一本作某"及"又作某"者，则是表示此处异文从宋庠本，不从他本。

第二，曾纮本全书小字校注异文，书"宋本作某"者，仅有 9 处；而书"一本作某"及"又作某"者，则有 753 处。曾纮本绝大多数异文是从宋庠本，不从他本；仅有极少数异文是从他本，不从宋庠本。这表明，曾纮本系出自宋庠本，是以宋庠本为底本，而以他本为参校本。

第三，宋庠本有校语，多存异文，曾纮本出自宋庠本，由此可知，曾纮本校语当基本上出自宋庠本。

第四，苏写本、曾纮本及曾集本同出自宋庠本。曾纮本校语 700 余处，曾集本八百余处，二本校语内容基本相同；苏写本校语 200 余处，则基本同于曾纮本、曾集本相应之处。由是可进一步言之，此三本校语当基本上为宋庠本所原有，曾纮本校语则基本上保存了宋庠本全书校语原样。

第五，曾纮本除无目录，录思悦《甲子辨》，及极少数异文从他本外，基本上是宋庠本原样。

第六，曾纮本校注异文 700 余处，仅略次于曾集本；尤其不录思悦《书靖节先生集后》，比苏写本（录思悦《书靖节先生集后》）更接近宋庠本原本。

第七，曾纮本录思悦《甲子辨》，并不表示此本出自思悦。自思悦

《甲子辨》出现之后，当时人多以思悦之说为有发明，遂录之于本也。

国家图书馆善本特藏部藏清影宋抄本《陶渊明集》十卷（编号零七六零八），系影抄宋高宗时期递修本《陶渊明集》十卷（曾纮本；汲古阁藏本），虽然亦为善本，但已无必要详细叙录。

（三）宋绍熙曾集刻本《陶渊明诗》一卷《杂文》一卷（曾集本）

宋绍熙年间（1190—1194）曾集刻本《陶渊明诗》《陶渊明杂文》不分卷。《诗》《杂文》各自成一卷。二册。国家图书馆善本特藏部藏，编号九六一六。

有《续古逸丛书》影印本①。《中华再造善本》蝴蝶装影印本②。

关于此本版刻年代。

此本卷首曾集题记（无标题）："《渊明集》行于世尚矣，校雠、卷第，其详见于宋宣徽《私记》、北齐扬休之论载。南康，盖渊明旧游处也。……集窃不自揆，模写诗文，刊为一编，去其卷第，与夫《五孝传》以下《四八目》杂著。所为犯是不婁，非敢有所去取，直欲嗜哜真淳，吟咏情性，以自适其适，尚庶几乎所谓遣驰竞之情，祛鄙吝之心者。虽以是获罪世之君子，亦不辞也。绍熙壬子立冬日，赣川曾集题。"

清瞿镛《铁琴铜剑楼藏书目录》卷十九"陶渊明集二册，宋刊本"条："宋曾集刊。……书中'殷''敬''恒''贞''桓''构''慎''敦'等字，皆缺末笔。"③

此本缺笔避讳至光宗（讳字"惇"）止，宁宗（讳字"扩""郭"）以下诸讳一无所避。

---

① 《宋本陶渊明诗·续古逸丛书之三十四》，上海商务印书馆1928年，据宋绍熙本影印本，江苏古籍出版社2001年重印版。

② 《陶渊明诗》，《中华再造善本》影印宋绍熙三年曾集刻本，北京图书馆出版社2004年版。

③ 瞿镛编撰，瞿起凤点校：《铁琴铜剑楼藏书目录》，上海古籍出版社2001年版，第484页。

按：据此本避讳至光宗止，宁宗以下诸讳一无所避，与曾集绍熙三年（1192）题记，及光宗在位止于绍熙五年（1194），此本为光宗绍熙三年至五年（1192—1194）江西刻本。

此本版式，为上下单边，左右双边，版心白口，双鱼尾，上鱼尾下记"陶诗"，下鱼尾下记叶次，下端记刻工姓名。正文每半叶10行，行16字。双行小字字数相同。各卷首叶第一行署《陶渊明诗》《陶渊明杂文》，第二行低三字署篇目，正文连属。无尾题。

《陶渊明诗》篇第基本同于苏写本、曾纮本卷一至卷四，仅有1处差异：苏写本、曾纮本卷三第一题为"始作镇军参军经曲阿一首"，第二题为"庚子岁五月中从都还阻风于规林二首"，此本此二题次序倒之。三本诗之篇目、篇数实际全同。

诗《庚子岁五月后》之后、《始作镇军参军》之前，录思悦《甲子辨》。

《读山海经》之后、《拟挽歌辞三首》之前，录曾纮《说》（无标题）。末署："宣和六年七月中元临汉曾纮书。"

《陶渊明杂文》删去《扇上画赞》《读史述九章》（苏写本、曾纮本卷六）、《五孝传赞》（苏写本、曾纮本卷七）、《四八目》（苏写本、曾纮本卷九至十）；其余篇目、篇第同于苏写本与曾纮本卷五、卷六、卷八。

书末附录另起一叶，录颜延之《靖节征士诔》、昭明太子《传》。不录昭明太子《序》、阳休之《序录》、宋庠《私记》、思悦《书靖节先生集后》。

清瞿镛《铁琴铜剑楼藏书目录》卷十九"陶渊明集二册，宋刊本"条："宋曾集刊。……毛氏《汲古阁珍藏秘书目录》有宋本陶集，云《桃花源记》'欣然规往'，不同俗本'规'误'亲'，《五柳先生传·赞》'黔娄'下注：一有'之妻'二字，正与《列女传》合。是本并同。"[1]

关于此本小字校语。

---

① 瞿镛编撰，瞿起凤点校：《铁琴铜剑楼藏书目录》，上海古籍出版社2001年版，第484页。

曾集本全书小字校注异文，书"宋本作某"，仅有9处：

（1）《赠长沙公族祖》"谐气冬辉"，"辉"字下注："宋本作暄。"

（2）《九日闲居》"菊为制颓龄"，"为"字下注："宋本作解。"

（3）《游斜川》"率尔赋诗"，"尔"字下注："宋本作共。"

（4）《答庞参军》"情通万里外"，"通"字下注："宋本作怀。"

（5）《癸卯岁十二月中作与从弟敬远》"深得固穷节"，"深"字下注："宋本作谬。"

（6）《饮酒二十首》第十五首"岁月相催逼"，"催逼"下注："宋本作从过。"

（7）《述酒》诗序"仪狄造。杜康润色之"，注："宋本云：此篇与题非本意。诸本如此误。"

（8）《述酒》"素砾皛修渚"，"砾皛"下注："宋本作襟辉。"

（9）《责子》"但觅梨与栗"，"觅"字下注："宋本作念。"

此本小字校注异文，书"一本作某"及"又作某"，则有803处（《陶渊明诗》650处，《陶渊明杂文》153处）。

按：第一，对照陶集曾集本校语与正文可知，书"宋本作某"者，是表示此处异文从他本，不从宋庠本；反之，书"一本作某"及"又作某"者，则是表示此处异文从宋庠本，不从他本。

第二，曾集本全书小字校注异文，书"宋本作某"者，仅有9处；而书"一本作某"及"又作某"者，则有803处。曾集本绝大多数异文是从宋庠本，不从他本；仅有极少数异文是从他本，不从宋庠本。这表明，曾集本系出自宋庠本，是以宋庠本为底本，而以他本为参校本。

第三，宋庠本有校语，多存异文，曾集本出自宋庠本，由此可知，曾集本校语当基本上出自宋庠本。

第四，曾纮本小字校注异文700余处，曾集本800余处，二本校语内容基本相同，由是可知，二本校语基本上为宋庠本所原有。其中，曾纮本校语当基本上保存了宋庠本全书校语原样，曾集本基本保存宋庠本全书校语外，旁采他本异文较多。

第五，曾集本基本保存宋庠本全书校语，及不录思悦《书靖节先生集后》，皆是曾集本相当接近宋庠本原样之处。

第六，曾集本去除卷次，删去《扇上画赞》《读史述九章》《五孝传赞》《四八目》，不录昭明太子《序》、阳休之《序录》、宋庠《私记》，当是为了节约刻板成本，在当时，可说是一普及本。但是，曾集本校注异文在今存陶集宋代刻本中为最多。此是曾集本最突出的文献价值。

第七，曾集本《读山海经》后所录曾纮《说》，末署"宣和六年七月中元临汉曾纮书"，曾纮本句末有"刊"字，此本无，当以此本为曾集所刊，非曾纮所刊，故删。

（四）宋咸淳福州刻本《陶靖节先生诗》四卷（汤汉注本）

宋咸淳年间（1265—1274）福州刻本汤汉注《陶靖节先生诗》四卷，二册。国家图书馆善本特藏部藏，编号八三六九。

有《古逸丛书三编》影印本①、《中华再造善本》影印本②。

乾隆五十一年（1780）吴骞拜经楼丛据原本过录本刻印，书名《陶靖节诗集》四卷。《丛书集成初编》据嘉庆元年（1796）吴骞拜经楼丛书本排印。③

关于此本版刻年代。据《中国版刻图录》及陈杏珍《影印宋本陶靖节先生诗注说明》，此本当为宋度宗咸淳元年（1265）前后福州刻本。④

---

① 《古逸丛书三编之三十二·陶靖节先生诗注》，中华书局据北京图书馆藏宋朝刻本原大影印本 1988 年版。

② 《陶靖节先生诗注》，《中华再造善本》影印宋淳祐元年汤汉刻本，北京图书馆出版社 2007 年版。

③ 《陶靖节诗集》，《丛书集成初编》第二二一八种据吴骞拜经楼丛书本排印，中华书局 1985 年版。

④ 《中国版刻图录》解题"宋刻本《陶靖节先生诗注》"条（图版一九六），第一册，第 40 页；陈杏珍《影印宋本陶靖节先生诗注说明》，见中华书局影印本《陶靖节先生诗注》，1988 年版。

此本版式，为上下单边，左右双边，版心白口，双鱼尾，版心上方记字数，上鱼尾下记卷次，下鱼尾下记叶次，下端记刻工姓名。正文每半叶7行，行15字。双行小字字数相同。各卷首叶第一行署"陶靖节先生诗卷第某"，第二行低三字署篇目，正文连属。各卷卷末隔一行署尾题。

此本篇第：卷首汤汉自序，不署标题。无目录。卷一起《停云一首并序》，止《归鸟一首》；卷二起《形影神并序》，止《悲从弟敬德一首》；卷三起《始作镇军参军经曲阿一首》，止《四时一首》；卷四起《拟古九首》，至《拟挽歌辞三首》；以上篇目、篇第基本与苏写本、曾纮本等诸本相同；《拟挽歌辞三首》后，为《桃花源记并诗》《归去来兮辞并序》。

卷末另起一叶，附录《杂诗》"袅袅松摽崖"（苏写本、曾纮本等本《杂诗》第十二首）、《联句》《归园田居》"种苗在东皋"（苏写本、曾纮本等本《归园田居》第六首）、《问来使》。《杂诗》题下，小字校注："东坡和陶无此篇。"《联句》无校语。《归园田居》题下，小字校注："江淹拟作，见《文选》。"《问来使》题下，小字校注："此盖晚唐人因太白《感秋》诗而伪为之。"此四首诗，汤汉以为是伪作，从正文中删除而作为附录。①

此本只收诗，不收文。

不录思悦《甲子辨》及思悦《书靖节先生集后》。

《补注》另起一叶，不标卷次。

---

① 《归园田居》"种苗在东皋"，《苕溪渔隐丛话前集》卷三《五柳先生下》"韩子苍云"条已指出："今俗本乃取江淹'种苗在东皋'为末篇，东坡亦因其误而和之。"曾纮本、曾集本篇末小字校注亦云："或云此篇江淹杂拟，非渊明所作。"《问来使》，苏写本、曾集本题下小字校注："南唐本有此一首。"曾集本题下小字校注"南唐本有此篇"已潜启疑端。明郎瑛《七修类稿》卷二云"乃苏子美所作，好事者混入陶集中"，但不知所据。如果为东坡所作，苏写本当不会有此诗及校语。《联句》无人提出伪作证据。又，陶集《四时》诗，曾纮本题下小字校注："此顾凯之《伸情》诗，《类文》有全篇，然顾诗首尾不类，独此警绝。"曾集本、汤汉注本题下均录此注，唯"伸"字作"神"。逯钦立校注《陶渊明集》《例言》第二条（中华书局1979年版，第7页），杨勇《陶渊明集校笺》（第378—379页），皆援引汤汉注本此注。按：此应引曾纮本，未见曾纮本，亦应引曾集本。

此本卷首有清周春手写题记二则，书末有清顾自修、黄丕烈手写跋记各一则。①

关于此本小字校语。

汤汉注本全书小字校注异文，书"宋本作某"，仅有两处：

（1）《游斜川》"率尔赋诗"，"尔"字下注："宋本作共。"

（2）《述酒》诗序"仪狄造。杜康润色之"，注："宋本云：此篇与题非本意。诸本如此误。"

汤汉注本小字校注异文，书"一本作某"及"又作某"，共有 164 处（卷一 41 处，卷二 45 处，卷三 41 处，卷四 37 处）。

按：第一，在今存陶集宋代刻本中，汤汉注本第一次将窜入陶集之诗从正文中删除，而附录于卷末。其中，《归园田居》"种苗在东皋"为江淹拟作，而窜入陶集者。《问来使》《杂诗》"袅袅松摽崖"、《联句》作为窜入陶集者，则嫌证据不足。但汤汉附录之于卷末，尚不失谨慎。

第二，对照汤汉注本校语与正文可知，书"宋本作某"者，是表示此处异文从他本，不从宋庠本；反之，书"一本作某"及"又作某"者，则是表示此处异文从宋庠本，不从他本。

第三，汤汉注本校语书"宋本作某"仅有 2 处，书"一本作某"及"又作某"则有 164 处。汤汉注本绝大多数异文是从宋庠本，不从他本；仅有极少数异文是从他本，不从宋庠本。这表明，汤汉注本系出自宋庠本，是以宋庠本为底本，而以他本为参校本。

第四，宋庠本有校语，多存异文，汤汉注本出自宋庠本，由此可知，汤汉注本校语当基本上出自宋庠本。

第五，汤汉注本校语 100 余处，少于曾纮本 700 余处、曾集本 800 余处，亦少于苏写本 200 余处，当是由于汤汉注本未收陶文，及汤汉对于异

①　顾、黄跋记，又见《荛圃藏书题识》卷七"陶靖节先生诗注四卷，宋刻本"条，黄丕烈《黄丕烈书目题跋》，中华书局影印本 1993 年版，第 146 页。

文并非全部照录，而是有所取舍之故。

第六，汤汉注本不录思悦《甲子辨》及其《书后》，终于彻底扭转了陶集宋代刻本以宋庠本为底本而阑入思悦《甲子辨》及其《书后》的状况。

关于汤汉注在陶诗学史上的地位。

汤汉自序："陶公诗精深高妙，测之愈远，不可漫观也。不事异代之节，与子房五世相韩之义同。既不为狙击震动之举，又时无汉祖者可托以行其志。故每寄情于首阳、易水之间，又以荆轲继二疏、三良而发咏，所谓'抚己有深怀，履运增慨然'，读之亦可以深悲其志也已。平生危行逊言，至《述酒》之作，始直吐忠愤，然犹乱以廋词。千载之下，读者不省为何语。是此翁所深致意者，迄不得白于后世，尤可以使人增欷而累叹也。余偶窥见其指，因加笺释，以表暴其心事，及他篇有可发明者，亦并着之。文字不多，乃令缮写模传，与好古通微之士共商略焉。又按诗中言本志少，说固穷多，夫唯忍于饥寒之苦，而后能存节义之闲，西山之所以有饿夫也。世士贪荣禄，事豪侈，而高谈名义，自方于古之人，余未之信也。淳祐初元九月九日鄱阳汤汉敬书。"宋理宗淳祐元年，当公元1241年。

清周春题记之二："《述酒》诗为晋恭帝而作，其说略本韩子苍；而'芊胜''诸梁'，黄山谷亦尝解之，非创于东涧也，特此注加详耳。……靖节时当禅代，虽同五世相韩之义，但不敢直言，而借廋辞以抒忠愤。向非诸公表微阐幽，乌能白其未白之志哉！朱子谓《荆轲》一篇，平淡中露出豪放本相。须知其豪放从忠义来，与《述酒》同一心事。陶集《祭程氏妹文》书'义熙三年'，《祭从弟敬远文》唯云癸亥'，《自祭文》唯云'丁卯'，此与《宋书》本传之说相合，但指所著文章而言。若诗则不然，大约晋时书甲子，如庚子至丙辰是也；入宋不书甲子，如《九日闲居》之类是也。自来辨此者，都未明晰。……"① 其题记之一，末署："乾隆辛丑长至后三日内乐村农周春记。"乾隆辛丑，为乾隆四十六年（1781）。

按：汤汉首创陶诗注，以史证诗，发明陶诗微旨，使渊明品节志事昭然大白于天下后世，对宋庠、韩子苍、黄山谷等人之说做出重大发展，亦使思悦《甲子辨》不攻自破。在陶诗学史上，实具有划时代之意义。汤汉注陶，唯钱谦益注杜可以媲美。

汤汉字伯纪，号东涧，宋理宗时充国史实录院检勘，度宗时以端明殿学士致仕。据《宋史》卷四百三十八《儒林列传八·汤汉传》："字伯纪，饶州安仁人。与其兄干、巾、中皆知名当时，柴中行见而奇之。真德秀在潭，致汉为宾客，尝造赵汝谈，汝谈曰：'第一流也。'"又云："以端明殿学士致仕。卒，年七十一。特赠正奉大夫，谥文清。汉介洁有守，恬于进取。有文集六十卷。"可知，汤汉为人为学，皆有高品，其注陶之创发，实有本源。

周春题记称"《祭从弟敬远文》唯云'癸亥'"，而汤汉注本及今存陶集宋代诸刻本均作"辛亥"。辛亥为晋义熙七年（411），癸亥为刘宋景平元年（423）。周春所言，若非另有版本依据，便是偶误。

（五）宋刻递修《陶靖节先生集》十卷南宋吴仁杰撰《年谱》一卷残本（宋残本）

宋刻递修《陶靖节先生集》十卷南宋吴仁杰撰《年谱》一卷残本（宋残本）存四卷，一至四卷，此四卷仍多残叶、缺叶。二册。国家图书馆善本特藏部藏，编号一五七八九。

---

① 周春题记，又见《荛圃藏书题识》卷七"陶靖节先生诗注四卷，宋刻本"条，《黄丕烈书目题跋》，中华书局影印本，1993 年版，第 145—146 页。又，《古典文学研究资料汇编·陶渊明卷》将周春题记误作黄丕烈题跋。《陶渊明卷》据黄丕烈《士礼居藏书题跋记》卷五所著录周春题记，而未加辨别，遂有此误。（北京大学、北京师范大学中文系教师同学编《古典文学研究资料汇编·陶渊明卷》上编，中华书局 1962 年版，第 206—207 页）

有《中华再造善本》影印本①。

其版式为上下单边，左右双边，版心白口，版心下方有残缺鱼尾，可以推知其为双鱼尾。正文每半叶9行，行15字。双行小字字数相同。

此本实为残本，仅存一至四卷，除缺叶外，无一叶完整，每叶纸破灭殆半。

卷三《述酒》残文："□□董师旅，羊□□□□。""羊"字下双行小字校语残文："一作□。"比较苏写本《陶渊明集》卷三《述酒》："诸梁董师旅，芈胜丧其身。""芈"字下双行小字校语："一作羊，非。"则从异文校勘而言，此宋残本不及苏写本之善。

全书异文及小字校注等情况，已无从详考。

（六）明万历焦竑授吴汝纪重刻宋本《陶靖节先生集》八卷（焦本）

明万历三十一年（1600）焦竑授吴汝纪重刻宋本《陶靖节先生集》八卷，二册。南京图书馆古籍部藏，编号一一零九八四。

此本版式，为上下单边，左右双边，版心黑口，单鱼尾，版心上方记"陶集（卷）某"，下方记叶次。正文每半叶9行，行15字。双行小字字数相同。各卷首叶第一行署"陶靖节先生集卷之某"，第二行低一字署类目，第三行低三字署篇目，正文连属。各卷卷末隔一行署"卷之某终"。

此本篇第为：《陶靖节先生集目录》，卷之一《四言诗九首》，卷之二《五言诗三十首》，卷之三《五言诗三十九首》，卷之四《五言诗四十八首》，卷之五《赋辞三首》，卷之六《记传赞述十三首》，卷之七《传赞五首》（《五孝传赞》），卷之八《疏祭文四首》，《附录》：《陶靖节诔》《陶靖节传》《陶靖节集序》。《序》文在卷首《目录》之前。焦本无《四八目》。

此本无一字避宋讳。

---

① 《陶渊明集》，《中华再造善本》影印宋刻递修本，北京图书馆出版社2004年版。

此本卷三《述酒》诗无诗序。亦无宋庠本注。

《附录》无阳休之《序录》、宋庠《私记》及思悦《书后》。

此本无思悦《甲子辨》。

关于此本小字校语。

此本全书小字校注异文，书"宋本作某"，有22处：

（1）卷一《停云》"竞朋新好"，注："宋本一作竞用亲好，非。"

（2）《时运》"人亦有言，称心易足"，注："宋本一作称心而言，人亦易足，非。"

（3）《赠长沙公族祖》"谐气冬暄"，注："宋本作暄，一作辉，非。"

（4）《酬丁柴桑》"屡有良游"，注："宋本作游，一作由，非。"

（5）《命子》"冥兹愠喜"，注："宋本作冥，一作置，非。"

（6）卷二《九日闲居》"菊解制颓龄"，"解"字下注："宋本作解，一作为，非。"

（7）《归园田居》"榆柳荫后檐"，注："宋本作檐，一作园，非。"

（8）《游斜川》"开岁倏五十"，注："宋本作十，一作日，非。"

（9）《游斜川》"中肠纵遥情"，注："宋本作肠，一作觞，非。"

（10）《五月旦作》"明两萃时物"，注："从宋本，一作南窗罕悴物，非。"

（11）《移居》"衣食当须几"，注："宋本作几，一纪，非。"

（12）卷三《癸卯岁十二月中作与从弟敬远》"谬得固穷节"，注："宋本作谬，一作深，非。"

（13）《戊申岁六月中遇火》"总发抱孤介"，注："宋本作介，一作念，非。"

（14）《己酉岁九月九日》"哀蝉无留响"，注："宋本作留，一作归，非。"

（15）《饮酒二十首》第六首"咄咄俗中愚"，注："宋本作愚，一作恶，非。"

（16）第十三首"日没独何炳"，注："宋本独何炳，一作烛当秉，非。"

（17）第十五首"岁月相从过"，注："宋本作从过，一作催逼，非。"

（18）第十九首"介然分拂衣"，注："宋本拂衣，一作终死，非。"

（19）卷四《杂诗十二首》第三首"日月还复周"，注："宋本还复周，一作有环周，非。"

（20）《咏贫士七首》第三首"清歌畅商音"，注："宋本商，一作高，非。"

（21）《拟挽歌辞》"今旦"，注："宋本旦，一作但。"

（22）卷六《晋故征西将军长史孟府君传》"仕吴司空"，注："宋本作空，一作马，非。"

小字校注异文书"一作某"及"又作某"，有106处。

此本无焦竑《序》。明凌濛初刻陶韦合集本《陶靖节集》焦竑《序》云："顷友人以宋刻见遗，无《圣贤群辅》之目，篇次正与昭明旧本吻合。与今本异者不啻数十处，凡向所疑，涣然冰释。此艺林之一快也。吴君肃卿语余：'陶集得此，幸不为妄庸所汩没，盍刻而广之？'余乃以授肃卿。肃卿名汝纪，新安人，今卜筑金陵。……万历癸卯秋琅琊焦竑书。"万历癸卯，为万历三十一年（1603）。

卷首有丁丙手写跋。

郭绍虞《陶集考辨·南宋本上》"焦竑藏本"条云："此刻原本未见，南京国学图书馆有焦氏影刻本，即钱塘丁氏八千卷楼所藏者。丁丙《善本书室藏书志》卷二十三有解题。……此本有《五孝传》而无《四八目》，虽合昭明卷数，内容亦与昭明本不同。然此本校语多从宋本，颇与汲古阁藏十卷本不同。又卷三无思悦《辨甲子》一文……卷末附录，亦无阳休之《序录》、宋庠《私记》、思悦《书后》、曾纮《说》诸文……唯此本则犹可仿佛宋庠本面目。"①

按：第一，陶集焦本无一字避宋讳，迥异于今存宋代诸刻本避宋讳，可见此本决非"影刻"宋本，实为明重刻宋本。

郭先生称焦本为"影刻"南宋原本，误。

第二，焦本除回改宋讳字外，当为宋代刻本原貌。至于其底本原刻之具体年代，已难以详考。

第三，焦本附录颜诔、萧传、萧序列入目录，与宋庠本序、诔、传等不列入目录的特点不相合，又无宋庠《私记》，可知不出自宋庠本。焦本无《四八目》，又无阳休之《序录》，可知亦不出自阳休之本。焦本卷数与萧统本相合，但内容比萧统本多出《五孝传赞》，又校订异文兼采宋庠本及其他诸本，当是在萧统本基础上加入《五孝传赞》，并在校订异文上兼采诸本。焦本除加入《五孝传赞》及校订异文兼采诸本外，当接近萧统本，可称为萧统本之别本。

郭先生称焦本"仿佛宋庠本面目"，亦误。

第四，焦本校语当为宋人所作。至于具体为何时、何人所作，已难查考。

第五，对照焦本校语与正文可知，焦本校语书"宋本作某，一作某，非"或"从宋本，一作某，非"，表示此处异文是从宋庠本，不从他本。书"一作某"及"又作某"，则是表示此处异文从他本，不从宋庠本。

焦本书"宋本作某，一作某，非"或"从宋本，一作某，非"，与宋庠本系统宋代诸刻本苏写本、曾纮本、曾集本、汤汉注本校语书"宋本作某"，实际情况正好相反。后者是表示此处异文不从宋庠本。

第六，焦本校语书"宋本作某，一作某，非"或"从宋本，一作某，非"22处，书"一作某"及"又作某"106处，焦本不从宋庠本多于从宋

---

① 郭绍虞：《照隅室古典文学论集》上册，上海古籍出版社1983年版，第277—278页。

庠本，亦可见其底本并非宋庠本。

第七，郭先生所说焦本校语"多从宋庠本"，并不尽然。焦本未从宋庠本之处，举证如下：

（1）《述酒》诗序"仪狄造。杜康润色之"，苏写本、曾纮本、曾集本、汤汉注本注："宋本云：此篇与题非本意。诸本如此误。"焦本无诗序，亦无宋庠本注。

（2）《述酒》"素砾晶修渚"，曾纮本、曾集本"砾晶"下注："宋本作襟辉。"焦本作"砾晶"，并失注宋庠本正文。

（3）《责子》"但觅梨与栗"，曾纮本、曾集本"觅"字下注："宋本作念。"焦本作"觅"，并失注宋庠本正文。

（4）《感士不遇赋》"美恶作以异途"，苏写本"作以"下注："宋本作纷其。"焦本作"作以"，注："一作纷其。"失注宋庠本。

（5）《闲情赋》"行云逝而无语，时奄冉而就过"，苏写本注："宋本云：行云逝而不我留，时亦奄冉而就过。"焦本作"行云逝而无语，时奄冉而就过"，并失注宋庠本正文。

（6）《桃花源诗》"焉测尘嚣外"，苏写本注："宋本作尘外地。"焦本作"尘嚣外"，并失注宋庠本正文。

以上6条，皆是焦本未从宋庠本之证例。

第八，焦本当接近萧统本，及校订异文兼采诸本，是其突出的版本和校勘价值。

由焦本探讨萧统本与宋庠本的差异，有以下两点。

第一，焦本出自萧统本，焦本无宋庠本系统宋代诸刻本苏写本、曾纮本、曾集本、汤汉注本《述酒》诗序，如果此点反映萧统本原貌，这表明，宋庠本、甚至阳休之本较萧统本完善。换言之，宋庠本、甚至阳休之本较萧统本完善，不仅在于篇目多出《五孝传赞》《四八目》，而且在于正文多出如《述酒》诗序这样的重要文字。

　　第二，焦本校订异文从宋庠本22处，这表明，萧统本身存在或流传过程中产生文字讹误，而宋庠本甚至可能阳休之本，有订正萧统本传本文字讹误者，或较萧统本传本文字为优者。

　　宋庠本而不是萧统本成为陶集宋代主要传刻本，当非偶然之事。

　　焦本与宋庠本系统诸刻本的版本、校勘价值之比较，有以下三点。

　　第一，宋庠本系统宋代诸刻本较焦本篇目多出《四八目》，正文多出如《述酒》诗序这样的重要文字，校勘异文数百处远多于焦本之百余处，其中有订正萧统本讹误或较萧统本为优者，此等皆为宋庠本宋代诸刻本版本、校勘价值优于焦本之处。

　　第二，焦本接近萧统本，正文从宋庠本而为宋庠本系统宋代诸刻本所失者有十余处（见下文），此等皆为焦本所独具之版本、校勘价值，和优于宋庠本宋代诸刻本之处。

　　第三，要之，宋庠本系统宋代诸刻本之价值高于焦本，但焦本亦具有宋庠本系统宋代诸刻本所无可代替的价值。

　　"今存宋本皆出自思悦本"之说辨证。

　　郭绍虞《陶集考辨·北宋本》"宋庠本"条云："因诸本之注宋本作某，而知今所传南宋刊本皆自思悦本出，不尽同于宋本。……兹就今世所传南宋刊本言之。如绍兴十年苏体大字本，如旌德李氏缩刻宋本，如曾集本，如汤汉本，如焦氏翻刻本，其校语中所称宋本诸例，均为不同宋本之证。"① 郭先生所说宋本，指宋庠本；绍兴本，指苏写本；旌德李氏缩刻宋本，指清咸丰十一年（1861）旌德李文韩翻刻汲古阁藏本即曾纮本。

　　按：郭先生此说实误。今分别就其所举诸例，辨证如下。

　　郭先生云："一，明言宋本作某者，显为不同宋本之证。如《赠长沙公》诗'谐气冬辉'，绍兴本、曾本'辉'下并注云：'宋本作暄。'《游

---

　　① 郭绍虞：《照隅室古典文学论集》上册，上海古籍出版社1983年版，第269页。

斜川诗序》'率尔赋诗'，曾本、汤本'尔'下并注云：'宋本作共。'《责子》诗'但觅梨与栗'，曾本、缩刻本'觅'下注云：'宋本作念。'是绍兴本、曾本、汤本、缩刻本并不据宋本也。"①

按：今存陶集宋庠本系统宋代诸刻本校语，书"宋本作某"，曾纮本、曾集本同为9处，苏写本8处，汤汉注本2处；书"一本作某"及"又作某"，曾纮本753处，苏写本240处，曾集本803处，汤汉注本164处。

对照校语与正文可知，宋庠本系统诸刻本校语书"宋本作某"者，表示此处异文是从他本，不从宋庠本；反之，书"一本作某"及"又作某"者，则表示此处异文是从宋庠本，不从他本。

苏写本、曾纮本、曾集本、汤汉注本绝大多数异文是从宋庠本，不从他本；仅有极少数异文是从他本，不从宋庠本。这是此诸本出自宋庠本之确证。

郭先生云："二，明言从宋本者，亦为不同宋本之证，如《五月旦作和戴主簿》诗，焦本作'明雨萃时物'，注云：'从宋本，一作南䆉罕悴物，非。'是焦本虽多同宋本，而不出宋本也。"②

按：今存陶集宋代刻本苏写本、曾纮本、曾集本、汤汉注本，无一条校语称"从宋本"。这是此诸本出自宋庠本之又一确证。

郭先生云："三，各本言一作某又作某，而此所云某字正同于宋本者，是亦异于宋本之证。如《归鸟》诗'驯林徘徊'，曾本、汤本、缩刻本'驯'字注云：'一作相。'而绍兴本云：'宋本作相。'《戊申岁六月中遇火》诗'总发抱孤念'，绍兴本、曾本、缩刻本'念'注云：'又作介。'而焦本云：'宋本作介。'《饮酒》诗'岁月相催逼'，绍兴本'催逼'下注云：'一作从过。'而曾本、焦本并云：'宋本作从过。'是诸本所言

---

① 郭绍虞：《照隅室古典文学论集》上册，上海古籍出版社1983年版，第269—270页。
② 郭绍虞：《照隅室古典文学论集》（上册），上海古籍出版社1983年版，第270页。

'一作''又作'者，正多指宋本言也。"①

按：以今存宋庠本系统宋代刻本苏写本、曾纮本、曾集本、汤汉注本互证，此诸本校语当书"宋本作某"而书"一本作某"者，为数寥寥，实是偶尔疏忽，不足为异也。（与焦本互证，见下条）

郭先生云："四，明言宋本云一作某，而今本正作某者，尤为不同宋本之铁证。如《停云》诗'竞用新好'，曾本、缩刻本并云：'一作竞朋亲好。'焦本作'竞朋亲好'，注云：'宋本一作竞用亲好，非。'《时运》诗'称心而言，人亦易足'，绍兴本、曾本、缩刻本并云：'一曰人亦有言，称心易足。'而焦本云：'宋本一作称心而言，人亦易足。'是诸本所谓'一曰'，正指宋本，而宋本所谓'一作'正同诸本也。……类此诸例不胜备举，故知宋本不过为阳氏功臣，于陶集版本上犹不生若何影响也。"②

按：焦本小字校注异文，书"宋本作某，一作某，非"或"从宋本，一作某，非"22 处；其中有数处，今存宋代刻本苏写本、曾纮本、曾集本、汤汉注本与焦本相同。例如《归园田居》"榆柳荫后檐"，焦本注："宋本作檐，一作园，非"，苏写本正是作"檐"。《游斜川》"开岁倏五十"，焦本注："宋本作十，一作日，非"，苏写本、曾纮本、曾集本正是作"十"。《游斜川》"中肠纵遥情"，焦本注："宋本作肠，一作觞，非"，曾纮本正是作"肠"。《饮酒二十首》第十三首"日没独何炳"，焦本注："宋本独何炳，一作烛当秉，非"，曾纮本、曾集本正是作"独何炳"。《咏贫士七首》第三首"清歌畅商音"，焦本注："宋本商，一作高，非"，曾纮本、曾集本、汤汉注本正是作"商"。《晋故征西将军长史孟府君传》"仕吴司空"，焦本注："宋本作空，一作马，非"，曾纮本、曾集本正是作"空"。

可见，以今存宋代刻本苏写本、曾纮本、曾集本、汤汉注本与焦本小

---

① 郭绍虞：《照隅室古典文学论集》（上册），上海古籍出版社 1983 年版，第 270 页。
② 同上。

字校语互校，显示此宋代诸刻本不同宋庠本者，仅剩十余处上下。故郭先生所说"类此诸例不胜备举"，并不符合实际。进言之，此诸本十余处不同宋庠本之异文，并不影响此诸本数百处、百余处亦即绝大多数异文是从宋庠本，仅有极少数异文是从他本的基本情况，及由此而来的此诸本系出自宋庠本的判断。

尤要者，由晁公武《郡斋读书志》所著录"今集有数本：……十卷者，北齐阳休之编……休之本出宋庠家"，曾集本曾集题记所载"《渊明集》行于世尚矣，校雠、卷第，其详见于宋宣徽《私记》"，已足见宋庠本在南宋为通行本，人所习知，影响甚大。故郭先生所说宋庠本"于陶集版本上犹不发生若何影响"，亦不符合实际。

结　论

综合上文，得出以下十个结论。

第一，陶集宋代版本主要系统有三：一为萧统本系统；二为宋庠本系统；三思为悦本系统。

萧统本宋代传刻，今存者焦本。焦本加入《五孝传赞》，校订异文兼采诸本，已非萧统本原貌，为萧统本之别本。

阳休之本是陶集早期传本最善之本，宋庠本出自阳休之本。宋庠本较萧统本篇目多出《五孝传赞》《四八目》，正文多出如《述酒》诗序这样的重要文字，并且有校语，多存异文，其中包括有订正萧统本传本文字讹误者，或较萧统本传本文字为优者。职是之故，宋庠本是宋代陶集传本最善之本，并开《述酒》诗注释之先河。

思悦本是采拾众本而成，非以善本为底本。

第二，由上所述可知，宋庠本优于萧统本传本，优于思悦本。

第三，今存陶集宋代刻本苏写本、曾纮本、曾集本、汤汉注本，皆出自宋庠本，同属宋庠本系统。不出自思悦本。萧统本—阳休之本—宋庠本—苏写本、曾纮本、曾集本、汤汉注本，乃陶集一脉相传之善本。

苏写本、曾纮本、曾集本、汤汉注本，篇目、篇第基本相同，校语内容大体相同。由此可知，此诸本系出自同一底本。

苏写本、曾纮本、曾集本校语书"宋本作某"者，皆仅有数处，书"一本作某"者，则皆有数百处。汤汉注本校语书"宋本作某"仅有 2 处，书"一本作某"则有百余处。其校语书"宋本作某"，表示此处异文是从他本，不从宋庠本；反之，书"一本作某"及"又作某"，则表示此处异文是从宋庠本。苏写本、曾纮本、曾集本、汤汉注本绝大多数异文是从宋庠本，不从他本；仅有极少数异文是从他本，不从宋庠本。由此可知，此诸本系出自宋庠本，是以宋庠本为底本，而以他本为参校本。

此诸本仅在有无目录、收文多少及校语多少上，有所不同。

第四，由焦本小字校注书"宋本一作"，可知宋庠本有校语，多存异文；由苏写本、曾纮本、曾集本、汤汉注本同出自宋庠本，其校语内容大体相同，可知其校语基本上为宋庠本所原有。

曾纮本校语 700 余处，曾集本 800 余处，二本校语内容基本相同；苏写本校语 200 余处，汤汉注本 100 余处，则基本同于曾纮本、曾集本相应之处。由是可知，此四本之校语基本上为宋庠本所原有。

其中，曾纮本校语当基本上保存了宋庠本全书校语原样，曾集本基本保存宋庠本全书校语外，旁采他本异文较多，苏写本、汤汉注本则对于宋庠本校语有所取舍。

第五，苏写本录思悦甲子辨及其《书后》，曾纮本、曾集本录思悦甲子辨，并不表示其出自思悦本。自北宋治平三年（1066）思悦《甲子辨》出现之后，人多以思悦之说为有发明，遂录之于本也。

第六，苏写本、曾纮本、曾集本、汤汉注本，各具有特殊的版本和校勘价值。

曾纮本当基本保存宋庠本异文；校注异文700余处，仅次于曾集本；尤其不录思悦《书靖节先生集后》，比苏写本更接近宋庠本原本。

苏写本对于异文有所取舍，是今存陶集宋代刻本唯一保存宋庠本目录之本。《述酒》是陶诗关键作品，其中"诸梁董师旅，芊胜丧其身"，陶集今存宋代诸刻本唯有苏写本不误，可知苏写本学术校勘水平最高，优于今存宋代诸刻本，是陶集今存宋代刻本最善之本。

曾集本校注异文800余处，在今存陶集宋代刻本中为最多。且不录思悦《书靖节先生集后》。

汤汉注本第一次将窜入陶集之诗从正文中删除，而附录于卷末；对于异文有所取舍；其不录思悦《甲子辨》及《书后》，遂彻底扭转陶集宋代刻本以宋庠本为底本而阑入思悦《甲子辨》及其《书后》的状况，并首创陶诗注，以史证诗，发明陶诗微旨，具有划时代之意义。

第七，陶集宋本影响后世最大者有二：一为宋庠本，是宋以后陶集正文版本之主要祖本；二为汤汉注本，是宋以后陶集注本之唯一祖本。

第八，焦本与宋庠本序、谍、传等不列入目录的特点不相合，又无宋庠《私记》，可知不出自宋庠本。焦本无《四八目》，又无阳休之《序录》，可知亦不出自阳休之本。焦本卷数与萧统本相合，当是在萧统本基础上加入《五孝传赞》，并在校订异文上兼采诸本。焦本接近萧统本，校订异文兼采诸本，是其特殊的版本和校勘价值。

第九，宋庠本系统宋代诸刻本之价值高于焦本。宋庠本成为陶集宋代主要传刻本，当非偶然之事。但同时，焦本亦具有宋庠本系统宋代诸刻本所无可代替的价值。

第十，陶集校勘，当以苏写本为底本，以曾纮本、曾集本、汤汉注本及焦本等为主要校本。

宋刻递修本《陶渊明集》阅读札记

原国家图书馆所藏宋刻递修本《陶渊明集》是传世陶集最佳之本（以下简称为"宋本《陶集》"），后被收入《中华再造善本》丛书集部，由北京图书馆出版社于 2003 年影印出版。近年来反复阅读这部陶集，偶有心得，随笔记录，兹汇集于此，希望有助于陶集之研读。

"带月荷锄归"与"戴月荷锄归"

《陶渊明集》卷二《归园田居》诗（其三）："晨兴理荒秽，带月荷锄归。""带"字下，有宋人校语说："一作戴。"这表明，宋人见到的某种陶集版本，这句诗又写作"戴月荷锄归"。我们读以下诗句：

（1）着行官柳拂人低，勾引风光挽客衣。正是斜川春事起，翻思戴月荷锄归。[宋李彭《日涉园集》卷十《客庐山道中寄中上座三首》（其二）]

* 作者单位：中国社会科学院文学研究所。

（2）吾家远城市，四围萦叠嶂。意寻烟霞游，喜逐樵牧上。松间憩两足，论高等四畅。或时戴月归，山花记心想。（宋曹勋《松隐集》卷二十二《山居杂诗》）

（3）崎岖戴月上层峰，拟借空山一夜风。（《宿古峰驿诗四首》，宋郭印《云溪集》卷十二）

（4）东家乞火温稚子，西邻赊酒娱高年。樵翁头上笠戴月，渔父手中帆卷笺。（宋徐积《节孝集》卷内二十六《雪》）

例1和例2，显然与陶诗有关，例3和例4的"戴月"，也当来自陶诗。然而"带月"与"戴月"，一字之差，何者为是？《艺文类聚》卷六十五引陶潜《杂诗》"戴月荷锄归"，可见唐人所见陶集已有这种文本。而宋代以来的诗人化用陶诗，或作"戴月"，或作"带月"，在古代成语中也有"披星戴月"和"披星带月"两种说法。但"戴月"是头部的动作，"荷锄"是肩部的动作，月朗中天，归来的荷锄者沐浴着皎洁的月光，这句诗写出了农耕生活的一个优美而自然的情境，历历如画，劳动的辛苦，诗心的感发，也跃然纸上，故"戴月"的文本于义为长。

"远我达世情"与"远我遗世情"

《陶渊明集》卷三《饮酒二十首》（其七）："秋菊有佳色，裛露掇其英。泛此忘忧物，远我遗世情。""遗"字下，有宋人校语："一作达。"案"达世"之情可"远"，而"遗世情"则无须"远"，"远我遗世情"是一种逻辑悖谬的表述。这首《饮酒》诗在《文选》卷三〇题为《杂诗》（属于第二首），查《文选》各本，这句诗均作"远我达世情"，《艺文类聚》卷六十五引陶潜《杂诗》，这一句也完全相同，可见这是正确的文本。但《文选》题作《杂诗》，这是一个非常幼稚的错误，《陶渊明集》卷四有《杂诗十二首》，《文选》的编纂者将其与《饮酒二十首》混淆，而《艺文类聚》的编纂者又沿袭了《文选》的这个错误。《陶渊明集》卷五《归去来兮辞》有"世与我而相遗"一句，"远我遗世情"的文本错误，可能是由此句赋语牵涉造成的，因为宋代一般士人对《归去来兮辞》大都能熟读成诵，而"世与我而相遗"的"遗"也是一个讹字（参见本书第223—224 页）。

"少无适俗韵" 与 "少无适俗愿"

陶渊明《归园田居》五首（其一）："少无适俗韵，性本爱丘山。"查检宋本《陶集》卷二，可以发现在这个"韵"字下有宋朝人所作的一条校语："一作愿。"这表明，宋人见到的某种陶集版本，这句诗又写作"少无适俗愿"。一字之差，何者为是？1945 年 12 月，程千帆（1913—2000）在四川乐山作《陶诗"少无适俗韵"的"韵"字说》一文①，他虽然并未提出这个异文的问题，但他在文中指出："韵之一字，其在晋人，盖由其本训屡变而为风度、思理、性情诸歧义，时或用以偏目放旷之风度与性情，所谓愈离其宗者也。然考验所及，则义虽歧出，而皆以指抽象之精神，是则其大齐矣。……则'少无适俗韵'者，释为自来无谐俗之性情，为尤确矣。"袁行霈在此基础上进行了更为深入、细密的探讨，他指出：

> "韵"本指和谐之声音，引申为情趣、风度、风雅、气韵、神情，乃六朝习用语。如《抱朴子外篇·刺骄》："若夫伟人巨器，量逸韵远，高蹈独往，萧然自得。"《世说新语·言语》："支道林常养数匹马，或言：'道人畜马不韵。'支曰：'贫道重其神骏。'"《世说新语·言语》"卫洗马初欲渡江"条刘孝标注引《玠别传》："天韵标

---

① 《程千帆全集》（第八卷）《古诗考索》，河北教育出版社 2000 年版，第 437—439 页。

令。"《宋书·谢弘微传》:"康乐诞通度,实有名家韵。"王羲之《遗谢万书》:"以君迈往不屑之韵,而俯同群辟,诚难为意也。"可见"韵"字乃褒义,或与有褒义之形容词相联。《世说新语·言语》"嵇中散既被诛"条刘孝标注引《向秀别传》:"又与谯国嵇康、东平吕安友善,并有拔俗之韵。""拔俗"可称"韵",而在渊明之时,"适俗"不称"韵"也。又,"韵"固可后天养成,要乃天然生成,故有"天韵"之说。而"愿"则偏于个人之希望,"适"亦是主观所取态度。下句"性本爱丘山"之"性",方为天然之本性也。上下两句分别从态度与本性两方面落笔,错落有致。《归园田居》其三:"衣沾不足惜,但使愿无违。"此"愿"字与"少无适俗愿"之"愿"字相呼应。至于僧顺所谓"子迷于俗韵,滞于重惑"(《析三破论》,见《弘明集》卷八),已在渊明之后。僧顺,梁人也。欧阳修所谓"言无俗韵精而劲,笔有神锋老更奇"(《答杜相公惠》),则更晚矣。①

这条校勘记作得好,不仅运用历史语言学的方法极见功力,而且能够从"少无""性本"两句诗的意义关联以及《归园田居》五首其一、其三两首诗在思想表达的整体性上来考虑问题,可谓别具慧眼,最后又宕开一笔,举出僧顺和欧阳修(1007—1073)诗文,以彰显"少无适俗韵"这一错误文本存在已久的客观事实,正如大匠运斤,从容不迫;而将底本的"韵"字,直接改为"愿"字,这种校勘学上的破例之举更显示了校勘者的自信。依照袁氏所举各例,"韵"是六朝时代的常语,皆含褒义,而"愿"则是中性词。故"少无适俗"可与"愿"搭配,却与"韵"大相冲突,说"适俗韵",正如说"汩汩流动的死水"、"席地而坐的奔跑"或者"画成方块的圆形",是一种逻辑悖谬的表述。而"愿"字在陶渊明诗文中出现的频率极高。诸如,"愿尔斯才"(《陶渊明集》卷一《命子》)。"愿

---

① 袁行霈:《陶渊明集笺注》,中华书局 2003 年版,第76—77 页。

君取吾言"（同上，卷二《形影神·形赠影》）。"诚愿游昆华"（同上，《形影神·影答形》）。"感物愿及时"（同上，《和胡西曹示顾贼曹》）。"但愿长如此。"（同上，卷三《庚戌岁九月中于西田获早稻》）"愿君汩其泥"（同上，《饮酒》二十首其九）。"愿留就君住"（同上，卷四《拟古》九首其五）。"我愿不知老"（同上，《杂诗》十二首其四）。"但愿饱粳粮"（同上，其八）。"富贵非吾愿"（同上，卷五《归去来兮辞》）。"常愿携手"（同上，卷八《祭从弟敬远文》）。《陶渊明集》卷五《闲情赋》有"十愿"，又云"考所愿而必违。"凡此等等，皆是其例。"愿"与"韵"之近古音，同属影纽，去声①，所以这显然是由发音相近而导致的讹误，我国古籍在传抄、传刻的过程中往往出现这样的情况。《陶渊明集》卷三《辛丑岁七月赴假还江陵夜行涂中》诗："闲居三十载，遂与尘事冥。诗书敦宿好，林园无俗情。"按："俗"字下，有宋人校记："一作世。"作"俗"，是；作"世"，非。《全唐诗》卷一百六十孟浩然（689—740）《李氏园林卧疾》诗曰："我爱陶家趣，园林无俗情。"这两句诗即脱胎于上引陶诗"诗书"二句。"情"是一个中性词，故可称"无俗情"。而宋代诗人韩淲（1159—1224）《涧泉集》卷十二《送赵清江》诗："少劳吟笔赋催科，抚字心存政自和。莫道折杨无俗韵，要思于蒍有奇歌。"则沿袭了错误的陶诗文本。

《五柳先生传》二题

（一）《五柳先生传》中的衍文

宋本陶集卷六《五柳先生传》："先生不知何许人也，亦不详其姓字。

---

① 参见李珍华、周长楫编纂《汉字古今音表》，中华书局1998年版，第231页、第184页。

宅边有五柳树，因以为号焉。"在"宅边"一句下，有宋人校语："一无'树'字。"这说明宋人所见的另一种陶集没有这个"树"字。《艺文类聚》卷八十九引《五柳先生传》，这句话确实没有"树"字。"柳"自然是"树"，故"树"字的存在，既画蛇添足，又有碍于文气的舒展，试读"宅边有五柳，因以为号焉"，而传主号为"五柳先生"，这文气是多么畅达！所以这个"树"字是衍文，当删。

（二）五柳先生与《五柳先生传》

南宋陈振孙（1183？—1261？）《直斋书录解题》卷十六"《陶靖节集》十卷"："晋彭泽令浔阳陶潜渊明撰。或云渊明字符亮，大司马侃曾孙，自号五柳先生，世称靖节征士。"所谓"自号五柳先生"的说法，不见《宋书》《南史》和《晋书》陶潜本传，也不见萧统《陶渊明传》。《宋书》卷九十三《陶潜传》说："潜少有高趣，尝著《五柳先生传》以自况。……其自序如此，时人谓之实录。""自况"就是自比的意思，如《三国志·诸葛亮传》说孔明"每自比于管仲、乐毅"，因此，陶渊明以五柳先生自比，并不等于"自号五柳先生"。其实，《五柳先生传》本来是传赞体，该传最后一段说："赞曰：黔娄有言：'不戚戚于贫贱，不汲汲于富贵。'极其言兹若人之俦乎！酣觞赋诗，以乐其志，无怀氏之民欤？葛天氏之民欤？"在我国南北朝时期，对作者而言，传赞体是绝对不能用来写自己的，退一步讲，即使在今天，我们可以写自传，但如何写"自赞"呢？《宋书》的编纂者当然知道这一点，所以就干脆把这一段删除了，而破绽就在这里。我们试将这段文字还原到《宋书·陶潜传》所引《五柳先生传》"以此自终"和"其自序如此"两句之间，结果是：不仅文气不畅，隔如断山，而且"自况""自序""实录"的说法，顿时不攻自破——"自况""自序"者能"自赞"吗？"自况""自序"之真实无疑者可称"实录"，但"自赞"与"实录"难道不纯属风马牛吗？幸好这篇作品完整地保留在传世的《陶渊明集》中。但是，也有人说：陶渊明虚构一个五柳先生，实际上说的是他自己。如此解说，无疑是等于极度丑化、诋毁陶公，说者可以闭嘴了！但《宋书》的编纂者把《五柳先生传》用作撰写《陶潜传》的史料，这种错误的做法无疑误导了后世读者，以为《五柳先生传》就是陶渊明本人的自传，而五柳先生自然也就是陶渊明的自号了，真是贻误千古，可悲可叹。清代著名学者、《明史》的编纂者张廷玉（1672—1755）在《澄怀园语》卷一中指出："余二十岁时读陶渊明《五柳先生传》，以为此后人代作，非先生手笔也。"张氏之言，可备一说。而华东师范大学邵明珍所撰《陶渊明〈五柳先生传〉非"自传"》一文，尤其值得关注。但是，如果读者一定坚持说《五柳先生传》就是陶渊明写的自传的话，那么，就请你模仿这篇作品为自己写一篇自传，我们的基本要求是：一定要用"赞曰"二字领起最后一段，写完后体会一下自己的感觉，然后再考虑陶渊明究竟是否会这样做！

《陶花源记》"不知有汉，无论魏晋"的真意

　　《陶渊明集》卷六《陶花源记》云："乃不知有汉，无论魏晋。"笔者偶见坊间之古代诗文选本，以"有无"之"有"解释此记中"有汉"的"有"，这句话被今译为："于是不知道有汉朝，更不要说魏朝和晋朝了。"这样的解释纯属望文生义，因为"有汉"是一个固定的语词。《汉语大词典》"有汉"条："指汉代。有，助词。汉韦孟《讽谏》诗：'于赫有汉，四方是征。'《后汉书·东夷传赞》：'嬴末纷乱，燕人违难，杂华浇本，遂通有汉。'南朝梁刘勰《文心雕龙·时序》：'爰至有汉，运接燔书，高祖尚武，戏儒简学。'"① 这种解释是正确的，举例也比较准确。按《陶渊明

---

　　① 罗竹风：《汉语大词典》（第六卷），汉语大辞典出版社1991年版，第1162页。

集》卷一《命子》诗:"天集有汉,眷余愍侯。"此例正可与"乃不知有汉"互证。而陶诗的这两例"有汉",又可补充《汉语大词典》"有汉"条之义例。另如,《汉语大词典》"有晋"条:"指晋代。有,词头。《晋书·乐志上》:'天命有晋,穆穆明明。'南朝梁沈约《郊居赋》:'逮有晋之隆安,集艰虞于天步。'"① 可见这样的语词组合乃是中古汉语之通例。后代文献常见的"有宋""有清"等语词,正是这种语言习惯的延续。

《桃花源记并诗》写桃源避秦的故事,虽然与《陶渊明集》卷四《咏荆轲》诗讴歌的荆轲刺秦颇有不同,但精神是相通的。我们读《陶渊明集》卷三《饮酒》二十首(其二十):"洙泗辍微响,漂流逮狂秦。诗书复何罪,一朝成灰尘。"可以发现陶公具有强烈的反对嬴秦暴政的倾向。这种思想在陶公的笔下还常常表现为对秦末著名隐士"商山四皓"的歌咏。《陶渊明集》卷二《赠羊长史》:"路若经商山,为我少踌躇。多谢绮与甪,精爽今何如?紫芝谁复采?深谷久应芜。"又《陶渊明集》卷九《四八目》"商山四皓"条:"当秦之末,俱隐上洛商山。"皆是其例。而《桃花源记》写桃源中人面对偶然闯入的"渔人""自云先世避秦时乱……乃不知有汉,无论魏晋",我们试将汉、魏、晋三朝去掉,嬴秦和刘宋就连上了,所以《桃花源记》实际上是以嬴秦比刘宋。其实,这种手法已经见于汉代著名作家扬雄的《剧秦美新》②。《文选》唐李善注引晋李充《翰林论》曰:"扬子论秦之剧,称新之美,此乃计其胜负,比其优劣之意。""剧"是短促的意思。嬴秦暴虐,国运极短,故扬子以"剧"称之。但问题的本质在于:在嬴秦和莽新之间还有一个汉朝,扬子何以略而不言?其实,这就是陶公"不知有汉"的渊源。扬子在嬴秦和莽新之间比较优劣,犹如与一只丑陋已极的恶兽相比较,在这种格局中越是赞美王莽新朝,就越是贬斥王莽新朝;对王莽的赞美之声越高,赞美之辞越多,对

---

① 罗竹风:《汉语大词典》(第六卷),汉语大辞典出版社1991年版,第1155页。
② 《文选》卷四十八。(梁)萧统编,(唐)李善注.《文选》,上海古籍出版社1986年版。

他的鄙薄和蔑视也就越深。《剧秦美新》的真意就在于此。陶渊明洞悉扬子之深心，所以《桃花源记》也借鉴了他的这种高妙的讽刺艺术。萧统亦了解《剧秦美新》的高妙之处，所以将它收入《文选》，以彰显其文学典范的意义。但李善说："王莽潜移龟鼎，子云进不能辟戟丹墀，亢辞鲠议，退不能草《玄》虚室，颐性全真，而反露才以耽宠，诡情以怀禄，素餐所刺，何以加焉？抱朴方之仲尼，斯为过矣。"六朝人把扬雄视为汉代的新圣，所以葛洪（283—363）在《抱朴子外篇》中才将他与孔、孟并列①。可见，李善对扬雄和《剧秦美新》的批评是欠妥的。

《闲情赋》二题

（一）"嗟"：古老的讹字

《陶渊明集》卷五《闲情赋》有著名的"十愿"，其中的第二愿是：

> 愿在裳而为带，束窈窕之纤身；
> 嗟温凉之异气，或脱故而服新。

这四句话，陶集各本的文字都完全一致，但其中的"嗟"是一个讹字，因为其他"九愿"此处的文字都是"悲"。根据晋人书法特点，我们可知"嗟"和"悲"这两个字的草写非常相似，所以这应当属于形近致讹。可知这个讹字由来已久。因各家校勘者均未发现这个问题，所以特为表出之。

---

① 杨明照（1909—2003）《抱朴子外篇校笺》卷第三十二《尚博》："是以仲尼不见重于当时，《太玄》见蚩薄于比肩也。"下册，第118页。同书卷第三十四《吴失》："孔墨之道，昔曾不行。孟轲、扬雄，亦居困否。有德无时，有自来矣。"下册，第166页。

（二）"十愿"的源流

《闲情赋》以"十愿"著名，与"十愿"相似的表达方式已经见于张衡（78—139）《定情赋》，蔡邕（133—192）《静情赋》，王粲（177—217）《闲邪赋》，应玚（？—217）《正情赋》和阮瑀（？—212）《止欲赋》，钱锺书《管锥编》①考证甚详。案《闲情赋》"十愿"之第九愿：

> 愿在竹而为扇，含凄飙于柔握；
>
> 悲白露之晨零，顾襟袖以缅邈。

此愿本于汉班婕妤（前48？—前6？）的《怨歌行》：

> 新裂齐纨素，鲜洁如霜雪。
>
> 裁为合欢扇，团团似明月。
>
> 出入君怀袖，动摇微风发。
>
> 常恐秋节至，凉风夺炎热。
>
> 弃捐箧笥中，恩情中道绝。②

班婕妤所表现是担心被负心男子抛弃的女性情怀，而陶渊明表现的则是苦于不能和所爱的女子永远相伴的男性的情怀。又如，钱氏胪列受陶渊明"十愿"影响的古典诗词，有"黄损《望江南》"词：

> 平生愿，愿作乐中筝；得近玉人纤手子，研罗裙上放娇声，便死也为荣。

《御选历代诗余》卷一选录该词，亦题曰"黄损《望江南》"。黄损

---

① 钱锺书：《管锥编》（第四册），中华书局1979年版，第1222—1223页。
② （宋）郭茂倩：《乐府诗集》卷四十二，第二册，中华书局1979年版，第616页。

（922 年前后在世）是五代人。《全唐诗》卷七百三十四录其诗四首①，存断句十联，但没有这首《望江南》。这首词实为五代人崔怀宝（生卒年不详）所作，见《全唐诗》卷八百九十一②，题为《忆江南》。《望江南》和《忆江南》属于同一词牌。崔氏的这首《忆江南》，又称《赠薛琼琼词》。明徐伯龄（1458—1487 间在世）《蟫精隽》卷五"琼琼词"条说：

> 唐崔怀宝《赠薛琼琼词》，盖《望江南》调也。不知缘何只半篇？……其意本陶渊明《闲情赋》。……故瞿存斋诗云："纤手娇声放研罗，崔生乐意竟如何？若非曾读《闲情赋》，争识渊明恨更多！"

钱氏可能沿袭了《御选历代诗余》的错误。又如，元金好问（1190—1257）《中州集》卷三《归来图戏作》诗曰："云髻春风一尺高，笑携儿女候归桡。情知一首《闲情赋》，合为微官懒折腰。"将陶渊明《归去来兮辞》和《闲情赋》并举，也颇有风趣，引人遐想，姑录于此。

《归去来兮辞》三题

（一）对曹丕《登台赋》的因袭

《陶渊明集》卷五《归去来兮辞》："舟遥遥以轻扬，风飘飘而吹衣。"《全三国文》卷四魏文帝《登台赋》有"风飘飘而吹衣"一句③，陶渊明直接纳入赋中。《陶渊明集》卷二《和胡西曹示顾贼曹》："蕤宾五月中，清朝起南飏。不驶亦不迟，飘飘吹我衣。"也是化用曹丕的赋语。《陶渊明集》卷一《停云》诗："霭霭停云，蒙蒙时雨。八表同昏，平路伊阻。"

---

① 《全唐诗》（第 21 册），中华书局 1960 年版，第 8389—8390 页。
② 《全唐诗》（第 25 册），中华书局 1960 年版，第 10059 页。
③ （清）严可均：《全上古三代秦汉三国六朝文》（第二册），中华书局 1958 年版，第 1074 页。

"停云霭霭，时雨蒙蒙。八表同昏，平陆成江。"古直注：

> 《文选》注引《文字集略》曰："霭，云雨状。"《诗·豳风》："零雨其蒙。"《毛传》："蒙，雨貌。"郑笺："归又遇雨蒙蒙然。"①

此为上引陶诗之远源，而近源则是曹丕的诗赋。《艺文类聚》卷二曹丕《愁霖赋》："玄云黯其四塞，雨蒙蒙而袭予。"同书卷五十九曹丕《黎阳作》三首（其二）："殷殷其雷，蒙蒙其雨。我徒我车，涉此艰阻。"可见陶公是非常熟悉曹丕诗文的。

（二）"遗"：一个讹字

《归去来兮辞》有"世与我而相遗"一句，各本陶集相同，但"相遗"一词令人费解，当作"相违"，"违"与"遗"由形近而致讹，因为这句话实际是明用《庄子·则阳篇》的典故：

> 是自埋于民，自藏于畔。其声销，其志穷，其口虽言，其心未尝言，方且与世违而心不屑与之俱。

"方且"一句就是"世与我而相违"的渊源。《庄子》的这段话是孔子针对"陆沈"的隐士市南宜僚所发表的评论，意思是说："他自隐于民间，自藏于田园。他声名沉寂，他志向无穷，他虽有所言论，而内心却寂然无言，和俗世相反而心不屑与世俗同流。"② 这就是《归去来兮辞》的寓意，所以接下来的一句说："复驾言兮焉求？"意思是说自己沉湎于脱俗的田园生活，此外一无所求，正是以市南宜僚这位古代的高士自况。《陆机集》卷六《拟东城一何高》："曷为牵世务，中心若有违。"陶潜正是此

---

① 古直笺注：《陶靖节诗笺》卷之一，台湾：广文书局1964年版，第1页。
② 陈鼓应：《庄子今注今译》，商务印书馆2007年版，第681—682页。

意。陶潜也经常化用陆诗的语言。《庚子岁五月中从都还阻风于规林》二首（其二）："自古叹行役，我今始知之。山川一何旷，巽坎难与期。"这四句诗本于《陆机集》卷六《拟涉江采芙蓉》："故乡一何旷，山川阻且难。沉思钟万里，踯躅独吟叹。"而《还旧居》诗："流幻百年中，寒暑日相推。"则本于陆机《拟东城一何高》："寒暑相因袭，时逝忽如颓。"在这种总体的诗学背景下，我们可以将陆机"曷为"两句诗视为《归去来兮辞》"世与我而相违"的近源，而上引《庄子》之文则是其远源。"违"是陶公诗文中的高频字眼。例如，《归去来兮辞》："饥冻虽切，违己交病。"又如，《陶渊明集》卷三《饮酒》二十首（其四）："托身已得所，千载不相违。"其九："纡辔诚可学，违己讵非迷！"卷四《咏三良》："厚恩固难忘，君命安可违！"《读〈山海经〉》十三首（其十一）："巨猾肆威暴，钦䲹违帝旨。"等等，皆是其例。由此可见，明了陶诗的用典，很有助于校勘陶诗。

（三）《归去来兮辞》与楚声

陶渊明的一首《归去来兮辞》使古往今来无数的文人学子为之心醉，为之倾倒。欧阳修甚至说："晋无文章，唯陶渊明《归去来兮辞》一篇而已。"① 足以表明人们对这篇经典作品的推重。这首赋的原名是《归去来》②，《归去来兮辞》的篇名是到宋代才开始流行起来的。"归去来"是六朝时期的口语③，其中的"来"是歌唱时使用的衬字，没有实际的意义。就文体而言，《归去来》属于骚体赋，但按照《文选》的分类，它属于"辞"，显然萧梁时代的人们认为它与音乐有关。在《文选》中，同类作品还有汉武帝的《秋风辞》，其语言形式与《归去来》完全相同。宋魏庆之

① （宋）苏轼：《东坡志林》卷七，青岛出版社2010年版。
② （南朝梁）萧统编，（唐）李善注：《文选》，上海古籍出版社1986年版。
③ 参见袁行霈《陶渊明集笺注》，中华书局2003年版，第464—465页。

（1240 年前后在世）《诗人玉屑》卷十三"休斋论归去来辞"条：

> 诗变而为骚，骚变而为辞，皆可歌也。词则兼诗骚之声，而尤简邃焉者。汉武帝作《秋风辞》，一章三易韵，其节短，其声哀，此词之权舆乎！陶渊明罢彭泽令，赋《归去来》，而自命曰"辞"，迨今人歌之，顿挫抑扬，自协声律，盖其词高甚，晋宋而下，欲追蹑之不能。汉武帝《秋风词》，尽蹈袭楚辞，未甚敷畅；《归去来》则自出机杼，所谓无首无尾，无终无始，前非歌而后非辞，欲断而复续，将作而遽止，谓洞庭钧天而不淡，谓霓裳羽衣而不绮，此其所以超然乎先秦之世，而与之同范者也。①

其实，《归去来》是可以演唱的楚调歌曲。例如，宋人朱熹在《楚辞后语》对《归去来》就有这样的评论："其词义夷旷萧散，虽托楚声，而无其尤怨且蹙之病云。"② 他认为在艺术形式上《归去来》属于楚声歌曲，但就情调而言与楚声明显不同，因为楚声的特点是"尤怨且蹙"，换成音乐学的术语，就是以商音（五音之一）为主，故有楚商之称，楚商的音乐特色就是悲凉、哀怨③，如陶渊明《咏荆轲》诗曰"商音更流涕"，《闲情赋》曰"悲商叩林"，而就词意而言，《归去来》则是一首充满愉悦情绪的欢乐颂。乐调与情调的矛盾正是这首楚歌的突出特点。《文选》卷二十六陶渊明《辛丑岁七月赴假还江陵夜行涂口》诗：

> 闲居三十载，遂与尘事冥。
>
> 诗书敦宿好，林园无世情。

---

① 影印文渊阁《四库全书》本《陶渊明集》卷五引，由"诗变"至"此词"诸句，不见今本《诗人玉屑》（上册），中华书局 2007 年版，第 282—283 页。

② 北京大学、北京师范大学中文系，《陶渊明资料汇编》（上册），中华书局 1962 年版，第 76 页。

③ 参见黄翔鹏《释"楚商"》，《文艺研究》1979 年第 2 期。

> 如何舍此去，遥遥至西荆。
>
> 叩栧新秋月，临流别友生。
>
> 凉风起将夕，夜景湛虚明。
>
> 昭昭天宇阔，晶晶川上平。
>
> 怀役不遑寐，中宵尚孤征。
>
> 商歌非吾事，依依在耦耕。
>
> 投冠旋旧墟，不为好爵荣。
>
> 养真衡茅下，庶以善自名。

　　从诗题看，这首诗作于晋安帝隆安五年（401），这一年是辛丑，诗题的意思是：辛丑年七月回家乡浔阳度假，返回江陵时夜行经过涂口。"遥遥"句，唐李善注："西荆州也。时京都在东，故谓荆州为西也。"江陵是楚国旧地，也是荆州治所。《乐府诗集》卷四十九《清商曲辞》六《西曲歌》下《江陵乐》解题引《通典》曰："江陵，古荆州之域，春秋时楚之郢地，秦置南郡，晋为荆州，东晋、宋、齐以为重镇。梁元帝都之有纪南城，楚渚宫在焉。"① 今日武当山的道教音乐中仍然包含着以商音为主调的楚声，从这种情况推断，在陶渊明的时代，江陵地区流行楚声，当是客观的事实。楚声是江陵的土风，故陶公熟悉楚调；江陵是桓氏的老巢，也是桓玄的根据地，故陶公创作《归去来》这首楚歌，实际上也婉转地表达了怀念荆楚、怀念故主的情思。《左传·成公九年》记晋侯观于军府，见到身陷囹圄的楚国乐师钟仪，"使与之琴，操南音"，范文子赞美说："楚囚，君子也……乐操土风，不忘旧也……不忘旧，信也。"② 《归去来》采用楚歌的艺术形式，其深隐的寓意正在于此。陶渊明曾入桓玄军幕为官③。宋

---

① （宋）郭茂倩编，《乐府诗集》第三册，人民文学出版社2010年版，第710页。
② 杨伯峻：《春秋左传注》第二册，中华书局2009年版，第844—845页。
③ 详见袁行霈《陶渊明与晋宋之际的政治风云》，《中国社会科学》1990年第2期。

洪迈（1123—1202）《容斋随笔·五笔》卷一"陶潜去彭泽"条：

> 《晋书》及《南史·陶潜传》皆云：潜为彭泽令，素简贵，不私事上官。郡遣督邮至，县吏白："应束带见之。"潜叹曰："吾不能为五斗米折腰，拳拳事乡里小人。"即日解印绶去，赋《归去来》以遂其志。案陶集载此辞，自有序，曰："余家贫，耕植不足以自给，彭泽去家百里，故便求之。及少日，眷然有归欤之情。何则？质性自然，非矫励所得，饥冻虽切，违己交病。怅然慷慨，深愧平生之志，犹望一稔，当敛裳宵逝。寻程氏妹丧于武昌，情在骏奔，自免去职，在官八十余日。"观其语意，乃以妹丧而去，不缘督邮。所谓矫励违己之说，疑必有所属，不欲尽言之耳！词中正喜还家之乐，略不及武昌，自可见也。①

从义熙三年（407）开始，刘裕对桓玄的余党进行了残酷的迫害和诛杀，有很多人死于非命。唐许嵩《建康实录》卷十载：

> （义熙）三年春二月，刘裕入朝。诛东阳太守殷仲文及弟叔文、道叔等三人。仲文，陈郡人，南蛮校尉觊之弟。有美才容貌。从兄仲堪荐于会稽王道子，累迁至新安太守，妻即桓玄姊也。闻玄平京邑，弃乡郡投玄。玄将篡，九锡文，仲文辞也。及玄篡位，总领诏命，以元勋，为玄侍中。极奢侈，家累千金。……刘裕以前党桓玄，因收之，并桓胤、卞承之等同下狱，伏诛。②

因此，陶渊明辞官归隐是很有远见的人生选择。

---

① （宋）洪迈：《容斋随笔·五笔》（下册），北京燕山出版社 2010 年版，第 841 页。
② （唐）许嵩：《建康实录》，中国文史出版社 2001 年版，第 328 页。

《晋故征西大将军长史孟府君传》二题

（一）陶渊明《晋故征西大将军长史孟府君传》与南朝乐府诗《大子夜歌》

《陶渊明集》卷六《晋故征西大将军长史孟府君传》记东晋时代桓温（312—373）与名士孟嘉（孟府君是陶渊明对外祖父的尊称）的对话，桓温问道："听妓，丝不如竹，竹不如肉"，这是为什么？孟嘉（生卒年不详）回答："渐近自然。""丝"是指弦乐器，"竹"是指管乐器，"肉"是指纯粹的清唱，所谓"听妓"，是指听歌女演唱。桓温提出的问题，是他在音乐艺术的欣赏活动中产生的真实感觉，而孟嘉则在哲学层面上给予了深刻的解释，那就是"丝—竹—肉"逐渐接近自然的三个艺术层次。所谓自然，不是自然而然的意思，而是本来如此原来如此应该如此的一种状态①。又郭茂倩《乐府诗集》卷四十五《清商曲辞》二《吴声歌曲》二《大子夜歌》二首：

一

歌谣数百种，子夜最可怜。
慷慨吐清音，明转出天然。

二

丝竹发歌响，假器扬清音。
不知歌谣妙，声势出口心。②

---

① 关于这个问题，可参看冯友兰（1895—1990）《中国哲学史新编》（中册），人民出版社2007年版，第516—518页；袁行霈《陶渊明的哲学思考》，《陶渊明研究》，北京大学出版社1997年版，第3页。

② （宋）郭茂倩编，《乐府诗集》第三册，人民文学出版社2010年版，第654页。

这两首吴歌，意思是说在流行的数百首歌谣中，《子夜歌》是最可爱最动人的，因为它的艺术风格刚健、明快、婉转、流丽，完全出于天然，与弦乐和管乐相比，《子夜歌》是发于心出于口的。显而易见，这两首吴歌几乎就是上述桓、孟对话的翻版。《乐府诗集》卷四十四《清商曲辞》解题说：

> 清商乐，一曰清乐。清乐者，九代之遗声。其始即相和三调是也，并汉魏已来旧曲。其辞皆古调及魏三祖所作。自晋朝播迁，其音分散，符坚灭凉得之，传于前后二秦。及宋武定关中，因而入南，不复存于内地。自时已后，南朝文物号为最盛。民谣国俗，亦世有新声。……后魏孝文讨淮汉，宣武定寿春，收其声伎，得江左所传中原旧曲，《明君》、《圣主》、《公莫》、《白鸠》之属，及江南吴歌、荆楚西声，总谓之清商乐。①

"宣武"就是指桓温，而依据郭茂倩的解说，《大子夜歌》二首确实与他有关，以上两首吴歌的曲调可能早就流行了。《乐府诗集》卷四十四《清商曲辞》一《子夜歌》四十二首解题引《唐书·乐志》："《子夜歌》者，晋曲也。晋有女子名子夜，造此声，声过哀苦。"② 这里说的是曲调。事实上，以上《大子夜歌》二首的歌词，应当是桓温时代的产物，极可能是桓温蓄养的伶人将他与孟嘉的对话敷衍成歌诗唱给他们听的。

（二）《晋故征西大将军长史孟府君传》的历史地理背景

孟府君是陶渊明对外祖父孟嘉的尊称。《陶渊明集》卷六《晋故征西大将军长史孟府君传》：

> 君讳嘉，字万年，江夏鄂人也。曾祖父宗，以孝行称，仕吴司

---

① （宋）郭茂倩编，《乐府诗集》第三册，人民文学出版社 2010 年版，第 638 页。
② 同上书，第 641 页。

空。祖父揖，元康中为庐陵太守。宗葬武昌新阳县，子孙家焉，遂为县人也。……太尉颖川庾亮……镇武昌，并领江州，辟君部庐陵从事。……举秀才，又为安西将军庾翼府功曹，再为江州别驾、巴丘令、征西大将军谯国桓温参军。

这里提到的江夏、鄂、庐陵、武昌、新阳、江州等郡县之名，在东晋时代都是由长江的水路交通连接起来的。案"江夏"句，"鄂"字乃"鄳"字之讹。袁行霈云："'鄳'，原作'鄂'，《晋书·孟嘉传》作'鄳'。《世说新语·识鉴》刘孝标注引《嘉别传》：'江夏鄳人。'《晋书·地理志》：江夏郡有'鄳'，而无'鄂'。今据改。"①。案《孟府君传》下文记高阳许询称"唯闻中州有孟嘉者"云云，"鄳"属中州故地（故治在今河南罗山县西南九里）②，而与"鄂"无关。"鄂"在东晋属于武昌郡。刘孝标所引《嘉别传》，就是陶渊明的这篇《孟府君传》。《孟府君传》称"宗葬武昌新阳县"，袁行霈《陶渊明集笺注》云："《世说新语·栖逸》及刘孝标注均作'阳新县'。《晋书·地理志》武昌郡下有阳新县，而无新阳县。今据改。"③ 此说极是。阳新在江州以西。东晋时期的武昌县是现在的湖北鄂州，乃当时武昌郡郡治所在，与现在的武昌（东晋时为夏口）无关。六朝考古工作者有准确的专业描述：

秦置鄂县，属于南郡。两汉时仍为鄂县，属荆州江夏郡。至三国时代的曹魏黄初二年（221），孙权自公安迁此，更名鄂为武昌，设武昌郡，辖武昌、下雉、寻阳、阳新、柴桑、沙羡六县，并筑武昌城，以此为吴王王都。孙吴黄龙元年（229），孙权称帝于武昌，同年秋迁都建业（今南京市）……孙吴甘露元年（265），后主孙皓又迁都武昌一年有余。

---

① 袁行霈：《陶渊明集笺注》，中华书局 2003 年版，第 492 页。
② 同上书，第 494 页。
③ 同上书，第 493 页。

故终孙吴之世，武昌均处于王都或首都、陪都的重要地位。西晋时武昌仍为郡治，统武昌、柴桑、阳新、沙羡、鄂、官陵等县。元康元年（291）由原属荆州改属新设的江州。此时，原属武昌郡的寻阳县已改属庐江郡。永兴元年（304）又自武昌郡分出柴桑县，与寻阳县合置寻阳郡。寻阳的兴起，显然使武昌的重要性有所减弱。但在东晋偏安江左时，武昌又再度成为长江中游的重镇，王敦、温峤、陶侃、庾亮与庾翼等大臣，均先后以荆州刺史或江州刺史的身份镇守武昌，而且他们还具有将军或大将军，以致都督江、荆或加督豫、益、梁、交、广诸州军事的权力，可见在东晋的前期，武昌实际上是长江中上游以至岭南地区的政治、经济中心。至东晋后期桓温专政后，改以江陵为其根据地，并以襄阳为其重镇，武昌的地位遂逐步减弱。①

根据这些历史地理知识，我们再审视《孟府君传》的地名和人物，一切就都了然于心了。

陶诗中的阮籍

《陶渊明集》卷三《饮酒》二十首（其十七）："行行失故路，任道或能通。"王叔岷引曹操《苦寒行》："迷惑失故路。"② 袁行霈引此诗："迷惑失故路，薄暮无宿栖。行行日已远，人马同时饥。"③ 足以显示"行行失故路"一句的文学渊源。但"任道或能通"一句，则与阮籍的事迹有关：《晋书》卷四十九《阮籍传》说他"时率意独驾，不由径路，车迹所穷，辄恸哭而反"，这就是所谓的"任道"。

---

① 南京大学历史系考古专业湖北省文物考古研究所鄂州市博物馆：《鄂城六朝墓》，科学出版社 2007 年版，第 4 页。

② 王叔岷：《陶渊明诗笺证稿》卷三，中华书局 2007 年版，第 327 页。

③ 袁行霈：《陶渊明集笺注》卷三，中华书局 2003 年版，第 275 页。

陶诗中的"四灵"

《陶渊明集》卷三《述酒》诗："西灵为我驯。""西"，南宋汤汉（1202—1272）认为是"四"的讹字，他说："义熙十四年，巩县人献嘉禾，裕以献帝，帝以归于裕。西灵当作四灵。裕受禅文有'四灵效征'之语。二句言裕假符瑞以奸大位也。"①"四灵"，又称"四象"，是古人所说的代表天空四个方向的人文动物：青龙是东方，白虎是西方，朱雀是南方，玄武是北方。《艺文类聚》卷九十六曹植《神龟赋》："嘉四灵之建德，各潜位乎一方。苍龙虹于东岳，白虎啸于西岗，玄武集于寒门，朱雀栖于南乡。顺仁风以消息，应圣时而后翔。"清严可均《全晋文》卷五十九成公绥（231—273）《天地赋》："若夫县象成文，列宿有章。三辰烛耀，五纬重光。……白兽时据于参伐，青龙垂尾于心房。玄龟匿首于女虚，朱鸟奋翼于注张。""四灵"的形象常见于汉晋时代的墓室壁画中。据冯时考证，"中国传统的四象体系至迟于公元前 2 世纪已经形成"②，而金宇飞根据现代天文学软件（Sky Map）测定，四象产生的上限为公元前 1000 年③。陶公以四象入诗，实不足怪。

陶渊明的无弦琴与释迦牟尼的无弦箜篌

《宋书·陶潜传》说："潜不解音声，而畜素琴一张，无弦，每有酒适，辄抚弄以寄其意。"后人视为风雅。其实，陶公弹奏无弦琴乃是

---

① 见丁福保《陶渊明诗笺注》卷三，华东师范大学出版社 2017 年版，第 127 页。
② 冯时：《中国天文考古学》第六章《星象考源》第五节《四象起源考》，中国社会科学出版社 2010 年版，第 409 页。
③ 参见金宇飞《四象的起源》，《寻根》2011 年第 4 期。

对老庄艺术哲学一种具体实践。《庄子·天地篇》："视乎冥冥，听乎无声。冥冥之中，独见晓焉；无声之中，独闻和焉。"无弦琴演绎的正是这种无声之"和"。唐僧义净译《根本说一切有部毗奈耶杂事》卷三十七说有一位善爱王妄自矜大，与佛祖共弹筌篌："佛即对彼共弹筌篌，佛断一弦彼亦断一，然二音声并无缺处；佛又断二，彼亦断二，然其音韵一种相似；佛又断三、断四，彼亦如是，乃至各留一弦，然音声不异。佛便总断，彼亦断之。佛于空中张手弹击，然其雅韵倍胜于常，彼便不能，情生希有，降伏傲慢，知彼音乐超胜于我。"[①]佛祖既然善弹无弦的筌篌，则无弦琴的观念在佛陀时代就已经出现了，或许陶公可以和他 PK 一下？

鲁迅陶诗"金刚怒目"说的历史渊源

鲁迅论陶诗："就是诗，除论客所佩服的'悠然见南山'之外，也还有'精卫衔微木，将以填沧海，刑天舞干戚，猛志固常在'之类的'金刚怒目'式，在证明着他并非整天整夜的飘飘然。这'猛志固常在'和'悠然见南山'的是一个人，倘有取舍，即非全人，再加抑扬，更离真实。"[②]鲁迅提出的"金刚怒目"论陶妙言，学术界素来以为深刻，影响广泛，征引不绝。但是，鲁迅的说法实际上来自朱熹。朱熹说："人皆说渊明平淡。据某看来，他自豪放，但放得不觉耳。其露出本领来，是《咏荆轲》一篇，平淡人如何说得这样言语。"[③]鲁迅对朱熹的说法加以发挥，而更为形象、生动。然则，大辂起于椎轮，朱子之解陶也是光彩熠

---

① 《大正新修大藏经》（第 24 册），0395b02，No. 1451。（日本）高楠顺次郎等辑，大正十三年至昭和九年（1924—1934）东京，大正一切经刊行会铅印本。

② 鲁迅：《且介亭杂文二集·"题未定"草六》，《鲁迅全集》（第 6 卷），人民文学出版社 2005 年版，第 422 页。

③ （清）方东树：《昭昧詹言》卷四第 14 条，人民文学出版社 1984 年版，第 101 页。

熠、功不可没的。明程敏政（1446—1499）《篁墩文集》卷三十六《题宋李龙眠白描渊明图后》曰："渊明平日诗最冲澹，至于《咏荆轲》，则激烈之气，奋然如不可遏，以秦谕宋也；平日与物无竞，至于檀道济馈粱肉，则峻却之，以道济事宋为心膂也。"可见，陶公的性格气质也具有多面性。

疎·疏·疏

"疎"字在《陶渊明集》中作为人物姓氏出现有六例，如卷四《咏二疎》诗："游目汉廷中，二疎复此举。"又卷九《集圣贤群辅录》上：

> 太子太傅疎广字仲翁
> 太子少傅疎受字公子
> 右二疎。东海人……时人谓二疎。

以上六例中的"疎"不可改为"疏"，更不可改为"疏"，正如作为姓氏的"范"，不可改为"泛"一样。中华书局1974年版标点本《晋书》卷五十一《束皙传》：

> 束皙字广微，阳平元城人，汉太子太傅疏广之后也。王莽末，广曾孙孟达避难，自东海徙居沙鹿山南，因去疎之足，遂改姓焉。

这里的"疏"是个错字，当作"疎"，否则传文中的孟达"去足改姓"之说就走空了。《晋书》校勘记说："'疎'又'疏'之异体，当时俗书'疎'字作'疎'，故生'去足'之说。"[1] 这种解释是很准确的。

---

① 《晋书》（第五册），中华书局1974年版，第1437页。

陶渊明和傅亮的共同语言

《陶渊明集》卷二《形影神》其三《形赠影》:"天地长不没,山川无改时。"卷三《乙巳岁三月为建威参军使都经钱溪》:"我不践斯境,岁月好已积。晨夕看山川,事事悉如昔。"其语言、语意与傅亮(374—426)《为宋公至洛阳谒五陵表》颇有相近之处。《文选》卷三十八载傅氏此表,有云:"山川无改,城阙为墟。"李善注引《晋书》曰:"义熙十二年,洛阳平,裕命修晋五陵,置守备。"可见这篇表作于义熙十二年(416),而"山川无改"则是晋宋之际的流行话语。陶渊明和傅亮都曾在桓玄手下任职。陶渊明《辛丑岁七月赴假还江陵夜行涂口》诗为陶公仕于桓玄手下的确证,而《宋书》卷四十三《傅亮传》载:"亮博涉经史,尤善文词。初为建威参军,桓谦中军行参军。桓玄篡位,闻其博学有文采,选为秘书郎,欲令整正秘阁,未及拜而玄败。"所以,陶渊明与傅亮可能有所接触。

陶渊明何以更名

朱自清《陶渊明年谱之问题》一文依据宋吴人杰所撰《陶靖节先生年谱》之说,力主陶公本名为渊明,入宋之后更名为潜[①]。此说至当。但对陶公更名之缘由,前人则无解说。案,刘裕于东晋义熙十二年(416)十月,率晋军攻克洛阳,修复晋五陵,置守卫,晋安帝司马德宗(382—419)随即颁发一道诏书加以褒扬,有"太尉公命世天纵,齐圣广渊,明烛四方"云云[②]。"齐圣广渊"是颂圣之辞,最早见于《尚书·微子之

---

① 朱自清:《朱自清古典文学论文集》(下册),上海古籍出版社2009年版,第458页。
② (梁)沈约:《宋书·武帝本纪》,中华书局1997年版。

命》，即周成王所谓"乃祖成汤，克'齐圣广渊'"①。又如，宋本陶集卷九《四八目》"八凯"条称"高阳氏才子八人。齐圣广渊，明允笃诚"。可见陶渊明对这种套话是非常熟悉的。晋义熙十四年（418）十二月，晋安帝被刘裕杀害②。元熙二年（420）六月，晋恭帝禅位于刘裕，颁发诏书，又撰让国玺书，玺书中有"夫'或跃在渊'者，终飨九五之位"之语③。永初二年（420）六月，刘裕登基称帝。次年九月，晋恭帝司马德文（385—421）被其杀害④。在这种惨痛的历史背景下，由于义熙十二年晋安帝的那道表彰刘裕功勋的诏书"渊""明"二字连书，同时，晋恭帝让国玺书又引用了《周易》"或跃在渊"的话（参见下文），陶渊明心怀悲愤，因而放弃了"渊明"之名，而更名为"潜"。这样既避免了僭越、犯上的嫌疑，又巧妙地表达了自己的政治态度和归隐情志。"潜""渊"二字是有联系的。《周易》云"初九，潜龙勿用"，"或跃在渊，无咎"⑤，是为陶渊明更名之所本，盖陶公之更名，实乃以"龙"自喻也。沈约称陶潜"耻复屈身后代"⑥，陶渊明之更名足证其实。

陶渊明族叔陶夔事迹钩沉

陶夔（405年前后在世）为陶渊明从父，曾任太常等职。陶渊明《晋故征西大将军长史孟府君传》："光禄大夫南阳刘耽，昔与君同在温府，渊明从父太常夔尝问耽：'君若在，当已作公否？'答云：'此本是三司人。'"《归去来兮辞序》："会有四方之事，诸侯以惠爱为德，家叔以余贫

---

① 唐孔颖达（574—648）：《尚书正义》卷十三，《十三经注疏》（上册），中华书局1998年版，第200页。
② 《晋书》卷十《安帝本纪》，中华书局1974年版。
③ （梁）沈约：《宋书·武帝本纪》，中华书局1997年版。
④ 《晋书》卷十《恭帝本纪》，（唐）房玄龄等人著，中华书局1996年版。
⑤ 孔颖达：《周易正义》卷一，《十三经注疏》（上册），中华书局1998年版，第13页。
⑥ （梁）沈约：《宋书》卷九十三《隐逸列传·陶潜》，中华书局1997年版。

苦，遂见用于小邑。"其所谓"家叔"，就是指陶夔。《太平御览》卷二百四十九引沈约《俗说》①：

> 陶夔为王孝伯参军。三日曲水集，陶在前行坐，有一参军督护在坐。陶于坐作诗，随得五三句。后坐参军督护随写取诗，成；陶犹更思补缀。后坐写其诗者先呈，陶诗经日方成。王怪，笑陶参军，乃复写人诗；陶愧愕不知所以。王后知陶非滥，遂弹去写诗者。

《俗说》的记载说明，陶夔也是一位诗思敏捷、创作严谨的诗人。他的诗风可能对陶渊明有一定影响。释慧皎《高僧传》卷第十二《亡身篇·晋霍山释僧群》：

> 释僧群，未详何许人。清贫守节，蔬食诵经。后迁居罗江县之霍山，构立茅室。山孤在海中，上有石盂，径数丈许，水深六七尺，常有清流。古老相传云：是群仙所宅，群仙饮水不饥，固绝粒。后晋守太守陶夔闻而索之，群以水遗夔，出山辄臭。如此三四。夔躬自越海，天甚晴霁，及至山，风雨晦暝，停数日，竟不得至。乃叹曰："俗内凡夫，遂为贤圣所隔！"慨恨而返。②

"后晋"句，汤校："《弘教》本、金陵本'守'作'安'。"是。《全唐诗》卷二百十八杜甫（712—770）《佳人》诗："在山泉水清，出山泉水浊。"即暗用"常有清流""出山辄臭"之典故。这里所举有关陶夔的记载，前人尚未注意，特为表出之。

---

① （唐）魏征：《隋书》卷三十四《经籍志》："《俗说》三卷，沈约撰，梁五卷。"中华书局1997年版。
② （南朝梁）慧皎：《高僧传》，中华书局1992年版，第445页。

《陶渊明集》与李德裕诗文

中唐时代著名的政治家和文学家李德裕（787—850）对《陶渊明集》非常谙熟。今以陶集中的诗文与李氏作品互证，可以发现许多问题。《李卫公别集》卷二《问泉途赋并序》："《问泉途》，思沈侯也。……陶靖节亦称'人生实难，生如之何'，今作赋以问之。"陶渊明的这两句话见于《陶渊明集》卷八《自祭文》，但"生如之何"一句，"生"，宋本及其他各本均作"死"，审其文词，似乎不如"生"字义胜。所以，李德裕的引文就很有校勘价值。又如，"陶归衡宇，喜松菊之犹存"（《会昌一品集》别集卷九《平泉山居草木记》）本于《陶渊明集》卷五《归去来兮辞》："乃瞻衡宇……松菊犹存。""渊明菊犹在，仲蔚蒿莫剪"（同上，《早秋龙兴寺江亭闲眺忆龙门山居寄崔张旧从事》）上句亦本《归去来兮辞》"松菊犹存"，下句则本于《陶渊明集》卷四《咏贫士》七首（其六）："仲蔚爱穷居，绕宅生蒿蓬。""岂知陶靖节，只自爱吾庐"（同上，卷十《郊外即事奉寄侍郎大尹》）"陶潜虽好事，观海只披图"（同上，《海鱼骨》）这四句诗本于《陶渊明集》卷四《读〈山海经〉》十三首（其一）"吾亦爱吾庐"和"流观《山海图》"。最典型的是《伤年赋并序》，序曰："余兹年五十，久婴沈痼，楚泽卑湿，杳无归期。恐田园将芜，不遂悬车之适，乃为此赋。"赋曰："五十已至，生涯可知。在乐安而犹叹，况形神之支离。……邈故园之寥远，念归途之未期。顾稚子而凄恻，想田庐而涕洟。……"（同上，卷二）案宋本陶集卷二《游斜川》诗"开岁倏五十"，"十"字下有宋人校语："一作日。"以此句诗关乎陶渊明的享年问题，故素有"五十""五日"之争论，今观上引李德裕《伤年赋并序》，此争论可以止矣。因为序曰"余兹年五十"，赋曰"五十已至，生涯可知"，正是化用"开岁倏五十，吾生行归休"两句陶诗。序中"恐田"句，本《归去来兮辞》："田园将芜胡不归。""不遂"句，本《陶渊明集》卷二《于王抚军座送客》："悬车敛余晖。"案，此句陶诗"车"字下有宋人校语："一作崖。"看来这个异文也是错误的。《陶渊明集》卷三《庚子岁五月中从都还阻风于规林》二首（其一）："江山岂不险，归子念前涂。"《始作镇军参军经曲阿》："投策命晨装，暂与园田疏。"《伤年赋》"邈故"二句融化了以上陶诗的语意。而"顾稚"句，则本于《归去来兮辞序》："余家贫，耕植不足以自给。幼稚盈室……"案，"幼稚盈室"，"室"字下有宋人校语："一作'兼稚子盈室'。"可见李德裕所读陶集，该句文本与宋人的这条校语是一致的，而这种文本也确实较"幼稚盈室"为胜。《伤年赋》"想田"句，本于《陶渊明集》卷三《乙巳岁三月为建威参军使都经钱溪》："园田日梦想，安得久离析！"可见，李德裕作品中有关陶渊明诗文的信息是很值得关注的。

蒲积中《古今岁时杂咏》中的陶诗异文

南宋学者蒲积中（生卒年不详）编纂的《古今岁时杂咏》一书着录了四首陶诗。《四库全书总目》卷一百八十七"《古今岁时杂咏》四十六卷"：

> 宋蒲积中编。积中履贯未详。初宋绶有《岁时杂咏》二十卷，晁公武《郡斋读书志》谓宣献昔在中书第三阁，手编古诗及魏晋迄唐人岁时章什，厘为十八卷，今益为二十卷。积中因其原本，续为此书。前有绍兴丁卯自序，称宣献所集，允称广博，然本朝如欧阳、苏、黄、与夫、半山、宛陵、文潜、无已之流，逢时感慨，发为辞章，不在古人下。因取其卷目而择今代之诗，附之名曰《古今岁时杂咏》，镂板以传。盖所增唯宋人之诗，而目类则一仍其旧也。

绍兴丁卯为宋高宗绍兴十七年（1147），《古今岁时杂咏》编成于此年。而据《四库总目》所言，《古今岁时杂咏》，原名《岁时杂咏》，是由北宋时期的著名学者宋绶（991—1040）草创的（宣献是宋绶的谥号），原本 18 卷，收录"古诗及魏晋迄唐人岁时章什"，而至晁公武（1131 年进士）时此书增至 20 卷，蒲积中"因其原本"，续成《古今岁时杂咏》46卷，新增录宋代诗歌 1243 首。由此推断，《古今岁时杂咏》中的四首陶诗是由宋绶编入《岁时杂咏》（以下简称为《杂咏》）的，所以很有版本校勘价值，陶诗在北宋的流传情况由此亦可见一斑。兹以宋本《陶集》为底本（底本中的小字为宋人校语）参校之。

宋本《陶集》卷二《游斜川一首并序》：

> 辛丑一作酉正月五日，天气澄和一作穆……望曾一作层，下同城……有爱嘉名。欣对不足，率尔宋本作共，一作共尔赋诗。……各疏年纪乡里，以记其时日。
>
> ……未知从今去，当复一作得如此不。……

按，此诗又见南宋学者蒲积中编纂的《古今岁时杂咏》卷四十三，题作"《游斜川作并序》"。"辛丑"句，"丑"，《杂咏》作"酉"，与宋人校语相合。"天气"句，"和"，《杂咏》作"穆"，与宋人校语相合。"望曾"句，《杂咏》作"层"，与宋人校语相合。"有爱"句，《杂咏》作"有爱喜一作嘉名"，其中"一作嘉"亦为宋人校语。"率尔"句，《杂咏》作"率尔共赋诗"，似较宋本及宋本校语中之异文为胜。"各疏"二句，《杂咏》作"各疏年纪，以记其时"，上句无"乡里"，下句无"日"。"未知"句，"今"，《杂咏》作"此"。"当复"句，"此"，《杂咏》作"意"。在这些异文中，宋本《陶集》的"辛丑"，《杂咏》的"辛酉"，这是最关键也最有学术价值的资料。因为这直接涉及陶渊明的享年问题［辛丑为晋安帝司马德宗隆安五年，即公元 401 年，袁行

需 76 岁说相合①；辛酉为宋武帝刘裕（363—422）永初二年，即公元 421
年，与梁启超 56 岁说相合②]。"辛酉"这个异文的存在，可能对 76 岁享
年说威胁最大。

宋本《陶集》卷二《九日闲居一首并序》：

> 余闲居，爱重九之名。……寄怀于言。
>
> 世短意恒多，斯人乐久生。
>
> ……
>
> 露凄暄风息，气澈（一作清，又作洁）天象明。
>
> ……
>
> 菊（宋本作为）解制颓龄。
>
> ……寒华徒自荣。
>
> ……

按，此诗见《杂咏》卷三十三，题作"《九日作并序》"。"余闲"二
句，《杂咏》作"余爱重阳之名"。"寄怀"句，"言"，《杂咏》作"诗"。
"斯人"句，"乐"字下，"久"，《杂咏》作"人"。"露凄"句，"暄"，
《杂咏》作"炎"，义较胜。"气澈"句，"澈"，《杂咏》作"结"。"菊
为"句，"为"，《杂咏》作"解"，与底本校语相合。然此校语之"宋本"
指宋庠（996—1066）校本，非泛指宋代陶集之版本。"寒华"句，"华"，
《杂咏》作"花"。

宋本《陶集》卷二《五月旦作和戴主簿一首》：

---

① 参见袁行霈《陶渊明享年考辨》，《陶渊明研究》，北京大学出版社 2009 年版，第 205—
231 页。

② 参见梁启超《陶渊明年谱》，许逸民校辑《陶渊明年谱》，中华书局 1986 年版，第 137—
167 页。

……

发岁始（一作若）俯仰……

南窗（一作明两）罕悴（一作萃时）物……

即事如以（一作已）高，何必升华嵩！

按，此诗见《杂咏》卷四十四，题目相同。"发岁"，"始"，《杂咏》作"若"，与底本校语相合。"南牕"句，《杂咏》作"明圃罕悴物"。"即事"句，"以"，《杂咏》作"已"，与底本校语相合。"何必"句，"升"，《杂咏》作"升"，"升"为"升"之简化俗体字。

宋本《陶集》卷三《己酉岁九月九日一首》：

凄凄风露交。蔓草不复荣，园木（一作林）空自凋。清气（一作光）澄余滓，杳（一作遥）然天界高。哀（一作衰）蝉无归响，燕……燕（一作丛）雁鸣云霄。万化相寻绎（一作异），人生岂不劳？……念之中（一作令）心焦。……

按，此诗见《杂咏》卷三十三，题目作"《己酉岁九月九日作》"。"凄凄"句，"交"，《杂咏》作"调"。"蔓草"句，"荣"，《杂咏》作"盛"。"园木"句，"木"，《杂咏》作"林"，与底本校语相合。"清气"句，"滓"，《杂咏》作"泽"，与底本校语相合。"杳然"句，"杳"，《杂咏》作"遥"，与底本校语相合。"燕雁"句，"燕"，《杂咏》作"丛"，与底本校语相合。"万化"句，"绎"，《杂咏》作"异"，与底本校语相合。"人生"句，"人"，《杂咏》作"民"，是。盖原本如此，唐人为避唐讳而改"民"为"人"。"念之"句，"中"，《杂咏》作"使"；"焦"，《杂咏》作"憔"，义较胜。

以上列举的陶诗异文，有许多可与宋本《陶集》中的宋人校语相印证，此为其重要价值之所在。据《宋史》卷二百九十一本传，宋绶"为外祖杨徽之所器爱。徽之无子，家藏书悉与绶，绶母亦知书，每躬自训教，以故博通经史百家，文章为一时所尚。……为儿童时手不执钱，家藏书万余卷，亲自校雠，博通经史百家。"而宋沈括《梦溪笔谈》卷二十五载："宋宣献博学，喜藏异书，皆手自校雠。尝谓校书如扫尘，一面扫，一面生，故一书三四校犹有脱谬。"这样一位学识渊博、学风严谨的学者，其收藏之《陶渊明集》必自不俗，由以上各例可见一斑。

陶渊明与张协

陶渊明深受西晋太康时期（280—289）作家的影响，除陆机（261—303）、左思（250？—305）的作品之外，张协（？—307？）的《杂诗》（《文选》卷二十九）也在一定程度上构成了陶诗的"底文"。例如，张协《杂诗》十首（其九）：

> 结宇穷冈曲，耦耕幽薮阴。
> 荒庭寂以闲，幽岫峭且深。
> 凄风起东谷，有渰兴南岑。
> 虽无箕毕期，肤寸自成霖。
> 泽雉登垄雊，寒猿拥条吟。
> 碛礰无人迹，荒楚郁萧森。
> 投耒循岸垂，时闻樵采音。
> 重基可拟志，回渊可比心。
> 养真尚无为，道胜贵陆沉。
> 游思竹素园，寄辞翰墨林。

"结宇"二句与《饮酒》二十首（其五）"结庐在人境"和《辛丑岁七月赴假还江陵夜行涂中》"商歌非吾事，依依在耦耕"。"荒庭"二句与

《饮酒》二十首（其十五）："贫居乏人工，灌木荒余宅。班班有翔鸟，寂寂无行迹。""泽雉"四句与《丙辰岁八月中于下潠田舍获》："扬楫越平湖，泛随清壑回。郁郁荒山里，猿声闲且哀"和《癸卯岁始春怀古田舍》二首（其一）"寒草被荒蹊，地为罕人远"。"投耒"二句与《饮酒》二十首（其十九）："畴昔苦长饥，投耒去学仕。""养真"二句与《辛丑岁七月赴假还江陵夜行涂口》"养真衡茅下，庶以善自名"和《咏贫士》七首（其五）："贫富常交战，道胜无戚颜"。"游思"二句与《饮酒·序》："既醉之后，辄题数句自娱，纸墨遂多，辞无诠次，聊命故人书之，以为欢笑尔。"均构成互文性关系。又如，张协《杂诗》十首（其十）：

> 里无曲突烟，路无行轮声。
>
> 环堵自颓毁，垣间不隐形。
>
> 尺烬重寻桂，红粒贵瑶琼。
>
> 君子守固穷，在约不爽贞。
>
> 虽荣田方赠，惭为沟壑名。
>
> 取志於陵子，比足黔娄生。

陶渊明《癸卯岁十二月中作与从弟敬远》诗："寝迹衡门下，邈与世相绝。……高操非所攀，深得固穷节。平津苟不由，栖迟讵为拙？"正以张协此诗为互文本。而"里无"一句与《归园田居》五首（其一）："依依墟里烟。""路无"一句与《饮酒》二十首（其五）："而无车马喧。""环堵"一句与《五柳先生传》："环堵萧然，不蔽风日，短褐穿结，箪瓢屡空，晏如也。""垣间"一句与《咏贫士》七首（其三）："弊襟不掩肘，藜羹常乏斟。""取志"一句与《扇上画赞·於陵仲子》："至矣於陵，养气浩然。蔑彼结驷，甘此灌园。""比足"一句与《五柳先生传》"赞曰：黔娄之妻有言：'不戚戚于贫贱，不汲汲于富贵'"也都构成了互文性关系。上举陶诗各句，均以张协的这两首《杂诗》为底文。

陶渊明与陶侃

陶渊明对曾祖父陶侃是非常崇敬的，宋本《陶集》卷一《赠长沙公族祖》和《命子》二诗足以反映他的这种情感。《宋书·陶潜传》："潜弱年薄宦，不洁去就之迹，自以曾祖晋世宰辅，耻复屈身后代，自高祖王业渐隆，不复肯仕。"可见，陶侃对陶渊明的人生选择也产生了决定性的影响。这些都是人们熟知的事实，但情况可能远不止此。譬如，陶渊明重视农耕，强调衣食为立命之本。《庚戌岁九月中于西田获早稻》诗："人生归有道，衣食固其端。孰是都不营，而以求自安！开春理常业，岁功聊可观。晨出肆微勤，日入负禾还。"《丙辰岁八月中于下潠田舍获》诗也表达了从事农业劳动的愉悦之情。而他在《劝农》诗对农业生产的重要更作了深刻的总结："民生在勤，勤则不匮。宴安自逸，岁暮奚冀？儋石不储，饥寒交至。顾余俦列，能不怀愧。"这与陶侃的影响是分不开的。《晋书》卷六十六《陶侃传》载："尝出游，见人持一把未熟稻，侃问：'用此何为？'人云：'行道所见，聊取之耳。'侃大怒曰：'汝既不田，而戏贼人稻！'执而鞭之。是以百姓勤于农殖，家给人足。"陶侃认为从事农业劳动是非常神圣的，所以对于无故毁坏他人劳动成果的人绝不留情，予以严厉惩罚。因此，在他治理的地区，就出现人人劳动、家家丰足的景象。此外，陶渊明喜欢柳树，曾作《五柳先生传》以自况。这也可能与陶侃的影响有关。《晋书·陶侃传》载："侃性纤密好问，颇类赵广汉。尝课诸营种柳，都尉夏施盗官柳植之于己门。侃后见，驻车问曰：'此是武昌西门前柳，何因盗来此种？'施惶怖谢罪。""官柳"私用固然是犯法的行为，但五柳先生宅边的"五柳"是"私柳"，这不仅是合法的，还是富有诗意的。

陶潜与陶阶和张野

　　《隋书》卷三十五《经籍志》："宋征士陶潜集九卷，梁五卷，录一卷。又有《张野集》十卷，宋零陵令《陶阶集》八卷。"关于陶阶其人，史籍中没有记载。张野（349—418）是陶渊明的好友和亲家。《晋书》卷九十四《隐逸列传·陶潜》：

　　　　既绝州郡觐谒，其乡亲张野及周旋人羊松龄、宠遵等或有酒要之，或要之共至酒坐，虽不识主人，亦欣然无忤，酣醉便反。

无名氏所撰《莲社高贤传》称：

　　　　张野字莱民，居寻阳紫桑。与渊明有婚姻契。野学兼华梵，尤善属文。性孝友，田宅悉推与弟，一味之甘，与九族共。州举秀才、南中郎、府功曹、州治中，征拜散骑常侍，俱不就。入庐山依远公，与刘、雷同尚净业。及远公卒，谢灵运为铭，野为序首，称门人。世服其义。义熙十四年与家人别，入室端坐而逝。春秋六十九。

　　据此推断，陶阶当属于浔阳陶氏族人，与陶潜的具体关系，难以确定。

谢希逸事迹诗文系年

胡耀震*

谢庄字希逸，南朝杰出的骈文家、诗人。其《月赋》《宋孝武宣贵妃诔》见收于《文选》，他的诗为钟嵘《诗品》所称道。谢庄为文识宫商清浊，是刘宋时声律说的重要倡导者和实践者；他又擅长书画、音乐，在艺术史上占有地位。谢庄一生都在刘宋一代，他和他的家族不但处于刘宋文学的中心，也常常处于当时激烈的政治斗争的中心。因而对他的生平事迹、诗文进行系年是很有意义的。曹道衡、刘跃进先生的《南北朝文学编年史》（人民文学出版社 2000 年版）对这项工作曾有所涉及，陈庆先生《谢庄年谱》（2005 年中华文学史料学国际学术研讨会论文）嗣后也对此稍有增益，但都同样过于简略，事迹和诗文的系年遗漏都太多。笔者于 1996 年间曾穷搜有关史料，补辑谢庄佚作，作出本文的初稿；最近拜读时贤之作，不禁技痒，因而再次修改完善旧文，献于方家同好，以求斧正。

谢庄字希逸。

---

* 作者单位：江西师范大学文学院。

《宋书》卷八十五《谢庄传》（以下简称《宋传》）："谢庄字希逸。"

陈郡阳夏人。

《宋传》："陈郡阳夏人。"《宋书》卷三十六《州郡志二》载：陈郡属豫州，"陈郡太守，汉高立为淮阳国，章帝元和三年更名。晋初并，梁王彤薨，还为陈。《永初郡国》有……阳夏"。按：阳夏，隋改太康县，在今河南省太康县境。陈郡阳夏，是谢庄祖籍。

高祖万，字万石，晋豫州刺史；高祖母王氏。万兄安，字安石，晋庐陵郡公，性好音乐。万、安并能文工书。曾祖韶，字穆度，晋车骑司马。祖思，字景伯，晋武昌太守；祖母刘氏。思从弟峻，晋散骑侍郎。峻弟混，字叔源，晋尚书左仆射，尝与族子灵运、瞻、曜、弘微以文义赏会，为乌衣之游。父谢弘微，本名密，以字行，宋太常。谢混、谢灵运、谢瞻俱显宦、知名文人，为刘勰、钟嵘所称，作品见收于《文选》。

《宋传》："太常弘微子也。"《宋书》卷五十八《谢弘微传》："谢弘微……祖韶，车骑司马。父思（按，"思"《南史》卷二十《谢弘微传》同，《晋书》卷七十九《谢安传》作"恩"），武昌太守。从叔峻，司空琰第二子也，无后，以弘微为嗣。弘微本名密，犯所继内讳，故以字行。"又载"弘微舅子领军将军刘湛"，可推知弘微母刘氏。

《晋书·谢安传》载：谢安弟万，字万石，豫州刺史；"太原王述，万之妻父也，为扬州刺史"。万"子韶，字穆度，少有名。……韶至车骑司马。韶子恩，字景伯……武昌太守。恩三子：曜、弘微，皆历显位"。《隋书》卷三十二《经籍志一》："《周易系辞》二卷，晋西中郎将谢万等注。……《集解孝经》一卷，谢万集。"又卷三十五《经籍志四》："晋散骑常侍《谢万集》十六卷，梁十卷。"唐张怀瓘《书断》卷中：谢万"工书"。北宋王著《淳化阁帖》卷二辑有谢万《告朗帖》。北宋佚名《宣和书谱》卷七："万工言论，善属文，作字自得家学，清润遒劲，风度不凡，然于行、草最长，少及见者，独《鲠恨》一帖，尤著见于世，其亦魏、晋已来流传到眼者，类多哀悼语，此其然也。今御府所藏行书二：《贤妹帖》《鲠恨帖》。"

《晋书·谢安传》载："谢安，字安石，尚从弟也。父衷，太常卿。"又载谢安"善行书。……寓居会稽，与王羲之及高阳许询、桑门支遁游处，出则渔弋山水，入则言咏属文，无处世意。……性好音乐，自弟万丧，十年不听音乐。及登台辅，期丧不废乐。……以平苻坚勋，更封庐陵郡公"。又载谢安二子：瑶、琰；琰三子：肇、峻、混，峻以琰勋封建昌侯，卒赠散骑侍郎；"混字叔源。少有美誉，善属文。……历中书令、中领军、尚书左仆射、领选"。又载谢安兄奕，奕子谢玄，以淝水之战胜前秦勋封康乐县公；玄子瑍，秘书郎，早卒；瑍子灵运。

《宋书·谢弘微传》载：谢弘微"童幼时，精神端审，时然后言。所继叔父混名知人，见而异之……混风格高峻，少所交纳，唯与族子灵运、瞻、曜、弘微并以文义赏会。常共宴处，居在乌衣巷，故谓之乌衣之游。混五言诗所云'昔为乌衣游，戚戚皆亲侄'者也。其外虽复高流时誉，莫敢造门。瞻等才辞辩富，弘微每以约言服之，混特所敬贵，号曰微子。……（混）尝因醼宴之余，为韵语以奖劝灵运、瞻等曰：'……'灵运等并有诫励之言，唯弘微独尽褒美"。

《文心雕龙·时序》言刘宋时文学家族之盛说："颜谢重叶以风采。"《诗品》列谢灵运诗于上品，列谢瞻、谢混诗于中品。《文选》收谢混诗一首，谢瞻诗五首，谢灵运诗39首。

宋武帝永初二年（421）　生

《宋传》载谢庄泰始二年（466）卒，时年四十六，据此推知，生于此年。

族伯谢瞻卒。

《宋书》卷五十六《谢瞻传》载：永初二年谢瞻“卒，时年三十五。瞻善于文章，辞采之美，与族叔混、族弟灵运相抗。”《宋书·谢弘微传》载谢弘微元嘉十年（433）卒，时年四十二，据此推之，谢庄父谢弘微本年30岁。

宋文帝元嘉三年（426）丙寅　6岁

族伯谢晦举兵反，败，被执，作《悲人道》，伏诛，临死与谢世基为连句诗。

《宋书》卷五《文帝纪》载：元嘉三年（426）春正月“遣中领军到彦之、征北将军檀道济讨荆州刺史谢晦。上亲率六师西征……（二月）己卯，擒晦于延头，送京师伏诛”。又卷四十四《谢晦传》载谢晦举兵反，被执，“槛送京师，于路作《悲人道》，其词曰……于是与晦、遁、兄子世基、世猷及同党……并伏诛。世基，绚之子也，有才气。临死为连句诗曰：‘伟哉横海鳞，壮矣垂天翼。一旦失风水，翻为蝼蚁食。’晦续之曰：‘功遂侔昔人，保退无智力。既涉太行险，斯路信难陟。’晦死时，年三十七”。《诗品》卷中列谢世基于中品，称其“文虽不多，气调警拔”。《宋书·谢瞻传》载谢晦为谢瞻之弟。谢庄父谢弘微本年35岁，少于谢晦。

元嘉四年（427）丁卯　7岁

能属文，通《论语》。

《宋传》：“年七岁，能属文，通《论语》。”

伯父谢曜卒。

《宋书·谢弘微传》：“（弘微）兄曜历御史中丞，彭城王义康骠骑长史，元嘉四年卒。”

元嘉七年 (430) 庚午   10 岁

族叔谢惠连作《祭古冢文并序》《雪赋》。

《宋书》卷五十三《谢方明传附谢惠连传》载：惠连"能属文，族兄灵运深相知赏……元嘉七年，方为司徒彭城王义康法曹参军。是时义康治东府城，城堑中得古冢，为之改葬，使惠连为祭文，留信待成，其文甚美。又为《雪赋》，亦以高丽见奇"。《祭古冢文并序》见《文选》卷六十，文中云："元嘉七年九月十四日。"《雪赋》见《文选》卷十三。谢惠连年少于谢庄父谢弘微，考见"元嘉十年"条。

元嘉十年 (433) 癸酉   13 岁

父谢弘微卒。

《宋书·谢弘微传》载，谢弘微"（元嘉）十年卒，时年四十二。……追赠太常"。

族伯谢灵运于广州弃市。

《宋书》卷六十七《谢灵运传》载：谢灵运为临川内史，"兴兵叛逆，遂有逆志。为诗曰：……太祖诏于广州行弃市刑。临死作诗曰：……时元嘉十年，年四十九。所著文章传于世"。

谢惠连卒。

《宋书·谢方明传附谢惠连传》载谢惠连"（元嘉）十年，卒，时年二十七"。

元嘉十五年 (438) 戊寅   18 岁

美容仪，与王景文齐名。又与善声律族弟谢孺子齐名。

《宋传》："及长，韶令美容仪，太祖见而异之，谓尚书仆射殷景仁、领军将军刘湛曰：'蓝田出玉，岂虚也哉。'"《宋书》卷八十五《王景文传》载景文"美风姿，好言理，少与陈郡谢庄齐名"。《南史》卷十九《谢裕传》："（谢）孺子，少与族兄庄齐名。多艺能，尤善声律。"

元嘉十六年（439）己卯　19岁

初为始兴王浚后军法曹行参军。

《宋传》："初为始兴王浚后军法曹行参军，转太子舍人"。《宋书》卷九十九《二凶传》载：始兴王刘浚"（元嘉）十六年，都督湘州诸军事、后将军、湘州刺史"。

元嘉十七年（440）庚辰　20岁

转太子舍人，从太子至京口，作《侍宴蒜山诗》。

诗见《艺文类聚》卷八，诗云："龙旌拂纤景，凤盖起流云。"《宋书》卷十八《礼志五》："汉制，太子、皇子皆安车……皆左右骈驾，五旗，旗九旒，画降龙。"《晋书》卷二十五《舆服志》："皇太子安车……亦谓之鸾路。"《南齐书》卷十七《舆服志》："皇太子象辂。校饰如御，旗九旒降龙。"《文选》卷二十二颜延之《车驾幸京口侍游蒜山作》李善注云："刘桢《京口记》曰：'蒜山，无峰岭，北临江。'……蒜山在润州西二里，京口在润州。"《宋传》："初为始兴王浚后军法曹行参军，转太子舍人。"《宋书·二凶传》载："（元嘉）十七年，（太子）劭拜京陵，大将军彭城王义康、竟陵王诞、尚书桂阳侯义融并从，司空江夏王义恭自江都来会京口。"

冬，刘湛伏诛。谢庄迁庐陵王文学。

《宋传》："转太子舍人，庐陵王文学。"《宋书·文帝纪》："冬十月戊午，前丹阳尹刘湛有罪，及同党伏诛。"《宋书·谢弘微传》载刘湛为谢弘微舅子，谢庄当因刘湛之罪迁官。

元嘉十八年（441）辛巳　21岁

子谢朏生。

《梁书》卷十五《谢朏传》："谢朏字敬冲……父庄"，又载朏薨"时年六十六"。又，卷二《武帝纪中》载天监五年"十二月癸卯，司徒谢朏薨"。据此推之，谢朏当生于是年。

范晔为始兴王浚后军长史。谢庄转太子洗马。

《宋传》："庐陵王文学，太子洗马。"《宋书》之《二凶传》载始兴王、后将军刘浚"（元嘉）十七年，为扬州刺史，将军如故，置佐领兵"。卷六十九《范晔传》："（元嘉）十六年，母亡……服阕，为始兴王浚后军长史，领南下邳太守。及浚为扬州，未亲政事，悉以委晔。"以宋制母亡守丧27月推之，范晔服阕为长史在本年。按，《宋书》卷五十二《谢景仁传》载：谢景仁是谢晦的堂叔，景仁侄子谢综的舅舅是范晔。谢庄是范晔的亲戚。

元嘉十九年（442）壬午　22岁

中舍人，在本年前后。

《宋传》："太子洗马，中舍人。"《宋书·二凶传》载：始兴王刘浚"十九年罢府"。

元嘉二十年（443）癸未　23岁

二月，为南中郎咨议参军，从江州刺史、庐陵王绍至江州。

《宋传》："中舍人，庐陵王绍南中郎谘议参军。"《宋书》卷六十一《武三王传》载：庐陵王刘绍"（元嘉）二十年，出为南中郎将、江州刺史，时年十二"。同书《文帝纪》载：二月"庚申，以庐陵王绍为江州刺史"。

《游豫章西山观洪崖井诗》作于本年至元嘉二十六年（449）间某夏。

诗见《艺文类聚》卷二十八，逯钦立辑校《先秦汉魏晋南北朝诗》之《宋诗》（以下简称《宋诗》）卷六题作《游豫章西观洪崖井诗》，少一"山"字。诗中有"林远炎天隔"之句，游览时当已夏季。《宋书》卷三十六《州郡志二》载豫章属江州刺史辖地。元嘉二十六年（449）秋谢庄任随王诞后军咨议离开江州，详见下文，此诗当作于谢庄此前而在本年之后。

元嘉二十二年（445）乙酉　25岁

秋，从江州刺史、庐陵王刘绍入朝，《自寻阳至都集道里名为诗》作于本年至元嘉二十六年（449）间某秋。

诗见《艺文类聚》卷五十六。逯钦立《宋诗》卷六题"寻"字作"浔"。《宋书·州郡志二》："寻阳太守，寻阳本县名，因水名县，水南注江。"该诗云："翔州凝寒气，秋浦结清阴。"当作于秋季。《宋书·武三王传》载本年江州刺史、庐陵王刘绍"入朝，加荣载，进都督江州、豫州之西阳、晋熙、新蔡三郡诸军事。在任七年，改授左将军、南徐州刺史，给鼓吹一部。未之镇，仍迁扬州刺史，将军如故"。元嘉二十六年（449）秋谢庄离开江州，详见下文。

冬，范晔被诛前称赞谢庄识宫商清浊。

《宋书·范晔传》载：本年十一月太子詹事范晔谋反被收入狱，"上穷治其狱，遂经二旬……晔狱中与诸甥侄书以自序曰：'……性别宫商，识清浊，斯自然也。观古今文人，多不全了此处，纵有会此者，不必从根本中来。言之皆有实证，非为空谈。年少中谢庄最有其分，手笔差易，文不拘韵故也。……'"同书《文帝纪》载本年"十二月乙未，太子詹事范晔谋反，及党与皆伏诛"。《宋书·谢景仁传》载：谢景仁的侄子谢综"有才艺，善隶书，为太子中舍人，与舅范晔谋反，伏诛"。

与王僧虔、袁淑友善。

《南齐书》卷三十三《王僧虔传》："僧虔弱冠，弘厚，善隶书。……除秘书郎，太子舍人。退默少交接，与袁淑、谢庄善。"又载僧虔"永明三年，薨""时年六十"，推之，僧虔本年 20 岁。《礼记·曲礼上第一》："二十曰弱，冠。"

元嘉二十六年（449）乙丑　29 岁

七月后，转随王诞后军谘议，并领记室。分左氏《经传》，随国立篇，制木方丈，图山川土地。与沈怀文、江智渊友善。

《宋传》："又转随王诞后军谘议，并领记室。分左氏《经传》，随国立篇，制木方丈，图山川土地，各有分理，离别则州别郡殊，合之则宇内为一。"《宋书·文帝纪》载本年"秋七月辛未，以江州刺史庐陵王绍为南徐州刺史，广陵王诞为雍州刺史。八月己酉，以中护军建平王宏为江州刺史。……冬十月，广陵王诞改封随郡王"。同书卷八十二《沈怀文传》："随王诞镇襄阳，出为后军主簿，与谘议参军谢庄共掌辞令。"卷五十九《江智渊传》："及为随王诞佐，在襄阳，诞待之甚厚。时谘议参军谢庄，府主簿沈怀文并与智渊友善。"

元嘉二十七年（450）庚寅　30 岁

作《怀园引》。

诗见《戏鸿堂帖》卷四。该诗以秋鸿离开家园，向西飞作比喻，正合元嘉二十六年（449）秋七月后从随王诞西上镇襄阳的季节，诗云："登楚都，入楚关，楚地萧瑟楚山寒。岁去冰未已，春来雁不还。风肃幌兮露濡庭，汉水初绿柳叹青。朱光蔼蔼云英英，新禽喈喈又晨鸣。"正合襄阳原为楚地，在汉水。以诗中说经冬入春不还而言，该诗当作于到襄阳的第二年春。诗又云："念幽兰兮已盈园。夭桃晨暮发，春莺旦夕喧。"也可说明诗作于春天，当时谢庄思怀家园。

名声远布北魏。

《宋传》："元嘉二十七年，索虏寇彭城，虏遣尚书李孝伯来使，与镇军长史张畅共语，孝伯访问庄及王微，其名声远布如此。"

谢朓十岁能属文。

《梁书·谢朓传》载谢朓"年十岁，能属文。庄游土山赋诗，使朓命篇，朓揽笔便就。琅邪王景文谓庄曰：'贤子足为神童，复为后来特达。'庄笑，因抚朓背曰：'真吾家千金。'"

元嘉二十八年（451）辛卯　31 岁

从孝武帝刘骏游姑孰，谢朓十一岁为《洞井赞》。

《梁书·谢朓传》："孝武帝游姑孰，敕庄携朓从驾，诏使为《洞井赞》，于座奏之。帝笑曰：'虽小，奇童也。'"《宋书·孝武帝纪》载：本年孝武帝刘骏"迁都督江州荆州之江夏豫州之西阳晋熙新蔡四郡诸军事、南中郎将、江州刺史，持节如故。时缘江蛮为寇，太祖遣太子步兵校尉沈庆之等伐之，使上总统众军。"同书《文帝纪》载本年"六月壬戌，以北中郎将武陵王骏为江州刺史"。《宋书·州郡志二》载元嘉二十二年（445）至孝武大明三年（459），合豫州与南豫州为一，治姑孰。本年孝武帝刘骏都督豫州之西阳、晋熙、新蔡三地军事，当到过豫州治姑孰。这年刘骏实际上还未称帝，《梁书·谢朓传》的记载是以后来的称呼称当时的武陵王刘骏。

何尚之举谢庄中书郎，事不行。

《宋书·文帝纪》载本年五月"戊申，以尚书左仆射何尚之为尚书令"。《宋书》卷一百《自序》："时中书郎缺，尚书令何尚之领吏部，举璞及谢庄、陆展，事不行。事见文帝中诏。"

元嘉二十九年（452）壬辰　32 岁

除太子中庶子。作《赤鹦鹉赋应诏》。

《宋传》："（元嘉）二十九年，除太子中庶子。时南平王铄献赤鹦鹉，普诏群臣为赋。太子左卫率袁淑文冠当时，作赋毕，赍以示庄，庄赋亦竟，淑见而叹曰：'江东无我，卿当独秀。我若无卿，亦一时之杰也。'遂隐其赋。"该赋见《艺文类聚》卷九十一，又见《初学记》卷六、卷九，两书所录互有异同。严可均校辑《全上古三代秦汉三国六朝文》之《全宋文》（以下简称《全宋文》）卷三十四言见《初学记》卷三七，误。

元嘉三十年（453）癸巳　33 岁

元凶弑立，转司徒左长史。世祖践阼，除侍中，作《密诣世祖启事》《索虏互市议》《申言节俭诏书事》。

三文依次见《宋传》："元凶弑立，转司徒左长史。世祖入讨，密送檄书与庄，令加改治宣布。庄遣腹心门生具庆奉启事密诣世祖曰：'……'世祖践阼，除侍中。时索虏求通互市，上诏群臣博议。庄议曰：'……'时骠骑将军竟陵王诞当为荆州，征丞相、荆州刺史南郡王义宣入辅，义宣固辞不入，而诞便克日下船。庄以：'丞相既无入志，骠骑发便有期，如似欲相逼切，于事不便。'世祖乃申诞发日，义宣竟亦不下。上始践阼，欲宣弘风则，下节俭诏书，事在《孝武本纪》。庄虑此制不行，又言曰：'……'"《宋书》卷九十五《索虏传》："世祖即位，索虏求互市，江夏王义恭、竟陵王诞、建平王宏、何尚之、何偃以为宜许；柳元景、王玄谟、颜竣、谢庄、檀和之、褚湛之以为不宜许。时遂通之。"

孝建元年（454）甲午　34 岁

迁左卫将军，作《上搜才表》。拜吏部尚书，以素多疾，不愿居此职，作《与江夏王义恭笺》。表解职，不许。

表、笺见《宋传》："孝建元年，迁左卫将军。初，世祖尝赐庄宝剑，庄以与豫州刺史鲁爽送别。爽后反叛，世祖因宴集，问剑所在，答曰：'昔以与鲁爽别，窃为陛下杜邮之赐。'上甚说，当时以为知言。于时搜才路狭，乃上表曰：'……'有诏庄表如此，可付外详议，事不行。其年，拜吏部尚书。庄素多疾，不愿居选部，与大司马江夏王义恭笺自陈，曰：'……'"《建康实录》卷十三《世祖孝武皇帝纪》载：元嘉三十年"九月壬寅，侍中谢庄上疏：'宜大臣各举所知，以付尚书依分铨用。若任得其才，举主延赏，有不称职，宜及其坐。凡所莅民之职，宜尊六年之限'"。震按，此处侍中谢庄上疏所言见《宋传》所载谢庄《上搜才表》，事在孝建元年（454），《建康实录》载事在元嘉三十年（453），误。《宋书》卷七十五《颜竣传》："孝建元年，转吏部尚书，领骁骑将军。留心选举，自强不息，任遇既隆，奏无不可。其后谢庄代竣领选，意多不行。竣容貌严毅，庄风姿甚美，宾客喧诉，常欢笑答之。时人为之语曰：'颜竣嗔而与人官，谢庄笑而不与人官。'"卷二十六《天文志四》："孝建元年十月乙丑，荧惑犯进贤星。吏部尚书谢庄表解职，不许。"

子谢瀹生。至此，谢庄有五子，名为飏、朏、颢、嵷、瀹，世谓谢庄名子以风、月、景、山、水。

《南齐书》卷四十三《谢瀹传》："谢瀹字义洁……父庄，金紫光禄大夫。瀹四兄飏、朏、颢、嵷，世谓谢庄名子以风、月、景、山、水。……永泰元年，转散骑常侍，太子詹事。其年卒。年四十五。"据此逆推，知谢瀹生于是年。

嘲颜延之《秋胡诗》，答王玄谟何者为双声叠韵。《月赋》作于本年前。

《南史》卷二十《谢弘微传》："孝建元年，（谢庄）迁左将军。庄有口辩，孝武尝问颜延之曰：'谢希逸《月赋》何如？'答曰：'美则美矣，但庄始知"隔千里兮共明月"。'帝召庄以延之答语语之，庄应声曰：'延之作《秋胡诗》，始知"生为久离别，没为长不归"。'帝抚掌竟日。又王玄谟问庄何者为双声，何者为叠韵。答曰：'玄护为双声，碻磝为叠韵。'其捷速若此。"《月赋》见《文选》卷十三，当作本年前。

作《宋明堂歌》九首。

歌九首并见《宋书》卷二十《乐志二》。《通典》卷一四一："孝武建元元年，使谢庄造郊庙舞乐、明堂诸歌诗。"《南齐书》卷十一《乐志》："明堂歌辞，祠五帝。汉郊祀歌皆四言，宋孝武使谢庄造辞，庄依五行数，木数用三，火数用七，土数用五，金数用九，水数用六。……《周颂》《我将》祀文王，言皆四，其一句五，一句七。谢庄歌宋太祖亦无定句。"《宋书·孝武帝纪》："孝建元年春正月已亥朔，车驾亲祠南郊，改元，大赦天下。"

作《为沈庆之答刘义宣书》。

沈庆之有《与南郡王义宣书》见《宋书》卷六十八《武二王传》："义宣至寻阳，与质俱下，质为前锋。至鹊头，闻徐遗宝败，鲁爽于小岘授首，相视失色。世祖使镇北大将军沈庆之送爽首示义宣，并与书：'仆荷任一方，而衅生所统。近聊率轻师，指往翦扑，军锋裁交，贼爽授首。公情契异常，或欲相见，及其可识，指送相呈。'义宣、质并骇惧。"《宋书·孝武帝纪》载本年"夏四月……丙戌，镇军将军、南兖州刺史沈庆之大破鲁爽于历阳之小岘，斩爽。癸巳，进庆之号镇北大将军。"《为沈庆之答刘义宣书》见《文选》卷五十九王简栖《头陀寺碑文》"并振颓纲，俱维绝纽"。李善注曰："谢庄《为沈庆之答刘义宣书》：'皇纲绝而复纽，区夏坠而更维。'"

《为尚书八座封皇子郡王奏》《为尚书八座改封郡长公主奏》作于本年后。

《为尚书八座封皇子郡王奏》见《艺文类聚》卷五十一。文曰："臣闻桐珪睦亲，书河汾之策，赐带怀贤，敬东平之祚，谅以训经终始，义洽垣墉，第某皇弟等，器彩明敏，令识颖悟，并宜宪章前典，光启祚宇，作屏王室，式雍帝载，臣等参议，可封郡王。"震按，文中讲"皇弟"，未言"皇子"，题作"皇子"，误。严可均《全宋文》题作《为尚书八座奏封皇子郡王》并承此误。《宋书》卷三十九《百官志上》："尚书令，任总机衡；仆射、尚书，分领诸曹。左仆射领殿中、主客二曹；吏部尚书领吏部、删定、三公、比部四曹；祠部尚书领祠部、仪曹二曹；度支尚书领度支、金部、仓部、起部四曹。左民尚书领左民、驾部二曹；都官尚书领都官、水部、库部、功论四曹；五兵尚书领中兵、外兵二曹。昔有骑兵、别兵、都兵，故谓之五兵也。五尚书、二仆射、一令，谓之八坐。"文当作于谢庄任吏部尚书时。同书《孝武帝纪》载孝建二年（445）"秋七月癸巳，立第十三皇弟休佑为山阳王，第十四皇弟休茂为海陵王，第十五皇弟休业为鄱阳王"。又载孝建"三年春正月庚寅，立第十八皇弟休范为顺阳王，第十九皇弟休若为巴陵王"。又卷三十二《文九王传》："临庆冲王休倩，文帝第十六子也。孝建元年，年九岁，疾笃，封东平王，食邑二千户，未拜，薨。"文当作于本年后而前孝建三年（456）前。

《为尚书八座改封郡长公主奏》见《艺文类聚》卷五十一，严可均《全宋文》题作《为尚书八座奏改封郡长公主》，文中有"景祚既新，礼与时渥，永兴等七公主，可封郡长公主"诸语，当作于孝武帝即位改元后不久。

孝建二年（455）乙未 35 岁

三月，甘露降谢庄园竹林。

《宋书》卷二十八《符瑞志中》："孝建二年三月戊午，甘露降丹阳秣陵尚书谢庄园竹林，庄以闻。"

鲍照作《与谢尚书庄三连句》。

鲍照诗云："风轻桃欲开，露重兰未胜。水光溢兮松雾动，山烟叠兮石露凝。"咏春日之露，与三月甘露降尚书谢庄园事相合。虞炎《鲍照集序》："孝武初，除海虞令，迁太学博士，兼中书舍人。"时鲍照任太学博士，与谢庄同在京都建康。谢庄与鲍照所作三连句今佚。

孝建三年（456）丙申　36 岁

坐辞疾多，免官。

《宋传》："（孝建）三年，坐辞疾多，免官。"《宋书·颜竣传》："竣复代谢庄为吏部尚书。"

大明元年（457）丁酉　37 岁

起为都官尚书，作《奏改定刑狱》《瑞雪咏》《八座太宰江夏王表请封禅奏》。

《奏改定刑狱》见《宋传》："大明元年，起为都官尚书，奏改定刑狱，曰：'……'"《瑞雪咏》见《戏鸿堂帖》卷四，原题注："大明元年诏敕作。"

《八座太宰江夏王表请封禅奏》见《初学记》卷十三，严可均收此文于其《全宋文》卷三十五，题作《为八座太宰江夏王表请封禅》，并加案曰："《宋书·礼志》有江夏王义恭表，无此四语。疑宋志有删节或各是一篇也。今别以宋志所载之表编入义恭集，俟再考。又，张溥本有《上封禅仪注奏》。今据《宋书·礼志三》作有司奏，或非谢庄也，编入宋缺名文。"《宋书》卷六十一《刘义恭传》："时世祖严暴，义恭虑不见容……每有符瑞，辄献上赋颂，陈咏美德。大明元年，有三脊茅生石头西岸，累表劝封禅，上大悦。"江夏王义恭《请封禅表》见《宋书》卷十六《礼志三》："世祖大明元年十一月戊申，太宰江夏王义恭表曰……"

谢庄作品用事繁密对当时诗文风气影响很大。

《诗品序》："至乎吟咏情性，亦何贵于用事？……颜延、谢庄，犹为繁密，于时化之。故大明、泰始中，文章殆同书抄。"

大明二年（458）戊戌　38岁

补吏部尚书，作《让吏部尚书表》。

《宋传》："上时亲览朝政，常虑权移臣下，以吏部尚书选举所由，欲轻其势力，（大明）二年，下诏曰：'……'又别诏太宰江夏王义恭曰：'……'于是，置吏部尚书二人，省五兵尚书，庄及度支尚书顾颛之并补选职。"谢庄《让吏部尚书表》见《艺文类聚》卷四十八，该表讲自己"先私首曲，近有经过"，谢庄前年孝建三年（456）刚坐辞疾多，免吏部尚书，表当作于本年。

大明三年（459）己亥　39岁

四月，竟陵王诞据广陵城反。孝武帝亲御六师，车驾出顿宣武堂，谢庄作《从驾顿上诗》。七月，克广陵城，斩诞，解严，谢庄作《江都平解严诗》。又作有《黄门侍郎刘琨之诔》。

《宋书·孝武帝纪》载大明三年夏四月"乙卯，司空、南兖州刺史竟陵王诞有罪，贬爵。诞不受命，据广陵城反，杀兖州刺史垣阆。以始兴公沈庆之为车骑大将军、开府仪同三司、南兖州刺史讨诞。甲子，上亲御六师，车驾出顿宣武堂。司州刺史刘季之反叛，徐州刺史刘道隆讨斩之。秋七月己巳，克广陵城，斩诞，悉诛城内男丁，以女口为军赏。是日解严。辛未，大赦天下"。谢庄《从驾顿上诗》《江都平解严诗》见《艺文类聚》卷五十九。《宋书》卷五十一《宗室刘遵考传》载刘遵考子"琨之，为竟陵王诞司空主簿，诞作乱，以为中兵参军，不就，縶系数十日，终不受，乃杀之。追赠黄门郎。诏吏部尚书谢庄为之诔"《黄门侍郎刘琨之诔》见《艺文类聚》卷四十八。

迁右卫将军，加给事中。十一月，作《舞马赋应诏》《舞马歌》。

《舞马赋应诏》见《宋传》："（大明）二年……庄及度支尚书顾颉之并补选职。迁右卫将军，加给事中。河南献舞马，诏群臣为赋，庄所上其词曰：'……'又使庄作《舞马歌》，令乐府歌之。（大明）五年，又为侍中……"《宋书·孝武帝纪》载大明三年十一月"西域献舞马"。

谢庄作《舞马赋应诏》《舞马歌》时间有异说。《宋书》卷六《孝武帝纪》载大明二年"八月乙丑，河南王遣使献方物"。曹道衡、刘跃进《南北朝文学编年史》据此定作于大明二年①。《宋书》卷九十六《鲜卑吐谷浑传》："（元嘉）二十九年，以拾寅为使持节、督西秦河沙三州诸军事、安西将军、领护羌校尉、西秦河二州刺史、河南王。……世祖大明五年，拾寅遣使献善舞马，四角羊。皇太子、王公以下上《舞马歌》者二十七首。"李福庚《南北朝文学家编年初稿》（部分刊于《重庆师范学院学报》1985 年第 2 期）据此定作于大明五年（461）。《宋传》载庄迁右卫将军，加给事中，作《舞马赋应诏》《舞马歌》诸事在大明二年（458）后而大明五年前，依此大明二年、五年谢庄都不可能作《舞马赋应诏》《舞马歌》。《孝武帝纪》载本年十一月"西域献舞马"，与《宋传》相合，故系于本年。《鲜卑吐谷浑传》所谓"大明五年"盖"大明三年"形近而误。《孝武帝纪》载大明二年"八月乙丑，河南王遣使献方物。"并未言献舞马。谢庄《舞马歌》今佚。

大明四年（460）庚子 40 岁

作《侍东耕诗》《司空何尚之墓志》。

诗见《艺文类聚》卷三十九。墓志见《艺文类聚》卷四十七。《宋书·孝武帝纪》载本年正月"乙亥，车驾躬耕藉田"。又载本年"秋七月

---

① 人民文学出版社 2000 年版，第 177 页。

甲戌，左光禄大夫、开府仪同三司何尚之薨"。

子谢瀹七岁，王彧见而异之，宋孝武召见。

《南齐书·谢瀹传》："瀹年七岁，王彧见而异之，言于宋孝武。孝武召见于广众之中，瀹举动闲详，应对合旨，帝甚悦。诏尚公主，值景和败，事寝。"

大明五年（461）辛丑　41 岁

正月，作《和元日花雪应诏诗》。

《宋书》卷二十九《符瑞志下》："大明五年正月戊午元日，花雪降殿庭。时右卫将军谢庄下殿，雪集衣。还白，上以为瑞。于是公卿并作花雪诗。史臣按《诗》云：'先集为霰。'《韩诗》曰：'霰，英也。'花叶谓之英。《离骚》云：'秋菊之落英。'左思云：'落英飘飖'是也。然则霰为花雪矣。草木花多五出，花雪独六出。"谢庄《和元日雪花应诏诗》见《宋诗》卷六，逯钦立言此诗出处加按云："《古今岁时杂咏》一作谢玉，《诗纪》卷四十六。"曹道衡、刘跃进《南北朝文学编年史》[①] 以为诗题当作《和元日花雪应诏诗》。

又为侍中，领前军将军。谏世祖出行晨往宵归。改领游击将军，又本州大中正，晋安王子勋征虏长史、广陵太守，加冠军将军。改为江夏王义恭太宰长史。

《宋传》："（大明）五年，又为侍中，领前军将军。于时世祖出行，夜还，敕开门，庄居守，以棨信或虚，执不奉旨，须墨诏乃开。上后因酒燕从容曰：'卿欲效郅君章邪？'对曰：'臣闻搜巡有度，郊祀有节，盘于游田，著之前诫。陛下今蒙犯尘露，晨往宵归，容恐不逞之徒，妄生矫诈，臣是以伏须神笔，乃敢开门耳。'改领游击将军，又本州大中正，晋

---

① 曹道衡、刘跃进《南北朝文学编年史》，人民文学出版社 2000 年版，第 185 页。

安王子勋征虏府长史、广陵太守，加冠军将军。改为江夏王义恭太宰长史，将军如故。"《南齐书》卷三十二《阮韬传》："宋孝武选侍中四人，并以风貌。王彧、谢庄为一双，韬与何偃为一双。常充兼假。"

作《皇太子妃哀册文》。

文见《艺文类聚》卷十六。《宋书·孝武帝纪》载本年"九月甲寅朔，月有食之……闰月戊子，皇太子妃何氏薨"。

孝武帝曾与谢庄称赞江斅。

《南齐书》卷四十三《江斅传》："江斅字叔文，济阳考城人也。……斅母文帝女淮阳公主。幼以戚属召见，孝武谓谢庄曰：'此小儿方当为名器。'……建武二年，卒，年四十四。"孝武帝与谢庄论斅在其幼时，未详何年，姑系是年江斅十岁。

大明六年（462）壬寅　42 岁

又为吏部尚书，领国子博士。

《宋传》："（大明）六年，又为吏部尚书，领国子博士"。

殷淑仪薨，作《宋孝武宣贵妃诔》《殷贵妃谥策文》。

《宋书》卷八十《孝武十四王传》载："始平孝敬王子鸾字孝羽……改封新安王……母殷淑仪，宠倾后宫……（大明）六年，（子鸾）丁母忧。"《南史》卷十一《后妃传上》载殷淑仪薨，"追赠贵妃，谥曰宣。……谢庄作哀策文奏之，帝卧览读，起坐流涕曰：'不谓当今复有此才。'都下传写，纸墨为之贵"。谢庄《宋孝武宣贵妃诔》见《文选》卷五十八。《殷贵妃谥策文》见《初学记》卷十，《艺文类聚》卷十五亦收此文，稍有节略和异文；严可均《全宋文》卷三十五言此文见《初学记》卷十二，误。

宋孝武帝向谢庄称叹谢超宗《新安王母诔》。

《南史》卷十九《谢灵运传》："灵运子凤……凤子超宗。好学有文辞，盛得名誉。选补新安王子鸾国常侍。王母殷淑仪卒，超宗作诔奏之，帝大嗟赏，谓谢庄曰：'超宗殊有凤毛，灵运复出。'"谢超宗《新安王母诔》今佚。

大明七年（463）癸卯　43 岁

坐选公车令张奇免官。转北中郎将新安王长史。九月，作《又为北中郎将谢兼司徒章》。

《宋传》："（大明）六年，又为吏部尚书，领国子博士，坐选公车令张奇免官，事在《颜师伯传》。时北中郎将新安王子鸾有盛宠，欲令招引才望，乃使子鸾板庄为长史"。《宋书》卷七十七《颜师伯传》："（大明）七年，补尚书右仆射。时分置二选，陈郡谢庄、琅邪王昙生并为吏部尚书。师伯子举周旋寒人张奇为公车令，上以奇资品不当，使兼市买丞，以蔡道惠代之。令史潘道栖、褚道惠、颜袆之、元从夫、任澹之、石道儿、黄难、周公选等抑道惠敕，使奇先到公车，不施行兼市买丞事。师伯坐以子领职，庄、昙生免官，道栖、道惠弃市，袆之等六人鞭一百。师伯寻领太子中庶子，虽被黜挫，受任如初。"同书《孝武十四王传》："（子鸾母殷贵妃）葬华，诏子鸾摄职，以本官兼司徒，进号抚军、司徒，给鼓吹一部，礼仪并依正公。"同书《孝武帝纪》载大明七年九月"庚寅，南徐州刺史新安王子鸾兼司徒。"《又为北中郎将谢兼司徒章》见《艺文类聚》卷四十七。

十月，作《庆皇太子元服上至尊表》《皇太子元服上皇太子表》《东海王让司空表》。

《庆皇太子元服上至尊表》《皇太子元服上皇太后表》见《艺文类聚》卷十六，严可均《全宋文》卷三十五言见《艺文类聚》卷十，误。《初学记》卷十亦收此两文，稍异。

《宋书·孝武帝纪》载本年"冬十月壬寅，太子冠，赐王公以下帛各有差"。

《东海王让司空表》见《艺文类聚》卷四十七。严可均《全宋文》卷三十五作《为东海王让司空表》。《宋书·孝武帝纪》载本年冬十月"癸亥，卫将军、开府仪同三司东海王祎为司空"。

宋孝武帝向谢庄称摩诃衍聪明机解。

《高僧传》卷三《宋京师中兴寺求那跋陀罗传》："求那跋陀罗此云功德贤，中天竺人，以大乘学，故世号摩诃衍，本婆罗门种。……元嘉十二年（435）至广州，刺史车郎表闻，宋太祖遣信迎接。既至京都……后于东府燕会，王公毕集，敕见跋陀。时未及净发，白首皓然。世祖遥望，顾谓尚书谢庄曰：'摩诃衍聪明机解，但老期已至，朕试问之，其必悟人意也。'跋陀上阶，因迎谓之曰：'摩诃衍不负远来之意，但唯有一在。'即应声答曰：'贫道远归帝京，垂三十载，天子恩遇，衔愧罔极，但七十老病，唯一死在。'帝嘉其机辩，敕近御而坐，举朝属目。……到泰始四年（468）正月，觉体不念，便与太宗及公卿等告别。临终之日，延伫而望之，见天华圣像，遇中遂卒，春秋七十有五。"摩诃衍泰始四年卒，年七十五。其 70 岁正在本年。元嘉十二年（435）至京都，到本年亦垂三十载。

大明八年（464）甲辰 44 岁

正月，为抚军长史，作《北中郎新安王拜司徒章》。

《宋传》："乃使子鸾板庄为长史，府寻进号抚军，仍除长史、临淮太守，未拜，又除吴郡太守。庄多疾，不乐去京师，复除前职。"《宋书·孝武帝纪》载本年春正月戊子"南徐州刺史新安王子鸾为抚军将军，领司徒，刺史如故"。《北中郎新安王拜司徒章》见《艺文类聚》卷四十七，《全宋文》卷三十五作《为北中郎新安王拜司徒章》。

作《豫章长公主墓志铭》。

墓志铭见《艺文类聚》卷十六。《宋书》卷四十一《后妃传》载前废帝何皇后之父何瑀"尚高祖少女豫章康长公主讳欣男。……大明八年，公主薨"。

五月，作《孝武帝哀策文》。

文见《艺文类聚》卷十三。《世祖孝武皇帝歌》见《宋书·乐志二》。《宋书·孝武帝纪》载本年夏闰五月"庚申，帝崩于玉烛殿，时年三十五"。

前废帝即位，蔡兴宗曾为谢庄谋为中书令，未果。以为金紫光禄大夫，系于左尚方。

《宋传》："前废帝即位，以为金紫光禄大夫。初，世祖宠姬殷贵妃薨，庄为诔云：'赞轨尧门。'引汉昭帝母赵婕好尧母门事，前废帝在东宫，衔之。至是遣人诘责庄曰：'卿昔作殷贵妃诔，颇知有东宫不？'将诛之。或说帝曰：'死是人之所同，政复一往之苦，不足为深困。庄少长富贵，今且系之尚方，使知天下苦剧，然后杀之未晚也。'帝然其言，系于左尚方。"《宋书》卷七《前废帝纪》："前废帝讳子业……世祖践阼，立为皇太子。……（大明）八年闰五月庚申，世祖崩，其日，太子即皇帝位。"

《宋书》卷五十七《蔡廓传附蔡兴宗传》：

大明末，前废帝即位……王景文、谢庄等迁授失序，兴宗又欲为美选。……义恭于是大怒，上表曰："……抚军长史庄滞府累朝，每陈危苦，内职外守，称未堪依。唯王球昔比，赐以优养，恩慈之厚，不近于薄。……"义恭因使尚书令柳元景奏曰："……今薛庆先列：'今月十八日，往尚书袁愍孙（袁粲）论选事。愍孙云，昨诣颜仆射（师伯），出蔡尚书疏见示，言辞甚苦。……又谢庄（□）时未老，其疾以转差，今居此任，复为非宜，谓宜中书令才望为允。'"……除兴宗新昌太守，郡属交州。朝廷莫不嗟骇。

宋明帝泰始元年（465）乙巳　45岁

太宗定乱，得出，醉作《泰始元年改元大赦诏》。为散骑常侍、光禄大夫，加金章紫绶，领寻阳王师。顷之，转中书令，作《让中书令表》。寻加金紫光禄大夫。

《宋传》："太宗定乱，得出。及即位，以庄为散骑常侍、光禄大夫，加金章紫绶，领寻阳王师，顷之，转中书令，常侍、王师如故。寻加金紫光禄大夫，给亲信二十人，本官并如故。"《南史·谢弘微传附谢庄传》："明帝定乱得出，使为赦诏。庄夜出署门方坐。命酒酌之，已微醉，传诏停待诏成，其文甚工。"《泰始元年改元大赦诏》见《宋书·明帝纪》："泰始元年冬十二月丙寅，上即皇帝位。诏曰：……"《让中书令表》见《艺文类聚》卷四十八。

作《世祖孝武皇帝歌》《宣皇太后庙歌》《烝斋应诏诗》。

二歌并见《宋书·乐志二》。同书《明帝纪》载本年冬十二月"乙亥，追尊所生沈婕妤曰宣皇太后。……壬午，车驾谒太庙"。又卷四十一《后妃传》："文帝沈婕妤讳容姬……生明帝，拜为婕妤。元嘉三十年卒，时四十。葬建康之莫府山。世祖即位，追赠湘东国太妃。太宗即位，有司奏：'……'下礼官议谥，谥曰宣太后，陵号曰崇宁。"逯钦立《宋诗》卷十二《郊庙歌辞》把二歌合称为《宋世祖庙歌二首》，未详何据，沈为文帝妃，孝武帝为文帝与沈之子，归世祖孝武帝庙歌不妥。《烝斋应诏诗》见《初学记》卷十三，诗云："霜露凝宸感。"《礼记·祭统》："冬祭曰烝。"

褚渊迁侍中。

《南齐书》卷二十三《褚渊传》："褚渊字彦回……宋明帝即位，（渊）加太子屯骑校尉，不受。迁侍中，知东宫事。"

泰始二年（466）丙午　46 岁

正月，作《为朝臣与雍州刺史袁颇书》。

书见《宋书》卷八十四《袁颇传》："（袁）颇诈云被太皇太后令，使其起兵。便建牙驰檄，奉表劝晋安王子勋即大位，与（邓）琬书，使勿解甲。子勋即位，进颇号安北将军，加尚书左仆射。太宗使朝士与颇书曰：'……'时尚书右仆射蔡兴宗是颇舅，领军将军粲是颇从父弟，故书云群从舅甥也。"《艺文类聚》卷二十五亦收此书，而有节略，题曰："宋谢庄《为朝臣与雍州刺史袁颇书》。"《宋书·孝武十四王传》："泰始二年正月七日，（邓琬等）奉子勋为帝，即伪位于寻阳城。"

生前听褚彦回援琴奏《别鹄》之曲。

《南史》卷二十八《褚裕之传附褚彦回传》："尝聚袁粲舍，初秋凉夕，风月甚美，彦回援琴奏《别鹄》之曲，宫商既调，风神谐畅。王彧、谢庄并在粲坐，抚节而叹曰：'以无累之神，合有道之器，宫商暂离，不可得已。'"

生前见重文学之士孔逭。

《南史》卷七十二《文学传》："逭抗直有才藻，制《东都赋》，于时才士称之。陈郡谢瀹，年少时游会稽还，父庄问：'入东何见，见孔逭不？'见重如此。"

生前叹重释梵敏。

《高僧传》卷七《宋丹阳释梵敏传》："释梵敏，姓李，河东人。少游学关陇，长历彭泗，内外经书，皆闇游心曲。晚憩丹阳，频建讲说。谢庄、张永、刘虬、吕道慧皆承风欣悦，雅相叹重。数讲《法华》《成实》，又序《要义百科》，略标纲网，故文止一卷。属辞省诣，见重当时。后卒于丹阳，春秋七十余矣。"

生前曾论汤休诗可为迈远诗庶兄。

《诗品》卷下"宋（按：原作'齐'，误）朝请吴迈远"条："吴善于风人答赠。……汤休谓远云：'吾诗可为汝诗父。'以访谢光禄（谢庄），云：'不然尔，汤可为庶兄'。"事必在谢庄卒前，暂系于此。

卒。谥曰宪子。追赠金紫光禄大夫。

《宋传》："泰始二年，卒，时年四十六，追赠右光禄大夫，常侍如故。谥曰宪子。"《建康实录》卷十四《谢庄传》"年三十六卒"，误。

谢庄善书画、音乐，有《昨还帖》。尝作有《画琴帖序》《琴论》，又有《雅琴名录》一卷。

《昨还帖》见北宋王着《淳化阁帖》卷三，题作"晋谢庄书昨还帖"，而帖中言"谢庄白。呈左仆射"。《晋书》未载有书家名人谢庄，此处道"晋谢庄书昨还帖"当为"宋谢庄书昨还帖"，如《淳花阁帖》卷四"梁萧思话书"，其实当为"宋萧思话书"。谢庄《昨还帖》，严可均《全宋文》未收。唐张彦远《历代名画记》卷六载谢庄"性多巧思，善画。……作《画琴帖序》，自序其画云"。《画琴帖序》，今佚。《乐府诗集》卷四十一《相和歌辞十六》引《古今乐录》曰"谢希逸《琴论》曰：诸葛亮作《梁甫吟》。"可知谢庄原有《琴论》，今佚。《雅琴名录》一卷见宛委山堂本《说郛》弓一百。

谢庄能饮，有酒名。

《南史·谢弘微传》："（瀹）性甚敏赡，当与刘悛饮，推让久之，悛曰：'谢庄儿不可云不能饮。'瀹曰：'苟得其人，自可流湎千日。'悛甚渐，无言。"

有《谢庄集》19卷、《赞集》5卷、《诔集》15卷、《碑集》10卷。

《隋书》卷三十五《经籍志四》载："宋金紫光禄大夫《谢庄集》十九卷，梁十五卷。……《赞集》五卷，谢庄撰。……又有《谏集》十五卷，谢庄撰，亡……梁有《碑集》十卷，谢庄撰"。

所著文章400余首。今存诗文62篇。其五言诗为《诗品》评为"兴属闲长"。

《宋传》："所著文章四百余首，行于世。"

清人严可均校辑《全宋文》卷三十四、卷三十五辑谢庄文36篇，今新辑谢庄《昨还帖》一篇。除已见前文系年者外，尚有《曲池赋》《山夜忧吟》《谢赐貂裘表》《与左仆射书》《竹赞》《昨还帖》等六篇文章的写作年代尚待考证。

《瑞雪咏》《山夜忧吟》《怀园引》亦见逯钦立辑校《宋诗》卷六。此外，该卷又辑谢庄诗14首，其中含四言散句二句算一首。同书卷十二辑谢庄《宋明堂歌九首》《宋世祖庙歌二首》。除去与严可均《全宋文》所同辑的三篇外，逯钦立《宋诗》共辑谢庄诗25首。除已见前文系年者外，还有《七夕夜咏牛女应制诗》《北宅秘园诗》《喜雨诗》《长笛弄》《诗》等五首写作时间未详。

《诗品》称："希逸诗气候清雅，不逮于范、袁。然兴属闲长，良无鄙促也。"

五子，谢朏能文善诗。谢瀹亦善为文，娶褚渊女。颢，北中郎长史。长子飓，晋平太守，飓女为宋顺帝皇后，追赠金紫光禄大夫。

《南齐书·谢瀹传》："瀹四兄飓、朏、颢、崷"又载："仆射褚渊闻瀹年少不恶，以女结婚，厚为资送。"又载："颢字仁悠，少简静。……至北中郎长史。卒。"又载："世祖（齐武帝）尝问王俭，当今谁能为五言诗？俭对曰：'谢朏得父膏腴；江淹有意。'上起禅灵寺，敕瀹撰碑文。"《梁书·谢朏传》："朏所著书及文章，并行于世。"《宋传》："长子飔，晋平太守。女为顺帝皇后，追赠金紫光禄大夫。"《宋书·后妃传》："顺帝谢皇后讳梵境，陈郡阳夏人，右光禄大夫庄孙女也。升明二年，立为皇后。"

孙篹、览、举俱齐梁显贵，有文才。孙谖官至司徒右长史。

《梁书·谢朏传》载谢朏"子谖官至司徒右长史，坐杀牛免官，卒于家。次子篹，颇有文才，仕至晋安太守，卒官。"《隋书》卷三十五《经籍志四》载："梁有晋安太守《谢篹集》十卷……亡。"

《梁书·谢朏传》："览字景涤，朏弟瀹之子也。选尚齐钱唐公主，拜驸马都尉……览为人美风神，善辞令，高祖深器之。尝侍座，受敕与侍中王暕为诗答赠，其文甚工。高祖仍使重作，复合旨。乃赐诗云：'双文既后进，二少实名家；岂伊止栋隆，信乃俱国华。'"《南史·谢弘微传》："梁武平建邺，朝士王亮、王莹等数人揖，自余皆拜，（谢）览时年二十余，为太子舍人，亦长揖而已。意气闲雅，视瞻聪明，武帝目送良久，谓徐勉曰：'觉此生芳兰竟体，想谢庄政当如此。'自此仍被赏味。……天监元年，为中书侍郎，掌吏部事，顷之即真。"

《梁书》卷三十七《谢举传》："谢举字言扬，中书令览之弟也。幼好学，能清言，与览齐名。举年十四，尝赠沈约五言诗，为约称赏。……举祖庄，宋世再典选，至举又为此职，前代未有也。举少博涉多通，犹长玄理及释氏义。……侯景寇京师，举卒于围内。……文集乱中并亡逸。"

曾孙嘏、侨、札亦涉文史。

《陈书》卷二十一《谢嘏传》："谢嘏字含茂……祖瀹……父举……嘏风神清雅，颇善属文。……有文集行于世。"《南史·谢弘微传》："（谢）举兄子侨字国美。……集十卷。……侨弟札字世高，亦博涉文史"。

徐夤咏三国两晋南朝诗疏证

张承宗[*]

徐夤，字昭梦，莆田（今属福建）人。唐末五代时依王审知，后归隐莆田延寿溪。其咏三国两晋南朝诗，今存七首，收入《全唐诗》卷七一〇。徐夤之诗，以史为鉴，评说朝代兴亡，颇有见地。今钩沉史事，对其诗加以疏证，以求正于方家。

一 徐夤咏三国诗疏证

徐夤论三国兴亡，能抓住各自的特点。其诗以《蜀》《魏》《吴》排列，可能是以蜀汉为正统、曹魏为篡逆、孙吴为偏安，也可能是按照其政权存在的时间之短长及灭国之先后为次序。

其《蜀》诗云：

> 虽倚关张敌万夫，岂胜恩信作良图。
> 能均汉祚三分业，不负荆州六尺孤。

> 绿水有鱼贤已得，青桑如盖瑞先符。
>
> 君王幸是中山后，建国如何号蜀都。

此诗首句"虽倚关张敌万夫"，点出关羽、张飞之勇，并指出其欲成大业、尚嫌不够。例如，《三国志》卷三六《蜀书·关张马黄赵传》陈寿评曰："关羽、张飞皆称万人敌，为世虎臣。"

第二句以"岂胜恩信作良图"，说明取信于民的重要性。《三国志》卷三九《蜀书·刘巴传》载："（刘）表卒，曹公征荆州。先主奔江南，荆楚人士从之如云。"是为刘备广结"恩信"之佐证。

第三句"能均汉祚三分业"，是说刘备得诸葛亮辅佐，其作用远胜于关、张等虎将。蜀之所以兴，主要在刘备能得人，"以性情相契"。[①] 此句与第五句"绿水有鱼贤已得"相呼应，正如《三国志》卷三五《蜀书·诸葛亮传》所载：刘备三顾茅庐，与诸葛亮隆中对后，"与亮情好日密，关羽、张飞等不悦，先主解之曰"'孤之有孔明，犹鱼之有水也。愿君勿复言。'羽、飞乃止"。

第四句"不负荆州六尺孤"，是说刘备最终托孤于诸葛亮，《三国志》卷三二《蜀书·先主传》载：章武三年（223），"先主病笃，托孤于丞相亮"。同书卷三五《诸葛亮传》载："章武三年春，先主于永安病笃，召亮于成都，属以后事，谓亮曰：'君才十倍曹丕，必能安国，终定大事。若嗣子可辅，辅之；如其不才，君可自取。'亮涕泣曰：'臣敢竭股肱之力，效忠贞之节，继之以死！'先主又为诏敕后主曰：'汝与丞相从事，事之如父。'"

第六句"青桑如盖瑞先符"，是以符瑞来说明刘备是真命天子，如《三国志》卷三二《蜀书·先主传》载："先主早孤，与母贩履织席为业。

---

① 魏、蜀、吴三国之主皆以善于用人著称，而风格各有不同，赵翼《廿二史札记》卷七"三国之主用人各不同"条称："曹操以权术相驭，刘备以性情相契，孙氏兄弟以意气相投。"

舍东南角篱上有桑树生高五丈余，遥望见童童如小车盖，往来者皆怪此树非凡，或谓当出贵人。先主少时，与宗中诸小儿于树下戏，言：'吾必当乘此羽葆盖车'。"羽葆盖是皇帝礼仪专车上用鸟羽毛装饰的车盖，故青桑如盖被视为祥瑞。

第七句"君王幸是中山后"，进一步指出刘备乃汉室后裔。例如，《三国志》卷三二《蜀书·先主传》载："先主姓刘，讳备，字玄德，涿郡涿县人，汉景帝子中山靖王胜之后也。"

末句质疑蜀汉"建国如何号蜀都"，而不号"汉都"，表达了作者的正统思想。在诗的排列上，他将《蜀》置于《魏》《吴》之前，也是其以汉为正统的思想的反映。

其《魏》诗云：

> 伐罪书勋令不常，争教为帝与为王。
> 十年小怨诛桓邵，一檄深雠怨孔璋。
> 在井蛰龙如屈伏，食槽骄马忽腾骧。
> 奸雄事过分明见，英识空怀许子将。

此诗首句"伐罪书勋令不常"，是说曹操挟天子而号令天下。例如，《三国志》卷十《魏书·贾诩传》称："曹公奉天子以令天下。"同书卷十二《毛玠传》载："玠语太祖曰：'今天下分崩，国主迁移，生民废业，饥馑流亡……宜奉天子以令不臣，修耕植，蓄军资，如此则霸王之业可成也。'太祖敬纳其言"。同书卷三五《蜀书·诸葛亮传》亦云："今操已拥百万之众，挟天子而令诸侯。"

第二句"争教为帝与为王"，是曹操对其行为的自我表白。例如，《三国志》卷一《魏书·武帝纪》建安十五年（210）注引《魏武故事》载公十二月己亥令曰："设使国家无有孤，不知当几人称帝，几人称王。"建安二十四年（219）冬十月注引《魏略》曰："孙权上书称臣，称说天命。王以权书示外曰：'是儿欲踞吾着炉火上邪！'"《魏氏春秋》曰："王曰：'施于有政，是亦为政。'若天命在吾，吾为周文王矣。"

第三句"十年小怨诛桓邵"，是说曹操为人疾恶如仇，有怨必报。如《三国志》卷一《魏书·武帝纪》注引《魏书》："初，袁忠为沛相，尝欲以法治太祖，沛国桓邵亦轻之。及在兖州，陈留边让言议颇侵太祖，太祖杀让，族其家。忠、邵俱避难交州，太祖遣使就太守士燮尽族之。桓邵得出首，拜谢于庭中，太祖谓曰：'跪可解死邪？'遂杀之。"

第四句"一檄深雠怨孔璋"，作者采用的是正话反说、反话正说的调侃手法，彰显曹操的"奸雄"本色，同时说明他善于驾驭人才。例如，陈琳字孔璋，建安五年（200）袁绍出动十万大军南下进攻曹操，行前发布檄文通知各州郡，声讨曹操，檄文由陈琳起草。后来，"袁氏败，琳归太祖。太祖谓曰：'卿昔为本初移书，但可罪状孤而已，恶恶止其身，何乃上及父祖邪？'琳谢罪，太祖爱其才而不咎。"[1] 在徐夤之前，唐代诗人温庭筠曾写过一首《过陈琳墓》（《全唐诗》卷五七六），诗云："曾于青史见遗文，今日飘蓬过古坟。词客有灵应识我，霸才无主始怜君。石麟埋没藏春草，铜雀荒凉对暮云。莫怪临风倍惆怅，欲将剑书学从军。"温庭筠将自己的"霸才无主"，与陈琳的"霸才有主"作对比，显示了不同时代知识分子的不同际遇。闽人徐夤在唐末能依王审知，后归隐，也算是一种幸运。

第五、第六句"在井蛰龙如屈伏，食槽骄马忽腾骧"，作者将司马懿比作"在井蛰龙""食槽骄马"。例如，《晋书》卷一《宣帝纪》载："帝（司马懿）内忌而外宽，猜忌多权变。魏武察帝有雄豪志，闻有狼顾相，欲验之。乃召使前行，令反顾，面正向后而身不动。又尝梦三马同食一槽，甚恶焉。因谓太子丕曰：'司马懿非人臣也，必预汝家事。'太子素与

---

[1]　陈寿：《三国志》，中华书局1982版，第600页。

帝善，每相全佑，故免。帝于是勤于吏职，夜以忘寝，至于刍牧之间，悉皆临履，由是魏武意遂安。及平公孙文懿，大行杀戮。诛曹爽之际，支党皆夷及三族，男女无少长，姑姊妹女子之适人者皆杀之，既而竟迁魏鼎云。"

司马氏后来终于篡魏建晋，江山易主，故此诗结尾云"奸雄事过分明见，英识空怀许子将"，颇具讽刺意味。许子将，即许劭，是东汉末年汝南月旦评的领袖人物，他评论曹操，说："子，治世之能臣，乱世之奸雄。"曹操听后"大笑"。[1]

其《吴》诗云：

> 一主参差六十年，父兄犹庆授孙权。
>
> 不迎曹操真长策，终谢张昭见硕贤。
>
> 建业龙盘虽可贵，武昌鱼味亦何偏。
>
> 秦嬴谩作东游计，紫气黄旗岂偶然？

此诗起首两句"一主参差六十年，父兄犹庆授孙权"，是说孙权继承父兄之基业，从统事（建安五年，200）到称王（黄武元年，222）、称帝（黄龙元年，229），直到去世（太元二年，252），将近六十年。

第三句"不迎曹操真长策"，是说孙权在赤壁之战前，从长计议，听取周瑜、鲁肃的意见，不屈服于曹操的压力，联合刘备，坚决抵抗，取得重大胜利。

第四句"终谢张昭见硕贤"，是说孙权对于自己的施政与作风，能自我反省。据《三国志》卷五二《吴书·张昭传》记载：孙权称吴王后，在"武昌临钓台，饮酒大醉。权使人以水洒群臣曰：'今日酣饮，惟醉堕台中，乃当止耳。'昭正色不言，出外车中坐。权遣人呼昭还，谓曰：'为共

---

① 陈寿：《三国志》卷一《武帝纪》裴松之注引《魏书》，中华书局 1982 年版，第 3 页。

作乐耳,公何为怒乎?昭对曰:'昔纣为糟丘酒池长夜之饮,当时亦以为乐,不以为恶也。'权默然,有惭色,遂罢酒。"《张昭传》又载:"昭每朝见,辞气壮厉。义形于色,曾以直言逆旨,中不进见。后蜀使来,称蜀德美,而群臣莫拒,权叹曰:'使张公在座,彼不折则废,安复自夸乎?'明日,遣中使劳问,因请见昭。昭避席谢,权跪止之。"《张昭传》还载:孙权以公孙渊称藩,而遣使辽东。张昭劝阻,孙权不听。张昭"忿言之不用,称疾不朝。权恨之,土塞其门,昭又于内以土封之"。后来,公孙渊果然杀了孙吴的使臣。"权数慰谢昭,昭固不起,权因出过其门,呼昭,昭辞疾笃。权烧其门,欲以恐之,昭更闭户,权使人灭火,住门良久,昭诸子共扶昭起,权载以还宫,深自克责。昭不得已,然后朝会。"史载:"昭容貌矜严,有威风,权常曰:'孤与张公言,不敢妄也。'举邦惮之。"[1] 这些史料,都说明孙权的善于决策用人与善于理政治国。

第五、第六句"建业龙盘虽可贵,武昌鱼味亦何偏",是说孙皓统治时期迁都武昌,又还建业的故事。例如,《三国志》卷六一《吴书·陆凯传》载:孙皓"徙都武昌,扬土百姓溯流供给,以为患苦",陆凯上疏,引童谣言:"宁饮建业水,不食武昌鱼;宁还建业死,不止武昌居。"

结尾两句"秦嬴谩作东游计,紫气黄旗岂偶然",是引用秦始皇东巡的典故,说明孙吴政权割据江东并非偶然。史载秦始皇嬴政东巡时,"望气者云:'五百年后,金陵有都邑之气。'"当他到达金陵后,为了抑止东南的天子气,就"改其地曰秣陵,堑北山以绝其势"。[2] 但都无济于事,不能抑制金陵王气。

---

[1] 陈寿:《三国志》,中华书局1982年版,第1223页。
[2] 李吉甫编著:《元和郡县图志》,中华书局1983年版,第189页。

二　徐夤咏两晋诗疏证

其《两晋》诗云：

> 三世深谋启帝基，可怜孀妇与孤儿。
>
> 罪归成济皇天恨，戈犯明君万古悲。
>
> 巴蜀削平轻似纸，勾吴吞却美如饴。
>
> 谁知高鼻能知数，竞向中原簸战旗。

此诗起首"三世深谋启帝基，可怜孀妇与孤儿"，是说司马懿及其子司马师、司马昭，其孙司马炎，三世深谋，用阴谋诡计，欺侮孤儿寡妇，夺取曹魏政权，建立晋朝。司马懿曾与曹爽同受魏明帝曹叡托孤，辅佐曹芳，当时曹芳八岁。"高平陵事件"① 后，在司马师的威逼下，借用皇太后的名义，废了曹芳。据《晋书·宣帝纪》记载："明帝时，王导侍坐。帝问前世所以得天下，导乃陈帝创业之始，及文帝末高贵乡公事。明帝以面覆床曰：'若如公言，晋祚复安得长远？！'迹其猜忍，盖有符于狼顾也。"

第三、第四句"罪归成济皇天恨，戈犯明君万古悲"，进一步揭露司马昭与贾充杀害高贵乡公曹髦的真相。据《晋书》卷二《文帝纪》记载：曹魏景元元年（260）"五月戊子夜，使冗从仆射李昭等发甲于陵云台，召侍中王沈、散骑常侍王业、尚书王经，出怀中黄素诏示之，戒严俟旦。沈、业驰告于帝，帝召护军贾充等为之备。天子知事泄，帅左右攻相府，称有所讨，敢有动者族诛。相府兵将止不敢战，贾充叱诸将曰：'公畜养

---

① 《三国志》卷四《魏书·三少帝纪·齐王芳纪》载："嘉平元年（249）春正月甲午，车驾谒高平陵。太傅司马宣王奏免大将军曹爽、爽弟中领军羲、武卫将军训、散骑常侍彦官，以侯就第。戊戌，有司奏收黄门张当付廷尉，考实其辞，爽与谋不轨。又尚书丁谧、邓扬、何晏、司隶校尉毕轨、荆州刺史李胜、大司农桓范皆与爽通奸谋，夷三族。"注引孙盛《魏世谱》曰："高平陵在洛水南大石山，去洛城九十里。"

汝辈，正为今日耳。'太子舍人成济抽戈犯跸，刺之，刃出于背，天子崩于车中。帝召百僚谋其故，仆射陈泰不至。帝遣其舅荀颢舆致之，延于曲室，谓曰：'玄伯，天下其如我何？'泰曰：'唯腰斩贾充，微以谢天下。'帝曰：'卿更思其次。'泰曰：'但见其上，不见其次。'于是归罪成济而斩之。太后令曰：'昔汉昌邑王以罪废为庶人，此儿亦宜以庶人礼葬之，使外内咸知其所行也。'杀尚书王经，贰于我也"。可见这场杀死高贵乡公曹髦的政变，完全是司马昭与贾充策划，"归罪成济而斩之"，只是找一个替罪羊为自己下台阶而已。

第五句"巴蜀削平轻似纸"，是说司马昭发兵派钟会、邓艾灭蜀，几乎没有受到任何抵抗。史载："艾至城北，后主舆榇自缚，诣军垒门。艾解缚焚榇，延请相见"①。

第六句"勾吴吞却美如饴"，是说司马炎发兵灭吴，也十分顺利。史载"王浚最先到，于是受皓之降，解缚焚榇，延请相见。"②

西晋永嘉五年（311），刘曜、石勒、王弥等人率羯胡军队攻陷洛阳，俘晋怀帝，史称"永嘉之乱"。由于羯人高鼻多须，其面貌与汉人不同，故此诗结尾云："谁知高鼻能知数，竞向中原簸战旗。"

据《晋书》卷一〇五《石勒载记》："勒因飨高句丽、宇文屋孤使，酒酣，谓徐光曰：'朕方自古开基何等主也？'对曰：'陛下神武筹略迈于高皇，雄艺卓荦超绝魏祖，自三王已来无可比也，其轩辕之亚乎。'勒笑曰：'人岂不自知，卿言亦以太过。朕若逢高皇，当北面而事之，与韩彭竞鞭而争先耳。脱遇光武，当并驱于中原，未知鹿死谁手。大丈夫行事当礌礌落落，如日月皎然，终不能如曹孟德、司马仲达父子，欺他孤儿寡妇，狐媚以取天下也。朕当在二刘之间耳，轩辕岂所拟乎？'"说明其对曹操与司马懿"欺他孤儿寡妇"的篡逆行为的鄙视。

---

① 陈寿：《三国志》，中华书局 1982 版，第 900 页。
② 同上。

三　徐夤咏南朝诗疏证

徐夤咏南朝诗，仅存宋、陈两朝。

其《宋二首》之第一首云：

> 天爵休将儋石论，一身恭俭万邦尊。
>
> 赌将金带惊寰海，留得耕衣诫子孙。
>
> 缔构不应饶汉祖，奸雄何足数王敦。
>
> 草中求活非吾事，岂啻横身向庙门？

这首诗是写刘宋的创业与兴起，揭示了刘裕出身低微、奋起寒微、敢于赌博的草莽性格。作者指出他能教育后代不要忘本，值得肯定。

首句"天爵休将儋石论"，典故见《晋书》卷八五《何无忌传》："刘裕勇冠三军，当今无敌。刘毅家无儋石之储，樗蒲一掷百万。"《全唐诗》卷二一六，杜甫《今夕行》诗亦云："君莫笑刘毅从来布衣愿，家无儋石输百万。"

第二句"一身恭俭万邦尊"、第三句"赌将金带惊寰海"，是说刘裕出身低微而敢于赌博。《资治通鉴》卷一一三，晋安帝元兴三年载：刘裕"名微位薄，轻狡无行……尝与刁逵樗蒲，不时输直，逵缚之马柳"。幸亏王谧替他还了这笔赌债，为他解了围。这种拼搏性格，是刘裕改变命运、成就帝业的重要因素。刘裕取得政权后酬恩报怨，王谧加官晋爵，"京口之蠹"刁逵被诛杀。

第四句"留得耕衣诫子孙"，是说刘裕善于用家史教育后代。《宋书》卷七一《徐湛之传》载："初，高祖微时，贫陋过甚，尝自往新洲伐荻，有纳布衫袄等衣，皆敬皇后手自作，高祖既贵，以此衣付公主，曰：'后世若有骄奢不节者，可以此衣示之。'"会稽长公主刘兴弟，对家史十分了解。在宋文帝刘义隆与弟刘义康的权力之争中，她通过痛说家史，使卷入夹缝中的儿子徐湛之得以保全。

《宋书》卷三《武帝纪下》载："上清简寡欲，严整有法度，未尝视珠玉舆马之饰，后庭无纨绮丝竹之音。宁州尝献虎魄枕，光色甚丽。时将北征，以虎魄治金创，上大悦，命捣碎分付诸将。平关中，得姚兴从女，有盛宠，以之废事。谢晦谏，即时遣出。财帛皆在外府，内无私藏。宋台既建，有司奏东西堂施局脚床、银涂钉，上不许。使用直脚床，钉用铁。诸主出适，遣送不过二十万，无锦绣金玉。内外奉禁，莫不节俭。性尤简易，常着连齿木屐，好出神虎门逍遥，左右从者不过十余人。时徐羡之住西州，尝幸羡之，便步出西掖门，羽仪络驿追随，已出西明门矣。诸子旦问起居，入合脱公服，止着裙帽，如家人之礼。孝武大明中，坏上所居阴室，于其处起玉烛殿，与群臣观之。床头有土鄣，壁上葛灯笼、麻绳拂。侍中袁颛盛称上俭素之德。孝武不答，独曰：'田舍公得此，已为过矣。'故能光有天下，克成大业者焉。"

第五句"缔构不应饶汉祖"，是将刘裕的事业与汉高祖刘邦做比较。《史记》卷九《吕太后本纪》载：太后称制，议欲立诸吕为王，问右丞相王陵。王陵曰："高帝刑白马盟曰'非刘氏而王，天下共击之'。今王吕氏，非约也。"刘裕能约束家人，更胜于刘邦，故刘宋一朝无外戚专权之事。

第六句"奸雄何足数王敦"，是把王敦与刘裕作比较。《晋书》卷九八《王敦传》载："帝初镇江东，威名未着，敦与从弟导等同心翼戴，以隆中兴，时人为之语曰：'王与马，共天下。'"晋明帝继位后，王敦发动叛乱而失败，史称"王敦之乱"。刘裕在东晋末年，平定孙恩、卢循之乱，北伐灭南燕慕容超及后秦姚泓，名至实归，终于代晋建宋，以成帝业。刘宋的版图，在南朝的四个政权中是最大的。

结尾两句"草中求活非吾事，岂啻横身向庙门"，是将刘牢之与刘裕做比较。刘牢之本为北府名将，在东晋末年王恭、司马道子与桓玄的政治纷争中进退失据，不能抓住机遇，取晋而代之。结果兵权被夺、佐吏散走，他失去信心，派其子刘敬宣去京口接家眷，自己带领部曲向北逃跑，可过了约定时间，刘敬宣还未返回，在经过新洲时，刘牢之自缢而死。其子归来，见父亲已死，乃"丧归丹徒，桓玄令斲棺斩首，暴尸于市。及刘裕建义，追理牢之，乃复本官"，① 由于刘牢之思想上不敢称帝，也就不能成为天子，反而被桓玄逼死。他的部将刘裕，从京口起兵讨伐桓玄，终于为他平反昭雪。《南齐书》卷十《祥瑞志》引《老子河图谶》曰："天子何在草中宿。"就是讲这个道理。

刘裕在天下大乱时，能仿效刘邦之行事，抓住机遇、取桓玄而代之，终于执掌朝廷大权，再取晋而代之。刘裕有大志，故能成大事而开创新局也。南宋词人辛弃疾在《永遇乐·京口北固亭怀古》中，曾将孙权与刘裕相提并论，称为千古英雄，良有以也！其词上阕云："千古江山，英雄无觅，孙仲谋处。舞榭歌台，风流总被，雨打风吹去。斜阳草树，寻常巷陌，人道寄奴曾住。想当年，金戈铁马，气吞万里如虎。"② 刘裕小字寄奴，就曾经居住在京口普通的小街小巷，一个看似平凡的南渡流民后裔，居然成就了一代霸业。

下面再看《宋二首》之第二首：

> 百万人甘一掷输，玄穹唯与道相符。
>
> 岂知紫殿新天子，只是丹徒一啬夫。
>
> 五色龙章身早见，六终鸿业数难逾。
>
> 三年未得分明梦，却为兰陵起霸图。

---

① 房玄龄等：《晋书》，中华书局 1974 年版，第 2191 页。
② 朱德才选注：《辛弃疾词选》，人民文学出版社 1993 年版。

起首两句"百万人甘一掷输，玄穹惟与道相符"，是说刘裕敢于赌博、敢于赌命运，天道与人道是相符的。

接着三、四两句"岂知紫殿新天子，只是丹徒一啬夫"，是说他贵为"新天子"，出身只是"一啬夫"。丹徒县归京口（今江苏镇江）管辖。《晋书》卷二四《职官志》曰："县五百以上皆置乡，三千以上置二乡，五千以上置三乡，万以上置四乡，乡置啬夫一人。"《宋书》卷四十《百官志下》曰："十亭为乡，乡有乡佐、三老、有秩、啬夫、游徼各一人。"可见啬夫本来只是一个乡一级的地方基层干部。

第六、七两句"五色龙章身早见，六终鸿业数难逾"，作者在诗中宣传了一些谶纬迷信的东西，如"五色龙章"现身等，说明刘裕是真龙天子。史书中就有这类记载，如《南史》卷一《武帝纪》曰："尝游京口竹林寺，独卧讲堂前，上有五色龙章，众僧见之，惊以白帝，帝独喜曰：'上人无妄言。'皇考墓在丹徒之侯山，其地秦史所谓曲阿、丹徒间有天子气者也。时有孔恭者，妙善占墓，帝尝与经墓，欺之曰：'此墓何如？'孔恭曰：'非常地也。'帝由是益自负。行止时见二小龙附翼，樵渔山泽，同侣或亦睹焉。及贵，龙形更大。"

至于"六终鸿业"，则是因刘宋"自永初元年至升明三年，凡六十年"，朝臣们以"六终六受"来劝萧道成称帝，也是后人附会。史书中也有这类记载。例如，《南齐书》卷一《高帝纪上》载："兼太史令、将作匠陈文建奏符命曰：'六，亢位也。后汉自建武至建安二十五年，一百九十六年而禅魏。魏自黄初至咸熙二年，四十六年而禅晋。晋自太始至元熙二年，一百五十六年而禅宋。宋自永初元年至升明三年，凡六十年：咸以六终六受。六，亢位也。验往揆今，若斯昭著。敢以职任，备陈管穴。伏愿顺天时，膺符瑞。'"可见这些宣传也并非徐夤杜撰，而是有一定史料作支撑的。

结尾两句"三年未得分明梦，却为兰陵起霸图"，是说刘裕称帝，从永初元年至三年（420—422），仅三年时间，分明是一场帝王梦。但这场帝王梦，却开创了南朝的新局面。东晋是典型的门阀政治，南朝则是对王权政治的回归。士族与庶族的互为消长，是当时政权更替的决定性因素。继彭城刘氏建立的刘宋政权之后，建立萧齐政权的萧道成、建立萧梁政权的萧衍，都出自兰陵萧氏。他们的先人，原来都是从北方南渡过江的社会地位较为低微的人物。刘裕的霸业，为他们的霸业兴起，起了先导的作用。

其《陈》诗云：

> 三惑昏昏中紫宸，万机抛却醉临春。
> 书中不礼隋文帝，井底常携张贵嫔。
> 玉树歌声移入哭，金陵天子化为臣。
> 兵戈半渡前江水，狎客犹闻争酒巡。

此诗起首两句"三惑昏昏中紫宸，万机抛却醉临春"，描写的是陈后主纸醉金迷的荒淫生活。《南史》卷一二《后妃传下》载：陈"至德二年（584），乃于光昭殿前起临春、结绮、望仙三阁，高数十丈，并数十间。其窗牖、壁带、县（悬）楣、栏槛之类，皆以沉檀香为之，又饰以金玉，间以珠翠，外施珠帘。内有宝床宝帐，其服玩之属，瑰丽皆近古未有。每微风暂至，香闻数里，朝日初照，光映后庭。其下积石为山，引水为池，植以奇树，杂以花药。后主自居临春阁，张贵妃居结绮阁，龚、孔二贵嫔居望仙阁，并复道交相往来。又有王、季二美人，张、薛二淑媛，袁昭仪、何婕妤、江修容等七人，并有宠，递代以游其上。以宫人有文学者袁大舍等为女学士。后主每引宾客，对贵妃等游宴，则使诸贵人及女学士与狎客共赋新诗，互相赠答。采其尤艳丽者，以为曲调，被以新声。选宫女有容色者以千百数，令习而歌之，分部迭进，持以相乐。其曲有《玉树后庭花》《临春乐》等。其略云：'璧月夜夜满，琼树朝朝新。'大抵所归，皆美张贵妃、孔贵嫔之容色"。

第三句"书中不礼隋文帝",写陈后主不懂邦交,对隋文帝无礼,如《南史》卷十《陈本纪下·后主纪》载:"初隋文帝受周禅,甚敦邻好,宣帝尚不禁侵掠。太建末,隋兵大举,闻宣帝崩,乃命班师,遣使赴吊,修敌国之礼,书称姓名顿首。而后主益骄,书末云:'想彼统内如宜,此宇宙清泰。'隋文帝不说,以示朝臣。清河公杨素以为主辱,再拜请罪,及襄邑公贺若弼并奋求致讨。后副使袁彦聘隋,窃图隋文帝状以归,后主见之,大骇曰:'吾不欲见此人。'每遣间谍,隋文帝皆给衣马,礼遣以归。"

第四句"井底常携张贵嫔",写陈后主携贵嫔躲入枯井的狼狈相。陈亡时,后主与张丽华、孔贵嫔,一起躲入一口枯井"景阳井"中。《南史》卷十《陈本纪下·后主纪》载:"既而军人窥井而呼之,后主不应。欲下石,乃闻叫声。以绳引之,惊其太重,及出,乃与张贵妃、孔贵人三人同乘而上。隋文帝闻之大惊。开府鲍宏曰:'东井上于天文为秦,今王都所在,投井其天意邪。'先是江东谣多唱王献之《桃叶辞》,云:'桃叶复桃叶,渡江不用楫,但度无所苦,我自接迎汝。'及晋王广军于六合镇,其山名桃叶,果乘陈船而度。丙戌,晋王广入据台城,送后主于东宫。"

第五、六句"玉树歌声移入哭,金陵天子化为臣",指出《玉树后庭花》等靡靡之音,把这位荒唐的金陵天子化为臣,是陈朝政权灭亡的主要原因。

结尾两句"兵戈半渡前江水,狎客犹闻争酒巡",在史书中也能找到证据。例如,《南史》卷十《陈本纪下·后主纪》载:"及闻隋军临江,后主曰:'王气在此,齐兵三度来,周兵再度至,无不摧没。虏今来者必自败。'孔范亦言无渡江理。但奏伎纵酒,作诗不辍。"

纵观徐夤咏三国、两晋、南朝的诗篇,其大旨都在总结朝代兴亡的经验教训。徐夤史诗的特点是运用典故很多,并注重评说对历史进程有影响的人物，如三国的刘备、诸葛亮、曹操、孙权，两晋的司马氏父子及羯人首领石勒，南朝的刘裕及陈后主等。正如李商隐《咏史》诗（《全唐诗》卷五三九）所言："历览前贤国与家，成由勤俭败由奢。"这就是历史的重要启示。

大唐时代

"物不自美"与"以怪为美"

——柳宗元的美学观与审美之平议

王志清*

"美不自美，因人而彰"①是柳宗元提出的一个美学命题，类似"人的本质力量对象化"的美学观。这种审美观在人与自然的关系上表现出人的主导意识的强化，强调人化自然的主观性，自然物象为诗人的主观情感所统摄或移注，被强加上哲性化的理解，而成为意义的象征。这里提出一个重要的美学命题：自然美是客观存在的；自然美因审美者的不同而不同；自然美的价值靠审美者而彰显。那么，柳宗元的"物不自美"观，是在怎样的背景中产生的呢？这与其所处时代、与其生平际遇、与其个性品格有什么关系呢？此美学观导致的审美取向与审美创造是怎样的一种形态呢？这就是本文要探讨的主要问题。

一 "美不自美"观形成的环境因素

"美不自美，因人而彰"的命题，已为学人所多关注，而解读多脱离

---

* 作者单位：南通大学文学院。

① 文见于《柳宗元集》卷二七，题作《邕州柳中丞作马退山茅亭记》。另见于独孤及《毗陵集》，题为《马退山茅亭记》。这已是一桩千古公案。

体的语言环境，且多"望文生义"的过度阐释，以美学原理来套，或以教学讲义来穿凿。我们以为，要真正参透此美学观之精义，弄清此命题产生的内外部条件，是非常必要的。

此命题产生于柳宗元流贬广西而任柳州刺史时。时其兄柳宽任职邕州。柳宽于邕州北郊的马退山建茅亭，而向柳宗元索记，便有此《邕州柳中丞作马退山茅亭记》，全文如下：

> 冬十月，作新亭于马退山之阳。因高丘之阻以面势，无榱栌节棁之华。不斫椽，不翦茨，不列墙，以白云为藩篱，碧山为屏风，昭其俭也。

> 是山崒然起于莽苍之中，驰奔云矗，亘数十百里，尾蟠荒陬，首注大溪，诸山来朝，势若星拱，苍翠诡状，绮绾绣错。盖天钟秀于是，不限于遐裔也。然以壤接荒服，俗参夷徼，周王之马迹不至，谢公之屐齿不及，岩径萧条，登探者以为叹。

> 岁在辛卯，我仲兄以方牧之命，试于是邦。夫其德及故信乎，信乎故人和，人和故政多暇。由是尝徘徊此山，以寄胜概。乃墍乃涂，作我攸宇，于是不崇朝而木工告成。每风止雨收，烟霞澄鲜，辄角巾鹿裘，率昆弟友生冠者五六人，步山椒而登焉。于是手挥丝桐，目送还云，西山爽气，在我襟袖，以极万类，揽不盈掌。

> 夫美不自美，因人而彰。兰亭也，不遭右军，则清湍修竹，芜没于空山矣。是亭也，僻介闽岭，佳境罕到，不书所作，使盛迹郁湮，是贻林间之愧。故志之。

文章不足400字，写得情景交融，诗情画意十足。此记卒章显其志，最后一自然段借题发挥，提出自己的美学观。结合全文看，此段话有两层意思。其一，马退山虽处荒凉，然美仍然是客观存在着的，只是不为一般人所识耳。其二，美需要有人发现，才可能无"盛迹郁湮"之憾。二层意思都是突出"因人而彰"的审美主观性。

其实，话中有话，联系作者被弃之遭遇看，此乃说的是识人之道也。柳宗元外放柳州，感到非常意外，"十年憔悴到秦京，谁料翻为岭外行"（《衡阳与梦得分路赠别》）。永贞革新失败后，柳宗元被贬为永州司马。元和十年（815）一月，其被诏回京。谁知宪宗怨恨未消，加之宰相武元衡的仇视，不出一月，又被贬为柳州刺史，真个是"风波一跌逝万里，壮心瓦解空缧囚"（《冉溪》）。他在赴柳州途中有诗《岭南江行》云："瘴江南去入云烟，望尽黄茆是海边。山腹雨晴添象迹，潭心日暖长蛟涎。射工巧伺游人影，飓母偏惊旅客船。从此忧来非一事，岂容华发待流年？"诗中采集岭南的特异风物如象迹、蛟涎、射工、飓母等，具体描写了当地环境的恶劣，也是自己险恶处境的象征。诗人自料此行凶多吉少，愁非一端，华发不待流年耳。唐时柳州，地处蛮荒，关于柳州的自然风貌，其《寄韦珩》诗云："阴森野葛交蔽日，悬蛇结虺如葡萄。到官数宿贼满野，缚壮杀老啼且号。饥行夜坐设方略，笼铜枹鼓手所操。奇疮钉骨状如箭，鬼手脱命争纤毫。今年噬毒得霍疾，支心搅腹戟与刀。迩来气少筋骨露，苍白濒泪盈颠毛。"而关于柳州当时的社会风貌，其诗文里也多有记述，他在《柳州文宣王新修庙碑》中说："仲尼之道，与王化远迩。惟柳州古为南夷，椎髻卉裳，攻劫斗暴，虽唐、虞之仁不能柔，秦、汉之勇不能威。"柳州不仅水土不服，且异服殊音，其《柳州峒氓》诗云："郡城南下接通津，异服殊音不可亲。青箬裹盐归峒客，绿荷包饭趁虚人。鹅毛御腊缝山罽，鸡骨占年拜水神。愁向公庭问重译，欲投章甫作文身。"诗中描绘了当地越人的生活场景：裹盐归峒，包饭趁虚，鹅毛御腊，鸡骨占年。柳宗元已绝返京之念，亦欲弃衣冠、文体身而就夷俗也。

遍览柳宗元的柳州诗文，似还只有《马退山茅亭记》中见有"徘徊此山，以寄胜概"的心情的。他任职柳州，虽有实权，却始终笼罩在贬吏的阴影中，心情郁闷，而每每独登柳州城楼，更加悲从中来，愁思万端。永州十年被弃，其身体已非常衰弱。他在《与杨京兆凭书》中写道："自遭责逐，继以大故，荒乱耗竭，又常积忧，恐神志少矣，所读书随又遗忘。一二年来，痞气尤甚，加以众疾，动作不常。毛毛然骚扰内生，霍雾填拥惨沮，虽有意穷文章，而病夺其志矣。每闻人大言，则蹶气震怖，抚心案胆，不能自止。又永州多火灾，五年之间，四为天火所迫。徒跣走出，坏墙穴牖，仅免燔灼。书籍散乱毁裂，不知所往。一遇火恐，累日茫洋，不能出言，又安能尽意于笔砚，矻矻自苦，以伤危败之魂哉？"其写于元和四年（809）的《觉衰》诗中也有这样的自写："齿疏发就种，奔走力不任"；"出门呼所亲，扶杖登西林。"年不足四十，却已老态龙钟，心力衰竭。柳州环境更加恶劣，这对拖着病体理政的柳宗元来说无疑雪上加霜，疔疮与霍乱等疾病将其折磨得骨瘦如柴，已显衰象而每况愈下也。其《种木榈花》诗云："上苑年年占物华，飘零今日在天涯。只应长作龙城守，剩种庭前木榈花。"他慨叹自己只能老死在柳州了。其《别舍弟宗一》诗，大有离世之悲恸。诗云："零落残红倍黯然，双垂别泪越江边。一身去国六千里，万死投荒十二年。桂岭瘴来云似墨，洞庭春尽水如天。欲知此后相思梦，长在荆门郢树烟。"诗写于元和十一年（816）春夏之交。柳宗元贬来柳州时，其堂弟柳宗直和柳宗一同往。宗直到柳州后不久就病逝，年仅23岁，柳宗元伤悼不已。如今，其堂弟宗一将自柳州赴江陵。此时的柳宗元真可谓"形影相吊，五情愧赧"，其老母卢氏、爱妻杨氏、娇女和娘等都已相继弃世，唯一的堂弟也即离他而去，举目无亲的诗人，其极度伤感，是非常能够理解的，其"双垂别泪"而倍觉"黯然"，绝非夸张。"一身去国六千里，万死投荒十二年"二句，高度浓缩了历尽艰危的身世际遇。诗之后四句意谓：我所留居的柳州崇山峻岭，瘴雾迷漫，绝非人居之地。别后你我天各一方，料想彼此相见只能在梦中；日后我的梦魂将常来江陵与你相见，那荆门的山，郢都的树，就是我的梦魂栖息处。施子瑜《柳宗元年谱》（载《武汉大学学报》1957年第1期）说：柳宗元死前一二年,"心绪绝劣,则自知不寿"。

柳宗元到柳州后,其诗文皆伤感味极重,几未有过豁朗的时候。然而,《马退山茅亭记》中竟有"手挥丝桐,目送还云;西山爽气,在我襟袖;以极万类,揽不盈掌"之兴致,为情做文也。"僻介闽岭",竟见有宛如"清湍修竹"之"盛迹",实在是"因人而彰"也。

二 "美不自美"观形成的时代因素

柳宗元何以提出这样的命题呢?这应该与时代有关。笔者曾经撰文认为:以"美不自美"对中唐诗美现象作总体把握,符合中唐诗歌现象的自身特质。这种人类自我中心突出表现的诗美观,最大限度地强化了人的本质力量,最大极限地张扬了人的主观能动性,以情意役物,万物皆备于我,其诗中之山水自然大多有被扭曲的遭遇,呈现出形意失谐、意象失衡的美学形态,被强行赋予了理性化内涵而成为意义的象征。① 中唐,这是一个"尚怪"的时代。"一个稀奇古怪的时代和一些稀奇古怪的人"②,柳宗元也就是这一群怪人中的一个怪人。而这些稀奇古怪的人又特别崇尚稀奇古怪的美。柳宗元亦然。

李肇在《唐国史补》卷下"叙时文所尚"条中,以"大抵天宝之风尚党,大历之风尚浮,贞元之风尚荡,元和之风尚怪"句,勾勒出天宝(742—755)至元和(806—820)之间诗文风格的嬗变,是现存最早的唐人有关盛中唐文学史演进的论述,具有极为珍贵的第一手文献价值。关于"元和之风尚怪"的含义,李肇做出了较为具体的说明:"元和已后,为文笔,则学奇诡于韩愈,学苦涩于樊宗师;歌行则学流荡于张籍;诗章则学

① 王志清:《"美不自美":中唐诗美的人化自然特征》,《江淮论坛》2004年第6期,第131页。

② 李从军:《唐代文学演变史》,人民文学出版社2006年版,第379页。

矫激于孟郊，学浅切于白居易，学淫靡于元稹，俱名为元和体。"此论中"奇诡""苦涩""流荡""矫激""浅切""淫靡"等，都是"怪"的形式表现。天宝、大历（766—799）之风，呈趋同化倾向而千人一面，作家的创作个性不够鲜明，而元和的"尚怪"之风走向了另一个极端，追求个性色彩，争奇斗险，其审美陷于狂怪。李肇没有言及刘禹锡与柳宗元，然二者亦同在"怪"列。

柳宗元诗文之奇崛硬险的风格，其"抒忧娱悲""感激怨怼"的美学品性，从本质上看，与韩愈他们没有什么不同。韩孟诗派的美学趣尚，用他们自己的诗来形容就是："我愿生两翅，捕逐出八荒。精神忽交通，百怪入我肠。刺手拔鲸牙，举瓢酌天浆"（韩愈《调张籍》）；"天地入胸臆，吁嗟生风雷。文章得其微，物象由我裁"（孟郊《赠郑夫子鲂》）；"笔补造化天无功"（李贺《高轩过》）。这些美学观的一个最突出的特点就是：写诗不仅要弥补修饰造化之不完美处，而且要对物象进行主观裁夺，于吁嗟之间以生风雷之象。柳宗元的"美不自美，因人而彰"，与韩孟诗派的这些重要观点极似，表现出重主观心理、尚奇险怪异的创作倾向。"美不自美"观，似乎比"笔补造化"还要胜过一层，更加突出主观作用，意谓虽然外物之美是客观存在的，但是，如果没有主观的介入与参与，自然物象便无美可言。"因人而彰"则明显是突出人在审美中的决定性作用。即造化自然讲究美不美，有多美，取决于审美的那个"人"。柳宗元有一首看山诗，与浩初和尚一同登山望景，写有《与浩初上人同看山寄京华亲故》诗：

> 海畔尖山似剑铓，秋来处处割愁肠。
> 若为化得身千亿，散上峰头望故乡。

诗的题目很有意味："与浩初上人同看山"，似乎也充满"看山是山"的禅机。宋代禅宗大师青原行思提出参禅的三重境界是：参禅之初，看山是山，看水是水；禅有悟时，看山不是山，看水不是水；禅中彻悟，看山还是山，看水还是水。柳宗元看山，似乎处于参禅的第二境界，即看山而不是山。柳宗元所见之山，皆尖如剑锋，那不是山，是剑，是拔地峭竖的剑，是"割愁肠"而寸断的"剑铓"。柳州四野群峰，对"一身去国三千里，万死投荒十二年"的逐客来说，形象可怖，惊心动魄，而有利剑割愁肠之绞痛感也。看山是剑，因人而异；山之剑美，"因人而彰"。柳宗元的"物不自美"观，也如韩孟诗派十分重视心智、胆力和对物象的主观裁夺。尤其是其长期被遗弃而形成的心理变异，强化了观物的主观性，强化了审美的移情作用，强化了其笔下景象的怪异性，当其将个体特异的生命精神灌注到审美对象中去时，审美对象就有可能升华为诗人的灵性之象。

从历代正变观来看，元和诗坛虽然非常繁荣，而此时期"以怪为美"的审美趣尚，也被诗论家视为"异端曲学"（明许学夷《诗源辨体》卷二四）。元和不再是开天（713—755）时的那种蓬勃向上的气象，美学也失去了青春时代的那种单纯欢乐的浪漫情调，而呈中年化特征，而美学形态则骤变为繁杂多元的复式，带有审视叱问的哲理意味。元和诗人裁物象、觑天巧、补造化的美学观，明确提出雄奇怪异的审美理想，突破了过于重视人伦道德和温柔敦厚的传统诗教，由重诗的社会功能转向重诗的个性抒情，转向重创作主体内心的展露和艺术创造力的发挥，这在诗歌理论史上是一个令人瞩目的剧变。欧阳修《永州万石亭寄知永州王顾》评价的："天于生子厚，禀予独艰哉！超凌骤拔擢，过盛辄伤摧。苦其危虑心，常使鸣心哀。投以空旷地，纵横放天才。山穷与水险，上下极沿洄。故其于文章，出语多崔嵬。人迹所罕到，遗踪久荒颓。王君好奇士，后二百年来。剪剃发幽荟，搜寻得琼瑰。感物不自贵，因人乃成材。谁知古所慕，岂免今所咍。我亦奇子厚，开编每徘徊。作诗示同好，为我铭山隈。"元和十年（815）正月五日，柳宗元作《永州万石亭记》并刻碑以纪念。北宋真宗天禧（1017—1021）年间，永州刺史崔能所修建万石亭，欧阳修为诗勒山石。欧阳修的这首五言古诗，其实就是一篇探究柳宗元何以"出语多崔嵬"之原因的深刻史论。

我们将柳宗元的"美不自美，因人而彰"放置于元和尚怪的时尚里综合考察，求证其审美的共同性。于柳宗元看来，自然景物要成为审美对象，要成为一种可资欣赏的美，必须有人的审美活动，在于具有美的意识之人来发现它，唤醒它，点亮它，使它从实在之物象而变成诗性之意象。也就是说，那些"诸山来朝，势若星拱，苍翠诡状，绮绣绣错"的美色，是因人之彰而"彰"的。美并不在于外物自身，美离不开人的审美体验，只有经过人的审美体验，自然景物才可能被彰显出来。"美不自美"观，决定了其审美活动中的移情的可能性与变形的必然性。

三 "美不自美"观形成的性格因素

诗人的人格特质对其美学观的形成以及审美取向，是具有决定性意义的。柳宗元属于执着型人格的人。他曾自我反省说自己："性又倔野，不能摧折，以故名益恶，势益险"（《与裴埙书》）。因此，他"虽万受摈弃，不更乎其内"（《答周君巢饵药久寿书》）。柳宗元生命素质里有一种超人强势的主体意识，而这种主体意识在永州与柳州的恶劣环境中找到了人的本质力量对象化的山水，山水皆染我之情绪而"彰"我之特美。

唐顺宗永贞元年（805），柳宗元因参加王叔文革新失败而贬永州司马，至宪宗元和十年（815）被召回京改刺柳州，从现存柳宗元集来看，这是他创作的高峰期。柳宗元后半生14年，置身于穷山恶水之中。横遭弃置的处境，没有使其低下高贵的头。而这种非常特殊的生存环境，扭曲了他的心理，也强化了他性格中的强悍与执拗之特质。种种不幸和痛苦让其生性倍加"俊杰廉悍"（韩愈《柳子厚墓志铭》）。诚如清代画家廖燕所说："慷慨者何哉？岂藉山水而泄其幽愤之愤者耶！然天下之最能愤者莫如山水。……故知愤气者，又天地之才也。非才无以泄其愤，非愤无以成其才；则山水者，岂非吾人所当收罗于胸中而为怪奇之文章者哉！"柳宗元写于永州的《江雪》诗云："千山鸟飞绝，万径人踪灭。孤舟蓑笠翁，独钓寒江雪。"沈德潜评曰："清峭已绝"。这"绝"，是指其描绘的峻洁而死寂的环境，也是指其身处孤寒之界而我行我素的孤傲，指其足履荒渺之境而处之泰然的超逸。诗中表现的是一种兀傲不群的气骨，一种清高脱俗的风标，一种甘受清苦而守贞不渝的心态，一种凛然不可犯的人格尊严。而其《笼鹰词》诗则不像《江雪》那么含蓄，更加强硬对抗：

> 凄风淅沥飞严霜，苍鹰上击翻曙光。
> 云披雾裂虹霓断，霹雳掣电捎平冈。
> 砉然劲翮剪荆棘，下攫狐兔腾苍茫。
> 爪毛吻血百鸟逝，独立四顾时激昂。
> 炎风溽暑忽然至，羽翼脱落自摧藏。
> 草中狸鼠足为患，一夕十顾惊且伤。
> 但愿清商复为假，拔去万累云间翔。

　　诗以"爪毛吻血百鸟逝，独立四顾时激昂"形象，表现其立足于危境而公开挑战的战神风姿，虽惨遭迫害摧残，落难以致任人宰割的地步，但依然坚持正义，卓厉矫健，怨而敢怒。诗的结尾两句"但愿清商复为假，拔去万累云间翔"，是其发自肺腑的战斗呐喊，渴望重新冲出樊笼，一飞冲天，充分展示了他内心深处的自信，也是对迫害者的鄙视。身处南荒无所作为，命运没有压垮柳宗元，相反却使他不甘于生命沉沦的意识愈发强烈。然而，长期受压，政治失败，官场失意，人生失路，也造成了其心理变异，"自余为僇人，居是州，恒惴栗"，越发的落拓与执拗，其审美对尖锐、峭拔、怪异、苍老与幽僻之物象也愈发感兴趣。明代茅坤可谓深知柳子厚，他说其"与山川两相遭：非子厚之困且久，不能以搜岩穴之奇；非岩穴之怪且幽，亦无以发子厚之文"（《唐宋八大家文钞·柳柳州文钞》卷七）。柳宗元记类文字，专写穷乡僻壤之景，借题立意，寄托遥深，凡一草一木，皆坦示其孤苦寂寞的心情，展现其兀傲脱俗的个性。这些山水游记，不外有三层意思：其一，有弃地而无人识货，而唯我独垂青眼；其二，弃地不堪入目而出脱一新，突出"笔补造化"之功；其三，谨以记之而彰其美色，不使盛迹郁湮。记之中心意思，均强调审美的主观性与差异性。以《钴鉧潭西小丘记》为例：

> 得西山后八日，录山口西北道二百步，又得钴鉧潭。潭西二十五步，当湍而浚者为鱼梁。梁之上有丘焉，生竹树，其石之突怒偃蹇，负土而出，争为奇状者，殆不可数。其嵚然相累而下者，若牛马之饮于溪；其冲然角列而上者，若熊罴之登于山。
>
> 丘之小不能一亩，可以笼而有之。问其主，曰："唐氏之弃地，货而不售。"问其价，曰："止四百。"余怜而售之。李深源、元克己时同游，皆大喜，出自意外。即更取器用，铲刈秽草，伐去恶木，烈火而焚之。嘉木立，美竹露，奇石显。由其中以望，则山之高，云之浮，溪之流，鸟兽之遨游，举熙熙然回巧献技，以效兹丘之下。枕席而卧，则清泠之状与目谋；瀯瀯之声与耳谋；悠然而虚者与神谋；渊然而静者与心谋。不匝旬而得异地者二。虽古好事之士，或未能至焉。
>
> 噫！以兹丘之胜，致之沣、镐、鄠、杜，则贵游之士争买者，日增千金而愈不可得。今弃是州也，农夫渔父，过而陋之，贾四百，连岁不能售。而我与深源、克己独喜得之，是其果有遭乎！书于石，所以贺兹丘之遭也。

此记的这种写法，与《马退山茅亭记》如出一辙。其中观点，亦与"物不自美"观同。文章以弃地落笔，实乃以"弃地"自嘲，以"弃地"

自比。"唐氏"者，唐姓之王朝也。此为影射，"全为放臣写照"（高步瀛《唐宋文举要》甲编）。诗人借题感慨，寓意不遇。那"货而不售"的"唐氏之弃地"，竟"彰"出如此生机，成为"举熙熙然回巧献技，以效兹丘之下"的胜景。而柳宗元自己却被横遭贬逐、遗弃荒野而终无人识也。是识人者有目无珠也。

　　"美不自美，因人而彰"，柳州山水虽都具景物自身所固有的特征，而经由柳宗元之"彰"，其特质尤为凸显。而这种充满了怪异的"幽泉怪石"，也投合了柳宗元的审美趣尚。柳宗元说："游之适，大率有二：旷如也，奥如也"（《永州龙兴寺东丘记》）。而"旷""奥"二者，他特别欣赏"奥景"。其八记中无不以"奥景"取向。而符合其"奥景之美"标准的，尽是些荒山芜岭的弃地。这些天然的"幽奥"，根据其"奥景"的美学原则而加以整治，复进入其诗文，则倍添奥趣也。诚如其对小石潭周围环境的描写，"四面竹树环合，寂寥无人，凄神寒骨，悄怆幽邃"（《至小丘西小石潭记》）。这种"奥景"，这种空无人迹的野丽幽美，乃注入其人格力量与审美情愫，更"彰"出其怪异而奇崛的因素，"彰"出其"以怪为美"的审美取向，但见"其石之突怒偃蹇，负土而出，争为奇状者，殆不可数。其嵚然相累而下者，若牛马之饮于溪；其冲然角列而上者，若熊罴之登于山。"柳宗元《愚溪诗序》中即表达了这样的审美自觉，他说："余虽不合于俗，亦颇以文墨自慰，漱涤万物，牢笼百态，而无所避之。"奇石皆傲然地"负土而出"，不甘沉沦地"争为奇状"，而"突怒偃蹇"地展示其顽强的生命意志与坚贞不屈的人格力量，并表现出"冲然角列而上"生命精神。茅坤《唐宋八大家文钞·柳柳州文钞》即一言破的说其"借石之瑰玮，以吐胸中之气"。诗人洗涤天地间万物，囊括大自然的百态，其笔下山水，已不是纯客观的自然，而是赋予了诗人血肉灵魂而人格化了山水。柳宗元同样作于永州的《始得西山宴游记》曰：

自余为僇人，居是州，恒惴栗。其隙也，则施施而行，漫漫而游。日与其徒上高山，入深林，穷回溪，幽泉怪石，无远不到。到则披草而坐，倾壶而醉。醉则更相枕以卧，卧而梦。意有所极，梦亦同趣。觉而起，起而归。以为凡是州之山水有异态者，皆我有也，而未始知西山之怪特。

今年九月二十八日，因坐法华西亭，望西山，始指异之。遂命仆人过湘江，缘染溪，斫榛莽，焚茅茷，穷山之高而止。攀援而登，箕踞而遨，则凡数州之土壤，皆在衽席之下。其高下之势，岈然洼然，若垤若穴，尺寸千里，攒蹙累积，莫得遁隐。萦青缭白，外与天际，四望如一。然后知是山之特立，不与培塿为类。悠悠乎与颢气俱，而莫得其涯；洋洋乎与造物者游，而不知其所穷。引觞满酌，颓然就醉，不知日之入。苍然暮色，自远而至，至无所见，而犹不欲归。心凝形释，与万化冥合。然后知吾向之未始游，游于是乎始。故为之文以志。是岁，元和四年也。

此记的写法与其他几记大致相同。而此记所不同者，在于凸显其发现西山景色"怪特"时的欣喜，并以"是山之特立，不与培塿为类"突出其孤傲独立的耿介。这是写山石，也是自写，是物我不辨的造型。"以为凡是州之山水有异态者，皆我有也，而未始知西山之怪特"，其意谓：原以为有些特点的山水都被我游遍，尚不知西山竟有此等怪特之美。面对眼前的"怪特"景象，其"悠悠乎与颢气俱，而莫得其涯；洋洋乎与造物者游，而不知其所穷"。诗人顿时感到自己是在与宇宙浩气无边无垠地交流，与造物者作无穷无尽地交游，进而到达了"心凝形释，与万化冥合"的境地，而自己就是山水，自己融于万物，自己就是那种峻洁特立而超脱尘俗的"怪特"。文章不足 400 字，却叙写了其审美的完整过程，诗人移情山水，山水成为诗人的化身。柳宗元"投迹山水地，放情咏《离骚》"（《游南亭夜还叙志七十韵》），其将主观的感情移到事物上，以我观物，故物皆着我之色彩，其记游写景往往移情其间，融入他遭贬后抑郁忧愤的心绪，反过来又用被感染了的事物衬托主观情绪，而物我一体。"美不自美"，那些极其平凡甚至丑陋的山水，因柳宗元的桀骜不驯的个性，极强的生命精神，而彰显发出极其奇异的光彩。以怪为美，追求怪美的柳宗元，其笔下的山水，皆幽凄冷峻、孤傲不逊的形象，皆凄神寒骨、悄怆幽邃的怪异美。

著名美学家别林斯基曾说过："无论在哪一种情况下，美都是从灵魂深处发出的。因为大自然的景象是不可能绝对的美，这美隐藏在创造或者观察它们的那个人的灵魂里。"① 同样是著名的美学家朱光潜也说："依我们看，美不完全在外物，也不完全在人心，它是心物婚媾后所产生的婴儿。"美的欣赏就是"把自然加以艺术化，所谓艺术化就是人情化和理想化"②。而这样的美学观，柳宗元在千年前就已经提出。"美不自美"观，强调美的主观性，强调审美主体的主观参与，强调审美的主观性，强调人按照美的规律改造自然的思想，强调对于自然美的改造（"笔补造化"），而取消了客观物象的自身美的独立性，物象美之与否因人而异。因而，自然山水被人的本质力量所对象化了，抒情者的心理"真实"替代了山水自然的客观真实。而因为柳宗元这个具体人且生活于具体的时代与环境，决定了他必然持有此美学观，而必然"以怪为美"的审美取向。柳宗元笔下的自然是人化的自然，是其审美主体本质力量的感性显现。他把自身的遭遇、性格、情绪灌注进山水中去，使山水人格化也个人化矣。

---

① ［俄］别林斯基：《别林斯基选集》第一卷，上海译文出版社 1979 年版，第 241 页。
② 朱光潜：《谈美书简二种》，上海文艺出版社 1999 年版，第 137 页。

论唐五代笔记小说中的皇帝形象

蔡静波 蔡 淋*

唐五代时期，共有大大小小 34 位皇帝（唐代 289 年 21 位，五代 53 年 13 位），唐五代笔记小说中描述了其中大部分皇帝的逸闻趣事，丰富了这一时期文学的人物形象。通过归纳、分析，可以看出同一类型皇帝的共同特有以下三点。

一 开创型皇帝

开创型皇帝是指能在原有社会现实的基础上，敢于破旧立新、开创新局面的皇帝。他们或者开创盛世，或者弃旧图新，或者挽救厄世。唐太宗李世民、武周皇帝则天、唐玄宗李隆基、唐肃宗李亨，当是这类皇帝的代表。开创型皇帝的共同特点如下。

第一，胸怀宽阔，从谏如流。

所谓纳谏，一般是指皇帝采纳下属直言规劝的意见。而说到纳谏，人们首先会想到唐太宗。据《隋唐嘉话》卷上记载：

---

* 作者单位：蔡静波，渭南师范学院人文学院；蔡淋，陕西历史博物馆。

> 太宗谓梁公曰："以铜为镜，可以正衣冠；以古为镜，可以知兴
> 替；以人为镜，可以明得失。朕尝宝此三镜，用防己过。今魏徵殂
> 逝，遂亡一镜矣。"①

唐太宗为什么要特别提到魏徵呢？因为魏徵经常给唐太宗进谏，而且
有时惹得唐太宗不高兴。应当说，被后世称道的"贞观之治"，是有魏徵
一份功劳的。据《大唐新语》卷一"规谏第二"条就记载：

> 太宗尝罢朝自言："杀却此田舍汉！"文德皇后问："谁触忤陛
> 下？"太宗曰："魏徵每庭辱我，使我常不得自由。"皇后退，朝服立
> 于庭。太宗惊曰："何为若是？"对曰："妾闻主圣臣忠。今陛下圣明，
> 故魏徵得尽直言。妾备后宫，安敢不贺？"于是太宗意乃释。②

其实，谁都喜欢听奉承讨好的话，没有人愿意听违逆己意的反对话，
何况作为人主的唐太宗。

唐太宗不光听魏徵的谏言，谁说对了，他就听谁的。

《大唐新语》卷二"极谏第三"条记载：

> 房玄龄与高士廉偕行，遇少府少监窦德素，问之曰："北门近来
> 有何营造？"德素以闻太宗。太宗谓玄龄、士廉曰："卿但知南衙事，
> 我北门小小营造，何妨卿事？"玄龄等拜谢。魏徵进曰："臣不解陛下
> 责，亦不解玄龄等谢。既任大臣，即陛下股肱耳目，有所营造，何容
> 不知？责其访问官司，臣所不解。陛下所为若是，当助陛下成之；所
> 为若非，当奏罢之。此乃事君之道。玄龄等问既无罪，而陛下责之，
> 玄龄等不识所守，臣实不喻。"太宗深纳之。③

---

① 刘𫗧：《隋唐嘉话》，中华书局 1979 年版，第 7 页。
② （唐）刘肃：《大唐新语》，中华书局 1984 年版，第 13 页。
③ 同上书，第 221—222 页。

《大唐新语》卷七"识量第十四"条记载：

> 高丽莫离支盖苏文贡白金，褚遂良进曰："莫离支弑其君，陛下以之兴兵，将吊伐为辽东之人报主之耻。古者讨弑君之贼，不受其赂。昔宋督遗鲁君以郜鼎，桓公受之于太庙，臧哀伯谏以为不可。《春秋》书之，百王所法。受不臣之筐篚，纳弑逆之朝贡，不以为愆，何以示后？臣谓莫离支所献不宜受。"太宗从之。①

所以，通过唐太宗的"三镜之喻"，可以看出唐太宗善于纳谏的宽阔胸怀。

说到纳谏，不能不提到武则天。武则天作为皇帝、政治家，虽为女性，亦具有从谏如流的宽阔胸怀。据《酉阳杂俎》前集卷一"忠志"条记载：

> 骆宾王为徐敬业作檄，极疏大周过恶，则天览及"蛾眉不肯让人，狐媚偏能惑主"，微笑而已。至"一抔之土未干，六尺之孤安在"，不悦曰："宰相何得失如此人？"②

这里，骆宾王之用语虽然不是以进谏而是以檄文的形式出现，应该说这更能激起被讨檄者的愤怒，但武则天不但没怒，只是微笑而已，甚至批评宰相不应该漏失此人。这充分显示了武则天的宽阔与大度。

唐玄宗李隆基是一个功过各半的皇帝。正是由于他后期统治的荒淫腐败，才导致了"安史之乱"，导致了唐王朝的由盛转衰。但是不可否认，他在位前期的确由于善于纳谏、任贤用能，因而开创了被后世称道的"开元盛世"。《次柳氏旧闻》记载：

---

① （唐）刘肃：《大唐新语》，中华书局1984年版，第272页。
② （唐）段成式：《酉阳杂俎》，《唐五代笔记小说大观》，上海古籍出版社2000年版，第558页。

　　玄宗初即位，体貌大臣，宾礼故老，尤注意于姚崇、宋璟，引见便殿，皆为之兴，去则临轩以送。其他宰臣，优宠莫及。至李林甫以宗室近属，上所援用，恩意甚厚，而礼遇渐轻。姚崇为相，尝于上前请序进郎吏，上顾视殿宇不注，崇再三言之，冀上少售，而卒不对。崇益恐，趋出。而高力士奏曰："陛下初承鸿业，宰臣请事，即当面言可否。而崇言之，陛下不视，臣恐宰臣必大惧。"上曰："朕既任崇以庶政，事之大者当白奏，朕与共决之；如郎署吏秩甚卑，崇独不能决，而重烦吾耶？"崇至中书，方悸不自安。会力士宣事，因为言上意，崇且解且喜。朝廷闻者，皆以上有人君之大度，得任人之道焉。①

　　作为玄宗太子的李亨能在关键时刻当仁不让、挺身而出，扶大厦于将倾之际，在灵武即位，挽救大唐王朝，自然少不了身边的谋士和他的善于纳谏。唐五代笔记小说对此也有所体现。《大唐新语》卷四"政能第八"条记载：

　　肃宗初克复，重将帅之臣，而武人怙宠，不遵法度。将军王去荣打杀本县令，据法处死。肃宗将宥之，下百寮议。韦陟议曰："昔汉高约法，杀人者死。今陛下出令，杀人者生。伏恐不可为万代之法。"陟尝任吏部侍郎，有一致仕官叙五品，陟判之曰："青毡展庆，曾不立班；朱绂承荣，无宜卧拜。"时人推其强直政能。②

　　这里，虽未明言唐肃宗是否采纳韦陟建议，但从"肃宗将宥之，下百寮议"和韦陟谏阻的语气判断，可以看出肃宗纳谏的人主胸怀。

　　第二，善揽人才，为己所用。

―――――――――――

① （唐）李德裕：《次柳氏旧闻》，《唐五代笔记小说大观》，上海古籍出版社2000年版，第465页。

② （唐）刘肃：《大唐新语》，中华书局1984年版，第63页。

英明的统治者总是善于把一些优秀人才笼络到自己身边，化为自己的力量，为己所用。唐太宗就是这方面的代表。《唐摭言》卷十五"杂记"条记载：

> 贞观初发榜日，上私幸端门，见进士于榜下缀行而出，喜谓侍臣曰："天下英雄，入吾彀中矣！"进士榜头，竖黏黄纸四张，以毡笔淡墨衮转书曰"礼部贡院"四字，或曰：文皇顷以飞帛书之。或象阴注阳受之状。①

这里，唐太宗看见用科举制度把文人士子吸引到自己的身边，使其加盟自己，成为自己的政治成员，颇为高兴。唐太宗不仅通过科举制度选拔人才，对于通过其他途径推荐来的人，只要其有才学，同样给予重视、任用。真可谓不拘一格降人才。《隋唐嘉话》卷中就记载：

> 李义府始召见，太宗试令咏乌，其末句云："上林多许树，不借一枝栖。"帝曰："吾将全树借汝，岂唯一枝？"②

在用人的问题上，难能可贵的是唐太宗不仅能用自己营垒的人，而且敢于也善于任用对方营垒的人，使其为己所用，成为自己实现宏图大愿的政治力量。魏徵曾被太子建成引为洗马，可谓是太子的人，但唐太宗重其才，在玄武门之变后照样用了他；李靖乃是隋将，但亦为太宗所用。《大唐新语》卷七"容恕第十五"条记载：

> 李靖征突厥，征颉利可汗，拓境至于大漠。太宗谓侍臣曰："朕闻主忧臣辱，主辱臣死。往者国家草创，太上皇以百姓之故，称臣于突厥，未尝不痛心疾首，志灭匈奴。今暂劳偏师，无往不捷，单于稽

---

① （宋）王定保：《唐摭言》，上海古籍出版社1978年版，第159页。
② （唐）刘𫗧：《隋唐嘉话》，中华书局1979年版，第19页。

首，耻其雪乎！"群臣皆呼万岁。御史大夫温彦博害靖之功，劾靖军无纪纲，突厥宝货，乱兵所分。太宗舍而不问。及靖凯旋，进见谢罪，太宗曰："隋将史万岁破突厥，有功不赏，以罪致戮。朕则不然，当舍公之罪，录公之勋也。"①

可以看出，李靖不负太宗之望，为唐王朝社稷立下了汗马功劳。

武则天作为政治家，为了延揽、笼络人才，亦可谓是用尽心机。据《朝野佥载》卷四记载，武则天革命，举人不试皆与官，起家至御史、评事、拾遗、补阙者，不可胜数。张鷟为谣曰："补阙连车载，拾遗平斗量。杷推侍御史，碗脱校书郎。"时有沈全交者，傲胆自纵，露才扬己，高巾子，长布衫，在南院吟之，续四句曰："评事不读律，博士不寻章。面糊存抚使，眯目圣神皇。"② 这里，作者虽是反讽武则天滥赐官爵，但亦说明了武则天延揽人才、笼络人心的手段。当然，武则天并非"举人不试皆与官"，她也重视科举考试，希望能把具有真才实学的人选出来。《隋唐嘉话》卷下载云：

> 武后以吏部选人多不实，乃令始日自糊其名，暗考以定等第。判之糊名，自此始也。③

武则天在用人上，不以己见为是，也能接受并任用下属推荐的人选。张柬之的任用就是一例。

《大唐新语》卷六"举贤第十三"条记载：

> 张柬之进士擢第，为清源丞，年且七十余。永昌初，勉复应制策。试毕，有传柬之考入下课者，柬之叹曰："余之命也！"乃委归襄

---

① （唐）刘肃：《大唐新语》，中华书局 1984 年版，第 105—106 页。
② （唐）张鷟：《朝野佥载》，中华书局 1979 年版，第 89 页。
③ （唐）刘肃：《大唐新语》，中华书局 1984 年版，第 35 页。

阳。时中书舍人刘允济重考，自下第升甲科，为天下第一，擢第，拜监察，累迁荆州长史。长安中，则天问狄仁杰曰："朕要一好汉使，有乎？"仁杰对曰："臣料陛下若求文章资历，则今之宰臣李峤、苏味道，亦足为之使矣。岂非文士龌龊，思大才用之，以成天下之务者乎？"则天悦曰："此朕心也。"仁杰曰："荆州长史张柬之，其人虽老，真宰相材也。且久不遇。若用之，必尽于国家。"则天乃召以为洛州司马。他日又求贤，仁杰曰："臣前言张柬之，犹未用也。"则天曰："已迁之矣。"仁杰曰："臣荐之，请为相也。今为洛州司马，非用之也。"乃迁秋官侍郎。及姚崇将赴灵武，则天令举外司堪为宰相者，姚崇曰："张柬之沉厚有谋，能断大事，且其人年老，陛下急用之。"登时召见，以为同凤阁鸾台平章事，年已八十矣。与桓彦范、敬晖、袁恕己、崔玄暐等诛讨二张，兴复社稷，忠冠千古，功格皇天云。①

武则天为了拉拢大臣，甚至竟欲出卖告密者，以使其与己亲近。可谓是不择手段。《大唐新语》卷七"识量第十四"条记载：

狄仁杰为内史，则天谓之曰："卿在汝南，甚有善政。欲知谮卿者乎？"仁杰谢曰："陛下以臣为过，臣当改之。陛下明言，臣之幸也。若臣不知谮者，并为友善，臣请不知。"则天深加叹异。②

当然，武则天也常常采取措施，化解大臣之间的矛盾，以削减其政治力量的内耗。表现了武则天善于处理大臣之间的关系和延揽、笼络人才为己所用的政治韬略。《大唐新语》卷七"容恕第十五"条记载：

---

① （唐）刘肃：《大唐新语》，中华书局 1984 年版，第 94—95 页。
② 同上书，第 101 页。

娄师德弱冠进士擢第。上元初，吐蕃强盛，诏募猛士以讨之。师德以监察御史应募，高宗大悦，授朝散大夫，专总边任。前后四十余年，恭勤接下，孜孜不息，而朴忠沉厚，心无适莫。狄仁杰入相也，师德密荐之。及为同列，颇轻师德，频挤之外使。师德知之而不憾。则天觉之，问仁杰曰："师德贤乎？"对曰："为将谨守，贤则臣不知。"又问："师德知人乎？"对曰："臣尝同官，未闻其知人。"则天曰："朕之用卿，师德实荐也，亦可谓知人矣。"仁杰大惭而退，叹曰："娄公盛德，我为其所容，莫窥其际也。"当危乱之朝，屠灭者接踵，而师德以功名终始，识者多之。初，师德在庙堂，其弟某以资高拜代州都督。将行，谓之曰："吾少不才，位居宰相，汝今又得州牧。叨据过分，人所嫉也，将何以终之？"弟对曰："自今虽有唾某面者，亦不敢言，但自拭之，庶不为兄之忧也。"师德曰："此适为我忧也。夫前人唾者，发于怒也；汝今拭之，是逆前人怒也。唾不拭将自干，何如笑而受之？"弟曰："谨受教。"师德与人不竞，皆此类也。①

第三，尊重理解，关怀体恤。

唐太宗虽为人主，但对下属亦能理解尊重、关怀体恤，凡事不勉强、不强人所难，甚至下属有难时，亦能亲自关照。《隋唐嘉话》卷上记载：

太宗将诛萧墙之恶，以匡社稷，谋于魏公李靖，靖辞。谋于英公徐勣，勣亦辞。帝以是珍此二人。②

《隋唐嘉话》卷中记载：

太宗谓尉迟公曰："朕将嫁女与卿，称意否？"敬德谢曰："臣妇

① （唐）刘肃：《大唐新语》，中华书局1984年版，第108—109页。
② （唐）刘𫗧：《隋唐嘉话》，中华书局1979年版，第4页。

虽鄙陋，亦不失夫妻情。臣每闻说古人语：富不易妻，仁也。臣窃慕之。愿停圣恩。"叩头固让。帝嘉之而止。①

《大唐新语》卷十一"褒锡第二十四"条记载：

> 高宗初立为太子，李勣詹事，仍同中书门下三品，自勣始也。太宗谓之曰："我儿初登储贰，故以官事相委，勿辞屈也。"勣尝有疾，医诊之曰："须龙须灰方可。"太宗剪须以疗之，服讫而愈。勣顿首泣谢。他日，顾谓勣曰："朕当属卿以孤幼，思之无逾公者。往不负李密，岂负于朕哉！"勣流涕而致谢，噬指出血。俄而沉醉，解御服以覆之。②

唐太宗剪须为李勣疗疾事，可谓是人君楷模。此事使人想起了后来一位皇帝的事，那就是唐德宗李适曾碎琥珀匣以赠将士疗治金疮。

第四，雅好嬉戏，君臣和谐。

唐太宗虽为人主，但也是人。所以他在政余闲暇之际，也与大臣开玩笑、逗乐解闷。

《隋唐嘉话》卷中就记载：

> 太宗宴近臣，戏以嘲谑。赵公无忌嘲欧阳率更曰："耸髆成山字，埋肩不出头。谁家麟阁上，画此一猕猴。"询应声云："缩头连背暖，俛袍畏肚寒。只由心溷溷，所以面团团。"帝改容曰："欧阳询岂不畏皇后闻？"赵公，后之兄也。③

《独异志》卷上还记载：

---

① （唐）刘𫗧：《隋唐嘉话》，中华书局1979年版，第25页。
② 同上书，第164页。
③ （唐）刘𫗧：《隋唐嘉话》，中华书局1979年版，第23页。

> 唐萧瑀尝因内宴，上曰："自知一座最贵者先把酒。"时长孙无忌、房玄龄等相顾未言，瑀引手取杯。帝问曰："卿有何说？"瑀曰："臣是梁朝天子儿，隋朝皇后弟，尚书左仆射，天子亲家翁。"太宗抚掌，极欢而罢。①

武则天在为政之余，有时亦与群臣嬉戏。《隋唐嘉话》卷下记载：

> 武后游龙门，命群官赋诗，先成者赏锦袍。左史东方虬既拜赐，坐未安，宋之问诗复成，文理兼美，左右莫不称善。乃就夺袍衣之。②

皇帝和普通人一样，也有自己的业余爱好。唐太宗喜爱书法，唐玄宗喜欢音乐，这些都是大家熟知的，在此就不一一举例了。

二　守业型皇帝

守业型皇帝一般是承袭继位，他们虽无开创之功、布新之能，但却能守住祖业，维持帝祚。唐代宗李豫、唐德宗李适、唐宪宗李纯、唐宣宗李忱是这类皇帝的代表。守业型皇帝的共同特点是以下三点。

第一，仁爱宽厚，体恤下情。

唐代宗李豫在位19年（762—779），可谓时间不短，这除了他的父辈给他留下了一个较好的基础外，还在于他本人的聪明睿智。《因话录》卷第一"宫部"记载：

> 郭暧尝与升平公主琴瑟不调，暧骂公主："倚乃父为天子耶？我父嫌天子不作。"公主恚啼，奔车奏之。上曰："汝不知，他父实嫌天

---

① （唐）李冗：《独异志》，中华书局1983年版，第16页。
② （唐）刘𫏋：《隋唐嘉话》，中华书局1979年版，第40页。

子不作。使不嫌，社稷岂汝家有也？"因泣下，但命公主还。尚父拘
暖，自诣朝堂待罪。上召而慰之曰："谚云：'不痴不聋，不作阿家
（读作姑）阿翁。'小儿女子闺帏之言，大臣安用听？"锡赉以遣之。
尚父杖暖数十而已。①

这里，唐代宗能妥善处理女儿和女婿的关系，说明唐代宗能体恤他
人，有仁爱之心。当然，也有人认为，唐代宗是不得不与握有军权的大臣
处理好关系。倘若如此，那也说明唐代宗还是聪明的。

唐德宗李适在位 25 年（780—804），除了客观原因外，他本人如果主
观上没有一定的韬略，是维持不了这么长时间的。《唐国史补》卷上记载：

> 元载之败，其女资敬寺尼真一，纳于掖庭。德宗即位，召至别
> 殿，告其父死。真一自投于地，左右皆叱之。上曰："焉有闻亲之丧，
> 责其哭踊？"遂令扶出，闻者隕涕。②

看来唐德宗的确仁爱，即使对于罪臣之属，亦能宽宏相待。

唐宣宗李忱在位 14 年（847—859），其功过尚且不论，从唐五代笔记
小说的记载来看，至少唐宣宗还是有仁爱之心的。《幽闲鼓吹》记载：

> 宣宗嘱念万寿公主，盖武皇世有保护之功也。驸马郑尚书之弟颢，
> 尝危疾，上使讯之。使回，上问公主视疾否。曰："无。""何在？"
> 曰："在慈恩寺看戏场。"上大怒且叹曰："我怪士大夫不欲与我为亲，
> 良有以也！"命召公主。公主走辇至，则立于阶下，不视久之。主大
> 惧，涕泣辞谢。上责曰："岂有小郎病乃亲看他处乎？"立遣归宅。毕

---

① （唐）赵璘：《因话录》，《唐五代笔记小说大观》，上海古籍出版社 2000 年版，第 836 页。
② （唐）李肇：《唐国史补》，《唐五代笔记小说大观》，上海古籍出版社 2000 年版，第 169 页。

宣宗之世，妇礼以修饰。①

唐宣宗斥责万寿公主不视小郎病而去看戏，或许是出于欲与士大夫亲近之目的，但至少说明唐宣宗虽为人主，却能换位思考而颇具人情。

第二，任贤用能，勤政节俭。

唐德宗是一个聪明的皇帝，为了更好地统治，他不仅礼遇贤能，探讨历史经验，而且勇于反思、勤政节俭。《松窗杂录》记载：

> 德宗命李泌为相，以泌三朝顾遇，礼待信用不与诸宰相等。常于便殿语及玄宗朝，尤惜谬用李林甫，因再三叹息重言曰："中原之祸，自林甫始也。然以玄宗英特之姿，何始不察耶？"泌因奏曰："玄宗盛年始初，已历则天、中宗多难之后，虽江充将陷庆园，贾后欲图愍怀，于睿宗之患无以改过也。及降封临淄，旋出入阁，上下鄠杜之间，备闻人间疾苦。又以天纵英姿，志除内难，有汉宣之多异，伏萧王之赤城。故英威一震，奸凶自殪。而夙尚儒学，深达政经，薄汉高马上之言，美武帝更仆之问。自初登宝位，乐近正人。惟帝之难，力所能举。上既勤俭，政事无不施行，又得良臣，天下自化。及东封之后，上每览帝籍，有自多之言。用声色为娱，渐堂阶之峻。故古语曰：'贫不学俭而俭自来，富不学奢而奢自至。'若以勤俭为志，则臣下守法，官无邪人。及嗜欲稍深，则政亦怠矣。故林甫善为承迎上意，招顾金玉，托庇左右，安国委相之迹如是，则百吏可知。是以扬雄言：昔武帝运帑藏之财，填庐山之壑，未为害也。今货入权门，甚于此矣。林甫未厌，仙客继之。昔齐桓以管仲存而霸业成，管仲亡而齐难作，则古人所讽见于深旨。"由是泌屡以是非讽之，上怡然听从，

① （唐）张固：《幽闲鼓吹》，《唐五代笔记小说大观》，上海古籍出版社 2000 年版，第1449 页。

似喜所得。因曰："相才而又知书，吾高枕矣。"①

《杜阳杂编》卷上记载：

德宗皇帝英明果断，无以比德。每进用公卿大臣，莫不出自宸衷。若闻一善可录，未尝不称奖之。百官对扬如稍称旨，无不即抬眉耸听，朝退辄书其姓名于座侧。或有奖用，多所称职。故卿大夫已下谓上圣英睿。每与宰臣从容询访时政，往往呼其行第。其尚贤进善皆此类也。及上蒙尘，幸奉天，翰林学士姜公辅屡进嘉谋，深叶上意。初，泾原兵乱长安，公辅奏云："朱泚甚有反状，不如早为之所，无令为凶逆也。"上仓皇之际，不暇听从。更云：朱泚素镇泾原，颇得将士心，今罢兵权，居常悒悒，不如诏之以从銮驾。不然，即斩之以绝后患。及闻段秀实之死，上执公辅手曰："姜公姜公，先见之明可谓神略矣。卢杞，朕擢自郡守，坐于庙堂，自陈百口之说，何独误我也？"卢杞常言以百口保朱泚不反。上将欲幸奉天，自携火精剑出内殿，因叹曰："千万年社稷，岂为狗鼠所窃耶？"遂以剑斫槛上铁狻猊，应手而碎，左右皆呼万岁。上曰："若碎小寇如斩狻猊，不足忧也。"及乘舆遇夜，侍从皆见上仗数尺光明，即火精剑也。建中二年，大林国所贡云，其国有山方数百里，出神铁，其山有瘴毒，不可轻为采取。若中国之君有道，神铁即自流溢，炼之为剑，必多灵异。其剑之光如电，切金玉如泥。以朽木磨之，则生烟焰；以金石击之，则火光流起。上始于行在，无药饵以备将士金疮。时有裨将为流矢所中，上碎琥珀匣以赐之，其匣则火精剑匣也。近臣谏曰："陛下奈何以裨将金疮而碎琥珀匣？"上曰："今凶奴逆恣，欲危社稷，是军中藉材用

___

① （唐）李浚：《松窗杂录》，《唐五代笔记小说大观》，上海古籍出版社 2000 年版，第 1215 页。

人之际，而战士有疮，如朕身之疮也。昔太宗剪须以付英公，今朕以人为宝，岂以剑匣为宝也！"左右及中外闻者无不感悦。初，上欲西行，有知星者奏上曰："逢林即住。"上曰："岂可令朕处林木间乎？"姜公辅曰："不然，但以地名亦应也。"及奉天尉贾隐林谒上于行在，上观隐林气宇雄俊，兼是忠烈之家，而名叶知星者语，隐林即天宝末贾循之犹子也。上因延于卧内，以采筹略之深浅。隐林于狮榻前以手板画地，陈攻守之策，上甚异之。隐林因奏曰："臣昨夜梦日坠地，臣以头戴日上天。"上曰："日即朕也，此来事莫非前定！"遂拜为侍御史，纠劾行在。寻迁左常侍。后驾迁幸梁州，而隐林卒。①

通过描述唐德宗的躬亲政务、勇于反思和对下属的关怀体恤，充分说明唐德宗的聪明睿智。

唐宪宗（806—820年在位）也是一个值得称道的皇帝。他不仅勤政节俭，而且任贤用能，反对和亲。《杜阳杂编》卷中记载：

宪宗皇帝宽仁大度，不妄喜怒。及便殿与宰臣言政事，莫不严肃容貌。是以进善出恶，俗泰刑清，而天下风化矣。或延英入阁，未尝不以生民哀乐为意。或四方进歌舞妓乐，上皆不纳。则谓左右曰："六宫之内嫔御已多，一旬之中资费盈万，岂可剥肤搥髓强娱耳目焉！"其俭德忧人皆此类也。②

同书卷中记载：

吴元济之乱淮西，以宰臣裴度为元帅。及对于殿，上曰："伪蔡称兵，朕于择帅甚难其人也。且安天下用将帅，如造大舟以越沧海，

① （唐）苏鹗：《杜阳杂编》，《唐五代笔记小说大观》，上海古籍出版社2000年版，第1376—1377页。
② 同上书，第1382页。

其功则多，其成则大，一日万里无所不届。若乘一叶而蹈洪波，其功也寡，其覆也速。朕今托元老以摧狂寇，真谓一日万里矣。"度曰："微臣无状，叨蒙大用。唯虑一丸之卵不足以胜太山，款段之马不足以行千里。但竭臣至忠，以仗宗庙之灵，臣虽不才，敢以死效命。"泣于沾濡，若不胜语。上亦为之动容。①

《云溪友议》卷下"和戎讽"记载：

宪宗皇帝朝，以北狄频侵边境，大臣奏议，古者和亲之有五利，而日无千金之费。上曰："比闻有一卿能为诗，而姓氏稍僻，是谁？"宰相对曰："恐是包子虚、冷朝阳。"皆不是也。上遂吟曰："山上青松陌上尘，云泥岂合得相亲？世路尽嫌良马瘦，唯君不弃卧龙贫。千金未必能移姓，一诺从来许杀身。莫道书生无感激，寸心还是报恩人。"侍臣对曰："此是戎昱诗也。京兆尹李銮拟以女嫁昱，令改其姓，昱固辞焉。"上悦曰："朕又记得《咏史》一篇，此人若在，便与朗州刺史。武陵桃源，足称诗人之兴咏。"圣旨如此稠叠，士林之荣也。其《咏史诗》云"汉家青史内，计拙是和亲。社稷依明主，安危托妇人。岂能将玉貌，便欲静胡尘。地下千年骨，谁为辅佐臣？"上笑曰："魏绛之功，何其懦也？"大臣公卿，遂息和戎之论矣。文宗、武宗之代，举子亦有斯咏，果毅者佳焉。有项斯者，作《长安退将诗》曰："塞外冲沙损眼明，归来养疾卧秦城。上高楼阁看星座，着白衣裳把剑行。常说老身思斗将，最怜无事削蕃营。翠蛾红脸和回鹘，惆怅中原不用兵。"苏郁曰："关月夜悬青冢镜，塞云秋薄汉宫

---

① （唐）苏鹗：《杜阳杂编》，《唐五代笔记小说大观》，上海古籍出版社 2000 年版，第1382 页。

罗。君王莫信和亲策，生得胡雏转更多。"①

通过唐宪宗吟诵谏阻和亲之诗之事，可以看出唐宪宗在处理对外关系的问题上，是不赞成用和亲的方式的。至少在这一点上，唐宪宗是一个颇注意国格形象的人君。

唐宣宗亦是一个应该提及的皇帝。至少在他继位之初，还是勤政、节俭，很注意形象的。

《杜阳杂编》卷下载云：

> 宣宗皇帝英明俭德，器识高远。比在藩邸，常为诸王典式。忽一日不豫，神光满身，南面独语，如对百僚。郑太后惶恐，虑左右有以此事告者，遂奏文宗，云上心疾。文宗召见，熟视上貌，以玉精如意抚背曰："此真我家他日英主，岂曰心疾乎？"即赐上御马金带，仍令选良家子以纳上宅。及即位，时人比汉文帝。衣浣濯之衣，馔不兼味。先是，宫中每欲行幸，即先以龙脑郁金藉其地。自上垂拱，并不许焉。凡与朝士从容，未尝一日不论儒学，而颇注意于贡举。常于殿柱上题乡贡进士字。或大臣出镇，即赋诗赐之。凡欲对公卿百僚，必先严整容止，更衣盥手，然后方出。语及庶政，则终日忘倦。章奏有不欲左右见者，率皆焚爇。倡优妓乐或弥日嬉戏，上未尝等闲破颜，纵赐与亦甚寡薄。一日，后宫有疾，召医人侍汤药。洎平愈，上袖出金数两遗之。医者将谢，遽止之曰："勿使内官知，言出于外，更使谏官上疏也。"其俭静率多此类。②

显然，唐宣宗是一个尚好儒雅、注意形象、勤于政务、注重保密、不

---

① （唐）范摅：《云溪友议》，《唐五代笔记小说大观》，上海古籍出版社 2000 年版，第 1301 页。

② （唐）苏鹗：《杜阳杂编》，《唐五代笔记小说大观》，上海古籍出版社 2000 年版，第 1391—1392 页。

恣肆浪费的皇帝。

第三，尊贤纳谏，严惩违法。

尊贤纳谏、严惩违法，向来是有为皇帝治国安邦的明智之策。《因话录》卷第一"宫部"记载：

> 宪宗初，征柳宗元、刘禹锡至京，俄而以柳为柳州刺史，刘为播州（今贵州遵义）刺史。柳以刘须侍亲，播州最为恶处，请以柳州换。上不许。宰相对曰："禹锡有老亲。"上曰："但要与恶郡，岂系母在？"裴晋公进曰："陛下方侍太后，不合发此言。"上有愧色。既而语左右曰："裴度终爱我切。"刘遂改授连州。①

唐宪宗原欲出刘禹锡为播州刺史，因裴晋公之谏，乃改为连州（今属广东）刺史，说明唐宪宗皇帝不仅能纳谏，而且有点仁爱之心。孙光宪（号葆光子）《北梦琐言》卷第一"郑光免税"条记载：

> 宣宗舅郑光，敕赐云阳、鄠县两庄，皆令免税。宰臣奏恐非宜，诏曰："朕以光元舅，欲优异之，初不细思，是免其赋。尔等每于匡救，必尽公忠。亲戚之间，人所难议，苟非爱我，岂尽嘉言！庶事能如斯，天下何忧不治？有始有卒，当共守之。"寻罢。葆光子同寮尝买一庄，喜其无税，乃谓曰："天下庄产，未有不征。"同寮以私券见拒，尔后子孙为县宰定税，求祈不暇。国舅尚尔，庶寮胡为！②

唐宣宗敕赐其舅两庄，皆令免税；因宰臣奏恐非宜，而颁诏自责，且令复税。说明唐宣宗能从大局出发，善于纳谏，为社稷着想。

---

① （唐）赵璘：《因话录》，《唐五代笔记小说大观》，上海古籍出版社2000年版，第837页。
② （五代）孙光宪：《北梦琐言》，中华书局2002年版，第19页。

三　为势所迫、欲图不能型皇帝

为势所迫、欲图不能型皇帝的共同特点是有独立自强的自主意识，但受制于客观环境，主观上又缺乏谋略与智慧。唐高宗李治、唐中宗李显、唐睿宗李旦、唐顺宗李诵、唐文宗李昂、唐武宗李炎、唐懿宗李漼、唐僖宗李儇、唐昭宗李晔等，均属这类皇帝。他们有以下三个特点。

第一，性格软弱，任性妄为。

唐高宗是唐朝第一个软弱之君。他承袭帝位，得天独厚，在位34年，完全可以有一番作为，然而他拱手将龟鼎（帝位）让与则天，使大唐天下一度改名换姓。《大唐新语》卷二"极谏第三"条记载：

> 中书令郝处俊：高宗将下诏逊位于则天摄知国政，召宰臣议之。处俊对曰："《礼经》云：'天子理阳道，后理阴德。'然则帝之与后，犹日之与月，阴之与阳，各有所主，不相夺也。若失其序，上则谪见于天，下则祸成于人。昔魏文帝著令，崩后尚不许皇后临朝，奈何遂欲自禅位于天后？况天下者，高祖、太宗之天下，非陛下之天下。正合谨守宗庙，传之子孙，不可持国与人，有私于后。惟陛下详审。"中书侍郎李义琰进曰："处俊所引经典，其言至忠。惟圣虑无疑，则苍生幸甚。"高宗乃止。及天后受命，处俊已殁，孙象竟被族诛。始，则天以权变多智，高宗将排群议而立之。及得志，威福并作，高宗举动，必为掣肘。高宗不胜其忿。时有道士郭行真出入宫掖，为则天行厌胜之术。内侍王伏胜奏之。高宗大怒，密召上官仪废之，因奏："天后专恣，海内失望，请废黜以顺天心。"高宗即令仪草诏。左右驰告则天，遽诉诏草犹在。高宗恐其怨怼，待之如初，且告之曰："此并上官仪教我。"则天遂诛仪及伏胜等，并赐太子忠死。自是政归武

后，天子拱手而已，竟移龟鼎焉。①

像高宗这样的懦夫，谁还能、谁还敢、谁还愿为他出谋献策、赴汤蹈火？

唐中宗，曾两次践祚，亦是一个欲图有所作为的人。他第一次践祚是在唐高宗驾崩之后，因为母后武则天有图于帝祚，时刻在寻找机会，而中宗由于年轻、任性、率直，并因此被废。则天以后，虽重登帝位，但时势不济，仍然难展宏图。《大唐新语》卷十一"惩戒第二十五"条记载：

> 高宗大渐，顾命裴炎辅少主。既而则天以太后临朝，中宗欲以后父韦玄贞为侍中，并乳母之子五品官。炎争以为不可。中宗不悦，谓左右曰："我让国与玄贞岂不得！何为惜侍中？"炎惧，遂与则天定策，废中宗为卢陵王，幽于别所。则天命炎及中书侍郎刘祎之率羽林兵入，左右承则天旨，扶中宗下殿。中宗曰："我有何罪？"则天曰："汝欲将天下与韦玄贞，何得无罪！"炎居中执权，亲授顾托，未尽匡救之节，遽行伊、霍之谋，神器假人，为兽傅翼，其不免也宜哉！②

《隋唐嘉话》卷下记载：

> 景龙中，多于侧门降墨敕斜封，以授人官爵。时人号为斜封官。③

斜封官的出现说明中宗末期政令紊乱。

第二，固执拒谏，唯嗜嬉戏。

唐懿宗李漼在位15年（873—888），可谓帝祚不短，本该有所作为，但他因为拒绝纳谏、独持己意而难以成就大事。《杜阳杂编》卷下记载：

---

① （唐）刘肃：《大唐新语》，中华书局1984年版，第23—24页。
② 同上书，第171页。
③ （唐）刘𫗧：《隋唐嘉话》，中华书局1979年版，第42页。

　　（咸通）十四年春，诏大德僧数十辈于凤翔法门寺迎佛骨。百官上疏谏，有言宪宗故事者。上曰："但生得见，殁而无恨也。"遂以金银为宝刹，以珠玉为宝帐香舁，仍用孔雀氄毛饰其宝刹，小者高一丈，大者二丈。刻香檀为飞帘花槛、瓦木阶砌之类，其上遍以金银覆之。舁一刹则用夫数百。其宝帐香舁不可胜纪。工巧辉煌，与日争丽。又悉珊瑚、马脑、真珠、瑟瑟缀为幡幢，计用珍宝不啻百斛。其剪彩为幡为伞，约以万队。四月八日，佛骨入长安，自开远门安福楼，夹道佛声振地，士女瞻礼，僧徒道从。上御安福寺亲自顶礼，泣下沾臆。即召两街供奉僧赐金帛各有差。而京师耆老元和迎真体者，悉赐银碗锦彩。长安豪家竞饰车服，驾肩弥路，四方耋老扶幼来观者，莫不蔬素以待恩福。时有军卒断左臂于佛前，以手执之，一步一礼，血流满地。至于肘行膝步，啮指截发，不可算数。又有僧以艾覆顶上，谓之炼顶。火发痛作，即掉其首呼叫。坊市少年擒之不令动摇，而痛不可忍，乃号哭卧于道上。头顶焦烂，举止苍迫，凡见者无不大哂焉。上迎佛骨入内道场，即设金花帐、温清床，龙鳞之席，凤毛之褥，焚玉髓之香，荐琼膏之乳，皆九年诃陵国所贡献也。初迎佛骨，有诏令京城及畿甸于路旁垒土为香刹。或高一二丈，迫八九尺，悉以金翠饰之。京城之内约及万数。是妖言香刹摇动，有佛光庆云现路衢，说者迭相为异。又坊市豪家相为无遮斋大会，通衢间结彩为楼阁台殿，或水银以为池，金玉以为树。竞聚僧徒，广设佛像，吹螺击钹，灯烛相继。又令小儿玉带金额白脚呵唱于其间，恣为嬉戏。又结锦绣为小车舆以载歌舞。如是充于辇毂之下，而延寿里推为繁华之最。是岁秋七月，天子晏驾，识者以为物极为妖。公主薨而上崩，同昌之号明矣。①

―――――――――――――

　　① （唐）苏鹗：《杜阳杂编》，《唐五代笔记小说大观》，上海古籍出版社 2000 年版，第 1397—1398 页。

这里，通过懿宗拒百官之谏而迎佛骨之事以及他"但生得见，殁而无恨也"之语，说明唐懿宗不是一个英明之主。常言道"天子口里无戏言"，他说的"但生得见，殁而无恨也"莫非应验？

《唐阙史》卷下"李可及戏三教"记载：

> 优孟师曾见于史传，是知伶伦优笑，其来尚矣。开元中黄幡绰，玄宗如一日不见，则龙颜为之不舒。而幡绰往往能以倡戏匡谏者，漆城荡荡，寇不能上，信斯人之流也。咸通中，优人李可及者，滑稽谐戏，独出辈流。虽不能托讽匡正，然巧智敏捷，亦不可多得。尝因延庆节缁黄讲论毕，次及倡优为戏。可及乃儒服险巾，褒衣博带，摄齐以升崇座，自称三教论衡。其隅坐者问曰："既言博通三教，释迦如来是何人？"对曰："是妇人。"问者惊曰："何也？"对曰："《金刚经》云：'敷座而坐。'或非妇人，何烦夫坐然后儿坐也？"上为之启齿。又问曰："太上老君何人也？"对曰："亦妇人也。"问者益所不喻。乃曰："《道德经》云：'吾有大患，是吾有身，及吾无身，吾复何患。'倘非妇人，何患于有娠乎？"上大悦。又曰："文宣王何人也？"对曰："妇人也。"问者曰："何以知之？"对曰："《论语》云：'沽之哉，沽之哉，我待价者也。'向非妇人，待嫁奚为？"上意极欢，宠锡甚厚。翌日，授环卫之员外职。①

这里，李可及之戏三教，不像开元中之黄幡绰，能以倡戏匡谏玄宗，而纯粹是以不稽之词，非圣人之论，狐媚于上。可见，唐懿宗之崇佛、迎佛完全是随己所好，恣肆嬉戏，图一时快活。

第三，欲有所为，势不容行。

---

① （唐）高彦休：《唐阙史》，《唐五代笔记小说大观》，上海古籍出版社2000年版，第1350—1351页。

唐文宗在位 14 年（826—840）。曾尚贤乐善，欲有所为；然而此时宦官专权，他已无能驾驭朝政，只能惆怅赋诗，悲叹不已。《杜阳杂编》卷中记载：

> 文宗皇帝尚贤乐善，罕有伦比。每与宰臣学士论政事之暇，未尝不话才术文学之士。故当时以文进者，无不谔谔焉。于是上每视朝后即阅群书，见无道之君行状，则必扼腕欷歔；读尧舜禹汤传，则欢呼襟衽。谓左右曰："若不甲夜视事，乙夜观书，何以为人君耶？"每试进士及诸科举人，上多自出题目。及所司进所试，而披览吟诵，终日忘倦。常延学士于内庭，讨论经义，较量文章，令宫女已下侍茶汤饮馔。而李训讲《周易》微义颇叶于上意。时方盛夏，遂命取水玉腰带及辟暑犀如意以赐训。训谢之，上曰："如意足以与卿为谈柄也。"上读高郢《无声乐赋》、白居易《求玄珠赋》，谓之玄祖。传于水部贾嵩员外。①

《北梦琐言》卷第一"魏文贞公笏"条记载：

> 唐文宗皇帝谓宰相曰："太宗得魏徵，采拾阙遗，弼成圣政。今我得魏謩（魏徵后裔——引者注），于疑似之间，必极匡谏。虽不敢希及贞观之政，庶几处无过之地。今授謩右补阙。"委舍人善为之词。又问謩曰："卿家有何图书？"謩曰："家书悉无，唯有文贞公笏在。"文宗令进来。郑覃在侧曰："在人不在笏。"文宗曰："卿浑未晓，但甘棠之义，非要笏也。"②

《杜阳杂编》卷中记载：

---

① （唐）苏鹗：《杜阳杂编》，《唐五代笔记小说大观》，上海古籍出版社 2000 年版，第 1387 页。
② （五代）孙光宪：《北梦琐言》，中华书局 2002 年版，第 29 页。

大和九年，诛王涯、郑注后，仇士良专权恣意，上颇恶之。或登临游幸，虽百戏骈罗，未尝为乐。往往瞠目独语，左右莫敢进问。因题诗曰："辇路生春草，上林花满枝。凭高何限意，无复侍臣知。"[1]

唐文宗对于自己受制于家臣的处境是很了解的，自以为不如周赧王、汉献帝。他说："周赧、汉献，受制于强诸侯，今朕受制于家臣，固以为不及也。"《唐阙史》卷上"周丞相对扬"记载：

文宗皇帝自改元开成后，尝郁郁不乐，驾幸两军球猎，宴会十减六七，宠锡之命，左解于右，盖上意有所嫌忌而不能去也。四年冬杪，风痹稍间，延英初对宰臣。时以药饵初平，台座略奏事后，诸司及待制官并不召对，盖虑宸居之疲倦也。及仗下后，又坐思政殿拱默良久，左右侍卫者屏息不敢进。上徐谓曰："今日直翰林者为谁？"学士院使奏曰："中书舍人周墀。"上曰："试命召来。"汝南公既至，上命之坐，以金屈卮赐酒三器，问曰："朕何如主？"汝南公降阶再拜而称曰："小臣不足以知大君之德，凡百臣庶，皆言陛下唐尧之圣，虞舜之明，殷汤之仁，夏禹之俭。"上曰："卿爱君之志，不得不然。然朕不敢追踪尧、舜、禹、汤之明，所问卿者，何如周赧、汉献尔？"汝南公震惧惶骇，又再拜而言曰："陛下自出震乘乾，光宅天下，诞敷文教，销偃武功，蛮貊怀柔，车书顺轨，臣窃谓羲、昊、轩、顼才可抗衡；至于周之成、康，汉之文、景，曾不足比数，岂可以赧、献亡国之君而上攀睿德哉！伏愿陛下无执拗谦之小节，以为社稷之大幸也，则天下幸甚，生灵受福，非独臣之愿也。"上又曰："朕自以为不及也。周赧、汉献，受制于强诸侯，今朕受制于家臣，固以为不及

---

① （唐）苏鹗：《杜阳杂编》，《唐五代笔记小说大观》，上海古籍出版社 2000 年版，第 1387 页。

也。"既而龙姿掩抑，泪落衣襟。汝南公陨越于前，不复进谏，因俯伏流涕，再拜而退。自尔不复视朝，以至厌代。①

《北梦琐言》卷十四"三镇拥兵杀二相"条记载：

> 唐乾宁二年，邠州王行瑜会李茂贞、韩建入觐，决谋废立。帝既睹三帅齐至，必有异谋，乃御楼见之，谓曰："卿等不召而来，欲有何意？"茂贞等汗流浃背，不能对，但云："南北司紊乱朝政。"因疏韦昭度讨西川失谋；李溪麻下，为刘崇龟所哭，陛下不合违众用之。及令宦官诏害昭度已下，三帅乃还镇，内外冤之。初，王行瑜跋扈，朝廷欲加尚书令，昭度力止之曰："太宗以此官总政而登大位，后郭子仪以六朝立功，虽有其名，终身退让，今行瑜安可轻授焉！"因请加尚父。至是为行瑜所憾，遽罹此害，后追赠太师。李溪字景望，拜相麻出，为刘崇龟抱而哭泣，改授太子少傅。乃上十表及《纳谏》五篇，以求自雪，后竟登庸，且讦崇龟之恶。时同列崔昭纬与韦昭度及溪素不相协。王行瑜专制朝廷，以判官崔铤入阙奏事，与昭纬关通，因托铤致意，由是行瑜率三镇胁君，溪亦遇害。其子浣，有高才，同日害之。溪著书百卷，号"李书楼"，后追赠司徒。太原李克用破王行瑜后，崔昭纬贬而赐死，昭皇切齿，下诏捕崔铤，亦冤报之一事也。②

唐昭宗面对王行瑜、李茂贞、韩建三帅的不召而至，料其必有异谋，虽有交流，但也未能阻止其谋害大臣韦昭度和李溪。

《北梦琐言》卷十五"朱令公为昭宗拢马"条记载：

---

① （唐）高彦休：《唐阙史》，《唐五代笔记小说大观》，上海古籍出版社 2000 年版，第 1334—1335 页。

② 同上书，第 280—281 页。

　　汴帅朱公再围凤翔，与茂贞军战于虢县西槐林驿，大败岐军，横尸不绝，鲍气闻于十里。昭宗遂杀宦官韩全诲已下二十二人首宣示，茂贞亦斩其义子继筠首以送。于是车驾还宫，朱令俯首马前请罪，涕泣挽帝马行千步，帝为之动容。至京师，以宰相崔胤判六军。乃下诏诛宦官第五可范已下七百一十人，又凤翔驾前宰相卢光启等一百余人，并赐自尽。天复三年，汴人拥兵杀宰相崔胤、京兆尹郑元规，劫迁车驾，移都东洛。既入华州，百姓呼万岁，帝泣谓百姓曰："百姓勿唱万岁，朕弗（原本作"无"，据商本校改。）能与尔等为主也。"沿路有《思帝乡》之词，乃曰："纥干山头冻杀雀，何不飞去生处乐？况我此行悠悠，未知落在何所？"言讫，泫然流涕。行至陕府，内宴。皇后自捧玉盆以赐全忠，内人唱歌，全忠将饮酒，韩建蹑其足。全忠惧，辞醉而退。至谷水而杀内人可证及随驾五百人，自是帝孤立矣。①

　　这里，唐昭宗天复三年（903）的被迫移驾东洛，华州（今陕西渭南）境内面对百姓的万岁欢呼之声而谓的"百姓勿唱万岁，朕弗能与尔等为主也"，以及行至陕府，朱全忠杀内人可证及随驾 500 人，孤立昭宗之事，再一次说明唐昭宗面对权臣的无能为力。

　　通过以上分析可以看出，唐五代时期的皇帝大抵可以分为三种类型：开创型、守业型、欲图不能型。开创型皇帝大多具有胸怀宽阔、从谏如流，善揽人才、为己所用，尊重理解、关怀体恤，雅好嬉戏、君臣和谐的特点；守业型皇帝亦有仁爱宽厚、体恤下情，任贤用能、勤政节俭，尊贤纳谏、严惩违法的特点；欲图不能型皇帝则或者性格软弱，或者任性妄为，或者固执拒谏，或者唯嗜嬉戏，或者欲有所图，但已为势所迫，难展宏图。反之，从其特点也可以判断一个皇帝的类型，判断其能否成就大业。

---

　　① （唐）高彦休：《唐阙史》，《唐五代笔记小说大观》，上海古籍出版社 2000 年版，第 294 页。

旧学新知

_____

读《吕氏春秋》《盐铁论》《洞灵真经》札记

魏代富*

古书时弥久远，数历传抄、翻刻，其间必多有讹误、衍脱。前人虽已多有校雠，百密一疏，必有未及者。笔者因主要从事文献校勘之故，每读一书，必详为出校记，集腋成裘，已为繁帙。今取读《吕氏春秋》《盐铁论》《洞灵真经》三书之札记，略加修改，集为一集。童蒙茫昧，学识谫陋，校文又以理校为主，率由己意，则其中必有疏缪之处，还请方家指正。

一 读《吕氏春秋》札记

《吕氏春秋》，秦吕不韦编撰，东汉高诱注。该书宋代始出刻本，据《吕氏春秋》镜湖遗老序，宋代有余杭镂本、东牟王氏本、内府大清楼藏本、资善堂本、镜湖遗老校本，惜皆亡佚。今存最早版本为元至正六年（1346）嘉兴路儒学刻本，明人有修补，今传世乃修补本。明代有一些校刻本，约可分两个系统，详参蒋维乔等《吕氏春秋汇校·吕氏春秋版本目录》[1]。清代最著名者，为乾隆五十四年（1789）经训堂毕沅校正本，后世

---

* 作者单位：山东师范大学文学院。

① 中华书局1937年版。

整理者多从此书。校注此书者，毕沅之外，尚有王念孙（《读书杂志》）、俞樾（《诸子平议》）、孙诒让（《札迻》）、许维遹（吕氏春秋集释）、王利器（《吕氏春秋注疏》）等，陈其猷《吕氏春秋集释》一书收录甚全，陈书又能参合众说，发明已意，今研读《吕氏春秋》者，多以此书为准的。今校是书，以元至正嘉兴路儒学刻本为底本①，参以陈书稽合诸家之说。

《去私》：香禁重。

"香"字疑"臭"字之误，据高注，则高诱所见本已作"香"字。此处言"声禁重，色禁重，衣禁重，香禁重，味禁重，室禁重"，"声"就"耳"言，"色"就"目"言，"味"就"口"言，"衣""室"就"身"言，则"香"就"鼻"言。然就"鼻"言者，书作"臭"字，无作"香"字者。本书《本生》篇："目明矣，耳聪矣，鼻臭矣，口敏矣，三百六十节皆通利矣。"《荀子·王霸》篇："夫人之情，目欲綦色，耳欲綦声，口欲綦味，鼻欲綦臭，心欲綦佚。"《正论》篇："目不欲綦色，耳不欲綦声，口不欲綦味，鼻不欲綦臭，形不欲綦佚。"《孟子·尽心下》："口之于味也，目之于色也，耳之于声也，鼻之于臭也，四肢之于安佚也，性也。"《庄子·天地》："夫失性有五，一曰五色乱目，使目不明；二曰五声乱耳，使耳不聪；三曰五臭薰鼻，困㥛中颡；四曰五味浊口，使口厉爽；五曰趣舍滑心，使性飞扬：此五者，皆生之害也。"皆口、目、耳、鼻、身（心、性）五者并，其对应者为味、色、声、臭、佚。此处似亦当同。所谓"臭禁重"者，欲闻其清淡之气，"香"已是"臭重"，在禁止之列。

《情欲》高注：使忧之也。

"忧"疑当作"劳忧"。高氏原注："尽俾付孙叔敖，使忧之也。"此句释"尽傅其境内之劳与诸侯之忧于孙叔敖"，"境内之劳"就内言，"诸侯之忧"就外言，内外尽付与孙叔敖治之，故当言"劳忧"。

---

① 《中华再造善本》，北京图书馆出版社 2006 年版。

《污徒》：教人则不精。

高注："教，效也。效人别是非，不能精核。"陈奇猷云："教即'施教'之教。谓施教于人则不精诚。高氏盖以上下文皆言学，而此句忽又言教，似不可通，故以效训教。"按，陈说恐非。"教"字盖本作"斅"，"斅"后分为二义，一为"教"，一为"效"，高注正用"效"义。《淮南子·本经训》"雷震之声可以鼓钟写也"高注："写犹放斅也。""放斅"即"仿效"。《大戴礼记·虞戴德》"率名斅地实也"注："斅、效古通用。"盖高见《吕氏春秋》本作"斅"，后隶定作"教"。

《用众》高注：如食鸡跖，道乃深也。

"跖"下疑脱"众"字。此以"鸡跖"喻"道"，"鸡跖众"然后"道乃深"，若徒食鸡跖，不涉多少，"深"字则不得其比。

《论威》：才民未合。

"才民"义难晓。毕沅云："才民，《御览》（卷）二百七十一又（卷）三百三十九俱作'士民'。"范耕研云："作'士民'者是也。古者国有大事，先期合士民。"谭戒甫、蒋维乔皆以为当作"士民"。于省吾以为"才"读"在"，陈奇猷以为"才民"指"民之有俊才者"。按，诸说义似皆未妥，疑"才民"乃"干戈"之形讹，才，小篆作"𤰔"，干，小篆作"𢆉"；民，小篆作"𰯼"，戈，小篆作"𢦏"，形近致讹。此句本言古之善兵者，干戈未接而敌人知其威而服。《尉缭子·战威》："刑未加，兵未接，而所以夺敌者五……"《淮南子·兵略训》："兵未交接，而敌人恐惧。""干戈未合"犹"兵未接""兵未交接"也。

《孟冬》高注：无敢强匿者。

高注释"掩蔽"二字，"强"无从取义。疑"强"乃"藏"之音讹，高以"藏匿"释"掩蔽"也。

《当务》：于是具染而已。

高注云："染，豉酱也。"诸书多作"擩"。《仪礼·公食大夫礼》"辨擩干醢"注："擩犹染也。"《文选·子虚赋》"割鲜染轮"注引李奇说："染，擩也，切生肉擩车轮盐而食之也。"《周礼·大祝》九祭，其六曰擩祭，郑注云："擩祭，以肝肺菹擩盐醢中以祭也。""擩"本作动词，多用作浸染于酱中，后衍生为豉酱之义。

《季冬》高注：胎养夭伤。

此句释"胎夭多伤"，未生曰胎，初生曰夭，言胎、夭皆有伤害，则"养"亦当作"伤"解。字当读作"痒"，《广雅·释诂》："痒，伤也。"

《介立》：负釜盖簦。

此处"盖"字似不通，若作"伞"解，则与"簦"意重，且不与"负釜"相对；若作"覆盖"解，则是以介子推为卧憩山中，然既云"负釜"，明是介子推行于山中。疑"盖"字当作"担"，担，小篆作"擔"，若左边"手"缺右边漫漶则易讹为"盖"字。《国语·齐语》"负任儋何"韦昭注："背曰负，肩曰儋。""儋"即"担"字。《史记·虞卿列传》："虞卿者，游说之士也。蹑蹻担簦，说赵孝成王。"

《应同》：鼓宫而宫动，鼓角而角动。

高注："击大宫而小宫应，击大角而小角和，言类相感也。"高以音律之大小释之，恐非。此即上文"声比则应"，言其两乐器若音律相合，则击此而彼应之，非大小之谓。《异苑》卷二："晋中朝，有人畜铜澡盘，晨夕恒鸣，如人扣。乃问张华，华曰：'此盘与洛钟宫商相应。宫中朝暮撞，钟故声相应耳。可错令轻，则韵乖，鸣自止也。'如其言，后不复鸣。"唐韦绚《刘宾客嘉话》："洛阳有僧，房中磬，日夜辄自鸣，僧以为怪，惧而成疾，求术士百方禁之，终不能已。曹绍夔素与僧善，乃笑曰：'明日设盛馔，余当为除之。'僧虽不信绍夔言，冀或有效，乃力置馔以待。绍夔食讫，出怀中错，鑢磬数处而去，其声遂绝。僧问其所以，绍夔曰：'此磬与钟律合，故击彼应此。'僧大喜，其疾便愈。"两事皆可为此释。

《应同》：割地宝器。

此又见《召类》篇，"宝"疑"贡"字之讹。《荀子·富国》篇云"事强暴之国难，使强暴之国事我易。事之以货宝，则货宝单而交不结；约信盟誓，则约定而畔无日；割国之锱铢以赂之，则割定而欲无厌。事之弥顺，其侵人愈甚，必至于资单、国举然后已，虽左尧而右舜，未有能以此道得免焉者也"即此文"割地贡器，卑辞屈服，不足以止攻"之义，"割地"即"割国之锱铢以赂之"，"贡器"即"事之以货宝"。

《本味》：说汤以至味。

"说"上当有"伊尹"二字。上文自"汤得伊尹"下至"设朝而见之"，下文"汤曰"，主语皆为汤。此句"说汤以至味"主语为伊尹，主语有转换，不当无"伊尹"二字。《文选·七发》李善注、《北堂书钞》卷一百四十二引皆有"伊尹"二字，当据补。

《本味》高注：山南曰阳，昆仑之南，故曰阳山。南海，南方之海。

"南海"上元刊本、《四部丛刊》影明刊本、四库本皆有"在"字。此"在"字当在"昆仑"上，作："山南曰阳，在昆仑之南，故曰阳山。南海，南方之海。"如此，义方完备。

《慎人》高注：惫，极也。

陈奇猷云："高注'惫，极也'当作'惫，疲极也'，汉服虔《通俗文》云'疲极曰惫'，可证。"按：陈说误，"极"本有"劳"意，无须补"劳"字。《神农本草》"劳极洒洒"注："极，欻也。"欻，今本《说文》作"御"，云"劳也"。《史记·司马相如列传》索隐引《说文》作"𩒠"，云"燕人谓劳为𩒠"。《方言》作"倂"，云"殢，倂，倦也"，下注："今江东呼极为殢。"殢、极，地隔言殊；御、极，一声之转，三者皆有困倦劳苦之义。《史记·屈原列传》："劳苦倦极，未尝不呼天也。"司马相如《上林赋》："穷极倦𩒠，惊惮慑伏。"《汉书·王褒传》："匈喘肤汗，人极马倦。"《世说新语·言语》："顾司空未知名，诣王丞相，丞相小极，对之疲睡。""极"字皆"劳"义。

《遇合》高注：说贤人而不用，言不肖而归之。

"贤"下"人"字衍。此注上文"说之道亦有如此者"，"说""言"皆指辩说，谓辩说之言是而不用，非而用之。

《劝勋》高注：平掘汝先人之冢。

此处"平"字疑非。正文作"划若类，掘若垄"，高氏以"划灭"注"划"，"划"即"灭"义，则"平""掘"义亦当近。"平"是平其坟头，"掘"是挖掘其坟墓，二者义有别。疑"平"当是"穿"之讹，穿，小篆作"𥤨"（《陈君阁道碑》）；平，小篆作"丂"，"穿"字漫漶则易讹为"平"。"穿"亦掘义，《管子·山权数》"掘阙而得龟者"尹注："掘，穿也。"《荀子·正论》"不察于拊不拊者之所言"杨注："拊，穿也，谓发冢也。"

《察今》：此其父善游。

"此""其"皆指婴儿，两字意繁缛。《意林》无"此"字，于义为长。

《先识》高注：折材士之股。

毕沅云："注'股'旧本作'肝'，误，今据《古乐》篇注改正。"按，此处疑当作"析材士之胫"，《淮南子·俶真训》作"析才士之胫"，高氏注《吕氏春秋》多用《淮南子》文，或即本此。"股""胫"有别，古书均作"胫"，无作"股"者。《尚书·泰誓下》："斫朝涉之胫。"《韩非子·难一》："斩涉者之胫。"《古乐》篇注"股"亦当作"胫"。

《乐成》高注：故曰立功也。

"立功"上疑脱"大"字。正文"汤、武之所以大立功于夏、商"高注"成汤得夏，武王得商，故曰'立功'也"，"勾践之所以能报其仇"高注"越王勾践破吴于五湖，故曰'能报其仇'也"，"曰"字下文皆当自"所以"后引起，且汤、武灭夏商，乃功之大者，正文之着重点本在

"大"字，若脱，则义显不足。

《审分》高注：若周公、鲁隐勤理成、致之也。

此处高注用周公摄政成王、鲁隐公摄政桓公事，"成"指成王，"致之"言还政，则此处缺鲁隐公还政桓公事，疑句当作："若周公、鲁隐勤理成、桓（而）致之也。"鲁隐公为羽父所杀，未尝还政，然《史记·鲁周公世家》载鲁隐公言："有先君命。吾为允少，故摄代。今允长矣，吾方营菟裘之地而老焉。"则隐公有还政之心。高氏注此文本误，又为与周公还政事成比，因附会隐公还政事，不可详究其实。

《淫辞》：宋君杀唐鞅。

"君"疑当作"王"。前"宋王谓其相唐鞅""王之所罪"皆称"王"，高注"王是以杀唐鞅"亦作"王"。

《知度》：若此则工拙愚智勇惧可得以故易官，易官则各当其任矣。

蒋维乔曰："李善注谢灵运《从游京口北固应诏诗》引作'若此则工拙愚智可得而知矣'，又《长笛赋》注作'愚智勇惧可得而知'。据此，今本疑有错夺，当作：'若此则工拙愚智勇惧可得而知矣。可得以知，故易官，易官则各当其任矣。'"陈奇猷曰："此文不误。'故'指法典。'此则工拙愚智勇惧可得以故易官，易官则各当其任矣'，谓人皆行其情、蒙厚纯朴，则工拙愚智勇惧皆无所藏，因此可得据之法典以调整其官职，官职既已调整，各适其能，故曰各当其任。"按，二说义亦未洽，疑句或作：'若此则工拙愚智勇惧可得而知矣。以故处官，则各当其任矣。'"按：古书无作"易官"者，"易"当是"处"字之讹，处，俗书作"𥞴"，因讹为"易"。《管子·明法解》："明主之治也，明于分职而督其成事，胜其任者处官，不胜其任者废免。"处官者，得官职之谓。故者，实也，即所谓工拙愚智勇惧之实；以故处官，即"使人必以其序，官人必以其能"（《春秋繁露·五行之义》）。今本讹脱甚重，遂使错讹不可读。

《知度》：霸王者托于贤。

"霸王"上当脱"欲"字，"欲霸王者"与上"绝江者""致远者"对文，"欲""绝""致"皆动词也。《群书治要》引正有"欲"字。《说苑·尊贤》篇作："游江海者托于船，致远道者托于乘，欲霸王者托于贤。"今《吕氏春秋》脱"欲者"，盖后人见"绝江""致远"皆两字而妄删。

《慎势》：不知恃可恃而恃不恃。

松皋圆曰："而恃不恃，'不'下脱'可'字。"陈奇猷曰："松说非也。数与势为可恃以御下者，今去其数与势，是无所恃，故曰不恃。'恃不恃'，谓恃于无所恃。"按，二说恐皆非，此句当作"不知恃可恃而不恃"，首"恃"字指诸御鞅之言，言不知诸御鞅之言可恃而不恃。《路史·国名纪》引正无"恃不恃"之"恃"。今本作此者，亦后人不解此义，以为"恃可恃"当与"恃不恃"对文，因妄补"恃"字。松氏又因"恃可恃"当与"恃不恃"尚未完全对称，因又补"可"字。

《离谓》：听言而意不可知，其与桥言无择。

高注："桥，戾也。"范耕研曰："桥借为矫。"陈奇猷曰："桥盖以同音假为窍。……此所谓'桥言'，即后《淫辞》所谓'淫辞'也。"按，范说是。言者，表也；意者，实也，即上所谓"辞者，意之表也"。"桥"读作"矫"，矫者，违也，高注"戾"字亦违义，"桥言"即违其言、不用其言。"听言而意不可知，其与桥言无择"者，听见其言而徒解其表面意思，而不知其深层内涵，则无异于不用其言。

《不屈》：安矜烟视媚行。

此句颇难解。梁玉绳曰："谓若人在烟中，目不能张，其视甚微也。"凌曙、李宝洤又以新妇入门闭目之俗解之。谭戒甫曰："此安矜犹言安重……烟视犹云燕视，谓安顺之貌也。"陈奇猷曰："此文之意，必是行为安详。"按，《战国策·卫策》载："卫人迎新妇，妇上车，问骖马：'谁马也?'御曰:'借之。'新妇谓仆曰:'拊骖无笞。'服车至门,扶教送母,曰:'灭灶,将失火。'入室见臼,曰:'徙之牖下,妨往来者。'主人笑之。此三言者,皆要言也。然而不免为笑者,蚤晚之时失也。"与此义近,妇之所言皆是也,然非新妇所宜言也。盖新妇初入门,不得急掌家事,需矜持缓行,有端庄之态也。安矜,谓端静安详;烟视,谓新妇初来,事有虽见而佯为不见者,梁氏之说可备。.

《离俗览》:亦死而不反。

"亦"疑当作"必"。亦,或作"**夰**";必,或作"**必**",均见《睡地虎秦简》,二字篆、隶形皆相近,古书多讹。《京房易传·中孚》"物亦顺焉"注:"亦,一作'必'。"杜预《春秋释例》"虽有昏乱之君,必有忠贤之辅",《左传·昭公三十年》正义引"必"作"亦"。此处"必死而不反",与下"亦必不北"之"必不北""亦必死义"之"必死义"本相对,两"亦"字乃递进副词,后人不明,以下皆有"亦"而误此"必"为"亦"也。

《用民》:又复取道,其马不进。

"马"下疑当有"又"字。《论衡·非韩》篇:"宋人有御马者,不进,拔剑到而弃之于沟中。又驾一马,马又不进,又到而弃之于沟。若是者三。"与此本一事,次皆以"又"字,此处似亦当有。《群书治要》引无"又"字,则唐时已脱。

《适威》:庄公曰:将何败?

此在颜阖曰"其马必败"下,庄公此问下又直接"少顷,东野之马败"云云,无颜回答语。《荀子·哀公》在云马败下作"定公不悦,入谓左右曰:'君子固谗人乎?'"《韩诗外传》卷二、《新序·杂事五》《孔子家语·颜回》义同,《庄子·达生》篇作"公密而不应"。皆无作此者。且此六字与下"庄公招颜阖而问之曰:'字何以知其败也'"义相复,必有误。《群书治要》引无此六字,或当据以删之。

《审为》高注：公以邑子牟。

松皋圆曰："注'以'上'公'字衍。"陈奇猷曰："注'以'上'公'字当在注首'子牟'上，原注首当是'公子牟'。元本、宋邦乂本'公'字在次行首，与第一行首'子'字相并，明'公'字原在第一行首而误入次行首也。"按，陈说为上，《列子·仲尼》篇张湛注亦作"以邑子牟"，注首"子牟"作"公子牟"。"以邑子牟"亦似不妥，公子牟，《庄子·秋水》作"魏牟"，《战国策·赵策》作"公子魏牟""魏牟"，《说苑·敬慎》作"魏公子牟"，则"公子"乃其姓，"牟"乃其名，不当云"子牟"。"子"似当作"予"，"以邑予牟"者，中山本国名，魏既得之，乃以为魏邑。魏王以中山邑予公子牟，故曰中山公子牟。《列子》张湛注亦当如此。

《贵当》：贤不肖之所欲与人同，尧、桀、幽、厉皆然，所以为之异。

此处尧乃贤主，桀、幽、厉乃不肖之主，以一贤对三不肖，似未妥。《韩非子·难势》："使尧、舜御之则天下治，使桀、纣御之则天下乱，则贤不肖相去远矣。"尧、舜乃贤者，桀、纣乃不肖者，两两相对。此处之喻，与本书《情欲》篇"此三者，贵贱愚智贤不肖欲之若一，虽神农、黄帝其与桀、纣同，圣人之所以异者得其情也"同，神农、黄帝乃贤者，桀、纣乃不肖者，亦两两相对。此处恐亦当如此，疑"桀"当为"舜"之讹。

《别类》：万堇不杀。

毕沅曰："堇，乌头也，毒药，能杀人。万堇则不能杀，未详。"谭戒甫曰："《说文》：'万，虫也。'《埤雅》：'蜂，一名万。'盖'万'即'虿'之本字，《左传·僖十二年》所谓'蜂虿有毒'是也。《淮南·说林》篇'蝮蛇螫人，傅以和堇即愈'，彼高注云：'和堇，毒药。'盖堇能制虫蛇之毒，故不杀人也。"陈奇猷以为谭说仍不能明"万堇不杀"之意，"不足取信于人"。按，谭说近是。惟古堇有两解，一云为可食用之堇菜，

《千金翼方》："堇汁，味甘寒，无毒，主马毒疮，捣汁洗之，并服之。堇，菜也，出《小品方》。《万异方》云：'除蛇蝎毒及痈肿。'"《万异方》当作《万毕方》，即刘安《淮南万毕术》，与《淮南子》所云同。则是以"堇"为"堇菜"也。堇菜可食，然《证类本草》云"堇黄花害人"，则堇亦为有毒者。一云即毕沅所说乌头，即骊姬"置堇于肉"之"堇"（《国语·晋语》），《本草纲目》卷十七下云可治蛇咬。两说未知孰是也。

《别类》高注：招，埻埶也。

《本生》篇"共射其一招"，高注："招，埻的也。""的"乃箭靶中心，此处云"埻艺"，"艺"字不通。"艺"当作"埶"，《小尔雅·广器》："射有张布谓之侯；侯中者谓之鹄；鹄中者谓之正，正方二尺；正中者谓之埶，埶方六寸。"古之箭靶由三环组成，其最内者谓之埶，埶又或称作臬、质、的。高注《本生》篇以"埻的"，此注以"埻埶"，正同。

《上农》：民农则重。

毕沅曰："重，《亢仓子》作'童'。"夏纬瑛曰："'重'是说民之稳重，作'童'误。"陈奇猷曰："童、重二字古通，此当以重为正。"按，"重"与"少私义"意不相属，此似以作"童"为上，童者，愚也。《国语·晋语》："童昏不可使谋。"《后汉书·傅毅传》："谁能昭暗，启我童昧。"盖童本幼稚义，因引申为愚。此用法家思想，儒家虽倡"民可使由之，不可使知之"，然亦认为"小人学道则易使"，非纯粹之愚民也。唯法家，将民桎梏于农耕，不使其知学问，如此既无私议之时，又无私议之识。

二　《盐铁论》校释

《盐铁论》，西汉桓宽著，《汉书·艺文志》著录六十篇，今皆存。清以来为之作笔记、校注者数家，若姚鼐、卢文弨、顾广圻、俞樾、孙诒让、王先谦等皆为名特彰达者，王佩净集以往诸家之说，成《盐铁论札记》一书，由商务印书馆付梓，1958 年出版，可谓集大成之作。其后又有杨树达《盐铁论要释》（中华书局 1963 年版）、王利器《盐铁论校注》（中华书局 1992 年版，2010 年第四次印刷，以下简称《校注》）相继出版，尤其《校注》一书，论校尤详。除此之外，郭沫若曾整理校订是书，成《盐铁论读本》（科学出版社 1957 年版），亦偶有发明。注释本有北京钢铁学院冶金系《盐铁论译注》（冶金工业出版社 1975 年版）、王贞珉译注、王利器审定《盐铁论译注》（天津古籍出版社 1983 年版）、马非百《盐铁论简注》（中华书局 1984 年版）等。本次校注，即参考以上诸书。

《本议》：末修则民淫，本修则民悫。民悫则财用足，民侈则饥寒生。

《通典》卷十一、《文献通考》卷二十、《御定渊鉴类函》卷一三六引此俱作"末修则人淫（王先谦《校勘小识》：'唐讳民为人'），本修则人懿。人懿则财用足，人侈则饥寒生。"上句《喻林》卷九十八作"末修则民淫，本修则民悫"。

按，"悫""懿"形近而讹，字当为"悫"。张衡《东京赋》"民弃末而反本，咸怀忠而抱悫。"《说文》"悫，谨也"，《广韵》"悫，诚也"，有正直之义。《荀子·不苟》："端悫生通，诈伪生塞。""诈伪"即"淫"，与"悫"正相对。下《力耕》"民朴而贵本"，"朴"亦"悫"也，与此句义相类。

《力耕》：凶年恶岁。

《通典》卷十一、《文献通考》卷二十、《御定渊鉴类函》卷一三六引作"凶年岁俭"。按：作"岁俭"为上。"岁俭"与上"岁登"对文，登，丰收也；俭，歉收也。《后汉书·窦武传》"岁俭民饥"，《晋书·高瞻传》"兵荒岁俭"，唐符载《贺赐淮西粟帛表》"恤其歉俭，赐之粟帛"，俭皆歉收之义。荀伯子《临川记》"开则岁俭，闭则年丰"，以"俭"与"丰"对，犹此处以"俭"与"登"对。作"凶年恶岁"者，盖后人习闻而误。

《力耕》：商则长诈，工则饰骂。

卢文弨曰："'骂'疑当作'贾'。"王绍兰曰："'骂'当为'隖'，《方言》：'隖，益也。'郭璞音骂，谓增益也。《广韵·祃韵》：'隖，增益也，又巧也。'此云'饰隖'，谓饰之益巧也。"王利器从之。陈遵默曰："'骂'非误字，当读为'马'。《礼·投壶》：'请为胜者立马。''马'即算，以象牙为之，所谓筹码是也。"马非百从之。郭沫若曰："'骂'当作'驾'。《左传·昭元年》：'犹诈晋而驾焉'，杜注：'驾，陵也。'"

按，卢、陈之说不可从，工乃制器之工，作"贾"与"马"者，皆乃售物之贾所为，与上句"商"相重复。郭氏之说于此处义不通。王氏之说虽可通，然此句承上"商通物而不豫，工致牢而不伪"而来，两句皆为对文，上句"诈"为名词，"骂"若解为"增益"，则为动词，不相对。此处"骂"疑当为"为"之误，为，秦《诏权》作"𩵦"，汉印《苏为印信》作"𩵦"，形近易误。"为"即上文"伪"字，换文避复也。上文"商通物而不豫"，"豫"作"谋"解，言商人之作用，乃在于促进商品流通，而非谋取私利；"工致牢而不伪"，言工匠所作之器物，牢固耐用，而非虚有其表。"商则长诈，工则饰为"，"诈"承"豫"言，"为"承"伪"言，正相契合。诸家皆以此诈、骂与下作、薄为韵，是以不疑讹字，故解说皆牵强于文意。

又，此处"商"上当有"今"或"今者"以表示对比性文字，以与上文"古者"相对。自"商则长诈"以下言当今之事，与上所言时间上、意义上皆相反。

《力耕》：一揖而中万钟之粟也。

王佩诤《札记》："'揖'当为'挏'之误。'挏'误为'挵'，'挵'误为'揖'耳。《方言》十：'揸，取也。南楚之间凡取物沟泥之中谓之挏，或谓之揸。'《说文》：'挏，挹也。'……《广雅》：'挏，取也。'……本文当为一挏而中万钟之粟，而意义则为挹取耳。"王利器《校注》："毛扆校本、张之象本、沈延铨本、金蟠本、《两汉别解》'揖'作'挹'。卢文弨曰：'"揖""挹"通'。杨沂孙曰：'"一揖"亦是"一镒"。'未可从。"

按："揖""挹"字本通，（《荀子·议兵》："拱挹指麾"，《富国》作"揖"。《宥坐》："所谓挹而损之之道"，《淮南子·道应训》作"揖"。《晏子春秋·内篇谏下》："下车挹之"，苏舆云："挹与揖通。"）王佩净既以"揖"为"挹"之误，而又解"挹"为挹取，未免画蛇添足。杨沂孙所以解为"一镒"，是以此处当为计量单位，惟"镒"与"揖"字形相去甚远，不可从。疑此处"揖"乃"掬"之误，"掬"下"米"字四点横书（《睡地虎秦简》"米"作"𣲷"，汉《米粟祭尊》印作"𢈢"，古陶《鞠让》之"鞠"右侧作"𤕟"），则"匊"与"耳"亦相混。"掬"为计量单位，《小尔雅》："两手谓之掬，二（"二"原作"一"，从《周礼·考工记》陶氏疏引《小尔雅》改。）升也。……缶二谓之钟。"此处"一"与"万"、"掬"与"钟"相对工整。

《通有》：三川之二周。

王利器《校注》云："张之象本、沈延铨本、金蟠本及《天中记》一三引作'二周之三川'。……张本等不可从。……伍毓崧《国策东西考》曰：'周自武王都镐京，天下称宗周焉。成王营洛，卜瀍水西为朝会地，是为王城（即郏鄏，今河南县），卜瀍水东，处殷顽民，是为成周，又名下都（今洛阳县）。后平王迁居东都，即王城，谓之东周。盖自西而东，因以东都为东周，而指镐京为西周，此据春秋时言也。'"

按，《御览》卷一五六亦作"三川之二周"。然四库本、《类函》卷三三二、《日知录》卷二七皆作"二周之三川"，《太白真经·国有强富》篇作"周之上洛"，《武编》作"成周之洛川"。《史记·韩世家》张仪谓秦王"施三川而归"，《正义》"三川，周天子都也"。《陈涉世家》："李由为三川守"，《索隐》："三川，今洛阳也。"依《正义》之说，周室都城亦可称为三川。西周都镐京，《史记·货殖列传》"长安诸陵，四方辐辏并至而会"；东周都洛阳，《货殖列传》"洛阳东贾齐、鲁，南贾梁、楚"，又"洛阳街居在齐、秦、楚、赵之中，贫人学事富家，相矜以久贾，数过邑不入门，设任此等，故师史能致七千万"（桑弘羊即洛阳贾人之子，见《平准书》）。故"二周之三川"语亦可通，且此句首燕、赵、魏、韩、楚、郑皆以国名，不当三川独以郡名。

《非鞅》：以赵高之亡秦而非商鞅。

疑"商鞅"当作"商君"。该书御史大夫、丞相史与贤良文学为对立的两派，御史大夫一派尊商鞅，故称"商君"，贤良文学一派贬商鞅，则直称之。考是书，"商君"出现 12 次，皆出大夫、御史、丞相史口（大夫 8 次，分别为《非鞅》5 次，《论勇》《刑德》《大论》各 1 次；御史 2 次，出《晁错》；丞相史 2 次，出《遵道》）。"商鞅"出现 18 次，有 17 次出自文学、贤良口（文学 16 次，分别为《非鞅》7 次，《毁学》2 次，《遵道》4 次，《国病》《申韩》《周秦》各一次；贤良 1 次，出《取下》）。不当独此为变例。

《非鞅》：世人不能为，是以相与嫉其能而疵其功也。

马非百《盐铁论简注》云："疵，吹毛求疵，故意挑剔。"

按，"疵"当作"訾"解，云诋毁也。古二字通，《集韵》："疵，毁也。通作訾。"《荀子·不苟》"非毁疵也"，注："或曰读为訾。"《战国策》"齐貌辨之为人也多疵"，《吕氏春秋·知士》作"訾"。本书《刺复》："蔽贤妒能，自高其知，訾人之才。"《论衡·累害》："毁谤废退，不遇也，而訾之。"意义相近。

《轻重》：兵甲不休，战伐不乏。

此处"乏"当为"止"之讹字："乏"篆体作"𠂊"（《睡地虎秦简·法一六四》）；"止"篆体作"𣥂"，二者形近而讹（古"之""止"二字亦多讹，《诗经》多见又如，《左传·襄十四年》"匮民乏祀"，《释文》"本或作之祀"；《水经注·淇水》"不周赏情之"，《集释订讹》"之疑作乏"；《易林·需》"粲盛空乏"，道藏本误作"之"）。"止"与"休"相对意同，古书二字对举例多见。例如，《吕氏春秋·爱类》"齐王之所以用兵而不休，攻击人而不止者，其故何也"；邹阳《谏吴王书》"斗城不休，救兵不止"；《论衡·命禄》"凿不休则沟深，斧不止则薪多"）。

《轻重》：专室土圜。

王利器《校注》："《周礼·秋官·序官·土圜》注：'郑司农曰："圜谓圜土也。"'《汉书·司马迁传》：'幽于圜墙之中。'师古曰：'圜墙，狱也。'这里'土圜'即谓四面土墙盖的房子。"

按，《周礼》皆以"圜土"为牢狱，与此不类。《礼记·儒行》："儒有一亩之宫，环堵之室。"郑注："环堵，面一堵也，五版为堵，五堵为雉。"《左传·隐公元年》："都城过百雉。"杜注："方丈曰堵，三堵曰雉。一雉之墙，长三丈，高一丈。"《庄子·外物》："原宪居鲁，环堵之室。"郭庆藩《集释》："周环各一堵谓之环堵，犹方丈之室也。"古时丈尺较今为小，一丈约合两米余。无论三堵为雉，还是五堵为雉，一堵之墙都非常小。"环堵"又或作"圜堵"，《太平御览》卷一七四引《庄子》即作"圜堵"，《抱朴子·尚博》"安圜堵于函夏之内"。"圜堵"犹"土圜"，与"专室"义同，谓小室耳。后所居僻陋之室，多称"环堵"。例如，东汉《王元宾碑》"土阶环堵"；《后汉书·樊英传》"布衣之列，环堵之中"；《三国志·魏书·管宁传》"环堵荜门，偃息穷巷"；何逊《七召》"圜堵常闭，曲突无烟"，多称环堵。

《未通》：终岁粒米狼戾而寡取之。

"狼戾"或作"梁粝"。卢文弨《拾补》："《大典》、涂本皆同，义虽未详，当仍之。作狼戾者，后人所改。"王佩净《札记》："赵注《孟子》狼戾犹狼藉也。朱起凤《骈雅识余》曰：'《盐铁论》梁粝，狼作梁，戾作粝，并音同假借。'今案，据朱氏言，颇疑梁粝为正字，狼戾、狼藉诸字为假借字。"王利器《校注》："'狼戾'原作'梁粝',明初本、华氏本、正嘉本、太玄书室本、张之象本、沈延铨本、金蟠本作'狼戾',今据改正。《孟子·滕文公上》'终岁粒米狼戾',即此文所本。"

按,《西汉年纪》卷十八、《文章正宗》卷九、《文选补遗》卷十六、嘉靖本皆作"狼戾"。《周礼·秋官司寇·条狼氏》注:"杜子春云:'条当为涤器之涤。'玄谓涤,除也;狼,狼扈道上。"疏:"云'涤器之涤'者,读从《郊特牲》'在涤少牢命涤等'之涤也。云'狼,狼扈道上'者,谓不蠲之物在道,犹今言狼藉也。"《说文》:"籍,祭藉也。一曰草不编狼藉。"《埤雅》:"狼藉者,物杂乱之貌。言狼起卧游戏多籍其草,而草皆秽乱,故曰狼藉。"《尔雅翼》:"狼,贪猛之兽,聚物而不整,故称狼藉。"诸家之说皆不同,未知孰是。狼藉,杂乱貌。《史记·淳于髡传》:"履舃交错,杯盘狼藉。"《文选》注引桓谭《新论》:"道路皆蒿草,寥廓狼藉。"《抱朴子·登涉》:"太华之下,白骨狼藉。"《自叙》:"遂致惊乱,死伤狼藉。"又或单称"籍",《史记·蒙恬列传》:"天下非之,以其君为不明,以是籍于诸侯。"《陆贾传》:"陆生以此游汉廷,公卿间名声籍盛。"狼戾,贪很暴戾。《战国策·赵策一》张仪曰:"赵王狼戾无亲。"鲍注:"暴戾如狼。"贾谊《旱云赋》:"阴阳分而不相得兮,更惟贪邪而狼戾。"《汉书·严助传》:"闽越王狼戾不仁。"颜师古注:"狼性贪戾,凡言狼戾者谓贪而戾。"又或单称"戾",《史记·司马相如传》:"鳌夫为之垂涕。"张揖注:"狼戾之夫也。"《汉书·胶西于王传》:"为人贼鳌。"颜师古注:"鳌,古'戾'字。贼鳌言其性贼害狼戾也。""狼戾"借为"狼藉"之例,《孟子·滕文公上》:"乐岁粒米狼戾多。"注:"狼戾犹狼藉也。"《淮南子·览冥训》:"孟尝君为之增欷呜唈,流涕狼戾不可止。"注:"狼戾犹交横也。""交横"亦"狼藉"之貌。然古书无"狼藉"借为"狼戾"之例,疑二词虽音同而取义不同。古书无作"梁粝"者,疑后人妄改。

《褒贤》：布衣穿履。

王利器《校注》："《汉书·鲍宣传》：'衣敝履空。'师古曰：'蹑空履也。空穿也。''穿履'即'空履'。"

按，《文选》注引《汉书》作"衣弊履穿"。"衣敝履空"乃古人习见语。例如，《艺文类聚》卷六七引《鹖冠子》："隐居幽山，衣敝履空，以鹖为冠。"《北堂书钞》卷三八引《会稽典录》："徐弘为右扶风都尉，家无余产，衣敝履空，乡人嘉其高操。"又或作"衣空履穿"，《易林·萃之家人》："衣空履穿，无以御寒"（刘黎明《〈焦氏易林〉校注》改为"穴"，云："《古今》本、道藏本、四库本误作'空'。"误）。此处"布衣"当作"敝衣"解。《后汉书·羊续传》："常敝衣薄食，车马羸败。"《三国志·魏书·国渊传》："国渊为太仆，居列卿位，布衣蔬食。""敝衣薄食"类于"布衣蔬食"也。"穿履"谓鞋破败，甚者下无底。《史记·滑稽列传》："东郭先生久待诏公交车，贫困饥寒，衣敝，履不完。行雪中，履有上无下，足尽践地，道中人笑之。"云"有上无下"，则其无底可知。

《讼贤》：刻轹公主，侵陵诸侯。

马非百《简注》："刻，刻薄。"王贞珉注同。

按，马说误。"刻"犹"侵"也，《字汇》："刻，侵也。"《尚书·微子》："我旧云刻子。"《释文》："马曰：'刻，侵刻也。'"《诗经·曹风·鸤鸠·序》："曹人疾共公侵刻下民，不得其所忧，而思明王贤伯也。"《汉书·食货志》："吏用苛暴立威，旁缘莽禁，侵刻小民。"《晁错传》："善遇其壮士，和辑其心而勿侵刻。"并其证。

《讼贤》：虽欲以寿终，无其能得乎？

王佩净《札记》引王念孙《经传释词》："无，转语词也。字或作'亡'，或作'忘'，或作'妄'，或言'亡其'，或言'意亡'，或言'亡意'，或言'将妄'，其义一也。《墨子·非命》篇曰：'不识三代之圣善

人与？意亡昔三代之暴不肖人与？'《庄子·外物》篇曰：'意固窭耶？亡
略其弗及耶？'《赵策》：'不识三国之憎情而怀邪？忘其憎怀而爱秦邪？'
《史记·鲁仲连传》：'亡意亦捐燕弃世东游于齐乎？'《越语》曰：'道固
然乎？妄其欺不谷邪？'《庄子·庚楚桑》篇曰：'是其于辩也？将妄凿垣
墙植蓬蒿也？'《新序·杂事》篇：'先生老悖与？妄为楚国妖与？'"王利
器《札记》引孙人和说："'无其'连用语也。'无其能得乎'，犹言'能
得乎'。古书或作'亡其'，《庄子·外物》篇曰：'意固窭耶？亡略其弗
及耶？'《吕氏春秋·审为》篇：'君将掘之乎？亡其不与？'并为转语
词也。"

按，二说是，然此处"能"上当脱一"不"字。含"无其"之问句，
当为并列问句之时，问者之意偏向于后者。例如，《国语·越语》越王曰：
"道固然乎？妄其欺不谷耶？"是言越王以范蠡欺己也。《吕氏春秋·审为》
子华子曰："君将攫之乎？亡其不与？"是言子华子知昭僖侯不攫也。"妄
其欺不谷耶"是"欺不谷"，"亡其不与"是"不"，依此类推，"无其能
得乎"为"能得"也。义则相反矣，故此处当脱"不"字。"无其"又或
作"不其"，《逸周书·芮良夫解》："下民胥怨，财单竭，手足靡措，弗
堪戴上，不其乱而？"陈逢衡《逸周书补注》："不其乱，而言必乱也。"
《荀子·宥坐》："子曰：'伊稽首，不其有来乎？'"杨注："若施德化，使
下人稽首归向，虽道远，能无来乎？"《汉书·王嘉传》："嘉上疏曰：'臣
闻圣王之功，在于得人。孔子曰"材难"，不其然与？'""不其乱"是
"乱"，"不其有来"是"有来"，"不其然"是"然"，亦证此处"无其能
得"为"能得"，则当补"不"字明矣。"无其不能得乎"即"不能
得"也。

《孝养》：有诏公卿与斯议，而空战口也。

王利器《札记》："明初本、华氏活字本'战'作'议'，涉上文而
误。上文言'吕步舒弄口'，《汉书·陆贾传》：'畏大臣及有口者。'师古

曰：'有口，谓辩士。'又《张释之传》：'岂效此啬夫喋喋利口捷给哉？'
又《朱云传》：'充乘贵辩口。''口'字用法，都与此同。"王贞珉《译
注》："皇帝有诏书叫公卿和我们议论国事，而你们却空口打舌战。"马非
百《简注》："这是说诏令只让公卿参与讨论，并没有要丞相史说话。空战
口，就是说丞相史没有发言权的意思。"

按，马说为近。此句承上"言不及而言者"而来（之所以非承"卑位
而言高者"句，是因下《能言》篇大夫以"卑而言高，能言而不能行"
讽刺贤良），皇帝诏令让公卿与贤良文学论辩，丞相史并不在公卿之列，
故无参加之资格。"战"当为"戢"之形讹，《小尔雅》："戢，敛也。"
《诗经·小雅·鸳鸯》："鸳鸯在梁，戢其左翼。"郑《笺》："戢，敛也。"
"戢口"即闭口不言之意，"空戢口"即讽刺丞相史不当言而言。

《刺议》：葶历似菜而味殊。

王利器《校注》："《急就篇》：'亭历桔梗龟骨枯。'颜师古注：'亭
历，一名丁历，一名蕈，一名狗齐。'"马非百《简注》："葶历，即葶苈，
二年生草本植物，开黄色小花，种子黑褐色，可入药。因葶历味苦（见
《韩非子·难势》）和菜的味道不相同，故曰味殊。"

按，马说出《韩非子·难势》："味非饴蜜也，必苦菜亭历也。"然菜
有五味，若苦瓜、苦菜皆味苦，何来"味道不相同"之说。"菜"当为
"荠"之讹字。《礼记·月令》："靡草死，麦秋至。"注："靡草，荠，葶
苈之属。"《齐民要术》卷三引《师旷占》："岁欲甘，甘草先生，荠；岁
欲苦，苦草先生，葶苈。"葶苈，属于荠类，形与荠菜相似，然荠味甜而
葶苈味苦，故云"似荠而味殊"。

**《国疾（"疾"原作"病"，张敦仁曰："《目录》'病'作'疾'。"今
从之）》：时世异务，又安可坚任古术而非今之理也。**

按，"时"疑为"殊"之误，"殊"篆文作"𣥚"，漫漶不清而误作
"时"。下文言"世殊而事异"，与此相呼应也。此用商鞅"治世不一道，

便国不法古"、韩非子"世异则事异"之义，谓所处之世不同则所为之事则异，岂能坚用古法而不用今之法。"殊""异"意同而并用，古籍多见，《史记·高祖功臣侯年表》："帝王者，各殊礼而异务"；《三国志·吴书·孙权传》："世殊时异，人各有心"；《晋书·王羲之列传》："虽世殊事异，所以兴怀，其致一也"，皆可相参。又《诏圣》："时世不同，轻重之务异也"，正"殊世异务"之解。

《国疾》：殷殷屯屯。

杨树达《要释》："'屯'当读为'賑'，《说文·贝部》云：'賑，富也。'"王利器《校注》："'屯'读为'轸'，《文选·羽猎赋》：'殷殷轸轸。'注：'盛也。'《甘泉赋》：'殷辚'，注：'言盛多也。'义并通。《黄帝四经称》：'其实屯屯。'"

按，杨说误，王说是。殷殷屯屯，又或作"隐隐辚辚"，张衡《东京赋》："肃肃习习，隐隐辚辚。"李善注："隐隐，众多貌。辚辚，车声也。"又或作"殷殷沄沄"，《中论·谴交》曰："服膺盈道，殷殷沄沄。"又或作"殷殷辚辚"。宋之问《上巳泛舟昆明池宴宗主簿席序》："殷殷辚辚，歊雾惊尘。"王棨《曲江池赋》："合合沓沓，殷殷辚辚。"或逆言之作"辚辚殷殷"，班固《东都赋》："辚辚其车，殷殷其徒。"又或作"輷輷殷殷"，如《史记·苏秦列传》："日夜行不绝，輷輷殷殷。"又或作"振振殷殷"，如《吕氏春秋·慎人》："丈夫女子，振振殷殷。"注："振振殷殷，众友之盛。"

《散不足》：一豕之肉，得中年之收，十五斗粟，当丁男半月之食。

王利器《校注》："当时丁男，日食一斗。"马非百《简注》："《汉书·赵充国传》：'臣前部将士……合凡万二百八十一人，用谷月二万七千三百六十三斛。'平均每人每月用谷二斛六斗六升余。这里说丁男半月食粟十五斗，即月食三斛，所言数位略有不同。"

按，《汉书·赵充国传》复载："轻引万骑，分为两道，出张掖，回远千里。以一马自佗负三十日食，为米二斛四斗，麦八斛。"月食米、麦合三斛二斗。《尉缭子·武议》："人食粟一斗，马食菽三斗。"是一日食一斗之证。《汉书·食货志》："食，人月一石半。"与此处相合。日食一斗者，盖举起常数而言，犹以"二尺四寸为律"而称"三尺法"也。

《能言》：默然载施其行。

张敦仁《考证》："'施'当作'尸'，即《板》诗之'载尸'也。李善注《文选》引《韩诗》曰：'尸禄者，颇有所知，善恶不言，默然不语，苟欲得禄而已，譬若尸矣。'盖韩《板》诗之传也。以彼订此，'行'当是'禄'之误。"

按，张说甚迂曲，此不烦改字。古施、弛相通，《周礼·小宰》："敛弛之联合事。"郑注引杜子春语："弛读为施。"《诗经·卫风·淇奥》郑《笺》："君子之德，有张有弛。"《音义》："弛，本亦作'施'。"《庄子·天运》："孰隆施是。"《庄子翼》："施，李氏作'弛'。"因此，施有遗弃、废坏之义，《论语·微子》："君子不施其亲。"朱熹《集注》："施，陆氏本作'弛'，福本同。……弛，遗弃也。"张衡《舞赋》："粉黛施兮玉质粲。"谓粉黛坏也。此处"施其行"即"坏其行"。默然载施其行，"默然"承上"口言之"，"施其行"承上"躬行之"。此句大意言口言之而身行之，愈于口不言而身不行也。

《险固》：鳖猬（原作"龟猬"，张敦仁改作"鳖猬"，今从之）有介，狐貉不能禽。

张敦仁曰："下句'狐貉不能禽'，'狐貉'二字必有误，未详。"徐友兰曰："'狐貉'当为'猵獭'。"郭沫若曰："此当是陆上动物，故言'狐貉不能禽'，殆穿山甲之类。"

按，诸家所以疑而未决者，以"鳖"为水生，而"猬""狐""貉"皆为陆生动物，故徐友兰改"狐貉"，而郭沫若疑"鳖猬"也。实则无须改字，狐为狐狸，貉为狐之小者，狐以鱼、蛙、蚌、虾等为食，故穴常近水。《周易·未济》云："小狐汔济，濡其尾，无攸利。"《诗·卫风·有狐》："有狐绥绥，在彼淇梁。"《穆天子传》卷一："天子猎于渗泽，于是得白狐玄貉焉，以祭于河宗。"刘向《请雨华山赋》有"狐貉临水"之句，《北堂书钞》卷一五九引《述征记》："狐听水，河水无声，狐方行。"是古人亦以狐为近水，故此处言"鳖"耳。

《刑德》：举浮淫之蠹，加之功实之上。

王贞珉《译注》："抬举了轻浮阴险像蠹虫一样的坏人，甚至给了他们超过其功劳和真实本事的权力。"

按：王说误。此文本自《史记·韩非列传》，原文作"反举浮淫之蠹，而加之于功实之上。""浮淫"与"功实"对举，义当正相反。《论衡·刺孟》："不实事考验，信浮淫之语。""浮淫"盖虚浮夸饰之义。

《周秦》：古者周其礼而明其教，礼周教明，不从者，然后等之以刑。

下文言"故舜施四罪而天下咸服"，则"古"当谓舜之时。自周公制礼作乐，礼教始繁，上古尚简，未闻有礼周之说。此处"周"当为"昭"之假，周，古音照母幽部；昭，古音照母宵部，周、昭旁转，故可相借。"昭"从"召"得声，《荀子·君道》"倜然乃举太公于州人而用之"，倜，《韩诗外传》作"超"。《说苑·善说》"怀公召国人"，召，《左传》作"周"。《广雅·释诂》"玿，短也"，王念孙《广雅疏证》："周与玿声近义同"。"昭"与"明"义同。

《周秦》：子产刑二人杀一人，道不拾遗，而民无诬心。

马非百《简注》："刑二人，事未详。"

按，"刑二人"涉尧事而误，《荀子·议兵》："古者帝尧之治天下也，盖杀一人刑二人而天下治。"杨倞注："杀一人谓殛鲧于羽山，刑二人谓流共工于幽州、放驩兜于崇山。"

《大论》：射者因势，治者因法。

势，王利器《校注》作"埶"，云："'埶'原作'势'，今据陈遵默说校改。陈云：'"势"疑当作"槷"。'器案：《说文·木部》：'臬，射埻的也。'"

按，"槷"为箭靶之义，于此义不相合。疑"势"乃"檠"之讹，《考工记·弓人》："至冬胶坚，内之檠中，定往来。"注："檠谓弓匣，至寒胶坚而牢，故内之檠中。""檠"乃调弓之具，《汉书·苏武传》："武能网纺，缴檠弓弩。"颜注："檠谓辅正弓弩也。"字或作"撒"，《荀子·性恶》："繁弱、巨黍，古之良弓也，然而不得排撒，则不能自正。"杨倞注："排撒，辅正弓弩之器。"《淮南子·修务训》："弓待檠而后能调。"高注："檠，矫弓之材。"治者因法以理民，犹射者因檠以调弓。然"檠""势"字形相去甚远，未知致误之由，姑书之，聊备一说。

三 读宋本《新雕洞灵真经》札记

《四部丛刊三编·子部》收有《新雕洞灵真经》五卷，据涵芬楼借铁琴铜剑楼所藏宋刊本影印。《洞灵真经》即《亢仓子》，该书《汉书·艺文志》《隋书·经籍志》皆不见著录，《新唐书·艺文志》始著录，云作者为襄阳处士王士元。考是书，多取先秦两汉典籍伪易其文而成，以《吕氏春秋》为最多，又杂《礼记》《庄子》《说苑》等书。然改易痕迹明显，且杂有唐人思想在内，则是唐人伪撰无疑。是书有注，题宋何粲注，柳宗元《读亢仓子》云："刘向、班固录书无《亢仓子》，而今之为术者乃始为之传注。"则柳宗元之前已有注本。《农道》篇注文："兴土功，理师旅。"理，道藏本作"治"，注文避唐讳，此唐时有注之证。目前，注本主要有宋本、道藏本、四库本，比较可知，宋本、四库本属于一个系统，然四库本掺杂明人黄谏之注，而且黄谏好改古字，所以比较于宋本，四库本注文、古文反而更多。道藏本属于另一个系统，张元济认为宋本胜于明本，但两本实各有所长，宋本有诸多错误之处，可据道藏本订正。除了以上三本之外，还有一些无注文的版本，如明子汇本、清《守山阁丛书》本、《墨海金壶》本、《百子全书》本等，笔者比对文字，发现这些版本和四库本基本相同，只是删除了注文而已。笔者的这篇文章，是在对正文和注文进行梳理过程中撰成的，以宋本为底本，参以道藏本、四库本。凡是不影响文义理解或明显脱误的，皆不出校。例如，道藏本往往于句末多"也""乎""而""犹"之类语词，于文义无涉。又如通假字，《用道》"灾疾朋瞠"之"瞠"，道藏本作"崒"，《君道》注"利口便辨"之"辨"，道藏本作"辩"，如此等等。

《全道》：羽山之颜。

注曰："颜，山之南面也。"按，"颜"古无"山之南面"之义，当误。《汉书·沟洫志》"商颜"颜师古注曰："商颜，商山之颜也。谓之颜者，譬人之颜额也，亦犹山领象人之颈领。""颜"即人之额头，羽山之颜与商山之颜义近。

《全道》：鲜然异之。

注曰："鲜然，惊异之貌。"《庄子·庚楚桑》作"洒然异之"，李注云"惊貌"，义同。鲜，上古音属心母文部；洒，上古音属心母元部，文、元对转，两字古音相近。

《全道》：孰知是，寡人增益耳。

宋本原注："知是，一本'就如是'。"按，四库本注作"一本'孰如是'"，道藏本作"孰如是"，无注。盖"一本"即道藏本所本。宋本注"就如是"之"就"当作"孰"，形讹也。

又：此句"寡人"二字当为衍文。《列子·仲尼》篇"此增益矣"，亢仓子言其能"听视不用耳目"，鲁君闻之，以为"听视不用耳目"较之所传闻之"耳视而目听"更有所增益。若有"寡人"二字，则其义为鲁公自为增益，认为"听视不用耳目"下于"耳视而目听"，义正相反。上文"知"当作"如"，"孰如是，增益耳"义为：假如真的是这样，那就显得你更厉害了。

《全道》：寡人果愿闻之。

"果"字，《列子·仲尼》篇作"终"，是也。终，宋本、四库本皆作"夆"，道藏本作"冭"，即"冬"之借，说明撰《亢仓子》者书"终"时乃用篆体。而"冬"字，《石刻篆文编》引石经作"臂"，《古文四声韵》引《道德经》作"𠔃"，如果字形漫漶，则易误为"果"字。

《用道》：顺防其志度。

宋本"防"下原注："音序。"四库本复注云："恐是'阼'字误。"道藏本作"序"。按，四库本注是，序，《石鼓文》第六鼓作"𨝀"，《古文四声韵》引《碧落文》作"𨝐"，隶定即为"阼"，当据正。

《政道》：藉为人若。

若，四库本作"君"，观其注文言"人遭饥苦"，则其字本作"苦"字，当正之。四库本作"君"者，恐即黄谏所改，盖以"人若"不通，因以"若""君"字形相近而臆改（若，小篆作"𦱤"；君，小篆作"𠺌"）。

《政道》注：诸侯殷觇曰同。

道藏本作："诸侯殷见曰同。"四库本作："诸侯殷会曰同。"据《周礼·春官·大宗伯》"时见曰会，殷见曰同"，道藏本是。宋本作"觇"者，盖即"见"字而误加"犭"旁。四库本作"会"者，恐即黄谏据误字而隶定。会，《古文四声韵》引《古尚书》作"𢼄"，《说文》引古文作"𬤖"，黄谏因以"犭"似"彡""兑"似"𢼄"而定作"会"，殊不知是书正文多古字，而注文无古字。

《政道》：饰楚之宝以赍罪于君。

注云："赍，赊也。伪以他珪欺诳大国，取我诚信光饰而行，虽罪可延赊，终至后戮陷君于罪。"注文以"延赊"解"赍"，是以"赍"为拖欠、推迟义；以"光饰"解"饰"，是以"饰"为修饰义。按，此"饰"当作修改讲，《韩非子·定法》："商君虽十饰其法，人臣反用其资。""饰其法"谓"改其法"也。"赉"作免除讲，《汉书·文三王传》"得见赉赦"颜师古注："赉，谓宽其罪。""饰楚之宝以赉罪于君"言修改亢仓子之宝而使君主免罪，《吕氏春秋·审己》作"破臣之国以免君之国"，义同。

《政道》：**隐蔽漂㳺。**

宋本"㳺"下原注："音流。"㳺，道藏本作"㳀"。按，流，《说文》作"㳡"，云："水行也，从㳺充，充，突忽也。㳡，篆文从水。"作"㳺"误。今一般隶定作"㳀"，当正之。

《政道》：**天下难知则上人疑，则下益惑。**

道藏本作："夫下难知则上人疑，上人疑则下益惑。"按，此段用《礼记·缁衣》文，原作："上人疑则百姓惑，下难知则君长劳。"道藏本"天"即"夫"之讹，又此处递进，当脱"上人疑"三字，古书凡字相复者皆以"＝"为之，盖此处本作"夫下难知则上人疑，上人疑则下益惑"，其下"＝"脱因误作此。

《政道》：**不改是为恶戾于县则挞之，不改是为恶戾于国则诛之。**

道藏本两句之间尚有"不改则恶戾于州则移之"句，注云："挞之不改，则送州而流移之也。"按，道藏本是，此处承上"才行比于一县，委之县；才行比于一州，委之州；才行比于一国，委之国"而来，县、州、国三级递进，当据补。

《政道》：**靖人之才。**

此处注云"以文章考核靖人质才"，则靖人同小人、名人、贤人等为一类具有相同特征的群体的总称。其上"此之谓靖人"注云"则天下之人安静也"，以"靖"为"静"，作动词用。此处"靖人"乃承上而来，本是一义，不当如此矛盾。此处"才"当作"方"，两字隶书、楷书均相似，故古多互讹。李商隐《上河东公启》"方有述哀"之"方"，《文苑英华》卷六六五引作"才"。《北堂书钞》卷六十引《三国志·吴志》"号为得才"，俞本《书钞》引"才"作"方"。此处当作"靖人之方"，言使天下之人安静之方法。

《政道》：天下王危代，以文章取士。

道藏本作"夫下王危世，以文章取士"，四库本作"王天下者，若以文章取士"，皆不同。宋本"代"字，道藏本作"世"，盖以"代"本避李世民讳，从而改回之。此处当以道藏本为上，"天"即"夫"之讹，"下王"者，末世之王，夏之下王为桀，商之下王为纣。"下王"与"危代"相对，都是指乱世而言。四库本作此者，盖以"王天下危代"不通而妄改之。

《政道》：等闻一善。

注云："等，犹得也。"按，"等"古无"得"义，此为借音。等，多改切；得，多则切，两字同为端母，开口呼。"等"之作"得"，犹《公羊传》"登"之作"得"，《隐公五年》"得来之也"何休注："登来读言得来。得来之者，齐人语也。"疏云："齐人急语之时，得声如登。"

《政道》：荆君熊幸。

梁玉绳《瞥记》卷五云："自春秋至战国，楚君无名熊幸者。"今人樊光春云："熊幸即熊围，楚灵王"（《老子入秦年份考》，《世界宗教研究》2012 年第 1 期）。按，樊说是也。本书虽为伪托，然伪撰者亦非信笔编撰。前陈怀君公柳遣使聘鲁事，涉及人物有陈怀公、孔子，陈怀公公元前 505—前 502 年在位，孔子生卒年为前 551—前 479 年。前周灵王使祭公致币帛于亢仓子事，周灵王在位时间为前 572—前 574 年。后子产问使俗纯朴事，子产生卒年为? —前 522 年。后秦景王视强兵事，秦景公在位时间为前 576—前 537。则伪撰者将亢仓子生活年代大约置于公元前 6 世纪。此年代之楚诸王唯楚灵王有致误之可能，楚灵王名围，围，小篆作"围"；幸，小篆作"围"，若字形漫漶，则易致误。

《政道》：北面遵循稽首。

道藏本此下有注："一本云遵修。"宋本、四库本皆无，盖明人加注。

按，此作"遵循"是，作"遵修"误。"修""循"形近，古多互讹。"遵循"犹"逡巡"，乃退行之义，和此处的"北面""稽首"都表恭顺，乃古之恒语。例如，《公羊传·宣公六年》："赵盾逡巡北面再拜稽首，趋而出。"《晏子春秋·内篇杂上五》："晏子逡巡北面再拜而贺。"

《政道》：荡寇争㝎。

㝎，原注："音冲。"道藏本、四库本并作"㝎"。《太平御览》卷三百五十引作"虔"，下注："音衡。"《事类赋注》卷十三直接引作"荡寇争衡"。按："冲"之篆体与"㝎""㝎"皆相去甚远，恐非。《说文》引古文"衡"作"𡕾"，《古文四声韵》引《义云章》作"𡗶"，本从角从大，《玉篇》隶定作"奥"。宋本、道藏本、四库本作"㝎"，作"㝎"者，盖后人不知此为"衡"字而误。此处正文当改作"荡寇争奥"，注文当改作"音衡"。

《臣道》：刚讦不怨。

此句无注。《颜氏家训·省事》："讦群臣之得失。""讦"为直言不讳之意。"讦"本义为攻讦，作直言解者，取自"謇"。《周易·蹇》卦之"蹇"，战国楚竹书均作"讦"，"蹇""謇"皆从"寒"得声，古音属见母元部，"讦"古音属见母月部，元、月对转可得，如《广韵》"謇，正言也。"

《君道》：能养天之所生而物㷖之谓天子。

注云："㷖，扰也。人能助天养物而物驯扰之者，是谓天子也。"注文以"㷖"为"扰"，下又云"驯扰"，是以"扰"为驯养（《左传·昭二九年》："学扰龙于豢龙氏。""扰龙"即"驯龙"），误也。此用《吕氏春秋·本生》篇文："能养天之所生而勿㷖之谓天子。"高诱注："㷖犹戾也。""戾"是违背之义，意思是说能蓄养天所生之物而不违背天，这样的人就是天子。

《君道》：以全天气故。

气，《吕氏春秋·本生》作"为"，是也。本书《贤道》篇"有可为也""莫可为者也"之"为"作"㲉"，与"气"形近而讹。注用"气"字为注，谬甚。高诱注《吕氏春秋》云："全犹顺也；天，性也；故，事也。"以全天为故，言为天子者，动作皆顺天性而行。

《君道》：君耕后㲉。

㲉，注云："古蚕字。"本书《农道》篇"后妃率嫔御丝于郊"之"丝"注："一作蛛，又作蚕（道藏本此字作"蚕"，是）.然"蚕"字篆体无作"㲉""蛛"者，疑乃后人所造。《说文》："蚕，吐丝虫。""茧"字篆体作"繭"，下从丝从虫，《说文》云："蚕衣也。"盖后人以有衣为茧，无衣为蚕，因去其衣而独取"虫""纟"二字造为"蛛"。"㲉"即"蛛"之讹，当正之。

《君道》：则天地之宜，四海之内。

"天地之宜""四海之内"对文，此处"宜"当作"间"，"间"之简体产生甚早，敦煌卷子《韩擒虎诗话》作"㦧"，二字形近而讹。"之间""之内"古本多相对成文。例如，《子华子·北宫意问》"天地之间，六合之内"；《文子·下德》"天地之间，一人之身也；六合之内，一人之形也"；《淮南子·道应训》"天地之间，四海之内"。

《贤道》：荣达则以道自止。

止，道藏本作"正"，是，盖形近而讹。此句言人既然荣达则应该以道为律。

《贤道》：听其声，贤。

"贤"下，道藏本、四库本皆有"也"字，是，此句与上"视其仪，贤也"对文。

《贤道》：行危而色不可疎。

疎，道藏本作"疏"，四库本作"疎"，皆为"疏"之异体。然"色不可疏"意颇不通，疑字乃"悚"之形讹，"心"字篆体作"㣺"（见《六书通》），隶书作"心"（见《魏王基残碑》），皆与"疋"形近。盖字本作"悚"，先误作"疎"，又误作"踈"（"疋"即"足"），又误作"疏"。此句言，有识之士虽处危险之境而不可使惧之。

《贤道》：**或为乘时夸毗者所蛊给。**

注云："给，欺也。"正文、注文两"给"字，道藏本、四库本皆作"给"，是也。《玉篇》："给，欺也。"

《贤道》：**时之阳兮信义𠀜。**

𠀜，道藏本作"图"，道藏本、四库本皆于此字下注云："音昌。"宋本无。考"昌"字甲、金、篆、隶皆无作此者，《说文》引"昌"之古籀文作"𣊫"，疑此处本作此。其下"丫"于省吾以为乃"丁"字，本书作"𠀜""图"，或皆因不识"丫"而妄定。

《贤道》：**贤正可待不可求。**

正，疑当作"止"，言先人只能等待他自己来到而不能强求之。本文上"荣达则以道自止"之"止"误作"正"，二字形近，此处"止"而误作"正"也。

《贤道》：**昔者黄帝得常仙、封鸿、𪗪容丘。**

《汉书·古今人表》作"封胡"，《艺文志》阴阳家有《封胡》五篇，云："黄帝臣，依托也。"鬼容丘，《史记·孝武本纪》《汉书·古今人表》作"鬼臾区"，《艺文志》作"鬼容区"。又"丘"下道藏本有注"音丘"，则"丘"字本作篆文也。

《贤道》：**窘乎哉其问也。**

注云："窘，迫也。言所问切迫。"按，此处祭公但发问，殊不见迫切之辞。且伪撰《亢仓子》者多取古书古语为之，此句法亦不见它书。疑本当作"异乎哉其闻也"，"异"误作"窘"，异，《六书通》载其篆体或作"𢌿"，与"窘"下"君"（篆体作"𛅧"）颇相似，其字漫漶，后人因误定作"窘"。"闻""问"古通。此句式本于《论语·子张》："子夏曰：'可者与之，其不可者拒之。'子张曰：'异乎吾所闻。'"其后作书者多用此，以表达不同意见。《盐铁论·杂论》："余睹盐铁之义，观乎公卿文学贤良之论，意指殊路，各有所出，或上仁义，或务权利，异哉吾所闻。"《子华子·阳城婿渠问》："郯子以达于礼闻于诸侯，子华子亟往从之见郯子焉。子华子曰：'异乎吾所闻。'"杜预《春秋左传序》也有此语，作"异乎余所闻"，均仿《论语》。此处也当本用此句式，前祭公言贤、材皆能济天下，两者无异，其后亢仓子乃为之解释贤、材之别，故此处首言"异乎哉其闻也"。

《训道》注：道者，灵通之谓。

灵，道藏本作"虚"。灵，敦煌卷子《双恩记》作"**霊**"，与"虚"形近，故古书多讹。例如，四库本《水经注·河水》"资灵川之遰"，下注："灵，近刻讹作'虚'。"鲍照《从庾中郎游园山石室》："云崖隐灵室。"注："一作'虚'。"只是此处"灵通""虚通"似皆可通，未详本字作何。

《训道》：其大老矣。

道藏本作"其大孝矣"，四库本作"其父老矣"。此段用《礼记·文王世子》文，原作："文王之为太子，朝于王季，日三。"此句对应"朝于王季"，则是言文王父事，四库本为上，当据正。

《训道》：有不可以应事也。

此句道藏本作"时有不可不应事也者"，下句"时有不可求事也"，道藏本作"时有不可不求事也者"，此两句为对文，则宋本首句脱"时"字、衍"以"字。审其义，两句又俱脱一"不"字、"者"字，以道藏本为上。时有不可不应事也者，言有时候不是人求事，而是事求人，事情既来，不得不应之，犹今言祸从天降，人不欲祸，而祸不因人不欲而不来，祸既来，人不得不求弭祸之方。时有不可不求事也者，言人虽欲恬淡寡欲，然人非草木孰能无情，若温暖饥饱，人不得不求之。

《训道》注：心有待得而後（后）乐。

此句道藏本作："心有所待，故待得而复乐。"两本皆有误，宋本脱

"所待故"三字，"心有所待"释上文"外待"，"待得而後（后）乐"释上"待至而後（后）乐"。道藏本"後"（后）误作"复"，"後"（后）、"复"形近，古多互讹。

《农道》：人舍本而事末则不壹令。

注云："人趋末则奸诈多端，故一（此字四库本脱）令不能制也。"以"一令"为一个命令。按，此句用《吕氏春秋·上农》篇文，"不一令"作"不令"，高诱注云"令，善"，孙诒让云："不令，谓不受令也。……《亢仓子·农道》篇用此文作'人舍本而事末而不壹令'，虽与《吕子》文意小异，而亦不释令为善，盖唐人已知高说之未安而不从之矣。"孙说是，"不一令"亦不受令之谓也，"不一"犹"二"也，"二令"即违令、不受令。

《农道》注：君上三宫之大夫、世妇之吉者。

上，道藏本、四库本作"卜"；大夫，道藏本、四库本作"夫人"，与《礼记·祭义》同，是。

《农道》：冬至已后，五旬为七日而昌生。

为，道藏本作"有"。此句《吕氏春秋·任地》作"冬至后五旬七日菖始生"，则作"有"字为上，"有"通"又"。又注以"昌"为"昌发"，大谬，此"昌"即"菖"之借，菖蒲也。《齐民要术·耕田》引《吕氏春秋》作"昌"，《文选·永明九年策秀才文》注、《玉烛宝典》卷十一、《初学记》卷三引作"菖"，则唐时二字已不同。

《农道》：不与人吞。

吞，注云："音期。"道藏本作"吞"。按：期，《说文》古文作"𣇄"，云："古文期从日、丌。"《古陶文字征》作"𣇄"，《古文四声韵》引《古尚书》作"𣇄"，其上皆作"丌"，无作"天"者，此当从道藏本正之。

《兵道》：抑者随其所而得正者。

所，道藏本作"欲"；者，道藏本作"焉"。此作"欲"字为上，下注"随其所欲"，乃注"欲"字，非注"所"字。欲，敦煌卷子《卢山远公话》作"**放**""**秋**"，与"所"形近，因讹。

《兵道》：则邻之人归之若流水。

"邻"下，道藏本有"国"字，与《吕氏春秋·怀宠》篇同，是。"邻国"与下"诛国"句相对成文，当据补。

《兵道》：景王兴起首曰。

注云："抑首而坐，至是坐而起立举首也。"道藏本"起"作"稽"，无注文。疑本作"稽"，"稽首"指跪下双手至地并扣首至地，表示尊敬，乃古之习语。若作"起首"，则前景王一直低头，于说不通。稽，脂部溪母；起，之部溪母，音相近而讹。然据注，此误当在《道藏》所据本之后。

马融《延光四年日食上书》考辨

吴从祥[*]

马融（79—166），扶风茂陵（今陕西兴平）人，东汉时期著名的经学家、文学家。马融今存文章近 20 篇，其中不乏《长笛赋》《广成颂》等名篇。马融素以文章闻名。范晔《后汉书》云"崔瑗、马融以文章显。"《文心雕龙·时序》称："班傅三崔，王马张蔡，磊落鸿儒，才不时乏。"目前，学术界多将马融视为东代文学代表作家之一。[①]由于马融品行不佳以及资料缺乏等原因，马融文学研究依然较为冷清。迄今为止，马融著作没有得到系统整理，无相关研究著作问世，只有少许零散论文。易闻晓《马融文章考》[②]一文对马融文章篇目、存佚等作了详细考证。吴桂美《马融作品研究》[③]一文对马融散文、辞赋作了详细介绍。王叶迟《〈文心雕龙〉论马融评析——兼论马融学行》[④]一文就《文心雕龙》马融评论作了简论。陈

---

* 本文获第五十七批中国博士后科学基金面上资助一等资助（编号：2015M570345）。作者单位：安徽大学文学院。

① 陈君先生的《东汉社会变迁与文学演进》（中国社会科学出版社 2012 年版）一书下编作专章论述的东汉代表作家是班固、张衡、马融和蔡邕。

② 《古典整理研究学刊》2011 年第 6 期。

③ 《长江大学学报》2008 年第 1 期。

④ 《华中师范大学研究生学报》2014 年第 3 期。

君、杨化坤等对《上林颂》作了考辨。最值得注意的是陈君《东汉社会变迁与文学演进》一书设专章，对马融生平和文学成就作了较详细论述。今所见马融年谱仅陈邦福编《马季长年谱》一种。① 陈氏《马季长年谱》撰于百余年前，不仅过于简单，且错误不少。正因如此，至今依然有许多问题未能得到较好的解决。此前，笔者曾就马融诬奏李固一事作了考辨，现就《延光四年日食上书》一文写作时间等相关问题作一考辨，以就教于方家名贤。

一　此文不作于延光四年

严可均辑《全后汉文》卷十八收录马融一篇题名为《延光四年日食上书》的文章。此文最早见于司马彪《续汉书》刘昭注。《续汉书·五行志六》：

> （延光）四年三月戊午朔，日有蚀之，在胃十二度。陇西、酒泉、朔方各以状上，史官不觉。刘昭注：案马融《集》，是时融为许令，其四月庚申，自县上书曰："伏读诏书，陛下深惟禹、汤罪己之义，归咎自责。寅畏天戒，详延百僚，博问公卿，知变所自，审得厥故，修复往术，以答天命。……"

因刘昭将马融此文系于安帝延光四年（125），故严可均将其命名为《延光四年日食上书》。其实，马融此文于张溥所编《汉魏六朝百三名家集·马季长集》中已有收录，但张溥将此文命名为《上论日食疏》。后世学者多依严氏观点，将此文写作时间定于安帝延光四年（125）。② 细考当

---

① 陈邦福编撰：《马季长年谱》，原刊清宣统三年排印《国粹学报》第七卷第八号，吴洪泽、尹波、舒大刚主编《儒藏·史部·儒林年谱（3）》，四川大学出版社 2007 年版，第 343—362 页。

② 例如，刘汝霖的《汉晋学术编年》和陆侃如的《中古文学系年》等均从此说。

时史实以及马融原文，便可发现严氏所言，无论是写作时间，还是文章命名等，都有明显不合理之处。

据《后汉书》记载，安帝崩后，北乡侯于延光四年（125）三月即位。《后汉书·马融传》："及北乡侯即位，融移病去，为郡功曹。"陆侃如认为，"这里未言郡名，当指原籍扶风"，无疑是正确的。郡功曹种类较多。马融《长笛赋序》云："融既博览典雅，精核数术，又性好音，能鼓琴吹笛，而为督邮，无留事，独卧郿平阳邬中。有洛客舍逆旅，吹笛为《气出精列》相和。融去京师，逾年，暂闻，甚悲而乐之。"《文选》李善注："《汉书》扶风有郿县。平阳邬，聚邑之名也。"可见，马融此次所任为扶风郡督邮之职。马融既然延光四年三月为扶风督邮，又怎么能同年四月为许令呢？可见，马融《集》中所言"四年"并不是指延光四年，而是另有所指。此其一。其二，安帝延光四年四月并无庚申日。据方诗铭、方小芬编著的《中国史历日和中西历日对照表》：四月初一为丁亥，五月初一为丁巳，其间并无庚申日，直至五月初五方为庚申日。[①] 据此，马融此文不可能作于安帝延光四年（125）。

陆侃如先生亦注意到日期不合问题，但他坚信马融此文作于延光四年（125），从而怀疑《马融集》记载有误，"四月无庚申，恐指三月三日。融自郎中迁许令，可能在即位以前"。《后汉书·安帝纪》："（延光）三年（124）春二月丙子，东巡狩。……辛卯，幸太山，柴告岱宗。"安帝东巡，马融上《东巡颂》，受到皇帝嘉奖，拜为郎中。自延光三年（124）二月安帝东巡，至延光四年三月安帝崩，其间仅一年时间，马融不可能先由郎中一转为许令，再转为扶风督邮。可见，陆氏的曲解不合于当时实情。

---

① 参见方诗铭、方小芬编《中国史历日和中西历日对照表》，上海人民出版社2007年版，第270页。

二 此文当作于永和三年

如上所说，马融不可能作延光四年（125），那么此文又作于何时呢？马融文章内容本身为此提供了不少线索。

马融文章开头云："伏读诏书，陛下深惟禹、汤罪己之义，归咎自责。寅畏天戒，详延百僚，博问公卿，知变所自，审得厥故，修复往术，以答天命。……"可见，因天降灾异，皇帝下诏求对策，马融乃上此书。文章又云："乃者茀气干参，臣前得敦朴之征。""敦朴"，或称"惇朴"，乃东汉察举的一种特科。《后汉书·左周黄列传论》云："汉初诏举贤良、方正，州郡察孝廉、秀才，斯亦贡士之方也。中兴以后，复增敦朴、有道、贤能、直言、独行、高节、质直、清白、敦厚之属。""敦朴"乃汉代察举特科，往往因特殊情况，皇帝乃下诏察举。《后汉书·马融传》云："阳嘉二年，诏举敦朴，城门校尉岑起举融，征诣公车，对策，拜议郎。"《后汉纪·顺帝纪》对此次对策有更为详细的记载："（阳嘉二年四月）己亥，京都地震。五月庚子，诏曰：'……其各举敦朴士二人，直言厥咎，靡有所讳。'汉中李固对曰……扶风马融独对曰……"可见，马融于顺帝阳嘉二年（133）举敦朴，上书对策。

马融文章云："臣前得为敦朴之人，后三年二月，对策北宫端门"。此处"三年二月"指的是阳嘉三年（134）二月。《后汉书·顺帝纪》载："（阳嘉二年六月）洛阳地陷。是月，旱。……三年春二月己丑，诏以久旱，京师诸狱无轻重皆且勿考竟，须得澍雨。"可见，阳嘉三年二月，因久旱，顺帝可能再次下诏求对，于是时为议郎的马融对策北宫端门。马融文中云："乃者茀气干参……对策北宫端门。以为参者西方之位，其于分野，并州是也。殆谓西戎、北狄。其后种羌叛戾，乌桓犯上郡，并、凉动兵，验略效矣。"茀，彗星一种。参，参星，乃西方七宿之末，主斩刈、杀伐、边城之事。① 阳嘉二年（133）并无彗星干参星记载，当为史籍所遗漏。马融阳嘉二年举敦朴对策全文见录于《后汉纪·顺帝纪》，其文主要论述阴阳不和导致灾异频现，建议皇帝重农业，不失时。阳嘉二年对策并未提到"茀气干参"，可见"以为参者西方之位……殆谓西戎、北狄"等，乃阳嘉三年（134）对策内容。马融阳嘉三年北宫端门对策认为"茀气干参"预示西北边有兵乱。《后汉书·顺帝纪》载："（阳嘉三年）秋七月庚戌，钟羌寇陇西、汉阳。……（阳嘉四年）冬十月，乌桓寇云中。"据《后汉书·乌桓传》记载，自安帝永初三年（109）叛乱平定以来，乌桓稍复亲附。直至安帝阳嘉四年（135）冬，乌桓寇云中。度辽将军耿晔讨之，乃退。直至永和五年（140）方又叛乱。马融此次上书不可能晚至永和五年（详后文），因此文中所言"乌桓犯上郡"当指阳嘉四年之事。陇西、汉阳二郡属凉州，云中郡属并州，正合于马融所言"并、凉兵动"。上述边乱应验了马融阳嘉三年二月对策中的预测，因此本次上书便云"验略效矣"。

乌桓寇云中郡在阳嘉四年（135）冬十月，表明马融本次上书必在此之后。惠栋《后汉书补注》："融《周官传叙》曰：吾六十为武都守。"《后汉书·马融传》记载，马融卒于桓帝延熹九年（166），年八十八，可见，马融当生于章帝建初四年（79）。以此推之，马融当于永和三年（138）为武都太守。因此，马融本次上书当在阳嘉四年（135）至永和三年（138）此三年间。那又该是哪一年呢？

马融文中云：

> 今复见大异，申诫重谴，于此二城，海内莫见。三月一日，合辰在娄。娄又西方之宿，众占显明者。羌及乌桓有悔过之辞，将吏策勋

---

① 《晋书·天文志一》（中华书局1974年版，第302页）参十星，"主斩刘""主杀伐""主边城，为九译，故不欲其动也"。

之名。臣恐受仕典牧者，苟脱目前，皆粗图身一时之权，不顾为国百
世之利。论者美近利，忽其远，则各相不大疢病，伏惟天象不
虚。……宜特选详誉，审得其真，镇守二方，以应用良择人之义，以
塞大异也。

"今复见大异，申戒重谴"表明，本次上书中言及阳嘉三年对策北宫
端门之事，乃是对往事的回顾。马融阳嘉三年北宫端门对策内容当很丰
富，然其"沴气干参"颇获应验，故本次上书提及此部分内容。马融文
云："今复见大异，申诫重谴，于此二城，海内莫见。""复""重"二字
表明，这次所现灾异与上次北宫端门对策时的灾异时间相隔不甚长。据史
籍记载，顺帝永和元年（136）元月至四月并无灾异记载，因此不可能有
皇帝因灾异下诏征求对策之事。永和二年（137）地震两现，又荧惑犯南
斗。而永和三年（138）灾异最盛。《后汉书·顺帝纪》："（永和）三年春
二月乙亥，京师及金城、陇西地震，二郡山崩，地陷。戊子，太白犯荧
惑。"此次地震发生于金城、陇西二郡，与马融文中所言"二城"相合。
金城、陇西二郡汉代时属凉州，皆远离京师，故二郡地震"海内莫见"。
在此前一年（137），京师发生了两次地震：一次是在夏四月，一次在冬十
一月。正因灾异如此频繁、如此严重，故顺帝下诏自责，让臣子对策献
计，是非常可能的，故有马融上书进言之事。

考之汉代日历便可发现，永和二年（137）四月无庚申日，永和三
年（138）四月无庚申日，而闰四月十九便是庚申日。① 此正合于马融
《集》所言"四月庚申"。因此，马融此文当作于顺帝永和三年（138）闰
四月。

---

① 参见方诗铭、方小芬编《中国史历日和中西历日对照表》，上海人民出版社 2007 年版，
第 273 页。

三　上书时马融正任许令

如上所说，马融此次上书当作于顺帝永和三年（138）闰四月，当时马融又在何处、任何职呢？

如上所说，自顺帝阳嘉二年（133）举敦朴，对策之后，马融为议郎。议郎秩六百石。《马融传》："大将军梁商表为从事中郎，转武都太守。"《续汉书·百官志一》："（大将军）从事中郎二人，六百石。本注曰：职参谋议。"大将军从事中郎俸禄与议郎相同，但大将军位尊权重，其幕府人员往往有更多的高迁机会，马融由议郎转为大将军从事中郎，表明其颇受大将军商梁器重，预示其不久将获得升迁。《后汉书·马融传》记载，马融当生于章帝建初四年（79）。惠栋《后汉书补注》："融《周官传叙》曰：吾六十为武都守。"可见，马融于永和三年（138）为武都太守。大将军从事中郎秩六百石，而太守秩二千石，从六百石从事中郎直升到二千石太守，显然是"超迁"。这种"超迁"在汉代是很少见的，而马融也未能例外。

上引《续汉书·五行志六》刘昭注："案马融《集》，是时融为许令，其四月庚申，自县上书曰……""是时融为许令"是否可信呢？《后汉书·马融传》对马融出任许令并无载。梁代商①芸《小说》云："马融历二郡两县，政务无为，事从其约。在武郡七年，南郡四年，未尝案论刑杀一人。"对于马融"历二郡"，《后汉书》本传有载，所言无误。至于"二县"，本传无载。二县，其一当指其为扶风郡督邮，其二当指为许令。《续汉书·百官志五》："（郡）属官，每县、邑、道，大者置令一人，千石；其次置长，四百石；小者置长，三百石。"许县，后汉献帝改为许昌（今

---

① 商芸乃殷芸，因避宋太宗父名"弘殷"之讳，改殷为商。

属河南），东汉属豫州颍川郡，为大县，故置令，秩千石。考之《马融传》，其一生仕职变迁大体清晰。至阳嘉二年（133）举敦朴对策为议郎之前，马融一直沉沦于下层官吏（三四百石）。为武都太守之后，其三迁为南郡太守。后因罪免官，髡徙朔方，赦还，复拜议郎，东观著述，以病去官。可见，在为武都太守之后，马融无机会出任许令。依据马融仕职升迁轨迹可以断定，其为许令（千石）当在从事郎中（六百石）之后，为武都太守（二千石）之前。

如上所说，大将军从事中郎的职责是"参谋议"，即为其幕主大将军出谋献策。从汉代对策情况来看，并无幕僚人员进行对策之例，而对策者多为朝廷官员以及郡县官吏。马融为大将军从事中郎时，马融并无对策之可能。可见，马融《集》言融时为许令，进行对策是符合实情的。

因此，大体可以断定，阳嘉三年（134）时为议郎的马融北宫端门对策不久，便转任梁商从事中郎。不久又升为许令。于是便有了永和三年（138）四月因灾异而上书之事。武都郡属凉州，从当时地理位置来看，武都郡与羌人领地接壤。显然，马融此次上书言及防范羌及乌桓之事，"宜特选详誉，审得其真，镇守二方，以应用良择人之义，以塞大异也"，因此皇帝将他由内地许（属颍川郡）令，升迁为边地武都郡太守。也就是说，马融上书不久，便由许令升为武都太守，此亦合于其《周官传叙》中所言，其年60岁为武都太守之实。

综上所述，马融《延光四年日食上书》一文不可能作于安帝延光四年（125），当作于顺帝永和三年（138）四月。马融时为许令，因灾异频现，皇帝下诏求献言，于是马融于许县上书进言。既然马融此文不作于延光四年（125），将其命名为《延光四年日食上书》显然是不合适的。因文中所言灾异并非日食，张溥所编《汉魏六朝百三名家集·马季长集》将此文命名为《上论日食疏》亦不合适，故马融此文当命名为《灾异上疏》更为合理。

郭璞《玄中记》佚文考辨

尹　策*

　　《玄中记》是产生时期较早的志怪小说代表作，它从《山海经》所载的殊方绝域、飞禽走兽、奇花异木、山川地理的神话演化而来，与其后的志怪小说相区别，由于它在撰述体例上的特殊形式，被划归为地理博物类志怪小说。同类的作品还有张华《博物志》、任昉《述异记》等。以《玄中记》为代表的博物志怪小说上承远古神话，下启六朝志怪，在整个文言小说发展史上具有重要作用，是值得关注和研究的。《玄中记》一书早已亡佚，现存故事虽不多，但内容十分丰富，清人叶德辉称其"恢奇瑰丽，仿佛《山海》《十洲》诸书"。

　　《玄中记》一书，旧题《郭氏玄中记》①，南宋初人罗苹根据书中"狗封氏"条故事内容与《山海经·海内北经》"犬封国"郭璞注所言相同，提出该书的作者为两晋时期著名的文学家、训诂学家、方术学家郭璞。现今学术界大都采纳此说。其原书不传，元明清以来有辑本，辑佚条目较多的有：马国翰《玉函山房辑佚书》本、茆泮林《十种古逸书》本、黄奭

　　*　作者单位：中国社会科学院研究生院文学系。

　　①　《隋书·经籍志》《旧唐书·经籍志》《新唐书·艺文志》均未著录该书。《太平御览经史图书纲目》《太平广记引用书目》中均作《郭氏玄中记》。

《汉学堂丛书》本、叶德辉《观古堂所著书》本。今人鲁迅先生于前人的基础上，查阅 31 种古籍，辑得佚文 71 条，重新编排整理，收录于《古小说钩沉》（以下简称《钩沉》）一书。此本最为完备，多为《玄中记》研究者所用。然《钩沉》本亦有不足之处，存在错辑、漏辑、佚文出处错误等问题。关于此，笔者曾于硕士毕业论文《〈玄中记〉研究》中做过陈述，然而只是简单地进行了补辑，并未将所有佚文摘录进行详细考证。另外，近来有学者对《玄中记》佚文予以关注，并进行进一步地辨伪辑佚。① 然而，笔者对于有些佚文持有不同看法，故作此文加以论述。

一 《钩沉》本《玄中记》错辑条目

《钩沉》本《玄中记》第 49 条言：百岁之鼠，化为蝙蝠《初学记》（二十九《白帖》九十八《御览》九百十一）。

笔者对佚文出处进行核对发现，徐坚《初学记》卷二十九、李昉《太平御览》卷九一一皆作"《郑氏玄中记》"，并且与《郭氏玄中记》的条目有意加以区分。例如，《初学记》② 载：

> 《郭氏玄中记》曰：千岁之狐为淫妇，百岁之狐为美女。（卷二十九，第 717 页）
>
> 《郑氏玄中记》曰：百岁之鼠，化为蝙蝠。（卷二十九，第 718 页）

此二条内容位于同一卷，相连的页码中，却出现了"郭氏""郑氏"之分。《太平御览》亦同。例如，《太平御览》③ 卷一四首次引《玄中

---

① 参见阳清《〈玄中记〉佚文补遗与存疑》，《图书馆理论与实践》2014 年第 1 期；阳清《〈玄中记〉辑本考述》，《图书馆理论与实践》2013 年第 6 期。

② （唐）徐坚等：《初学记》，中华书局 1962 年版。

③ （宋）李昉等撰：《太平御览》，中华书局 1960 年版。

记》条文：

> 《郭氏玄中记》曰：东方有柴都山，在齐国。……（卷一四，第
> 71 页）

此后皆为"《玄中记》曰"。

> 《玄中记》曰：昆仑西南山，周回三万里……（卷三八，第182页）
> 《玄中记》曰：北方有钟山焉，山上有石首如人首……（卷三八，
> 第183页）
> 《玄中记》曰：百岁鼠化为神。（卷九一一，第4036页）
> 《郑氏玄中记》曰：百岁之鼠化为蝙蝠。（卷九一一，第4036页）

《太平御览》同一页的前后两条如此表述，这足以见得作者的别具用心。应该说，至少在《初学记》以及《太平御览》的作者看来，《郭氏玄中记》之外，仍有他本《玄中记》的存在。

此外，该条内容所言与《钩沉》本《玄中记》第48条"百岁鼠化为神"相似却不相同，这也成为疑点之一。综观《玄中记》一书，幻化故事很多，但既化神又化蝙蝠，如此表述者再无他例。就二条内容来看，"百岁鼠化为神"的表述符合《玄中记》一书体例特征。《玄中记》作为地理博物志怪小说的代表作，在叙事上较为娴熟地运用了时间、空间的转化，博物时空观的介入是其特点之一。作者取消生命时间的规定性，将自然界的幻化尽收眼底。在作者笔下，但凡能突破平常时间者就具有了非常、超常的能力，变幻为人为神或为世所罕见之物。例如，"狐百岁为美女，或为丈夫，与女人交接，能知千里外事""松脂沦入池中，千岁为茯苓、茯神""枫脂沦入池中，千秋为虎珀""山精如人"等，"百岁鼠化为神"的表述亦是如此。另外，鼠在创世神话中也确实扮演了一个英雄的角色，它咬开创世的葫芦，给人类运来谷种。我们再看"百岁之鼠化为蝙蝠"的记

述，"蝙蝠"非罕见之物。例如，《方言》载："蝙蝠自关而东谓之服翼或谓之飞鼠或谓老鼠或谓之仙鼠；自关而西，秦陇之间，谓蝙蝠、北燕，谓之螺蟨"。① 可见，蝙蝠在郭璞的年代早已见于各地，只是称呼有所不同。又如，《尔雅翼》卷十六"服翼"条："郭氏（郭璞）云'齐人呼为螺蟨或谓之仙鼠'，盖服翼似鼠，有肉翅而黑，栖人家屋隙中，遇夜而飞，夏夜尤甚。捕蚊蚋食之。"② 蝙蝠虽只在夜间飞行，但因其"栖人家屋隙中"也应该为人们所熟悉。而如此常见之物是由"百岁之鼠"幻化而来的，这与《玄中记》中的其他幻化故事不相统一。《玄中记》中也有所化之物为平常物的记述，如"玉精为白虎，金精为车马""树精为青牛"等，然本体与幻体的属性、特征相去甚远，此种变化让人匪夷所思。而老鼠与蝙蝠二者貌似，若说老鼠经过百年的修行才能变化为蝙蝠，怕是牵强了。

蝙蝠，又被称为"仙鼠"，二者关系密切，宋郑樵《尔雅注》卷下"服翼"条又言："今亦谓之蝙蝠，鼠所化，故又名仙鼠"。在古人看来，蝙蝠就是老鼠变化而来的，可是这并不意味着他们认为鼠是经过百年的时间才变化为蝙蝠的。关于老鼠和蝙蝠之间的幻化关系，宋罗愿《尔雅翼》一书中有介绍："（蝙蝠）今人以为鼠食巴菽所化。"由此说，百岁鼠化为蝙蝠的观念并不占主流。罗愿又根据《淮南子》《博物志》二书的记载提出民间这一俗传是不足为信的。理由是《淮南子》卷十七云"鱼食巴菽而死，鼠食之而肥"，《博物志》云"鼠食巴豆三年，重三十斤"，二书皆"不言化为服翼"。他还认为鼠与蝙蝠之间的关系乃是"亦自相生，不特化而已"。③ 当然，罗愿这种科学的态度是值得肯定的。不过反过来想，民间的俗传也不会是无源之水、无本之木，也一定是有所传承的。而《淮南

---

① （汉）扬雄记，郭璞注：《方言》，《丛书集成初编》（第1177册），中华书局1985年版，第76页。
② （宋）罗愿撰，石云孙点校：《尔雅翼》，《安徽古籍丛书》，黄山书社1991年版，第168页。
③ 参考（宋）罗愿撰《尔雅翼》，石云孙点校，《安徽古籍丛书》，黄山书社1991年版，第168页。

子》《博物志》二书所说的"鼠食巴豆而肥"也很有可能是"鼠食巴菽化为蝙蝠"这一民间俗传的根据或来源，如若真是这样，那么和张华时代相近，又应熟悉《淮南》一书的郭璞更不会相信"百岁之鼠，化为蝙蝠"的提法了。

除此外，"郑氏玄中记"的提法也值得重视。此书不见于经传，也查询不到太多的佚文，但应该说，"郑氏"绝非"郭氏"的误字。在其他类书中也出现了有意将二者进行区分的情况。例如，《古今事文类聚》多处引郭氏《玄中记》文，然卷三十七引"郑氏玄中记"，《唐音》卷三也作"郑氏玄中记"。书目名字相同，而作者不同的情况亦有之。例如任昉作《述异记》，祖冲之亦有《述异记》流传于世。《郑氏玄中记》究竟是一本什么书，和郭璞《玄中记》之间存在何种关系，还有待考证。

《玄中记》一书，也作《元中记》，应为清时人为避讳而将"玄"改为"元"所致。而《玄中记》又并非郭氏一家所有，除上文提及的《郑氏玄中记》外，还有《黄罗子经玄中记》《益州洞庭玄中记》《尹氏玄中记》等书的存在。而这些书现今都已散佚，但根据残留的佚文可以得知的是这些书应该都是道教的典籍。由此看，《玄中记》一书的佚文还需要认真考证才能辨别真伪。

二　《钩沉》本《玄中记》漏辑条目

李剑国先生《唐前志怪小说史》中提及"黄帝臣"条应补辑①。除此外，笔者认为仍有 3 条漏辑条目，辑于此以供讨论。

（1）"名山孔窍"条："名山有孔窍，相通是也。水过，水则合，虽合，而性不合"（《丹铅续录》卷三、《谭苑醍醐》卷六、《升庵集》卷四

---

①　此条内容为：黄帝之臣有荆菰丰。《丹铅总录》卷四，《古诗纪》卷一五三引。见于李剑国《唐前志怪小说史》，天津教育出版社 2005 年版，第 266 页。

十二、《玉芝堂谈荟》卷二十二、《稗编卷》五十五）。

综观《玄中记》的内容，有不少对于山川地理的描写。其记载的山川地理多遥不可及，或超越常理和认识的极限，具有神异的特性。例如，《钩沉》本第 16 条"吴国西有具区泽，中有包山，山有洞庭宝室，入地下潜行，通琅琊东武"；第 37 条"大树之山，西有采华之树，服之则通万国之言"；第 38 条"玄菟北有山，山有花，人取纺织为布"；第 39 条"东海之东，有树名为白蒙，其汁可为脂，色白如脂，味甘"，等等。"名山孔窍"条的记述内容和《玄中记》山川动植类故事相似，使用句式也相同，如"名山有孔窍""吴国西有具区泽""蜀郡有青城山""彭城北有九里山""东方有柴都焉""南方有炎火山""北方有终山焉""东南有桃都山"等，这完全符合博物学家的叙述口吻。由此说，此条应出自郭璞《玄中记》。

（2）"契丹富豪"条："契丹富豪要裹头巾者，纳牛驼七十头，马百匹，名曰舍利。是庶人虽富豪，在匈奴亦不得服巾也"（《说略》卷二十一、《艺林汇考·服饰篇》卷一）。

从该条内容来看，主要讲述契丹国民的服饰制度，同时反映了当时的阶级关系。我们观看郭璞《玄中记》的内容，有不少对于周边异族的记载，这其中既有玄异故事，又有对于周边国家特产的介绍。例如，"大月氏及西胡，有牛名为日反，今日割取其肉三四斤，明日其肉已复，创即愈也。汉人入此国，见牛不知，以为珍异。汉人曰：'吾国有虫，大小如指，名为蚕，食桑叶，为人吐丝。'外国人不复信有蚕也"；"越燕，斑胸，声小；胡燕，红襟，声大"；"金刚出天竺大秦国，一名削玉刀。削玉如铁刀削木。大者长尺许，小者如稻米。欲刻玉时，当作大金镮，着手指间，开其背如月，以割玉刀内镮中，以刻玉"；"天竺大秦国出金指镮"；"马瑙出大月氏"；"车渠出天竺国"；"大秦国有五色颇黎，红色最贵"；"木难出大秦"，等等。由此看，外域的风俗物产是为中原人所知的，至少是为博物学家所熟悉的，因此，郭璞熟悉契丹国民的穿衣习俗、服饰制度也是很有可能的。

笔者曾于硕士学位论文《〈玄中记〉研究》中以"契丹之名始于元魏"为由否定该条内容。然，契丹之名究竟始于何时实际上也是存有争议的一个话题。"契丹"作为族称最早见于《魏书·契丹传》，由此很多学者认为契丹之名始于元魏。但也有人提出反对意见，如清末诸可宝，他主张自汉以来即有契丹之名。历史学家陈述先生也认为契丹之名应早于元魏，他于《契丹政治史稿》中结合史料进行分析，如西晋吕忱《字林》著录契丹，契丹名号记载于《三国史记》，契丹历史上留下的传说等，经过系统论证得出契丹之名早于元魏的结论。① 《魏书》为契丹作专传，契丹作为一个强大的国家与魏为敌，这也确实说明契丹国在《魏书》之前早已存在，契丹名号始于元魏之说恐为不实。而以"契丹之名始于元魏"为由否定《玄中记》的内容就更加不科学了。相反，郭璞《玄中记》的故事记述恰恰可以作为"契丹之名早于元魏"的一个例证。古小说本就是以史学为尺度的，秉承史学"实录求真"的记事方法，并承担起"佐经书史传之穷""补子史之所不详"的社会功能。《玄中记》第 28 条"南方有炎火山焉。在扶南国之东，加营国之北，诸薄国之西"就为史学研究所用。史学家考证出"扶南国""诸薄国"的地理位置，而对于"加营国"的地理方位不好确定，在对其研究时就参考了《玄中记》的此条内容。② 由此便可以看出以《玄中记》为代表的古小说的史学研究价值、地理学研究价值。

此外，晋时东夷朝贡者多国，也正由于此，异族的风俗物产为中原人所了解，而契丹也理应列入朝贡者行列。由此说，郭璞将契丹国民的穿衣制度记录于《玄中记》一书中是合乎情理的。笔者认为，"契丹富豪"的

---

① 陈述：《契丹政治史稿》，人民出版社 1986 年版，第 16—22 页。

② 参见许云樵《南洋史》（上卷），吉隆坡世界书局 1961 年版，第 99 页；饶宗颐《选堂集林·史林》（中册），香港中华书局 1982 年版，第 537 页；陆峻岭、周绍泉编注《中国古籍中有关柬埔寨资料汇编》，中华书局 1986 年版，第 42 页。

故事应保留。

（3）"羺羫"条："羺，胡羊也。羫，羊腊也"（《格致镜原》卷八十六）"似羊，四耳九尾，目在背"（《御定渊鉴类函》卷四百三十六）。

此条内容与《玄中记》对于远方异物故事的记述风格相一致，描写的对象为平常人所不见或少见之物，作者本着"物不自异，待我而后异，异果在我，非物之异也"①的态度客观地记录其所见所闻，如"蚊长三四寸，蟾蜍、鹭鸶鸳鸯悉食之"；"水狐者……广寸许。背上有甲，厚三分许。其头有物，向前如角状。见人则气射人"；"越燕，斑胸，声小；胡燕，红襟，声大"等。"四耳九尾，目在背"的兽类是中原人士未见或罕见的，仔细考证，这种描写也是实写。此处所说的"九尾羊"即今天的赛加羚（高鼻羚）羊，属于国家一级保护动物，李时珍《本草纲目》中亦有关于"九尾羊"的记载。对于异物、异民、异俗的记述是《玄中记》的重要内容。从这一角度说，此条是有可能出自《玄中记》的。

除此外，喜好古文奇字的郭璞对于"羺""羫"释义是很容易理解的，并且相似的记述又见于《山海经·南山经》，其文曰："又东三百里，曰基山，其阳多玉，其阴多怪木。有兽焉，其状如羊，九尾四耳，其目在背，其名曰猼訑，佩之不畏"②。郭璞对《山海经》的内容再熟悉不过了，《玄中记》多条内容也与《山海经》及郭注相同或类似，这也说明此则佚文出自郭璞《玄中记》的可能性很大。笔者认为，应将其收录。

三　郭璞《玄中记》伪文

经查找，除去明确标明《黄罗子经玄中记》《益州洞庭玄中记》《尹氏玄中记》的佚文外，尚有7条文也出自《玄中记》。但这些条文不应属

---

① 郭璞注，谭承耕点校《山海经》，岳麓书社1992年版，第189页。
② 同上书，第3页。

于郭璞《玄中记》的内容，将其列于此，也谈谈笔者的看法。

　　（1）神丘有火穴，光景照千里。昆仑有弱水，鸿毛不能起。

　　《古音略例》《丹铅总录》卷十一、《谭菀醍醐》卷四、《诗话补遗》卷一、《昆仑河源考》《艺彀》卷上皆引。然《初学记》卷二十五、《太平御览》卷八百六十九、《锦绣万花谷续集》卷八、《记纂渊海》卷一、《山堂肆考》卷二十三、《升庵集》卷六十、《古诗纪》卷一百五十六、《说略》卷十四、《格致镜原》卷五十、《佩文韵府》卷二十六、《御定渊鉴类函》卷三百五十九、《汉唐地理书钞》皆引《括地图》一书，其文曰："神丘有火穴，其光照千里。"又，《太平御览》卷五十三、《御定渊鉴类函》卷二十六引《外国图》，引文为："神丘有火穴，其光照千里，去琅琊三万里。"《钩沉》本《玄中记》第21条佚文："天下之弱者，有昆仑之弱水焉，鸿毛不能起也。"此条内容为郭璞《玄中记》佚文，是确定无疑的。"天下之最"的表述方式是博物地理类志怪小说惯用的手法。例如，《玄中记》第19条："天下之多者水也，浮天载地，高下无所不至，万物无所不润"；第20条"天下之强（者），东海之沃焦焉。水灌之而不已"；第22条"天下之大物，北海之蟹，举一螯能加于山，身故在水中"；第25条"天下之高者，有扶桑无枝木焉，上至于天，盘蜿而下屈，通三泉"，等等。而此条内容不可能与"神丘有火穴，光景照千里。昆仑有弱水，鸿毛不能起"并存。

　　再者，《玄中记》一书的题名是有深意的，作者站在中心、中原地带去审视、了解玄远世界中的玄异、玄妙之事，此书中对于异国异民异物异俗的故事描写，是以中国本位为记述笔法的。① 其空间地理体现地十分明

----

　　① 参见刘苑如《题名、辑佚与复原——〈玄中记〉的异世界构想》，《中国文哲研究集刊》2007年第31期。

显，如：

> 丈夫民……去玉门关二万里。
>
> 扶伏民……去玉门关二万五千里。
>
> 化民……去琅琊四万里。
>
> 伊俗……去玉门一万里。
>
> 沃焦……在东海南方三万里。

因此说，如若郭璞《玄中记》真有对于神丘火穴的记载，那也一定是采用《外国图》中的句式，即"×××有×××，××××，去××××万里"。因此，笔者认为此则很有可能是经过了后人的加工，将《括地图》和《玄中记》条文相结合改写而成，不宜保存。

> （2）黄金之气为火。白金之气为雄鸡。铜铁为胡人。铜器之精为马。美玉之气为美女载烛。金至百斤以上，其精为羊。

此则见于《广博物志》卷三十七、《格致镜原》卷三十四，其内容又和《钩沉》本《玄中记》第61条"玉精为白虎。金精为车马。铜精为僮奴。铅精为老妇"相似，笔者认为，二则故事不可能并存于郭璞《玄中记》。

《广博物志》为晚明董斯张编纂，该书共引《玄中记》佚文三次，然注释方式又有不同。例如，卷十四引"《（玄）中记》：山精如人，一足长三四尺，食山蟹，夜出昼藏"，后注《异苑》；卷四十八引"《（玄）中记》曰：新阳男子于水次得之，遂与共居，生儿女，悉衣羽而去。豫章间养儿不得露其衣，言是鸟落尘于儿衣中，则令儿病。故亦谓之飞夜游女"，后注《水经注》。意为《玄中记》一书已散佚，收入的两则故事源于《异苑》《水经注》。然而，《广博物志》又在卷三十七直引《玄中记》佚文，即上文所述，并将《钩沉》本第61条同时罗列，未注明出处。这让我们无从得知此则佚文的来源，而此则佚文又不见于《广博物志》之前的书籍中。同时，《广博物志》引《玄中记》文又为何出现了不同的注释方式呢？这不禁引发我们的思考。其实，该书在编纂上是有一定的缺陷的，正如《四库全书》在《广博物志·提要》中提出批评说："其征引诸书，皆标列原名，缀于每条之末，体例较善，而中间亦有舛驳者。如《太平御览》《太平广记》皆采摭古书，原名具在。乃斯张所引，凡出自二书者，往往但题《御览》《广记》之名，而没所由来，殊为不明根据。又图经不言某州，地志不言某代，随意剽掇，亦颇近于稗贩。《三坟》为毛渐伪撰，汉《杂事秘辛》为杨慎赝作，世所共知。乃好异喜新，杂然并载，更不免疏于持择"。① 这也使得《广博物志》并非一般的类书，《明史·艺文志》将其归之于"子部·杂家类"；李剑国《唐前志怪小说史》将其作为张华《博物志》的续书看待；② 侯忠义、刘世林《中国文言小说史稿》中把《广博物志》归为"博物类志怪小说"，认为此书"发展了文言小说中的博物流派"③。由此看，《广博物志》中的引文应警惕。结合以上所说，我们可以判断《广博物志》征引《玄中记》的这则佚文应为伪文。而清代陈元龙《格致镜原》又应采集于《广博物志》，因此也不足为凭。

　　（3）"太极真人"条：尧时有何侯者，隐苍梧山。至夏禹已二百余岁。五帝赐之药一器，家人三百余口同升。今为太极真人。（《粤西文载》卷十四）。

"苍梧山"亦是传中说帝舜所葬之地，《山海经·海内南经》"苍梧山，帝舜葬于阳，帝丹朱葬于阴"，郭璞注云"（苍梧山），即九嶷山"。而今九嶷山确有何侯庙。此则故事属于"道教仙话"，若记载于郭璞《玄

---

① 文渊阁《四库全书》，第 980 册，（台北）商务印书馆 1986 年版，第 1—2 页。
② 李剑国：《唐前志怪小说史》，天津教育出版社 2005 年版，第 265 页。
③ 侯忠义、刘世林：《中国文言小说史稿》，北京大学出版社 1993 年版，第 148—150 页。

中记》中，看似是有可能性的。精于卜筮、堪舆之学的郭璞，思想中是有崇道倾向的。例如，《晋书·王羲之传》后附《许迈传》中记载了郭璞借助于卜筮的结果，竭力劝服许迈皈依道教之事；① 郭璞《游仙诗》中既有对道教仙人的描述，有道士炼"内功"，服"外丹"的刻画，也有对于得道成仙的渴望与追求；② 葛洪《神仙传》中专门为郭璞立传，并宣称郭璞死后三天，"南州市人见璞货其平生服饰，与相识共语。敦闻之不信，开棺无尸，乃兵解也，后为水府仙伯"，③ 而"兵解"乃道教中人脱胎成仙的一种方式。④

然而，笔者认为，考证《玄中记》佚文的真伪首先要从《玄中记》的文本出发。《玄中记》记载的故事主要分为四类：远古神话（伏羲、女娲、颛顼、刑天、钟山神）、山川动植、精怪故事、远国异民传说，而全书"较少神仙道家言"⑤，道教升仙的故事是不见于郭璞《玄中记》的，因此说，此条内容也不宜收录。

另外，此则故事仅见于（清）汪森《粤西文载》卷十四"魏浚引《玄中记》"，而查魏浚书，又无《玄中记》的记述，加上魏浚、汪森所生时代较晚，《粤西文载》的记述是值得质疑的。而道教典籍诸如《黄罗子经玄中记》《尹氏玄中记》等也确实存在，此条内容又被收入于《历世真仙通鉴》一书中，那么此则故事很有可能是见于他本《玄中记》的，并且《粤西文载》只是记录"魏浚引《玄中记》"，并无郭氏一说。

（4）申弥国去郡万里，有燧明国，不识四时昼夜。其人不死，厌世则升天。国有火树，名燧木，屈盘万顷，云雾出于中间。折枝相

---

① （唐）房玄龄：《晋书》卷八十，中华书局 1974 年版，第 2016—2017 页。
② 参考郭璞《游仙诗》，余冠英《汉魏六朝诗选》，中华书局 2012 年版，第 229—236 页。
③ （晋）葛洪：《神仙传》，《丛书集成初编》第 3348 册，中华书局 1991 年版，第 74 页。
④ 参考连镇标《郭璞研究》，上海三联书店 2002 年版，第 145—166 页。
⑤ 朱一玄：《中国古代小说总目提要》，人民文学出版社 2005 年版，第 18 页。

钻，则火出矣。后世圣人变腥臊之味，游日月之外，以食救万物，乃至南垂。目此树表，有鸟若以口啄树，粲然火出。圣人感焉，因取小枝以钻火，号燧人氏。

该条讲述了燧人氏钻木取火的故事，内容上和《玄中记》中神话传说类故事相一致，写作风格也与《玄中记》相吻合，然此则故事作为《玄中记》的佚文只见于陈梦雷《古今图书集成》卷九十九。《太平御览》卷八百六十九、《记纂渊海》卷一、《山堂肆考》卷二十三、《居易录》卷二十九、《五代诗话》卷二、《御定渊鉴类函》卷三百五十九、《格致镜原》卷五十皆引王子年《拾遗记》，且文字相同。《古今图书集成》是清代类书，时代较晚，且该则为孤例，因此，不能盲目将其辑录，尚存疑。

（5）鲁班以石为禹九州岛，今在洛城石室山东北岩。

此则情况与上同。陈梦雷《古今图书集成》卷五引《元（玄）中记》文。然《太平御览》卷七百五十二、《玉海》卷十四、《天中记》卷八、卷十三、《广博物志》卷三十、《佩文韵府》卷七之六、《御定渊鉴类函》卷一百九十七、《绎史》卷一百皆言其出自任昉《述异记》。笔者认为，该则也不宜收录。

（6）贵州城外有漏污，一日百盈百涸，应刻漏（《御定佩文韵府》卷九十二之二）或云五十盈五十渴（《物理小识》卷二、《御定康熙字典》卷十六）。

"贵州"之名最早见于唐代。① 因此，此条并非郭璞《玄中记》佚文。

（7）宁波府城东，旧传刘阮采药于此，春月桃花万树，俨若桃源

---

① 田玉隆、田泽、胡冬梅等：《贵州土司史》（上册），贵州人民出版社 2006 年版，第 2 页。

（《御定骈字类编》卷一百九十、《御定佩文斋广群芳谱》卷二十五、《古今图书集成》卷二百十九）。

"宁波府"之名始于明代（洪武十四年），[①] 故此条内容亦非《玄中记》佚文。

四　《钩沉》本《玄中记》佚文出处存误

《钩沉》本《玄中记》第 21 条收录佚文："天下之弱者，有昆仑之弱水焉，鸿毛不能起也"。《古小说钩沉》言该条出自《史记·匈奴传·索隐》，其误，实则应出自《史记·大宛列传·索隐》，应予以更正。

虽然《钩沉》本《玄中记》有不足之处，但是瑕不掩瑜，鲁迅先生在"时方困瘁"的艰苦条件下以"最严谨"的态度"锐意穷搜"，实属不易。他还从各本所引中择取引文最长、叙述最为完整的作为底本，并将诸本的文字进行割裂或连缀的处理，使其前后连贯，叙述完整。鲁迅先生的辑佚功力是一般人不及的。并且，鲁迅先生还对佚文的顺序进行有意的编排，以中华民族的创始神话为开端，暗指中国文化产生于远古异时的幽远时间，而这恰恰与"玄中"之意相吻合。总而言之，《古小说钩沉》有很多优于其他辑佚版本之处。

笔者在对新发现的《玄中记》佚文考证过程中，先对佚文给予否定、质疑，结合《玄中记》一书的总体内容、风格，郭璞注书的内容，佚文来源的可靠性以及佚文中出现的专有名词等进行考证分析，经筛选后保留佚文三则。应该说，囿于学识，本文定有不足之处，也希望更多的学者对《玄中记》佚文予以关注，并做进一步的考证研究。

---

① 宁海县文史资料编辑委员会：《宁海文史资料》（内部刊物）第一辑，1985 年，第 2 页。

经学发微

《左传正义》成书考

——从引书的角度

郜同麟*

《左传正义》为唐太宗时孔颖达所编《五经正义》之一。据《新唐书·孔颖达传》，《五经正义》初名《五经义赞》，后诏改为《正义》[1]。其书修成后，数经刊定，最后于永徽四年（653）颁行天下[2]。此后，《五经正义》遂作为有唐一代的法定经学课本而广为流传。

然而，《五经正义》的修撰过程并非如此简单。清人首先对这部书提出质疑，刘文淇引"近人"曰："近人有以《舜典》《武成》《吕刑》疏中每引'大隋'，谓非唐人之语。"而刘氏更谓《左传正义》"唐人所删定者仅驳刘炫说百余条，余皆光伯《述议》也"[3]。其说虽极有见地，但未免言辞过激，不无可商之处。李慈铭即曰："唐初儒学尚盛，况其时沈之《义

---

* 作者单位：中国社会科学院文学研究所。

① 《新唐书》，中华书局1975年版，第5644页。

② 《唐会要》卷七十七曰："永徽二年三月十四日，诏太尉赵国公长孙无忌及中书门下及国子三馆博士、宏文学士：故国子祭酒孔颖达所撰《五经正义》，事有遗谬，仰即刊正。至四年三月一日，太尉无忌、左仆射张行成、侍中高季辅及国子监官，先受诏修改《五经正义》，至是功毕，进之。诏颁于天下，每年明经，依此考试"［(宋)王溥《唐会要》，中华书局1955年版，第1405页］。

③ （清）刘文淇：《左传旧疏考证》，王先谦《清经解续编》（第三册），凤凰出版社2005年版，第881页中。

疏》、刘之《述议》遍布人间，世所共习。冲远以耆儒奉敕撰述，而尽掩前人，攘为己有，独不畏人言乎？太宗非可欺之君，士亦何能尽罔？"① 正中刘氏之短。然《左传正义》多袭刘炫之文则无可疑。另外，该书还采用了不少沈文阿及其他前世学者的成说。本文即拟从引书的角度再对《左传正义》的成书问题做一些探讨。

一

《左传正义》应非孔颖达及其创作集团独立撰作而成，因为其体例多与书前孔颖达所做《春秋正义序》不合，所引经说与《五经正义》的另四经或有矛盾，并且所引文献有一些当时的佚书。现从 4 个方面分述如下。

（1）杂引《公羊》《穀梁》之说。《春秋正义序》批评杜预以前的《左传》注家，最重要的一条即谓其书"杂取《公羊》《穀梁》以释《左氏》，此乃以冠双屦，将丝综麻，方凿圆枘，其可入乎？"② 《春秋序》疏中亦曰："《公羊》《穀梁》之书，道听途说之学。"③ 可见孔颖达门户之见极深。然今检《左传正义》全书，共引《公羊传》260 余条，《穀梁传》150 余条，其中不少"杂取《公羊》、《穀梁》以释《左氏》"之类。

有引二传以释经者，如庄七年《经》："无麦、苗。"疏曰："《公羊传》曰：'曷为先言无麦，而后言无苗？待无麦，然后书无苗。'如彼传文，知麦、苗别也。"④ 僖三十一年《经》："夏，四月，四卜郊，不从，乃免牲。"疏曰："《穀梁传》曰：'免牲者，为之缁衣熏裳。有司玄端，奉送至于南郊。免牛亦然。'《左传》无说，其事或然也。"⑤

---

① （清）李慈铭：《越缦堂读书记》，中华书局 2000 年版，第 101 页。
② 《十三经注疏》，中华书局 1980 年版，第 1698 页。
③ 同上书，第 1703 页下。
④ 同上书，第 1765 页上。
⑤ 同上书，第 1831 页中。

有引二传以释《左传》者，如隐五年《传》"三年而治兵，入而振旅。"疏曰："庄八年《穀梁传》曰：'出曰治兵，习战也；入曰振旅，习战也。'《公羊传》曰：'出曰治兵，入曰振旅，其礼一也，皆习战也。'是其礼同也。"① 庄七年《传》"恒星不见"下疏引《公羊传》"恒星者何？列星也"② 为说。

有引二传以证杜注者。桓公二年《传》"以郜大鼎赂公"杜注："郜国所造器也，故系名于郜。"疏曰："《穀梁传》曰：'郜鼎者，郜之所为也。孔子曰："名从主人。"故曰郜大鼎也。'《公羊传》曰：'器从名，地从主人。'其意言器从本主之名，地从后属主人。是知郜国所造，故系名于郜。"③ 庄十二年《经》"纪叔姬归于酅"杜注："纪侯去国而死，叔姬归鲁。纪季自定于齐而后归之。全守节义以终妇道，故系之纪而以初嫁为文，贤之也。来归不书，非宁，且非大归。"疏曰："《公羊传》曰：'其言归于酅何？隐之也。何隐尔？其国亡矣，徒归于叔尔。'《穀梁传》曰：'其曰归何？吾女也。失④国，喜得其所，故言归焉尔。'杜略取彼意为说。"⑤

《左传正义》引二传之处极多，今不遍举，此等处皆《序》所谓"方凿圆枘"之属，恐非孔氏之文。

（2）多驳贾逵、服虔之注。《春秋正义序》曰："苏氏则全不体本文，唯旁攻贾、服，使后之学者钻仰无成。刘炫……又意在矜伐，性好非毁。"⑥ 是孔颖达以为作疏当就本文为说，而不宜攻击、非毁前人。然今本《左传正义》引贾逵之说 200 余条，引服虔 400 余条，多为批驳二氏者。

---

① 《十三经注疏》，中华书局 1980 年版，第 1727 页上。
② 同上书，第 1765 页上。
③ 同上书，第 1741 页上。
④ "失"原作"夫"，今从《校勘记》改。
⑤ 《十三经注疏》，中华书局 1980 年版，第 1770 页中。
⑥ 同上书，第 1698—1699 页。

以下略举两例以见之：

攻贾逵者，如僖十年《传》"夷吾无礼"下疏曰："贾逵云：'烝于献公夫人贾君，故曰无礼。'……杜不为注，当以鬼神之意难得而知，夷吾无礼，或非一事，不可指言，故不说也。"① 案，此处杜预不注，贾逵之说未尝不可备一说，孔疏此处于《传》义无所发挥，仅攻贾逵而已，正《序》所谓"全不体本文，唯旁攻贾、服者也"。

攻服虔者，如隐四年《传》"将修先君之怨于郑"下杜注曰"谓二年郑人伐卫之怨"，疏曰："二年伐卫见经，故以属之，未必往前更无怨也……服虔以'先君'为庄公，非也。何则？宣公烝夷姜生急子，公纳急子之妻，生寿及朔。朔能构兄，寿能代死，则是年皆长矣。宣公以此年即位，桓十二年卒，终始二十②矣。虽寿之死未知何岁，急子之娶当在宣初。若隐之二年，庄公犹在，岂于父在之时已得烝父姜、生急子也？"③ 案，"先君"为谁，于《传》义并无太关系。服、杜注义本自不同，疏前文曰"未必往前更无怨也"，自为通达之说，后更据杜注以攻服虔，实属不必。

孔疏中此类攻贾、服之处极多，与孔《序》适相矛盾，恐非孔颖达等人所做。此义刘文淇已发，彼氏曰："《序》以旁攻贾、服为非，而疏中攻贾、服者正复不少，岂孔氏既斥其非，而复躬犯其失？"④

（3）引书与另四经《正义》矛盾。《五经正义》之撰修同为孔颖达主持，其间不应矛盾。但事实上各书互有舛午。

有文字不合者。僖五年疏引《诗·唐风·羔裘》毛传云："袪，袂

---

① 《十三经注疏》，中华书局1980年版，第1801页下。
② 此"年"字据《校勘记》补。
③ 《十三经注疏》，中华书局1980年版，第1725页中。
④ （清）刘文淇：《左传旧疏考证》，王先谦《清经解续编》（第三册），凤凰出版社2005年版，第881页中—下。

末。"① 而《毛诗正义》曰："此解直云：'祛，袂。'定本云'祛，袂末'，
与礼合。"② 则《毛诗正义》所用本无"末"字，与《左传正义》用定本
者不同，可知《左传正义》此处之文当非孔颖达所做。

有意见不合者。桓五年疏曰：

> 《杂记》云："孟献子曰：'正月日至，可以有事于上帝。七月日
> 至，可以有事于祖。'七月而禘，献子为之。"……若七月而禘，献子
> 为之，时应有七月禘矣。烝尝过则书，禘过亦应书，何以献子之时不
> 书七月禘也？是知献子本无此言，不得云《礼记》是而《左传》
> 非也③。

《礼记·杂记下》疏则曰：

> 献子既七月而禘，非时失礼。《春秋》之例，非时祭者皆书于经
> 以示讥。献子以后之禘而用七月，不书于经而不讥者，郑《释废疾》
> 云："宣八年：'六月，有事于大庙。'禘而云'有事'者，虽为卿佐
> 卒张本，而书'有事'，其实当时有用七月而禘。因宣公六月而禘得
> 礼，故变文言'有事'。《春秋》因事变文，见其得正也。"如郑此
> 言，则献子之时，禘皆非正，因宣公六月禘为得正，故变文云"有
> 事"以明余禘之不正也。④

二书一因《春秋》不书七月禘而谓孟献子本无七月禘之言，一则以为
《春秋》不书七月禘乃变文以示孟献子之失礼。两者针锋相对，必非一人
之作，则至少有一处并非孔颖达所为。

---

① 《十三经注疏》，中华书局 1980 年版，第 1795 页上。
② 《十三经注疏》，中华书局 1980 年版，第 365 页上。
③ 同上书，第 1748 页下。
④ 同上书，第 1568 页上。

（4）引书多有当时已亡者。此义刘文淇亦发之，曰："疏中所引李巡、刘歆、舍人《尔雅》注，孔衍《公羊传集解》，卢钦《公羊序》，郑众、马融、彭仲博《左传》注，卫冀隆《难杜》，秦道静《释杜》，刘欣期《交州记》，张勃《吴录》，裴渊《广州记》，《玄中要记》①，张奂《古今人论》，《隋志》或云已亡，或不著录，疑非唐人所引也。"② 今案，除刘氏所列诸书外，《左传正义》所引而《隋书·经籍志》云亡者另有刘歆《三统历》③；《隋志》不载者另有《鲁国地理志》④、张升《反论》⑤《范蠡兵法》⑥ 等。

上述书中，如李巡《尔雅》注、舍人《尔雅注》曾见引于玄应《一切经音义》⑦，马融《三传异同说》曾见引于《史记索隐》《初学记》等⑧，则唐时犹未必真亡。然正如刘文淇所说："《隋志》所载之亡书及阙而未载者，开元时有复出者矣。要而论之，《隋书》成于贞观十年，《正

---

① "玄"，原避清讳作"元"，今正。

② （清）刘文淇：《左传旧疏考证》，王先谦《清经解续编》（第三册），凤凰出版社 2005 年版，第 882 页下。

③ 《左传正义》所引《三统历》，有出自《汉书·律历志》者，如襄二十四年疏（《十三经注疏》，中华书局 1980 年版，第 1978 页下）、襄二十八年疏（同上，第 1998 页下）、昭四年疏（同上，第 2034 页上）所引是；而又有不见于《律历志》者，如隐三年疏（同上，第 1722 页上）、昭三十二年疏（同上，第 2127 页中），则不详其自何处引。

④ 见襄四年疏（《十三经注疏》，中华书局 1980 年版，第 1934 页上）。

⑤ 见昭七年疏（《十三经注疏》，中华书局 1980 年版，第 2049 页中），原引作"张叔皮论"，误，今据《校勘记》改。或有学者谓当作"友论"。

⑥ 见桓五年疏（《十三经注疏》，中华书局 1980 年版，第 1748 页上）。《正义》引而《隋志》不载者另有臣瓚《汉书音义》、郭璞《辞林》、应劭《旧君讳议》（"君"原作"名"，今据《校勘记》改）。颜师古《汉书注·叙例》曰："有臣瓚者，莫知氏族，考其时代，亦在晋初，又总集诸家音义，稍以己之所见，续厕其末，举驳前说，喜引《竹书》，自谓甄明，非无差爽，凡二十四卷，分为两帙。今之《集解音义》则是其书，而后人见者不知臣瓚所作，乃谓之应劭等集解。"（《汉书·叙例》，中华书局 1962 年版，第 1—2 页）则《隋书·经籍志》中之《汉书集解音义》即臣瓚书，故今不录。庄二十二年《左传校勘记》曰："《隋书·经籍志》有《周易新林》《易洞林》，皆郭璞撰，此作'辞'，误。"（《左传校勘记》，阮沅《清经解》（第 5 册），凤凰出版社 2005 年版，第 805 页中）则"辞林"乃误字，故今亦不录。《隋书·经籍志》不载应劭《旧君讳议》，然有《汝南君讳议》，与此当是一书，故亦不录。

⑦ 可参臧镛堂《尔雅汉注》，《槐庐丛书三编》本；叶蕙心《尔雅古注斠》，《续修四库全书》第 188 册。

⑧ 参马国翰《玉函山房辑佚书》，上海古籍出版社 1990 年版，第 1263—1265 页。

义》作于贞观十二年，《隋志》既云未见，作《正义》时安得见也?"又曰:"其时（谓修《隋书》之时）方诏求遗书，颖达方预其事，岂有家藏是书而不上史局，乃于《隋志》云已亡? 疑非事理。"①

另外，陆德明为当时知名大儒，且甚得高祖、太宗二君赏识②，而引书至为宏富之《左传正义》对其《经典释文》竟未尝一引，似亦可说明《正义》之主体并非孔颖达所作。

二

由以上所述可以确知，《左传正义》中保留了大量孔颖达之前的《左传》学著作。《左传正义·序》中既自称以刘炫为本，而刘文淇遂以为《左传正义》多袭刘炫《左传述义》，这是非常正确的。刘文淇书中所举之例，如昭七年疏引王劭文曰"著作郎王劭"③，而不称其卒于任上之秘书少监;文十三年之疏文与襄二十四年所引刘炫说相同，如此之类皆言之凿凿，足可证孔颖达多用刘炫说。另外，又有刘文淇所未曾措意者，如关于《古文孝经》的问题等，亦可证成刘氏之说。

宣十二年《传》"进思尽忠，退思补过"疏曰:《孝经》有此二句，孔安国云:"进见于君，则必竭其忠贞之节以图国事，直道正辞，有犯无隐;退还所职，思其事宜，献可替否，以补王过。"④

昭二十一年疏:《孝经》曰:"移风易俗，莫善于乐。"孔安国云:"风，化也;俗，常也。移大平之化，易衰敝之常也。"⑤

---

① （清）刘文淇:《左传旧疏考证》，王先谦《清经解续编》（第三册），凤凰出版社2005年版，第882页下。
② 详见《旧唐书·儒林传》《新唐书·儒林传》，凤凰出版社2005年版。
③ 《十三经注疏》，中华书局1980年版，第2049页中。
④ 同上书，第1883页中。
⑤ 同上书，第2097页上一中。

昭二十五年疏曰：杜以《今文孝经》云"用天之道，分地之利"，故天以道言之，地以利言之①。

前两条《正义》皆引《孝经》孔安国注，末一条《正义》特标《今文孝经》，明其所用者乃《古文孝经》。然而关于《古文孝经》却另有一段公案。

《隋书·经籍志》曰：《古文孝经》一卷，孔安国传。梁末亡逸，今疑非古本②。又曰：梁代，安国及郑氏二家，并立国学，而安国之本，亡于梁乱。陈及周、齐，唯传郑氏。至隋，秘书监王劭于京师访得《孔传》，送至河间刘炫。炫因序其得丧，述其议疏，讲于人间，渐闻朝廷，后遂著令，与郑氏并立。儒者諠諠，皆云炫自作之，非孔旧本，而秘府又先无其书③。

《隋书·刘炫传》曰：时牛弘奏请购求天下遗逸之书，炫遂伪造书百余卷，题为《连山易》《鲁史记》等，录上送官，取赏而去。后有人讼之，经赦免死，坐除名，归于家，以教授为务④。

是当时儒者皆以《古文孝经》孔安国传为刘炫所伪造，而炫亦因此得罪。如此，则孔颖达作疏，不当复引此书。而今《左传正义》中犹有此文者，当即孔疏因袭刘炫《左传述议》之文。

《左传正义》多用刘炫之说，盖无可疑，然而此书是否如刘文淇所说除删定之百余条，皆刘炫《述议》呢？这恐怕也是不可能的。除了李慈铭从事理上所做的反驳外，《左传正义》中一些迹象，如引书版本前后不一，观点前后相左，语句前后矛盾等都可证明《左传正义》绝非一人一时所为。《左传正义·序》中称其书以刘炫为本，而以沈文阿补之，在《左传

---

① 《十三经注疏》，中华书局1980年版，第2107页中。
② 《隋书》，中华书局1973年版，第933页。
③ 同上书，第935页。
④ 同上书，第1720页。

正义》中确实可以看出孔氏化用了不少沈文阿《春秋左氏经传义略》之文。

昭七年疏曰：梁王云："鲧之所化，是能鳖也。"若是熊兽，何以能入羽渊？但以神之所化，不可以常而言之。若是能鳖，何以得入寝门？先儒既以为兽，今亦以为熊兽是也①。

刘文淇已发现此段疏有问题，曰：

> 《释文》出"黄能"云："如字，一音奴来反，亦作熊，音雄。兽名。能，三足鳖也。解者云：'兽非入水之物，故是鳖也。'一曰：'既为神，何妨是兽？'案，《说文》及《字林》皆云：'能，熊属，足似鹿。'然则能既熊属，又为鳖类，今本作'能'者胜也。东海人祭禹庙不用熊白及鳖为膳，斯岂鲧化为二物乎？"《释文》以作"能"者胜，疏以作"熊"者胜。《释文》所云"兽非入水之物，是鳖也"即疏所引梁王②说；又云"既为神，何妨是兽"即疏所谓"神之所化，不可以常而言之也"。陆氏卒于贞观初，不及见《正义》，其非唐人之笔无疑……故知为光伯说。③

刘氏以为此段疏非唐人之笔，甚是。然以此为刘炫说，则恐非。《经典释文》之作，据其《序》在"癸卯之岁"④，即陈至德元年（583）⑤。而据《隋书·刘炫传》，刘炫典校书史则在因向牛弘献伪书而获罪之后。据《隋书·牛弘传》，弘上表开献书之路已在隋开皇以后⑥。则陆德明作《经

---

① 《十三经注疏》，中华书局1980年版，第2049页中。

② "王"，原作"主"，误，今正。

③ （清）刘文淇：《左传旧疏考证》，王先谦《清经解续编》（第3册），凤凰出版社2005年版，第913页上一中。

④ （唐）陆德明：《经典释文》，中华书局1983年版，第1页。

⑤ 关于《经典释文》成书时代，历来聚讼纷纭，莫衷一是。王利器详加考证，以为是书成于至德元年（583）（详参王利器《〈经典释文〉考》，《晓传书斋集》，华东师范大学出版社1997年版，第33—41页），可从。

⑥ 《隋书》，中华书局1973年版，第1297页。

典释文》之时，刘炫《述议》尚未成书，《释文》所引"解者"绝非引自刘炫《述议》。

《经典释文·序》中所列《左传》注家，在梁后者唯沈文阿、王元规之《春秋义疏》而已，则陆、孔必自此书中引之。王利器《〈经典释文〉考》称，陆德明《经典释文》实袭沈文阿《经典玄儒大义》而成①，其说极有见地。则前引《释文》及《左传正义》之文乃沈文阿两书有关同一问题的不同见解而已。《陈书·沈文阿传》："梁简文在东宫，引为学士，深相礼遇。"② 是沈文阿与萧纲极为相熟，其所引"梁王"当是简文帝萧纲。

另外，《左传正义》暗用其他学者之说亦复不少，如襄三十一年"寡君使匄请命"疏：

> 匄，士文伯名也。晋、宋古本及《释例》皆作"丐"，俗本作"匄"。此士文伯是范氏之别族，不宜与范宣子同名。（第2015页上）

而此年《经典释文》曰：

> 解者云：士伯是范氏之族，不应与范宣子同名，作"丐"是也。（第270页下）

《左传正义》显用《经典释文》所引"解者"之说。如前所述，《经典释文》成书早于刘炫《左传述议》，陆德明此处所引之"解者"必非刘炫。又如，昭六年"士匄相士鞅逆诸河"疏：

> 诸本及王肃、董遇注皆作"王正"，俗本或误为"士匄"。此人不当与士鞅之父同姓名，而为之介也。（第2045页下）

---

① 王利器：《〈经典释文〉考》，《晓传书斋集》，华东师范大学出版社1998年版，第26—27页。
② （唐）姚思廉：《陈书》，中华书局1972年版，第434页。

此处《释文》曰：

> 古本"士匄"或作"王正"，董遇、王肃本同。学者皆以士匄是
> 范宣子，即士鞅之父，不应取其父同姓名人以为介。今传本误也，依
> "王正"为是。（第277页下）

此亦《左传正义》暗用前人之书者。由此可见，《左传正义》不但多
袭用刘炫《左传述议》之文，也大量参考了沈文阿和其他学者的成说。潘
重规先生曰："余尝以为六朝义疏之学，百川并流，而以唐人正义为壑
谷。"① 其说极为通达，从对《左传正义》成书的考查中可见一斑。

三

不仅《左传正义》多袭刘、沈之文，他经正义亦颇为因袭之迹。例
如，《尚书正义·序》称以二刘为本，而潘重规即以为"不独知《（尚书）
正义》本于隋人，且即本于刘炫矣"②；《毛诗正义·序》亦称据二刘为
本，而观其多用郑氏《尚书》《周易》、服氏《左传》，知其亦多承前世之
文；《礼记正义》亦多袭皇侃旧疏③。其实，当时诸儒著书之风气即如此，
如陆德明《经典释文》多袭沈文阿《经典玄儒大义》、颜师古《汉书注》
多剿颜游秦《汉书决疑》④ 之类。陆淳《春秋啖赵集传·纂例》引啖
助曰：

---

① 潘重规：《五经正义探源》，《华冈学报》第一期，第22页。
② 潘重规：《尚书旧疏新考》，《尚书论文集》，台北西南书局1979年版，第111页。
③ 参张帅、丁鼎《〈礼记正义〉据皇侃〈礼记义疏〉删理成书考述》，《古典文献研究》第
十五辑；华喆《孔颖达〈礼记正义〉取舍皇侃疏研究》，《文史》2014年第3期。
④ 详参钱大昕《三史拾遗》，《廿二史考异 附：三史拾遗 诸史拾遗》，世纪出版集团上海古
籍出版社2004年版，第1382页；王鸣盛《十七史商榷》，商务印书馆1959年版，第54页；王鑫
义《颜游秦〈汉书决疑〉佚文与颜师古〈汉书注〉比义》，《史学月刊》2007年第3期。

或问曰：传则每题传名，注则何不题注者之名乎？答曰：杜征南云："略举刘、贾、许、颍之违。"何㽼云："略依胡毋生条例。"范武子云："博采诸儒之说。"然则若题此三人之名，未必得其本，故遂不言也。又比见诸家所注，苟有异义，欲题己名，以示于后，故须具载其名氏尔。予但以通经为意，则前人之名与予何异乎？楚亡楚得，未足异也。纵是予所创意，何知先贤不已有此说？故都不言所注之名，但以通经为意尔。①

是当时对引用前人成说而不标其名并无非议。而孔颖达在《序》中已自称其书据刘炫《左传述义》为底本，"其有疏漏，以沈氏（文阿）补焉，其两义俱违，则特申短见"②。则孔氏之剿袭刘炫等似亦未可厚非。

《左传正义》虽多袭刘炫、沈文阿等前世学者之文，然孔颖达亦非"仅驳刘炫说百余条"而已。隐元年疏："今赞曰……"③刘文淇曰："'今赞'二字《正义》屡见，此非书名，盖即孔序所谓'特申短见'者也。据《唐书·孔颖达传》，本号'义赞'，诏改为'正义'，此则改之未尽者耳。前则旧疏原文。"④另外，襄二十九年疏、昭二十年疏亦有"今赞"之文⑤。永徽中，诸臣修订《五经正义》，多删孔颖达"今赞"，而此则其未删尽者。即其已删者，亦多有痕迹可寻，刘文淇书中多有举例，今不再列。由此知孔颖达于沈、刘之书亦多有补正。

然尤可注意者，《五经正义》自永徽四年（653）颁行天下以后，并非成定本不再改动。从对《左传正义》引文的考查中，我们发现《五经正

---

① （唐）陆淳：《春秋啖赵集传·纂例》，《丛书集成初编》第3636册，中华书局1985年版，第5页。
② 《十三经注疏》，第1699页。
③ 同上书，第1717页下。
④ （清）刘文淇：《左传旧疏考证》，《清经解续编》（第3册），凤凰出版社2005年版，第886页上。
⑤ 见《十三经注疏》，中华书局1980年版，第2004页下、2090页中。又参《左传旧疏考证》，《清经解续编》（第3册），第907页中、916页下。襄二十九年疏阮本"今"误"令"。

义》在颁布后仍多有改易。例如：

> 昭二十年疏：《月令》，正月"律中大蔟"。郑玄云："律者，候
> 气之管，以竹为之。中犹应也，正月气至，则大蔟之律应。应谓吹
> 灰也。"①

案：各本《礼记》郑注"竹"皆作"铜"。敦煌文献中《礼记注》
（S.2590）写卷亦与今本郑注同。孔疏所引非但不见于各本郑注，且与郑
玄之主张有矛盾。《周礼·典同》注曰："律，述气者也。同，助阳宣气，
与之同。皆以铜为。"② 是康成以律（阳声）、同（阴声）皆以铜为之，此
疏引作竹，与其说不合。甚可玩味者，敦煌斯六二一号《御刊定礼记月
令》卷中李林甫注却与孔疏所引全同。李林甫此注盖本之郑众，《周礼·
典同》注引郑司农曰："阳律以竹为管，阴律以铜为管。"③ 大蔟为阳声，
故依郑众之说当以竹为管。观《隋书·经籍志》，郑司农并未注《礼记》，
此处孔疏断非将郑司农注误作郑玄注，则孔疏之文必从李林甫注中引。然
《御刊定礼记月令》之颁行已是玄宗开元年间之事，孔颖达作疏之时自然
无由得见，则此疏当为开元以后传抄者所改。然改窜者既已更郑注为李
注，却又保留了郑玄之名，此其疏略者也。

---

① 《十三经注疏》，中华书局 1980 年版，第 2094 页上。
② 同上书，第 797 页下。
③ 同上书，第 797 页下。

现存南宋别集中所见宋人经部佚著的价值

——以对朱彝尊《经义考》的订正补充为中心

林日波*

一　引言

与汉儒字句训释的特点不同，宋儒研读经部之书尤其注重义理阐发，揭示经典的内蕴。因此，皮锡瑞将经学发展史上的两宋时期称为"经学变古时代"[1]。今人漆侠在总结宋学特点之时指出："从方法论上说，汉学属于微观类型，而宋学则属于宏观类型。在我国古代学术发展史上，宋学确实开创了学术探索的新局面，并表现了它的新思路和新方法。"[2]这里所谓"新思路和新方法"，其中突出的一个表现便是疑经辨古，"自庆历后，诸儒发明经旨，非前人所及；然排《系辞》，毁《周礼》，疑《孟子》，讥《书》之《胤征》《顾命》，黜《诗》之序，不难于议经，况传注乎！"[3]正是在这样一种学风的推动下，宋人关于六经的著述日益丰富，新见迭出。

*　作者单位：江苏凤凰出版社。

①　皮锡瑞：《经学历史》，商务印书馆1907年版，第220页。

②　漆侠：《宋学的发展与演变》，河北人民出版社2002年版，第5页。

③　（宋）王应麟：《困学纪闻》卷八，上海古籍出版社2008年版，第1095页。

具体就《诗经》来说，宋儒辨析的内容主要包括"孔子删诗"说、《诗》篇的出入、《诗序》的真伪、毛公传与郑玄笺的迂曲之说等等。其中，对《诗序》的辨疑"萌于欧阳修，成于郑樵，而定于朱子之《集传》"①。北宋中叶，欧阳修撰《诗本义》，开始怀疑《诗序》，对序中观点有所取舍；南宋郑樵撰《诗辨妄》，则直斥《诗序》"皆是村野妄人所作"②；大儒朱熹更集前辈学者大成而撰《诗集传》，后学大体只是守成而已。在这一前后承续的过程中，颇有学者持不同的意见，纷纷著书立说，求其友声。宋代《诗》学之盛，从其著述总量上亦可窥见一斑。《宋史·艺文志》著录两宋论《诗》者74家1100卷（其中三家无卷数），黄虞稷增补7家78卷（其中两家无卷数），今于现存南宋别集中，又得16家150卷（其中八家无卷数），超出汉唐总数③。至于经学中的其他部分，情况亦类此。

　　元明清学者正是在这样丰厚的经学遗产的基础上发展的，最终汇成了中国古代经学学术之大观。清代初年，著名学者朱彝尊有志将闻见的历代解经之作编辑为一书，于是广搜博采，穷其学识，撰成《经义考》300卷。全书取材涉及四部，如经部的易类、礼类，史部的正史类、传记类、地理类、目录类，子部的儒家类、类书类，集部的别集、总集等，④涉及文献种类广泛，数量繁多。也正因此，朱彝尊在钞撮材料时难免会有疏失，加之刊印时手民误植，书中讹、脱、衍、倒之处时有。其后，翁方纲《经义考补正》、罗振玉《经义考目录·校记》等书继之而出，对后学研读、利用《经义考》颇有帮助。今人杨果霖即利用翁、罗二书及《四库全书总

---

① 《四库全书总目·〈钦定诗经传说汇纂〉》，中华书局1986年版，第130页。
② （宋）黎清德：《朱子语类》卷八十，中华书局1986年版，第2076页。
③ 《汉书·艺文志》著录6家，《隋书·经籍志》著录33家，《旧唐书·经籍志》著录30家，《新唐书·艺文志》著录25家，除去重复约有70家。
④ 参见林庆彰、蒋秋华主编《朱彝尊〈经义考〉研究》（上）附表一《〈经义考〉的引书种类简表》，"中央研究院"中国文史研究所筹备处1999年版，第233—259页。

目·经部提要》、吴政上《经义考版本异文校记》等成果，"并参酌其他的典籍"，系统呈现了《经义考》中的错误。①

二 《经义考》疏误举例

宋代作为经学史上的一个极为重要的历史阶段，其经学著作无疑是《经义考》一书重点考述的对象。实际上，朱彝尊在这一方面也确实投入了很大的精力。从文献使用的宏观角度来看，他在撰作《经义考》之时，已经大量参考了各类相关文献，宋人别集尤其是南宋的别集，自然是其考察宋人经义著作的重要依据。在具体利用这一类型文献的过程中，朱彝尊下了很大精力，搜残辑佚，补缺考疑，使许多亡佚的宋人经义著作重新"浮出海面"，又通过排比梳理，重新描绘了一幅宋代经学著述的历史面貌。但是，从微观角度来看，南宋别集毕竟只是朱彝尊使用的各种文献中的一项，他在搜集辑考的过程中，难免隅照未周，一些重要的材料未能经眼，未予采用，一些考证有所疏失，千虑一失和沧海遗珠的现象时有发生。

今仅以现存南宋别集中所见宋人经部佚著为主，参照杨果霖纠谬之例，再对《经义考》6点疏误之处加以校订。

（1）误题作者姓名。例如，卷三二著录"丘氏巽之《易原》"一书，叙录中引魏了翁曰："巽之居嘉之夹江。淳熙元年（1174）举于礼部，贯通古今，论说诸子。有《诗总》《易原》。"卷一〇九则著录"焦氏巽之《诗总》"一书。查《鹤山先生大全集》知，前引魏了翁之言出自卷八四《学究焦君巽之墓志铭》一文，是故"丘"字实为"焦"字之误。此乃因其抄录所据材料偶误，致使误题作者。

---

① 林庆彰、蒋秋华：《朱彝尊〈经义考〉研究》，"中央研究院"文史研究所筹备处1999年版，第371—427页。

又如，卷二九著录"曾氏穜《大易粹言》"，卷八三著录"余氏穜《尚书说》"、卷二七二著录"余氏穜《荙书》"，按，"余穜"实为"曾穜"之误。《荙书》叙录中所引周密《癸辛杂识》文中有"余穜自著书……楼攻媿尝为考"之语，考楼钥《攻媿集》卷七七《跋荙书》称"余君穜编《大易粹言》，刊于龙舒，又自著书，名曰《荙书》"云云。《大易粹言》今存，曾氏有自序，其僚属张嗣古、程九万、李佑之作《跋》均称"曾公"，其他宋人对此书亦多有记载，未有第二人称"余穜"，楼钥之误颇难考索。据此可知，周密实乃沿袭楼钥，而误"穜"作"穜"，当是传刻所致。朱彝尊沿袭《癸辛杂识》而不查，遂使曾穜姓名全误。

（2）以字为名。例如，卷八三著录"史氏孟传《书略》"一书，叙录中引魏了翁《志》曰"丹棱史孟传守道"云云；卷一〇八则著录"史氏守道《诗略》"一书，叙录中引《四川总志》称"史守道，字孟传"云云；卷一二三著录"史氏守道《周礼略》"。按，今观魏了翁所撰《故迪功郎致仕史君孟传墓志铭》一文，通篇言"孟传"如何如何；而《哭史孟传守道》一文又称"自得孟传，今二十年"[1]，则魏氏称字以示敬重友人之意显然，《四川总志》所载当不误，称"史氏孟传"乃朱彝尊疏失。较之《四川总志》，宋集中的墓志铭显然是更原始的材料，朱氏虽然使用了宋集，但未加细读，更未参考其他材料辨证，故误以字为名，并将同一作者误析为二。

（3）卷数单位不同。这有时因为朱氏删改文献，或误解原文。例如，卷一三三著录"马氏廷鸾《仪礼本经疏会》九卷"，叙录称："廷鸾自序曰：余家藏败帙中，有景德年官本《仪礼疏》四帙，正经、注语皆标起止，而疏又列其下。儿子请予附益之，因手自点校，取朱氏《礼》书与其

---

① （宋）魏了翁：《鹤山先生大全文集》卷九一，商务印书馆 1936 年版。

门人黄氏、杨氏诸家续补之编，章分条析，厘为九卷。"上述引文实出自马廷鸾《碧梧玩芳集》卷一二《〈仪礼本经注疏会编〉后序》，两相对照，朱彝尊删改颇多，以致误将原文"九帙"改作"九卷"。① 有时则是因援据的不是原始文献，如卷一三七著录"梁氏观国《丧礼》五卷"，所据乃《广东通志》，胡寅《斐然集》卷二六《进士梁君墓志铭》称其书实为"十五卷"。又如，卷二一五著录"王氏绚《论语解》二十卷"，所据明人卢熊《苏州府志》，乃后出之史料，而张守《毗陵集》卷一二《资政殿大学士左光禄大夫王公墓志铭》称其书实为"三十卷"。再如，卷二四三著录"宋氏藻《群经滞穗》百篇"，所据乃明人何乔远《闽书》，而未见刘克庄《后村先生大全集》卷九七《宋去华集（序）》，故对刘跂所记中"八卷"之说未能采录参证。

（4）漏辑作者他书。例如，卷二三著录张浚《紫岩易传》，叙录中引朱熹所撰《行状》称其著有"《诗书礼解》三卷"；卷二五著录鲁訔《易说》，叙录引周必大所撰《墓志铭》称其著有"《论语解》十卷"；同卷著录钱侯《易说》，叙录引《姑苏志》《姓谱》均称其著有"《诸经讲解》十卷"；卷一八八著录徐定《潮州春秋解》，叙录中引叶适《徐德操〈春秋解〉序》言及"《礼经疑难》一卷"，以上张浚《诗书礼解》、鲁訔《论语解》、钱侯《诸经讲解》、徐定《礼经疑难》四书朱彝尊均未辑录。也就是说，朱彝尊已经收集发掘了相关宋集文献，但对这些文献中所存经部佚著材料只使用了一部分，这种疏失是令人遗憾的。

（5）漏列卷数。如卷三一著录吴昶《易论》，不言卷数，吴龙翰《古梅遗稿》卷三《读家集》称吴昶"遗文今所存者《书说》四十卷、《易论》四十卷"。其实，《经义考》卷八二著录吴昶《书说》时，朱彝尊按语即引吴龙翰语，疏略过甚。

---

① 清人汪士钟尝翻刻景德本《仪礼疏》，全书共50卷，由此亦可证朱彝尊误改。

（6）提要中称引人名有误。例如，卷八一著录"樊氏光远《尚书解》"，叙录中称："汪逢辰曰：光远字茂实，钱唐人。绍兴五年进士，官福建路转运副使。"考汪应辰《文定集》卷二二有《吏部郎樊茂实墓志铭》一文，据此知"逢辰"乃"应辰"之误。

三　现存南宋别集中所见宋人经部佚著对《经义考》的文献补充

尽管《经义考》全书错讹间出，但它作为一部特出的专科目录，仍被后世研治经义的经学家所珍视，亦被目录学家所借重。[①] 为此，学者们在辨析《经义考》疏失的同时，更须注意另一问题，即朱彝尊在叙录中虽然对其著录的8443部经籍或详或简地标明了文献来源，但限于见闻，未能一一援据原始材料，以故降低了学者依据《经义考》所载诸家著述知人论世，"辨章学术，考镜源流"的效用。今以现存南宋别集中所见宋人经部佚著为主，参核《经义考》一书所著录，对朱彝尊疏漏之处略为补足。总体上，现存南宋别集中所见宋人经部佚著材料都是原始材料，很有史料价值。这些材料不仅可以丰富和提高《经义考》的文献价值，对学者进一步研究《经义考》有所帮助，对宋代经学史研究也有重要的意义（见表1）。

[①] 梁启超称："这部书把竹垞以前的经学书一概网罗，簿存目录，实史部谱录类一部最重要的书，研究'经史学'的人最不可少。"（梁启超，《中国近三百年学术史》，商务印书馆2011年版，第227页）姚名达则称《经义考》"为目录学辟一新大陆焉"。（《中国目录学史》，上海古籍出版社2005年版，第270页）

表 1　　　　现存南宋别集中宋人经部佚著与《经义考》文献比较

作者、书名、卷（篇）数	《经义考》提要援据文献	南宋别集篇目
曾几《周易释象》五卷	《中兴馆阁录》《直斋书录解题》	《陆游集·渭南文集》卷三二《曾文清公墓志铭》
胡铨《易传拾遗》十卷	《直斋书录解题》《困学记闻》《宋史·胡铨传》	《庐陵周益国文忠公集》卷三〇《资政殿学士赠通奉大夫胡忠简公神道碑》《杨万里集笺校》卷一一八《宋故资政殿学士朝议大夫致仕庐陵郡开国侯食邑一千五百户食实封一百户赐紫金鱼袋赠通议大夫胡公行状》
《书解》四卷		
章服《易解》二卷	《金华志》	《陈亮集》卷二六《吏部侍郎章公行状》
《论语解》三卷		
《孟子解》二卷		
韩元吉《系辞传》	《江西通志》	《南涧甲乙稿》卷一四《系辞解序》
钱俣《易说》三卷	《姑苏志》《姓谱》	《宫教集》卷一二《福建提举钱公俣墓志》
孙调《易解》十卷	《闽书》	《鹤山先生大全集》卷八〇《孙和卿墓志》
《龙坡书解》五十卷		
《诗口义》五十卷		
《左氏春秋事类》二十卷		
刘光祖《山堂疑问》一卷	《直斋书录解题》	《西山先生真文忠公文集》卷四三《刘阁学墓志铭》
高元之《易解》一卷	《宁波府志》	《攻媿集》卷一〇三《高端叔墓志铭》
《诗说》一卷		
《论语传》一卷		

续表

作者、书名、卷（篇）数	《经义考》提要援据文献	南宋别集篇目
虞刚简《易说》	《姓谱》	《鹤山先生大全集》卷三五《答丁大监黼》
郑文遹《易学启蒙或问》	《闽书》	《复斋先生龙图陈公文集》卷二二《进士郑君墓志铭》
《丧礼长编》三卷		
吴如愚《准斋易说》	《读书附志》《馆阁叙录》	《梅埜集》卷一一《准斋先生吴公行状》
倪思《易训》三十卷、《易说》二卷	《馆阁叙录》《直斋书录解题》	
《昆命元龟说》一卷		《鹤山先生大全集》卷八五《显谟阁学士特赠光禄大夫倪公墓志铭》
《中庸集义》	《齐东野语》《四朝闻见录》	
《论语义证》二十卷		
《孟子问答》十二卷		
王太冲《易爻变义》	《兴化府志》	《后村先生大全集》一五五《礼部王郎中》
吕大圭《易经集解》	《中兴馆阁录》	《后村先生大全集》卷二一《题吕广文大圭春秋易传》
程大昌《书谱》二十卷	《直斋书录解题》	《庐陵周益国文忠公集》卷六二《龙图阁学士宣奉大夫赠特进程公大昌神道碑》
朱弁《书解》十卷	疑取自《宋史·朱弁传》	《朱熹集》卷九八《奉使直秘阁朱公行状》

续表

作者、书名、卷（篇）数	《经义考》提要援据文献	南宋别集篇目
史守道《诗略》十卷	《四川总志》	《鹤山先生大全集》卷八二《故迪功郎致仕史君孟传墓志铭》
李夔《礼记义》十卷	陆元辅《续经籍考》	《龟山集》卷三二《李修撰墓志铭》
李心传《丁丑三礼辨》二十三卷	《中兴艺文志》	《耻堂存稿》卷四《秀岩先生三礼辨后序》
梁观国《丧礼》十五卷	《广东通志》	《斐然集》卷二六《进士梁君墓志铭》
熊庆胄《三礼通义》《庸学绪言》一卷	《闽书》	《熊勿轩先生文集》卷一《熊竹谷文集跋》
洪皓《春秋纪咏》三十卷	程端学《春秋本义》	《盘洲文集》卷六二《先君述》
任续《春秋五始五礼论》五卷	无提要	《庐陵周益国文忠公集》卷三四《恭州太守任君续墓志铭》
郑可学《春秋博议》十卷	《闽书》	《复斋先生龙图陈公文集》卷二一《持斋先生郑公墓志铭》
李浃《左氏广诲蒙》一卷	郑元庆曰（未知所本）	《叶适集》卷一九《太府少卿福建运判直宝谟阁李公墓志铭》
杨时《三经义辨》十卷	吕本中曰（未知所本）、《朱子语类》《中兴书目》《玉海》	《龟山集》卷二〇《答胡康侯》（九、一〇、一四）、卷二一《答萧子庄》
宋藻《群经滞穗》百篇	《闽书》	《后村先生大全集》卷九七《宋去华集》

续表

作者、书名、卷（篇）数	《经义考》提要援据文献	南宋别集篇目
郭忠孝《中庸说》一卷	黎立武曰（未知所本）	《刘辰翁集》卷六《郭兼山冲晦中庸说序》
郭雍《中庸说》一卷		
薛季宣《中庸说》一卷	《浙江通志》	《陈傅良先生文集》卷五一《右奉议郎新权发遣常州借紫薛公行状》
《大学说》一卷	《浙江通志》	
吕惠卿《论语义》十卷	无提要	《鸿庆居士集》卷三〇《东平集序》
《孝经传》一卷		
王绹《孝经解》五卷	卢熊《苏州府志》	《毘陵集》卷一二《资政殿大学士左光禄大夫王公墓志铭》
《论语解》二十卷		
钱观复《论语解》二十卷	卢熊《苏州府志》	《苕溪集》卷五〇《宋故左朝散郎赐绯鱼袋钱君墓志铭》
史浩《论语口义》二十卷	《中兴书目》	《鄮峰真隐漫录》卷一七《进论语口义表》《攻媿集》卷九三《纯诚厚德元老之碑》
黄乾《论语注义问答通释》十卷	《鹤山先生大全集》《直斋书录解题》《读书附志》	《复斋先生龙图陈公文集》卷一〇《跋〈论语集义或问通释〉》
章甫《孟子解义》十四卷	卢熊《苏州府志》	《龟山集》卷三五《章端叔墓志铭》
陈耆卿《论语记蒙》六卷	《直斋书录解题》、谢铎曰（未知所本）	《筼窗集》卷三《〈论孟纪蒙〉序》《叶适集》卷二九《题陈寿老〈论孟纪蒙〉》
《孟子记蒙》		

续表

作者、书名、卷（篇）数	《经义考》提要援据文献	南宋别集篇目
黄绩《四书遗说》	《闽书》	《后村先生大全集》一六三《黄德远（墓志铭）》
童伯羽《四书训解》	《闽书》	《詹元善先生遗集》卷下《童伯羽四书集成序》
卢孝孙《四书集义》一百卷	张萱《内阁藏书目录》《广信府志》	《巽斋文集》卷十二《四书集义序》
黄干《孝经本旨》一卷	《中兴艺文志》、陆元辅《续经籍考》	《复斋先生龙图陈公文集》卷一〇《孝经本旨序》

从表 1 中可以明晰地看出，朱彝尊《经义考》叙录中援据的文献除了宋集外，有相当一部分属于史传、方志、书目、笔记、类书等，这些书或出后代，或非有针对性的专门论着，皆有其不足。略举一例，如洪皓《春秋纪咏》一书，《经义考》卷一八四据《宋史·艺文志》著录，叙录称："程端学曰：鄱阳洪皓元弼撰。"程端学为元代人，撰有《春秋本义》一书，书前"《春秋传》名氏"列有"鄱阳洪氏皓元弼《纪咏》"，此为朱彝尊叙录所本。其实，洪适《盘洲文集》卷六二《先君述》有较详细的记述："宣、政间，《春秋》之学绝，先君独穷遗经，贯穿三传。在冷山，摘褒贬微旨，作诗千篇。北人抄传诵习，欲刻板于燕，先君弗之许。"据此可知，洪皓《春秋纪咏》诸诗作于羁留金国期间。进一步考察可知，嘉定（1219—1224）中赵与峕撰《宾退录》时曾得见此书，录下其中两首诗，并称赞洪皓所作乃"以经、子被之声诗者"①；景定（1260—1265）间此书书版尚存，（景定）《建康志》卷三三记载："《春秋纪咏》四百九十三版。"至于那些无叙录的著作，其详细情况更是令读者难以考索，今标注诸书的原始出处，在补充《经义考》的同时，亦可概见搜录宋集中经部佚

---

① （宋）赵与峕：《宾退录》卷二，上海古籍出版社 1983 年版，第 25 页。

著的意义和价值。

四 现存南宋别集中所见《经义考》遗漏之宋人经部佚著

前贤对于朱彝尊《经义考》的研究，除了归纳体例、校证疏误以外，还有续补之作。例如，沈廷芳《续经义考》14 卷、钱东垣《补经义考》40 卷、《续经义考》20 卷、陆茂增《经义考补遗》，以上诸书或未成，或未刊，以致散佚不传，其中沈、钱二人续补之大概内容、体例赖蒋光煦《东湖丛记》记载幸得概见。① 杨果霖统计称《经义考》著录的历朝经籍中，"宋代经籍佚失最多，远远超过其他各朝，达一八七三部典籍，超过佚失典籍的四成以上"。② 张宗友则以条目为统计单位得宋代佚书条目 1734 条。③ 其实何止此数！据笔者搜录统计，仅南宋别集中可以考知的《经义考》遗漏之宋人经部佚著至少就有 68 种。

今将查阅南宋别集时所得《经义考》遗漏之宋人经部佚著简单列表（按《易》《书》《诗》《礼》《乐》《春秋》、"四书"顺序）附录于下，以期绍续前贤之志。

表 2 　　　　南宋别集中《经义考》遗漏之宋人经部佚著

作者、书名、卷（册、篇）数	见载于南宋别集篇目
蒲慎密《易传》	《陆游集·渭南文集》卷二九《跋蒲郎中易老解》
吕惠卿《周易大传》	《鸿庆居士集》卷三〇《东平集序》

---

① 对上述诸家续补之作，学兄张宗友《〈经义考〉研究》（中华书局 2009 年版）一书有考述，第 236—248 页。

② 林庆彰、蒋秋华：《朱彝尊〈经义考〉研究》，"中研院"中国文史研究所筹备处 1999 年版，第 280 页。

③ 《〈经义考〉研究》，中华书局 2009 年版，第 69—70 页。

续表

作者、书名、卷（册、篇）数	见载于南宋别集篇目
詹抃《易书》二卷	《毗陵集》卷一二《詹抃墓志铭》
卫闿《易说》十卷	《后乐集》卷一七《先祖考太师魏国公行状》
员南圭《易说》二卷	《九华集》卷二一《左奉议郎致仕员公墓志铭》
宋晋之《乾坤二卦讲义》一卷	《攻媿集》卷一〇九《朝散郎致仕宋君墓志铭》
曾益《易集议》	《缘督集》卷一八《庆长兄易集议序》
袁说友《择善易解》	《东塘集》卷一八《择善易解序》
徐蒙《易补传》十卷	《漫堂文集》卷二八《故徐府君墓志铭》
刘弥邵《易稿》	《后村先生大全集》卷九五《季父易稿》
张祥龙《大易集解》四卷	《无文印》卷五《中沙先生张公墓志铭》
赵越《易说》十卷	《丹阳集》卷一三《江阴赵君墓志铭》
黄氏佚名《观物外篇详说》	《碧梧玩芳集》卷一五《跋黄君观物外篇详说》
刘定子《易象本旨》	《巽斋文集》卷二〇《题易象本旨后》
胡份《书解》三十卷	《庄简集》卷一八《靖州通判胡公墓志铭》
吕惠卿《尚书义》	《鸿庆居士集》卷三〇《东平集序》
程揆《尚书外传》五卷	《方舟集》卷一六《资州程使君墓志铭》

续表

作者、书名、卷（册、篇）数	见载于南宋别集篇目
孔元忠《书纂》二卷	《漫堂文集》卷三五《故长洲开国寺丞孔公行述》
陈大方《书训杂录》三卷	《澹斋集》卷一七《陈履道墓志铭》
赵氏佚名《尚书讲解》	《竹溪鬳斋十一稿续集》卷一三《赵尉尚书讲解跋》
宋晋之《禹贡讲义》《洪范讲义》	《攻媿集》卷一〇九《朝散郎致仕宋君墓志铭》
李遇《诗解》	《后村先生大全集》卷一六五《秘书少监李公（墓志铭）》
吕惠卿《毛诗集传》	《鸿庆居士集》卷三〇《东平集序》
陈大方《诗名物辨》四卷	《澹斋集》卷一七《陈履道墓志铭》
谢汉章《诗集传》《诗义》	《莆田黄仲元四如先生文稿》卷四《故进士谢春塘墓铭》
王叔子《周官说题》	《鹤林集》卷三四《王立言墓志铭》
吕惠卿《周礼义》	《鸿庆居士集》卷三〇《东平集序》
徐定《礼经疑难》一卷	《叶适集》卷一二《徐德操春秋解序》
苏模《古礼书叙略》一卷	《鲁斋王文宪公文集》卷一三《跋苏太古书》
刘弥邵《深衣问辩》	《后村先生大全集》卷一五一《习静叔父（墓志铭）》
丁里《礼记集解》三十卷	《刘辰翁集》卷七《丁守廉墓志铭》
朱熹《古今家祭礼》二十卷	《朱熹集》卷八一《跋古今家祭礼》

续表

作者、书名、卷（册、篇）数	见载于南宋别集篇目
韩琦《古今家祭式》一卷	《省斋集》卷九《题魏公祭式后》
孔元忠《祭编》五卷	《漫堂文集》卷三五《故长洲开国寺丞孔公行述》
胡铨《学礼编》三卷	《庐陵周益国文忠公集》卷三〇《资政殿学士赠通奉大夫胡忠简公神道碑》《杨万里集笺校》卷一一八《宋故资政殿学士朝议大夫致仕庐陵郡开国侯食邑一千五百户食实封一百户赐紫金鱼袋赠通议大夫胡公行状》
张栻《三家昏丧祭礼》五卷	《张栻全集·南轩集》卷三三《跋三家昏丧祭礼》《朱熹集》卷八三《跋三家礼范》
徐说、袁抃编《四家礼范》	《程端明公洺水集》卷一三《书四家礼范后》
章中《集礼书》	《潜斋集》卷七《章中时甫集礼书序》
蔡元定《燕乐本原辨证》	《攻媿集》卷五三《燕乐本原辨证序》《清献集》卷一九《蔡元定传》
翁彦深《翁氏春秋解》十二卷	《斐然集》卷二六《右朝奉大夫集英殿修撰翁公神道碑》
程揆《春秋外传》十卷	《方舟集》卷一六《资州程使君墓志铭》
宋晋之《春秋十二公论》一卷	《攻媿集》卷一〇九《朝散郎致仕宋君墓志铭》
谢汉章《春秋分国事类》	《莆田黄仲元四如先生文稿》卷四《故进士谢春塘墓铭》
王叔子《春秋折衷会解》	《鹤林集》卷三四《王立言墓志铭》

作者、书名、卷（册、篇）数	见载于南宋别集篇目
江琦《春秋经解》三十卷	《斐然集》卷二六《左宣教郎江君墓志铭》
曾噩《左氏辨疑》	《复斋先生龙图陈公文集》卷二二《大理正广东运判曾君墓志铭》
史守道《春秋统会》十二卷	《鹤山先生大全集》卷八二《故迪功郎致仕史君孟传墓志铭》
杨景清《春秋发微》	《后村先生大全集》卷三三《天台杨景清以所进春秋发微示余辄题小诗其后》
邓柔中《群经解义》五卷	《樾溪居士集》卷一二《邓司理墓志铭》
张浚《诗书礼解》三卷	《朱熹集》卷九五《少师保信军节度使魏国公致仕赠太保张公行状》
钱俣《诸经讲解》十卷	《宫教集》卷一二《福建提举钱公俣墓志》
晁端规《大学知归》	《庐陵周益国文忠公集》卷五五《晁氏二图序》
张演《中庸辨择》	《陆游集·渭南文集》卷三一《跋张季长中庸辨择》
宋晋之《中庸讲义》一卷、《大学讲义》一卷	《攻媿集》卷一〇九《朝散郎致仕宋君墓志铭》
方公权《正通庸言》	《莆阳黄仲元四如先生文稿》卷二《跋方石岩正通庸言》
鲁訔《论语解》十卷	《庐陵周益国文忠公集》卷三二《直敷文阁致仕鲁公訔墓志铭》
卫寘《论语解》十卷	《后乐集》卷一七《先祖考太师魏国公行状》
林公一《论语类》五册	《蒙川遗稿》卷四《故友林道初察推墓志铭》

作者、书名、卷（册、篇）数	见载于南宋别集篇目
员兴宗《论语解》	《九华集》卷二二《论语解序》
李承之《论语说》	《朱熹集》卷八二《跋胡澹庵所作李承之论语说序》
孔元忠《论语抄》十卷	《漫堂文集》卷三五《故长洲开国寺丞孔公行述》
林汝器《论语集说》	《朱熹集》卷八四《题林汝器论语集说后》
赵不息《论语解》	《叶适集》卷二六《故昭庆军承宣使知大宗正事赠开府仪同三司崇国赵公行状》
谢正夫《论语言仁》	《秋崖集》卷三八《跋谢正夫论语言仁》
王与之《论语说》	《蒙斋集》卷一五《跋王次点论语说》
刘谊夫《孟子指要》	《缙云文集》卷四《书孟子指要后》
罗从彦《集二程语孟解》	《豫章文集》卷一六《题集二程语孟解卷后》
厉直之《孝经集注》	《刘辰翁集》卷六《孝经集注序》

表 2 中 68 种宋人经部佚著包括《易》类 14 种、《书》类 7 种、《诗》类 4 种、《礼》类 13 种、乐类 1 种、《春秋》类 9 种、五经类 3 种、四书类 16 种、《孝经》类 1 种。其中，作者不乏《宋史》立传之人，典型的如吕惠卿（1032—1111），字吉甫，晋江（今福建泉州）人，嘉祐二年（1057）进士，累官参知政事。① 作为熙宁变法期间的一名干将，吕惠卿初

---

① 参见《宋史》卷四七一本传，陈振，上海人民出版社 2003 年版，第 13705—13709 页。

与王安石"论经义，意多合"①，然而王安石《三经新义》独行后，致使其《尚书义》《毛诗集传》《周礼义》三书泯没不传，二人因此心生罅隙。②《经义考》卷二一三、卷二二五仅据《宋史·艺文志》著录吕惠卿《论语义》十卷、《孝经传》一卷，今据孙觌《鸿庆居士集》卷三〇《东平集序》为之增补《周易大传》《尚书义》《毛诗集传》《周礼义》四种著述，学者可于《宋史》刻画的"奸臣"形象之外了解吕惠卿的经学造诣，丰富对他的认识。当然，如表2中所列，在宋代经学发展过程中存在着更多名不见经传的地方官宦、学者，他们的论说撰述多注重阐扬大儒旨意，在学术下移、传播过程中起到了十分重要的作用。例如，楼钥《攻媿集》卷一〇九《朝散郎致仕宋君墓志铭》所载墓主宋晋之（1126—1211），字正卿，温州乐清（今属浙江）人。隆兴元年（1163）进士，历任地方县丞，官至信州通判。闲暇时撰成《乾坤二卦讲义》《中庸大学讲义》《禹贡洪范讲义》《春秋十二公论》诸书，启发地方士子向学之心。朱彝尊限于所见文献，遗漏此类著作甚多。总的来说，笔者所补68种只是小部分，若继此以往，扩大搜录范围，所得宋人经部佚著又当有若干个68种。在坚实的数字基础上，《宋史》作者关于宋代"辅治之臣莫不以经术为先务，学士搢绅先生，谈道德性命之学，不绝于口，岂不彬彬乎进于周之文哉"③的论断将更加可靠而无虚浮之感；同时，随着宋人经学著作材料的丰富、集中，亦有助于学者从更多的角度探讨宋代经学，进而构建其更完整完善的全貌。

---

① 陈振：《宋史》卷四七一，上海人民出版社2003年版，第13706页。

② 《栾城遗言》载："吕吉甫、王子韶皆解三经并《字说》，介甫专行其说，两人所作皆废弗用，王、吕由此矛盾。"

③ 陈振：《宋史》卷二〇二《艺文一》，上海人民出版社2003年版，第5031页。

近代经学史的起源

——从学案、传经表到经学史

潘静如*

一

追溯起来,黄宗羲的《学案》系列算得上经学史的"先声",但一望而知,这是受了释氏《传灯录》的影响,毋宁说是在阐明或建构儒学的宗派谱系——以今天的眼光来看,这确是经学史的一个重要部分,但也只是一部分。同是浙人,朱彝尊《经义考·承师》卷、万斯同《儒林宗派》也就经学传授作了梳理。乾嘉之际,毕沅《传经表》(附《通经表》),在二家基础上,条理尤密①;直到清末,汪大钧还作了《传经表补正》13 卷(附《经传建立博士表》)。不用说,唐晏的《两汉三国学案》也得算到这一行列里。仔细考察这些著述,可以发现它们也是不断发展着的。例如,早在明代,朱睦㮮就作了《授经图》,据他自序,《授经图》之作可以溯源到宋人程俱、李焘那里,可惜其书都亡佚了,所以他要在宋人章俊卿《考索

---

* 作者单位:中国社会科学院文学研究所博士后流动站。
① 学术界一般认为《传经表》《通经表》是洪亮吉代作。

图》的基础上，"重加厘正"①。但是，朱书的材料来源十分有限，基本上是勾稽自前后《汉书》的《儒林传》。朱彝尊就不同了，他在《经义考·承师》卷一开始就声称："后之谱九经师授者，率始于汉，挹其流而未探夫源者也。兹述承师，自仲尼之徒始。"② 这当然是为了矫正以往谈经学授受往往局限于两汉的弊病。不过，朱彝尊的做法，虽然有所发展，也只能算是"补苴"或"扩展"，在方法和思路上并未有多少创获或发凡的地方。像赵继序的《汉儒传经记》、张金吾《两汉五经博士考》也只能说考索得更加专精些。

平心而论，虽然学案、传经表或授经图不脱宗派或谱系性质，但由于其确有不可替代的长处，很快清人便把用它来叙述自己的"学术史"——清学术史。乾嘉而后，江藩的《国朝汉学师承记》（可加上桂文灿的《经学博采录》）《国朝宋学渊源记》以及唐鉴的《国朝学案小识》，比较有系统地给清代学人和学术作了概说。尽管免不了有主观上的偏见或体例上的缺陷，但毕竟隐含了某种征兆：截至道光一朝，以考证学为主体的清代学术已有将近 200 年的历史，而且走过了所谓的乾嘉全盛时期，是该作出总结了。世变日亟，经世致用成了道咸同光之际的主题：这仿佛一个回声，与明末清初遥相呼应。到了清末民初，终于形成了一个声势浩大的全面整理浪潮：不光是针对有清一代，更是针对周秦以来的全部学术，不光是传统学人参与进来，具有西学修养的学人同样试图疏瀹董理。对清代学术做出鸟瞰式的研究的，如章太炎《清儒》、刘师培《清儒得失论》、梁启超《清代学术概论》《中国近三百年学术史》，算是这方面的代表。据梁启超在《国学入门书要目及其读法》里说，他自己还想做《清儒学案》，虽然这个愿望流产了，但还是能看到传统学案持久的影响力。经学史著作正是

———

① （明）朱睦㮮：《授经图》序，文渊阁四库全书本，《丛书集成初编》，商务印书馆 1935 年版。

② （清）朱彝尊：《经义考新校》卷二百八十一，上海古籍出版社 2010 年版，第 5072 页。

在这样错综复杂的背景下诞生了。

我们要问的是，经学史的诞生有脉络或眉目可寻吗，其诞生的背景、动力或机缘是怎样的？

二

经学史的诞生，当然与近代的外部条件是分不开的，像科举制的废除、1900 年代新式教科书编纂之风的兴起、日人或西人历史著作的启发都是很容易看到的。这几点，下文将着重论述。现在，我们要从内在理路出发，看看经学史是怎样被"逼"出来的；当然，强调被"逼"出来，并不否定其他外部条件的影响，只是为论述的方便和畅快计，这里并不涉及。

近代较早的最引人注目的经学史著作，是皮锡瑞的《经学历史》，尤其是后来经过周予同先生的注解，流播极广。这部书撰于 1905 年，两年后，由长沙思贤书局刊行。它诞生于科举制被废除的前夕，仿佛具有某种宿命：中国的经学和史学绵延了两千年，一部专门的经学史偏偏在科举制度走到尽头时诞生。我们知道，与经学史密切相关的哲学史也是在 20 世纪 20 年代才诞生，但是"哲学"一词毕竟是舶来品。[①] 考虑到这些因素，追究皮著《经学历史》的起源将很有意义。

让我们把目光放长远一些。乾嘉之际，章学诚倡"六经皆史"之说[②]；

---

① 葛兆光先生一再指出，冯友兰、顾颉刚等人已对"哲学"的植入中国，表示怀疑。参葛兆光《中国思想史导论》，复旦大学出版社 2004 年版，第 5—6 页。浅见所及，章太炎、黄侃、刘咸炘等传统学人同样对"哲学"一词的界定和使用表示怀疑。

② 关于"六经皆史"的诠释，自民初迄今，都没有定论；这与各时代的学术思潮有关。余英时指出，这句话"其中所隐含的一种权威主义的思想倾向"。余还指出，"六经皆史"说还反映了当时学术史上一个新的发展，即史学逐渐独立自主，并有与经学分庭抗礼之势。详余英时《文史传统与文化重建》，生活·读书·新知三联书店 2012 年版，第 269—280 页。

道咸而后，以小学、经学为根底的"考证学"① 渐形衰落之态，诸子之学开始兴盛。张尔田"六艺皆史也，百家道术，六艺之支与流裔也"或汪辟疆"以史统摄经典诸子"的想法都遵循着同一思路。后来，柳诒徵在 20 世纪 20 年代干脆总结说乾嘉间诸儒"乾嘉诸儒多独到者，实非经学，而皆考史之学""诸儒治经，实皆考史"②。短命的天才学者刘咸炘竟至于斩钉截铁地说："书籍虽多，不外子、史两种。"③ 这当然像是一种"后见之明"，与"五四"以后的学术思潮有很大关系，然而并不完全如此，我们不能忽视乾嘉以来经学逐渐转向史学的潜流。两个例子可以说明这一点。金石学是被清人定义为"佐经术"或"本于考据小学"的，但在乾嘉之际，王鸣盛却以为"金石之学，青主虽并称有益经史，实惟考史为要"，法式善也以为"余尝谓金石文字足以备读史者之采择，此其功较专论小学者为更大也"。④ 这是乾嘉人自己的话，很明显可以看到史学的领地在不断扩大。另一个例子是段玉裁提出"二十一经"之说，把《说文》《史记》《资治通鉴》《周髀算经》等也算进去。⑤ 表面看来，他是极"尊经"的，然而"经者，常也"，怎么可以随便增损。虽然在历史上经目确是不断变化的，但那多是儒家经典内部的调整。可以想见，段玉裁觉得中国学术思想的命脉或精髓，不单在十三经，像《说文》《史记》《周髀算经》等有相当的地位，所以他要尊之为"经"。这一提法恰恰反映了考据学逐渐引

---

① 用"考证学"这一名目来概括清代学术，学术界并没有达成共识。这里采用钱穆的一家之言。参见钱穆《国学概论》第九章，九州出版社 2011 年版。李学勤也说"考据之学的真正兴盛只是在乾隆中期以后到道光前期，很短的一段"，同样可备一家之言（参李学勤《国学与经学的几个问题》，《中国思想史研究通讯》2004 年第 1 辑）。

② 张尔田：《史微》卷一，上海书店出版社 2010 年版，第 1 页。汪辟疆《读书举要》，《汪辟疆文集》，上海古籍出版社 1988 年版，第 6 页。柳诒徵《中国文化史》，东方出版中心 1988 年版，第 747 页。

③ 刘咸炘：《六经之起源与本体》，陈壁生编《国学与近代经学的解体》，广西师范大学出版社 2010 年版，第 33 页。

④ （清）王鸣盛：《潜研堂金石文跋尾序》、法式善《金诗文钞序》，桑椹编《历代金石考古要籍序跋集录》（以下简称《历》），浙江古籍出版社 2010 年版，第 328、277 页。

⑤ （清）段玉裁：《十经斋记》，《经韵楼集》卷九，凤凰出版社 2010 年版，第 224、225 页。

发的历史主义的态度。总之，乾嘉而后，史学和诸子之学的崛起是显而易见的；经、子之学都隐隐有"史化"趋势。也许这正像朱维铮先生总结的那样，"不是别人，正是清中叶的汉学家们，通过他们貌似迂阔的考据，在中国做了同欧洲文艺复兴后崛起的圣经批判学和比较宗教学类似的工作"，最终显出了"历史产物的本相"，导致圣经贤传在经典依据上发生了动摇。① 近来有学者认为，清末民初之际，经学逐渐走向边缘化，史学开始进入中心，这当然是不错的。② 如果从大的趋势来看，这一倾向在乾嘉之际就已经初见端倪。

那么，经学将何以自处呢？求变将是自然而然的事。嘉道而后，从整体上讲，考证学风其实并不见得怎样衰落，"汉学"也依然是笼罩式的存在。但是，学术史更关注处在"前沿"或"异端"位置上的人。关于经学，逐渐出现了两个新的局面：一个是经世致用的呼声逐渐强烈；二是今文学的兴起。从某种意义上讲，这二者兴许根本就是一回事。稍微梳理一下，东汉而后，在相当长的时间里，今文学并无话语权，甚至于消失得相当彻底。一直到嘉道之际，今文学才在庄存与、刘逢禄、宋翔凤那里冒了头，魏源、龚自珍等相继承其学，才勉强形成了一点风气，至康有为而极盛。话说回来，虽然现在的学术史会给庄、刘、宋、龚等以相当的篇幅，貌似今文学在复兴之初，便有了足够的生命力，可是如果不是康有为的崛起，今文学恐怕仍是不显眼甚至卑微的存在③；这一点，只需要翻一下有清200余年的经学著作就可以知道。梁启超曾说"在（清）前半期为考证

---

① 朱维铮：《导言》，章炳麟《訄书》，中西书局2012年版，第12页。

② 罗志田《清季民初经学的边缘化与史学走向中心》对此问题有过精彩的勾勒和论述，收在氏著《权势转移：近代中国的思想、社会与学术》，湖北人民出版社1999年版。

③ 举个例子，庄存与是否属今文经学家虽然学术界意见还不一，但是作为清代第一位研治《公羊》的经学者，则是毫无疑问的；孔广森的《公羊通义》成书实晚于庄存与，且孔广森而下，凌曙、包慎言、陈立一派走的更偏近于朴学路子，与庄不同。黄开国说："庄存与的治《公羊》，与乾隆时盛行的汉学是格格不入的。在考据占据主流的情况下，庄存与的《公羊》学是没有市场的。"这一点，是符合事实的。见黄开国《清代今文经学的兴起》，巴蜀书社2008年版，第67页。

学，在后半期为今文学"，夏曾佑则以为"自东汉至清初，皆用古文学，当世几无知今文为何物者，至嘉庆以后，乃稍稍有人分别今古文之所以然"①，两相比较，后者的说法更接近历史的事实，前者则有力揭出了学说的意义。尽管今文学兴起之初的声音是极细微的，还是必须看到它在思想上得天独厚的优势，在世变日亟之时，它的可阐释性无疑是古文学欠缺的，因此它的崛起又带有某种必然性。有人说"中国经典的本质，不仅是学术的，而且是宗教的，更是政治的"②，一点也不错，撇开具体的政局和时况，是无法完全解释今文学的兴起的。

可是，当相当多的士人依然沉浸在汉学（古文学）、考据学的氛围中，今文学又被遗忘了这么长时间，怎样才能真的兴起？首先是"正名"。正是在这样的背景下，廖平撰成了他的《今古学考》。一般认为，两汉时期今、古学的区别在于其文本来源和形态的不同，可是这种说法显然无法解释今、古学在义理上的巨大差别。以春秋三传为例，后来蒋伯潜曾说："三传分为二种，各有所长，亦各有所短；但以经学之立场言，则《左传》之价值终不及《公羊》《穀梁》二传耳。"③ 考之历史，类似的论调在宋代胡安国、叶梦得、朱熹、吕大圭、吴澄等儒者那里就有了。可惜的是，这些儒者没有找一个合理的说法或准则来解释彼此的差异。但廖平《今古学考》则创造性地以《王制》《周官》礼制的不同来统摄和贯串今、古文学两大系统，使棼乱错综的今古学之争有了一个终极依据。尽管这不尽符合事实，仍是廖平一己的建构，但毕竟它使今古文之争进入了一个新的阶段，才有之后章太炎、刘师培、王国维、蒙文通的不断修正或驳议。并且，它至少说明了一个问题：被遗忘了1000

① 梁启超：《清代学术概论》，上海古籍出版社 1998 年版，第 2 页。夏曾佑：《中国古代史》，河北教育出版社 2002 年版。
② 周予同：《周予同经学史论著选集》，上海人民出版社 1996 年版，第 621 页。
③ 蒋伯潜：《十三经概论》，上海古籍出版社 2010 年，第 278 页。

多年的今文学重新复活了。尤其是当康有为运用今文学的"微言大义"来为他的政治抱负服务的时候，今文学忽然以一种异军突起的姿态攫取了学术界的目光。

表面上，这与经学史毫无干系。然而不巧的是，撰述《经学历史》的皮锡瑞恰好是一位今文学家。正如江藩撰写《国朝汉学师承记》，起初并非意在构建清代学术史，倒是为了给处于鼎盛期的汉学"张目"一样，皮锡瑞的《经学历史》在很大程度上也是今文经学发展到一定阶段，亟须话语权而催生的产物。这部书站在今文的立场来叙述经学的历史是无须多言的。或许正是由于这个缘故，有学者认为这部书并不能算是一部经学史论著，而是借史论经的经学著作。① 这个论断，我们未必全然认同，但倒颇有启发性：皮著《经学历史》不正是为今文学被湮没千年而申冤和正名的作品么？同时，虽然皮锡瑞主观上有这样的倾向，但并不能否定《经学历史》是中国人自己撰述的第一部经学史。作为经学通史，它贯穿着对中国经学历史的梳理，分经学为开辟、流传、昌明、极盛、中衰、分立、统一、变古、积衰、复盛十个不同的时代，脉络分明。传统的学案或传经表，并不具备这些特质。

至于章太炎、钱基博等人批评皮锡瑞"钞疏原委，顾妄以己意裁断，疑《易》《孔》皆孔子所为，愚诬滋甚""以志行之不同而判从违，宁必所学之殊耶"②，那是别一回事了。作为一部草创的经学通史，除了作者的今文学倾向为人诟病外，"硬伤"也不可避免。③

---

① 吴仰湘：《皮锡瑞〈经学历史〉并非经学史著作》，《史学月刊》2007 年第 3 期。
② 章太炎：《驳皮锡瑞三书》，《章太炎学术史论集》，中国社会科学出版社 1997 年版，第 369 页。钱基博：《经学通志》，上海古籍出版社 2011 年版，第 140 页。
③ 宋立林：《皮著周注〈经学历史〉纠误》，《文献季刊》2008 年第 1 期。

三

经学史诞生的原因当然不能只在经学发展的内在理路里去寻找。本来，在实证学风和智识主义的影响下，经学就潜藏着一些危险，在反复"考据"之下，"教义"很容易变而为被审视的对象。更为不幸的是，19世纪中叶以后，清帝国屡结城下之盟，进入20世纪之后，便显得摇摇欲坠了。不管是宋学还是今文学的崛起，抑或经世致用精神的复活，都给了以小学、考据学为根底的汉学极大的挑战。

20世纪初的君主立宪运动在本质上是一场"倒逼改革"的运动。结果是，清廷不得不在1906年正式废除了延续千年的科举制。科举制被废除前，新式学堂就已经陆续开办，各种新式教科书也不断被引进或编纂出来。经学的衰落变得无可挽回。当然，新式学堂仍是要讲经学的，就像光绪二十九年（1904）的《奏定学堂章程·学务纲要》（癸卯学制）说的："外国学堂有宗教一门；中国之经书，即中国之宗教。若学堂不读经书，则是尧舜禹汤文武周公孔子之道，所谓三纲五常，尽行废绝，中国必不能立国矣。无论学生将来所执何业，在学堂时，经书必宜诵读讲解。"然而，《章程》又谨小慎微地解释道"经学课程简要，并不妨碍西学"，所以在讲经时"专讲要义，而不务奥博"，多少透露了经学命运的潜移[1]。实际上，科举制一旦废除，传统经学就失去了其依附的土壤，新式学堂毋宁说讲的是经学史，而不是经学。考察这一时期（包括科举制废除以前）的经学讲义，大抵都含有概说、散论的性质，并不全然以现代学术史的面貌呈现出来，但纲要略具，原委豁然，可视为经学史的前身或雏形。比如，马贞榆编《两湖文高等学校经学课程》（1903年印行）、京师大学堂编《经学讲

---

[1]　陈学恂编：《中国近代教育史教学参考资料》上册，人民教育出版社1986年版，第532至551页。

义二编》（1904 年印行）、潘任编《群经纲领》（江南高等学堂 1908 年印行）、王舟瑶编《京师大学堂经学科讲义》（印行时间不详，不晚于 1908年）、杨寿昌编《经学大义》（高等学堂宣统间印行），都是这方面的代表。有的讲义也许相当陈陋、琐碎或迂阔，但毕竟为经学史的编纂提供了参照，打开了风气。如果时间限制放的宽松一点，像廖平的《经学初程》、叶德辉的《经学通诰》、王国维的《经学概论讲义》（大约作于 1916 年）等著作，也不能说没有受到上举各种经学讲义的影响。

如果说，这样的表述缺少严格论证的话，那么不妨考察一下刘师培的《经学教科书》。这部书与皮锡瑞《经学历史》差不多撰于同一时间，本是作为教科书之用的。然而，不管是在当日，还是在今天，我们都以经学史视之。同时，刘师培《经学教科书》第一册又名《经学传授考》，则分明显示出它与传统的传经表或师承记之间微妙的关系。这一现象透露的消息足以说明近代经学史的起源是多头绪的、非单一的。

再探究下去，刘师培《经学教科书》或者说 20 世纪初的大量新式教科书是土生土长的吗？这个问题并不太好回答。因为不管是针对士人的文明史、开化史，还是针对中小学生的教科书，乃至针对幼学的蒙学读本，我们都可以看到它们带有强烈的模仿性质，有的根本就是彻头彻尾的编译。这其中，日本著述的影响最大。[1] 比如，以历史分期而论，19—20 世纪之际，日本学术界比较通行的是"上古、中古、近古"的三分法（假如"近世"或"近时"也算一个时代，则是四分法），对中国的历史分期影响极大。[2] 举个例子，当时日本史家桑原骘藏的《东洋史要》在中国有好几种译本，极为风行。其上古、中古、近古的时期分法，中国本土学人很

---

① 关于这个问题，讨论的文章非常多。可参见毕苑《汉译日本教科书与中国近代新教育的建立（1890—1915）》，《南京大学学报（社会科学版）》2008 年第 3 期；徐冰《中国近代教科书与日本》，《日本学刊》1998 年第 5 期。

② 尚小明：《由"分期史"到"断代史"——民国时期大学"中国通史"讲授体系之演变》，《史学集刊》2011 年第 1 期。

快就接受并运用，如陈庆年的《中国历史教科书》就称桑著"文不繁，事不散，义不隘"，所以自己要"据以为本"①，在历史分期上也规行矩步，甚至文学史如谢无量那部有名的现在很少人读的《中国大文学史》都一律照搬。不用说，刘师培《经学教科书》的分期也是以此为准的；这一点，后面还会详论，此不赘。

令人意外的是，单就经学史而论，中国本土学人倒是着了先鞭的，尽管在分期上很明显受到日本历史著述的影响。像本田成之的《支那经学史论》、泷熊之助的《支那经学史概说》、安井小太郎等人合著的《经学史》最早的也迟至 1927 年才问世，比中国本土最早的经学史著作差不多晚了 20 年②。其原因似乎很值得考究一番。

四

如果说按照今天的观点，传统的学案、传经表或师承记不算严格的学术史的话，那么怎样才算是学术史？这个问题很棘手，我们当然可以假定一个原则把二者区分开来。一般来说，经学史作为学术史专著的一种，应该有自己的完整体系和脉络，并且摆脱了传统《儒林列传》的叙事方式。皮锡瑞的《经学历史》充分满足了这个要求。但我们强调，这个原则是我们人为设定的，并不是自在永在的；这样做的目的旨在彰显近代学术史的一些特色或成绩。为了便于论述，这里再参以刘师培的《经学教科书》和江瑔的《新体经学讲义》来看看明末清初的经学史建构。

中国学术思想史上往往有学派、道统之分，又有朝代之别。晚近学人常以派别为线索来建构各领域的学术史，"著论求为百世师"的梁启超是

---

① 陈庆义：《中国历史教科书》，商务印书馆宣统元年本。
② 王应宪：《日本〈中国经学史〉之译介与回响》，《草原丝绸之路学术研讨会论文集》(2009)，第414—424页。

最为典型的，几乎他的每一部专著都在这方面下足了功夫，影响之大，一时无两①。不管是经学领域、史学领域还是文学领域，都是如此。单是某一领域内部，如经学领域，又有所谓宋学、汉学之争，汉学又有古、今文之争。审视这皮、刘、汪的三部经学史，不妨从分派或分期的角度切入。目录学承担了"辨章学术，考镜源流"的功能，我们不妨先征之《四库总目提要》。《提要》的那句"不过汉学、宋学两家，互为胜负"②，可说是第一个给经学分了派。嘉、道间江藩也沿袭四库之说，分为汉学、宋学两派。龚自珍以为不可，遂分为汉学、宋学、国朝学三派。康有为则分为汉学、新学、宋学三派。更晚的叶德辉，则分今文经学、古文经学、郑氏学、朱子学四派③。此外，在廖平、刘师培的基础上，后起的蒙文通干脆脱去两汉古今之辨，向春秋战国直溯本源，立"鲁学""齐学""晋学"三日④。那么，这三部经学史是如何统摄经学的历史的呢？

"学之区汉宋者，俗说也。"⑤ 这在民国时期当然是共识，不过，在"汉学"鼎盛的乾嘉时代，舆论却没这么通透，龚自珍的调和之论只是在后来才被发掘出来；他强调的"本朝自有学，非汉学""以汉与宋为对峙，尤非大方之言"⑥，在学术史和思想史上当然有其意义。不光宋学，今文学的复兴，同样绕不过"汉学"（实际是古文经学）。如前所述，皮著《经学历史》把经学发展分为十个时期，却没有明确提出对经学派别的划分。然而，根据《经学历史》的内容，可知他心目中有康有为的三分说，周予

① 桑兵：《中国思想学术史上的道统与派分》，《晚清民国的学人与学术》，中华书局 2008 年版，第 72—102 页。

② 纪昀等：《四库全书总目》，中华书局 1965 年版，第 1 页。

③ 以上分派可以参见陈居渊先生注释《经学教科书》，刘师培著，陈居渊注，上海古籍出版社 2006 年版，前言或周予同的《中国经学史讲义》，上海人民出版社 2012 年版。

④ 蒙文通：《经学导言》原名《近二十年来汉学之平议》，《友声》双十增刊。见蒙文通《经学抉原》，上海人民出版社 2006 年版，第 12—41 页。

⑤ 郭则沄：《经学博采录》序，桂文灿《经学博采录》，广西师范大学出版社 2011 年版，序第 1 页。

⑥ （清）龚自珍：《与江子屏笺》，《龚自珍全集》，上海古籍出版社 1975 年版，第 47 页。

同先生序言第一节便是交代了"经学的三大派"。①

　　刘师培的《经学教科书》（第一册），又名《经学传授考》，成书时间与皮著《经学历史》约略相当。"传授考"之名，似乎没有"史"来得正规，但按诸实际内容，不是"传授"二字所能窥括的。此书按时代先后把传统经学分为两汉、三国至隋唐、宋元明、清代等四期；假如单是分期，也许受到的非议会小得多，可刘师培又径以此四期为经学史上的四派。这种分法挨了不少批评，但依然有值得注意的地方。诚然，经学的相传不管是因是革，是申是驳，有其渐进的痕迹，不可能一刀切；从一时代入于另一时代，由于政治或风尚等因素，经学会发生明显的转轨，却也是毋庸置疑的。如果从以下四点我们仔细考察刘师培的这种分法，可知有他个人的思路和时代的影响。第一，刘师培是并不宗今文经学的，不可能采用康有为等人的分派之说，而乾嘉间汉、宋二分法，又陈旧肤廓，不足以涵盖或者诠释经学。第二，前引周予同先生"中国经典的本质，不仅是学术的，而且是宗教的，更是政治的"这一论断，是相当有说服力的，他对经学的价值判断可以重新讨论，但这句话点破了传统经学的本质。准此而谈，刘师培以时代来划分经学史似乎就不那么不可思议了。第三，近代"线性历史观"的兴起也值得重视，尽管从性质上讲，今文学家的《公羊》"三世说"与这种史观有着更为天然的契合②。刘师培当然可以算是古文学家，然而处在新学昌明的时代，很难摆脱这种新的"先进"的既定思维。第四，我们还可以注意到这样一个事实：在晚清，日本史家桑原骘藏的《东洋史要》将中国历史分为上古、中古、近古、近世四个时期，稍后中国出版的历史教科书多以此书分期为标准，而刘师培所分两汉、三国至隋唐、宋元明、清代四期差不多与此完全契合。同时代的学人，比如说章太炎就

<hr />

　　①　皮锡瑞：《经学历史》，中华书局1959年版，第1—4页。

　　②　王汎森：《近代中国的线性历史观》，《近代中国的史家与史学》，复旦大学出版社2010年版，第29—68页。

注意到："西方作史，多分时代；中国则惟书志为贵，分析事类，不以时代封画：二者亦互为经纬也。"① 以此例彼，刘师培以分期的方法来讲经学史正在情理之中。作为参照，刘师培撰述的《中国历史教科书》也着重厘清"社会进化之阶段"，正体现了相近的思路②。当然，刘师培按照上古、中古、近古、近世的观念来分割经学的历史，照现在看来，证据或学理并不是那么充分，如三国至隋唐何以并在一起讲？我们看魏晋六朝到隋唐之际，经学是发生了相当大的变化的。只因这一时期恰好对应于桑原骘藏的"中古"时期，就牵合在一处讲，很难揭示出经学发展的内在理路或外在演进。这给了我们一个教训：在研究上，比较不失为一个好方法，然而沦为比附，反倒有损于某一事物的本真。

江瑔的《新体经学讲义》相对来说，影响小一点，刊行较前两书略晚，已经是在民国五年（1916）前后了。此书带有通论性质，但仍可说是一部经学史。全书分《绪论》《群经之名称》《群经之缘起》《经学之传授及家法》《历代经学之异同及盛衰》《古今经学流派之大别》《治经程序及方法》七章，做到了对经学史的一般描述。江瑔（1888—1917），字玉瑔，号山渊，广东廉江人。他曾加入同盟会、南社，著有《山渊阁诗草》《仿庵文谈》《姓名古音考》《诗学史》《读子卮言》等。《读子卮言》是他最负盛名的一部著作。他是一个相当有创造力的学者，如他对墨子的考论，就相当大胆，很可能极大地启发了钱穆先生③。经学方面，他别著有《山渊阁经说》一册，由于系稿抄本，学术界罕有提及；此书正文十篇、附录一篇，合十一篇，并无体系，但《说文重出字不可尽删说》《释说文整字

---

① 章太炎：《中国通史略例》，《訄书》，上海人民出版社 1984 年版，第 277 页。
② 刘师培：《中国历史教科书凡例》，《刘申叔先生遗书》，广陵书社 2013 年版，第 2463 页。
③ 江瑔：《论墨子非姓墨》，《读子卮言》，华东师范大学出版社 2011 年版，第 103—118 页。钱穆《先秦诸子系年》有一篇《墨翟非姓墨墨为刑徒之称考》虽对江瑔的说法有驳难，但又称"补江氏未尽之意"，消息可见。

音》两篇依然体现了他自己独到的思考。① 他显然不是迂拘的儒者，因此《新体经学讲义》虽是"教科书"，供"师范学校参考用"②，也融入了一些个人色彩。他把经学分为五期，即汉代、魏晋南北朝、隋唐、宋元明、清五个时期，与刘师培约略相同，但把"三国至隋唐"析而为"魏晋南北朝"与"隋唐"两个时期，显然比刘师培要合理得多，这或许是因为他是从经学自身的发展出发的。至于经学分派方面，他在第六章《古今经学流派之大别》分为"古文今文之别""齐学鲁学之别""南学北学之别""汉学宋学之别"，此即他所谓的"四关"③。经他从不同的面向加以叙说，传统经学在不同时期的派别便比较豁然明了了。仅就此点而言，皮著、刘著都有所不及。在《南学北学之别》这一节里，江瑔还吸收运用了西方输入的地理环境决定论（Environmental Determinism 或 Geographical Determinism）。本来，所谓南学、北学之别是特指两晋南北朝时期的学术（以经学为主），然而自梁启超援引巴克尔（H. T. Buckle）、拉采尔（Friedrich Ratzel）等人的学说，把它运用在诠说先秦诸子思想、学说的起源和差异上，南学、北学的含义忽然发生了一个很大的变化④。江瑔所论，正是不拘于南北朝的，而是顺着梁启超的思路，以地理环境的分殊来解读先秦诸子学说的成因。由此可见，近代经学史的撰述，汲取了相当多的新思想。

综上所述，可知近代经学史的撰著，汲取了多方面的资源。一方面，我们仍能在早期的经学史著述中看到传统的学案、传经表、师承记的影子；另一方面，国外的专门史著述，特别是19—20世纪之交新式学堂的开办、新式教科书的编纂则为经学史的撰述提供了直接的动力，并且学者在撰述时还尽可能地吸收了西方的一些理论或学说，用以裁范或诠释经学

---

① 江瑔：《山渊阁经说》，写抄本，藏国家图书馆。
② 江瑔：《新体经学讲义》，商务印书馆印行本1918年再版。扉页标签"经教育部审定者"。
③ 江瑔：《新体经学讲义》，商务印书馆1918年再版，第53页。
④ 参见潘静如《地理环境决定论的输入与近代的先秦学术及文明建构》，《国际汉学研究通讯》第十一期，北京大学出版社2016年版，第107—128页。

史。不过，审视下来，作为我国的第一部经学史著述，皮锡瑞的《经学历史》则很大程度上可以归因于今文学的兴起，尽管这并不排除上述其他因素的启发。

20 世纪 30 年代，又有马宗霍的《中国经学史》问世，不过好像影响不大。实际上，如果不拘泥于标题中"史"字的话，那么即使排除具体的纂诂、义疏之作，单是"通论""纂要""概论""通志"一类的著作也足以令人吃惊。例如以《经学通论》命名的著作，林庆彰先生编的《民国时期经学丛书》所收就有龚向农、伍宪子、李源澄、胡熊锷四家。据笔者所知，此外还有皮锡瑞、吴承仕、陈汉章三家①。这些著作，往往包含著作者个人的经学史叙述，尽管并非专门的经学史著作。但我们知道，对现代经学史诠释影响较大的现代学人是周予同先生。"经学是中世纪中国的统治学说"，是他整个经学史研究生涯的锁钥和基础；推究这一范式的起源，当然与五四时期的反传统思潮密切相关。他的经学史撰述和诠释代表了另一种方向、另一种视角——这一视角完全外在于旧有的经学脉络本身。这一路径是好是坏，似乎已经渐渐有了答案。

---

① 皮锡瑞的《经学通论》，又名《五经通论》。

儒家道德人文观与"五常价值观"*

唐帼丽*

　　传统中国的核心价值观是儒家道德人文观下的"五常价值观"。"五常价值观"是道德人性作用于社会的社会价值观。它体现了立德修身、扩充自我、投身社会、齐家治国、与宇宙自然和谐相处的中国传统人文精神。这是一种屈己利他的"大人文观",与西方的人文主义有很大差别;它能够使人感受到做人的历史使命和"天下意义"。古往今来的圣贤哲人、仁人志士,无不视"独善其身"和"兼济天下"为己任,无不在强调"与人乐乐"和"与众乐乐"的人的社会价值。

　　关于中国传统的人文精神,杜维明强调了人格价值和人格精神作用于社会的意义,强调了从人格出发"尽性知天"的人文主张。杜先生说:"儒家传统里面的所谓'为己'之学,事实上是集中在如何建立和塑造独立人格的基础之上……但是这个独立人格和西方极端个人主义的独立人格有相当大的不同,是建立在'己所不欲,勿施于人',乃至'己欲立而立人,己欲达而达人'的基础上,所以不是社会性压倒个性,而是个性要成

---

　　* 本文为北京化工大学重点立项项目"北京历史文化与大学生素质教育的融合模式"成果之一。

　　* 作者单位:北京化工大学文法学院人文教育研究中心。

全社会性。个性成全社会性，表示个性不仅有深层的意义，而且有广度的意义，个性不是孤立绝缘的个体。这个'为己'之学，从早期古典哲学，例如《论语》所提及的'人能弘道，非道弘人'等观点中，乃至《孟子》里面的'人能尽心知性知天'，已经提出一个更深刻的讨论独立人格的观点，也就是一种全盖性或说涵盖性比较全面的人文主义。这与西方从文艺复兴以后的人文主义有很大的不同。西方人文主义是对自然主义的抗衡，对神圣传统的抗衡，因而它反宗教、反自然。而儒家人文主义在早期出现时，因为强调仁者以天地万物为一体，即程明道后来发展的观点。"① 在中国传统人文精神里面，体现出以德修身、以人弘道的人的使命感。人有这样的使命感，才能让自己自觉塑造人格，自觉奉守做人的"五常价值观"，坚守"筚门圭窬，蓬户瓮牖；易衣而出，并日而行的"的"儒行"②，令自己箪食瓢饮、乐在陋巷③，位卑而能报国、怀天下。因此，中国传统的人文精神关于人格和价值观意义的人文精神。我们强调对传统人文精神认识，加深关于人格塑造和价值观培养的认识，加深关于启动人的自然属性中善性的认识，加深对传统"五常价值观"作用于"天下""社会"的社会价值意义的认识。

习近平主席在《在纪念孔子诞辰 2565 周年国际学术研讨会暨国际儒学联合会第五届会员大会开幕会上的讲话》中谈到儒家思想中的社会价值精神。习主席说："儒家思想和中国历史上存在的其他学说都坚持经世致用原则，注重发挥文以化人的教化功能，把对个人、社会的教化同对国家的治理结合起来，达到相辅相成、相互促进的目的。"④ 习主席这里讲到的"文以化人"的"文"应当是道德人文，应当是道德人文中人格精神和价

---

① 杜维明：《杜维明文集》（第五卷），武汉出版社 2002 年版，第 578—579 页。
② （汉）郑玄注，（唐）孔颖达疏：《礼记正义》，北京大学出版社 1999 年版，第 1583 页。
③ （宋）朱熹撰：《四书章句集注》，中华书局 1983 年版，第 87 页。
④ 习近平：《在纪念孔子诞辰 2565 周年国际学术研讨会暨国际儒学联合会第五届会员大会开幕会上的讲话》，《人民日报》2014 年 9 月 25 日（www.cpc.people.cn）。

值观精神；正是因为中国自古强调对人的人格及价值观培养，强调人格及价值观的社会意义，强调个人、家庭、社会、天下的相融共存的一体化意义，才使得我们的民族与国家具有"己欲立而立人，己欲达而达人"的高尚美德与气质。今天，当我们强调加强社会主义核心价值观教育的时候，我们更应当进一步探寻其存在的传统文化渊源，探寻影响和推动我们国家发展的强大精神力量。本文将从以下三个方面儒家道德人文观视角出发，探讨道德人文观与"五常价值观"的关系，阐释"五常价值观"的形成意义和社会价值。

一　儒家道德人文观的传统

儒家的人文观是一种道德的人文观，强调传统道德精神对于人的内化影响，强调人格塑造和人性善性启动的重要意义，强调社会人生的价值；主张一个人应当通过利他的社会化行为反映出自己立命、修身、合作、有为的人生价值。下面从两个方面予以论述。

（一）道德精神的传统继承性

儒家崇尚古代礼制，崇尚古代文化精神，肯定周代的文化继承，并以传承与弘扬古代文化精神为己任。《论语》中记述了孔子的文化承传态度。《论语·为政》篇道："子张问：'十世可知也？'子曰：'殷因于夏礼，所损益，可知也；周因于殷礼，所损益，可知也。其或继周礼者，虽百世可知也。'"① 孔子作为古代礼制文化的传承者，辩证地认识和阐释了"礼之大体"与时代之用的"文章制度"之间的不易与变易的关系。这里，"因"者，为古代礼制文化精神和礼制文化价值观；"损益"者，为历史时

---

① （宋）朱熹：《四书章句集注》，中华书局 1983 年版，第 59 页。

代中政策制度、社会政体以及世情风俗。而所谓古代文化继承，是要继承其文化精神和文化价值观；所谓文化革新，则要损"小过"而补"不及"，纠补一切妨害民需的偏颇行为。作为儒家思想的创立者和倡导者，孔子将礼制制度与文化精神的继承性紧密联系在一起，强调安世、立人、济民的制度建设，强调礼制应合乎天道、近乎世情；这种对于文化精神和文化传统的继承与弘扬，虽百世亦不可易。朱熹认为，孔子所言"百世"可继的"周礼"即为"三纲五常"；朱熹注曰"马氏曰：所因，谓三纲五常。所损益，谓文质三统。愚按：三纲，谓君为臣纲，父为子纲，夫为妻纲。五常，谓仁、义、礼、智、信。文质，谓夏尚忠，商尚质，周尚文。三统，谓夏正建寅，为人统；商正建丑，为地统；周正建子，为天统。三纲五常，礼之大体，三代相继，皆因之而不能变。其所损益，不过文章制度，小过不及之间，而其已然之迹，今皆可见，则自今以往，或有继周而王者，虽百世之远，所因所革，亦不过此，岂但十世而已乎？圣人所以知来者盖如此，非若后世谶纬术数之学也。"① 这里，朱熹所言的"三纲五常"的"礼之大体"是指礼的根本性及其核心价值所在；这个核心价值决定了人的世界观与认识观。《朱子语类·为政篇下·子张问十世可知章》记载了朱熹对于文化传统继承性的认识："周问：'三代所因者不易，而所损益可知，如何？'曰：'此所谓不易也，变易也。三纲、五常，亘古亘今不可易。至于变易之时与其人，虽不可知，而其势必变易，可知也。盖有余必损，不及必益，虽百世之远可知也。……所因之礼，是天做底，万世不可易；所损益之礼，是人做底，故随时变易。'"② 朱熹认为，作为传统的"三纲五常"礼制精神，是不可变易的价值精神，可变易者，是人在不断发展的历史时势中对礼制文化的减损与补益。朱熹将传统的礼制文化精神视为与善并存的不易天道，将制度推行与变革视为"随时变易"的人为之

---

① （宋）朱熹：《四书章句集注》，中华书局 1983 年版，第 59 页。
② 李民、王健：《尚书译注》，上海古籍出版社 2000 年版。

举。当人理解了天道存在的善，便可以将其视为不易之精神价值；而在化用"天道"之精神价值的过程中，又使精神价值与社会实践具有了历史时势下的特定内涵。朱熹不仅诠释了儒家文化的传统继承思想，也诠释出儒家传统继承思想中的道德人文观。

（二）道德与礼制制度下的人文观

古代的礼制制度是在道德观下确立的礼制制度。《尚书》记载，尧舜禹三王崇尚以德治国，德为邦本，敬德务实，率民以时生产，治水开荒，任贤用能。《尧典》① 称尧"克明俊德"，以其高尚品德及推行德治的方法，使家邦和谐昌盛，"百姓昭明，协和万邦，黎民于变时雍"。尧命羲和观天象以授民时，又命四岳举贤治水。《舜典》② 称舜潜修德行，德望闻于百官，因德而授命。舜履行父义、母慈、兄友、弟恭、子孝"五典"（"五常"）之德，以德治政，德明政平，"五典克从，纳于百揆，百揆时叙"。舜因修"五礼"而使天下有序，民有礼法可依。《大禹谟》③ 则记载了古代政治大贤就治国与民生关系的一场讨论，强调了化"五典"之德于礼治天下的政治作为的可贵性。文中记载贤臣益的任贤行德，克己奉公的言论："任贤勿贰，去邪勿疑，疑谋勿成，百志惟熙。罔违道以干百姓之誉，勿咈百姓以从己之欲。"文中亦记载禹"德惟善政，政在养民"之修德政之思想。周代继承古代三王以德治国的传统，在其规范和治理天下的礼制制度建设中，以德政思想为制度纲目，强调了德政、教育与礼制制度的关系。《周礼·地官·大司徒》曰："因此五物者民之常，而施十有二教焉：一曰以祀礼教敬，则民不苟。二曰以阳礼教让，则民不争。三曰以阴礼教亲，则民不怨。四曰以乐礼教和，则民不乖。五曰以仪辨等，则民不越。

---

① 李民、王健：《尚书译注》，上海古籍出版社2000年版，第1—9页。
② 同上书，第12—14页。
③ 同上书，第27页。

六曰以俗教安，则民不愉。七曰以刑教中，则民不暴。八曰以誓教恤，则民不怠。九曰以度教节，则民知足。十曰以世事教能，则民不失职。十有一曰以贤制爵，则民慎德。十有二曰以庸制禄，则民兴功。"① 按照《周礼》的记述，建设礼制制度，重在强调生产、民俗和教化之间的关系。礼制在于规范人与自然、人与社会之间的秩序，与此同时，礼制又在于推行人对各种秩序的约守；人能否自觉遵守礼制，则在于礼乐教化。"大司徒"一节中，针对人心和人性存在的善恶向度，从礼、仪、俗、刑、誓、度、世事、贤、庸等九个方面，提出12项教育主张，意在弘扬传统道德精神，以礼乐教化劝民守礼崇善，安于序位，恪守职分；以保证人与自然之间、人与社会之间形成和谐相处的关系。

中国古代的人文观在传统道德精神影响下形成，形之为道德人文观。关于人文，《周易正义·贲·彖》曰："贲，亨，柔来而文刚，故亨；分刚上而文柔，故小利有攸往。天文也；文明以止，人文也。观乎'天文'，以察时变；观乎'人文'，以化成天下。"② 这里所说的人文，是相对于天文而言的人文。阴柔文饰阳刚，"柔来而文刚"，阴阳交饰，故亨通。天居上，则阳刚在上，文饰阴柔以使阳刚之气和畅，"故小利有攸往"，这是天道刚柔相济之化用启示。人类制度，止于礼义，其为人类的文采，"文明以止，人文也"。王弼注曰："止物不以威武而以文明，人之文也。解天之文，则时变可知也；解人之文，则化成可为也。"③ 观察天之阳刚与天文之和缓阴柔，则知刚柔相济之天道存在；观察人类制度与人文礼义，知制度之阳刚与人文礼义教化沐浴之阴柔关系存在，则亦可知人类社会须以推行礼义教化之人文促成天下昌明。天以阴阳五行之规律而存在，故天道为

---

① 钱玄等注译：《周礼》，岳麓书社2001年版，第91页。

② （魏）王弼、（晋）韩康伯注，（唐）孔颖达正义：《周易正义》，中国致公出版社2009年版，第107页。

③ 同上。

善，天道以道德为止；因循天道而察人世，人类亦以人与自然和谐、人与社会和谐为善，故人文以道德教化为止。《中庸》曰："天命之谓性，率性之谓道，修道之为教。"① 朱熹注曰："天以阴阳五行化生万物，气以成形，而理亦赋焉，犹命令也。于是人物之生，因各得其所赋之理，以为健顺五常之德，所谓性也。……人物各循其性之自然，则其日用事物之间，莫不各有当行之路，是则所谓道也。……性道虽同，而气禀或异，故不能无过不及之差，圣人因人物之所当行而品节之，以为法于天下，则谓之教，若礼、乐、刑、政之属是也。"② 因此，按照中国传统阴阳五行认识论，人类社会存在以天道法则为本；人类社会之人文精神，则依据天道法则之道德而形成；人类依天道之道德建设礼制制度，规范礼制社会，推行礼乐教化，倡导有利于天下和谐的道德人文观。

二　儒家道德人文观影响下的"五常价值观"

对于古代文化传统，我们应当批判性地认识与继承：既要认识其发生与历史时代中的局限性，还要发掘其对人内心的道德善性的启动性和影响力，发掘其超越于历史时代性的传统继承价值。朱熹肯定了古代礼制制度与"仁、义、礼、智、信"的"五常价值观"。其中，"君为臣纲，父为子纲，夫为妻纲"的"三纲"忠孝文化，我们应当持以批判性的认识态度，而对"仁、义、礼、智、信"的"五常"价值观，我们既要置于历史文化环境中加以批判性认识，与此同时，还应当发掘其超越于历史时代性的传统继承价值，认识"五常价值观"对于人性善性的启动作用以及对于人性内修的教育影响意义。

---

① （宋）朱熹：《四书章句集注》，中华书局1983年版，第17页。
② 同上。

（一）关于"五常价值观"

"仁、义、礼、智、信"的"五常价值观"是道德的内涵体现，道德是"五常价值观"的高度凝练。"五常价值观"即为传统道德精神。作为体现"五常价值观"的道德的形成，有其两个来源：其一，人对自然与社会的认识态度（自然善性）；其二，人对于自我约束与修正的态度。道德精神来自人对于天地自然合乎存在规律的认识，人以规律存在法则视为社会关系的形成法则，以自然和谐之美的存在状态为人类社会和谐存在的依据。《尚书》从社会关系存在的角度为我们揭示了道德的意义。《尚书·尧典》曰："（帝尧）钦明文思安安，允恭克让，光被四表，格于上下。克明俊德，以亲九族。九族既睦，平章百姓，百姓昭明，协和万邦，黎民于变时雍。"①《尚书·舜典》亦曰："（帝舜）浚哲文明，温恭允塞，玄德升闻，乃命以位。"② 尧舜崇尚克己谦逊，以道德人格治邦，赢得邦民信任，故家和邦兴。而尧舜的道德人格，亦是由其自然观和自然观影响下的社会观决定。《尚书·尧典》记载尧"乃命羲和，钦若昊天，历象日月星辰，敬授人时"。③《尚书·舜典》亦载舜继承尧帝礼贤禅让的传统，同时以"巡守"天下为国政。④ 他们以自然及其规律的存在作为认识目标，观察自然，掌握客观规律，因循规律做事，故能以自然为师，借自然观开拓人生境界。因此，他们用之于社会、邦国的道德观是能够"协和自然""协和万邦"的"克己谦逊"的道德观。

《尚书》有"五典"之说。《舜典》曰："五典克从，纳于百揆，百揆时叙。"⑤ 此处"五典"指父义、母慈、兄友、弟恭、子孝之五种道德。这

---

① 李民、王健：《尚书译注》，上海古籍出版社2000年版，第1页。
② 同上书，第12页。
③ 同上书，第3页。
④ 同上书，第114页。
⑤ 同上书，第13页。

种反映家庭成员关系上的伦理道德，从人性善性角度看，则是"仁、义、礼、智、信""五常道德观"的现实化和社会化反映。故孟子从人性善性的教育启动方面，谈人性"四端"，谈人性善性的价值认识，谈关于人性善性的价值观对于人的社会价值实现的意义。《孟子·公孙丑章句上》曰："孟子曰：人皆有不忍人之心。先王有不忍人之心，斯有不忍人之政矣。……无恻隐之心，非人也；无羞恶之心，非人也；无辞让之心，非人也；无是非之心，非人也。恻隐之心，仁之端也；羞恶之心，义之端也；辞让之心，礼之端也；是非之心，智之端也。人之有四端也，犹其有四体也。……凡有四端于我者，知皆扩而充之矣，若火之始然，泉之始达。苟能充之，足以保四海；苟不充之，不足以事父母。"① 孟子所谓"恻隐、羞恶、辞让、是非"的人性"四端"，即为人性善性的启动，是人立之于世的基本认识态度；此"四端"可以由人的"浩然之气""扩而充"于社会，近事父母，远保四海天下。由此，孟子从人道存在的认识论上，打通了传统道德精神之"五常价值观"存在的内外通道。董仲舒在孟子人性"四端"认识论基础上，将人性"四端"的内在修养和启动扩延至社会实践中，强调为政利民的政治主张，将政治作为与政治修养结合起来，指出："为政而宜于民者，固当受禄于天。夫仁谊（义）礼知信五常之道，王者所当修饬也；五者修饬，故受天之佑，而享鬼神之灵，德施于方外，延及群生也。"② 董仲舒的思想具有鬼神天佑的唯心论成分，但亦有推进社会进步的历史唯物论意义；他认为统治者应当具有"仁谊（义）礼知信五常之道"的政治修为，以"五常价值观"指导社会实践，以实现天下"善治"。

朱熹从人性之"心之体用"方面，强调了诚心和自觉的道德修为的社会实践意义。朱熹曰："学者于此，反求默识而扩充之，则天之所以与我

---

① （宋）朱熹：《四书章句集注》，中华书局 1983 年版，第 238—239 页。
② （汉）班固：《汉书》，中华书局 1999 年版，第 1906 页。

者，可以无不尽矣。程子曰：'人皆有是心，惟君子为能扩而充之。不能然者，皆自弃也。然其充与不充，亦在我而已矣。'又曰：'四端不言信者，既有诚心为四端，则信在其中矣。'愚按：四端之信，犹五行之土。无定位，无成名，无专气。而水、火、金、木，无不待是以生者。故土于四行无不在，于四时则寄王焉，其理亦犹是也。"① 由此看来，所谓道德之内涵"五常"价值观，无论从其人性善性启动形成的"四端"和"仁、义、礼、智、信"看，还是从用之于家庭、社会实践中的"父义、母慈、兄友、弟恭、子孝"伦理道德上看，都体现出天道与人道合一的"天人关系"，体现出人类取道德于天道、用道德于社会、用道德于人与自然和谐相处的积极有为的人生态度。

（二）"五常价值观"的社会价值

传统道德人文观决定了"五常价值观"的形成。"五常价值观"既包含了对于天道与人道关系的"天人关系"的认识态度，同时具有强调人明德修身、有为社会的社会价值。

儒家道德人文观强调的是人类宇宙观与人生观形成的关联性，而没有将宇宙自然与社会人生分割对立；在阐明人类"自我"意义时，恰恰强调的是个人与宇宙自然、与社会共存的"大我"，体现了行天下大道、讲"天下为公"的"社会人"的使命感。儒家道德人文观下的"五常价值观"，作用于"大我"和"社会人"培养，使人之"自我"，向内可以内省与修身，向外可以尽到"修齐治平天"的社会职责。《礼记·礼运》曰："大道之行也，天下为公，选贤与能，讲信修睦。故人不独亲其亲，不独子其子，使老有所终，壮有所用，幼有所长，矜寡孤独废疾者，皆有所养。"② 此中"天下"之意为何？《中庸》道："是以声名洋溢乎中国，施

---

① （宋）朱熹：《四书章句集注》，中华书局 1983 年版，第 240 页。
② （汉）司马迁：《史记》，中华书局 1999 年版，第 658 页。

及蛮貊，舟车所至，人力所通，天之所复，地之所载，日月所照，霜露所坠。凡有血气者，莫不尊亲，故曰配天。"① 朱熹注曰："舟车所至以下，盖极言之。配天，言其德之所及，广大如天也。"② 这里体现的是天下与道德之间的关系：人类不能占有天下，而应当以其与天地共存的道德人文观认识天下。有此"天下观"的人可谓"至圣"，可以有为于民，有为于社会。而在此"天下"中，仁者一心为公，义者选贤任能，礼者推行孝慈之道，智者明辨公私善恶是非，信者"讲信修睦"；"五常价值观"发挥其培育人"天下为公"的社会理念作用。

在"五常价值观"的社会价值中，"天下"和"社会"的观念不是脱离了人类或个人存在的空洞的概念，而是在充分认识和尊重人性自然属性存在的状况下强调出来的人性善性，强调了道德教育对人性善性启动了的意义；"天下"和"社会"是人性善性作用下的社会价值。对人性善性与社会价值的关系，孟子阐释得非常清楚。《孟子·尽心章句下》曰："人皆有所不忍，达之于其所忍，仁也；人皆有所不为，达之于其所为，义也。人能充无欲害人之心，而仁不可胜用也；人能充无穿逾之心，而义不可胜用也。"③ 孟子讲的是人性善性的启动，人皆有"赤子匍匐将入井"④ 的自然属性，因"无知而入井"⑤，然而人需要接受教育，需要接受对于人性善性的道德启蒙，从无知阶段上升到对自我与社会关系的认识阶段，从而将自我存在推及于他人存在和社会存在。孟子论述人性时，虽无一字言"教"，但其达道于天下和充仁义于天下的思想，无不与道德教化紧密联系在一起。孟子曰："君子所以异于人者，以其存心也。君子以仁存心，以

---

① （宋）朱熹：《四书章句集注》，中华书局 1983 年版，第 39 页。
② 同上。
③ 同上书，第 380 页。
④ 同上书，第 266 页。
⑤ 同上。

礼存心。仁者爱人，有礼者敬人。"① 人无道德仁义教化，故无道德仁义之心；道德仁义教化于人，即使内化不深入、外化不充分，亦能"充无受尔汝之实，无所往而不为义也"。② 孟子所言的道德教育意义，就在于让教育逐渐发生对人的内省作用，通过内省、"存心"，再逐渐将内在感受与升华推及出去，让仁义礼智信道德之心转化为外在的社会实践行为。朱熹认为这是一种渐化渐行的道德教育："人虽或有所食昧隐忍而甘受之者，然其中心必有惭忿而不肯受之实。人能即此而推之，使其充满无所亏缺，则无适而非义矣。"③ 孟子以"曾子不忍食羊枣"的例子进一步强调了道德教化的意义。《孟子·尽心章句下》曰："曾皙嗜羊枣，而曾子不忍食羊枣。公孙丑问曰：'脍炙与羊枣孰美？'孟子曰'脍炙哉！'公孙丑曰：'然则曾子何为食脍炙而不食羊枣？'曰：'脍炙所同也，羊枣所独也。讳名不讳姓，姓所同也，名所独也。'"朱熹注曰："曾子以父嗜之，父殁之后，食必思亲，故不忍食也。"④ 人可以是爱好美味的普通人，但人亦应当是既知美味又能"思亲"的达道充仁的道德者。人将其道德修养推及于社会，社会才能具有和谐稳定的精神基础。

三 "五常价值观"的社会实践意义

"五常价值观"是做人观。用"五常价值观"教育和培养人，不在于使人立志做官、发财、干大事业，而要让人懂得做人与做事的关系，了解做人的社会意义所在，学会让自己成为于他人、于社会有意义的人。

孔子一生做过许多事，但他无论在哪个位置上做事，都要让自己体悟

---

① （宋）朱熹：《四书章句集注》，中华书局1983年版，第203页。
② 同上书，第380页。
③ 同上。
④ 同上书，第382页。

其中的社会人生意义。当他随乐师学习音乐时，他一定要自己找到音乐与做人的关系，让自己领会到《文王操》背后的文王爱民精神；当他看到鲁定公荒淫而又屡谏不改时，即使此时已身居高位，也能毅然以罢官表示抗争。① 张载在《横渠易说》解"乾"之"初九"道："孔子喜弟子之不仕，盖为德未成则不可以仕，是行而未成者也。故潜勿用，龙德而未显者也。不成名，不求闻也，养实而已，乐行忧违，不可与德者语也。'用则行，舍则藏，惟我与尔有是夫！'颜子龙德而隐，故'遁世不见知而不悔'，与圣者同。……'乐则行之，忧则违之'，主于吾志而已，无所求于外，故善世溥化，龙德而见也。"② 孔门育人，在德而不在位；位是名，德是实；有名无实之位，虽有而不喜仕。

为己修身之学的意义亦在于养实。素位而行，不着意于名位，不做徒有其名的事情。王阳明先生曰："三子是有意必，有意必便偏着一边，能此未必能彼。曾点这意思却无意必，便是'素其位而行，不愿乎其外，素夷狄行乎夷狄，素患难行乎患难，无入而不自得'矣。"③ 按照阳明思想，素位而行是一种知行合一的实践行为，一个人的人格塑造和价值观形成，最终要在其社会行为中反映出来。人不是一时一刻地知晓关于做人的道理，更不是只做事而不为人；而要时时做人，事事做人，以做人来做事，以人格精神和价值观来影响自己在做事当中的行为趋向和价值判断；唯其如此，才能真正领悟到自我价值中的公众意义、社会意义，领悟到人格助人、利他的生命力量。孟子曰："尽其心者，知其性也。知其性，则知天矣。存其心，养其性，所以事天也。"④ 人通过立志修为，获得一个与天地共存的大人生观和宇宙境界，与此同时，获得一个充实、饱满和开阔的人

---

① （汉）司马迁：《史记》，中华书局 1999 年版，第 1546—1551 页。
② （宋）张载：《张载集》，中华书局 1978 年版，第 72 页。
③ （明）王阳明：《传习录》，江苏古籍出版社 2001 年版，第 37 页。
④ （宋）朱熹：《四书章句集注》，中华书局 1983 年版，第 356 页。

生。费孝通先生在《人文价值再思考》文章中讲到自己写作的经历，以此事引发对个人行为和社会影响、个人价值和社会价值之间关系的思考："就我个人而言，在写文章和拿出去发表时，我并没有想到这并不是个人的行为，而是会对别人发生一定作用的，所发生的是好作用还是坏作用，过去一直不曾感觉到是我自己的问题。今年年初在北京高级研讨班上我提到，童年时我看到过我祖母把每一张有字的纸都要拾起来，聚在炉子里焚烧，并教育我们说要'敬惜字纸'。我长大了一些，还笑老祖母真是个老迷信。我长到老祖母的年纪时才明白'敬惜字纸'的文化意义。纸上写了字，就成了一件能为众人带来祸福的东西，不应轻视。我一旦理解了祖母的行为和教训，我心头相当郑重，因为我一生对字纸太不敬惜了，想写就写，还要发表在报章杂志上，甚至还编成了书，毫不经意地在国内外社会上流行。如果我确是发表了一些有害于人的文章，不能不说是贻害了人。因此近来常想到祖母的遗教，觉得应当自己回头看看我过去的文章和著作。"[1] 在费先生的认识中，当我们获得了以自我存在成全社会存在、以个人价值实现社会价值的体验之后，我们才可能成为一个在人文观中的站立起来的人，成为一个遵循良知、担当责任的人。

儒家道德人文观与"五常价值观"，作为一种传统精神，影响了中华民族的认识观念。中华民族讲"仁、义、礼、智、信"，倡导屈己而利人，倡导以牺牲自我而成全"天下"、社会，这种"大人文精神"和宇宙境界，是我们民族和国家屹立于世界之林的精神之本。

---

① 费孝通：《中国文化的重建》，华东师范大学出版社 2014 年版，第 135—136 页。

名物新知

"五花马"辨说

宋　红[*]

"五花马，千金裘，呼儿将出换美酒，与尔同销万古愁。"这是李白《将进酒》中的名句，越1200余年仍然跳动在人们口中，而"五花马"究竟是什么马，千百年来却众说纷纭，本文拟对此加以考辨。

一　昔之五花骢今之菊花青

关于"五花马"，传统说法大致有三：一说指马鬃剪成五瓣，如清仇兆鳌《杜诗详注》："五花者，剪鬃为瓣，或三花，或五花。"一说指毛色，如宋黄希原本、黄鹤补注之《补注杜诗》："《西域传》大宛国多善马，峤山上有马不可得，因取五色牝马置其下，与集生驹，号天马子。"一说是马身旋毛，如王琦引元萧士赟《李太白集分类补注》之说："萧注谓其义出于隋丹元子《步天歌》'五个吐花王良文'，言马之纹上应星宿"（按今本萧注未见）。《步天歌》七字为句，以四方之星分属二十八宿，王良共五

　＊　作者单位：人民文学出版社。

星，属西方七宿中的奎宿，原文曰"五个吐花王良星"①，以五星状五花，窃以为当是指马身的五处旋毛。杜甫《题柏大兄弟山居屋壁》之"萧萧千里马，个个五花文"，即化用《步天歌》"五个吐花王良星"句意。

　　某年参加李白研究年会，有境外学者提交关于"五花马"的文章，主旨是在第一说与第二说间投票，笔者忝为评议人，贡献两点曝言：第一，"五花"有可能是指马身上的五处旋毛，就如人头发间有旋，马身亦有旋；第二，往年在坝上草原骑马时，见过一匹浅青色的马，马身浓淡有致的毛色像流云一般，当时头脑中闪现的诗句便是"五花散作云满身"（杜甫《高都护骢马行》）。五花马也称"五花骢"，而骢马就是毛色青白相间的马，所以当时感觉自己见的就是五花马。遗憾的是，没有当场问一下，在牧人口中那是什么马。其实，作为评议人之所以还能道出一二，正源于那次邂逅。从会上归来，决计将昔日留意的五花马资料整理成文。上网搜索时发现，已有吴琦松先生写出翔实的考据文章《"五花马"考辨》，分上、中、下三个单元，刊发于自己的博客②，在唐代文化的语境中，已大致将问题厘清。因此，本文不再重复吴先生已经完成的工作，而将视野更多扩大到唐代以外的范畴。吴文指出：

　　　　关于"五花马"的问题，完全可以据常识作出判断：①如果因马鬃剪五花而得名，那么所有马均可剪五花，一点也不名贵。②在唐诗中有关"五花马"的诗歌数以百计。唐时数量如此之多，至今绝不可能绝种；任何用今天没有或不常见的马（马毛呈旋花状、马毛呈五彩色等）来理解肯定是错误的。③宋后再无"五花马"之称，"五花

---

①　《步天歌》咏西方白虎七宿"奎宿"之众星曰："腰细头尖似破鞋，一十六星绕鞋生。外屏七乌奎下横，屏下七个天溷成。司空右畔土之精，奎上一宿军南门。河中六个阁道形，附路一星道傍明。五个吐花王良星，良星近上一策星。天策天溷与外屏，一十五星皆不明。"引自宋郑樵《通志》卷三十八。另外，清秦蕙田《五礼通考》分句引诗并绘有星图，王良五颗星之后是马鞭状的一颗策星。
②　吴琦松：《"五花马"考辨》（http://blog.sina.com.cn/czezwqs）。

马"肯定是当今某种马在唐时的称谓。

五花马—五花骢—青骢马—菊花青，名称变化线索清晰。

尽管《辞源》解释"五花骢"曰："即五花马。"《辞海》解释"骢"曰："青白色的马，今名菊花青马。"但在解释"五花马"时同为旧说所迷惑，《辞海》曰："毛色斑驳的马。一说，剪马鬃为五簇，分成五个花纹，叫'五花'。"《辞源》曰："唐人把马鬃剪成三簇的叫三花，五簇的叫五花。另一说五花指马的毛色斑驳。"吴文首先从"三花马"入手，利用今天可见的唐代实物，归纳了"马鬃剪三花"的以下三种样式。

（1）下宽上尖，呈斜弧形，以唐初"昭陵六骏"石刻为代表（见图1）。①

图1　唐昭陵六骏之飒露紫

---

① 图1至图8转引自吴琦松的博客（http：//blog.sina.com.cn/czezwqs），其余引自网络。

（2）方形和矩形，以唐三彩马陶塑为代表（见图2）。

图2　国家博物馆藏唐三彩陶马

（3）半圆形三花相连，以唐张萱《虢国夫人游春图》为代表。《虢国夫人游春图》（宋徽宗赵佶摹本）中画了八匹坐骑，其中有两匹马的马鬃剪成三花样，但"三花"样式是半圆形相连（见图3）。

图3　唐张萱《虢国夫人游春图》（局部）

同时指出:"唐代流行将马鬃剪为三簇的'三花马',但至今没有可靠证据能够证明唐代有将马鬃剪成五簇的'五花马'。"继而征引唐人诗句,论证"五花马"就是当时比较名贵的青骢马,之所以称"五花马",是因其全身青白两色毛相杂而成五瓣团花状,如今的名称叫"菊花青"。"又因这些花纹象浇铸没有錾开连在一起的古钱而称为'连钱',或者叫'五花连钱'。"吴文所言甚是!明徐应秋《玉芝堂谈荟》卷三十三"五花马"条已经对剪鬃五簇为五花之说提出怀疑:

> 白乐天诗"舞衣裁四叶,马鬣剪三花"①;《名画要录》"内廄有飞黄、照夜、浮云、五花之乘";《唐六典》"外牧岁进良马,印以三花飞凤之字②";韩干画《御马图》有三花马,剪鬃为瓣也。然杜诗又有"五花散作云满身"之句,似又非马鬣三花之说。

马颈项上生长鬃毛的位置长度有限,剪为三簇或扎为三束效果正好,剪成五簇,恐怕造型含混;扎成五束,必定显得繁复。尽管宋周密《浩然斋雅谈》卷中称"余少日观御马,有剪作山水人物花鸟之像甚精,一时所尚如此,盖不止剪三鬃也。"将马鬃剪出"山水人物花鸟之像"那一定不是唐人的行为与好尚,唐人的好尚即《名画要录》所说:"开元天宝间,多爱三花饰马,三花者,剪鬃为之瓣。"宋胡仔《苕溪渔隐丛话·前集》引《蔡宽夫诗话》曰:"白乐天'春深学士家'诗云'凤书裁五色,马鬣剪三花',唐学士例借飞龙厩马,则应是时国马皆如此也。"文中透露的信息是:唐代学士可以从皇家马厩借马,所以"鬣剪三花"的风习来自宫廷"国马"。

"马鬣剪三花",除了装饰功能,一个最重要的实际用途是为了避免行进中长鬃毛与缰绳等物发生缠绕,也更方便打理(见图4)。"昭陵六骏"

---

① 《白氏长庆集》作"凤书裁五色,马鬣剪三花"(《和春深二十首》)。

② "凤"字不确,当是"风"字,详下引《唐六典》。

图 4　未剪鬃毛的菊花青

是战马，为冲锋陷阵的需要，不仅鬃毛被结扎成束，马尾也都被结实地捆扎成短粗的一束，这样才能在辗转腾挪中避免绞缠；可以看到，唐三彩陶马的马尾也是挽成一束的。唐韩翃《少年行》诗以"千点斓斑喷玉骢，青丝结尾绣缠鬃"来描述游侠少年的坐骑，"青丝结尾绣缠鬃"正写到对战马鬃毛与尾毛的缠束。所以，"马鬃剪三花"的三种样式中，唐三彩陶塑的矩形、《虢国夫人游春图》的三连瓣形是用剪刀修饰出来的，而"昭陵六骏"的锥形是剪短后再用丝线缠束而成的。

　　下面顺便探讨一下唐代为何会有"三花剪鬃"的好尚。宋朱翌《韩幹二马图》已经透露出准确信息："剪成三鬃代官字，濯之太液登王闲。""剪成三鬃"怎样就能代"代官字"呢？原来唐代"尚乘局"左右两厩十二闲的"国马"都是有标识的，真的会在右膊上印一个小小的"官"字，凡初送"尚乘局"的新马，还要依照所入左右闲的位置，在尾部左或右侧打上三花印。我们不妨把"国马"打印记的情况全面了解一下，《唐六典》卷十七"典牧署"对"凡在牧之马皆印"的具体规定是：

　　　　印右膊以小"官"字，右髀以年辰，尾侧以监名，皆依左右厢。

　　　　若形容端正，拟送尚乘，不用监名。二岁始春则量其力。又以"飞"

字印印其左髀膊。细马、次马以龙形印印其项左。送尚乘者，尾侧依左右闲印以三花。其余杂马送尚乘者，以"风"字印印左膊，以"飞"字印印左髀。……官马赐人者，以"赐"字印。配诸军及充传送驿者，以"出"字印并印左右颊也。

从中可见"国马"的管理是多么精确和仔细！"尾侧依左右闲印以三花"，是良马"登龙"入天闲的重要标志，但三花印太小，要凑到马屁股近前才能看到，"剪成三鬃代官字"就成了一个张扬天闲之马身份的好方法，剪鬃三瓣，极有可能是对三花印的延伸与放大，所以从实物看唐马皆剪鬃为三花，而不是四花、五花。

至此回看"五花是马身五处旋毛"的说法，感觉亟待修正。尽管马身上确实可生旋毛，而且所谓"河图"，历来的解释便是伏羲根据河中所出龙马背上的旋文画出河图，进而又推演出八卦和六十四卦。"河有龙马出而马背之旋毛有此数也。……加而倍之以成八卦，又加而倍之以成六十四卦。所谓伏羲因河图而画八卦者，此也。以背毛之旋文如图星者之圆圈，故名之曰图"（元吴澄《易纂言·外翼》）。《尔雅注疏》卷十一晋郭璞注"回毛在膺宜乘"曰："伯乐相马法，旋毛在腹下如乳者，千里马。"然而，旋毛生长的位置有吉凶之别，北魏贾思勰《齐民要术》"养牛马驴骡第五十六"记述了多处马身旋毛的凶位：诸如"旋毛在目下，名曰承泣，不利人""回毛在颈，不利人""鞍下有回毛，名负尸，不利人"。（卷六）"腋下有回毛，名曰挟尸，不利人。"由此看来，仅仅以五处旋毛来称"五花"便很不科学，还是用毛色呈五瓣团花状来解释"五花"更为合适。

这里还需要回答的一个问题是今日"菊花青"古人为何叫"五花马"？其实，骢马身上的团花纹用"菊花"来形容更为准确。窃以为除了五边形是接近圆形的最基础形状，还与"五"这一数字特殊的文化背景有关。首先是《尚书·周书·洪范》中提出了"五行"之说："五行：一曰水，二曰火，三曰木，四曰金，五曰土。"言五种物质乃天地所生，之后加入相生相克理论，木—火—土—金—水，递顺相生，隔位相克，循环往复。至战国时的阴阳家邹衍，又以土、木、金、火、水为"五德"，提出"五德终始"说，用来解释历史变迁与王朝更替，"五德从所不胜，虞土、夏木、殷金、周火①"。此说很快为统治者所接受，用来作为阐释自己政权合法性的理论工具，直至元代才退出主导地位。"五"，也成为一个恒常用来概括事物基本内涵的特别数字，如以"仁、义、礼、智、信"为"五常"；以"宫、商、角、徵、羽"为"五音"；以"稻、黍、稷、麦、菽"为"五谷"；以"青、白、赤、黑、黄"为"五色"；以"君臣、父子、兄弟、夫妇、朋友"为"五伦"；以"父义、母慈、兄友、弟恭、子孝"为"五典"，诸如此类，连绑人都是"五花大绑"。在这样的文化背景下，以"五花"来形容马身的团状花纹便是水到渠成的了。

二 骢马的毛色与别称

吴文亦得益于当今马业专家对青骢马的研究，文中转述了北京通顺赛马场马法医学实验室主任、《马业》杂志总编王振山先生在"骏马汇"博客中介绍的关于青骢马的知识："青骢马随着年龄增长而颜色逐渐由青变白，其顺序为铁青—菊花青—白青—跳蚤青（见图5、图6、图7、图8）。到'跳蚤青'时青毛细如跳蚤，基本上就成白马了。其中，菊花青的年龄在4—7岁，毛色最漂亮。"这里最为重要的信息是：同一匹骢马，毛色是随着年龄不断变化的，所以围绕"五花骢马"才会有"连钱""桃花""铁骢""玉骢""皎雪""凝露""蹄铁色"等不同称谓与形容，诸如：

骢马铁连钱，长安侠少年。（唐杨炯《骢马》）

① 《文选》卷五十六沈约（休文）《齐故安陆昭王碑文》李善注，上海古籍出版社2007年版。

龙脊贴连钱，银蹄白踏烟。（唐李贺《马诗二十三首》其一）

将军铁骢汗血流，深入匈奴战未休。（唐王昌龄《箜篌引》）

回纥契苾思结浑部徙于甘凉二州之地……贞观中遣使来朝贡……献良马十四，太宗奇其骏异，为之制名，号为十骥：一曰腾霜白，二曰皎雪骢，三曰凝霜骢……（《旧唐书·北狄传》）

君侯枥上骢，貌在丹青中。马毛连钱蹄铁色，图画光辉骄玉勒。（唐高适《画马篇》）

乌骓赤兔照夜白，连钱桃花斗文章。（明沈周《题赵仲穆沙苑牧马图》）

方舆曾记古防风，问俗来乘白玉骢。（清吴绮《孝丰即事》）

图5　青骢马一"铁青"

图6　青骢马二"菊花青"

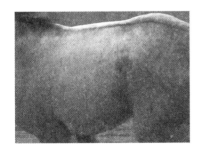
图7　青骢马三"白青"

图8　青骢马四"跳蚤青"

关于马之毛色，早在先秦时代已作细致区分，《诗经·鲁颂·駉》一篇所咏鲁僖公坰野之马，已是"有骓有駓，有骍有骐"，"有驒有骆，有驑有雅"，"有骃有騢，有驔有鱼"。其中"苍白杂毛曰骓，黄白杂毛曰駓"；"阴白杂毛曰骃，彤白杂毛曰騢"（《毛诗传》）。晋代郭璞注《尔雅》，更对骢马之毛色及古今名称之异同详加条列：

> 青骊骓，注：今之铁骢。青骊驎駽，注：色有深浅斑驳隐粼，今之连钱骢。……骊白杂毛骓，注：今之乌骢。黄白杂毛駓，注：今之桃华马。阴白杂毛骃，注：阴浅黑，今之泥骢。①

可以说，注中所谓铁骢、连钱骢、乌骢、泥骢，正是一匹骢马的不同年龄段。网上可找到"王振山博士的博客"，其中一篇《青毛马》短文，对理解五花骢马最有价值，不妨全文录下：

> 全身被毛为黑白混生，幼龄时黑毛较多，白毛较少，随着年龄的增长，黑毛逐渐减少，白毛逐渐增多，最先变白的地方起自眉弓，即俗语云"青毛变白，先从脸上来"。俗话说："七青八白九长斑，斑上长斑十二三。"如同人一样，随着年龄的增长，人的头发开始逐渐变成黑白、灰白，最后会完全变白。老青马虽然全身几成白色，但蹄及皮肤仍是青黑色。
>
> 黑毛多于白毛的叫铁青，为青毛马幼龄时的毛色。
>
> 被毛为青毛，毛尖略带有红色，叫红青毛。
>
> 在青毛的基础上，颈、肩、肋和尻部有菊花样的暗色斑的，叫菊花青。即黑白两色毛混生呈菊花状，古代称铁连线，也叫青骢、泥骢、骢，一般4—6岁是菊花青最好的时候。
>
> 黑毛极少，甚至会变成红色的，叫白青毛。
>
> 青毛马年过十二三岁，常在头、颈和尻部等处散生深色小斑点，年龄再大即消失。俗话说："七青八白九斑点，全身白毛十二三"。虽

---

① 郭璞注，邢昺疏：《尔雅注疏》卷十一"释兽第十八"，上海古籍出版社2010年版。

然上下有一些矛盾，但大体是一致的。

评：青毛随年龄的增加，白毛增多，黑毛减少，最后直到全白。全白以后，要长斑。长斑的规律：先从脸颊上长红斑点毛，直至全身呈现蝇点红斑，又叫蝇点青。

毛色定律："如果后代是青毛，那么它的父母必至少一个是青毛。"

青毛在纯血马中对所有基本毛色都是显性的。如果一个幼驹为青毛，那么其父母肯定有一个是青毛。如果一个公马被鉴定为纯合型的青毛，其后代如果不是青毛而是其他毛色，这个后代将会被拒绝登记。

"青马不看口，跟上毛色走。"基本上是两年一个差段，由铁青—菊花青—灰青—白毛—跳蚤青（斑点青）。①

这篇来自专业人士的文章弥足珍贵，与典籍对读，除"五花连钱"之外，还有很多问题也都能豁然开朗，如以下五点。

（1）关于"玉花骢"。清王毓贤《绘事备考》卷三记唐代曹霸传世画作有"玉花骢图一"、韩干画作有"玉花白马图一"。《明皇杂录》称玉花骢、照夜白乃"上所乘马"，宋吴曾《能改斋漫录》卷六"玉花骢、照夜白"条引《异人录》云："玉花骢者，以面白，故又谓之玉面花骢。"按照"七青八白""青毛变白，先从脸上来"的说法，这是一匹年已8岁的骢马。宋苏轼题唐人张萱《虢国夫人夜遊图》卷下曰："佳人自鞚玉花骢，翩如惊燕踏飞龙。"据唐郑处诲《明皇杂录》记载："虢国每入禁中，常乘骢马，使小黄门御。紫骢之骏健，黄门之端秀，皆冠绝一时。"今可见传为宋徽宗临本的唐张萱《虢国夫人游春图》，共绘有九人八马，首尾两匹马鬃剪为三瓣花状的便是浅色骢马。

（2）关于紫花马。元代赵孟頫（字子昂，号松雪）不仅是文学家和书法家，也是画马名家，其子赵雍（字仲穆）、赵奕（字仲光）亦雅善丹青。

---

① 王振山：《青毛马》（http://blog.sina.com.cn/wangzhenshanw）。

兄弟二人酷爱北宋龙眠居士李公麟（字伯时）所绘《五马图卷》，赵雍便为弟弟赵奕临摹了其中最为喜爱的"凤头骢马"（见图9）。之后兄弟分别题识，又广邀文友赋诗。赵奕题识曰：

> 家兄知州，为奕临李伯时凤头骢，今作紫花马。此老杜所谓"五花变作云满身"者是也。真家藏之宝，可与知者道耳。
>
> 弟奕谨题①

友朋杨忠题诗曰：

> 宛西来贡凤头骢，神气飘飘欲化龙。
>
> 牵入九天深处过，满身云影紫重重。

紫花马？满身云影紫重重？青白间色的骢马怎么成了紫色？原以为只是诗人的一种形容，直至看到王博士文中"毛尖略带有红色，叫红青毛"的说法，问题才迎刃而解。今从网上搜索，确可找到毛色呈浅咖啡色的菊花马照片，正可为"满身云影紫重重"之实证。此时再读白居易"江州去日朱藤杖，忠州归日紫骢马"的《朱藤杖紫骢马吟》，方可体会诗人乃特为"朱""紫"而咏也。

（3）关于"桃花马"。按照晋郭璞《尔雅》注的说法，黄白杂毛的驳马，今称"桃花马"，然而元代人也将紫花马称为桃花马。例如，耶律铸《桃花马二首》（其二）曰："散花仙子神如水，闲散瑶花剪霞绮。春风吹满铁连钱，鞭碎玉鞭鞭不起。"篇下自注："予之铁骢桃花色，备五采，求自渥洼。"这"桃花马"应该便是铁骢中的"红青毛"。大约随着年龄的增长，"红青毛"的毛色也会变浅，所以诗歌中更多的桃花马都显出白毛红斑点的特质。例如，元马祖常的《桃花马》"白毛红点巧安排，勾引春

---

① 今藏于美国弗利尔博物馆的"元赵雍临《李伯时人马图卷》"未言马名，比照李伯时《五马图卷》存世之珂罗版，所临近似五马中的"满川花"，而不是"凤头骢"。参看后文"关于'满川花'"及图10。

风上背来。莫解雕鞍桥下浴,恐随流水泛天台"①;元张宪的《桃花马歌》
"斑斑朱英点晴雪,滴滴真珠汗凝血"。元代赵孟頫绘《桃花马图》,陈基、
熊梦祥、郑东、丁立等并有题画诗作,陈基《题赵翰林画桃花马》曰"身
上桃花千万朵,为渠图写墨淋漓";郑东《题赵翰林桃花马图》曰"昔共
将军战阵间,髑髅溅血上斑斑";丁立《题赵子昂桃花马》曰"上林三月
花如雨,吹落金鞍片片香"。可以想见,桃花马乃名副其实之马,浅色马
身上散布桃花花瓣状红色斑点。与赵孟頫《桃花马图》相关者,尚有顾阿
瑛记其草堂高邻朱伯盛隐士的刻石技艺:

> 予偶得未央故瓦头于古泥中,伯盛为刻"金粟道人"私印,因惊
> 其篆文与制作甚似汉印。又以赵松雪白描《桃花马图》求刻于石,精
> 妙绝世,大合松雪笔法。(见明朱存理编《珊瑚木难》卷三)

能将白描《桃花马图》刻于石上,而且"大合松雪笔法",可以想见
赵孟頫所绘马身"桃花",当是接近圆圈或圆形斑点的纹样。

图9 珂罗版宋李公麟《五马图卷》之"凤头骢"

---

① 此诗并下文所引明程通《桃花马》诗皆用南朝宋刘义庆《幽明录》所载汉会稽人刘晨、
阮肇入天台山采药遇仙女,入赘为婿事。因文中有迷路粮尽,采桃实充饥的情节,在元代又整合
晋陶渊明《桃花源记》的元素,出现了《刘晨阮肇误入桃花源》杂剧,今可见元代末年王子一作
品。另马致远、汪元亨、陈伯将也有相同题材的剧本,可谓风行一时,所以,元明两代的桃花马
诗常会用到刘阮及天台的典故。

赵孟頫还画过《满川花马》，而"满川花马"就是宋代李公麟所绘《五马图卷》中的青花骢（见图9）。

（4）关于"满川花"。北宋李公麟《五马图卷》，纸本墨笔，民元之初流出皇宫，"二战"前归于日本京都大学法学教授山本悌二郎氏私人收藏，战后申明已毁于战火，之后便杳如黄鹤，无迹可求。今可见者，乃战前从日本传入之珂罗版，由大冢巧艺社制作，应该是原大（画心尺寸205×27厘米）。图以白描笔法描绘五匹朝廷御马，各由一名奚官牵引。前四匹每马身后有宋黄庭坚题笺，详述马之入厩时间、来历、马名、年龄、尺寸。从右至左依次为：凤头骢、锦膊骢、好头赤、照夜白，最后一匹无笺题，明郁逢庆编《续书画题·记》将此马著录为："右一匹青花骢。原无笺。恐即是'满川花'也。"（卷二）清高宗乾隆在《五马图卷》这最后一匹无笺之马的上方作识语曰（按：引文中以"/"表墨迹转行，空格表句读）：

前四匹皆著其名/与所从来 而此独逸/岂即曾纤跋中所/称满川花耶 要非/天闲名种 不得入/伯时腕下 当是后/人窜取题识真/迹 别为之图 以/炫观者 是以并/公麟姓名割去 楮/尾更无余地 亦其/诧也 御笔（见图10）

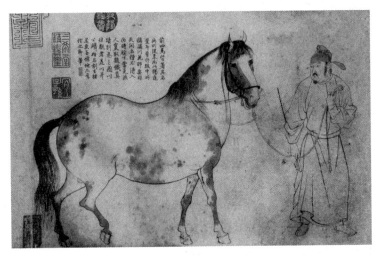

图10　珂罗版宋李公麟《五马图卷》之"青花骢"或曰即"满川花"

"曾纡跋中所称满川花",是曾纡(字公衮,晚号空青先生)在李伯时《五马图卷》跋尾所记亲耳听闻黄庭坚(字鲁直)讲述"伯时画杀满川花"事:伯时放下画笔之际,"满川花"竟然气绝身亡!文曰:

> 余元祐庚午岁,以方闻科应诏来京师,见鲁直九丈于醴池寺。鲁直方为张仲谟笺题李伯时画天马图。鲁直谓余曰:异哉!伯时貌天厩满川花,放笔而马殂矣。盖神骏精魄,皆为伯时笔端取之而去,实古今之异事。当作数语记之。

曾纡跋语,晚出黄庭坚跋语43年,其跋语后半记其渊源过往曰:

> 后十四年,当崇宁癸未,余以党人贬零陵,鲁直亦除籍徙宜州,过余潇湘江上,因与徐靖国、朱彦明道伯时画杀满川花事,云此公卷所亲见。余曰:九丈当践前言记之。鲁直笑云:只少此一件罪过。后二年,鲁直死贬所。又廿七年,余将漕二浙,当绍兴。辛亥至嘉禾,与梁仲谟、吴德素、张元览泛舟访刘延仲于真如寺。延仲遽出是图,开卷错愕,宛然畴昔。抚事念往,逾四十年忧患余生,肖然独在,彷徨吊影,殆若异身也。因详叙本末,不特使来者知伯时一段异事,亦鲁直遗意。且以玉轴遗延仲,俾重加装饰云。——空青曾纡公衮书

黄庭坚、曾纡笺题、跋语并见载于宋周密《云烟过眼录》卷上,周密又在此段文字之后加按语曰:"此事不见之他传记中,岂当时讳不敢言耶?王逢赋韩幹卷亦云:'传云三马同日死,死魂到纸气方就',岂前代亦有此事?画前后皆有乾坤卦绍兴印。"在画作之公麟姓名并褚尾不存的情况下,文字载记尤为珍贵。亦可见从宋代开始,即以为李公麟《五马图》之第五马为"满川花"。从珂罗版图像看,此马浅色,满身散布深浅疏密不一的斑点(见图10),很符合元代人对桃花马的形容,或许"满川花"便是对桃花马的一种称誉,而元代桃花马,便是宋代的青花骢。

（5）关于"丁香叱拨"。据宋《纪异录》称，天宝中大宛国曾向唐明皇进贡六匹汗血马，除红紫青黄四色外，还有"丁香叱拨"和"桃花叱拨"。"叱拨"之名详下，这"丁香""桃花"必指马身花纹形状。桃花马已见上文；丁香花型细小，尚未绽开的花蕾圆如粟米，上面带着十字形花瓣的缘痕，很像打了结的细绳头，所以古人称之为"丁香结"，常用来比喻难以解开的愁绪。这丁香叱拨，想必身上的斑纹如丁香结一般细小，唐明皇为之改汉名曰"飞香辇"，从"飞香"二字，仍可想见其斑纹细小、零散分布的情况，这便与王振山博士所言青毛马十二三岁全身变白，之后长斑，先从脸颊上长红斑点毛，直至全身呈现蝇点红斑，又叫"蝇点青"或"跳蚤青"——的说法高度吻合。可以说，丁香叱拨就是今天青毛马中的"蝇点青"。

三　骢马的胡名

五花骢马还有一个西域带来的"胡名"，叫作叱拨。宋人秦再思《纪异录》"大宛六马"条曰：

> 天宝中，大宛国进汗血马六疋，一曰红叱拨，二曰紫叱拨，三曰青叱拨，四曰黄叱拨，五曰丁香叱拨，六曰桃花叱拨，上乃制名：一曰红玉辇，二曰紫玉辇，三曰平山辇，四曰陵云辇，五曰飞香辇，六曰百花辇。复命图于瑶光殿，乃改为观骥殿。①

六匹马中红、紫、青、黄是毛色有别，丁香、桃花是斑纹不同；"叱拨"则是对一类马的统一称谓，文中所言是"汗血马"，而"汗血"，正是诗人笔下骢马的特征之一。请看唐代杜甫笔下的骢马：

---

① 引自明陈耀文《天中记》。

邓公马癖人共知，初得花骢大宛种。

夙昔传闻思一见，牵来左右神皆竦。

雄姿逸态何嵲崒，顾影骄嘶自矜宠。

隔目青荧夹镜悬，肉鬃碨礧连钱动。

朝来少试华轩下，未觉千金满高价。

赤汗微生白雪毛，银鞍却覆香罗帕。（《骢马行》）

可知，这匹来自大宛的骢马是浅色毛的连钱花骢，而且流汗赤色。王昌龄《箜篌引》也有"将军铁骢汗血流"的诗句。又，元张宪《桃花马歌》曰"滴滴真珠汗凝血"；明沈周题于《赵仲穆沙苑牧马图》卷后之诗，在描绘"三纵五横不成行，五花杂沓驳而黄。乌骓赤兔照夜白，连钱桃花斗文章"之后，也有"请看沟汗流血浆"一句。

虽然唐明皇为六马更名时重点改掉的就是"叱拨"二字，但"叱拨"的称谓一直与骢马并行使用。例如，岑参《玉门关盖将军歌》"枥上昂昂皆骏驹，桃花叱拨价最殊"；白居易《同诸客嘲雪中马上妓》"银篦稳簪乌罗帽，花襦宜乘叱拨驹"；韦庄《长安清明》"紫陌乱嘶红叱拨，绿杨高挂画秋千"；宋代陆游《梦至成都怅然有作》"紫氍毹暖帐中醉，红叱拨骄花外嘶"，《独酌有怀南郑》"秋风逐虎花叱拨，夜雪射熊金仆姑"。元代耶律铸不仅为他的桃花色铁骢写过《桃花马二首》，还写过《红叱拨赞》，并在赞序中说：

余有良马曰"红叱拨"，取韦庄"紫陌乱嘶红叱拨"之语名之。诸突厥部遗俗，呼今之诸色桃花马为"叱拨"。

从中可知："叱拨"乃突厥语遗存，桃花马有"诸色"，很可能在元代就是骢马的代称。

四　宋代以后的“五花马”

吴文以为“宋后再无‘五花马’之称”，似乎并不尽然，“五花马”的名称至少在宋元明清的文学作品中一直都存在，只是因为没有著名篇章的支撑，加之风俗的改变，所以一般不为人所关注罢了。例如，明陶安《五花马》诗专门写到五花马战场救主之事：

> 五花马，雪踠骄春赤云胯。
>
> 前年来从冀北野，蹄不惊尘汗流赭。
>
> 将军见马筋骨奇，不惜千金买得之。
>
> 持缰使马或徐疾，马不能言意自知。
>
> 骑向边城频出战，背长鞍花肩着箭。
>
> 敌兵四合突重围，救出将军走如电。

诗中说：五花马前年刚从冀北买回，将军骑着它频繁征战，马在肩部中箭的情况下还驮着将军突出重围。诗直接以“五花马”名篇，究竟是沿用传统称呼还是当时的实际名称很难遽下定论。又因宋之李公麟、元之赵孟頫都画过《五花马图》，所以，五花马成为传统的绘画题材，因此也就有了围绕五花马的大量题画诗，如明凌云翰《五花马图》曰：

> 八尺乌骓散五花，披图一见重咨嗟。
>
> 何人笔底藏风雨，解使神龙起渥洼。

此咏“铁骢”。明郑真《题五花马图》曰：

> 五花骢马锦云堆，蹜铁蹄高识骏材。
>
> 倦眼奚官休睡去，天闲好与共归来。

此咏"菊花青"。

明胡奎《题马图》曰：

> 五花云散玉连钱，记得回朝下九天。
>
> 不用盖鞍黄帕子，绛袍人立御门前。

此咏"连钱骢"。

除题画之外、出于用典和对仗的需要，"五花马"也时常出现在宋以后的诗人作品中。例如，宋方岳《寄史监丞》诗曰"诗狂肯换五花马，酒兴径乘双玉瓶"，并见于元人萨都剌《雁门集》和卢琦《圭峰集》的《早发黄河即事》曰"朝驰五花马，暮脱千金裘"，均是化用李白诗典事并兼顾文词对仗的用例；明清人以"五花马"入对仗的用例还有：

> 天闲恩锡五花马，记室家传七叶貂。（明童冀《寄金中孚》）
>
> 苏小门嘶五花马，段家桥碾七香车。（明胡奎《赠燕山老妓歌》）
>
> 飞去五花马，射来双白狼。（明谢榛《武皇巡幸歌》四）
>
> 王孙五花马，少妇六萌车。（清朱彝尊《午日吴门观渡》）

另外，"五花马"还以"玉花骢""桃花马"等专有名称被吟咏着，如明胡奎《题玉花骢画》：

> 谁写开元玉雪骢，黄门待驾立春风。
>
> 南熏殿上承恩日，只说将军画最工。

明杨士奇《唐马为士启题二首》：

> 玉花骢马大宛来，倜傥权奇见异材。
>
> 不道开元四十万，驽骀安得望龙媒。
>
> 雄姿逸气真龙种，赤雾团身白玉蹄。

> 自是西来第一匹，东风萧散不闻嘶。

明蓝仁《桃花马》：

> 君家骏骑自超群，毛色桃花个个文。
>
> 安得腾骧三万匹，满川应似涨红云。

明程通《桃花马》：

> 骅骝踏遍武陵春，带得繁英自满身。
>
> 万点落红霞有晕，四蹄攒白玉无尘。
>
> 自来龙种真仙种，谁识花神是枥神。
>
> 醉倚东风归洞口，错疑游子作刘晨。

这足以说明"五花马"在元明清诗文中的存续状况。

五 "古以为奇，今以为忌"

最后要回答的一个问题是：唐代负有盛名，"未觉千金满高价"（杜甫《骢马行》）的五花马，为什么后来风光不再？这除了马自身名称上的变化——如五花、玉花、紫花、桃花、铁骢、乌骢、泥骢、玉顶、叱拨、玉抱肚等，还有人们好恶上的更迭。明杨慎《升庵集》卷八十一释"八骏"之"山子"曰：

> 山子又作屾子。今之五明马，又名玉顶，又名叱拨，又名玉抱肚，又名花抱肚，太白诗所谓五花马也。古以为奇，今以为忌，曰破面孤蹄鬼也，不骑。刘先主之的卢亦是此种。

这就道出了五花马后来声名沉寂的原因：五花马不仅名称多样，而且昔日奇货可居的宝马，竟然成了不可骑的凶马。包括三国时曾驮刘备跃过檀溪的"的卢"马，也成了凶马。清陈元龙《格致镜原》"兽类三·马上"亦引杨慎此说，又引《相马经》曰："马白额入口者名榆雁，一名的卢。奴乘客死，主乘弃市。"其实，这类民间说法也有以讹传讹的成分。宋陆佃《埤雅·释马》"白颠"条曰"颡有白毛谓之的卢"，又引《马政论》曰"准上有旋毛及白毛者，谓之的吻，凶。俗云的颅，非也。"综上三说：马额头有白毛者名"的卢"，鼻上有白毛或旋毛者名"的吻"，额上白毛长入口中者名"榆雁"。古人认为"的吻""榆雁"是凶马，"的卢"是吉马，但在宋人那里已经有些含混，到明清时就更加牛马莫辨。然而五花骢马后世的沉寂，反而成就它幻化为盛唐气象中的一道雄风和一段美丽传奇。它那流云飞电、喷玉嘶风的身影，见过的人一定会过目不忘。

对《释迦乘羊问学图》的探讨

尚永琪[*]

元《释迦乘羊问学图》，是对释迦太子青年时代学习文学课程场景的艺术表现。

这种场景的描绘，在犍陀罗石刻和中原佛教图像中的表达有很大的差别。犍陀罗石刻中，释迦太子是骑在羊背上前去拜师学习；南北朝时期的壁画中，释迦太子是骑在马上前往拜师，而隋唐时期则演化为释迦太子坐在中式榻上学习的场景。显然，随着佛教的传播，对佛传及经文内容的表达，会在不同的地域、不同的时空受到当地文化的影响，尤其是图像肯定会以当地主流文化为表达手段。所以，人物种族形象、服装和场景的演变，都是必然的。因而，本文在简要追索这种场景变化脉络的基础上，对"乘羊"这个骑乘方式做一点探讨。

一　汉唐之际释迦太子"问学"场景的图像表达

汉唐之际，释迦太子"问学"场景的图像表达逐步中国化的过程非常

＊　作者单位：《社会科学战线》杂志社。

明显，先看文献方面的表述。

释迦太子"问学"是佛陀传记中一个主要环节，在《佛本行集经》《太子瑞应本起经》《过去现在因果经》《普曜经》都有详细的描写。

三国时僧人支谦译《太子瑞应本起经》云：

> 及至七岁，而索学书，乘羊车诣师门。时去圣久（书缺二字）以问于师，师不能达，反启其志。至年十岁，妙才益显。①

此云释迦太子"乘羊车"前往拜师学书，以 7 岁童子就显现出非凡的智慧。

隋天竺三藏阇那崛多译《佛本行集经》云：

> 时净饭王，复为太子多集羝羊，安置宫内。为令太子生欢喜故，真金为鞍，杂宝庄饰。种种璎珞，以严其身，金罗网覆。是时，太子乘彼羊车，至于园林。及其亲叔甘露饭等，自余诸释，各为诸子庄诸羝羊，具足如前。彼诸童子，亦乘羊车，随意游戏。②

根据此段描写，彼时的净饭王的王宫之内，释迦太子及其身边相伴的王族小伙伴都是乘羊车的，且羊为羝羊，也就是大公羊。

所谓"羊车"可以有两解：

（1）以羊当车，即《佛本行集经》卷三所谓"真金为鞍，杂宝庄饰"。显然，这样的有鞍子的配置不是用来拉车的，而是骑乘的。事实上，在犍陀罗雕像中，释迦王子拜师学书的造像有骑羊的图像。

（2）以羊拉车，上述文献中所谓"乘羊车"在字面意思上显然即羊与

---

① 支谦译：《太子瑞应本起经》卷上，［日］高楠顺次郎等《大正新修大藏经》第三册《本缘部上》，大正一切经刊行会大正十三年至昭和九年（1924—1934）铅印本。

② 隋天竺三藏阇那崛多译：《佛本行集经》卷十一《姨母养育品第十》，《大正新修大藏经》第三册《本缘部上》。

车的结合，中国古代宫廷中也有"羊车"之设与使用；在犍陀罗造像中表现释迦王子求学之场景，也有坐羊拉车的图像。

不论是"以羊拉车"，还是"以羊当车"，释迦太子前去拜师学书，都是作为一个童子乘羊而去的，所以《悲华经》以佛陀的口气云：

> 我为童子乘羊车时，所可示现种种伎术，为悟一切诸众生故。①

据上引《佛本行集经》的记述，所有释迦族的王族儿童平时也都是骑牸羊的。

然而，汉唐之际的中国古代佛教图像中，释迦太子"问学"一节被表现得则非常少，并且略去了"骑羊"这一情节，完全中国化了。唯一可见的同"骑羊问学"相仿的，是释迦太子骑马问学的图像。

在敦煌莫高窟第290窟人字坡东坡，北周时期壁画，有"太子赴学"的壁画场景：释迦太子骑在马上，马前方有身穿中式衣冠的教师，马后有两个随从，其中一个打着华盖②（见图1）。

图1 太子赴学

---

① 《悲华经》卷6，《大正新修大藏经》第3册《本缘部上》。
② 敦煌研究院主编：《敦煌石窟全集4：佛传故事画卷》，香港商务印书馆2004年版，第70页，图版54。

此图虽然将"乘羊车"这样相对不太容易理解的内容，改为"骑马"，但是原则上遵守了佛经经文中所表达的释迦太子出宫到教师之门问学的动态场景。

而在敦煌藏经洞发现的唐代（9世纪）的绢画中，表现"太子赴学"的场景则被描绘成"于宫中与文武先生讲论"，完全是坐在王宫的中式榻上坐而论道的布局。[①]（见图2）。

图2　宫中讲论

二　犍陀罗雕塑作品中释迦太子的《乘羊问学》

正如《太子瑞应本起经》等经文所表述的那样，在犍陀罗佛教造像作品中，表现释迦太子问学的场景被忠实地塑造成"骑羊"或"乘羊车"的模式。

在犍陀罗《释迦太子问学》雕塑中，包括两个场景：第一，太子乘羊去老师家的场景，考古学家称之为"通学"；第二，释迦太子教导学童学

---

① 马炜、蒙中编著：《西域绘画：敦煌藏经洞流失海外的绘画珍品6·佛传》，重庆出版社2010年版，第14—15页

习的场景，称之为"勉学"。

"通学"的场景有两种：一是释迦太子坐在由羊拉的车上前往老师家；一是释迦太子骑在羊背上前往老师家。"勉学"的场景也至少有两种：一是对话的场景；一是将"书板"放在双膝之上坐着书写的场景。

关于"释迦太子问学"的两个组成部分"通学"与"勉学"，《普曜经》有很详细的描绘：

> 佛告比丘，尔时太子厥年七岁……一切众释前导从，白净王俱行迎菩萨。
>
> 菩萨乘羊车将诣书师，适入书堂欲见其师……尔时菩萨与诸释童俱往，菩萨手执金笔、栴檀书隶，众宝明珠成其书状，侍者送之。
>
> 问师选友："今师何书而相教乎？"其师答曰："以梵、佉留而相教耳，无他异书。"菩萨答曰："其异书者有六十四，今师何书正有二种？"师问："其六十四书，皆何所名？"太子答曰："梵书、佉留书、佛迦罗书……皆响书。"太子谓师："是六十四书，欲以何书而相教乎？"
>
> 时师选友欢然悦豫，弃捐自大。
>
> 时一万童子，与菩萨俱在师所学，见菩萨威德建大圣慧。
>
> 尔时菩萨为诸童子——分别字之本末，演如是像法门诸音。在于书堂，渐开化训诲，三万二千童子劝发无上正真道意。是故菩萨往诣书堂，示从师受。①

这段文献，提示我们三个要点：一是，释迦太子乘羊车去老师选友的门庭，此即"通学"，释迦太子是与"诸释童俱往"，而这些释童，正是前

---

① 《普曜经》卷三《现书品第七》，《大正新修大藏经》第 3 册《本缘部上》，大正一切经刊行会大正十三年至昭和九年（1924—1934）铅印本。

引《佛本行集经》所云释迦族甘露饭王等王族之子。二是跟释迦太子一起就学的 32000 名童子其实是释迦太子的学生,是受释迦太子教导的,即所谓"勉学"。三是释迦太子"通学"之时携带了"金笔"和"栴檀书隶"这两样学习用具。

至此,我们可以在犍陀罗石刻造像中,来对上述文献中的"通学""勉学"诸要素一一对应认识了。

我们先看两个典型的"通学"的犍陀罗片岩雕塑(见图3、图4)。

图3 羊车通学

图4 骑羊通学

图 3 的灰色片岩石雕出土于巴基斯坦恰尔萨达地区（Charsadda Teh-sil）。① 画面中释迦太子坐在两头大角羊拉的车上，驾车人手持缰绳；从羊的毛皮来看，像长形松果一样的毛显然是绵羊。羊车最前面，是身形略小的一个手托物品的引导侍者；车后树下，是 2 位跟随的侍者。在画面的上方有 4 人——其实表现的应该是同车驾平行的 4 位伴随者，他们身形大于侍从，应该是释迦族甘露饭王等王族中的儿童，是释迦王子的学伴。我们可以看到，这 4 人中，至少其中 2 人手中都握着一块很大的长方形板，类似船桨——这是一种特殊的木质书板——《普曜经》所谓的"旃檀书隶"。它兼具书本和练习本的功能，既可以用来抄写经文，也可以用来练习书写。其功能相当于中国古代学生所使用的漆木水牌，经文内容写在上面，诵记完成后，就可以把字擦了，然后再写新的内容，可以反复使用。

图 4 的灰色片岩石雕出土地不详，英国伦敦私人收藏品。② 画面中释迦太子骑在高大的有角公羊背上，身后是一位侍者，羊头前是 3 位手持书写木板即"旃檀书隶"的释迦族儿童。

至此，产生的一个很有趣的问题是：图像中释迦太子的学伴所持的这种木质书写板，在今天北非的一些地区还可以见到。现代的毛里塔尼亚儿童在学习《古兰经》的时候，还是使用两千多年前释迦太子及其学伴所使用的这种书板，其形状与使用方法几乎是完全一样的（见图 5）。在西藏地区，被称为"墙星"的书写板也是抄写和学习经文常用的工具，不过在西藏地区，此种木板是横着书写的。

关于"通学"主题的犍陀罗片岩浮雕很可以举出很多例子来，其中比较典型的是下面这件片岩浮雕，维多利亚与艾伯特博物馆藏品，藏品号

① Isao KURITA, *A Revised and Enlarged Edition of Gandharan Art：The Buddha's Life Story*, Tokyo：Nigensha, 2003, p. 14.

② Ibid, p. 49.

图5　仍在使用的两千多年前的书板

H. 1040。① 释迦太子骑在绵羊背上，身后是打着华盖的侍者，羊头前迎面
站着两人，其中一人手持书板，同释迦太子处于交谈或问答的场景中。我
们可以将之同敦煌莫高窟第 290 窟北周时期《太子赴学》壁画作一比较。
虽然片岩浮雕 H. 1040 中的释迦太子骑的是公羊，北周"太子赴学"中的
释迦太子骑的是马，但是二者的构图是完全一样的：相同的出场人物、面
对释迦的 2 位人物同释迦太子处于交谈状态、太子身后打华盖的侍者。甚
至可以推断，在构图上，二者应该有一定的继承关系（见图 6、图 7）。

图6　英国藏释迦太子骑羊浮雕

---

① Isao KURITA，*A Revised and Enlarged Edition of Gandharan Art：The Buddha's Life Story*，To-
kyo：Nigensha，2003，p. 50.

图 7　敦煌莫高窟北周壁画《太子赴学》

关于"勉学"的场景，图 8、图 9 是最有代表性的。

图 8 片岩浮雕出土于巴基斯坦斯瓦特地区，① 浮雕左侧是释迦太子射箭展示武艺的场景，右侧则是勉励"诸释童"学习，"发无上正真道意"②的场景。坐着的"诸释童"置书板于腿上，正在上面抄写正知识，旁边有拿着墨水盒的侍者。

图 8　勉学

　　① Isao KURITA，*A Revised and Enlarged Edition of Gandharan Art：The Buddha's Life Story*，Tokyo：Nigensha，2003，p. 54.
　　② 《普曜经》卷三《现书品第七》，《大正新修大藏经》第三册《本缘部上》，大正一切经刊行会大正十三年至昭和九年（1924—1934）铅印本。

    图9片岩浮雕出土于巴基斯坦马拉坎地区,[①] 浮雕右侧是释迦太子"通学"之场景，左侧是"勉学"场景。释迦站在中间，正在"为诸童子——分别字之本末，演如是像法门诸音"[②]，即"勉学"，其身前身后有关于"通学"与"勉学"的文献表述，转化成图像后，在犍陀罗地区的浮雕中有较多的表现，而在中原地区关于佛陀的传记图像中则少之又少，这是一个值得思考的问题。

图9 勉学

三 扩展讨论：关于古代儿童骑羊的问题

    有了以上的基础，现在我们可以稍作扩展，讨论一下古代儿童骑羊的问题了。

    佛传中释迦太子在7岁上学时是乘羊车去见老师的，这个乘羊车，既有坐羊拉车的图像，又有骑羊的图像。关于羊拉车问题，在商代墓葬和西

---

    ① Isao KURITA, *A Revised and Enlarged Edition of Gandharan Art: The Buddha's Life Story*, Tokyo: Nigensha, 2003, p. 50.

    ② 《普曜经》卷三《现书品第七》，《大正新修大藏经》第三册《本缘部上》，大正一切经刊行会大正十三年至昭和九年（1924—1934）铅印本。

汉王陵中都有羊车实物、驾车之羊骨出土，① 中国古代宫廷中亦有羊车之设，② 且不同时代"羊车"之义有虚有实，佛经中更以"羊车"为喻。这些问题学界讨论很多，近年来以彭卫先生所撰《"羊车"考》③ 至为详尽，就不再赘述了。但是，古代儿童骑羊则一直是一个比较模糊的问题，所以需要做一些扩展性讨论（见图 10）。

图 10　儿童骑羊

　　在古代骑乘动物的利用史方面，笔者将之主要分为"驯养的骑乘动物"与"想象的骑乘动物"，前者如大象、骆驼、马、牛、毛驴等，后者则有飞马、狮子、豹子等。而羊作为骑乘动物，事实上是属于此二类之外的"第三种骑乘动物"行列。众所周知，人类驯化羊乃是为了其皮毛与肉而非骑乘。然而在实际生活中，又有"骑羊"这样的实例或记载存在，因而，"乘羊"确实有其值得关注的特别之处。

　　在历史文献或文学性作品中，我们可以见到的骑羊事例有以下几个：

---

　　① 中国社会科学院考古研究所安阳工作队：《安阳殷墟郭家庄商代墓地》，文物出版社 1998 年版；咸阳市文物考古研究所：《西汉昭帝平陵钻探调查简报》，《考古与文物》2007 年第 5 期。
　　② 《晋书》卷三十六《卫玠传》；《晋书》卷三十一《胡贵嫔》；《南史》卷十一《后妃传上·潘淑妃》。
　　③ 彭卫：《"羊车"考》，《文物》2010 年第 10 期。

一是释迦太子骑羊问学；二是匈奴儿童骑羊射猎；三是"荷马史诗"中的奥德修斯骑羊逃脱；四是西藏壁画中，有骑羊的神像。

儿童骑羊的说法，最著者乃是司马迁于两千多年前在《史记》中记载的匈奴孩子的童年生活：

> 匈奴……逐水草迁徙，毋城郭常处耕田之业，然亦各有分地。毋文书，以言语为约束。儿能骑羊，引弓射鸟、鼠；少长，则射狐、兔用为食。士力能弯弓，尽为甲骑。①

此种"儿能骑羊，引弓射鸟"的生活，可以同佛经中释迦太子骑羊问学的记载做一个互相参照。匈奴儿童的骑羊射鸟鼠仅仅是一种具有游戏性质的骑射训练，所以射的仅仅是鸟与鼠这些不能解决生活问题的小动物，而这些儿童少长大一点就可以射狐兔来作为肉食资源。由此对比可见，骑羊是不能射狐兔的，那么骑羊射猎的实用性功能显然非常低。相比照，《佛本行集经》在提到释迦太子在宫中乘羊之事，也只是云"彼诸童子，亦乘羊车，随意游戏"，② 由此可见儿童骑羊的游戏性质。

但是这并不能否认，一些体型巨大的羊，在特殊情况下，也是可以作为成人骑乘的驮兽的。奥德修斯是"荷马史诗"《奥德赛》中的主人公，是希腊人的英雄，他曾在牧人的帮助下，藏身在绵羊的肚子下成功地逃亡。约公元前510年的一个雅典式黑色图案的花瓶上，栩栩如生地表现了这一幕。这是一种体型巨大的绵羊，能让成人骑乘的羊，当然要有足够的体量。

唐贞观十六年（642），玄奘法师在从印度归国途中，③ 在从兴都库什

---

① 《史记》卷一百一十《匈奴列传》。
② 隋天竺三藏阇那崛多译：《佛本行集经》卷十一《姨母养育品第十》，《大正新修大藏经》第三册《本缘部上》。
③ 杨廷福：《玄奘年谱》，上海古籍出版社2011年版，第211—212页。

山的塔瓦克山口翻山后，在一山村中曾见到过一种羊"大如驴"①，应该即此类可以供成人骑乘的绵羊。需要提及的是，在藏北地区，盐的运输是靠羊驮来完成的，这虽然不是"乘羊"，但乃是羊用于驮运的一个典型实例。

在西藏自治区的古格王国早期佛教石窟东嘎 1 号窟南壁，绘有一位身穿藏服的男人骑着公羊的画面（见图 11），这位男人梳着辫子，手抓长长的缰绳，一条狗在身边疾驰，一类似猎鹰的鸟在其眼前飞翔，其前后有兽面人相伴。托马斯·贝恩佳认为这应该是一位猎人。② 难道在 12 世纪的西藏高原上，还有骑羊打猎的真实实例存在吗？最大的可能性是，这应该是一位神，他的头上有头光。也有可能，这正是释迦太子"通学"传说的一个藏式版本。

图 11　骑羊的神（佛）

---

① （唐）慧立本、释彦悰笺：《大唐大慈恩寺三藏法师传》卷五，中华书局 2000 年版，第115 页。

② Orientations Magazine Limited 编著：《西藏艺术：1981—1997 年 ORIENTATIONS 文萃》，熊文彬译，文物出版社 2012 年版，第 220 页。

在汉画像石中，有驾羊车的图像，也有骑羊的图像①（见图 12）。骑羊者有的明显具有猿猴一样的身体特征，且带有高帽，可以认定为是"胡人骑羊"；而有的则前后都有随从随之疾驰，整个图像有"御风而行"的效果。汉画像石系统当然不是社会实录或纯粹的美学表达，而是一个具有思想性的图像世界，因而，"胡人骑羊"或"骑羊御风"可能跟"仙界"或升仙有关，但是，其图像渊源可能来自游牧世界的牧羊生活实践。

羊是草原游牧民族生存的根本，他们的帝国需要马背上的征服，但更需要羊背上的养育。不仅如此，羊也是农业文明定居者的重要生活资源。人类不能直接食用的野草杂树，通过羊的短期生长，迅速转化成了皮、毛、油、奶、肉等高品质的动物蛋白、胆固醇和生活资料。羊之温顺及其对于人类生活衣食住行之资源周济，使得羊由此在华夏文明中获得"吉祥"之意，甚至成为"国之重器"的象征，商代的四羊方尊等青铜器就是典型代表。

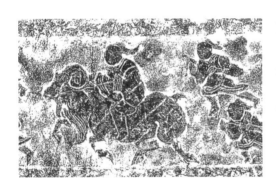

图 12　汉画像石中的骑羊

当然，在整个欧亚大陆范围内，羊都是人类文明发展进程中的重要参与者。

---

① 金维诺：《中国美术全集·画像石画像砖》，黄山书社 2010 年版，第 1 册第 152 页、第 2 册第 262 页。

在贯通欧亚大陆的北方草原上，从远古到前近代的上万年间，羊之形象都是旷野岩画的主要表现对象。在古代埃及，阿蒙神就是羊头狮身的形象。古代斯基泰人把他们身穿羊皮衣裤、挤羊奶的形象镌刻或铸造在精美的黄金艺术品上，狼食羊的场景更是斯基泰、匈奴、突厥与蒙古族等欧亚北部草原艺术中常见的图样。

据记载，波斯国王和西亚及中亚昭武九姓诸多小国的国王，都是坐在"金羊床"上处理国务、接待外邦来使。由此诸相可见，在欧亚大陆，羊的人文意蕴深厚绵长。

故宫博物院藏《李尧栋致黄易同官札》考释

许隽超*

清朝金石大家黄易（1744—1802），早已进入研究者的视野。《故宫藏黄易尺牍研究·手迹》《故宫藏黄易尺牍研究·考释》二书，[1]内容丰富，考订细致，读后获益良多。今就其中《李尧栋致黄易同官札》一通（见图1），与相关档案、别集、缙绅录互证，试作申说，以就教于学界同道。是札全文如下：

> 闻阁下名久矣，今得同官一方，则相见有日，私心窃幸，未卜何时得遂愿也。猥蒙手书辱问，栋自问非吏才，久欲息影江乡，以官累，不得已，再涉风尘。到此甫月余，尝鼎一脔，毫无滋味矣。江世兄已回平阴，书即致去。谷人昨冬在湖上犹相见，今到此尚未通问也。此复，并候钧安。尧栋启上。小松先生。初九日。杭州严历亭嘱致声，又及。

* 作者简介：黑龙江大学文学院。本文属于国家社科基金一般项目（15BZW101）阶段性研究成果，黑龙江省高校哲学社会科学学术创新团队"中国古代文学研究"（明清文学与文献研究）（TD201202）研究成果。

① 故宫博物院编：《故宫藏黄易尺牍研究·手迹》，故宫出版社2014年版；故宫博物院编：《故宫藏黄易尺牍研究·考释》，故宫出版社2015年版。

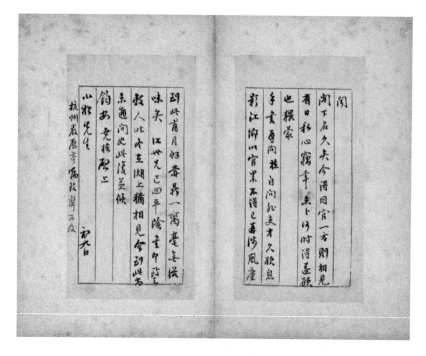

图1 《李尧栋致黄易同官札》影印件

朱琪先生认为，"此札当作于李尧栋官山东时，具体时间俟考"①。并确认札中"江世兄"为江凤彝，"严历亭"为严守田，皆颇有见。按：李尧栋（1753—1821），字东采、松云，浙江绍兴府山阴县（今绍兴市柯桥区）人。乾隆三十七年进士，由翰林院编修，仕至湖南巡抚。著有《写十三经堂诗集》。陈用光《太乙舟文集》卷八《资政大夫前湖南巡抚李公神道碑铭》有云：

> 公少秉异资，读书过目不忘，为文章，清丽雅赡，操纸笔立就。十八举于乡，二十成进士，改庶吉士，习国书。散馆授编修，四库馆开，充《永乐大典》纂修官。其奉使事，庚子、丁未两与会试分校，

---

① 朱琪：《故宫藏黄易尺牍疏证》，故宫博物院《故宫藏黄易尺牍研究·考释》，故宫出版社2015年版，第121页。

癸卯典试江西，丙午典试福建。其官阶充文渊阁校理，日讲起居注
官，右春坊右赞善，左春坊左中允。乾隆庚戌京察一等，授常州府知
府，调江宁，丁父艰归。服阕，选授云南东川府，以母年老改近，调
山东泰安，再调济南，以回避门生方提刑维甸归里。居二年，谒选授
江南徐州府，调福建延平，丁母艰归。服阕，授四川雅州府，调成
都，擢建昌兵备道。晋贵州按察使，调江苏按察使，署江宁布政使，
调云南布政使，晋云南巡抚。调福建巡抚，未之任，署云贵总督，调
湖南巡抚。今上即位，命来京，以三品京堂候补。道光元年九月初八
日卒于寓，享年六十有九。①

李尧栋以少年进士，回翔木天，屡操文柄，门生故旧遍天下。观其仕
履，与黄易有"同官"之谊者，唯守山东泰安、济南时耳。复检《嘉庆朝
上谕档》，内有三条材料：

嘉庆三年七月初五日，内阁奉上谕："云南迤南道员缺，着屠述
濂补授。所遗东川府知府员缺，着李尧栋补授。钦此。"

嘉庆三年七月初七日，内阁奉上谕："本日召见新授云南东川府
知府李尧栋，奏称伊母年逾七十，云南路远，难以迎养。着加恩调补
山东泰安府知府，俾遂乌私。其云南东川府知府员缺，即着鸣铎调
补。钦此。"

嘉庆五年七月初三日，内阁奉上谕："惠龄奏山东泰安府知府李
尧栋，与新任臬司方维甸谊属师生，例应回避开缺。又东昌府知府一
缺，前经扣请拣补，今将在东候补之知府崔映辰、嵩山二员，奏请补
用等语。崔映辰着补授泰安府知府，嵩山着补授东昌府知府，李尧栋

---

① （清）陈用光：《太乙舟文集》，道光二十三年刻本。

着赴部候补。钦此。"①

李尧栋嘉庆三年（1798）七月授山东泰安知府，两年后离任赴京。札中云"到此甫月余"，亦即甫抵泰安知府任月余后作也。李尧栋何时抵泰安任事，是确定作札时间的关键，然直接证据若缺乏，亦唯努力寻找旁证。

札中有"江世兄已回平阴"云云，江世兄指江凤彝，② 师事黄易，是黄易的金石同道。其父江清，时宰泰安府平阴县，是李尧栋的属吏。③ 值得注意的是，江凤彝本年顺天乡试中举。④ 顺天乡试例于九月上旬发榜，江凤彝由京师抵泰安府城泰安县，至早也须九月下旬左右。李尧栋是札上限，为嘉庆三年十月初九日。

札中复道及"谷人昨冬在湖上犹相见"，湖，指西湖。检《南归记》，吴锡麒（谷人）嘉庆二年（1797）春乞养南归，三月十二日出都，四月六日抵德州，四月八日陆行游泰山。四月十八日抵济宁，与孙星衍、黄易诸友盘桓旬日而别，闰六月二十二日抵杭州府城。⑤ 嘉庆二年冬，吴锡麒、

<hr>

① 第1—2条材料，见中国第一历史档案馆编《嘉庆道光两朝上谕档》，广西师范大学出版社2000年影印，第3册，第89—90页。第3条材料，载同书第5册，第333—334页。

② 江凤彝，字秬香，浙江杭州府仁和县人。江清次子。嘉庆三年（1798）举顺天乡试，道光二年（1822）十月任浙江景宁县教谕。

③ 乾隆五十三年（1788）《大清缙绅全书》中，山东泰安府栏载："知府加一级李尧栋，松云，浙江山阴人。壬辰（进士），（嘉庆）三年七月授。……知县加一级江清，桐叩，浙江仁和人。戊戌（进士），（嘉庆）三年五月题。"载《清代缙绅录集成》第5册，大象出版社2008年影印，第117—118页。阮元《两浙辀轩录补遗》（嘉庆间刻本）卷七："江清字抱村，一字桐敏，仁和人。乾隆戊戌（1778）进士，官松江通判。著《待月山房诗稿》。陈传经曰：'桐敏先生学问精邃，仪表端雅。仲子秬香孝廉，予总角交也。闻其令泰安时，多惠政，山左金石，搜考殆遍。藏数千卷，后镌级归里，鬻书自给，遂郁郁以殁'。"另，是时署泰安府新泰令者，为与《红楼梦》有密切关联的舒元炜，详参拙文《舒元炜宦迹补考》，载《红楼梦学刊》2011年第2期。

④ 见延丰等纂修《重修两浙盐法志》卷二十四《商籍一》，同治间刻本。

⑤ 《南归记》，吴锡麒撰，广东中山图书馆藏稿本。吴锡麒，字圣征，号谷人，浙江杭州府钱塘县人。乾隆十一年（1746）七月二十八日生，嘉庆二十三年（1818）卒。乾隆三十九年（1774）举人，翌年成进士，由翰林院编修，仕至国子监祭酒。著有《有正味斋全集》。事具《清史列传》卷七十二。

李尧栋晤于杭州,① 李尧栋此札不可能作于嘉庆四年（1799）正月九日，否则便与"昨冬"二字龃龉了，此札下限为嘉庆三年十二月初九日。

至于李尧栋言"久欲息影江乡，以官累，不得已，再涉风尘"云云，亦可稍作推测。"官累"，即亏欠公家的款项。李尧栋守泰安前，曾任京官及江苏常州、江宁知府，无亏空摊赔之事。其父李浚原，乾隆十五年（1749）顺天举人，仕至台湾兵备道。乾隆三十一年（1766）六月，李浚原于福建福州知府任上革职。乾隆四十八年（1785）十二月，复于福建台湾道任上革职。父债子还，向有定例，李尧栋的"官累"，或为代其父缴纳在任追赔之款。

要之，李尧栋嘉庆三年冬作此札，是一个稳妥的推论。黄易其时在南旺工次，职务是以候补府同知（正五品），借补兖州府捕河通判（正六品）。② 有趣的是，此札作者李尧栋，受者黄易，并札中道及的江凤彝、吴锡麒、严守田诸人，③ 皆为同乡。乾嘉文人之交游，于同乡尤密，此札亦可窥见一斑矣。

---

① 嘉庆五年春夏间，吴锡麒有《寄李松云》札："春间北上，本拟一访泰山主人，缘从河路行，遂阻良觌。但闻贤太守琴将赴典，鹤且休粮，袁平阳能不作思归计哉！方今圣天子以清节励人，若阁下之有守有为，自必书之屏风，登诸台鼎，必不郁郁久居此耳。至于仆者，家食不给，禄养又难，出处回皇，迷方莫导，拟秋间仍作南旋之计。然倏来倏去，不特路鬼揶揄，即自思之，亦哑然失笑也。"见《有正味斋尺牍》卷上，台北"中央图书馆"藏旧钞本。

② 潘庭筠《山东兖州府运河通判钱唐黄君墓志铭》文有云："自（嘉庆）三年冬在南旺感寒湿疾，三阅寒暑，未尝一日在告。"载《中国古代书画图目》卷十一，文物出版社 1994 年版，第 131 页。又，以大衔补用小缺，称为"借补"。《嘉庆帝起居注》嘉庆三年十一月十二日条："是日，吏部议河东河道总督司马騊等题，兖州府捕河通判员缺，准以候补同知黄易借补一疏，奉谕旨：'黄易依议用。馀依议'。"中国第一历史档案馆编《嘉庆起居注》广西师范大学出版社 2006 年影印，第三册，第 282 页。捕河通判官署，在运河沿岸之山东阳谷县张秋镇。

③ 严守田，字觳园，号历亭，浙江杭州府仁和县人，寄籍山东济南。乾隆十三年（1748）生，嘉庆四年（1799）四月十日卒。乾隆三十六年（1771）山东乡试举人。由广东阳江县，仕至南河同知，署淮安知府。著有《待松轩诗存》。事具姚鼐《惜抱轩文集》卷十三《奉政大夫江南候补府同知军功加二级仁和严君墓志铭》。国家图书馆藏《黄小松友朋书札》第 12 册，有严守田致黄易书札两通，自称"寅世侄"。

乾元文史

元上都的兴建及其生态环境的变化

——主要以扈从诗为材料的分析

杨富有[*]

　　浑善达克沙地作为华北尤其是京津地区的风沙源，其生态状况及其成因备受世人关注。元上都作为浑善达克沙地南缘一座世界文化遗址，从其兴建到被焚毁仅仅一个世纪，期间的生态变化及其原因，值得思考与借鉴。

　　元上都"位于我国沙漠—黄土边界带的核心地区，属于沙漠覆盖平原与干燥剥蚀丘陵地貌类型的交界地带"[①]。这样的地区本来就具有生态脆弱性特点，加之大自然活动的自身周期等因素，是元上都地区生态环境逐渐恶化的客观原因。从主观上看，人类活动日益加剧从而造成生态逐渐恶化是重要人为因素。尽管人类活动加剧是一个渐进的过程，浑善达克沙地生态恶化对内地环境的影响也是随着人类活动程度的加强而日益加剧的，但纵观浑善达克及其周围地区人类活动的规律，这种日趋严重的影响显然主要肇始于元代。

---

　　* 作者单位：锡林郭勒职业学院。

　　① 魏坚：《元上都》，中国大百科全书出版社 2008 年版，第 183 页。

一 元代上都地区的生态特点

关于元代浑善达克地区生态环境的系统科学资料目前很难见到，元代扈从诗人扈从上都过程中描写的沿途风景及其在上都生活期间的诗歌作品，保留了很多有关上都当时的气候、降雨、河流湖泊、植被状况等资料，是对了解元代上都地区生态状况的一个很好补充。通过这些资料能够形象、具体地了解到元代以上都为中心的浑善达克南缘的生态环境特点。"龙岗蟠其阴，滦江经其阳。四山拱卫，佳气葱郁"（王恽《中堂纪事》），类似的记载在元人诗歌、笔记等作品中为数不少，通过这些记载可以发现，上都地区的生态特点与其地理地貌特征有密切联系：以上都为核心的地区是滦河孕育的金莲川草原，属于局部湿生环境条件造就的湿地板块，北部是龙冈，东部是砧子山，南部不远处是南屏山，其周围地区都是起伏的山峦，中间部分则是广阔的典型草原，越过龙冈的北部是浑莽的浑善达克沙地。这样的地理位置及其生态构成，使元代上都地区既有相对稳定的生态多样性，也因为临近浑善达克沙地而呈现出生态脆弱性，下面分两点论述。

首先，受到滦河等水系的涵养，以元上都为核心的金莲川草原在元代属于草甸草原甚至是湿地。元上都及其周围地区有闪电河、黑风河和一批湖泊，"元上都周边草原上发育的21条河流和89个常年性湖泊具有极其重要的稳定土地系统的生态学价值"①。元代上都地区的生态条件要好于今天。当时，无论是地表还是地下，都有充沛的水源补充，所以在城市建设之初，为了给宫殿打好地基，元代人采取的是排水、填埋等措施；即使在城市建成以后，每当雨季，上都的街衢仍然呈现出"官街淤泥没马股"

---

① 魏坚：《元上都》，中国大百科全书出版社2008年版，第183页。

（马臻《开平寓舍》），"积潦催车轴"（黄溍《同杨仲礼和袁集贤上都诗》）等景象。"淤泥""积潦"这些现象都充分说明：元代上都为核心的地区，水源充沛，降水丰富，是属于草原湿地性质的地理单元。当代考古学的成果也印证了上都城在元代的地理特征："元上都城兴建时还有排涝工程。元上都城距离滦河比较近，地势较低，有大量的湖泊和沼泽，因此在上都的修建过程中都要涉及排干湖水，堵塞水源的问题，较大的水源地则建为池塘。在城东北和西南就有两个较大的池塘。"①

在上都城这一地理单元周围，则具有明显的草甸草原的生态特点："野中何所有，深草卧羊马"（陈孚《金莲川》），"野阔天垂风露多，白翎飞处草如波"（胡助《滦河曲》），描写的是茂密的菁草随风起伏，波浪翻滚的繁盛景象；而郝经的《开平新宫五十韵》《滦阳述怀》、王恽的《开平晚归》、虞集的《上京杂咏》、柳贯的《后滦水秋风词》等诗歌，则先后使用了"水草腴""水草甘肥""水草新""草肥"等类词语描写这一带草原的植被特点。从这些词汇的构成上看：水草、甘肥等，足以生动形象地描绘出了当时当地草本植物如高度、密度等特点，真实记录了这一地区良好的生态环境。即使在今天，这样的景象虽然已远不如昔，但在上都遗址附近的金莲川草原上，仍然有规模已经比较有限的草甸草原生态系统存在。这一侥幸的遗存，足以说明这一带在元代应该是规模更大、生态条件更加优越的草甸草原甚至湿地生态系统。

元上都核心区域金莲川的外围地区是以典型草原为主的植被类型。这一类地区的自然景观是来到上都的扈从诗人着力描写的内容。大笔勾勒，扈从诗人眼中的草原是"水绕云回万里川，飞鸟不下草连天"（张翥《上京秋日》），"千里茫茫草色青，乱云飞逐马蹄生"（陈孚《统幕》），旷荡、辽阔的草原充满了勃勃的生机与活力；精雕细刻，扈从诗人笔下的上都草

---

① 魏坚：《元上都》，中国大百科全书出版社 2008 年版，第 187 页。

原则呈现出"小西门外草漫漫，白露垂珠午未干"（胡助《滦阳述怀》），"细草如烟殿翠茵，杂花匀簇道旁春"（张养浩《中都道中》）等特点。从艺术的角度上看，这些描写无一例外地展示出上都周围草原草海漫漫、茸茸如毯、露珠辉熠、杂花簇拥的生机勃勃的如画景象；从生态学的角度上推测，至少说明这里在元代的时候植被覆盖度良好。

分析这些生机与活力背后所依赖的草原生态系统，也能发现上都及其周围地区草原动植物资源的丰富程度超乎想象，在扈从诗中就常见诗人们描写芍药、紫菊、马莲、野韭、枸杞等草本植物。据不完全统计，上都所在地的内蒙古正蓝旗境内目前有草本植物达 370 余种，其中中草药就达 330 余种；① 扈从诗中涉及的狼、狐、鹿、黄羊、野兔等动物以及天鹅、白翎雀、大雁、海青等飞禽共计 30 余种。许有壬的《上都十咏》就是上都扈从诗中专门描写上都物产方面的典型。而根据现有材料的比较，元代上都地区的生态环境当好于今天，这更足以说明元代位于浑善达克南缘的上都及其附近广大地区，具有良好的生态资源，形成了完整的生物链条。

其次，元上都附近至少在元代初期尚有大片原始森林。"阴阴松林八百里，昔山相传为界址"（袁桷《松林行》），就是对上都地区原始森林的描写。对此，白珽曾做过详细解释"去上都二百里即古松林千里，其大十围"②；而王恽则明确中记载"上都东北十里有大松林"③。大松林距离上都究竟是二百里还是十里姑且不论，但这些记载、描写中涉及的信息充分说明，元代上都周围地区拥有大片原始森林，"其大十围"的树径需要长时间的生长；森林位于上都东北地区，以松树为主要树种；而且"八百

---

① 贡图佈/布仁毕力格编著《正蓝旗志》（蒙文版），内蒙古文化出版社 2004 年版，第 161—162 页。

② 白珽：《续演雅十诗》，文渊阁四库全书（CD），武汉大学出版社 2004 年版，书号 4621，盘号 415，第 1 册，第 23 页。

③ 王恽：《中堂事记》，《秋涧集》卷八十，文渊阁四库全书（CD），武汉大学出版社 2004 年版，书号 4621，盘号 415，第 33 册，第 30 页。

里""古松林千里"的规模表明森林的面积非常可观。如果考虑到当时其他一些扈从诗人的作品中还经常描写到杨树、榆树、柳树、桦树等树种及其生长情况,将这些信息综合起来,至少说明:上都及其周围地区适宜于松树为主的多种树种的存活与生长,有比较丰富的森林资源。正是因此,"昔山相传为界址",不管唐代主观上是要了为设置自然边界还是出于其他目的,这样大片森林的存在,一定程度上都必然改变上都地区的局部生态环境并使之成为阻隔浑善达克沙地的自然屏障。

当然,上都地区位于浑善达克沙地南缘,其生态脆弱性在当时就已经呈现出来。"穷洹唯沙漠,昔闻今信然"(萨都剌《上都道中二首》),"沙漠峥嵘车马道,半空秋影铁幡竿"(胡助《滦阳述怀》),这些特点都是客观存在的。也正是这样地貌特征和生态现象的存在,这一地区呈现着生态多样性之外的另一个特点:生态系统非常脆弱,草原植被一旦遭受破坏,沙化将是最直接且不可避免的后果,恢复将是一个艰难而漫长的过程。

二 元上都的兴建与对生态的破坏

元代以前,上都地区虽然先后经历了匈奴、乌桓、鲜卑、契丹等族群建立政权的统治,但主要还是游牧场所,人口密度低,生态从来没有受到大规模人为破坏;直到金世宗(1161—1189 年在位)时,这里才成为一个皇家夏季的清暑狩猎之所。这样的地位,使之只有在夏季才迎来金世宗和他的随扈,这也就决定了这里的"城市"功能和人口数量有限。除了有限的游牧和狩猎活动之外,基本不受人类活动的其他影响,不会有大规模的开发和生态环境破坏现象出现,基本保留了大自然原有的生态风貌。1260年元代以此为都加以建设后,上都地区出现了戏剧性的变化:一座足以在当时成为世界政治、军事、外交、文化等中心的繁华都市拔地而起。虽然这座城市足以使金莲川草原自此万古流芳,也人为地在短时间内迅速并且可能是永久性地改变了这一片草原的自然风貌。这主要体现在以下三个方面。

首先，城市建设的建材需要，破坏了元上都地区的生态环境。以土木结构为主的传统城市建设需要，加重了上都地区的生态负担，造成了难以挽回的生态灾难。元上都建设需要大量的土石。以修筑上都城墙为例，元上都外城"现高约5米，下宽10米、上宽2米，每边长2200米"皇城每边长1400米，"墙身下宽12米，残高约6米，宽205米"，宫城东西宽约570米、南北长620米，"墙高约5米、下宽10米、上宽205米"①，"根据每修筑一米城墙需用夯土34.18立方米的土方用量估计，并考虑夯土所用土质分析结果表明的就地取材情况，可以推断，随着城市规模的不断扩大以及功能分区细化对涂层的大量需求，对这一地区平均只有0.5—1.5米厚的土层来说，会造成难以恢复的破坏，严重影响城市周围草地植被赖以生存的土壤承载力。"② 根据元上都遗址城墙遗存的基本情况估算，结合考古的其他成果，这一结论是经受得住考验的。

中国传统建筑多为砖木结构。元上都宫殿、官廨、民居等建设需要大量木材。姑且不论整个元上都建设需要多少森林资源支撑，仅仅建一座华严寺，打地基时就要"以木钉万枚筑之"，遑论金碧辉煌的宫殿建筑"宝构荧煌接帝青，行宫列峙火晶荧。运斤巧斗攒千柱"（袁桷《华严寺》）要耗费的木材数量了。何况，当时上都地区居民日常生活所需燃料也主要靠木材，"御花园路接柴场""柴车击毂断东街"（宋本《上京杂诗》），规模庞大、价格低廉的木柴市场需要就地取材，靠上都附近的林木资源支撑，这无疑会耗费大量宝贵的森林资源。生长周期长、再生能力差的上都附近有限的森林资源无论如何也无法负载如此消耗，对于森林资源逐渐枯竭的现实，许有壬的《悯松》描写得非常系统，而白珽更痛心疾首地在诗

---

① 贾周杰：《元上都调查报告》，《文物》1977年第5期。
② 魏坚：《元上都》，中国大百科全书出版社2008年版，第188页。

歌中描写道："滦人薪巨松，童山八百里"，诗人不加雕饰地从正面描绘了
随着上都这座草原都市的崛起，其周围的莽莽松林是如何一步步变成濯濯
童山的；对此，诗人意犹未尽地详细加以注释，"取松煤于滦阳，即上都。
去上都二百里即古松林千里，其大十围，居人薪之将八百里也"（《续演雅
十诗》）。白珽是一位于 1328 年去世的诗人，距元朝覆灭尚有 40 年，也就
是说，元朝中期前后，上都附近的森林已经十去其八，这难免让元代诗人
慨叹"松林空有界，剪伐不知年"（袁桷《上都杂咏十首》）！居民大量增
加，对各种生活物资的需求加重了上都地区的生态负担，导致了上都地区
脆弱的生态环境迅速恶化。从元上都建都到被战火焚毁，期间不过百年，
这种变化是快速的，其后续的影响也是严重的。至少，元上都的建设与兴
起，毁坏了浑善达克沙地与京津地区之间原本可以作为生态屏障的那片可
贵森林资源。

　　其次，上都城市建设的选址破坏了该地区的生态稳定。元上都的城市
建设就选址在龙岗之南、滦河之北的金莲川草原的滦阳，这是一片草甸草
原，建设时首先需要克服排水困难。袁桷在自己的诗歌注释中记载建造元
上都著名的寺院华严寺时，"殿基水泉沸涌，以木钉万枚筑之"（《华严
寺》），地下水充沛的情形由此可见一斑。现在，在元上都遗址皇城西南角
寺院遗址地上露出高 0.5 米、长 1.5 米、地下部分被削成椎体的木桩，就
应该是袁桷的记载中涉及的木钉。不只局限于华严寺，大规模的上都城市
建设很多时候都面临着类似的问题；也不是只有袁桷的诗歌及其注释提供
了这方面的信息，史料和其他诗人的创作也提供了这方面有力的佐证。当
时在这里建筑宫殿时先要把湖水排干，然后用石头、碎砖、石灰等将地表
填平，为了稳固起见，还要融化锡块浇筑，这样，"在升达一人之高后，再
在上面铺上石板……在那石板上面，建造了一座中国风格的宫殿"①。类似记

① ［古伊朗］拉施特：《史集》，余大钧、周建奇译，商务印书馆 1985 年版，第 325 页。

载显然说明，元上都就建设在具有沼泽性质的草原湿地之上。大规模的城市建设采取的这一系列措施，不可能不影响这一地区湿地系统的生态。

最后，上都地区的人口膨胀增加了上都地区的生态负担。上都作为元代两都之一，除了皇城宫殿、城市管理机构上都留守司等之外，国家重要部门在上都均设有分支机构，加之上都还建有大量寺院道观，上都不仅在平时聚居了大量官吏、僧道等宗教人员、为城市服务并依赖于城市生存的手工业者，还有数量可观的驻军，如文宗时仅守门的"八剌哈赤"就多达2200多户、烛剌赤800余户[①]。至于夏季皇帝巡幸上都时，随扈人员数量庞大，"天子时巡上京，则宰执大臣，下至百司庶府，各以其职，分官扈从"[②]，据史料记载，至大二年（1309），仅六卫汉军朝廷抽调就骑兵6000人、步兵2000人参加扈从[③]，这些又直接导致了上都人口季节性膨胀。同时，元代政治上实施两都制，最高统治者有意识限制游牧贵族远涉大都，使得分封各地的勋臣戚旧在夏季皇帝巡幸上都的时候也来到上都附近驻牧，使得蒙古族贵族夏季大量集中涌入上都地区，"西关轮舆多似雨，东关帐房乱如云"（宋本《上京杂诗》）就是对当时上都夏季城市及其周围人员聚集情况的描述。以上三个因素叠加，上都城市规模膨胀、人口大规模增加已不可避免，这些都必然导致加重这座草原都市的压力。问题是：上都地区本身不生产粮食，又远离中原农业与商业核心区，所需的生活物资除了从内地调运之外，还采取了屯田等措施加以保障，加之国家统一，农业人口为生存而产生的自然扩张，上都及其周围地区逐渐引入了农业生产活动，"种荞坡峻马能犁"（许有壬《和谢敬德学士入关至上都杂诗十二首》）便是写照。因为上都大部分地区处于不适宜于农业耕作的高海拔草

---

① （明）宋濂等：《元史》，中华书局1976年版，第746页。
② （元）黄溍：《上都御史台殿中司题名记》，《文献集》卷七下，文渊阁四库全书（CD），上海人民出版社1999年版。
③ （明）宋濂等：《元史》，中华书局1976年版，第2536页。

原生态区，屯垦的实施、家庭农业的介入，从根本上改变了这一地区自古以来的生产方式，土地利用方式因此而发生变化，草原生态环境不可避免地渐趋恶化，夏季北方草原腹地游牧贵族集中刍牧上都的行为也必然导致草原过牧现象出现，也必然会加大了草原的生态压力。

可以认为，上都的选址注重了其政治、军事甚至中国古代风水理论等诸种因素，空间资源丰富，但是能源资源、环境容量、生态功能有限，其兴建、崛起、扩张对环境造成的影响，直接破坏了这一地区的生态平衡，为后世这里的生态持续恶化埋下了隐患。

三　结论

如今的上都遗址，不仅是一个时代历史的遗存，也不仅是那个时代所达到的震铄古今的政治、军事与文化成就的丰碑，某种程度上它还是城市发展悲剧的生动存照。这一悲剧不只局限于中国古代改朝换代时焚烧前代辉煌城市建筑的恶习，还表现在城市设计、建设、发展的理念上。元上都选址于宝贵的金莲川湿地草原，不仅增加了建筑成本，其建设过程本身就是对湿地草原生态环境的破坏，也是对其生态功能的摧残；而金莲川周围又是很脆弱的生态系统，人类活动的加剧作用于这样的生态系统，不可避免地容易造成生态环境的恶化；加之这里是一个环境自身修复功能差的地区，生态环境一旦遭受破坏，恢复将是一个长期、艰难的过程。如此，元上都即使不被战火所焚毁，也很难想象那样规模的都城对周围环境会造成怎样更大的影响，也很难想象在后来日趋恶化的环境中它会陷入怎样艰难的挣扎。事实上，元上都的选址就已经注定它在与环境的斗争中必然会败下阵来而渐趋颓败、没落的结局。

同时，城市建设与发展必须与城市所在地区生态承载能力相一致，不能超过自然为城市正常运转提供资源的能力，否则，人类为了生存的需要就会向自然索取超出其承载能力的物质，从而导致生态灾难。所以，城市发展及其规模必须控制在生态环境允许的适度范围内，要与当地自然环境、条件相协调；人类活动也必须尊重自然规律，否则，人类将会被自身行为的后果所惩罚。诚然，"在人与自然相互作用的过程中，人始终占据主导地位。无论是谈人与自然的相互作用系统的持续发展，还是说自然受到破坏和产生的种种问题，都是以人类社会为评价参照系的。所谓人与自然的不和谐是相对于人来讲的，造成不和谐的根源就在于人类行为本身……因而需要人们去改变现有的不合理行为，建立人与自然相互适应的新模式"[1]，即人类必须建立人与自然的协同进化模式才是人类社会与自然的长期共存之道。

---

① 黄鼎成等：《人与自然关系导论·前言》，湖北科学技术出版社 1997 年版，第 6 页。

元人乡试律赋考论

詹杭伦[*]

引　言

在学术界一般的认知中，律赋是唐宋两代用于科举考试的文体，元代则改用古赋作为科举考试的文体样式。这一点在《元史·科举志》中有明确的记载。元代皇庆二年（1313）十一月，仁宗下诏开科取士。延祐元年（1314）首科乡试，二年京师会试，考试文体废弃律赋，改用古赋。《元史·选举志》记载中书省上奏云："夫取士之法，经学实修己治人之道，词赋乃摛章绘句之学。自隋唐以来，取人专尚词赋，故士习浮华。今臣等所拟，将律赋、省题诗、小义皆不用，专立德行明经科，以此取士，庶可得人。"[①]仁宗接受中书省大臣的建议，规定乡试、会试科目相同，汉人、南人试三场：首场明经，包括经疑二问，经义一道；二场古赋、诏诰、章表内科一道；三场策一道。蒙古、色目人只试二场，可以不试古赋、诏诰、章表，愿试者听之，中选者加一等授官。明人徐师曾在《文体明辨序

---

    * 作者单位：马来西亚南方大学中文系。

    ① （明）宋濂等：《元史》卷八十一《选举志一》，中华书局1976年版，第2018页。

说》中慨叹：律赋考试"数代之习，乃令元人洗之，岂不痛哉!"①当代学者黄仁生在研究元代科举与辞赋问题时也指出："当仁宗诏令行科举之时，律赋在元代的历史也就终结了。"② 然而，律赋在元代中后期的科举中真的完全消失了吗？根据新发现的乡试律赋资料，笔者认为对这一问题应该重新作出审视和阐释。

一　李祁乡试《黄河赋》

元代后期学者李祁所著《云阳集》首卷所收文体注明为"律赋，古、律诗"，开篇即《黄河赋》，题下注明"壬申，湖广乡试。"壬申为元文宗至顺三年，当公元1332年。李祁本年乡试过关，次年即成进士，说详下。为了辨认赋体，此先按照韵脚，分段过录《黄河赋》如下：

> 乾清坤夷，岳奠川会。览四海之紫环，见黄河之如带。下亘寰宇之区，上通银河之派。折九曲之迂回，泻千里于一快。想成功于当年，微神禹吾谁赖。

首段是破题段，作者以俯瞰的态势，描写黄河在天地之间的形态和气势，既蜿蜒曲折，又一泻千里，这是当年大禹治水的功劳。句法上两句对仗，相当整齐。此段有五个押韵字："会带派快赖。"在《广韵》中，"会带赖"为泰韵，独用；"派"为卦韵，"快"为夬韵，似乎不能与泰韵通押。然而在周德清《中原音韵》中，除了"会"字为齐微韵外，"带派快赖"都是皆来韵，齐微与皆来通押，是元明文学作品中常见的现象。这种现象说明，作者没有沿用《广韵》的押韵限制，而是采用了《中原音韵》

---

① （明）徐师曾：《文体明辨·序说》，罗根泽校点，人民文学出版社1962年版，第101页。
② 黄仁生：《论元代科举与辞赋》，《文学评论》1995年第3期，第113页。

所归纳的押韵方式。作者曾为周德清之书作序，对此书非常熟悉，说详下。

> 观其肇迹西土，浚源天渊。浩浩汤汤，翩翩绵绵。或奔放而莫御，或纤徐以夷延。或腾踔奋迅，激强弩以俱发；或喧豗震掉，雷万鼓而并前。耸银关之嵯峨，驱铁骑之森严。忽洪流之浩渺，播余波于两墙。谅一苇之难渡，岂容刀之可言？

次段是原题段。推原黄河的源头来自西土、天渊，这既有对黄河源头方位的写实描绘，也有对"黄河之水天上来"的想象。接下来，对黄河之水穿流中华大地的情形作形象的描绘，特别是段中有一联隔句对，"或腾踔奋迅，激强弩以俱发；或喧豗震掉，雷万鼓而并前"，形象和声响都能配合黄河的澎湃气势。此段有"渊绵延前严墙言"七个押韵字，在《广韵》中，渊、前，先韵；绵、延，仙韵；严，严韵；言，元韵。几个韵部在《广韵》中无通押关系，而在《中原音韵》中，渊、绵、延、前、言，均为先天韵；严，廉纤韵；墙字在《广韵》和《中原音韵》皆未出现，而在《洪武正韵》中列为先韵。由此可见，这七个韵字在元明之际是可以通押的。

> 思昔龙门未辟，积石未导。荡斯民之衡庐，为鱼鳖之阃奥。暨黄河之安流，嘉玄圭之锡告。济苍生于艰危，拯沉溺于闲燥。昭乎如日月之乍明，廓乎若乾坤之再造。此后之临流而叹者，所以深为鱼之忧，而羡禹功之妙也。

三段表彰大禹开凿龙门，疏通河道的功绩。所押燥、造二字，在《广韵》中属于皓韵，独用；导、告二字属于号韵，独用；妙字属于笑韵。在《中原音韵》中，则皆属于萧豪韵，可以通押。

逮从西京，治化昭明。何壮心之未已，复驰骛于远征。命彼张骞，使于西垠。穷二水之所自，至盐泽而陆沉。是虽足以知黄河之源委，要未可与神禹而并称。

四段论张骞出使西域的功绩，谓其将黄河的源头考察清楚，固然功劳甚大，但未足以与大禹并称。在《广韵》中，明，庚韵；征，清韵；垠，痕韵；沉，侵韵，独用；称，蒸韵。在《中原音韵》中，垠，真文韵；沉，侵寻韵；其他皆属于庚清韵。

盖其甘心远方，疲弊中国。孰若疏凿功成，免民鱼鳖。

五段继续申论张骞之功无如禹大。所押国字，在《广韵》中属于德韵；鳖字在《广韵》中属于薛韵。在《中原音韵》中，国属于齐微韵，鳖属于车遮韵。显示出入声派入平声的声调转变趋势。

灵槎泛泛，使节煌煌。孰若乘彼四载，经营四方？

六段继续申论使节之功无如禹大。所押煌字在《广韵》中属于唐韵，所押方字在《广韵》中属于阳韵。二字所属韵部在《中原音韵》中合成江阳韵。

竹杖诡奇，蒟酱甘好。孰若水土既平，稼穑是宝。吾于是知，禹之功如天地之无不持载，无不覆焘者矣。

七段从西域特产无如稼穑是宝的角度，继续申论张骞之功无如大禹。所押好宝焘三字，在《广韵》中好、焘属于号韵，独用；宝属于皓韵，独用。在《中原音韵》中，三字皆归属于萧豪韵。

惟我皇元，万国一统。会百川而东朝，环众星而北共。不必手胼足胝，而河流无泛溢之虞；不必穷幽极远，而河源皆版图之贡。愚生南邦，未获时用。盖将振衣袂乎昆仑，豁心胸乎云梦；挹黄河之余波，造明堂而献河清之颂。

末段归结到颂扬皇元一统天下之功，表明自己愿意出山，贡献精力的愿望。所押统、共、梦字，在《广韵》中属于送韵，独用；贡、用、颂在《广韵》中属于用韵。在《中原音韵》中，皆归属于东锺韵。

李祁这篇《黄河赋》，从行文的脉络来看，首先是描写黄河的形象、气势，接着用张骞出使西域之功与大禹之功反复相比，论证禹功为大，最后再赞美皇元一统天下之功，表明愿意出山辅佐圣明天子的意愿。虽然从句法上看，全文主要是两两相对的骈句，仅有一联隔句对，在一定程度上脱离了唐宋律赋的句法规范，带上了古赋的苍然气度，但从押韵来看，全篇押八韵，段段转韵分成八段，仍然遵循了律赋的押韵规范。只是所用韵部，已屏弃《广韵》，而与同时的《中原音韵》接近，反映出入声归入平声的发展趋势。尤其值得注意的是，此赋题下虽然没有注明限韵，但仔细排比各段押韵，知其很可能是以"快言妙称，国方宝用"八字，作为全赋的限韵。笔者判定律赋的标准，是采用"骈赋 + 骈文的隔句对偶句式 + 限韵 = 律赋"的公式①。正是由于限韵八字的实际存在，表明《黄河赋》是一篇当之无愧的律赋。元代科举采用的赋体，官方已经申明废弃律赋，采用古赋，但士子平生所学，仍然带有唐宋律赋的影响，所以在全文结构和段段转韵上，仍然是律赋套路，只是在句法上向骈赋回归，在押韵上，采用《中原音韵》归纳的新行韵部而已。这种现象，非常值得研究科举史和赋体史的学者关注。

---

① 参见詹杭伦《唐宋赋学研究》第一章第一节，中国社会科学出版社 2004 年版。

二　李祁生平小考

柯劭忞《新元史》卷二百三十八为李祁撰有一篇小传："李祁，字一初，茶陵州人。元统初，登进士第一。应奉翰林文字。母老，就养江南。改婺源州同知。以母忧，归隐永新山中。年七十余，遭兵乱被伤而殁。总制新安余茂刻其遗文，为《云阳先生集》十卷。"① 这一小传可能是依据李祁文集中自述生平的材料写成的，但史臣读书不细，容有小误。例如，谓李祁"元统初，登进士第一"即是。李祁《云阳集》卷一《阆山樵隐诗·跋》称："予以元统初元，赐第一甲进士及第，入翰林应奉文字，预典制诰，修国史。明年还乡，丁父忧，终服，以母老乞外任便养，得佐守婺源，乃至元己卯间数年也。"② 史臣盖读到此跋文，遂有"登进士第一"之说。然而，李祁《云阳集》卷四《青阳先生文集序》还说："元统初元，余与廷心偕试艺京师。是科第一甲置三名，三名皆得进士及第。已而廷心得右榜第二，余忝左榜亦然。唱名谢恩，余二人同一班列，锡宴则接肘同席而坐，同赐绯服，同授七品官。当是时，余与廷心无甚相远者。其后，余以应奉翰林，需次丁父、祖父、母三丧，乞奉母就养江南，沉役下僚，学殖日益荒秽。而廷心方由泗州入翰林，为应奉，为台为省，声光赫著，如干将发硎，莫敢触其锋，文章学问与日俱进，如水涌山积，莫能窥其奥。于是，余之去廷心始相远矣。"③ 就此可知，李祁所中乃左榜进士第二名。《四库全书总目·云阳集提要》称："祁为诗冲融和平，自合节度，文章亦雅洁有法。其初登第也，元制以汉人、南人为左榜，蒙古、色目人

---

① 柯劭忞：《新元史》卷二百三十八，列传第一百三十五，民国天津退耕堂刻本。
② （元）李祁：《云阳集》，文渊阁《四库全书》卷一，商务印书馆 2005 年版，第 5 页上。
③ （元）李祁：《云阳集》，文渊阁《四库全书》卷三，商务印书馆 2005 年版，第 3 页上下。

为右榜，祁为左榜第二人。"①

曾廉《元书》也为李祁列一小传："李祁，字一初，别号希蘧，茶陵州人也。元统元年（1333）进士。除应奉翰林文字，累迁江浙儒学副提举。以世乱隐永新山中。祁每与诸将言，必陈君臣大义，闻诸城不守，辄愤切食不下咽，及谈国家，辄流涕不自胜。元亡，自称不二心老人。明初以耆儒召，祁力拒不起，年七十余卒。"② 这一小传主要表彰李祁元亡不仕明的气节，可以作为《新元史》小传的补充。

三　李祁与元代赋论

元代是统一金朝和南宋而形成的大一统朝代，由于元代科举考试和赋风发生了变律为古的变化，所以元代赋论也"一破一立"，以批评律赋，提倡古赋为主线。

金末元初，刘祁（1203—1250）在《归潜志》中批评金代律赋说："金朝律赋之弊不可言，大定间诸公所作气质浑厚，学问深博，犹可观；其后张承旨行简知贡举，唯以格律痛绳之，洗垢求瘢，苛甚。其一时士子趋学，模题画影，至不成语言，以是有甘泉甜水之喻，文风寖衰。"③

宋末元初，赵孟頫（1254—1322）在《第一山人文集序》中批评宋代科举律赋说："宋以科举取士，士之欲见用于世者，不得不繇科举进，故父之诏子，兄之教弟，自幼至长，非程文不习凡，以求合于有司而已。宋之末年，文体大坏。治经者不以背于经旨为非，而以立说奇险为工。作赋者不以破碎纤靡为异，而以缀缉新巧为得。有司以是取，士以是应。程文

---

① （清）纪昀等：《四库全书总目》，文渊阁《四库全书》卷一六八，第 1 页上下。
② 曾廉：《元书》卷九十一，清宣统三年刻本。
③ （元）刘祁：《归潜志》，清《武英殿聚珍版丛书》本卷九。

之变，至此尽矣。"①

元初刘埙（1240—1319）在《隐居通义》卷四古赋"总评"中，揭示古赋具有"风骨苍劲，义理深长"的特色，而以北宋李觏（泰伯）《长江赋》和黄庭坚（山谷）《江西道院赋》为古赋典范。可见，其心目中的"古赋"并非以时代为尚，而是以风格古雅为标准。②刘埙的赋论开创了元代赋论崇尚古赋的先河。

延祐五年（1318）进士祝尧所著《古赋辩体》，为元代赋论的代表作。今存最早者为明代成化二年（1466）金守信刻本，有钱溥《序》，称底本为祝尧家刻本。其后明嘉靖十一年（1532）、十六年、二十一年续有刻本，皆出自金刻本。嘉靖十六年（1537）刻本篇中有旁批圈点，卷尾有赣州知府康河跋，称该本首刻者为顾与新，未及完工，继成者为吴子贞，并得熊子修按蜀时所刻全本参校补正，是为明刻中较善之本。《四库全书》抄本即以嘉靖补刻本为底本，改正了一些错字，但删去旁批、圈点。此书十卷，分成两个部分：前八卷为"正录"，编选先秦荀况、屈原至宋人洪舜俞等35人赋作共70篇，按照时序分为楚辞体、两汉体、三国六朝体、唐体和宋体5大类；每类各系"序论"，综述一代赋体演变之轨迹；并于作者及篇题下附以解说，评骘优劣，指点写作关捩。后二卷为"外录"，各代31人凡47篇"有韵之文"，分别隶属于后骚、辞、文、操、歌5种体裁之内，以反映《楚辞》衣披后世之余响并探讨相近体裁作品中蕴含的赋体因素。《古赋辩体》既是一部以展示古赋源流为主旨的辞赋总集，又是一部重要的赋学理论专书。其赋学理论观点主要体现在三个方面：其一，明辨赋体源流。主张古赋应当"祖骚而宗汉"③；指出楚辞吸收了《风兮》

---

① （元）赵孟頫：《松雪斋集》，文渊阁《四库全书》卷六，商务印书馆2005年版，第17页上。

② 邓国光：《刘埙〈隐居通义〉的赋论》，《文原》，澳门大学出版中心1997年版，第193—214页。

③ （元）祝尧：《古赋辩体》卷三"两汉体上"，明嘉靖十六年刻本。

《沧浪》等楚地民歌特点①；认为汉代散体大赋之问答体"源自《卜居》
《渔父》"；而散体大赋中间铺述部分为后世俳赋之源，首尾议论部分为唐
末及宋代文赋之源②。故《四库提要》称其于赋之"正变源流，亦言之最
确"③。其二，提出"以情为本，以辞、理为辅"的创作原则和评价标准。
认为："辞者，情之形诸外也；理者，情之有诸中也。有诸中故见形诸外，
形诸外故知有诸中。辞不从外来，理不由外得，一本于情而已矣。"④ 此说
遥承挚虞《文章流别论》"古诗之赋，以情义为主"之说⑤，将尚情的赋
论推进到一个新阶段。其三，重新诠释"六义"，指出"诗之义六，唯风比
兴三义，真是诗之全体，至赋雅颂三义，则已邻于文体"，主张"为赋者
固当以诗为体，而不当以文为体"⑥。这种重新组合，与孔颖达《毛诗正
义》的"风雅颂、赋比兴"二分法大异其趣，反映了"六义"运用于赋论
的特殊性，具有合理的成分。《古赋辩体》产生于汉朝散体大赋、六朝骈
赋、唐代律赋、宋代文赋各体迭兴之后，但受到宋代朱熹理学思想的深刻
影响，加之元代社会科举考试古赋之需要，因而具有浓厚的"复古"倾
向，力主"由今之体以复古之体"⑦。这种论断固然有厘辨赋体，正本清源
之功，但也存在着对六朝、唐、宋赋体认识不足之偏颇。《古赋辩体》作
为唐抄本《赋谱》、宋郑起潜《声律关键》之后的一部赋学专著，对明清
赋论产生了深远的影响。

李祁的赋论与前此诸家一脉相承，其撰《周德清乐府韵·序》云：

　　天地有自然之音，非安排布置所可为也。以安排布置为之者，人

① （元）祝尧：《古赋辩体》卷一"楚辞体上"，明嘉靖十六年刻本。
② （元）祝尧：《古赋辩体》卷三《子虚赋》评，明嘉靖十六年刻本。
③ （清）纪昀等：《古赋辩体提要》，《四库全书总目》卷一八八，第12页下。
④ （元）祝尧：《古赋辩体》卷七"唐体"，明嘉靖十六年刻本。
⑤ （宋）李昉等：《太平御览》，文渊阁《四库全书》卷五八五，第3页下。
⑥ （元）祝尧：《古赋辩体》卷九"外录上"，明嘉靖十六年刻本。
⑦ （元）祝尧：《古赋辩体》卷一"目录小序"，明嘉靖十六年刻本。

也，非天也。天地既判，而人与之并立焉。草木生焉，禽兽居焉，凡具形色肖貌于天地之间者，莫不有声焉，有声则音随之矣。清浊高下，抑扬徐疾，何莫而非自然之音哉？声音具而歌咏兴，虞廷载赓，三百篇之权舆也。商颂周雅，汉魏以来乐府之根柢也。当是时也，韵书未作，而作者之音调谐婉，俯仰畅达，随其所取，自中节奏，亦何莫而非自然之音哉？

韵书作而拘忌多，拘忌多而作者始不如古矣。古之诗未有律也，而律诗自唐始，精于律者固已有之，至杜工部而雄杰浑厚掩绝今古，然以比之汉魏诸作，则意趣风格盖亦有不然者矣。古之赋未有律也，而律赋自唐始。朝廷以此取士，乡老以此训子。兢兢焉，较一字于毫忽之间，以为进退予夺之机。组织虽工，俳偶虽切，而牵制局促碨裂，以尽人之才。故自律赋既作，迨今六七百年之间，而曾无一篇可传于后世，曾无一字可益于世教。凡若此者，皆韵书之贻患也。

嗟乎，韵书之作也，果何人哉？使其果圣人也，则吾不可得而议也。使其非圣人也，则亦安得而尽信之哉？孟子之于《武成》，取其二三策，而其言曰："尽信书不如无书。"夫以圣人之书，而孟子犹未之尽信，而况于后之书乎？况若沈氏之书者乎？今且直以一方之音而欲行之于天下，以一人之见而欲行之于万世，偏仄固陋，遂为成书，使后之人遵而用之，如众工之守绳墨，小吏之持法令，靳靳乎不敢少有迁移，吁，亦可叹也已！予自幼入小学学诗，常怪夫东、冬之不相通也；清、青之不相用也。则执以问诸师，师曰："此有清浊，非尔所知。"及长而益疑，则又以质诸乡之先辈，则乡之先辈亦有疑之者矣。疑之而着而为书者有之矣。恨世变莫知所存，亦莫能忆究其说，常往来于怀。高安周德清通音律，善乐府，举沈氏之书而洗空之，考其源流，指其疵缪，特出己见，以阴阳定平声之上下，而向之东冬钟江等韵皆属下平；以中原之音正四方之音，而向之混缓范犯等字，皆归去声。此其最明白而易见者，它亦未暇悉论也。盖德清之所以能为此者，以其能精通中原之音，善北方乐府，故能审声以知音，审音以类字，而其说则皆本于自然，非有所安排布置而为之也。使是书行四方，则必将使遐邦僻峤之士咸知以中原之音为正，而自觉其侏离鴃舌之为可愧矣。又推而施之朝廷，则必能形诸歌咏，播诸金石，近之则可追汉代之遗风，远之可以希商周之雅颂，而虞廷赓歌之意，亦将可以闻其仿佛矣，不其盛哉！①

李祁的这篇文章是为周德清的《中原音韵》写的一篇序言，其阐发了三个要点：其一，天地本有自然之音，而韵书则出自人为的安排；其二，在韵书的影响之下，产生了律诗和律赋，其"组织虽工，俳偶虽切，而牵制局促磔裂"，败坏了自然的声响节律，故难以产生好的传世作品；其三，周德清的《中原音韵》，"精通中原之音，善北方乐府，故能审声以知音，审音以类字，而其说则皆本于自然，非有所安排布置而为之也"，其流播之后，定能产生"以中原之音为正"的功效。这篇文章不仅有助于研习《中原音韵》，而且在诗赋押韵理论上具有一定的价值。他主张诗赋的押韵应根据中原之音而"审声以知音，审音以类字"，认为这样做才符合自然，才不是有意的安排布置。从《广韵》到"平水韵"是南方区域音系，从《中原音韵》到"十三辙"是北方中原音系，当今世人写作古体诗赋，到底应当以何种音系为正，怎样才能既遵循传统又符合自然的口语发音？这是极具争议性的问题，李祁的观点可以帮助我们思考。

---

① （元）李祁：《云阳集》，文渊阁《四库全书》卷四，商务印书馆 2005 年版，第 16 页下—19 页上。

四 李祁与陆文圭之比较

为了加深对李祁的理解，可以将其与同时代学者陆文圭（约1256—1340）作一个简单的比较。陆文圭在《科举》一文中回答学生提问指出："唐韩、柳《复志》《惩咎》等作亦能仿佛于《骚》否欤？《明水》《披沙》，律赋也，近于戏矣，亦载之集中，何欤？方今辅弼之建明，专取明经，不尚词赋，其说曰：'经学所以修身齐家治国平天下，词赋是文之空言，吟咏景物而已。'词赋为空言，是矣。"① 陆文圭对于延佑科举实行的废弃律赋政策，表示了高度的理解和支持，这与李祁公开宣示的态度是一样的。然而，这样的公开表态是表面的，从内在的学术修养而言，士人的故习积淀其实不能掩盖，往往有意无意地表露出来。陆文圭晚年在《送赵敏道序》中就暴露了自己的心路历程：

> 吾幼攻举子业，剽窃律赋、经义、套括，以争名于场屋间。吾之大惭，人以为大好焉。已乃事大缪，礼部条贯束不用。武夫健吏鸱张，而儒其服者，例遭讪侮。吾故习弗能改，度世不相容，遂屏居林谷，取《选》、杜而下诗，韩、欧而下文，诵而仿之，技短不克。进念士之所学，又有进于是者。旋为贫讲授，复取《四书》、《六经》、诸史、百家，与诸生相切磋，究之久之，若粗有得，其行己不敢有畔于道，居家不至获罪于乡党朋友，历考古今成败兴衰治乱得失之迹，亦欲少自表见当世。时不我与，日月其滔。幸会真人勃兴，文运重开。江浙以予充贡，于是周览山川，观光上国。公孙子之徒，仄目相视，卒报罢归。暨庚申再贡，则不敢复往矣。今年垂八帙，墓木将

---

① （元）陆文圭：《墙东类稿》，文渊阁《四库全书》卷三，商务印书馆2005年版，第7页下。

拱。然犹栖栖不遑宁处，诲诱后进，不息其志，亦可悲夫！①

这段话说得很明白，在元朝"尚武"的时代氛围下，"武夫健吏鸱张，而儒其服者，例遭讪侮"，所以从事"举子业"的儒生只能隐居林泉，转向经史百家之学。在延佑重开科举之后，陆文圭两度通过乡试，第一次礼部试报罢，第二次则不敢复往，只能以教诲后进为业，终老林泉。其中所用"公孙子之徒，仄目相视"的典故，出自《史记·辕固生传》："今上初即位，复以贤良征固。诸谀儒多疾毁固，曰：'固老。'罢归之。时，固已九十余矣。固之征也，薛人公孙弘亦征，侧目而视固，固曰：'公孙子，务正学以言，无曲学以阿世。'自是之后，齐言诗皆本辕固生也。"②陆文圭用这个典故为自己第一次参加礼部考试不第辩护，意谓自己坚守"正学"，曾受到其他曲学阿世者的诋毁。

陆文圭的经历与李祁是类同的，不过李祁的命运却比陆文圭要好一点，那是因为他通过乡试后，第二年得以考中进士，并从此进入仕途。李祁之所以能比陆文圭在科举之路上走得顺利一些，原因可能是多方面的，仅就其《黄河赋》的写作范式，我们也可以揣测出三点原因：其一，在内容上，科举作品要大力歌颂元朝大一统的功绩，做到政治上正确；其二，在形式上，以律为古，向古赋的句法靠拢，形成古气苍然的特色；其三，在押韵上，放弃唐宋韵书规定的严格韵部，以接近当时口语的《中原音韵》来押韵，符合自然音律，符合时尚口音。虽然不能仅仅以一篇作品论定命运，但通读李祁《云阳集》和陆文圭《墙东类稿》，可以看出，李祁的文风与陆文圭相比，的确更为流畅和口语化。从对待诗文声律的态度来说，陆文圭相对要保守一些。例如，其在《玉田词源稿序》中赞美张炎

---

① （元）陆文圭：《墙东类稿》，文渊阁《四库全书》卷六，商务印书馆2005年版，第26页下—27页上。

② （唐）张守节：《史记正义》，文渊阁《四库全书》卷一二一，商务印书馆2005年版，第8页上。

《词源》："推五音之数，演六六之谱，按月纪节，赋情咏物，自称得声律之学。"① 又在《壬申冬晦叔译史归别小诗奉饯》一诗中感慨："仓颉制字传羲皇，鬼神夜哭殊仓黄。语言声律未易下，嗟君楚产学北方。"② 张炎能够坚守"声律之学"，得到陆文圭的夸赞；晦叔是南方人，为了生计不得不改学北方的语言声律，陆文圭为之感叹不已。相对来说，李祁在对待声律的态度上比较开放，能够与时俱进，主张自然之音，追求符合时尚。"识时务者为俊杰"③，所以在少数民族入主中原，尚武轻文的时代风气之下，李祁仍能出类拔萃，出人头地。

五 元朝科举废弃律赋的原因

元朝前期仍然沿用唐宋通行的科举律赋，常见史料记载。例如，周密《癸辛杂志》云："蒙古及之在江西省也，每下学，则命士人坐讲而立听，又出钞帛酒米，命士人群试。刘会孟命题，出《周南赋》，韵脚云：'言化之自北而南也。'《闻韶赋》：'不图为乐至于斯也。'蒙之死，会孟作祭文十六字云：'公来何暮，公逝何速？呜呼哀哉，江西无福。'"④ 此处之"蒙古及"又作"蒙固岱"，或"忙古带"等。据柯劭忞《新元史》卷十二《世祖本纪》记载："二十五年春正月辛卯，忙古带为江淮行尚书省右丞相。"⑤ 又据陈邦瞻《元史纪事本末》记载，元世祖至元二十五年（1288）夏四月，"诏遣江西行省丞相蒙固岱行枢密院副使"。⑥ 可见蒙固

---

① （元）陆文圭：《墙东类稿》，文渊阁《四库全书》卷五，商务印书馆2005年版，第8页上。

② （元）陆文圭：《墙东类稿》，文渊阁《四库全书》卷十六，商务印书馆2005年版，第7页下。

③ （晋）习凿齿：《襄阳耆旧记》，清乾隆任氏敏家塾刻心斋十种本卷一第4页下《庞统传》："识时务者，在乎俊杰。"

④ （宋）周密：《癸辛杂志》，文渊阁《四库全书》别集卷上，第43页下。

⑤ 柯劭忞：《新元史》，民国天津退耕堂刻本卷十二本纪第十二。

⑥ （明）陈邦瞻：《元史纪事本末》，文渊阁《四库全书》卷一，第4页上。

岱任江西行省，仅有四月光景。刘会孟即刘辰翁（1231—1297），宋理宗景定三年（1262）进士，入元不仕。他为蒙固岱出题试士，全采用律赋题目。元代佚名《庙学典礼》卷五记载当时健康路学课业：

> 路学总计六十四名，治经儒人二十六名，治赋儒人三十八名。大学生员课试，三十岁以下者，各各坐斋读书，延请讲书训诲，每日每习课业：
>
> 一、六本经经义，破题承冒，赋破一韵；
>
> 二、七本经经义，小经义，赋省题诗；
>
> 三、八经，赋同，律诗一首；
>
> 四、九经，赋同，古诗一首；
>
> 五、十经，赋同，《语》《孟》口义。
>
> 食后出课，习字说书，午前读书，午后供课，呈教授，晡后书名会食课办，方许放学。①

这里所说的"治经儒人"即准备参与明经考试的生员。其课业中有"赋破一韵"，显然是运用律赋作为练习文体。

黄仁生在《论元代科举与辞赋》一文中曾指出，元代反对辞赋列入科举考试的有三类人：一类是反对汉化的蒙古贵族；二类是认为"作文害道"的理学家；三类是主张经世致用之学的君臣。② 到了元仁宗延佑元年（1314）二月三十日，《元典章》的《科举程序条目》即作了规定：

> 学秀才的经学、词赋是两等，经学是说修身齐家治国平天下的勾当，词赋的是吟诗和赋作文字的勾当。自隋唐以来，取人专尚词赋，人都习学的浮华了。罢去词赋的言语，前贤也多曾说来，为这上头，

---

① （元）佚名：《庙学典礼》，文渊阁《四库全书》卷五，商务印书馆 2005 年版，第 19 页上。
② 黄仁生：《论元代科举与辞赋》，《文学评论》1995 年第 3 期，第 113 页。

翰林院、集贤院、礼部先拟德行明经为本，不用词赋来。俺如今将律赋、省题诗、小义等都不用，止存留诏诰、章表，专立德行明经科。明经内，《四书》《五经》以程氏、朱晦庵注解为主，是格物致知修己治人之学。这般取人呵，国家后头得人才去也。①

《元典章》作为原始文献的汇编，不仅有一般的书面文体，也有当时的白话或口语文体，还有一部分是由蒙古语翻译而来的硬译公牍文体，《四库全书总目提要》认为它"所载皆案牍之文，兼杂方言俗语，浮词妨要者十之七八，又体例瞀乱，漫无端绪"②，这就给后世读者带来较大的困难。不过，这里引录的这段话讲废除律赋考试的理由倒是十分明白，主要目的在于罢去浮华，提倡实用。

结　论

元朝作为少数民族入主中原的朝代，弥漫着尚武轻文的风气。朝廷上下主张实学，反对浮华，所以在科举中废弃了律赋考试。但知识分子积习难消，个别士人在乡试中，改头换面，采用经过改造的律赋文体应试，仍然能够顺利通过乡试。这在科举史与辞赋史上虽属特例，但亦可证明，律赋在内容和形式上只要加以改造，符合时尚，就可以重新被时代所接纳，自然具有生生不息的生命力。李祁用经过改造的律赋顺利通过元朝的科举考试，可揭示科举与辞赋史上的一个事实：元人主张诗赋考试的押韵应根据中原之音而"审声以知音，审音以类字"，无须严守唐宋韵书的南方音系，认为这样做才符合自然，才不是有意地安排布置。将李祁与同时的学

---

① （元）佚名：《元典章》，元刻本礼部卷四·典章三十一。
② （清）纪昀等：《四库全书总目》，文渊阁《四库全书》卷八十三《元典章前集六十卷提要》，商务印书馆2005年版，第2页下。

者陆文圭相比，可知李祁在对待声律的态度上比较开放，能够与时俱进，追求符合时尚，所以在少数民族入主中原，尚武轻文的时代风气之下，李祁仍能出类拔萃，出人头地。这对于当今世人写作古体诗赋押韵的争议，怎样才能做到既遵循传统又符合自然的口语发音，也是一个有益的启示。

地域文化

试论巴蜀文化对苏轼的影响

潘殊闲*

林语堂先生在《苏东坡传》的序言中曾说苏东坡是"人间不可无一难能有二"的人物，[1]这句话非常生动形象地概括了苏轼的独特性、珍贵性、重要性、永恒性和唯一性。苏轼的这五性并非意味着他是从天而降的，是超人类的，事实上，苏轼的出现并非偶然，除了时代背景和他个人命运以及人生遭际等因素外，他出生与成长的地理空间——巴蜀地域及其文化对他潜移默化的熏陶、晕染和影响，也是不可小觑甚至至关重要的。本文即从这一角度，欲探讨巴蜀文化对苏轼的影响。

一　天府之国的毓秀

（一）水旱从人，不知饥馑的优越自然条件

史前时期的成都平原，因为岷江上游垂直落差有几千米而屡成泽国，

＊　作者单位：西华大学地方文化资源保护与开发研究中心。本文系作者主持的国家社科基金重点项目"《周易》与中华民族审美心理特色及其当代价值研究"（项目编号：13AZX024）的前期成果之一。

① 林语堂：《苏东坡传·原序》，张振玉译，百花文艺出版社2000年版，第5页。

实不宜居。这也可从古蜀先民沿岷江上游河谷地带逐层下迁得到印证。成都平原成为膏腴之地的天府之国，得力于几个伟大的人物，一是大禹，一是古蜀开明帝，一是李冰父子。

大禹是中华民族古代的治水英雄，他出生于岷山，《史记·六国年表》云"禹兴于西羌"①。扬雄《蜀王本纪》云："禹本汶山郡广柔县人，生于石纽，其地名痢儿畔。"② 计有功《大禹庙记》云："禹生石钮，古汶山郡也。崇伯得有莘氏女，治水行天下，而生禹于此。"③ 可以说大禹治水是从家乡开始的。

除大禹外，古蜀王国的开明氏也是善于治水而闻名于世。《蜀王本纪》有载："时玉山（玉垒山）出水，若尧之洪水。望帝不能治，使鳖灵决玉山，民得安处。"④ 鳖灵，即开明氏。其所凿之玉山口在今四川金堂县淮口，又称鳖灵峡、金堂峡。⑤《华阳国志·蜀志》对此也有记载："会有水灾，其相开明，决玉垒山以除水害。帝遂委以政事，法尧舜禅授之义，遂禅位于开明。帝升西山隐焉。"⑥ 由此记载可以看到，时为望帝之相的开明氏决玉山而消除了水患，使百姓得以"安处"。因此之故，望帝禅让给开明。而在《太平御览》中所引《蜀王本纪》中"民得安处"写为"民得陆处"。⑦"陆处"相对于"安处"，更加形象生动，也从一个侧面反映了治水前后的差异。

而真正使成都平原成为宜居之福地的乃是秦统一巴蜀之后的第三任蜀郡太守李冰。他领导蜀郡人民在前人已有的基础上对川西水利及其他设施

---

① （汉）司马迁：《史记》卷十五，中华书局 1999 年版，第 537 页。
② （汉）扬雄撰，张震泽校注：《扬雄集校注》，上海古籍出版社 1993 年版，第 256 页。
③ （明）周复俊编：《全蜀艺文志》卷三十七，文渊阁四库全书本。
④ （汉）扬雄撰，张震泽校注：《扬雄集校注》，上海古籍出版社 1993 年版，第 246 页。
⑤ 袁庭栋：《巴蜀文化志》，巴蜀书社 2009 年版，第 59 页。
⑥ （晋）常璩撰，任乃强校注：《华阳国志校补图注》卷三，上海古籍出版社 1987 年版，第 118 页。
⑦ （宋）李昉等撰：《太平御览》卷八百八十八，文渊阁四库全书本。

进行了大规模的综合治理，这既包括都江堰渠首工程，也包括全面整治了渠首下游的渠道水系，还制定和总结了一套长期维护、保养的科学方法。

李冰所领导的都江堰水利工程在防洪、灌溉、运输等方面发挥了巨大的作用。正因为有李冰的治水之功，昔日屡成泽国的成都平原变成了天府之国。司马迁在考察了岷江与都江堰之后曾由衷发出这样的慨叹："余……西瞻蜀之岷山及离碓；北自龙门至于朔方。曰：'甚哉，水之为利害也！'"① 常璩在《华阳国志》中曾这样叙述："冰乃壅江作堋。穿郫江、捡江，别支流，双过郡下，以行舟船。岷山多梓、柏、大竹，颓随水流，坐致材木，功省用饶。又溉灌三郡，开稻田。于是蜀沃野千里，号为陆海。旱则引水浸润，雨则杜塞水门，故记曰：'水旱从人，不知饥馑。''时无荒年，天下谓之天府'也。"② 唐代大诗人岑参在《石犀》中也曾这样抒怀："江水初荡潏，蜀人儿为鱼。"③ 宋代诗人范成大在《吴船录》中这样描述："一路江水分流，入诸渠皆雷轰雪卷，美田弥望，所谓岷山之下，沃野者正在此。"④

天府之国得天独厚的自然条件，使生活在这一区域的人们享受着"水旱从人，不知饥馑"的悠闲幸福生活。川西平原沟渠纵横，良田肥美，翠竹掩户，处处是景。自然条件的优越，不仅物产丰富丰美，且带给这一地区的人们有较多的农闲时光。而有较为充裕的物质生活基础，熏陶出这一地区的人们悠闲放旷的性格和诙谐享乐的情趣。所以，从古至今，川西平原这一带的百姓热爱生活、享受生活，茶馆文化、美食文化、美酒文化、歌舞文化成为本地区的标志。人们在宁静中享受浪漫，在轻松中享受自在，在娱乐中享受逍遥。苏轼生在这样的地区环境和氛围中，自然也染上

---

① （汉）司马迁：《史记》卷二十九《河渠书》第七，中华书局 1999 年版，第 1202 页。
② （晋）常璩撰，任乃强校注：《华阳国志校补图注》卷三，上海古籍出版社 1987 年版，第 133 页。
③ 《全唐诗》卷一百九十八，中华书局 1999 年版，第 2050 页。
④ （宋）范成大：《吴船录》卷上，文渊阁四库全书本。

了浓郁的川西情调。所以他非常热爱生活，兴趣爱好十分广泛，他对烹饪的热衷，对酿酒的痴情，对茶道的娴熟，对自己的自嘲和对他人的戏谑，莫不从中看到他所生长的地区对他潜移默化的影响。

（二）人文教育的高度发达

古蜀国所达到的文明高度，在三星堆和金沙遗址出土的众多璀璨的文物中已得到证明。在中华民族多元一体的发展进程中，巴蜀是极为重要的"一元"。古巴蜀的文化与中原文化确有很大的差异，让古巴蜀融入中原的起点是公元前316年，秦惠文王派大将司马错和张仪先后攻克巴蜀，巴蜀地区统一到秦国版图之中，而转折点则是西汉时期著名的文翁化蜀：

> 文翁，庐江舒人也。少好学，通《春秋》，以郡县吏察举。景帝末，为蜀郡守，仁爱好教化。见蜀地僻陋有蛮夷风，文翁欲诱进之，乃选郡县小吏开敏有材者张叔等十余人亲自饬厉，遣诣京师，受业博士，或学律令。减省少府用度，买刀布蜀物，赍计吏以遗博士。数岁，蜀生皆成就还归，文翁以为右职，用次察举，官有至郡守刺史者。又修起学官于成都市中，招下县子弟以为学官弟子，为除更繇，高者以补郡县吏，次为孝弟力田。常选学官僮子，使在便坐受事。每出行县，益从学官诸生明经饬行者与俱，使传教令，出入闺阁。县邑吏民见而荣之，数年，争欲为学官弟子，富人至出钱以求之。繇是大化，蜀地学于京师者比齐鲁焉。至武帝时，乃令天下郡国皆立学校官，自文翁为之始云。文翁终于蜀，吏民为立祠堂，岁时祭祀不绝。至今巴蜀好文雅，文翁之化也。[1]

---

[1] （汉）班固撰，唐颜师古注：《汉书》卷八十九《循吏传》第五十九，中华书局1999年版，第2688—2689页。

这段文字蕴含了非常丰富的内容，要而言之，西汉蜀郡太守文翁在成都兴办学校（官学），选派优秀青年赴京学习，给这些学子若干优厚的条件及待遇，让他们成为蜀中乡亲羡慕、仿效、景仰的对象，蜀中学风为之大变，以至于"学徒鳞萃，蜀学比于齐鲁"。① 这种官方办学的模式得到朝廷的高度认可，到汉武帝时，命令天下所有的郡国都要学习蜀郡立官学，培养士人。诚如宋人张俞感叹的："三代之学繇秦废，蜀郡之学由汉兴，而天下之学由蜀起。"②

文翁的这一教育创新影响是非常大的，在他的带动下，不仅郡府有郡学，各州县也有州县学，于是，一个以郡学为中心的学校体系在巴蜀地区形成。这种教育教化的结果，即从汉代开始，巴蜀地区人才辈出，仅以汉代为例，闻名全国的就有一代"赋圣"司马相如、辞赋大家王褒、著名哲学家严君平，"西道孔子"扬雄等。

文翁化蜀，带来了三个联动效应。

首先，涌现了一批步武文翁的教育学家，如蜀汉时期的西充人谯周，本身是一名学者，又终生从事教学，曾任益州"劝学从事"，继任"典学从事，总州之学者"③，培养了一大批包括陈寿在内的各类人才。

其次，催生了各级教育体系的健全。文翁兴学之后，各级教育机构日臻完备，至唐宋时期已形成官学、私学和书院的三级发展格局。其实所谓的"三级"就是两类，官学是官办，私学和书院是私办。巴蜀地区的教育承继汉代之雄风仍然领跑全国，有"蜀学之盛，冠天下而垂无穷"之誉。④从府到州县，普遍建有官学，连少数民族地区的威州（今理县）、茂州

---

① （晋）常璩：《华阳国志校补图注》卷三，任乃强校注，上海古籍出版社 1987 年版，第141 页。

② （宋）袁说友等编，赵晓兰整理：《成都文类》卷三十一张俞《华阳县学馆记》，中华书局 2011 年版，第 606 页。

③ （晋）陈寿：《三国志》卷四十二《蜀书》第十二，中华书局 1999 年版，第 760 页。

④ （宋）袁说友等编，赵晓兰整理：《成都文类》卷三十吕陶《经史阁记》，中华书局 2011年版，第 578 页。

（今汶川）也建有官学。而私学、书院，因为办学形式灵活自主，更是星罗棋布，蔚为大观。

眉山地处成都西南，是成都平原的南翼，自来人杰地灵，在人文教育方面也得风气之先。宋赵与峕《宾退录》卷一曾载："嘉、眉多士之乡，凡一成之聚，必相与合力建夫子庙，春秋释奠，士子私讲礼焉，名之曰乡校。亦有养士者，谓之山学。眉州四县，凡十有三所。嘉定府五县，凡十有八所。他郡惟遂宁四所，普州二所，馀未之闻。"①所谓"山学"，就是私学，由此可见一斑。

两宋时期，据不完全统计，仅眉州就有各类书院7个。分别是：天庆观北极院、寿昌院、东馆书院、云庄书院、北园书院、巽岩书院、栅头书院。② 所以，当陆游到眉山三苏祠披风榭拜谒东坡先生遗像后由衷发出这样的感叹："孕奇蓄秀当此地，郁然千载诗书城。"③

最后，社会风气积极向上，知书达理之人不断增多，人们崇尚知识，崇尚进步，崇尚读书仕进。苏轼在《谢范舍人书》一文中曾描述过家乡读书的盛况，他说西蜀在宋仁宗时代"释耒耜而执笔砚者，十室而九"，又说，"通义蜀之小州，而眉山又其一县，去岁举于礼部者，凡四五十人"。④ "释耒耜而执笔砚"，这是文化隆胜，读书至上的形象表述；而一年"举于礼部者，凡四五十人"，亦可以看到眉山人读书仕进的高比例。置身在这样的社会氛围之中，人们不可能不受到濡染。所谓的"知书达理"，所谓的"耕读传家"，就在这样的社会氛围中不断发酵、不断弘扬，不断升华。

---

① （宋）赵与峕撰：《宾退录》卷一，文渊阁四库全书本。
② 潘殊闲：《三苏产生的乡土基因与政治文化生态》，《唐宋文学论稿》，巴蜀书社 2010 年版，第 191—193 页。
③ （宋）陆游：《剑南诗稿》卷九《眉州披风榭拜东坡先生遗像》，文渊阁四库全书本。
④ 孔凡礼点校：《苏轼文集》卷四十九，中华书局 1986 年版，第 1425 页。

（三）文化出版事业的昌隆

读书人的增多，对图书文献的需求自然会不断增长。随着雕版印刷术的发明，活字印刷带来了图书文献发展的高潮。地处成都平原的西蜀因为竹木资源丰富，造纸工业得到很大发展。两宋之时，地处西蜀的成都和眉山成为全国的三大出版中心之一。特别是眉山，图书出版、图书发行与图书消费都非常发达，晁公溯在《眉州州学藏书记》中曾这样描述："郡之富于文，不独诸生之言辞为然，盖文籍于是乎出，至布于其部，而溢于四方。"① "布于其部，而溢于四方"，形象地描绘了眉山书籍出版传播之丰富和广远。而晁公溯在《今岁试士竟置酒起文堂延主司且作诗送之》中还曾这样描述眉山教育文化市场的盛况：

> 吾州俗近古，他邦那得如。
>
> 饮食犹俎豆，佣贩皆诗书。
>
> 今年属宾兴，诏下喧里间。
>
> 白袍五千人，崛起塞路衢。
>
> 入门坐试席，正冠曳长裾。
>
> 谈经慕康成，对策拟仲舒。
>
> 吟诗必二《雅》，作赋规《三都》。
>
> 传闻选主司，考阅须鸿儒。
>
> 果然提权衡，未尝谬锱铢。
>
> 得者固惊喜，失者亦欢呼。
>
> 乡党为叹息，是事盖久无。
>
> 老守蒙此声，增重西南隅。
>
> 何以为子谢，举觞挽行车。

---

① （宋）晁公遡：《嵩山集》卷五十，文渊阁四库全书本。

少留尽一醉，归驾且勿驱。①

一州四县有5000人应试，教育规模之大，可以想见。而一句"佣贩皆诗书"，却在不经意中道出了许多的玄机。它从一个侧面（佣贩）透露了眉山图书出版、发行与消费市场的空前繁荣。

（四）社会稳定的"特区"

巴蜀地区在历史上长期远离政治中心，加之自然条件优越，人文荟萃，所以，社会从总体来说是比较稳定的。管子说"仓廪实而知礼节，衣食足而知荣辱。"② 这话虽屡屡遭到人们的驳斥，但一个不容否认的事实是，经济的繁荣，教育的发达，确实容易形成社会的稳定。家庭是社会的细胞，家是国的基础。在中国传统社会里，家庭、家族是社会稳定的压舱石。而家庭、家族赖以延续的基础，一靠经济，二靠文化。而经济与文化又是紧密相连的。所以，在中国历史上，但凡那些经济旺族，也是文化旺族。文化世家与经济世家相拥而生，相拥而存。以唐宋时期的四川为例。自中唐至五代再至两宋，中原大乱、兵连祸结以及宋夏、宋辽、宋金对峙之时，四川偏安于一隅，不仅经济文化未受冲击，且更加繁荣发展，文化家族与家族文化蔚为壮观，形成一派胜景。他们或父传子受，或父子同学，或兄弟联科，或父子兄弟联翩显赫扬名，即使放在整个中国古代学术文化史上也分外亮丽夺目。比如，在当时的眉州地区，这种有影响的文化家族就有眉山的苏氏、家氏、任氏、史氏、王氏，青神的杨氏，丹棱的李氏、史氏等。眉山苏氏直接发源于唐代凤阁侍郎苏味道。神龙（705—707）初年，苏味道坐张易之党附，贬眉州刺史，不久又迁为益州大都督

---

① （宋）晁公遡：《嵩山集》卷五，文渊阁四库全书本。
② （汉）司马迁撰：《史记》卷六十二《管晏列传》第二，中华书局1999年版，第1696页。

府长史，未行而卒。有子一人不能归，遂家焉，自是眉始有苏氏。① 因为多方面原因，苏氏先祖无心仕进，至苏洵兄长苏涣始中举做官，至三苏则文徽星耀，灿然惊世。尽管三苏先人三代未仕，但因其具有良好的品性操守，也是闻名乡里的贤达，他们身上具有的乐善好施、重义行侠、忠敬笃孝、淡泊名利、随遇而安的品性对后人产生了深远的影响。从三苏的人生仕履看，这种家族的精神品质，可谓一脉相承。特别是苏序，尽管年轻时不好读书，但对年轻一代的教育颇有识见，苏轼曾这样慨叹自己的先辈："先君昔未仕，杜门皇佑初。道德无贫贱，风采照乡闾。何尝疏小人，小人自阔疏。出门无所诣，老史在郊墟。门前万竿竹，堂上四库书……"② 置身这样的书香环境，耳濡目染，一种文化的苏醒与勃发自然是情理之中的事。③ 眉山苏氏仅是眉州文化家族的一个缩影，诚如宋代眉州彭山人吕陶形容："眉阳士人之盛甲两蜀。盖耆儒宿学，能以德行道义励风俗，训子孙，使人人有所宗仰而趋于善。故其后裔晚生，循率风范，求为君子，以至承家从仕，誉望有立者众。"④

二　两河流域的滋养

（一）蜀道难与巴蜀文化的守旧

自李白"蜀道之难，难于上青天"的浩叹问世以后，"蜀道难"似乎已

---

① （宋）苏洵：《苏氏族谱》《家谱后录·上篇》，曾枣庄、金成礼笺注《嘉祐集笺注》卷十四，上海古籍出版社1993年版，第373页、379页。

② （清）王文诰辑注，孔凡礼点校：《苏轼诗集》卷十五《答任师中、家汉公》，中华书局1982年版，第754页。

③ 潘殊闲：《三苏产生的乡土基因与政治文化生态》，《唐宋文学论稿》，巴蜀书社2010年版，第200—207页。

④ （宋）吕陶：《朝请郎新知嘉州家府君墓志铭》，吕陶《净德集》卷二十三，文渊阁四库全书本。

成为人们的共识。巴蜀地区的主体是四川盆地，四川盆地顾名思义，四周是崇山峻岭，中间是平原和丘陵，《隋书·地理志》将其概括为"其地四塞，山川重阻"，① 应该说是十分形象的。翻开中国地图可以看到，四川盆地东边是巫山，南边是大娄山、大凉山，且紧邻云贵高原，西边是龙门山、邛崃山以及横断山脉，北边是米仓山和大巴山。这种地形带来的直接影响如下。

蜀中之人与外界交流相对困难。无论东西南北，都得翻山越岭或冲出夔门（长江水道）。

蜀中之地受外界干扰相对较少。战争、瘟疫、寒潮等不易入侵为害，蜀中成为一方净土与静土，也自然是乐土。从秦并巴蜀开始，历汉魏晋六朝、唐宋、元明清直至近现代，蜀中都有大量的移民。移民与当地土著居民从思想观念到血脉流传，从文化基因到生产劳作都在进行深度的交融与新变。

蜀中之地容易保留古风遗韵。因为受外来新潮思想、流派的影响不易，蜀中之人保留古风遗韵成为一种客观的必然。他们往往重视传统，重视基础，因而，不鸣则已，一鸣惊人。苏洵虽然 27 岁始知向学，但厚积薄发，特别能耐得住寂寞，于是，"绝笔不为文辞者五六年，乃大究六经、百家之说，以考质古今治乱成败、圣贤穷达出处之际，得其粹精，涵畜充溢，抑而不发。久之，慨然曰：'可矣。'由是下笔，顷刻数千言，其纵横上下，出入驰骤，必造于深微而后止"，以至一到京师，"一时后生学者皆尊其贤，学其文以为师法"。② 元人刘埙曾这样评价三苏："宋初承唐，习文多俪偶，谓之昆体。至欧阳公出，以韩为宗，力振古学。曾南丰、王荆公从而和之，三苏父子又以古文振于西州，旧格遂变，风动景随，海内皆归焉。"③ 三苏因为身处西南盆地，受外界影响少，所以，力图诗文革新的

---

① （唐）魏徵撰：《隋书》卷二十九，中华书局 1999 年版，第 564 页。

② （宋）欧阳修：《故霸州文安县主簿苏君墓志铭》，《欧阳修全集》卷三十五，中华书局 2001 年版，第 513 页。

③ （元）刘埙：《隐居通议》卷二十一，文渊阁四库全书本。

欧阳修在"守旧"的三苏身上找到了复古革新的"火种"，成为这场革新运动的"中坚"。

（二）蜀道通与巴蜀文化新变

蜀道难是自然地理的客观事实。李白的浩叹，多少带有诗人的浪漫和内心的别样希冀。到中唐韦皋镇蜀，其门人陆畅反李白之词而作《蜀道易》首句曰"蜀道易，易于履平地"。韦皋大喜，赠陆畅罗锦八百匹。①

当然，这是一种调侃。其实，身处盆地的人们与盆地之外的人们都对身外的世界有许多的好奇，不可否认的是，蜀道难的背后是蜀道通。大山虽有阻隔，但大山也有溪谷。长江虽为天堑，但舟楫可以浮江。更何况巴蜀先民很早就有开凿山道的传说，这可从《蜀王本纪》《华阳国志·蜀志》等文献中所述五丁移山、石牛开道、武都担土、山分五岭等神话传说中得到印证。再者，我们也可从大量的考古文物和历史文献中清楚地看到，历史上的巴蜀与外界有很多通道相连。著名的三星堆遗址中出土了大量的只能出产于印度洋的齿贝，还有金权杖，这是当时的四川盆地与印度、缅甸及中亚、西亚物资交流的铁证。秦并巴蜀之后，蜀王子率众三万南走，最后到达今越南北部，建瓯越国，称"安阳王"。越南称这一段时期为"蜀朝"，是为越南有信史之始，也是越南古代建立国家政权之始。② 梳理相关文献可以看到，在四川盆地周边，分布着各种蜀道，如南夷道、西夷道、米仓道、金牛道、荔枝道、阴平道、子午道、褒斜道、嘉陵道、宁河道、峡道、夜郎道、僰道等。在四川，有比北方丝绸之路更早的南方丝绸之路，称为"蜀身毒国道"，有《史记》为证：

　　　及元狩元年，博望侯张骞使大夏来，言居大夏时见蜀布、邛竹

---

① （明）曹学佺撰：《蜀中广记》卷一百二诗话记第二，文渊阁四库全书本。
② 袁庭栋：《巴蜀文化志》，巴蜀书社 2009 年版，第 275 页。

杖，使问所从来，曰"从东南身毒国，可数千里，得蜀贾人市"。或
闻邛西可二千里有身毒国。骞因盛言大夏在汉西南，慕中国，患匈奴
隔其道，诚通蜀，身毒国道便近，有利无害。于是天子乃令王然于、
柏始昌、吕越人等，使间出西夷西，指求身毒国。至滇，滇王尝羌乃
留，为求道西十余辈。岁余，皆闭昆明，莫能通身毒国。①

不仅南方通身毒国，在盆地西北方，通过岷江峡谷，很早就与西北各
民族有着深入的交流，今天居住在四川西部边缘的羌族，就与历史上古老
的北方氐羌族有直接的渊源关系。

与身处盆地的人渴望看到外面的世界相对应的是，盆地以外的人们也
渴望了解这片神奇神秘神妙的国土。在历史上，有"自古诗人例到蜀"与
"自古文宗出巴蜀"之美名。这入蜀与出蜀正好构成一种文化上的互补关
系。翻检中国文学史、中国文化史，那些大家、名家因为各种原因，多与
巴蜀有这样那样的渊源：他们或入蜀为官，或入蜀游历，都对这片土地有
深深的眷念和咏赞，这片土地从某种程度上也成就了他们的诗名、文名，
杜甫是其中最有代表性的一位。杜甫从上元元年（760）春天到永泰元年
（765）初夏，在蜀中生活了五年，中间除一度前往梓州（三台）、阆州
（阆中）避乱一年半外，杜甫一直生活在成都的草堂。在成都草堂一共生
活了三年零九个月，写下了260余首诗歌。这段时间是杜甫人生相对安静、
安稳的时期，他与自然、与亲情、与友情、与近邻有更多、更自然的接触
与咏赞，蜀中的生活、成都的生活改变了杜甫的人生，也改变了他的诗
风。假如没有蜀中的这段历程，很难想象杜甫人生与艺术会是一种什么样
的总体风貌。其他诸如岑参、白居易、刘禹锡、李商隐、玄奘、韦庄、李
珣、黄庭坚、陆游、范成大等都有这样那样的蜀中佳话。而生在蜀中的文

---

① （汉）司马迁撰：《史记》卷一百十六《西南夷列传》第五十六，中华书局1999年版，
第2284页。

人，一旦冲出夔门，则往往成为执牛耳的领军人物，汉代司马相如、扬雄，唐代陈子昂、李白，宋代三苏、魏了翁、李焘，明代杨慎，清代彭端淑、李调元、张问陶，直至近现代的郭沫若、巴金等，莫不如此。

蜀道内外的勾连，入蜀与出蜀的交互，使巴蜀文化善于学习借鉴其他地域的文化特点，而其他区域的士人来到蜀中之后也能得到这片古老土地上的异样文化的沾溉，迅速成长、提升以至超越自我。蜀中士人虽然在离开蜀中之前或默默无闻，但一旦出川之后，特别是来到当时的政治与文化中心之后，往往能很快崭露头角，进而成为文坛领袖。这种内外的有机互动，带来的必定是文化的新变。加上移民文化的冲击碰撞，巴蜀文化在开放中兼容并包，在开放中创新求变。

（三）两河流域下的巴蜀文化特质

黄河与长江是中华民族的两条母亲河，黄河文明与长江文明各有特色又相互交融。四川位于中国地理位置的几何中心，恰好在黄河文明与长江文明的交叉点上。《史记·天官书》说："中国山川东北流，其维，首在陇、蜀，尾没于勃、碣。"[1] 这是一个非常有趣的地理现象。它既是自然地理，亦是文化地理。

岷江是长江上游左岸一级支流，其正源出自岷山南麓松潘县北部水晶乡安备村境内弓杠岭南坡斗鸡台西侧。松潘在历史上一直是重要的军事要塞，远在公元前三世纪秦始皇统一中国时，就在今松潘城北的元坝子设立了湔氐县。汉代在此改县为道，三国迄隋，设立县治从未间断。至唐武德元年（618）置松州。太宗贞观二年（628）置都督府，羁縻生羌部落。明洪武十二年（1379），设立松州卫（今松潘进安镇）和潘州卫（旧城在今若尔盖县东求吉乡），不久并为"松潘卫"，此"松潘"得名之始。[2] 在相

---

[1] （汉）司马迁撰：《史记》卷二十七，中华书局 1999 年版，第 1156 页。
[2] 周群华：《松潘古城考》，《四川文物》1991 年第 6 期。

当长的历史时期，人们认为岷江的上游即长江的源头，《尚书·禹贡》首言大禹治水"岷山导江"。此后《山海经》等史籍皆言"大江出汶（岷）山"。① 有意思的是，就是这座岷山，它是长江水系的岷江、涪江、白水河与黄河水系的黑水河的分水岭！换言之，四川位于黄河流域与长江流域的交会处，是连接黄河流域与云贵高原的过渡地带。这是南北。再看东西。四川是汉民族与藏羌彝少数民族的交汇点，是连接江汉平原与康藏高原的桥梁。正是因为这独特的地理位置，使历史上的四川成为连接南北、沟通东西的门户与要冲。这样的区位特点，注定了以巴蜀文化为主体的四川文化兼具东西南北的特点。最典型的莫过于四川话。处于南方的四川，其方言却属于北方方言区。巴蜀文化受南北与东西不同文化的影响，形成海纳与包容的文化特质。自身厚重的文化底蕴，加上外来文化的冲击与浸染，极易发生新变。这种文化基因，使巴蜀文化历久弥新，永葆活力，一如聚宝盆，"成为南北文化特征交汇和集结的多层次、多维度的文化复合体"。② 许多带"川"字号的文化品牌，莫不是这种海纳与包容的结果，如川菜、川剧、川派盆景、川派武术等。以文人而言，亦复如此。苏轼生在蜀中，从小既接受书院的训练，又接受父亲的训育。其时苏洵正醉心于经史百家之书，他亲自辑校数千卷书，以之为教材教育二子。这样家学与塾学的结合，使苏轼拥有了扎实的基本功，具备走向全国的资质。随后，苏轼、苏辙又跟随父亲到处去拜谒名公大臣，包括雷简夫、张方平、欧阳修、梅圣俞、韩琦、富弼、司马光等。这些人慧眼识珠，特别是欧阳修尽力奖掖扶持，又恰逢此时的仁宗朝政治清明，惜才用材，欧阳修倡导的诗文革新在三苏的身上找到了发力点，所以，风云际会，时来运转，苏轼接过欧阳修手中的大旗，成为文坛领袖。试想，如果苏轼在家乡没有奠定扎实的基

---

① （晋）郭璞注：《山海经》卷十三《海内东经》，文渊阁四库全书本。

② 谭继和：《巴蜀文化的历史特征与四川特色文化的构建》，《西南民族学院学报》（哲学社会科学版）2003 年第 1 期。

础，即使有欧阳修等人的扶持延誉，恐也难成巨擘。因为基础不扎实，高楼大厦也不易建成，即使建成了也极易坍塌，难以成为真正的领袖。反过来讲，如果苏轼没有走出巴蜀，没有来到当时的政治中心与文化中心，没有处于这些中心的大人物的延揽推举，不敢说绝对的湮没无闻，至少不会成为领袖群英的文坛巨匠，这是毫无疑问的。同理，那些入蜀的文人，有感于巴蜀奇异的山川和别样的文化，受到刺激，创生灵感，激发热情，于是，思路变，文风转，品格升，影响显。蜀地文人出蜀前后的变化，与蜀外文人入蜀前后的变化，烛照出巴蜀地域与巴蜀文化的神妙。

所以，身处两河流域的巴蜀地区，先天具有勾连东西南北的区位优势和文化传统，因此，地处盆地的人们普遍具有一种开拓与开放，兼蓄与兼容的集体文化性格。"要想跨出盆地，那么，东出三峡，走出夔门，便与楚文化的江汉平原山水相通；北越秦岭、大巴山，便与秦陇文化的关中之地乃至河洛中原岭谷相连；走进西北，则与横断山脉的'藏羌彝走廊'嵯峨相接。司马迁说'栈道千里，无所不通'，本来闭塞的盆地反而因地理条件的多样性、多变性而导致古代四方交通的便捷和交流的便利，使巴蜀地区具有突出的开放性和兼容性。"① 此论是非常中肯的。

三 巴蜀学派的晕染

（一）古蜀仙道与蜀人的仙化思维

"古蜀仙道"传承已有三千年的历史。《华阳国志·蜀志》载："周失纲纪，蜀先称王。有蜀侯蚕丛，其目纵，始称王……次王曰柏灌，次王曰鱼凫。鱼凫王田于湔山，忽得仙道。蜀人思之，为立祠于湔……后有王曰

---

① 谭继和：《巴蜀文化概说》，徐希平主编《长江流域区域文化的交融与发展——第二届巴蜀·湖湘文化论坛论文集》，四川大学出版社 2013 年版，第 12 页。

杜宇，教民务农。一号杜主……其相开明，决玉垒山以除水害。帝遂委以政事，法尧舜禅授之义，遂禅位于开明。帝升西山隐焉。时适二月，子鹃鸟鸣，故蜀人悲子鹃鸟鸣也。巴亦化其教而力农务。迄今巴蜀民农，时先祀杜主君。"① 由这段文字可以看到，古蜀先帝如鱼凫、杜宇、开明王（上天成为天门兽）都有仙化故事，皆羽化而成仙。巧妙的是，三星堆众多的青铜鸟形象、鹰头杜鹃形象、人身鸟足像、人面鸟身像以及有龙有鸟（龙凤）的青铜神树形象，金沙玉琮上线刻羽人像、金沙金箔太阳神鸟的形象等，都深刻地体现了古蜀先帝羽化登仙的历史传说，印证了"古蜀仙道"的信仰。道教就是在古蜀仙道的基础上创立的。巴蜀是仙源故乡，是昆仑仙学的发生地。神仙说的产生，巴蜀昆仑仙宗早于齐鲁滨海的蓬莱仙宗，说明巴蜀是最早羽化成仙、仰望星空的文化想象力的起源处。② 古蜀先人的羽化信仰对蜀地后人的影响是非常显著的。这表现为：蜀人多浪漫的气质；蜀人富于想象；蜀人喜欢领异标新，有逆向思维的传统；蜀人喜欢仰望星空，对明月有独特的情怀；一些蜀人还有"谪仙"的情结。司马相如被称为"赋圣"。赋这种文体，本身就具有铺张扬厉、夸饰奇秀之特点。司马相如自己曾说："词赋者，合綦组以成文，列锦绣而为质。一经一纬，一宫一商，此赋之迹也。赋家之心，包括宇宙，总览人物，斯乃得之于内，不可得而传。"③ 刘勰说："赋者，铺也，铺采摛文，体物写志也。"④ 观司马相如的诸赋，可感受其想象之丰富，文辞之隽美。而其《大人赋》言神仙之事，汉武帝读后大悦，竟有"飘飘然有凌云气游天地间之意"。⑤

---

① （晋）常璩撰，任乃强校注：《华阳国志校补图注》卷三，上海古籍出版社1987年版，第118页。

② 谭继和：《古蜀人文化想象力的"创新"》，《地方文化研究集刊集刊集刊集刊》第三辑，巴蜀书社2010年版，第6—7页。

③ （汉）司马相如：《答·柯盛览》，（明）贺复征编《文章辨体汇选》卷二百五十九，文渊阁四库全书本。

④ 王运熙、周锋撰：《文心雕龙译注·诠赋》，上海古籍出版社1998年版，第59页。

⑤ （宋）祝穆撰：《古今事文类聚》别集卷十一，文渊阁四库全书本。

严君平的《老子指归》言仙学，为张道陵《老子想尔注》仙学化奠定了基础，使《老子》一书从人学变成神学，为道教符箓派的创立奠定了理论基础。①

蜀之人李白，一生似乎与星月都结下了不解之缘。李阳冰《草堂集序》说他是因母亲梦长庚入怀所生，故名白字太白。② 不仅如此，李白的家人及子女多与明月有关系。他有妹妹名月圆，他有一子曰明月奴，一子曰颇黎。颇黎即今"玻璃"。玻璃与明月都具有明亮的性质。李白最后的死，传说最为生动久远的是"跳江捉月"或"骑鲸捉月"。李白也有明显的仙化情结，孟棨《本事诗·高逸》云："李太白初自蜀至京师，舍于逆旅。贺监知章闻其名，首访之，既奇其姿，复请所为文。出《蜀道难》以示之，读未竟，称叹者数四，号为谪仙。解金龟换酒，与倾尽醉，期不间日，由是称誉光赫。"③ 而李白自己的诗中也这样说："四明有狂客，风流贺季真。长安一相见，呼我谪仙人。"④ 杜甫也说："昔年有狂客，号尔谪仙人。"⑤ 应该看到，"谪仙"的光环，让李白自觉不自觉滋生了一种莫可名状的宇宙情怀。他玄想自己"倚剑天外，挂弓扶桑。浮四海，横八荒，出宇宙之寥廓，登云天之渺茫"。⑥

苏轼对明月也有一种独特的情怀，他的这首问月词感动了无数的读者："明月几时有，把酒问青天。不知天上宫阙，今夕是何年。我欲乘风归去，又恐琼楼玉宇，高处不胜寒。起舞弄清影，何似在人间！转朱阁，低绮户，照无眠。不应有恨，何事长向别时圆！人有悲欢离合，月有阴晴

① 谭继和：《成都城市文化的性质及其特征》，《四川大学学报》（哲社版）1988 年第 3 期。
② （唐）李阳冰：《草堂集序》，（清）王琦注《李太白全集》，中华书局 1977 年版，第 1443 页。
③ （唐）孟棨：《本事诗》，丁福保《历代诗话续编》，中华书局 1983 年版，第 14 页。
④ （清）王琦注：《李太白全集》卷二十六三《对酒忆贺监二首并序》，中华书局 1977 年版，第 1085 页。
⑤ （清）仇兆鳌：《杜诗详注》卷八《寄李十二白二十韵》，中华书局 1979 年版，第 661 页。
⑥ （清）王琦注：《李太白全集》卷二十六《代寿山答孟少府移文书》，中华书局 1977 年版，第 1225 页。

圆缺，此事古难全。但愿人长久，千里共婵娟。"① 李白有一组诗《月下独酌》，其一云："花间一壶酒，独酌无相亲。举杯邀明月，对影成三人。月既不解饮，影徒随我身。暂伴月将影，行乐须及春。我歌月徘徊，我舞影零乱。醒时同交欢，醉后各分散。永结无情游，相期邈云汉。"② 苏轼在月下"把酒问青天""起舞弄清影"，李白在月下"举杯邀明月，对影成三人""我歌月徘徊，我舞影零乱"，两人在酒的催化下痴情地问月邀月表现出的宇宙情怀、浪漫色彩，何其相似！

在宋代，苏轼则被人们称为"坡仙"。这种仙化心理来源有三：一是苏轼喜欢炼养，有关养生、道引、辟谷等思想，散见于诸多文献；二是苏轼的不少作品飘逸神妙，有如天籁之音；三是苏轼为人豪爽不羁，有异凡夫俗子，同时，命运大起大落，不是常人所能承受。三种因素混在一起，使苏轼的作品与人生充满仙气。③ 就作品言，《前赤壁赋》以及不少词作，确有飘飘欲仙之感。例如，《避暑录话》所载：

> 子瞻在黄州病赤眼，逾月不出，或疑有他疾，过客遂传以为死矣。……未几，复与数客饮江上。夜归，江面际天，风露浩然，有当其意，乃作歌辞，所谓"夜阑风静縠纹平，小舟从此逝，江海寄余生"者，与客大歌数过而散。翌日，喧传子瞻夜作此辞，挂冠服江边，拿舟长啸去矣。郡守徐君猷闻之，惊且惧，以为州失罪人，急命驾往谒，则子瞻鼻鼾如雷，犹未兴也。然此语卒传至京师，虽裕陵亦闻而疑之。④

---

① （宋）苏轼：《东坡乐府》，上海古籍出版社 1979 年版，第 6 页。
② （清）王琦注：《李太白全集》卷二十三《月下独酌四首》，中华书局 1977 年版，第 1063 页。
③ 潘殊闲：《试论宋人的苏轼心理情结》，《宁夏社会科学》2010 年第 3 期。
④ （宋）叶梦得：《避暑录话》卷上，叶德辉辑《石林遗书》，清宣统三年（1911）长沙叶氏观古堂校刊本。

"小舟从此逝，江海寄余生"之谓，确有一种超尘脱俗的况味在里面，人们据此"遐想"，似有根底。联系到苏轼中秋词中的"我欲乘风归去"，李白月下独酌的"永结无情游，相期邈云汉"，古蜀仙道的羽化思维影响何其明显！

羽化的思维，换一种角度说，就是一种创新的思维，一种不落俗套，敢于领异标新的思维，这从蜀中走出的诸多文人身上可以找到鲜明的答案。从司马相如的大赋，到扬雄建构的"法言"与"太玄"，从李白飘逸不群的仙诗，到苏轼让天下"目骇耳回而披靡于下风"的文采，① 莫不毕现。苏轼的这种标新立异的"锋芒"，早在应试期间就已经折服考官，不妨来看看有关文献饶有兴致的记载：

叶梦得《石林燕语》云：

> 苏子瞻自在场屋，笔力豪骋，不能屈折于作赋。省试时，欧阳文忠公锐意欲革文弊，初未之识。梅圣俞作考官，得其《刑赏忠厚之至论》，以为似《孟子》。然中引皋陶曰"杀之三"，尧曰"宥之三"，事不见所据，亟以示文忠，大喜。往取其赋，则已为他考官所落矣，即擢第二。及发榜，圣俞终以前所引为疑，遂以问之。子瞻徐曰："想当然耳，何必须要有出处？"圣俞大骇，然人已无不服其雄俊。②

陆游《老学庵笔记》云：

> 东坡先生《省试刑赏忠厚之至论》有云："皋陶为士，将杀人，皋陶曰杀之三，尧曰宥之三。"梅圣俞为小试官，得之以示欧阳公。公曰："此出何书？"圣俞曰："何须出处！"公以为皆偶忘之，然亦大称叹。初欲以为魁，终以此不果。及揭榜，见东坡姓名，始谓圣俞

---

① （宋）毛滂：《东堂集》卷六《上苏内翰书》，文渊阁四库全书本。
② （宋）叶梦得：《石林燕语》卷八，中华书局1984年版，第115页。

曰："此郎必有所据，更恨吾辈不能记耳。"及谒谢，首问之，东坡亦对曰："何须出处。"乃与圣俞语合。公赏其豪迈，太息不已。①

杨万里《诚斋诗话》云：

欧阳公作省试知举，得东坡之文惊喜，欲取为第一人，又疑其门人曾子固之文，恐招物议，抑为第二。坡来谢，欧阳问坡所作《刑赏忠厚之至论》，有"皋陶曰杀之三，尧曰宥之三"，此见何书。坡曰："事在《三国志·孔融传注》。"欧退而阅之，无有。他日再问坡，坡曰："曹操灭袁绍，以袁熙妻赐其子丕。孔融曰：'昔武王伐纣，以妲己赐周公。'操惊问何经见，融曰：'以今日之事观之，意其如此。'尧、皋陶之事，某亦意其如此。"欧退而大惊曰："此人可谓善读书，善用书，他日文章，必独步天下。"②

三书记载虽略有差异，但有一点是共同的，即欧阳修、梅圣俞对苏轼创新意识的赏识，极大地增强了苏轼的自信心，为一代文坛领袖的出道打开了大门。苏轼的省试之文，无所藻饰，一反险怪奇涩的"太学体"，且语出惊人，不落俗套，而这正契合了欧阳修等"疾时文之诡异，思有以救之"③的古文革新的初衷。换言之，苏轼省试之文不落俗套的"率意"与别致，给主考官耳目一新的感觉，异常惊喜，"以为异人"。④在整个疑古惑经成为时代风潮的宋代，以苏轼领衔的蜀学与二程洛学（理学）、王安石新学鼎足而三，共同构成了北宋学术的三大主流，影响卓远，实在是与他的这种带有巴蜀气息的创新意识是分不开的。⑤

---

① （宋）陆游：《老学庵笔记》卷八，中华书局1979年版，第102页。
② （宋）杨万里：《诚斋诗话》，丁福保《历代诗话续编》，中华书局1983年版，第148—149页。
③ （宋）苏辙：《亡兄子瞻端明墓志铭》，《栾城后集》卷二十二，《苏辙集》，第1117页。
④ （宋）苏辙：《亡兄子瞻端明墓志铭》，《栾城后集》卷二十二，《苏辙集》，第1118页。
⑤ 潘殊闲：《论苏轼创新意识形成的原因》，《南昌大学学报》2011年第3期。

(二) 蜀学的风格与浸润

蜀学的风格与浸润，下面从三个方面予以论述。

(1) 易学在蜀。"易学在蜀"是宋代理学大家程颐的话，《宋史·谯定传》有云："初，程颐之父珦尝守广汉，程与兄颢皆随侍，游成都，见治箧箍桶者挟册，就视之则《易》也，欲拟议致诘，而箧者先曰：'若尝学此乎？'因指'未济男之穷'以发问。二程逊而问之，则曰'三阳皆失位。'兄弟涣然有所省，翌日再过之，则去矣。其后袁滋入洛，问《易》于颐。颐曰：'易学在蜀耳，盍往求之？'滋入蜀访问，久无所遇。已而见卖酱薛翁于眉、邛间，与语，大有所得，不知所得何语也。宪、勉之、滋皆闽人，时行、行成蜀人。郭囊氏及箧叟、酱翁皆蜀之隐君子也。"[1] 这是一段很有意思的传记，它透露出很多的信息：一是易学在蜀中有广泛的群众基础，连箧叟、酱翁这些走卒贩夫也《易》不离手；二是蜀中民间多易学高手，箧叟、酱翁这些走卒贩夫随口而出的易学术语，也轻易把程颐、程颢二兄弟难住；三是蜀中类似于箧叟、酱翁这样有学问功底的隐君子(隐士) 很多，他们散布在各行各业，不可小觑；四是蜀中易学有自己独到的巴蜀特色，这从箧者的发问可以看出。

事实上，蜀中之人自古即长于历法、卜算、阴阳，春秋时资中人苌弘明天文，孔子曾问学于他。[2] 汉代落下闳、严君平、扬雄，唐代李鼎祚、李淳风、袁天罡，明代来知德等都是蜀中的易学名家。宋代三苏对易学也十分喜爱，三人合力完成了《苏氏易传》，共九卷，是北宋时期现存唯一的一部经传同释的易学著作。这部著作是父子三人接力完成的，苏籀曾透露："公 (苏辙) 言先曾祖晚岁读《易》，玩其爻象，得其刚柔、远近、喜怒、逆顺之情，以观其词，皆迎刃而解。作《易传》未完，疾革，命二

---

① (元) 脱脱等撰：《宋史》卷四百五十九，中华书局 1999 年版，第 10439 页。
② (汉) 郑氏注，(唐) 陆德明音义，孔颖达疏：《礼记注疏》卷三十九，文渊阁四库全书本。

公（苏轼、苏辙）述其志。东坡受命，卒以成书。初二公少年皆读《易》，为之解说。各仕它邦，既而东坡独得文王、伏羲超然之旨。公（苏辙）乃送所解予坡，今《蒙》卦犹是公解。"① 苏轼作《易传》是在其谪居黄州、惠州、儋州之时，他说："某闲废无所用心，专治经书。一二年间，欲了却《论语》《书》《易》。"② 在给文潞公的信中又说："到黄州无所用心，辄复覃思于《易》《论语》，端居深念，若有所得。遂因先子之学，作《易传》九卷，又自以意作《论语说》五卷。"③ 对于自己在学术之旅的艰苦跋涉中取得的成果，苏轼甚为珍重，他说："《易》韦三绝丘犹然，如我当以犀革编。"④ 因此，对它的价值颇为自信："所喜者，在海南了得《易》《书》《论语》传数十卷，似有益于骨朽后人耳目也。"⑤ 临终前，又将这三部书托付给钱济明，并说："某前在海外，了得《易》《书》《论语》三书，今尽以付子，愿勿以示人，三十年后会有知者。"⑥ 可见苏轼对他易学著作的看重。

（2）儒源在蜀。这是谭继和先生的观点。他认为大禹兴于西羌，创作"洪范九畴"，根据他的治水经验，提出五行以水为首，水被视为文明之母。大禹是儒学之祖，孔子说"吾与禹无间然矣"，二人身处异代而心有灵犀。孔子的儒家学派就是在大禹兴起儒而又由殷礼和周礼加以发展的基

---

① （宋）苏籀记：《栾城遗言》，文渊阁四库全书本。

② （宋）苏轼：《与滕达道书》，孔凡礼点校《苏轼文集》卷五十一，中华书局1986年版，第1482页。

③ （宋）苏轼：《黄州上文潞公书》，孔凡礼点校《苏轼文集》卷四十八，中华书局1986年版，第1380页。

④ （宋）苏轼：《夜梦并引》，（清）王文诰辑注，孔凡礼点校《苏轼诗集》卷四十一，中华书局1982年版，第2252页。

⑤ （宋）苏轼：《答李之仪书》，孔凡礼点校《苏轼文集》卷五十二，中华书局1986年版，第1540页。

⑥ （宋）何薳：《春渚纪闻》卷六，《宋元笔记小说大观》（三），上海古籍出版社2001年版，第2415页。

础上创立起来的，所以，孔子说"郁郁乎文哉吾从周"（《论语·八佾》）。① 此说是有道理的。当然，自汉武帝采纳董仲舒的建议"罢黜百家，独尊儒术"之后，儒学从先秦时期的诸子百家之学升格为官方的意识形态，历 2000 多年未曾中断，中间虽有儒道、儒佛之争，但儒学的统治地位总体还是稳固的，虽然儒学自身也在发展演变，在吸收佛道之学中不断地探索自新，这就是我们在魏晋玄学、宋明理学和近现代新儒学中看到儒学自我更新、自我发展的轨迹。在这些发展过程中，巴蜀学者都有自己的作为和贡献。汉代扬雄，"少而好学，不为章句，训诂通而已，博览无所不见。为人简易佚荡，口吃不能剧谈，默而好深湛之思，清静亡为，少耆欲，不汲汲于富贵，不戚戚于贫贱"。② 扬雄"以为经莫大于《易》，故作《太玄》；传莫大于《论语》，作《法言》"，③ 故被桓谭称为"西道孔子"，又称为"东道孔子"。④ 这种奋厉有为的人生态度和精神，是蜀中士人的普遍追求，即使被称为"醉圣"的李白，仍要"奋其智能，愿为辅弼"，⑤并高呼"大雅久不作，吾衰竟谁陈"。⑥ 三苏就更不用说了，都有深厚的儒学根柢。以苏轼为例，苏轼对大禹非常崇敬，在《东坡书传》《仇池笔记》《东坡志林》以及东坡诗文中都有不少对大禹相关事迹的考辨、论述和颂赞。⑦ 苏轼一生尽管遭遇了种种不幸，但其大爱无疆的思想和行为令万世敬仰。⑧ 不仅如此，苏轼还有《东坡书传》《论语说》等儒学著作传世。

---

① 谭继和：《"西川供客眼"——论西蜀文化的内涵、特征及其现代应用》，《地方文化研究集刊集刊集刊集刊》第六辑，巴蜀书社 2013 年版，第 16 页。

② （汉）班固撰：《汉书》卷八十七上，中华书局 1999 年版，第 2608 页。

③ （汉）班固撰：《汉书》卷八十七下，中华书局 1999 年版，第 2659 页。

④ （宋）晁说之撰：《景迂生集》卷十九，《扬雄别传上》，文渊阁四库全书本。

⑤ （清）王琦注：《李太白全集》卷二十六，《代寿山答孟少府移文书》，中华书局 1977 年版，第 1225 页。

⑥ （清）王琦注：《李太白全集》卷二，《古风五十九首》之一，中华书局 1977 年版，第 87 页。

⑦ 潘殊闲：《论苏轼对大禹的接受与传播》，《乐山师范学院学报》2011 年第 8 期。

⑧ 潘殊闲：《苏轼与大爱》，《蜀学》第五辑，巴蜀书社 2010 年版，第 135—143 页。

而其众多诗文中涵盖的儒学思想则更是渊深富赡，不见涯涘。

（3）佛学在蜀。佛学是外来之学，但在佛学中国化的道路上，巴蜀做出了重要的贡献。巴蜀是佛教传入最早的地区之一，地处佛教南北传的陆路枢纽。佛教大约在两晋广泛地传入巴蜀，集中在两个传播地区，一是四川西北的吐谷浑，一是以成都为中心的蜀地。早期巴蜀的佛教徒，多出自蜀中。① 佛教发展到了唐代，出现鼎盛，巴蜀地区同样兴盛。据《续高僧传》和《宋高僧传》记载，隋唐时期仅益州的高僧就有 28 人，仅次于长安、洛阳。禅宗在唐代巴蜀佛教中是影响最大、流行最广的一个宗派。当代巴蜀著名佛教居士贾题韬说："言蜀者不可不知禅，而言禅者尤不可不知蜀。"因为巴蜀的禅宗产生过许多对禅宗"大发展之关键性的人物"。唐代巴蜀禅师宗密说：当时全国的禅宗派别有八家：洪州、菏泽、北秀、南诜、牛头、石头、保唐、宣什。除北秀、牛头、石头三家外，其余五家都在当时的巴蜀。菏泽是指宗密自己，洪州是由马祖开创的禅派，南诜是四川资州德纯寺的智诜，保唐是成都保唐寺的无住，宣什是在南充、阆中流传的禅派。②

值得一提的是，到印度取经的唐三藏——玄奘，18—22 岁曾到成都大慈寺求学受戒，成都成为玄奘法相唯识之学发蒙的地方，是其佛学百科总体系奠定基础的地方。而玄奘之所以选择成都学律五年并受具足戒，是因为当时的成都聚集了四方的高僧大德，实际上是各宗派佛学、南北文化交融的大都会，为玄奘"转益多师"，融汇各种文化资料提供了优越的条件。以成都为代表的巴蜀地区佛教文化的发展，至唐末僖宗时已出现了"菩萨在蜀"的说法，③ 而玄奘也开拓了巴蜀佛学由唯识启疑惑求真知的探索风气。当六祖在岭南创立禅宗南派的时候，六祖的师兄弟智诜则在资中创立

① 黄开国、邓星盈：《巴山蜀水圣哲魂》，四川人民出版社 2001 年版，第 100 页。
② 同上书，第 112 页。
③ 谭继和：《唐僧玄奘与巴蜀文化》，《西南民族大学学报》（人文社科版）2010 年第 5 期。

了净众——保唐禅系。这是巴蜀禅系之始，其特点是兼容南宗慧能和北宗神秀，既兼有南北顿渐禅风，同时又有"不北不南"特征，非常便于向"由禅入净"的路径发展。到禅宗八祖什邡人马祖道一，则进一步弘扬了六祖慧能一系，提倡"平常心是道"，创立农禅丛林制度，使禅宗生活化、人间化，成为人间佛教。马祖道一为禅宗中国化做出了奠基性的贡献。[①]

另外，被苏轼描绘为"我家峨眉阴"（《送杨孟容》）的中华名山峨眉山，是普贤文化的发祥地，其特色是"蜀国多仙山，峨眉邈难匹"（李白《登峨眉山》）。所谓峨眉的普贤文化，实是圆融仙道思想在内的大乘禅宗文化。[②]

作为蜀人，苏轼对佛禅甚感兴趣，这与他的家庭浓厚的佛教氛围有很大的关系。苏轼的父母对佛教都相当敬奉，苏轼在《真相院释迦舍利塔铭》一文中，曾说他的父母都很仁慈宽厚，对佛教的"三宝"崇信不疑，且家里藏有十八罗汉像，经常设茶供养[③]，以祈福佑。也许是受父母崇信佛教的影响，苏轼在其父母去世后，曾将他们生平喜好的赏玩之物都施舍给寺庙，并令人画佛像，以求父母之冥福。[④]

关于苏轼的出生，还笼罩在一种神秘的氛围里。苏轼说他母亲在怀孕时，曾梦见五祖戒禅师求宿。且他稍大（七八岁）时，还经常梦见自己是五祖戒禅师，言外之意，五祖戒禅师就是他自己的前身。释惠洪《冷斋夜话》卷七《梦迎五祖戒禅师》有载：

> 苏子由初谪高安时，云庵居洞山，时时相过。聪禅师者，蜀人，

---

① 谭继和：《巴蜀文化概说》，徐希平主编《长江流域区域文化的交融与发展——第二届巴蜀·湖湘文化论坛论文集》，四川大学出版社 2013 年版，第 15 页。

② 谭继和：《巴蜀文脉的鲜明个性》，《四川党的建设（城市版）》2008 年 1 期。

③ 苏轼：《十八大阿罗汉颂》之《跋尾》，孔凡礼点校《苏轼文集》卷二十，中华书局 1986 年版，第 591 页。

④ 例如，苏轼《阿弥陀佛颂》云："眉山苏轼敬舍亡母蜀郡太君程氏遗留簪珥，命工胡锡采画佛像，以荐父母冥福。"孔凡礼点校《苏轼文集》卷二十，中华书局 1986 年版，第 585 页。

居圣寿寺。一夕，云庵梦同子由、聪出城迓五祖戒禅师，既觉，私怪之，以语子由，未卒，聪至。子由迎呼曰："方与洞山老师说梦，子来亦欲同说梦乎？"聪曰："夜来辄梦见吾三人者，同迎五戒和尚。"子由拊手大笑曰："世间果有同梦者，异哉！"良久，东坡书至，曰："已次奉新，旦夕可相见。"二人大喜，追笋舆而出城，至二十里建山寺，而东坡至。坐定无可言，则各追绎向所梦以语坡。坡曰："轼年八九岁时，尝梦其身是僧，往来陕右。又先妣方孕时，梦一僧来托宿，记其颀然而眇一目。"云庵惊曰："戒，陕右人，而失一目，暮年弃五祖来游高安，终于大愚。"逆数盖五十年，而东坡时年四十九矣。后东坡复以书抵云庵，其略曰："戒和尚不识人嫌，强颜复出，真可笑矣。既法契，可痛加磨砺，使还旧规，不胜幸甚。"自是常衣衲衣。①

无独有偶，苏轼去世前两天所作的绝笔信，是写给五祖戒禅师的隔世弟子怀琏的弟子径山维琳的。且苏轼去世时维琳仍在身旁。苏轼一生与佛的渊源可谓从始至终。

这种渊源，决定了苏轼对佛教的浓厚兴趣，这可以从苏轼自号东坡居士、戒和尚、眉阳居士，以及人称东坡道人、海上道人等称呼可以看出其追求和影响。②

苏轼好动，热衷游览，诸多的贬谪，一方面让他身心倍受摧折，但另一方面，又给他提供了饱览大好河山和名胜佳迹的机会。检读苏轼仕履可以发现，苏轼几乎每到一处，只要有寺庙，一定要造访；只要有名僧，一定要交往。因此，苏轼一生到过不少寺庙，与不少僧人禅师有密切的关系。检索苏轼的这一行踪，其实颇有意味。

---

① （宋）释惠洪：《冷斋夜话》卷七，中华书局1988年版，第56页。
② 孔凡礼撰：《苏轼年谱》卷一，中华书局1998年版，第2页。

据现有文献记载，苏轼游历过的寺庙有近百处，如栖云寺、宝相寺、华藏寺、大圣慈寺、兴国寺、宝梵寺、相国寺、戒坛院、法云寺、开元寺、天柱寺、真兴寺、大秦寺、中兴寺、普门寺、灵隐寺、明庆寺、吉祥寺、灵感观音院、法喜寺、净土寺、功臣寺、水陆寺、盐官南北寺、吉祥寺、祥符寺、海会寺、净慧寺、多福寺、法惠寺、净慈寺、寿星寺、六和寺、慈严院、龙华寺、昭庆寺、南屏寺、七宝寺、净住院、报本禅院、景德寺、本觉寺、普照寺、延寿院、国清院、治平寺、太平寺、虎丘寺、西菩山明智院、甘露寺、南禅寺、资福寺、石经院、厄台寺、开元寺、定惠院、安国寺、师中庵、清泉寺、承天寺、大别寺、圆通禅院、简寂观、慧日寺、无相寺、真如寺、资福寺、宝云寺、延洪禅院、石塔寺、龙兴寺、崇因禅院、崇庆院、建封寺、月华寺、寿圣寺、峡山寺、蒲涧寺、嘉佑寺、大云寺、佛迹院、香积寺、三山庵、净行院、净慧寺、龙光寺、显圣寺、景德寺、南塔寺等。

而与苏轼交往过的僧人也相当多，如惟度、惟简、怀琏、荣长老、维琳、惠勤、惠思、澄慧、文及、辩才、法芝、梵臻、宗本、惠觉、惠勤、惠思、清顺、可久、惟肃、义诠、法通、法言、契嵩、怀立、明雅、祖印、久上人、仲渊、佛印、模上人、道潜、惟胜、法明、法秀、有聪、法照、继连、广惠、宝觉、圆宝、择老、承皓、了性、法涌、本觉、佛慧等数十位。

由于与禅宗的密切联系，苏轼还被纳入禅宗临济宗黄龙派东林总法嗣。《五灯会元》卷十七《内翰苏轼居士》有云："内翰东坡居士苏轼，字子瞻。因宿东林，与照觉论无情话，有省。黎明献偈曰：'溪声便是广长舌，山色岂非清净身？夜来八万四千偈，他日如何举似人。'未几抵荆南，闻玉泉皓禅师机锋不可触，公拟抑之，即微服求见。泉问：'尊官高姓？'公曰：'姓秤，乃秤天下长老底秤。'泉喝曰：'且道这一喝重多少？'公无对，于是尊礼之。后过金山，有写公照容者，公戏题曰：'心似已灰之木，身如不系之舟。问汝平生功业，黄州、惠州、琼州。"①

由于与佛禅有如此多的缘分和交往，苏轼的佛学素养相当深厚，可谓深得佛教义理的精髓。这一点连排佛甚力的朱熹也不得不承认苏轼对佛理"曾下功夫"，能把事理说得透彻。② 这种佛禅意趣渗透在他生活的方方面面，如他的文学创作、他对佛禅义理的阐释、他的行为处世等，都有浓郁的佛禅痕迹。③

（三）巴蜀前辈名家的濡染

巴蜀前辈名家对苏轼的濡染体现在以下三个方面。

（1）慕循乡党之遗风。如前所述，因为文翁的化蜀，"蜀学一时比于齐鲁"，这种成效并非虚誉。《汉书·地理志》有这样一段文字："景、武间，文翁为蜀守，教民读书法令，未能笃信道德，反以好文刺讥，贵慕权势。及司马相如游宦京师诸侯，以文辞显于世，乡党慕循其迹。后有王褒、严遵、扬雄之徒，文章冠天下。繇文翁倡其教，相如为之师。"④ 这段话很有意思，其核心思想是说文翁改变了蜀中的教育制度，改善了蜀中的教育生态，而这种改变的结果是司马相如到京师之后的出色表现，极大地改变了蜀中过去不良的习俗，纷纷"慕循其迹"，于是接二连三出现影响卓著文章冠天下的人物，如王褒、严遵、扬雄。司马相如就是他们的活教材、好老师。对于远离中原，偏于西南一隅的巴蜀地区来说，只有家乡出了名人，才能引起乡人的轰动与效仿。这无形中形成了一种习惯。

以西汉蜀中乡贤为榜样，成为后世蜀中乡人共同的理想。苏轼在其《眉州远景楼记》中就曾这样概述："始朝廷以声律取士，而天圣以前，学

---

① （宋）普济：《五灯会元》卷十七，苏渊雷点校，中华书局1984年版，第1146页。
② （宋）黎靖德编：《朱子语类》卷一百三十，中华书局1994年版，第3116页。
③ 潘殊闲《叶梦得与苏轼》第三章"叶梦得的学术兴味与苏轼追求"之五"佛禅意趣"，巴蜀书社2009年版，第67—71页。
④ （汉）班固撰：《汉书》卷二十八下地理志第八下，中华书局1999年版，第1313页。

者犹袭五代之弊，独吾州之士，通经学古，以西汉文词为宗师。方是时，四方指以为迂阔。至于郡县胥史，皆挟经载笔，应对进退，有足观者。"① "西汉文词"既包括《史记》《汉书》，也包括贾谊、司马相如、扬雄等作家。眉州因为属于非中心城市，各种时尚的东西传入较慢，人们习惯传统的思维和习俗，所以，保留古风遗韵较多，这也就是苏轼在本文开篇中感叹的"盖有三代、汉、唐之遗风，而他郡之所莫及也"。② 正因为有这样的乡土基因和古风遗韵，所以，三苏到京城之后惊艳世人，成为欧阳修麾下矫正宋初绮靡文风和新近流行的奇险怪癖的"太学体"的生力军。张方平这样评价老苏："自是名动天下，士争传诵其文，时文为之一变，称为老苏。时相韩公琦闻其风而厚待之，尝与论天下事，亦以为贾谊不能过也。"③ 而苏轼、苏辙又曾这样自我总结：

> 轼长于草野，不学时文，词语甚朴，无所藻饰。意者执事（欧阳修）欲抑浮剽之文，故宁取此以矫其弊。人之幸遇，乃有如此。感荷悚息，不知所裁。④

> 嗟维此时，文律颓毁。奇邪谲怪，不可告止。剽剥珠贝，缀饰耳鼻。调和椒姜，毒病唇齿。咀嚼荆棘，斥弃羹胾。号兹古文，不自愧耻。公（欧阳修）为宗伯，思复正始。狂词怪论，见者投弃。踽踽元昆（苏轼），与辙偕来。皆试于庭，羽翼病摧。有鉴在上，无所事媒。驰词数千，适当公怀。擢之众中，群疑相愿。公恬不惊，众惑徐开。滔滔狂澜，中道而回。匪公之明，化为诙俳。⑤

---

① （明）茅维编：《苏轼文集》卷十一，孔凡礼点校，中华书局 1986 年版，第 353 页。

② 同上。

③ （宋）张方平撰：《乐全集》卷三十九《文安先生墓表》，文渊阁四库全书本。

④ （明）茅维编：《苏轼文集》卷四十九，孔凡礼点校，中华书局 1986 年版，第 1425 页。

⑤ （宋）苏辙：《祭欧阳少师文》，《栾城集》卷二十六，陈宏天、高秀芳点校《苏辙集》，中华书局 1990 年版，第 431 页。

　　苏轼说"人之幸遇，乃有如此"，苏辙说"驰词数千，适当公怀"，都道出了二苏坦易晓畅的文风与擅长用当时的策论文，正迎合了以欧阳修为首的古文革新运动以及科场文风改革的需要。说这两兄弟是时代的幸运儿固然没错，但命运的垂青需要事先的准备。以眉山为中心的西蜀地区对西汉乡贤的敬慕、学习风气客观上为三苏冲出夔门，轰动京城奠定了扎实的基础。

　　（2）杂家风范。如前所述，巴蜀偏于一隅，远离中原，远离全国的政治中心、文化中心，这种区位特点，加上古蜀文化留下的深刻印痕，这里的人们自有一套生存方式和发展之道。他们精通易老庄，杂糅儒佛道，其他如纵横之学、炼养击剑，亦多喜爱。还是回到西汉。在司马相如生活的时代，正是董仲舒提出"罢黜百家""独尊儒术"之时，但司马相如未受影响，他好读书击剑，博学多才，与章句之儒各行其道。扬雄生当西汉末年经学炽盛、谶纬弥漫之际，却"不为章句，训诂通而已，博览无所不见。"[1] 唐代陈子昂，"少好三皇五帝霸王之经，历观《丘》《坟》，旁览代史"，[2] 又"驰侠使气"，[3] "少学纵横术，游楚复游燕"。[4] 其父陈元敬于"群书秘学，无所不览"，[5] "居家园以求其志，饵地骨炼云膏四十余年"。[6] 这对陈子昂也产生了影响，他曾说"余家世好服食，昔尝饵

---

　　① （汉）班固撰：《汉书》卷八十七上《扬雄传上》第五十七上，中华书局 1999 年版，第2608 页。

　　② （唐）陈子昂撰，徐鹏校点：《陈子昂集》卷九《谏政理书》，上海古籍出版社 2013 年版，第 229 页。

　　③ （唐）陈子昂撰，徐鹏校点：《陈子昂集》附录《陈氏别传》，上海古籍出版社 2013 年版，第 264 页。

　　④ （唐）陈子昂撰，徐鹏校点：《陈子昂集》卷二《赠严仓曹乞推命录》，上海古籍出版社2013 年版，第 30 页。

　　⑤ （唐）陈子昂撰，徐鹏校点：《陈子昂集》卷六《府君有周文林郎陈公墓志文》，上海古籍出版社 2013 年版，第 131 页。

　　⑥ （唐）陈子昂撰，徐鹏校点：《陈子昂集》附录《陈氏别传》，上海古籍出版社 2013 年版，第 264 页。

之",① 又说 "林岭吾栖，学神仙而未毕",② 因此之故，被誉为 "雅有相如子云之风骨"。③ 唐代蜀中另一位天才李白，"志尚道术，谓神仙可致"④，又 "十五好剑术"⑤，曾在《上安州裴长史书》中曾自述："五岁诵六甲，十岁观百家。轩辕以来，颇得闻矣。常横经籍书，制作不倦，迄于今三十春矣。以为士生则桑弧蓬矢，射乎四方，故知大丈夫必有四方之志。乃仗剑去国，辞亲远游。南穷苍梧，东涉溟海。见乡人相如大夸云梦之事，云楚有七泽，遂来观焉。"⑥

受这些巴蜀前辈名公的影响，三苏的学术特点也可以用 "杂家" 概述。他们融儒道佛三家于一体，表现为一种杂家特色。王安石将苏氏蜀学视为战国纵横之学，被朱熹视为 "杂学"。朱熹专拟 "杂学辨" 来评述《苏氏易解》，有云："《乾》之《象》辞，发明性命之理，与《诗》《书》《中庸》《孟子》相表里，而《大传》之言亦若符契。苏氏不知其说而欲以其所臆度者言之，又畏人之指其失也，故每为不可言不可见之说，以先后之务为闪倏滉漾不可捕捉之形，使读者茫然。虽欲攻之而无所措其辨。殊不知性命之理甚明，而其为说甚简。今将言之，而先曰不可言；既指之，而又曰不可见。足以眩夫未尝学问之庸人矣。由学者观之，岂不适所以为未尝见未尝知之验哉。然道衰学绝，世颇惑之，故为之辨，以待后之君子。而其他言死生鬼神之不合者，亦并附焉。"⑦ 这虽是朱熹的批评乃至

---

① （唐）陈子昂撰，徐鹏校点：《陈子昂集》卷一《观荆玉篇并序》，上海古籍出版社 2013 年版，第 15 页。

② （唐）陈子昂撰，徐鹏校点：《陈子昂集》卷七《晖上人房饯齐少府使入京府序》，上海古籍出版社 2013 年版，第 186 页。

③ （唐）陈子昂撰，徐鹏校点：《陈子昂集》附录《陈氏别传》，上海古籍出版社 2013 年版，第 264 页。

④ （唐）刘全白：《唐故翰林学士李君碣志》，（清）王琦《李太白全集》，中华书局 1977 年版，第 1460 页。

⑤ （唐）李白：《与韩荆州书》，（清）王琦《李太白全集》，中华书局 1977 年版，第 1240 页。

⑥ （清）王琦注：《李太白全集》卷二十六，中华书局 1977 年版，第 1245 页。

⑦ （宋）朱熹撰：《晦庵集》卷七十二，文渊阁四库全书本。

抨击，但从中可以看出苏氏杂取多家，不循故辙的思维特性和学术风格。

（3）张扬个性。巴蜀偏处西南，被称为"西南夷"。苏轼《眉州远景楼记》曾这样概述当地的百姓："故其民皆聪明才智，务本而力作，易治而难服。守令始至，视其言语动作，辄了其为人。其明且能者，不复以事试，终日寂然。苟不以其道，则陈义秉法以讥切之，故不知者以为难治。"① 这段文字告诉世人，眉州之老百姓是遵纪守法的，但他们要看长官是否"有道"，如果"不以其道"，他们是不服的，所以给人的印象是"易治而难服"，用今天的话说是不怕事的，用四川方言说是"比较扯的"，"很 wǎi 的"。这是宋代的苏轼对眉州民风的陈述。时间上溯到汉代，如前所引，班固在《汉书·地理志》中形容蜀地"未能笃信道德，反以好文刺讥，贵慕权势"，这是文翁化蜀之后，司马相如享誉家乡内外之前的事。无论是班固的叙述，还是苏轼的陈述，其实都说明一点，巴蜀之人是非常有个性的。特别是这些巴蜀名人。司马相如是一个极度张扬个性的人，他被另一位越名教而任自然的魏晋名士嵇康所赞佩："长卿慢世，越礼自放。犊鼻居市，不耻其状。托疾避官，蔑此卿相。乃赋《大人》，超然莫尚。"② 至于相如琴挑文君，夤夜私奔的放纵，更是徒令诸多文人拍案惊奇，自叹弗如。扬雄"简易佚荡""不修廉隅以徼名当世"，③ 以至秉心任性，敢赋《剧秦美新》。陈子昂初入京师，即以千缗买胡琴，当众碎之，以其文百轴遍赠观者，一月之内，哄动京城，④ 更不要说其在中国诗歌史上的"横制颓波"了。李白之使高力士殿上脱靴的霸气以及"仰天大笑出门去，我辈

---

① （明）茅维编：《苏轼文集》卷十一，孔凡礼点校，中华书局1986年版，第353页。
② （明）张溥编：《汉魏六朝百三家集》卷三十五，《魏嵇康集·司马相如赞》，文渊阁四库全书本。
③ （汉）班固撰：《汉书》卷八十七上，中华书局1999年版，第2608页。
④ （宋）计有功撰：《唐诗纪事》卷八，上海古籍出版社2008年版，第102页。

岂是蓬蒿人"①"焉能与群鸡，刺蹙争一餐"②"尧舜之事不足惊，自余嚣嚣直可轻"③"君看我才能，何似鲁仲尼"④的狂傲，无人能比，甚至一向被认为温和的苏辙在仁宗皇帝主持的崇政殿御试中也敢直言皇上娱乐耗财之不是，以致初考官胡宿认为苏辙直斥皇上，出言不逊，则力请黜落，引起一番激烈争论。凡斯种种，均是巴蜀之人鲜明个性的彰显。苏轼也是一个个性张扬的人，他自己形容"如食中有蝇，吐之乃已"。朱弁的《曲洧旧闻》就记载了这样一则逸事：

> 东坡性不忍事，尝云："如食中有蝇，吐之乃已。"晁美叔每见以此为言。坡云："某被昭陵擢在贤科，一时魁旧往往为知己。上赐对便殿，有所开陈，悉蒙嘉纳。已而章疏屡上，虽甚剀切，亦终不怒。使某不言，谁当言者？子之所虑，不过恐朝廷杀我耳。"美叔默然。坡浩叹久之，曰："朝廷若果见杀我，微命亦何足惜！只是有一事，杀了我后好了你。"遂相与大笑而起。⑤

乌台诗案与苏轼的这种性格有很大的关系，《石林诗话》曾记载文同对苏轼的劝告：

> 熙宁初，时论既不一，士大夫好恶纷然……时子瞻数上书论天下事，退而与宾客言，多以时事为讥诮，同极以为不然，每苦口力戒之，子瞻不能听也。出为杭州通判，同送行诗有"北客若来休问事，西湖虽好莫吟诗"之句。及黄州之谪，正坐杭州诗语，人以为知言。⑥

---

① （清）王琦注：《李太白全集》卷十五，《南陵别儿童入京》，中华书局1977年版，第744页。

② （清）王琦注：《李太白全集》卷二，《古风》其四十，中华书局1977年版，第138页。

③ （清）王琦注：《李太白全集》卷八，《怀仙歌》，中华书局1977年版，第448页。

④ （清）王琦注：《李太白全集》卷十二，《书怀赠南陵常赞府》，中华书局1977年版，第643页。

⑤ （宋）朱弁：《曲洧旧闻》卷五，《宋元笔记小说大观》，上海古籍出版社2001年版，第2993—2994页。

⑥ （宋）叶梦得：《石林诗话》卷中，石林遗书本。

所以，林语堂先生由衷感叹道："苏东坡主要的魔力，是熠熠闪光的天才所具有的魔力，这等天才常常会引起妻子或极其厚爱他的人为他忧心焦虑，令人不知应当因其大无畏的精神而敬爱他，抑或为了使他免于旁人的加害而劝阻他、保护他。"① 至于苏轼在中国文学史与中国文化史上的诸多"尝新"与"创举"，就不用赘述了。

四 余论：苏轼与巴蜀文化的不解之缘

苏轼成为苏东坡不是在家乡，苏轼那些震惊中外的美文没有诞生在家乡，但一个毋庸否认的事实是，苏轼之所以能够成为"千年英雄"，成为中国文学史、中国文化史上"不可无一难能有二"的人物，与他的家乡巴蜀地区有非常大的关系。如果要说他所处的时代，与他之前之后进士及第的人还少吗？如果要说他的不幸，新旧党争中此起彼伏的倾轧，迁谪受累之人也绝非少数。何以不在文化中心地带的西蜀之人苏轼能够一跃而起，震古烁今，而他人却难以匹敌？个中的缘由不得不在他的家乡、在他成长的土壤中去寻找。

如前所述，巴蜀地区有着悠久灿烂的文明，古蜀文化有自己的文明话语和文明体系，这些文明话语和体系我们可以在三星堆遗址、金沙遗址等诸多古蜀文化遗址中窥见和想象。秦并巴蜀之后，偏于西南一隅的巴蜀融入了中原。大禹治水、李冰父子治水，使水患连连的成都平原变成了天府之国，而文翁镇蜀之余又以文化蜀，蜀地得到化育，以至"学徒鳞萃，蜀学比于齐鲁"。优越的自然条件，使蜀人"水旱从人，不知饥馑"；耕读传家的乡风民俗，不断夯实着蜀地的文化底蕴。所以，从西汉开始，西蜀大地文星璀璨，光彩夺目。由于远离政治中心，长期以来少战乱，自古被称

---

① 林语堂：《苏东坡传·原序》，百花文艺出版社 2000 年版，第 7 页。

为"大后方"。多次的移民迁徙，不断地改善着这一地区的人口结构和文化品位，自唐迄宋，高潮迭起，以至蜀郡成都享有"扬一益二"的美誉，洵为"西南大都会"。蜀郡之南的眉州，虽为僻远小州，但因离西南大都会成都不远，唐宋以来也接纳不少南迁名门望族，以至文化家族与家族文化交相辉映，宋时眉州已成为全国三大刻书中心而勇立全国文化中心的潮头。嘉庆《眉州府志》卷十《选举志》，对两宋眉州登科进士作过统计，有云："眉州科第莫盛于宋。考旧《志》及《雁塔碑》所载，南北两朝中甲乙科者八百八十余人。"① 这还不包括进士甲乙科以下，以及明经诸科等类了。一个不起眼的小州在 300 年间拥有如此多的士子登科折桂，实在是了不起的现象。苏轼自然是这 880 人中的冠冕。俗语云"有数量才有质量"，这是不无道理的。没有良好的社会氛围，不可能有如此众多的读书之人；没有如此众多的读书之人，要在残酷的科举竞争中成批成片地崭露头角，"群体突围"，也是不可想象的。另一方面，由于蜀地悠久的历史、独特的区位和不断累积的文化底蕴，蜀之文人普遍具有异于他乡的特异禀赋。他们博览百家，较少束缚；他们想象丰富，敢于标新；他们厚积薄发，兼容并包；他们性格张扬，勇于担当。所以，一旦他们冲出夔门，有了合适的机缘，他们就会脱颖而出，一发不可收拾，且大多是百科全书式的通才、天才。从司马相如开始，直到近现代的郭沫若、巴金，莫不如此。而苏轼则无疑是这一地区灿烂星空中特别耀眼的一颗明星。

一方水土养一方人。苏轼是世界的，是中国的，更是巴蜀的、眉山的。

---

① （清）涂长发修，王昌年等纂：《眉州府志》，嘉庆十七年刻本。

海外汉学

美国汉学期刊《中国文学》
（CLEAR）论文目录（1979—2014）

卞东波　　王梦玲　　何沁心　编译[*]

　　《中国文学》（*Chinese Literature, Essays, Articles, Reviews*，简称 CLEAR）是美国汉学界唯一一本以中国文学（包括古代和现代文学）为研究对象的专业期刊，由美国威斯康星大学资助出版，目前由三位美国汉学家：芝加哥大学苏源熙（Haun Saussy）、加州大学戴维斯分校奚密（Michelle Yeh）、威斯康星大学麦迪逊分校倪豪士（William H. Nienhauser）教授主编。《中国文学》每年出版 1 卷，第 1 卷出版于 1979 年，至 2014 年已经出版了 36 卷。作为国际汉学界重要的汉学期刊，《中国文学》享有极高的国际声誉。《中国文学》上揭载的学术文章包括论文（Essays and Articles）、书评论文（Review Articles）、书评（Book Reviews）、学术札记（Scholarly Notes）、短评（Short/Brief Notices）、论坛（Forum）、讯息（News Notes）等。近 36 年来，《中国文学》积累大量优秀的研究中国古代及现代文学的论文，为了加强中国古代文学研究者与国际汉学界之间的对话，今将《中国文学》36 卷全部学术论文、书评论文的标题移译为中文。

　　* 作者单位：卞东波，何沁心，南京大学文学院；王梦玲，美国俄亥俄州立大学东亚系。本文为江苏省社科基金青年项目"北美中国古典文学研究名家研究"（12WWC014）及南京大学文科规划项目"中国古典文学的新视镜：新世纪海外中国文学研究之再研究与译介"成果之一。

《中国文学》上发表的论文很多有中译本，今亦备注中译文的出处，供我国学者参考。

1979 年　第 1 卷第 1 期

ChowTse – Tsung, Ancient Chinese Views on Literature, the Tao, and Their Relationship

周策纵：《中国古人对文、道以及文道关系的看法》①

Edward H. Schafer, Three Divine Women of South China

薛爱华：《中国南方的三位神女》②

André Lévy, About the Date of the First Printed Edition of the *Chin P'ing Mei*

雷威安：《〈金瓶梅〉初刻本年代商榷》③

David R. Knechtges and Stephen Owen, General Principles for a History of Chinese Literature

康达维、宇文所安：《中国文学史的普遍原则》④

Irving Lo, Introducing a New Series from Indiana University Press

罗郁正：《印第安纳大学出版社所出新丛书介绍》

Leo Ou – Fan Lee, Dissent Literature from the Cultural Revolution

李欧梵：《"文化大革命"时的异端文学》

Charles Hartman, Recent Publications on Chinese Literature: Ⅰ. Taiwan

蔡涵墨：《近期中国文学研究的出版物（Ⅰ）：台湾》

---

① 参见钱南秀译文《文道探源》，《古典文献研究》（1988），南京大学出版社 1989 年版。
② 参见薛爱华《神女：唐代文学中的龙女与雨女》，程章灿译、叶蕾蕾校，生活·读书·新知三联书店 2014 年版。
③ 中译本参见胡文彬编《〈金瓶梅〉的世界》，北方文艺出版社 1987 年版。
④ 参见苏瑞隆编《康达维先生学术著作编年表》，《汉代宫廷文学与文化之探微——康达维自选集》，上海译文出版社 2014 年版。

William H. Nienhauser, Jr. and W. L. Wong, Recent Publications on Chinese Literature: Ⅱ. The People's Republic of China

倪豪士、黄维梁：《近期中国文学研究的出版物（Ⅱ）：中国大陆》

1979 年　第 1 卷第 2 期

James J. Y. Liu, Time, Space, and Self in Chinese Poetry

刘若愚：《中国诗歌中的时间、空间与自我》①

Stephen Owen, Deadwood: The Barren Tree from Yü Hsin to Han Yü

宇文所安：《枯树：从庾信到韩愈》

Paul W. Kroll, The Egret in Medieval Chinese Literature

柯睿：《中国中古文学中的白鹭》

Alsace Yen, A Technique of Chinese Fiction: Adaptation in the *Hsi – yu chi* with Focus on Chapter Nine

艾瑟斯·严：《中国小说的技巧：以〈西游记〉第九回的改编为中心的考察》

William Schultz, Chinese Literature and Twayne's World Authors Series, A Status Report

舒威霖：《中国文学与特怀恩世界作家系列：现状报告》

Pauline Yu, Wang Wei: Recent Studies and Translations

余宝琳：《近年来有关王维的研究与翻译》

Y. W. Ma, Where Is the Dairen Collection of Chinese Fiction?

马幼垣：《原大连满铁株式会社所藏中国小说现在何处》

David R. Knechtges, Whither the Asper?

---

① 参见莫砺锋编《神女之探寻——英美学者论中国古典诗歌》，上海古籍出版社 1994 年版。

康达维：《是否为送气音》①

Stephen W. Durrant, A Note on the Translation of Chinese Historical Romances into Manchu and Mongolian

杜润德：《中国历史演义小说满语和蒙古语译本札记》

1980 年　第 2 卷第 1 期

Andrew H. Plaks, *Shui – hu Chuan* and the Sixteenth – Century Novel Form: An Interpretive Reappraisal

浦安迪：《〈水浒传〉与 16 世纪的小说形式：解释性的重估》

Lynn A. Struve, History and *The Peach Blossom Fan*

司徒琳：《历史与〈桃花扇〉》

James C. T. Shu, Iconoclasm in Taiwan Literature: A Change in the "Family"

许经田：《打破陈规：台湾文学中"家"的变迁》

Craig Fisk, The Alterity of Chinese Literature in Its Critical Contexts

费维廉：《中国文学批评中的他异性》

Jeanne Kelly, A Survey of Soviet Studies on Chinese Literature (1961—1978): Introduction and Bibliography

珍妮·凯莉：《苏联中国文学研究概观（1961—1978）：导论和参考文献》

Okamura Shigeru, Recent Publications on Chinese Literature: Ⅲ. Japan

冈村繁：《近期中国文学研究的出版物（Ⅲ）：日本》

---

① 参见苏瑞隆编《康达维先生学术著作编年表》，载《汉代宫廷文学与文化之探微——康达维自选集》，上海译文出版社 2014 年版。

1980 年　第 2 卷第 2 期

Y. W. Ma, Fact and Fantasy in T'ang Tales

马幼垣：《唐人小说中的实事与幻设》①

Elleanor H. Crown, Jeux d'Esprit in Yüan Dynasty Verse

埃莉诺·克朗：《元曲中的俳谐体》

Anthony C. Yu, Self and Family in the *Hung – lou Mêng*: A New Look at Lin Tai – yü as Tragic Heroine

余国藩：《〈红楼梦〉中的自我与家庭——悲剧女主人公林黛玉新探》②

T. A. Hsia and Dennis T. Hu, Novel and Romance: Hsia Tsi – an on Chinese Popular Literature

夏济安着、丹尼斯·胡译：《小说与传奇：夏济安论中国通俗文学》

Hartmut Walravens, Recent Publications on Chinese Literature: Ⅳ. Germany

魏汉茂：《近期中国文学研究的出版物（Ⅳ）：德国》

Friedrich A. Bischoff, Hsiao Hung's Wheel of Birth and Death

弗里德里希·毕绍夫：《萧红的生死劫》

Edward H. Schafer, The Table of Contents of the *T'ai p'ing kuang chi*

薛爱华：《〈太平广记〉类目英译》

Paul W. Kroll, On the Date of Chang Yüeh's Death

柯睿：《张说卒年考》

1981 年　第 3 卷第 1 期

C. H. Wang, Ch'en Yin – k'o's Approaches to Poetry: A Historian's Progress

---

① 参见马幼垣著，姜台芬译《实事与构想——中国小说史论释》，联经出版事业股份有限公司 2007 年版。

② 中译本见《红楼梦研究集刊》第 12 辑，上海古籍出版社 1985 年版。

王靖献：《历史学家陈寅恪诗歌研究方法之演进》

Joseph Roe Allen, Ⅲ, An Introductory Study of Narrative Structure in the *Shi ji*

周文龙：《〈史记〉叙事结构导论》

Mau Sang Ng, Ba Jin and Russian Literature

吴茂生：《巴金与俄罗斯文学》

Bonnie S. McDougall, Memories & Metamorphoses of a Thirties' Intellectual: A Study of He Qifang's 何其芳"Old Men"(Lao ren 老人)

杜博妮：《中国 20 世纪 30 年代知识分子的记忆与变形：何其芳〈老人〉研究》

Daniel Bryant, A Note on Concordances to Chinese Poetry

白润德：《关于中国诗歌的用语索引》

John J. Deeney, Chinese Literature from Comparative Perspectives

李达三：《从比较的视野看中国文学》

Leo Ou – Fan Lee, My Interviews with Writers in the People's Republic of China: A Report

李欧梵：《中国作家访谈报告》

S. F. Lai, Chao Pi: A Bio – Bibliographical Note

赖瑞和：《赵弼生平著作考》

André Lévy, Recent Publications on the *Chin P'ing Mei*

雷威安：《近期有关〈金瓶梅〉的出版物》

Alvin P. Cohen, Bibliography of Chen Shih – hsiang 陈世骧, 1912—1971 Part I, Writings in English

孔宝荣：《陈世骧（1912—1971）著作目录第一部分：英文著作》

C. H. Wang and Joseph R. Allen, Ⅲ, Bibliography of Chen Shih – hsiang 陈世骧, 1912—1971 Part Ⅱ, Writings in Chinese

王靖献、周文龙：《陈世骧（1912—1971）著作目录第二部分：中文著作》

1981 年　第 3 卷第 2 期

Pauline Yu, Metaphor and Chinese Poetry

余宝琳：《隐喻与中国诗》①

David Johnson, Chinese Popular Literature and Its Contexts

姜士斌：《中国通俗文学及其语境》

Timothy C. Wong, Entertainment as Art: An Approach to the *Ku – Chin Hsiao – Shuo*

黄宗泰：《作为艺术的娱乐：〈古今小说〉考》

William H. Nienhauser, Jr. , Liu Tsung – yüan: Recent Translations

倪豪士：《柳宗元诗文近期的翻译》

1982 年　第 4 卷第 1 期

EugeneEoyang, The Wang Chao – chün Legend: Configurations of the Classic

欧阳桢：《王昭君传奇：一个经典的多重形象》

Charles Hartman, Alieniloquium: Liu Tsung – yüan's Other Voice

蔡涵墨：《托寓：柳宗元的另一种表达》

Wing – Ming Chan, *Li Po and Tu Fu* by Kuo Mo – jo: A Reexamination

陈永明：《郭沫若〈李白与杜甫〉之重审》

BianZhilin, The Development of China's "New Poetry" and the Influence from the West

---

① 参见张万民、张楣楣译文，《古代文学理论研究》第 33 辑，华东师范大学出版社 2011 年版。

卞之琳：《中国"新诗"的发展与来自西方的影响》①

Alsace Yen, Classical Chinese Fiction in Tibetan

艾瑟斯·严：《中国古代小说藏语译本》

1982 年　第 4 卷第 2 期

Stuart H. Sargent, Can Latecomers Get There First? Sung Poets and T'ang Poetry

萨进德：《后来者能居上吗——宋人与唐诗》②

JonathanChaves, "Not the Way of Poetry": The Poetics of Experience in the Sung Dynasty

齐皎瀚：《"非诗法"：宋代的经验诗学》

Victoria Cass, Revels of a Gaudy Night

邓为宁：《夜宴之欢》

J. I. Crump, Jr, The Study of Yüan Song Poetry Comes of Age

柯迁儒：《元代散曲研究的进步》

James J. Y. Liu, A Note on Po Chü – yi's *Tu Lao Tzu* (On *Reading the Lao Tzu*)

刘若愚：《白居易〈读老子〉札记》

Shuen – Fu Lin, The Importance of Context

林顺夫：《语境的重要性》

1983 年　第 5 卷第 1—2 期合刊

Victor H. Mair, The Narrative Revolution in Chinese Literature:

---

① 中译文参见解志熙《文学史的"诗与真"——中国现代文学文献校读论集》，北京大学出版社 2013 年版。

② 参见莫砺锋译文，载莫砺锋编《神女之探寻——英美学者论中国古典诗歌》，上海古籍出版社 1994 年版。

Ontological Presuppositions

梅维恒：《中国文学的叙事革命：本体论的推测》

Kenneth J. Dewoskin, On Narrative Revolutions

杜志豪：《论叙事革命》

W. L. Idema, The Illusion of Fiction

伊维德：虚构的幻觉

Richard B. Mather, Shen Yüeh's Poems of Reclusion: From Total Withdrawal to Living in the Suburbs

马瑞志：《沈约的隐逸诗：从隐遁到郊居》

Michael S. Duke, A Drop of Spring Rain: The Sense of Humanity in Pai Hua's *Bitter Love* (*K'u – lien*)

杜迈可：《春雨一滴：白桦〈苦恋〉中的人文关怀》

Alan Berkowitz, On Shao Yong's Dates(21 January 1012 – 27 July 1077)

柏士隐：《邵雍生卒年新考》

Hans H. Frankel, Cai Yan and the Poems Attributed to Her

傅汉思：《蔡琰与归于其名下的诗（1012 年 1 月 21 日—1077 年 7 月 27 日）》

Richard John Lynn, The Talent Learning Polarity in Chinese Poetics: Yan Yu and the Later Tradition

林理彰：《中国诗学中的才学倾向：严羽与其后学》①

1984 年　第 6 卷第 1—2 期合刊

Robert Joe Cutter, Cao Zhi's (192—232) Symposium Poems

---

① 参见关道雄译文，载莫砺锋编《神女之探寻——英美学者论中国古典诗歌》，上海古籍出版社 1994 年版。

高德耀：《曹植的公宴诗》[1]

William O. Hennessey, Classical Sources and Vernacular Resources in *Xuanhe Yishi*: The Presence of Priority and the Priority of Presence

韩亚布：《〈宣和遗事〉的古典来源和民间素材：优先的存在与存在的优先》

W. L. Idema, Yüan – pen as a Minor Form of Dramatic Literature in the Fifteenth and Sixteenth Centuries

伊维德：《中国 15—16 世纪时作为戏剧文学亚文类的院本》

Chaoyang Liao, Three Readings in the Jinpingmei cihua

廖朝阳：《〈金瓶梅词话〉的三重解读》

Carolyn T. Brown, The Paradigm of the Iron House: Shouting and Silence in Lu Hsün's Short Stories

卡罗琳·布朗：《铁屋的范式：鲁迅短篇小说中的呐喊与沉默》

Mark Bender, Tan – ci, Wen – ci, Chang – ci

马克·本德：《弹词，文辞，唱词》

TheodoreHuters, The Difficult Guest: May Fourth Revisits (The Lyrical and the Epic: Studies of Modern Chinese Literature by Jaroslav Prusek; Leo Ou – fan Lee; Marxist Literary Thought in China: The Influence of Ch'ü Ch'iu – pai by Paul G. Pickowicz)

胡志德：艰难的宾客：《重温"五四"——评普实克著、李欧梵编〈抒行情与史诗——中国现代文学论集〉、毕克伟〈马克思主义文学思想在中国：瞿秋白的影响〉》

Helmut Martin, Soviet Scholarship on Chinese Literature of the Ming and Qing Dynasties

---

[1]　参见蔡振念译文《曹植的宴会诗》，台湾《中华文化复兴月刊》第 19 卷第 12 期，1986 年版。

马汉茂:《苏联关于中国明清文学的研究》

Robert E. Hegel, The Panda Books Translation Series

何谷理:《 "熊猫丛书" 翻译系列》

1985 年　第 7 卷第 1 – 2 期合刊

Karl S. Y. Kao, Aspects of Derivation in Chinese Narrative

高辛勇:《中国叙事文学衍生诸面向》

Daniel Bryant, The "*Hsieh hsin en*"谢新恩 Fragments by Li Yv 李煜 and His Lyric to the Melody"*Lin chiang hsien*"临江仙

白润德:《李煜〈谢新恩〉残篇及其词〈临江仙〉》

James M. Hargett, Some Preliminary Remarks on the Travel Records of the Song Dynasty(960—1279)

何瞻:《两宋（960—1279）游记文学初探》

RobCampany, Demons, Gods, and Pilgrims: The Demonology of the *Hsi – yu Chi*

康儒博:《妖魔、神仙与取经者:〈西游记〉中妖怪之研究》

Roderich Ptak, *Hsi – Yang Chi* 西洋记: An Interpretation and Some Comparisons with *Hsi – Yu Chi*

普塔克:《〈西洋记〉之诠释及其与〈西游记〉的比较》

Joseph Roe Allen, Ⅲ, Babble beyond Babble(Review on *Traditional Chinese Poetry and Poetics: Omen of the World* by Stephen Owen)

周文龙:咿呀之外:评宇文所安《传统中国诗歌与诗学:世界的征兆》

Chih – Tsing Hsia(C. T. Hsia)夏志清 Publications

夏志清:《夏志清著作目录》

1986 年　第 8 卷第 1—2 期合刊

André Lévy, Perspectives on the *Jin Ping Mei* Comments and Reminiscences of a Participant in the *Jin Ping Mei* Conference

雷威安：《〈金瓶梅〉研究的多维视角：〈金瓶梅〉学术研讨会的评论及与会回忆》

Katherine N. Carlitz, Codes and Correspondences in *Jin Ping Mei* 柯丽德：《〈金瓶梅〉中的隐语及其对应》

Andrew H. Plaks, The Chongzhen Commentary on the *Jin Ping Mei*: Gems Amidst the Dross

浦安迪：《〈金瓶梅〉崇祯本评注：瑕中之瑜》①

David T. Roy, The Case for T'ang Hsien – Tsu's Authorship of the *Jin Ping Mei* 芮效卫：《汤显祖着〈金瓶梅〉考》

PeterRushton, The Daoist's Mirror: Reflections on the Neo – Confucian Reader and the Rhetoric of *Jin Ping Mei*

罗士敦：跛道人之镜：《理学读者与〈金瓶梅〉修辞之反思》

Mary Scott, The Image of the Garden in *Jin Ping Mei* and *Hong lou meng*

玛丽·司各特：《〈金瓶梅〉和〈红楼梦〉中的园林意象》

1987 年　第 9 卷第 1—2 期合刊

David R. McCraw, A New Look at the Regulated Verse of Chen Yuyi

麦大伟：《陈与义律诗新论》

Haun Saussy, Reading and Folly in *Dream of the Red Chamber*

苏源熙：《〈红楼梦〉中的阅读与痴迷》

Hsiao – Peng Lu, The Fictional Discourse of Pien – wen: The Relation of Chinese Fiction to Historiography

鲁晓鹏：《变文的虚构话语：中国小说与历史编纂学之关系》

---

① 参见浦安迪《浦安迪自选集》，刘倩等译，生活·读书·新知三联书店 2011 年版。

Madeline Chu, Interplay between Tradition and Innovation: The Seventeenth Century Tz'u 词 Revival

朱陈曼丽：《传统与创新的互动：17 世纪词体之复兴》

Gail King, A Few Textual Notes regarding Guan Suo and the *Sanguo yanyi*

盖尔·金：《关索和〈三国演义〉丛考》

William H. Nienhauser, Jr. , Note on Some Recent Lexica and Indexes to Traditional Chinese Literature Part Ⅰ: Lexica

倪豪士：《近年来有关中国古典文学的辞典与索引（第一部分）：辞典》

1988 年　　第 10 卷第 1—2 期合刊

Anthony C. Yu, History, Fiction and the Reading of Chinese Narrative

余国藩：《中国叙事文学的历史、虚构与阅读》

Stephen Owen, Ruined Estates: Literary History and the Poetry of Eden

宇文所安：《废园：文学史与伊甸园之诗》

Andrew H. Plaks, Where the Lines Meet: Parallelism in Chinese and Western Literatures

浦安迪：《平行线交汇何方：中西文学中的对仗》①

EugeneEoyang, The Maladjusted Messenger: Rezeptionsästhetik in Translation

欧阳桢：《捉襟见肘的信使：翻译中的接受美学》②

David R. McCraw, Along the Wutong Trail: The Paulownia in Chinese Poetry

---

① 参见黄成林、宋伟要译文，载乐黛云、陈珏编选《北美中国古典文学研究名家十年文选》，江苏人民出版社 1996 年版。

② 参见俞国强译文，载乐黛云、陈珏编选《北美中国古典文学研究名家十年文选》，江苏人民出版社 1996 年版。

麦大伟：《沿着梧桐小径：中国诗歌中的桐》

James M. Hargett, Boulder Lake Poems: Fan Chengda's(1126—1193) Rural Year in Suzhou Revisited

何瞻：《石湖诗：范成大（1126—1193）退隐苏州岁月再探》

C. T. Hsia, Classical Chinese Literature: Its Reception Today As a Product of Traditional Culture

夏志清：《作为传统文化结晶的中国古典文学在当下的接受》

William H. Nienhauser, Jr. , A Note on Some Recent Lexica and Indexes to Traditional Chinese Literature: Part Ⅱ. Indexes and Concordance

倪豪：《近年来有关中国古典文学的辞典与索引（第二部分）：索引和语词引得》

1989 年　　第 11 卷

Robert Joe Cutter, On Reading Cao Zhi's "Three Good Men", Yong shi shi or Deng lin shi?

高德耀：《解读曹植的〈三良〉：咏史诗抑或登临诗》

Paul F. Rouzer, Watching the Voyeurs: Palace Poetry and the Yuefu of Wen Tingyun

罗吉伟：《窥探宫廷秘辛：宫体诗与温庭筠的乐府诗》

Yim – tze Kwong, Naturalness and Authenticity: The Poetry of Tao Qian

邝龑子：《自然与真实：论陶潜的诗》

Donald S. Sutton, A Case of Literati Piety: The Ma Yuan Cult from High – Tang to High – Qing

苏堂栋：《士人的虔敬：从盛唐到盛清的马援崇拜》

Karl S. Y. Kao, Bao and Baoying: Narrative Causality and External Motiva-tions in Chinese Fiction

高辛勇：《报和报应：中国小说叙事的因果关系与外部动机》

1990 年　　第 12 卷

William H. Nienhauser, Jr. , Literature as a Source for Traditional History: The Case of Ou – yang Chan

倪豪士：《文学作为传统史学的资料来源：以欧阳詹为例》①

Charles Hartman, Poetry and Politics in 1079: The Crow Terrace Poetry Case of Su Shih

蔡涵墨：《1079 年的诗歌与政治：苏轼乌台诗案》②

Martin Weizong Huang, Dehistoricization and Intertexualization: The Anxiety of Precedents in the Evolution of the Traditional Chinese Novel

黄卫总：《去历史化与互文化：中国古典小说演进中的影响焦虑》

Louise Edwards, Gender Imperatives in Honglou meng: Baoyu's Bisexuality

李木兰：《〈红楼梦〉中的性别规则：宝玉的双性恋倾向》

Michelle Yeh, A New Orientation to Poetry: The Transition from Traditional to Modern

奚密：《诗的新向度：从传统到现代的转化》③

Stephen Owen, Poetry and Its Historical Ground

宇文所安：《诗歌及其历史背景》④

Victor H. Mair, Sound and Sense in the Study of Chinese Popular Culture (Ritual Opera, Operatic Ritual: "Mu – lien Rescues His Mother" in Chinese Pop-

---

① 参见龚刚译文，载乐黛云、陈珏编选《北美中国古典文学研究名家十年文选》（江苏人民出版社 1996 年版），题为《以文学印证历史：欧阳詹个案》。

② 参见卞东波中译文，《励耘学刊》（文学卷）2014 年第 2 辑，题为《1079 年的诗歌与政治：苏轼的乌台诗案新论》。

③ 参见奚密《现代汉诗：1917 年以来的理论与实践》，上海三联书店 2008 年版。

④ 参见陈磊译文，《文艺理论研究》1993 年第 1 期。

ular Culture by Beata Grant; David Johnson)

梅维恒：《中国民间文化研究中的声音与意义：评管佩达、姜士斌〈仪式戏剧与戏剧仪式：中国民间文化视域中的《目连救母》〉》

1991 年　第 13 卷

Wei – qun Dai, Xing Again: A Formal Re – Investigation

戴为群：《再论"兴"：形式上的再考察》[1]

Robert F. Campany, Ghosts Matter: The Culture of Ghosts in Six Dynasties Zhiguai

康儒博：《鬼事：六朝志怪小说中的鬼文化》

Xiaolian Liu, A Journey of the Mind: The Basic Allegory in *Hou Xiyou ji*

刘晓莲：《心路历程：〈后西游记〉的基本讽寓》

Gloria Davies, The Problematic Modernity of Ah Q

黄乐嫣：《阿 Q 身上问题重重的现代性》

JonathanChaves, From the 1990 AAS Roundtable

齐皎瀚：《1990 年美国亚洲研究学会圆桌会议述评》

Eugene Eoyang, The Forest and the Trees (*T'ang Transformation Texts, A Study of the Buddhist Contribution to the Rise of Vernacular Fiction and Drama in China by Victor H. Mair*)

欧阳桢：森林与树木：《评梅维恒〈唐代变文：佛教对中国白话小说和戏剧产生的贡献之研究〉》

Robert E. Hegel, Inventing Li Yu[*The Invention of Li Yu* by Patrick Hanan; *Silent Operas* (*Wusheng xi*) by Li Yu; Patrick Hanan; The *Carnal Prayer Mat* (*Rou putuan*) by Li Yu; Patrick Hanan]

---

[1]　参见张万民、刘佼译文《论"兴"——一个形式角度的新解释》，《古代文学理论研究》第 31 辑，华东师范大学出版社 2010 年版。

何谷理：《创造李渔：评韩南〈李渔的独创〉及其〈无声戏〉〈肉蒲团〉英译本》

Jon Kowallis, Lu Xung's Classical Poetry

寇致铭：《鲁迅的旧体诗》

1992 年　第 14 卷

Grant Hardy, Form and Narrative in Ssu－ma Ch'ien's *Shih chi*

侯格睿：《司马迁〈史记〉的形式与叙事》

Daniel Bryant, Syntax, Sound, and Sentiment in Old Nanking: Wang Shih－chen's "*Miscellaneous Poems on the Ch'in－huai*"

白润德：《金陵故都的句法、声音和伤感：论王士祯的〈秦淮杂诗〉》

Deborah Porter, Setting the Tone: Aesthetic Implications of Linguistic Patterns in the Opening Section of *Shui－hu chuan*

裴碧兰：《奠定基调：〈水浒传〉开场部分语言模式的审美意含》

Shuen－fu Lin, Chia Pao－yv's First Visit to the Land of Illusion: An Analysis of a Literary Dream in Interdisciplinary Perspective

林顺夫：《贾宝玉初游太虚幻境：从跨科际解读一个文学的梦》①

Kirk A. Denton, The Distant Shore: Nationalism in Yu Dafu's "*Sinking*"

邓腾克：《遥远的彼岸：郁达夫〈沉沦〉中的民族思想》

David Palumbo－Liu, The Utopias of Discourse: On the Impossibility of Chinese Comparative Literature

刘大卫：《话语的乌托邦：论中国比较文学的不可能性》

---

① 中译本见王安祈主编的《透过梦之窗口：中国古典文学与文艺理论论丛》，（台湾）清华大学出版社 2009 年版。

1993 年　第 15 卷

Kidder Smith, The Difficulty of the *Yijing*

苏德恺:《〈易经〉之难解》

Chi Xiao, Lyric Archi – Occasion: Coexistence of "Now" and "Then"

萧驰:《抒情的元场合:"当下"与"过去"的共存》

Cai Zong – qi, The Symbolic Mode of Presentation in the Poetry of Juan Chi

蔡宗齐:《阮籍的象征表现手法与咏怀体的艺术特征》①

CharlesKwong, The Rural World of Chinese "Farmstead Poetry" (Tiayuan Shi) : How Far Is It Pastoral?

邝龑子:《中国田园诗的乡村世界:它离田园有多远》

IndiraSatyendra, Metaphors of the Body: The Sexual Economy of the *Chin P'ing Mei tz'u – hua*

英迪拉·萨蒂延德拉:《身体的隐喻:〈金瓶梅词话〉的性经济学》

Hu Ying, Angling with Beauty: Two Stories of Women as Narrative Bait in Sanguozhi yanyi

胡缨:《色诱:〈三国志演义〉中女性作为叙述引子的两篇故事》

David L. Rolston, "Point of View" in the Writings of Traditional Chinese Fiction Critics

陆大伟:《中国古典小说评点中的"视点"》

1994 年　第 16 卷

Daniel Hsieh, Du Fu's "*Gazing at the Mountain*"

谢立义:《论杜甫的〈望岳〉》

---

① 中文本见《〈文选〉与"文选学":第五届文选学国际学术研讨会论文集》,学苑出版社 2003 年版。

Shang Wei, Prisoner and Creator: The Self – Image of the Poet in Han Yu and Meng Jiao

商伟：《诗囚与造物主：韩愈和孟郊诗中的诗人自我形象》

Martin W. Huang, Author (ity) and Reader in Traditional Chinese Xiaoshuo Commentary

黄卫总：《传统中国小说评点中的作者（权威）与读者》

Zuyan Zhou, Carnivalization in *The Journey to the West*: Cultural Dialogism in Fictional Festivity

周祖炎：《〈西游记〉中的"狂欢化"：小说盛宴中的文化对话主义》

Sheng – Tai Chang, Reading Qian Zhongshu's *"God's Dream"* as a Postmodern Text

章沈泰：《后现代文本钱锺书〈上帝的梦〉之解读》

Xiaomei Chen, Reading Mother's Tale: Reconstructing Women's Space in Amy Tan and Zhang Jie

陈小媚：《品读妈妈的故事：重构谭恩美和张洁作品中的女性空间》

1995 年　　第 17 卷

Charles Hartman, Stomping Songs: Word and Image

蔡涵墨：《踏歌：语汇与意象》

Zongli Lü, Problems concerning the *Authenticity of Shih chi* 123 Reconsidered

吕宗力：《围绕〈史记·大宛列传〉史实性问题的再思考》

Zu – yan Chen, Impregnable Phalanx and Splendid Chamber: Chang Yüeh and the Aesthetics of High T'ang Poetry

陈祖言：《坚阵与华屋：张说与盛唐诗歌美学》

BrookZiporyn, Temporal Paradoxes: Intersections of Time Present and Time past in the Song Ci

任博克：《时光交错：宋词中当下与过去的交汇》

Angelina C. Yee, Writing the Colonial Self: Yang Kui's Texts of Resistance and National Identity

余珍珠：《书写被殖民的自我：杨奎作品中的反抗与民族认同》

Burton Watson, The *Shih Chi* and I

华岑：《我与〈史记〉翻译》

William H. Nienhauser, Jr. , Historians of China

倪豪士：《中国的历史学家》

1996 年　第 18 卷

Lothar vonFalkenhausen, The Concept of Wen in the Ancient Chinese Ancestral Cult

罗泰：《中国古代祖先崇拜中"文"的观念》

DavidMcCraw, Hanging by a Thread: Li He's Deviant Closures

麦大伟：《悬丝：李贺打破常规的诗歌结尾》

Yenna Wu, Outlaws' Dreams of Power and Position in *Shuihu zhuan*

吴燕娜：《〈水浒传〉中好汉的权力与地位之梦》

Michael Yang, Naming in *Honglou meng*

迈克尔·杨：《〈红楼梦〉中的命名》

Maram Epstein, Engendering Order: Structure, Gender, and Meaning in the Qing Novel *Jinghua yuan*

艾梅兰：《建构秩序：清代小说〈镜花缘〉中的结构、性别与意义》

AnneWedell – Wedellsborg, One Kind of Chinese Reality: Reading Yu Hua

魏安娜：《中国的现实一种——阅读余华》①

Grant Hardy, His Honor the Grand Scribe Says... (Records of the Grand Historian: Qin Dynasty; Han Dynasty Ⅰ & II by Sima Qian, Burton Watson; The Grand Scribe's Records: Vol. Ⅰ – The Basic Annals of Pre – Han China by Ssu – ma *Ch'ien*, William H. Nienhauser, Tsai – fa Cheng, Zongli Lü, Robert Reynolds; The Grand Scribe's Records: Vol. Ⅶ – The Memoirs of Pre – Han China by Ssu – ma *Ch'ien*, William H. Nienhauser, Tsai – fa Cheng, Zongli Lü, Robert Reynolds)

侯格睿：《太史公曰——评华兹译〈史记〉第一、二部；倪豪士、郑再发、吕宗力、雷诺兹译〈史记〉卷一、七》

Jon Kowallis, Interpreting Lu Xun (Lu Xun, Werke in sechs Bänden [*Lu Xun*: Six Volumes of His Works] by Wolfgang Kubin)

寇志明：《阐释鲁迅——评顾彬译〈鲁迅选集〉六卷本》

Jonathan Pease, Same Song, New Words: Julie Landau's Renditions of Sung Tz'u (Beyond Spring: *Tz'u Poems of the Sung Dynasty* by Julie Landau)

乔纳森·皮斯：《同词新译：茱莉·兰道对宋词之翻译——评茱莉·兰道〈春之外：宋词〉》

1997 年　第 19 卷

Ming Dong Gu, Fu – Bi – Xing, A Metatheory of Poetry – Making

顾明栋：《赋比兴：诗歌创作的元理论》②

Wilt L. Idema, The Pilgrimage to Taishan in the Dramatic Literature of the

---

① 参见吕芳译文，吴义勤主编，载王金胜、胡健玲编选《余华研究资料》，山东文艺出版社 2006 年版。

② 参见张万民、汤晓沙译文，《古代文学理论研究》第 32 辑，华东师范大学出版社 2011 年版。

Thirteenth and Fourteenth Centuries

伊维德：《13—14 世纪戏剧文学中的泰山庙会》

Karl S. Y. Kao, Self – Reflexivity, Epistemology and Rhetorical Figures

高辛勇：《自反性、认识论与修辞手法》①

Haiyan Lee, Love or Lust: The Sentimental Self in *Honglou meng*

李海燕：《〈红楼梦〉中的"情"与自我建构》②

Richard John Lynn, "This Culture of Ours" and Huang Zunxian's Literary Experiences in Japan(1877 – 82)

林理彰：《"斯文"与黄遵宪在日本（1877—1882）的文学经验》

1998 年　第 20 卷

EugeneEoyang, T'ao Ch'ien's "The Seasons Come and Go, Four Poems" – *A Meditation*

欧阳桢：《陶潜四言诗〈时运〉之思考》

Robert E. Hegel, The Sights and Sounds of Red Cliffs, On Reading Su Shi

何谷理：《赤壁的声与色：阅读苏轼》

William H. Nienhauser, Jr. , Creativity and Storytelling in the Ch'uan – ch'i: Shen Ya – chih's T'ang Tales

倪豪士：《唐传奇中的创造和故事讲述：沈亚之的传奇作品》③

Pauline Yu, Charting the Landscape of Chinese Poetry

余宝琳：《描绘中国诗歌的图景》

Anthony C. Yu, Readability: Religion and the Reception of Translation

---

① 参见高辛勇《修辞学与文学阅读》，北京大学出版社 1997 年版。

② 参见王一敏译文（宋耕、李海燕校），载阎纯德主编《汉学研究》第七集，学苑出版社 2000 年版。

③ 中译本见倪豪士《传记与小说：唐代文学比较论集》，中华书局 2007 年版。

余国藩：《可读性：宗教与翻译的接受》①

David T. Roy, The Use of Songs as a Means of Self – Expression and Self – Characterization in the *Chin P'ing Mei*

芮效卫：《〈金瓶梅〉以曲作为自我表达与自我刻画的工具》

Liangyan Ge, *Rou putuan*: Voyeurism, Exhibitionism, and the "Examination Complex"

葛良彦：《〈肉蒲团〉：偷窥、裸裎与"科举情结"》

Martin W. Huang, Sentiments of Desire: Thoughts on the Cult of Qing in Ming – Qing Literature

黄卫总：《欲望的感伤：明清文学中关于"情"之崇拜的思考》

1999 年　　第 21 卷

Martin Svensson, A Second Look at *the Great Preface* on the Way to a New Understanding of Han Dynasty Poetics

象川马丁：《〈诗大序〉之重读与汉代诗学的新理解》

PaulRakita Goldin, Imagery of Copulation in Early Chinese Poetry

金鹏程：《中国上古诗歌中的求偶意象》

David B. Honey, The *Han – shu*, Manuscript Evidence, and the Textual Criticism of the *Shih – chi*: The Case of the "*Hsiung – nu lieh – chuan*"

韩大伟：《〈汉书〉、钞本资料与〈史记〉的校勘：以〈匈奴列传〉为例》

ColinHawes, Mundane Transcendence: Dealing with the Everyday in Ouyang Xiu's Poetry

柯霖：《超越凡俗：论欧阳修诗歌对日常题材的表现》

---

① 参见李艳霞译文，载阎纯德主编《汉学研究》第十一集，学苑出版社 2008 年版。

Ellen Widmer, The Trouble with Talent, Hou Zhi(1764 – 1829) and Her Tanci *Zai zaotian* of 1828

魏爱莲：《天才的烦恼：侯芝（1764—1829）和她 1828 年创作的弹词〈再造天〉》

T. M. McClellan, Wen Yiduo's *Sishui* Metre: Themes, Variations and a Classic Variation

马轲兰：《闻一多〈死水〉的韵律：主题、变奏和经典的变异》

2000 年　第 22 卷

Zong – qi Cai, Wen and the Construction of a Critical System in "*Wenxin Diaolong*"

蔡宗齐：《〈文心雕龙〉中"文"的多重含义及刘勰文学理论体系的建立》①

Charles H. Egan, Were Yüeh – fu Ever Folk Songs? Reconsidering the Relevance of Oral Theory and Balladry Analogies

易彻理：《乐府曾是民歌吗——口传理论和民谣类比关联性之反思》

Alexander des Forges, From Source Texts to "Reality Observed", The Creation of the "Author" in Nineteenth – Century Chinese Vernacular Fiction

戴沙迪：《从原始文献到"现实观察"：19 世纪中国白话小说中"作者"的创造》

Chi – hungYim, The "Deficiency of Yin in the Liver": Dai – yu's Malady and Fubi in Dream of the *Red Chamber*

严志雄：《肝阴亏损：〈红楼梦〉中黛玉的疾病和伏笔》

Scott Cook, Consummate Artistry and Moral Virtuosity: The "*Wu xing*"五行

---

① 参见金涛译文，载香港浸会大学中文系编《人文中国学报》第 14 辑，上海古籍出版社 2008 年版。

Essay and Its Aesthetic Implications

顾史考：《尽美至善：马王堆汉墓帛书〈五行篇〉及其美学意蕴》

2001 年　第 23 卷

Xinda Lian, The Old Drunkard Who Finds Joy in His Own Joy: Elitist Ideas in Ouyang Xiu's Informal Writings

连心达：《自得其乐的醉翁：欧阳修散文与赋中的精英意识》

Louise Edwards, New Hongxue and the "Birth of the Author": Yu Pingbo's "*On Qin Keqing's Death*"

李木兰：《新红学和"作者的诞生"：俞平伯的〈论秦可卿之死〉》

Patrick Hanan, A Study in Acculturation: The First Novels Translated into Chinese

韩南：《涵化研究：第一部译成中文的长篇小说》[①]

Janet Ng, A Moral Landscape: Reading Shen Congwen's Autobiography and Travelogues

伍梅芳：《道德风景：阅读沈从文的自传和游记》

Ronald Egan, Reflections on Uses of the Electronic *Siku quanshu*

艾朗诺：《电子版〈四库全书〉利用之反思》

2002 年　第 24 卷

Lap Lam, Elevation and Expurgation: Elite Strategies in Enhancing the Reputation of Ci

林立：《隆高与廓清：词学尊体的精英策略》

---

① 参见韩南《第一部译成中文的长篇小说》，《中华读书报》2000 年 9 月 14 日。按：文中所论的长篇小说即 1872 年蠡勺居士译《昕夕闲谈》。又参见韩南《论第一部汉译小说》，载韩南著、徐侠译《中国近代小说的兴起》，上海教育出版社 2010 年版。

James St. André, Picturing Judge Bao in Ming Shangtu xiawen Fiction

沈安德:《明代上图下文小说中的包公形象》

Karl S. Y. Kao, Domains of Moral Discourse: Self, History, and Fantasy in *Fengshen yanyi*

高辛勇:《道德话语的畛域:〈封神演义〉中的自我、历史与幻想》

Lene Bech, Flowers in the Mirror, Moonlight on the Water: Images of a Deluded Mind

林恩·本奇:《镜花水月:〈红楼梦〉中花的意象》

Sing – chen Lydia Francis, "What Confucius Wouldn't Talk About": The Grotesque Body and Literati Identities in Yuan Mei's *Zi buyu* 蒋兴珍:《子不语者何:袁枚〈子不语〉中的怪体与文人身份》

William H. Nienhauser, Jr., The Other Side of the Mountain: A New Translation of Chia Tao(*When I Find You It Will Be in Mountains: Selected Poems of Chia Tao by Mike O'Connor*)

倪豪士:《山的另一边:贾岛诗集的新译本——评迈克·奥康纳译〈只在此山中:贾岛诗选译〉》

Lingchei Letty Chen, Reading between Chinese Modernism and Modernity: A Methodological Reflection(*Shanghai Modern: The Flowering of a New Urban Culture in China*, 1930 – 1945 by Leo Ou – fan Lee; *The Lure of the Modern: Writing Modernism in Semicolonial Shanghai*, 1917—1937 by Shu – mei Shih)

陈绫琪:《中国现代主义与现代性间的解读:方法论上的反思——评李欧梵〈上海摩登:一种新都市文化在中国（1930—1945）〉、史书美〈现代的诱惑——书写半殖民地中国的现代主义（1917—1937）〉》

William H. Nienhauser, Jr., A Short Biography of Lu Qinli

倪豪士:《逯钦立传略》

2003 年　第 25 卷

Liangyan Ge, Authoring "Authorial Intention": Jin Shengtan as Creative Critic

葛良彦：《创造 "作者意图"：创造性评点家金圣叹》

Charles Hartman, The Misfortunes of Poetry: Literary Inquisitions under Ch'in Kuei（1090—1155）

蔡涵墨：《诗之不幸：秦桧（1090—1155）当权时的文字狱》

Martin W. Huang, From Caizi to Yingxiong: Imagining Masculinities in Two Qing Novels, *Yesou puyan* and *Sanfen meng quan zhuan*

黄卫总：《从才子到英雄：〈野叟曝言〉〈三分梦全传〉中想象的男子气概》

William H. Nienhauser, Jr. , Tales of the Chancellor(s) : The Grand Scribe's Unfinished Business

倪豪士：《丞相列传：太史公未竟的事业》

Haun Saussy, The Age of Attribution, Or, How the Honglou meng Finally Acquired an Author

苏源熙：《署名时代：〈红楼梦〉如何最终找到一个作者的》①

David Der – wei Wang, Impersonating China

王德威：《表演中国》

Anthony C. Yu, Reading the Daodejing: Ethics and Politics of the Rhetoric

余国藩：《阅读〈道德经〉：修辞的伦理与政治》

2004 年　第 26 卷

Lene Bech, Fiction That Leads to Truth: The Story of the Stone as

---

① 参见卞东波译文，载《清代文学研究集刊》第 4 辑，人民文学出版社 2011 年版。

Skillful Means

林恩·本奇：《通向真实的小说：空空道人解说〈石头记〉中〈红楼梦〉中的妙用》

Daniel Fried, A Bloody Absence: Communist Narratology and the Literature of May Thirtieth

傅云博：《血腥的缺席：〈向导周报〉的叙事策略与"五卅"文学》

Jia Jinhua, An Interpretation of the Term fu 赋 in Early Chinese Texts: From Poetic Form to Poetic Technique and Literary Genre

贾晋华：《中国上古文本中"赋"之阐释：从诗学形式到诗歌技巧与文体》

Wendy Swartz, Rewriting a Recluse: The Early Biographers' Construction of Tao yuanming

田菱：《重写隐士：早期史传对陶渊明形象的建构》①

S. - C. Kevin Tsai, Ritual and Gender in the "Tale of Li Wa"

蔡凯文：《〈李娃传〉中的仪式与性别》

Grace S. Fong, Gender and the Failure of Canonization: Anthologizing Women's Poetry in the Late Ming

方秀洁：《性别与经典化的失败：晚明时期女性诗集的编纂》②

Stuart H. Sargent, Points of Comparison between Robert Herrick (1591—1674) and Hsin Ch'i - chi (1140—1207): Lyric Poetry, Allusion, and Print Culture

萨进德：《罗伯特·赫利克（1591—1674）和辛弃疾（1140—1207）

---

① 参见田菱著、张月译《阅读陶渊明：历史接受中的范式转变（427—1900）》，联经出版事业有限公司 2014 年版。

② 中译本载张红主编《叶嘉莹教授八十华诞暨国际词学研讨会纪念文集》，南开大学出版社 2005 年版。

的三点比较：抒情诗、典故与印刷文化》

Martin Kern and Robert E. Hegel, A History of Chinese Literature?

柯马丁、何谷理：《中国文学史？（评梅维恒所编〈哥伦比亚中国文学史〉）》

William H. Nienhauser Jr., Biographies of Twentieth – Century Chinese Scholars: Liu Dajie

倪豪士：《20世纪中国学者传记：刘大杰》

2005 年　　第 27 卷

Symposium, Memory and Chinese Texts

"记忆与中国文本" 研讨会

Lynn A. Struve, Introduction to the Symposium, Memory and Chinese Texts

司徒琳：《"记忆与中国文本" 研讨会介绍》

Allan H. Barr, The Ming History Inquisition in Personal Memoir and Public Memory

白亚仁：《私人回忆录与公众记忆中的〈明史〉案》

Grace S. Fong, Inscribing a Sense of Self in Mother's Family: Hong Liangji's (1746—1809) Memoir and Poetry of Remembrance

方秀洁：《叙写身处外家的自我感受：洪亮吉（1746—1809）的杂忆与忆旧诗》

Rania Huntington, Chaos, Memory, and Genre: Anecdotal Recollections of the Taiping Rebellion

韩瑞亚：《离乱、记忆与文体：关于太平天国的清代笔记》

Philip A. Kafalas, Mnemonic Locations: The Housing of Personal Memory in Prose from the Ming and Qing

高化岚：《记忆的位置：明清散文中个人记忆的归宿》

Keith McMahon, Cultural Destiny and Polygynous Love in Zou Tao's Shanghai Dust

马克梦：《邹弢〈海上尘天影〉中的文化运命和一夫多妻的爱情》

Ying Wang, The Disappearance of the Simulated Oral Context and the Use of the Supernatural Realm in *Honglou meng*

王颖：《〈红楼梦〉仿说书人语境的消失与仙界的运用》

Jon Kowallis, Lu Xun: The Sexier Story: A Review Article [*The True Story of Lu Xun* by David E. Pollard; Lu Xun yu wo qishi nian(Unrepresented Characters) (*Lu Xun and I over Seventy Years*) by Zhou Haiying]

寇致铭：《鲁迅"正"传：一个更性感的故事（书评论文：评卜立德〈鲁迅真实的故事〉、周海婴〈鲁迅与我七十年〉)》①

2006 年　第 28 卷

David R. Knechtges, Liu Kun, Lu Chen, and Their Writings in the Transition to the Eastern Jin

康达维：《两晋之际的刘琨、卢谌及其作品》②

DavidMcCraw, Criss – Cross: Introducing Chiasmus in Old Chinese Literature

麦大伟：《纵横交错：介绍中国传统文学中的回文》

DavidPattinson, The Market for Letter Collections in Seventeenth – Century China

潘维：《中国 17 世纪尺牍集之热销》

Pi – ching Hsu, A Reconsideration of Some Mysteries concerning Feng Menglong's Authorship

徐碧卿：《冯梦龙著作若干谜团的重新审视》

LinWenyue, Through Upheaval and Bloodshed: A Short Biography of Profes-

---

① 参见甘棠译文，载《鲁迅研究月刊》2005 年第 12 期。
② 《康达维先生学术著作编年表》著录为《刘琨、卢谌及其在东晋转折期的作品》。

sor Tai Jingnong

林文月：《身经丧乱——邰静农教授传略》①

2007 年　　第 29 卷

Sing – chen Lydia Chiang, Daoist Transcendence and Tang Literati Identities in *Records of Mysterious* by Niu Sengru(780 – 848)

蒋兴珍：《牛僧孺（780—848）〈玄怪录〉中的道教神仙与唐代文人的身份认同》

J. Michael Farmer, "A Person of the State" Composed a Poem: Lyrics of Praise and Blame in the *Huayang guo zhi*

方博源：《国人作诗：〈华阳国志〉中的颂诗与刺诗》

Yang Xiaoshan, Wang Anshi's "*Mingfei qu*" and the Poetics of Disagreement

杨晓山：《王安石〈明妃曲〉与宋代的翻案诗》

Jianjun He, Burning Incense at Night: A Reading of Wu Yueniang in *Jin Ping Mei*

何建军：《静夜焚香：解读〈金瓶梅〉中的吴月娘》

Lap Lam, The Revival of Classical – Style Poetry Writing: A Field Study of Poetry Societies in Guangzhou

林立：《古体诗歌创作的复兴：广州诗社的实地考察》②

Jidong Yang, The Making, Writing, and Testing of Decisions in the Tang Government: A Study of the Role of the Pan in the Literary Bureaucracy of Medieval China

杨继东：《唐朝政府判文的制作、书写和考核：中国中古时期文书机关中"判"文之作用》

---

① 中文本载林文月《蒙娜丽莎微笑的嘴角》，中信出版社 2011 年版。
② 参见林立《当代广州诗社考察与研究》，载《九州学林》2005 年第 7 期。

Zongli Lü, A Short Biography of Professor Zhang Zhenglang

吕宗力：《张政烺教授传略》

2008 年　第 30 卷

Chen Zhi, A Reading of "Nuo"(*Mao* 301): Some English Translations of the *Book of Songs* Revisited

陈致：《〈诗经·商颂·那〉别解：重审〈诗经〉的若干英文翻译》

Ronald Egan, On the Circulation of Books during the Eleventh and Twelfth Centuries

艾朗诺：《论中国 11—12 世纪的书籍流通》

Grace S. Fong, Private Emotion, Public Commemoration: Qian Shoupu's Poems of Mourning

方秀洁：《私人情感与公开纪念：钱守璞的悼亡诗》

Scott W. Galer, Toward Better *Shiji* Reading: Two Scholars' Efforts to Elucidate the Text

古向德：《为了更好地阅读〈史记〉：倪豪士、徐广译注〈史记〉的工作》

Charles Hartman, The Tang Poet Du Fu and the Song Dynasty Literati

蔡涵墨：《唐代诗人杜甫与宋代文人》

David R. Knechtges, "Key Words, "Authorial Intent, and Interpretation: Sima Qian's *Letter to Ren An* 康达维：《关键词、写作目的与阐释：司马迁〈报任安书〉》①

WolfgangKubin, The Girl from Chang'an Walks by: Towards the Image of Women in the Tang Dynasty

---

① 参见《康达维先生学术著作编年表》，载《汉代宫廷文学与文化之探微——康达维自选集》，上海译文出版社 2014 年版。

顾彬：《有女长安来：探索唐代的女性形象》

Zongli Lü, Apocrypha in Early Medieval Chinese Literature

吕宗力：《中国早期中古时代的纬书》

Victor H. Mair, The Synesthesia of Sinitic Esthetics and Its Indic Resonances

梅维恒：《汉语美学的通感及其印度回响》

Hans – Georg Moeller, Idiotic Irony in the *Zhuangzi*

汉斯－格奥尔格·梅勒：《〈庄子〉中反智性的讽刺》

Haun Saussy, Reading for Conspiracy: Kang Youwei's Restoration

苏源熙：《阴谋论之解读：康有为的经学重建》

Hans van Ess, Origin of Posthumous Names in *Shih – chi*

叶翰：《〈史记·十二诸侯年表〉中谥号的来源》

David Der – wei Wang, How Modern was Early Modern Chinese Literature? On the Origins of Jindai wenxue

王德威：《近代中国文学有多"近代"——论"近代文学"的起源》

Michelle Yeh, Toward a Poetics of Noise: From Hu Shi to Hsia Yü

奚密：《走向喧哗的诗学：从胡适到夏宇》

Pauline Yu, Hidden in Plain Sight? The Art of Hiding in Chinese Poetry

余宝琳：《匿于光天化日？——中国诗歌中"隐藏"的艺术》

2009 年　　第 31 卷

NickAdmussen, A Music for Baihua: Lu Xun's *Wild Grass* and "A *Good Story*"

安敏轩：《一曲白话之歌：鲁迅的〈野草〉和〈好的故事〉》

Mei Chun, Garlic and Vinegar, The Narrative Significance of Verse in "*The Pearl Shirt Reencountered*"

甄美：蒜酪：《〈重会珍珠衫〉中韵文的叙事意义》

Meow HuiGoh, Knowing Sound: Poetry and "Refinement" in Early Medieval China

吴妙慧：《知声：中国早期中古时代的诗歌与"精致化"》

Daniel Hsieh, Fragrant Rice and Green Paulownia: Notes on a Couplet in Du Fu's "*Autumn Meditations*"

谢立义：《香稻和碧梧：杜甫〈秋兴八首〉诗联札记》

Ming Jian, Life's Unattainable Goal and Actualized Meaning: Existential Anxiety and Zen Tranquility in Gao Xingjian's *Soul Mountain*

简明：《生命无法达致的目标与无法实现的意义：高行健〈灵山〉中的存在焦虑与禅寂》

Carrie Reed, Messages from the Dead in "*Nanke Taishou zhuan*"

卡丽·里德：《〈南柯太守传〉中死亡透露出的信息》

2010 年　第 32 卷

Linda Rui Feng, Unmasking "Fengliu" 风流 in Urban Chang'an: Rereading *Beili zhi* 北里志 (Anecdotes from the Northern Ward)

冯令晏：《风流背后的都市长安：重读〈北里志〉》

Lap Lam, Cultural Identity and Vocal Expression: The Southern School Tradition of Poetry Chanting in Contemporary Guangzhou

林立：《文化认同与音声表达：当代广州南派诗歌吟诵传统》

Olivia Milburn, "The Broken Trap": Reading and Interpreting "*Shijing*" Mao 104 during the Imperial Era

米欧敏：《敝笱：中国帝制时代〈毛诗·齐风·敝笱〉的阅读与阐释》

Hajime Nakatani, Body, Sentiment, and Voice in Ming Self – Encomia (Zizan)

中谷一：《明代自赞中的身体、情感与表达》

Jeffrey Riegel, Yuan Mei 袁枚(1716—1798) and a Different "Elegant Gathering"

王安国：《袁枚（1716—1798）与另一种"雅集"》

Ying Wang, Simulation of Love and Debasement of the *Courtesan in Flowers of Shanghai* 王颖：《〈海上花列传〉中的虚情假意和贬低妓女》

2011 年　第 33 卷

Jack Chen, On Hearing the Donkey's Bray: Friendship, Ritual, and Social Convention in Medieval China

陈威：《闻驴鸣：中国中古时代的友谊、礼仪与社会常规》①

Fusheng Wu, Death and Immortality in Early Medieval Chinese Poetry: Cao Zhi and Ruan Ji

吴伏生：《中国早期中古时代诗歌中的死亡与游仙：以曹植、阮籍为例》

PaulRouzer, Du Fu and the Failure of Lyric

罗吉伟：《杜甫与抒情的衰落》

Xu Yongming, A New Candidate for Authorship of the *Jin Ping Mei*: Bai Yue (1499—1551)

徐永明：《〈金瓶梅词话〉作者为江苏武进作家白悦（1499—1551）考》

Shu‑chu Wei, Reading *The Peony Pavilion* with Todorov's "Fantastic"

魏淑珠：《以托多罗夫的"奇想"说去解读〈牡丹亭〉》

Yang Haihong, Allusion and Self‑Inscription in Wang Duanshu's Poetry

杨海虹：《王端淑诗中的用典与自我刻画》

Hilde De Weerdt, Places of the Self: Pictorial Autobiography in the Eigh-

---

① 参见武泽渊译文（卞东波校），载《暨南学报》（哲学社会科学版）2016 年第 2 期。

teenth Century

　　魏希德：《自我定位：18 世纪的画像式自传》

MarkGamsa, Translation and Alleged Plagiarism of Russian Literature in Re-
publican China

　　马克·加穆萨：《民国时期俄国文学的译介与所谓对俄国文学的剽窃》

2012 年　　第 34 卷

Qiulei Hu, Reading the Conflicting Voices: An Examination of the Interpre-
tive Traditions about "*Han Guang*"

　　胡秋蕾：《解读矛盾的话语：〈汉广〉解经诠释之考察》

Wilt L. Idema, Free and Easy Wanderings: Lu Xun's "*Resurrecting the Dead*"
and its Precursors

　　伊维德：《自由而从容的漫游：鲁迅的〈起死〉及其前驱》

Valerie Levan, The Confessant as Analysand in Yu Dafu's Confessional Nar-
ratives

　　雷薇：《郁达夫忏悔叙事中被分析的忏悔者》

Benjamin Ridgway, From the Banquet to the Border: The Transformation of
Su Shi's Song Lyrics into a Poetry of National Loss in the Restoration Era

　　白睿伟：《从宴会到边塞：南宋中兴时期东坡词如何转变为哀悼山河
沦落的韵文》

Chengjuan Sun, The Hidden Blessing of Being a Last Ruler: Anecdotes and
the Song Dynasty Interpretation of Li Yu's(937—978) Lyrics

　　孙承娟：《亡国之音：本事与宋人对李后主（937—978）词的阐释》①

Nick Williams, Self - Portrait as Sea Anemone, and Other Impersonations of

---

　　①　参见卞东波译文，载南京大学文学院主办《文学研究》第 1 卷第 2 期，南京大学出版社
2015 年版。

Jiang Yan

　　魏宁:《自比石劫以及江淹其他的自比》

2013 年　第 35 卷

Daniel Hsieh, Wang Wei, the "*Nine Songs*", and the Structure of the "*Wang River Collection*"

　　谢立义:《王维、〈九歌〉与〈辋川集〉的结构》

Paula Varsano, Do You See What I See? Visuality and the Formation of the Chinese Landscape

　　方葆珍:《见我所见否：视觉性与中国山水的形成》

Lucas Klein, Indic Echoes: Form, Content, and World Literature in Tang – Dynasty Regulated Verse

　　柯夏智:《印度的回响：唐代律诗的形式、内容与世界文学》

Alister Inglis, Luo Ye's *Zuiweng tanlu* and the Culture of Romance

　　阿历斯特·英格尔斯:《罗烨〈醉翁谈录〉与丽情文化》

Rivi Handler – Spitz, Provocative Texts: Li Zhi, Montaigne, and the Promotion of Critical Judgment in Early Modern Readers

　　韩若愚:《感发人心的文本：李贽、蒙田与近世读者批判性评判的兴起》

Casey Schoenberger, Rhythm and Prosody in a Late Imperial Musical Adaptation of Tang Poetry: Expectations Created, Fulfilled, and Denied

　　史凯:《晚明时期唐诗音乐性改编中的声韵：期待的产生、实现与失落》

Grant Guangren Shen, Libretto Translation and Musical Arrangement in Chinese Chuanqi Opera

　　沈广仁:《中国传奇唱词的改编与音乐的安排》

2014 年　第 36 卷

Tong King Lee, Forbidden Imaginations: Three Chinese Narratives on Mother

– Son Incest

李忠庆：《禁想：中国关于母子乱伦的三个故事》

Tonglu Li, The Sacred and the Cannibalistic: Zhou Zuoren's Critique of Violence in Modern China

李同路：《神圣与吃人：周作人对近代中国暴力的批判》

Weijie Song, The Aesthetic versus the Political: Lin Huiyin and Modern Beijing

宋伟杰：《美学对政治：林徽因与现代北京》①

Chengjuan Sun, From Amused Indulgence to Serious Instruction: Chinese Poetry on Girlhood

孙承娟：《从"娇女诗"到"课女诗"：管窥女儿教养之历史演变》

Xiaojue Wang, Creation and Transmission: Eileen Chang and *Sing – song Girls of Shanghai*

王晓珏：《创造与传播：张爱玲与〈海上花列传〉》

ZhengXiucai, From *Zuozhuan* to *Shiji*: Changes in Gender Representations in Sima Qian's Rewriting of Stories

郑秀才：《从〈左传〉到〈史记〉：司马迁改写史料时性别表现之变迁》

---

① 可参考美国罗格斯大学宋伟杰教授 2008 年在苏州大学海外汉学（中国文学）研究中心的演讲《日常物象的诗学与政治：林徽因和现代北京》。